Le livre des techniques du son

Collectif d'auteurs sous la direction de :

Denis Mercier
Preneur de son, réalisateur sonore sur des productions, disques, films, etc. Ancien responsable des stages de formation continue à Auvigraph, École Nationale Louis Lumière.

Jacques Van Den Driessche (chapitre 1, § 1.1 à 1.3 et chapitre 6, § 6.1 à 6.3)
Ancien responsable des laboratoires de Radio-France.

François Ragenard (chapitre 1, à partir du § 1.4 et chapitre 6, à partir du § 6.4)
Responsable du Service Qualité à Radio-France.

Pierre Ley (chapitre 2)
Ingénieur INSAS (Bruxelles). Directeur du département audioélectronique LTM.

Jacques Foret (chapitres 3 et 9)
Docteur en électroacoustique. Ingénieur conseil en acoustique. Professeur d'acoustique et de traitement du signal.

Pol Simon (chapitres 4 et 7)
Ingénieur conseil. Directeur technique studios disque et auditoria film.

Alain Fromentel (chapitre 5)
Ingénieur diplômé Supélec. Directeur des enseignements de l'EFREI. Chargé d'enseignement à l'École Polytechnique.

C. Carbonnier (chapitre 7)
Ancien cadre technique principal à la Société Française de Production (département film)

Franck Ernould (chapitre 8)
Diplômé de l'ENSLL (École Nationale Supérieure Louis Lumière). Ingénieur du son, journaliste et traducteur technique audio.

Christian Braut (chapitre 8)
Ex-rédacteur en chef du magazine *Home-Studio*, auteur-compositeur-interprète, fondateur d'Archipel Studios.

Collectif d'auteurs sous la direction de
D. Mercier

Le livre des techniques du son

La technologie

Tome 2

3e édition

DUNOD

Couverture : Maogani

Illustrations intérieures : Alain et Ursula BOUTEVEILLE-SANDERS et Rachid MARAÏ

ISBN 2 10 006305 7

À Charles Cros, Louis Lumière
et tous ces inventeurs de génie.

Ce volume est le second du *Livre des techniques du son* qui en comprend trois. Après un rappel des *Notions fondamentales* dans le premier tome, nous étudions ici la *Technologie* du matériel professionnel. Le troisième tome traite de *l'Exploitation* professionnelle.

Chaque type de matériel fait l'objet d'un chapitre entièrement autonome. Ainsi la technologie décrite dans le chapitre 3 « Les enceintes acoustiques » a été abordée de façon très différente de celle étudiée dans le chapitre 6 « Les systèmes d'enregistrement ». D'autre part, les technologies numériques qui ont fait leur apparition récente à différents points de la chaîne électroacoustique, sont comparées aux techniques analogiques plus connues.

Des renvois au premier tome permettent à qui le souhaite de compléter sa lecture. Rappelons les titres des chapitres du tome 1 : 1. Acoustique fondamentale, 2. Les sources acoustiques, 3. Acoustique architecturale, 4. La perception auditive, 5. Le signal, 6. Notions fondamentales de l'électricité, 7. L'enregistrement magnétique et 8. La technologie audionumérique.

De même des renvois au tome 3 permettent de replacer chaque matériel dans son contexte d'exploitation. Les chapitres du tome 3 sont les suivants : 1. La prise de son stéréophonique, 2. Le studio multipiste, 3. Le disque, 4. La sonorisation, 5. Le théâtre, 6. La diffusion radiophonique, 7. Le film et 8. La télévision.

Ce travail de synthèse a été mené à bien par une équipe de techniciens particulièrement compétents, spécialistes chacun dans son domaine. Leur souci a été d'illustrer simplement les principes de fonctionnement des appareils et leur manipulation.

Que ce livre puisse être utile au professionnel du son lors du choix de son équipement, de l'installation de celui-ci et de son utilisation quotidienne, tel est l'objectif que nous avons poursuivi tout au long de notre travail et le souhait que nous formulons à son terme.

Denis Mercier

Coup de chapeau

Ce tome 2 du *Livre des techniques du son* traite des équipements ; sujet inépuisable dont la mouvance, liée à l'évolution des technologies, implique un recyclage permanent pour le professionnel soucieux de rester dans le coup. C'est précisément de ce point de vue que ce livre réalise un véritable tour de force !

Les auteurs ont gagné un pari difficile : donner au lecteur une masse d'informations sur les divers types d'appareils qu'il utilise dans son environnement professionnel sans pour autant qu'elle soit sujette à une obsolescence rapide. La lecture de cet ouvrage met en lumière le fait que si les outils évoluent dans leur forme, les principes fondamentaux auxquels ils obéissent demeurent. La connaissance et la compréhension de ces principes donnent à celui qui les possède le pouvoir de s'adapter et de comprendre. Disposer des éléments nécessaires à la traversée de la période technologique charnière que nous vivons est devenu pour le professionnel une nécessité vitale. Au-delà de l'évolution des équipements, ce livre introduit au changement des méthodes et permet à son lecteur d'aborder les systèmes présents et à venir en toute clarté. Il lui donne aussi l'aisance de celui qui maîtrise son sujet…

Utiliser quotidiennement un appareil sans connaître exactement les principes fondamentaux de son fonctionnement ou l'influence précise qu'il peut avoir sur le signal a quelque chose de « fondamentalement » déraisonnable.

Cet ouvrage va aussi permettre au professionnel soucieux de le rester, de mettre à jour ses connaissances car, en toute objectivité, qui peut prétendre ne pas avoir de lacunes sur un sujet aussi large… ?

Ce livre constitue en fait une sorte de vaste base de données, organisée de façon pratique, que le lecteur pourra consulter en tout ou partie. Il y trouvera aussi bien de quoi rafraîchir son *background* technique, que les éléments lui permettant de résoudre un problème ponctuel. Ceux qui avaient jusqu'ici utilisé les équipements audio de façon instinctive pourront y puiser l'essentiel de ce qu'ils doivent savoir pour aller encore plus loin et en obtenir des performances qu'ils ne soupçonnaient peut-être pas.

Les auteurs ont voulu faire utile… ils ont fait indispensable !

Philippe Folie-Dupart

Préface

Dans notre monde de communication et d'informations audiovisuelles, la qualité technique d'un message est un critère déterminant : perçue par le public tout d'abord comme un confort d'écoute, elle le rend aussi plus réceptif au contenu. Mais les critères de qualité sont toujours dépendants du type de message. On n'attend pas le même résultat d'un reportage pris sur le vif que d'une production disque réalisée en studio. La technologie employée est différente ainsi que les contraintes de prise de son et de diffusion.

Pour le professionnel, la qualité n'est pas une notion abstraite mais une pratique quotidienne ; plus que la réussite d'une manipulation technique, c'est un état d'esprit. Lors de l'écoute, son jugement de la qualité ne s'opère que par la gestion des défauts et des contraintes techniques. Le professionnel raisonne donc en facteur de gêne et attribue des coefficients à chaque défaut en fonction de l'incidence sur le résultat final. C'est à partir des différents effets qu'il devra rechercher les causes et établir un diagnostic précis afin de déterminer le domaine d'intervention.

À l'origine, c'est l'oreille le principal outil de détection, la référence mais aussi l'ultime appareil de contrôle. C'est en effet pour elle, et compte tenu de ses caractéristiques, que toute une technologie a été développée (application des lois de l'acoustique, de la mécanique…, des découvertes de l'électronique et aujourd'hui de l'informatique).

Néanmoins, l'oreille surpasse encore sur de nombreux points les possibilités de l'équipement : un traitement complexe au niveau du cerveau nous permet de sélectionner une source sonore et de l'isoler de l'environnement acoustique. D'autre part, dans le cas d'une mauvaise reproduction, l'oreille sait reconnaître un message alors que le timbre est altéré.

Nous voici alors proches de la préoccupation des musiciens concernant la qualité du timbre, ce trait d'union entre les artistes-interprètes et les preneurs de son. C'est par le timbre de sa voix ou de son instrument qu'un musicien exprime une certaine émotion. Il recherchera un timbre original et même si possible unique. Le technicien du son devra ensuite traduire ce message sonore en un signal électrique afin de pouvoir le transposer dans l'espace et dans le temps. La fidélité du système électroacoustique et la rigueur du travail de l'ingénieur du son doivent permettre de retrouver intact le message initial. Le technicien recherche donc un équipement fiable et interchangeable, qui respecte les normes et les standards reconnus par les professionnels afin de toujours retrouver la même qualité.

Les recherches sur le numérique se heurtent à ce problème de standardisation. Puisse l'Europe, à l'image de l'accord sur le disque compact entre Philips et Sony, participer activement à une normalisation des supports audionumériques professionnels.

Dans sa recherche de la qualité, l'ingénieur du son doit éprouver sans cesse la technologie pour en conserver ce qu'elle a de meilleur. Son rôle est aussi de dialoguer avec les concepteurs afin que les futurs équipements soient les mieux appropriés. Il est l'interface entre les créateurs avec leurs besoins et les fabricants de matériel professionnel. Du bon choix de son équipement, de ses performances et de son état dépend le succès et l'aboutissement d'un art. Ainsi, il peut atteindre le résultat sonore qu'il ambitionne grâce à une cohésion parfaite avec sa console de mélange. Il peut même lui sembler que la qualité du son passe par ce contact physique.

C'est finalement cette passion qui sera le point de rencontre entre le preneur de son, le technicien de maintenance et le concepteur.

Ce second tome du *Livre des techniques du son* consacré à la technologie est un espace privilégié où se rejoignent et se complètent les différents langages et concepts.

Face à un outil toujours plus performant et en pleine évolution technologique, la bonne connaissance du fonctionnement et des performances des équipements s'inscrit dans une continuité de la méthode de travail que le numérique ne fait que renforcer aujourd'hui.

Pierre Lavoix[1]

1. Ancien responsable du Pool Son à Radio France.

Table des matières

Chapitre 1

Introduction à la technologie audiofréquence

Jacques Van Den Driessche (§ 1.1 à 1.3)
Ancien responsable des laboratoires de Radio-France.

François Ragenard (à partir du § 1.4)
Responsable du Service Qualité à Radio-France.

Avertissement

Les techniques numériques ont remplacé les techniques analogiques dans de nombreux domaines de la production et de la diffusion sonores. Ce n'est pas pour autant qu'il faut abandonner la « culture de l'analogique » puisqu'à l'évidence les extrémités de la chaîne, microphones et préamplificateurs, haut-parleurs et amplificateurs demeurent analogiques !

Et il ne faut pas oublier les professionnels qui continuent, avec des arguments, à exploiter et à entretenir avec soin d'anciens outils prestigieux. Il ne faut pas oublier non plus que nous aurons pendant longtemps à conserver des « machines tournantes » en très bon état pour exploiter les anciens *masters* et les documents d'archives.

Nous pensons donc qu'il est important de conserver dans cet ouvrage un chapitre regroupant « culture analogique » et « culture numérique » dans les domaines de la technologie audiofréquence.

1.1 Expressions de la mesure du signal audiofréquence

1.1.1 *Niveau du signal*

Le niveau d'un signal audiofréquence est en général annoncé en valeur de tension efficace.

En effet, la chaîne audiofréquence est surtout constituée d'amplificateurs de tension.

Les mesures en courant efficace dans des charges déterminées, donc les mesures en puissance, se font sur le maillon final constitué d'un amplificateur de puissance alimentant une enceinte acoustique.

En plus de la mesure en volts efficaces, on annonce certaines caractéristiques du signal, en général sa forme si elle est évidente, sa fréquence si elle est constante et stable ou encore son origine physique.

On dira par exemple :

- Un signal sinusoïdal de 0,8 V_{eff} (volt eff.) à 3 150 Hz.
- Un bruit de fond de 0,2 mV_{eff}.
- Un niveau d'harmoniques de 3 mV_{eff}.

Le matériel audiofréquence est surtout mesuré en *régime sinusoïdal permanent* appelé aussi régime statique ou stationnaire ; chaque mesure annoncée correspond à l'analyse d'un signal permanent (signaux sinusoïdaux à fréquences et niveaux constants, niveau de bruit, niveau d'harmoniques...).

Le niveau du régime dynamique est contrôlé avec des appareils de mesure spécifiques (VU-mètres et crête-mètres au § 1.1.6).

Le « jugement qualité » du régime dynamique se fait surtout à l'écoute.

Les signaux audiofréquences en régime dynamique sont appelés modulation[1].

1.1.2 *Rapports d'amplification et d'atténuation*

La mesure de l'amplification et de l'atténuation est exprimée par un rapport (valeur relative).

On mesure par exemple sur l'entrée et la sortie d'un quadripôle (*figure 1.1*), les tensions efficaces respectives U_1 et U_2 d'un signal sinusoïdal à la fréquence de

1. Remarque : en théorie, ce terme modulation désigne un processus électronique qui consiste à moduler un signal par un autre (Modulation de Fréquence, Modulation d'Amplitude...). Mais en pratique, on a pris l'habitude d'appeler modulation le signal modulateur. En fait, le preneur de son parlera plus souvent de modulation (régime dynamique) et le technicien de maintenance parlera de signal (régime permanent).

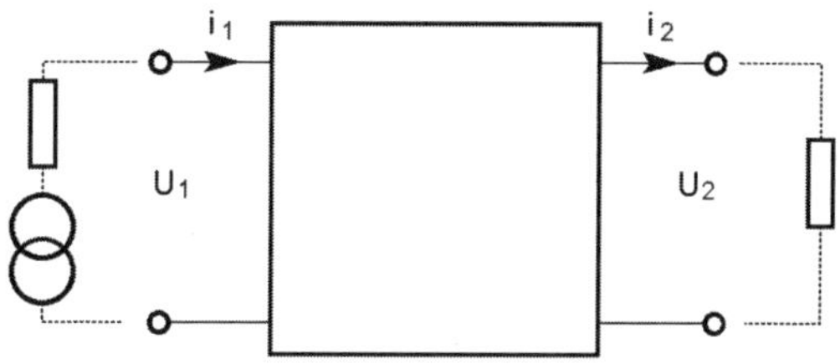

Figure 1.1 – Représentation d'un quadripôle.

1 000 Hz (par la méthode de mesure d'un quadripôle en F.e.m. ou en tension, voir § 6.2.3 du tome 1).

Si $U_2 > U_1$, il y a amplification et U_2 / U_1 est le rapport d'amplification et le quadripôle est un amplificateur.

Si $U_2 < U_1$, il y a atténuation et U_1 / U_2 est le rapport d'atténuation, c'est un atténuateur.

Si $U_2 = U_1$, cela peut être une liaison directe ou un translateur dans le cas d'un circuit passif[1] et c'est un séparateur dans le cas d'un circuit actif.

1.1.3 *Rapports de tensions exprimés en décibels*

L'importance des variations du signal audiofréquence et les caractéristiques de sensibilité de l'oreille font qu'il est plus judicieux et plus pratique d'exprimer les mesures en décibels.

La valeur en dB d'un rapport de tension (A) est définie par 20 fois son logarithme décimal ; on parlera alors de GAIN.

$$G = 20 \log A$$

Par exemple pour un rapport de tension de 100 le gain sera :

$$G = 20 \log 100 = 40 \text{ dB}$$

Ce rapport de 100 peut correspondre à une amplification : ($U_2 = U_1 \times 100$) ou encore à une atténuation : ($U_2 = U_1 : 100$).

Dans le cas d'une amplification le gain est positif : $G = + 40$ dB.

Dans le cas d'une atténuation le gain est négatif : $G = - 40$ dB.

1. Remarque : on appelle « circuit passif » un composant ou un ensemble de composants qui n'ont pas besoin de source d'énergie pour fonctionner, comme par exemple un transformateur, un atténuateur résistif... Au contraire, un circuit actif comme un amplificateur aura besoin d'une alimentation (§ 6.2.3 du tome 1).

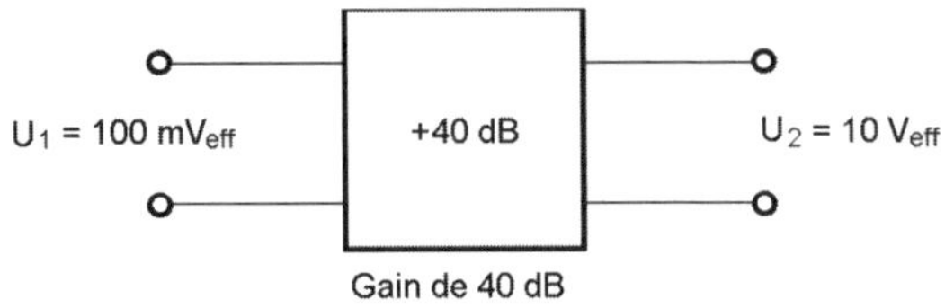

Figure 1.2 – Un rapport d'amplification $\frac{U_2}{U_1} = 100$ *correspond à un gain de 40 dB (+ 40 dB).*

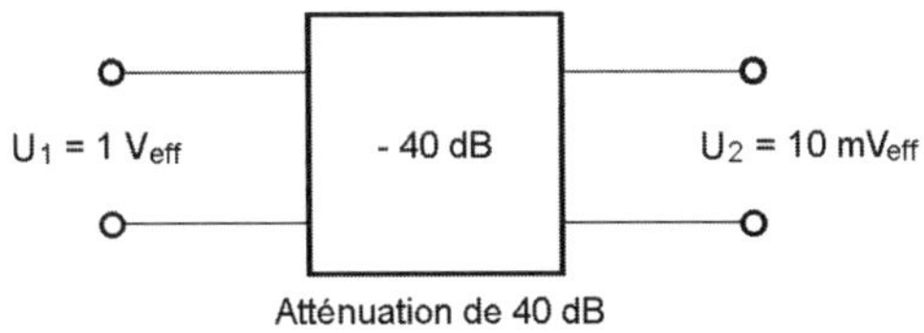

Figure 1.3 – Un rapport d'atténuation de $\frac{U_2}{U_1} = \frac{1}{100}$ *correspond à une atténuation de 40 dB (– 40 dB).*

Dans le cas d'un rapport égal à l'unité ($U_1 = U_2$) le gain est nul :

$$G = 0 \text{ dB}$$

Mais en pratique, on parlera plus souvent d'un gain de 40 dB (gain positif) ou d'une atténuation de 40 dB (gain négatif).

1.1.4 *Niveau du signal exprimé en décibels*

Une valeur annoncée en dB ne représente que la valeur d'un rapport et permet donc, comme nous venons de le voir, d'exprimer un gain ou une atténuation.

Mais il faut aussi pouvoir exprimer un niveau absolu en dB.

Ce n'est possible qu'à condition de se fixer une référence afin de situer la valeur du niveau mesuré par rapport à cette référence.

On annoncera que le niveau mesuré se trouve à x dB au-dessus ou au-dessous de cette référence.

En fixant cette référence à 0 dB, on dira alors $+ x$ dB ou $- x$ dB par rapport à cette référence 0 dB.

En audiofréquence, le 0 dB correspond à la tension en volt efficace qui, appliquée aux bornes d'une résistance de 600 Ω, engendre une puissance dissipée de 1 mW

$$\text{soit} \quad u = \sqrt{0{,}001 \text{ W} \times 600\ \Omega} = 0{,}775 \text{ V}_{\text{eff}}$$

Dans l'expression on rappelle cette référence par la lettre « m » (mW).

On peut dire alors : 0 dBm = 0,775 V_{eff}.

Et :

+ 12 dBm signifie 12 dB au-dessus de 0,775 V_{eff},
soit 0,775 $V_{eff} \times 4 = 3,1$ V_{eff} (12 dB correspond au rapport 4)

ou encore :

– 40 dBm signifie 40 dB en dessous de 0,775 V_{eff},
soit 0,775 V_{eff} : 100 = 7,75 mV_{eff} (40 dB correspond au rapport 100).

Cette référence de 0,775 V correspond à 1 mW dans 600 Ω et a une origine historique. Elle permettait les mesures de rapport de puissance sur les installations audiofréquences anciennes qui travaillaient « en charge adaptée » (sur 600 Ω).

En toute logique on aurait dû changer de lettre de référence « m » (mW), à partir du moment où l'on comparait des tensions sur des charges différentes (la notion de puissance n'intervenant plus).

Ce qu'ont d'ailleurs fait les Européens dans les années quatre-vingt en appelant cette référence 0,775 V par la lettre « u ».

Les Japonais et les Américains ont préféré la lettre « v » (minuscule).

Pour éviter de fréquentes confusions, il faut donc savoir que :

$$0 \text{ dBu} = 0 \text{ dBm} = 0 \text{ dBv} = 0{,}775\ V_{eff}$$
$$n \text{ dBu} = n \text{ dBm} = n \text{ dBv}$$

Les fabricants de matériels grand public mais aussi quelques fabricants de matériels professionnels ont adopté une référence 0 dB de 1 V.

Cette référence est rappelée par la lettre « V » (majuscule).

On peut dire alors : 0 dBV = 1 V

Et + 12 dBV signifie + 12 dB au-dessus de 1 V soit 1 V × 4 = 4 V

ou encore – 40 dBV signifie 40 dB en dessous de 1 V soit 1 V : 100 = 10 mV

Remarque

Les erreurs d'interprétation sont fréquentes à cause du choix de la même lettre (V majuscule et v minuscule) pour deux niveaux de référence différents. L'écart de niveau entre dBu et dBV est de 2,2 dB. par exemple :

$$0 \text{ dBu} = -2{,}2 \text{ dBV}$$
$$+12 \text{ dBu} = +9{,}8 \text{ dBV}$$

Il est important d'indiquer la lettre de référence dans l'expression orale ou écrite pour éviter de fréquentes confusions.

Exemple :

+ 6 dB veut dire : augmenter de 6 dB,

+ 6 dBu représente un niveau de 0,775 $V_{eff} \times 2$ soit 1,55 V_{eff}.

Exemples pratiques

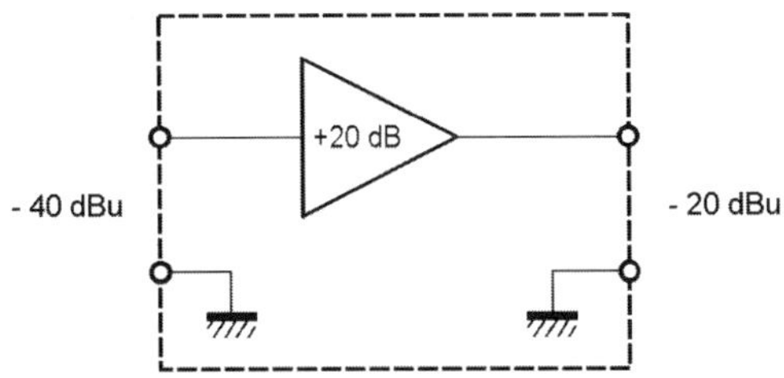

Figure 1.4 – Gain de 20 dB.

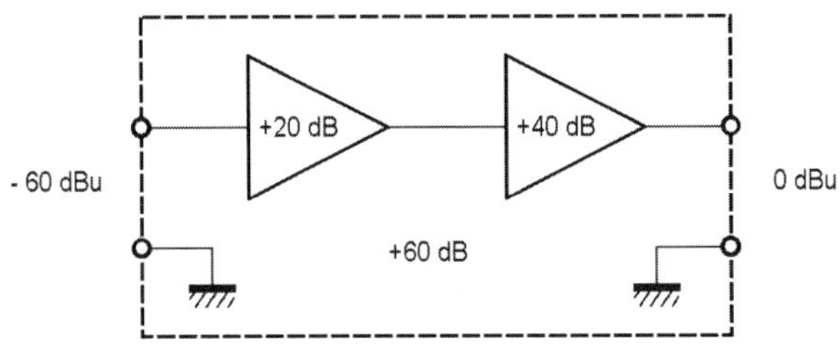

Figure 1.5 – Gain total 20 dB + 40 dB = 60 dB (mesure de tension).

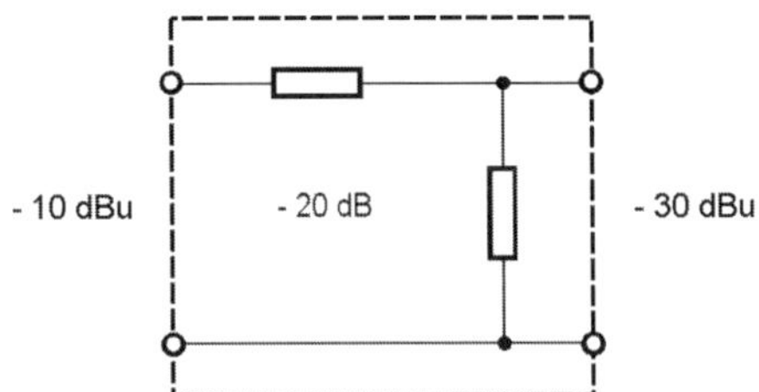

Figure 1.6 – Atténuation de 20 dB.

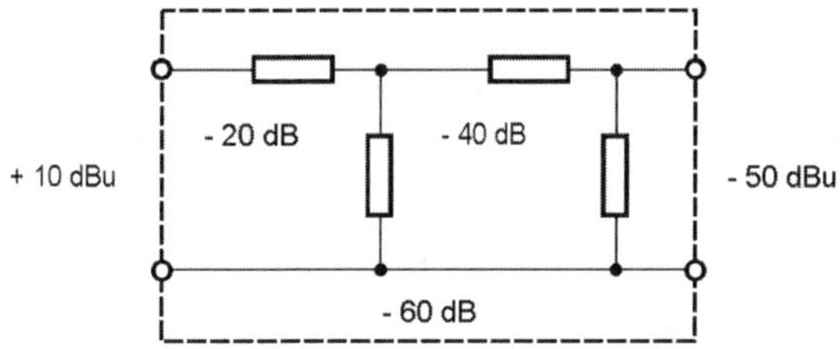

Figure 1.7 – Atténuation totale de 20 dB + 40 dB = 60 dB (mesure en tension).

Une calculatrice permet de faire rapidement la conversion rapport/dB, mais il est pratique d'avoir en tête les rapports caractéristiques suivants :

rapports de tensions	dB
2	6 dB
10 (log = 1)	20 dB
100 (log = 2)	40 dB
1 000 (log = 3)	60 dB

Ce qui permet déjà de trouver des valeurs intermédiaires dans le rapport 2.

4 ? = 2 × 2	correspond à	6 dB + 6 dB = 12 dB
5 ? = 10 : 2	correspond à	20 dB – 6 dB = 14 dB
200 ? = 100 × 2	correspond à	40 dB + 6 dB = 46 dB
54 dB ? = 60 dB – 6 dB	correspond à	1000 : 2 = 500
12 dB ? = 6 dB + 6 dB	correspond à	2 × 2 = 4

1.1.5 *Niveau maximum et niveau de bruit d'un équipement*

Tout système électronique, passif ou actif, et tout point de ce système se caractérisent, entre autres, par un niveau maximum et par un niveau de bruit de fond.

Le rapport niveau maximum de sortie/niveau de bruit de fond est couramment appelé rapport signal/bruit.

Exemples

Pour un composant passif, comme une simple résistance, le niveau maximum correspond à la puissance maximale qu'elle peut dissiper, et le niveau de bruit de fond correspond à son bruit théorique (voir bruit thermique des résistances, § 6.1.5 du tome 1).

Sur un système actif comme la sortie d'un amplificateur, le niveau maximum correspond au niveau de saturation (écrêtage) et le niveau de bruit de fond correspond au bruit de fond qu'il génère auquel s'ajoute le bruit d'entrée qu'il a amplifié.

Remarque

Dans les techniques audiofréquences analogiques professionnelles, il est préférable de mieux préciser l'expression courante signal/bruit comme précédemment définie, en annonçant signal max/bruit.

En effet, nous verrons qu'on utilise souvent un autre niveau de référence pour exprimer ce rapport (expression du bruit de fond par rapport au niveau nominal § 1.2.5).

1.1.6 *Dynamique d'une modulation*

Le rapport entre les niveaux forts et les niveaux faibles d'une modulation est appelé dynamique (*figure 1.8*).

Cette dynamique doit être placée au mieux entre le niveau maximum et le niveau de bruit de fond des équipements.

Les fortes modulations ne doivent pas atteindre le niveau maximum et l'écoute des faibles modulations ne doit pas être gênée par le bruit de fond.

En général, on admet que les plus faibles niveaux de la modulation doivent se situer au moins 20 dB au-dessus du bruit de fond.

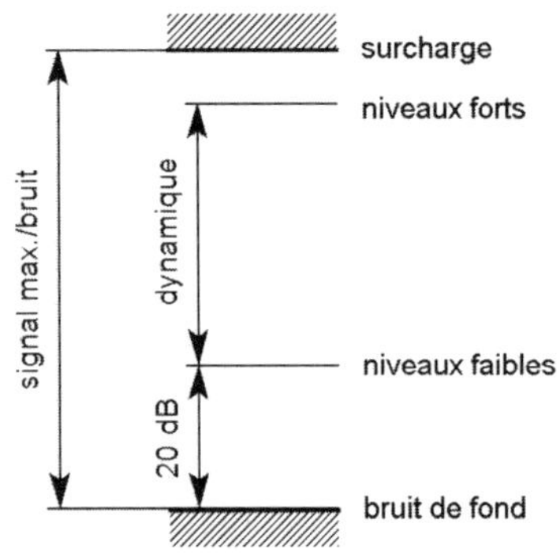

Figure 1.8 – Adaptation de la dynamique.

En fait, sur ce dernier point, il faut surtout tenir compte du confort d'écoute de l'auditeur pour qu'il puisse percevoir l'intégralité du message transmis. Ce confort d'écoute est très variable : écoute de la modulation de fréquence (FM) stéréo ou d'un disque compact en appartement, salle de cinéma ou auditorium... Cette adaptation de la dynamique au confort d'écoute de l'auditeur est fondamentalement un problème d'exploitation.

1.1.7 *Niveau nominal*

Les crêtes maximales d'une modulation devraient se situer le plus près possible du niveau maximum des équipements sans risque de l'atteindre.

Mais ce niveau de crêtes est variable et les écarts de niveau imprévisibles.

Le niveau maximum ne peut donc pas être un niveau de référence en exploitation.

On a donc décidé de fixer, pour chaque équipement, de l'entrée à la sortie, des niveaux de références suffisamment éloignés des niveaux maxima.

On appelle ces niveaux les *niveaux nominaux* (ou niveaux de travail).

En pratique on essaiera de ne pas les atteindre mais on acceptera de pouvoir les dépasser de quelques dB par accident (*figure 1.9*).

L'écart entre un niveau maximum et un niveau nominal est appelé réserve ou encore sécurité.

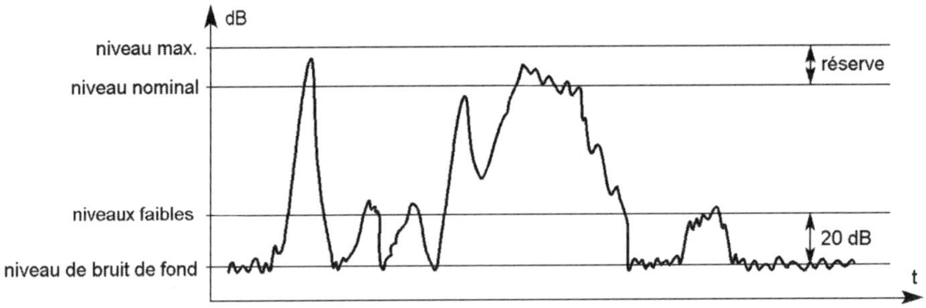

Figure 1.9 – Rapport signal/bruit des équipements, dynamique de la modulation et niveau nominal.

Cette réserve avant surcharge peut varier entre l'entrée et la sortie d'un équipement (voir « diagramme de niveaux » § 1.5). Par exemple dans le cas d'un mélangeur on aura pour une entrée micro d'un niveau nominal de – 70 dBu une réserve de 30 dB soit un niveau maximum admissible de – 40 dBu, et pour les sorties ligne d'un niveau nominal de + 12 dBu une réserve de 10 dB soit un niveau maximum délivré de + 22 dBu.

Remarque

Le niveau nominal est souvent appelé niveau 0, notamment en enregistrement magnétique analogique. On dit par exemple : « niveau 0 de magnétisation de 510 nWb/m » : ce niveau 0 correspond au niveau nominal, puisque la procédure de réglage du gain de l'amplificateur de lecture consiste à faire correspondre le niveau 0 de magnétisation, avec le niveau nominal de sortie et d'entrée de l'appareil.

Attention

Dans certains ouvrages d'électronique, l'expression « niveau 0 » s'applique au niveau maximum et c'est aussi le cas pour quelques ouvrages ou revues audiofréquences. Pour éviter toute confusion, nous n'utiliserons que l'expression niveau nominal.

1.1.8 *Niveaux des sorties lignes et réserve utile*

Les niveaux nominaux des sorties lignes sont en général de 0 dBu, + 6 dBu ou + 12 dBu.

Le niveau nominal + 12 dBu est utilisé par les organismes de Radio et de Télévision Français.

La réserve de la sortie ligne des consoles de prise de son est généralement de 10 dB.

Ainsi pour des niveaux nominaux de 0 dBu, + 6 dBu et + 12 dBu les niveaux maximaux seront respectivement de + 10 dBu, + 16 dBu et + 22 dBu.

Réserve utile

Quand plusieurs systèmes ayant le même niveau nominal sont raccordés sur une ligne, la réserve utile sera celle de l'équipement qui présente la plus faible réserve. Et en pratique on peut dire que la réserve utile est souvent celle du système qui présente le plus faible rapport signal max./bruit (système sur lequel on a tendance à approcher le niveau nominal le plus près possible du niveau maximum, pour limiter la gêne occasionnée par le bruit de fond).

Les problèmes d'alignement de niveaux nominaux entre les technologies numériques et analogiques sont fréquents.

Par exemple, utiliser un magnétophone numérique avec la même réserve qu'un magnétophone analogique n'est assurément pas un bon choix.

En effet, il faut savoir que le magnétophone analogique se comporte dans les hauts niveaux, et principalement dans les aigus, comme un compresseur. Il supportera donc mieux une surmodulation qu'un magnétophone numérique. La solution évidemment est « de se donner » une réserve au moins égale à celle de la console analogique et le bruit de fond de l'enregistreur numérique restera encore bien en dessous du bruit de cette dernière.

Remarque sur les origines des niveaux nominaux de ligne

Avant 1950, le niveau nominal de transmission sur ligne était fixé à 0 dBu.

Après 1950, l'administration des Télécommunications acceptait un niveau nominal ligne de + 12 dBu. Les CDM (centre de modulations Radio) s'équipèrent avec les amplificateurs correspondants et après 1960 (Maison de la Radio) on décida de normaliser ce niveau nominal pour toutes les lignes (lignes studio, distribution et départ ligne urbaine), alors que les autres Organismes de Radio Européens adoptaient le niveau nominal de + 6 dBu.

L'adoption d'un niveau nominal de + 12 dBu permettait d'améliorer le rapport signal sur bruit et présentait « l'avantage » de raccorder les VU directement sur la sortie ligne.

1.1.9 *Contrôle de la modulation et facteur de crête*

On classe souvent la modulation en quelques grandes familles caractéristiques comme la parole, la musique de variétés, la musique classique...

Mais il est difficile de la classer en mesure absolue, car les paramètres qui la caractérisent sont fondamentalement variables.

Le seul classement connu consiste à appliquer, pour ce régime dynamique, la notion de facteur de crête.

$$\text{facteur de crête } fC = V_{\text{max}}/V_{\text{eff}}$$

On dit que V_{max} correspond à la valeur de crête atteinte par la modulation pendant le temps de l'analyse.

Cette adaptation surprend, disons que c'est une convention.

On en arrive à la définition du facteur de crête d'une modulation :

$$fC = \text{« crête de modulation »/valeur efficace}$$

En raisonnant de la même façon, on peut déterminer des facteurs de densité et des facteurs de forme ($fD = V_{\text{max}}/V_{\text{moy}}$ et $fF = V_{\text{eff}}/V_{\text{moy}}$), ces trois facteurs sont regroupés sous le vocable facteurs *D*, *C*, *F* ($D = CF$).

Ces rapports s'expriment en dB et permettent un classement statistique des modulations.

Pour exemple (documentation AES) :

- Musique de variétés avec forte compression : *fC* de 8 à 10 dB.
- Musique de chambre : *fC* de 11 à 15 dB.
- Parole : *fC* de 14 à 18 dB.

1.1.10 *Indicateurs de niveau de modulation – Généralités*

Nous avons vu que la mesure d'une modulation reflétant rigoureusement l'impression d'écoute de l'auditeur est utopique et que le preneur de son est amené à interpréter les résultats de mesure.

Cette interprétation sera très différente en fonction du type d'indicateur de niveaux de modulation dont il dispose.

Les indicateurs de niveaux les plus courants sont le VU-mètre et le crête-mètre. Trois principaux paramètres les caractérisent :

- l'échelle, avec sa loi de variation, linéaire ou logarithmique ;
- la sensibilité qui est donnée pour le 0 de référence du cadran ;
- les constantes de temps qui sont en fait les temps de montée et de descente de l'aiguille ou de la rampe lumineuse.

✦ Le VU-mètre

Cet indicateur de niveau, d'origine américaine, est un décibel-mètre à caractéristiques balistiques particulières pour contrôler le *volume sonore*.

C'est en fait le résultat d'une recherche du meilleur compromis d'amortissement d'un galvanomètre pour faciliter la mesure de la valeur moyenne des modulations présentant des facteurs de crête de 10 à 18 dB. L'objectif visé était aussi de mieux « enchaîner » des modulations à facteurs de crête très différents comme la parole, le chant, la musique de variétés et la musique classique.

Cet indicateur de niveaux fut baptisé le *VU-meter*, VU signifiant Unité de Volume (*Volume Unit*).

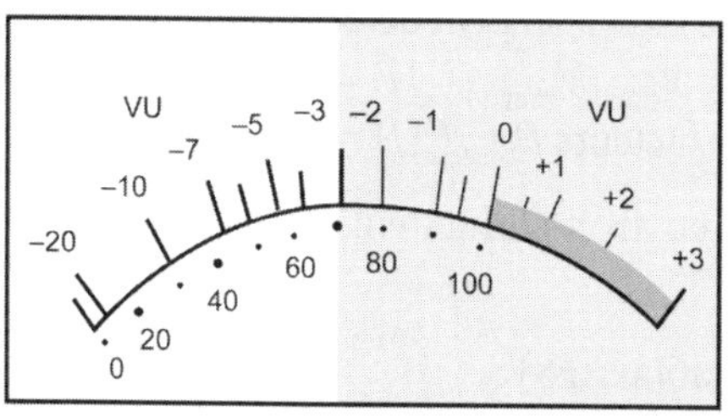

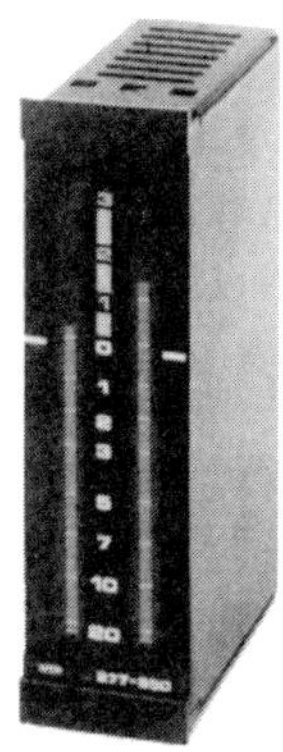

VU-mètre à aiguille (document Sifam), à gauche.
VU-mètre à rampe lumineuse (document NTP), à droite.

✧ Caractéristiques

Échelle

Le cadran du VU-mètre normalisé est gradué en dB (– 20 dB à + 3 dB) et en % (0 à 100 %). La graduation 0 dB correspond à la graduation 100 %.

Sensibilité

Le VU-mètre indique 0 quand on applique à ses bornes un signal sinusoïdal audiofréquence permanent de + 4 dBu (± 0,1 dB).

Constantes de temps

En appliquant sur ses bornes un signal sinusoïdal audiofréquence de + 4 dBu, l'aiguille va jusqu'à 0 en 300 ms et revient au point de repos 300 ms après l'interruption du signal.

Les temps de montée et de descente sont donc de 300 ms. Les constantes de temps du VU-mètre à aiguille correspondent aux caractéristiques balistiques du cadre mobile (masse, ressort de rappel, amortissement et résistance de charge). Celles du VU-mètre à rampe lumineuse sont obtenues électroniquement.

✧ VU-mètre en régime dynamique

Cet indicateur de niveau à grande constante de temps (300 ms) permet d'évaluer un volume sonore en mesurant la valeur moyenne d'une modulation.

Ses constantes de temps facilitent aussi la lecture (sans « amortissement », l'aiguille ou la rampe lumineuse « oscillerait » en permanence autour de la valeur moyenne qui nous intéresse).

Par définition, le VU-mètre est imprécis en régime transitoire pour des salves brèves (inférieures à 300 ms).

Plus la salve sera brève, plus la sous-évaluation sera grande, c'est-à-dire plus le niveau réel envoyé sur la ligne sera supérieur au niveau mesuré sur le VU-mètre. Cette erreur de mesure s'appelle « erreur d'intégration ».

On a déterminé statistiquement la sous-évaluation des crêtes pour diverses modulations (*fC* de 5 à 20 dB). Elle fut estimée à 8 dB.

On décida donc une sécurité de 8 dB en fixant le niveau nominal 8 dB au-dessus du niveau qui « donne 0 au VU-mètre » en régime permanent.

Exemples :

- le VU-mètre indique 0 avec un signal sinusoïdal permanent de + 4 dBu appliqué à ses bornes, le niveau nominal sur ses bornes sera donc de + 12 dBu ;
- le VU-mètre indique 0 avec un signal sinusoïdal de – 68 dBu appliqué sur une entrée micro d'un mélangeur (potentiomètre sur la position 0), le niveau nominal sur l'entrée micro sera de – 60 dBu.

En fait, la sécurité de 8 dB est toute relative et la réserve des sorties lignes est souvent nécessaire (10 dB au-dessus du niveau nominal).

Les quelques exemples suivants montrent la grande fantaisie du VU-mètre en régime transitoire.

Réglage des pointes de modulation au 0 du VU-mètre et niveaux de crête de modulation mesurés sur la ligne :

0 au VU	Niveau de crête sur ligne
Son tenu d'une clarinette :	+ 4 dBu
Parole :	+ 8 à + 12 dBu
Xylophone :	+ 14 à + 18 dBu
Son synthétisé de 50 ms :	+ 24 dBu !

La définition du VU-mètre des anciennes spécifications était « appareil de mesure des valeurs de crêtes pondérées » ; comme nous le voyons dans les exemples précédents, elles le sont en effet sérieusement.

✦ Crête-mètre

Le crête-mètre, d'origine européenne, a été défini pour les besoins de la Radiodiffusion. Cet appareil fut appelé aussi modulomètre quasi-crête, indicateur de crête, ou crête-mètre PPM (*Peak Program Meter*)[1].

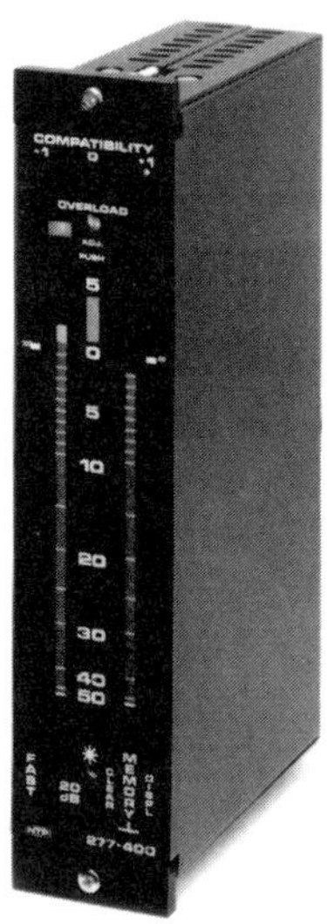

Crête-mètre à rampe lumineuse (document NTP).

1. Il existe en fait trois types de crête-mètres « normalisés », ces appareils diffèrent par leurs échelles et leurs graduations. L'appareil que nous avons décrit correspond à la norme CEI type A (CEI 268.10) et à la norme BS type B (BS 4297). Ce modèle est le plus répandu.

✧ Caractéristiques

Échelle

Le cadran est gradué de – 50 dB à + 5 dB.

Sensibilité

Le crête-mètre indique 0 quand on applique à ses bornes un signal audiofréquence sinusoïdal de + 6 dBu (± 0,1 dB) ou de + 12 dBu suivant les modèles. Ces niveaux correspondent aux niveaux nominaux. Le 0 du crête-mètre correspond donc au niveau nominal de la ligne sur laquelle il est raccordé.

Constantes de temps

En appliquant aux bornes du « modèle + 12 dBu » un signal sinusoïdal audiofréquence de + 12 dBu pendant 10 ms, l'aiguille va jusqu'au 0 et revient au repos une seconde et demi après l'interruption du signal (plus exactement, la spécification précise : – 1 est atteint au bout de 10 ms et l'aiguille passe devant la graduation – 20, 1,5 s après).

Le temps de montée est donc de 10 ms et le temps de descente de 1,5 s. Par définition, le crête-mètre ne peut mesurer correctement des salves de modulation inférieures à 10 ms, mais l'expérience montre que ce n'est pas gênant pour les modulations courantes. On n'a donc pas, comme pour le VU-mètre, défini une erreur d'intégration.

Un temps de retour très long (1,5 s) fut adopté pour « mettre en mémoire » la valeur de la crête et donner le temps de la lire.

Crête-mètre en régime dynamique

Le crête-mètre permet de mesurer la valeur de crête de la modulation, mais l'appréciation du volume sonore est plus délicate ; il faudra souvent interpréter la mesure surtout dans le cas de la diffusion d'un programme avec enchaînement de modulations présentant des facteurs de crête très différents (parole, musique).

En pratique, cela se traduit par une « plage utile du cadran » variant avec la nature de la modulation.

C'est possible grâce à une échelle de niveau très large (– 50 dB à + 5 dB). Cette échelle permet aussi une mesure des faibles niveaux.

✦ Comparaison entre le VU-mètre et le crête-mètre

Alignement en régime permanent

Comme nous l'avons déjà vu, les échelles de niveau entre le VU-mètre et le crêtre-mètre sont décalées de 8 dB en régime sinusoïdal permanent. Par exemple sur une console de prise de son équipée d'un VU-mètre et d'un crête-mètre montés en parallèle, en alimentant une voie avec du 1 000 Hz, quand le VU-mètre indique 0, le crête-mètre indique – 8 (*figure 1.10*).

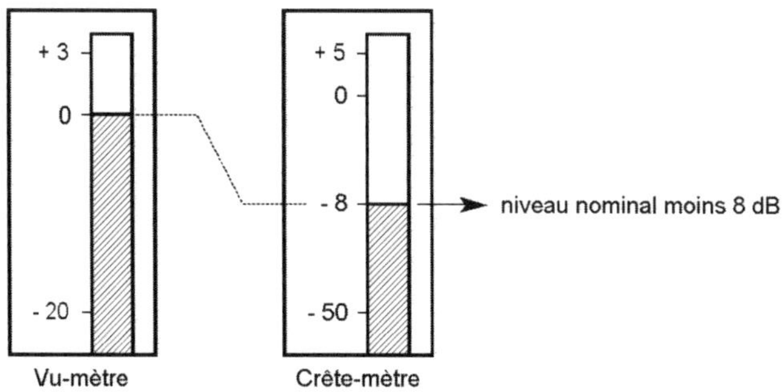

Figure 1.10 – Alignement du VU-mètre et du crête-mètre.
Le « 0 » du VU-mètre et le « – 8 » du crête-mètre correspondent au niveau + 4 dBu sur une ligne au niveau nominal de + 12 dBu.

Rappelons qu'en régime sinusoïdal permanent, le 0 dB du VU-mètre correspond au niveau nominal de la ligne moins 8 dB, alors que le 0 dB du crête-mètre correspond à ce niveau nominal.

Sur un magnétophone analogique, une bande étalon au niveau 0 de magnétisation sera lue au 0 du crête-mètre tandis que l'aiguille du VU-mètre « ira en butée ». C'est pour cette raison que les fabricants de bande étalon préfèrent éditer des bandes étalon de niveau enregistrées 6 dB sous le niveau nominal (+ 2 au VU-mètre).

Régime dynamique

Ces deux appareils sont très différents mais seront souvent complémentaires. Il faudra de toute façon interpréter la mesure en fonction de la nature de la modulation.

Avec le VU-mètre, une interprétation est nécessaire pour « estimer » les crêtes et avec le crête-mètre il faut « estimer » le volume sonore (*figure 1.11*).

Le VU-mètre permet de contrôler une dynamique maximale d'environ 35 dB (dynamique conseillée pour les disques et la Radiodiffusion[1]). Les plus faibles modulations se trouvent alors 20 dB au-dessus du bruit, d'où l'expression « voir frémir les VU sur les piani ».

Alors que le crête-mètre, avec une échelle de 55 dB, permet de visualiser le bruit par rapport aux piani.

1. Ceci n'est plus vraiment le cas maintenant pour la Radiodiffusion (voir tome 3 « La radiodiffusion sonore »).

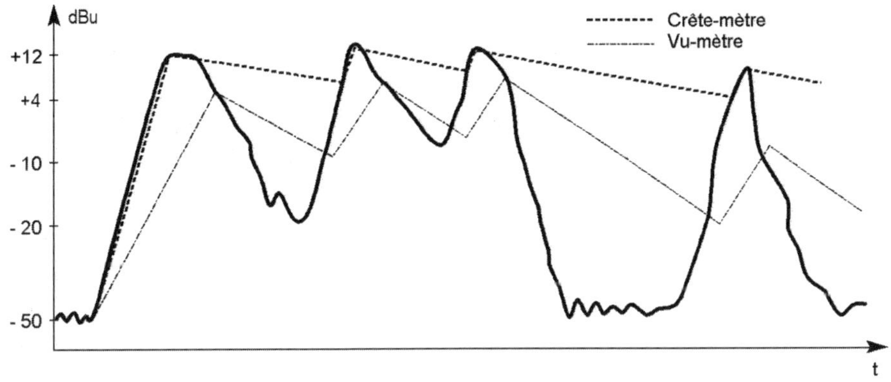

Figure 1.11 – Comportement du VU-mètre et du crête-mètre.

Les indicateurs de niveau de modulation qui relèvent de normes précises sont le VU-mètre et le crête-mètre et ce sont de loin les plus répandus, mais il en existe quelques autres sur lesquels on essaie de regrouper les caractéristiques des deux premiers :

- VU-mètre équipé de diodes électroluminescentes qui donnent une indication du niveau de crête ;
- NAGRA a adopté, sur certains de ses appareils, un indicateur de niveau à 3 positions « Super VU », « Modulomètre » et « Peak-VU ». Les performances en position « Super VU » se rapprochent des caractéristiques du VU normalisé, et celles de la position « modulomètre » des caractéristiques du crête-mètre, mais la position « Peak-VU » est tout à fait remarquable. Sur cette position, l'indicateur de niveau fonctionne en VU et en crête-mètre simultanément.
  Il réagit en VU tant « qu'il voit » un signal inférieur à celui qui correspond au 0 de son échelle en régime permanent ; pour un niveau supérieur il devient crête-mètre.

1.2 Mesures électriques des quadripôles audiofréquences analogiques

1.2.1 *Généralités*

On ne peut juger les propriétés d'un « système audiofréquence » qu'en ayant une bonne connaissance de ses performances électriques qui sont annoncées par des mesures électriques.

Certaines de ces mesures n'ont de valeur que si les méthodes de mesure sont connues. En effet, la « mesure électrique » s'inscrit théoriquement dans le cadre d'une rigueur scientifique, mais aussi de conventions et d'habitudes. Cette méthode de mesure peut être définie dans une « spécification » éditée par le demandeur d'un produit. C'est aussi ce qu'on appelle le cahier des charges, cette dernière expression s'appliquant surtout pour définir la fourniture d'un équipement. Dans ce cas, on peut dire qu'un cahier des charges est constitué de spécifications, d'un « plan qualité » avec, entre autres, des conditions de réception (délais et recette).

Les méthodes de mesure n'apparaissent pas toujours sur les documents techniques et les utilisateurs préfèrent souvent contrôler les produits avec leurs méthodes qui ne sont pas nécessairement les mêmes que celles des fabricants. Pour les mesures courantes, à défaut de méthodes de mesure, les informations suivantes sont souvent suffisantes :

- tension et courant d'alimentation (pour un module) ;
- référence du 0 dB ;
- résistance ou impédance de la source (générateur) ;
- fréquence et forme du signal utilisé pour la mesure ;
- résistance ou impédance de la charge (à brancher sur la sortie) ;
- nature des filtres de pondération ;
- niveau d'entrée ou de sortie exprimé « en tension » ou en « fém » (voir § 6.2.3 du tome 1).

Pour mieux comprendre la mesure, il est aussi très important de connaître les impédances internes d'entrée et de sortie.

1.2.2 *Gain*

Rappelons que le gain d'un quadripôle est annoncé en dB (voir § 1.1.3). En pratique, c'est la différence entre deux niveaux exprimés en dBu. On peut caractériser un quadripôle par son gain global ou par l'évolution du gain de l'entrée à la sortie lorsque ce quadripôle est constitué de plusieurs amplificateurs et atténuateurs en série (voir « diagramme de niveaux » § 1.3).

Exemple du gain global d'un système :

– 40 dBu à l'entrée, + 10 dBu à la sortie : Gain = 50 dB.

1.2.3 *Courbe de réponse*

Définition (§ 6.2.4 du tome 1)

Un quadripôle n'a pas nécessairement le même gain à toutes les fréquences de la gamme utile.

La courbe résultante gain/fréquence est appelée courbe de réponse (on devrait l'appeler courbe de réponse amplitude/fréquence).

À niveau d'entrée constant, le niveau de sortie variera en fonction de la fréquence, ces variations représentent la courbe de réponse.

Il y a deux façons de représenter cette courbe de réponse :

- Les écarts de niveau pour chaque fréquence sont annoncés par rapport au niveau d'une fréquence de référence choisie dans le médium, 500 ou 1 000 Hz par exemple.
  On dira par exemple : la courbe de réponse ne dépasse pas ± 1 dB de 40 à 15 000 Hz par rapport au niveau à 1 000 Hz.
  Ou encore : la courbe de réponse varie entre + 0,25 dB et – 1,5 dB par rapport au niveau à 1 000 Hz (*figure 1.12*).
- Une autre façon consiste à donner l'enveloppe des variations sans se soucier d'une fréquence de référence. On dira alors, cet appareil doit tenir dans un gabarit de 2 dB de 40 à 18 000 Hz (*figure 1.13*).

Remarque

La bande passante des consoles de prise de son professionnelles tient, généralement, dans un gabarit de ± 0,5 dB de 40 Hz à 18 000 Hz.

Beaucoup de consoles « catalogues » ont des bandes passantes plus larges et souvent trop larges.

L'expérience montre en effet qu'il est dangereux d'utiliser dans des ensembles complexes, comme une console de prise de son, des systèmes à bandes passantes trop larges et la fréquence de coupure est souvent fixée autour de 30 000 Hz.

On appelle « fréquence de coupure » la fréquence où l'on observe une chute de 3 dB (*figure 1.14*) (§ 6.2.4 du tome 1, « Tracé et interprétation »).

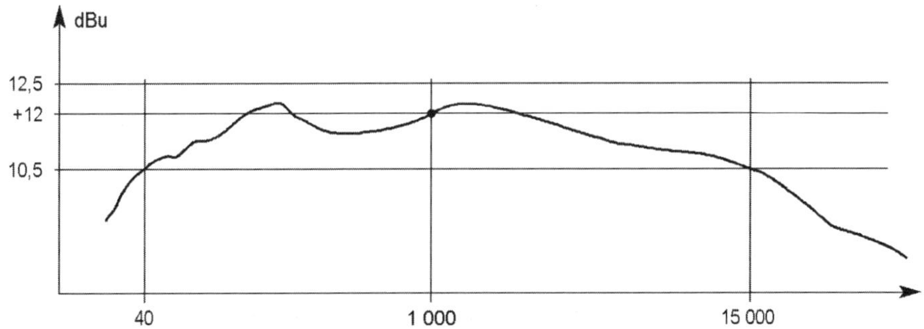

Figure 1.12 – Variations de la courbe de réponse autour d'une fréquence de référence.

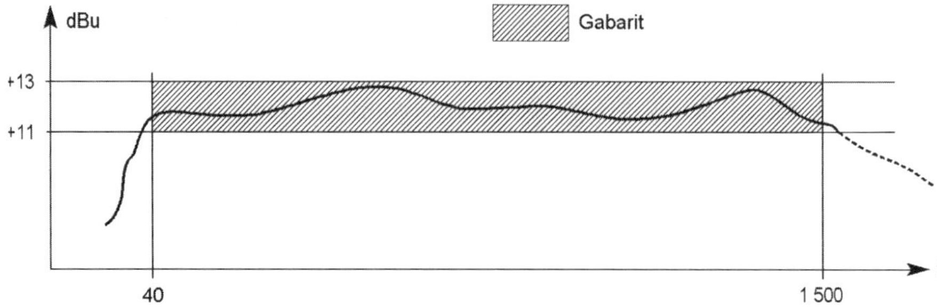

Figure 1.13 – Courbe de réponse tenant dans un gabarit.

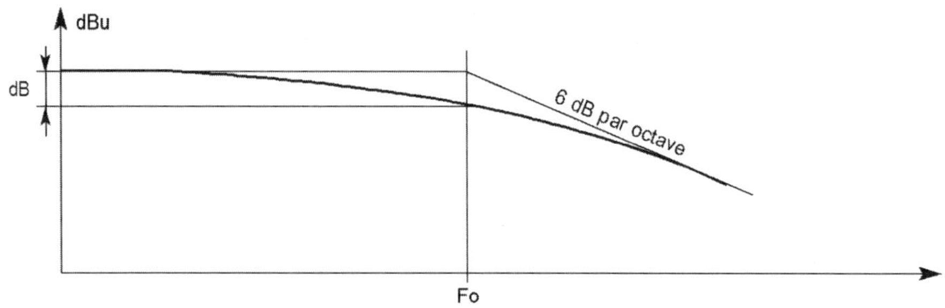

Figure 1.14 – Fréquence de coupure.

Remarque

Un appareil à bande passante trop étendue peut poser problèmes dans le cadre d'installations complexes (risques d'instabilités par couplages extérieurs au niveau des baies de brassage, risques d'accrochages « larvés » à très hautes fréquences pouvant interférer un jour avec des oscillateurs d'appareils périphériques). Certains diront qu'une bande passante très large, au-delà du spectre audible, est un critère de qualité (sécurité, temps de réponse…). À vrai dire, un appareil ne doit pas être considéré seul. Par exemple, une console de prise de son doit s'aligner, avec évidemment une sécurité, sur la valeur moyenne d'un ensemble constitué de micros, de haut-parleurs, de magnétophones, d'émetteurs…

1.2.4 *Bruit de fond*

Définition

Signaux parasites générés par un dipôle ou un quadripôle se traduisant à l'écoute par un signal indésirable, cela peut se traduire par un « souffle » donnant un effet de masque.

Ces signaux ont plusieurs origines : éléments actifs d'amplification comme les transistors, bruit d'agitation thermique dans les résistances ou autres composants, bruit généré par les condensateurs (courants de fuite), défauts de filtrage, détection de signaux électromagnétiques, détection de signaux émis par l'environnement proche (transformateur d'alimentation, oscillateur...), bruit à très basses fréquences généré par les transformateurs d'adaptation ou encore bruit généré par des résistances ohmiques trop fortes d'enroulements secondaires de transformateurs de mauvaise qualité... (§ 6.1.5 du tome 1).

Il est évident que le bruit de fond doit être le plus bas possible, mais ce n'est pas le seul critère de qualité.

La répartition du niveau d'énergie dans le spectre, par rapport à la courbe de sensibilité de l'oreille, est très importante. On associe donc à la mesure linéaire, qui est souvent faite dans une bande utile de 40 à 15 000 Hz, une mesure pondérée faite à travers un filtre qui a une courbe de réponse proche de la courbe de sensibilité de l'oreille (§ 4.1.2 du tome 1).

Cette courbe est appelée « courbe psophométrique » et l'appareil de mesure équipé de ces filtres de pondération : psophomètre. Les psophomètres permettent aussi une mesure linéaire dans une « bande utile » (40 à 15 000 Hz). La « mesure pondérée » est plus significative car plus proche de notre impression d'écoute.

La « mesure pondérée » est plus significative car plus proche de notre impression d'écoute.

La mesure spectrale du bruit de fond permet de visualiser rapidement la répartition de son « niveau d'énergie » (*figure 1.15*).

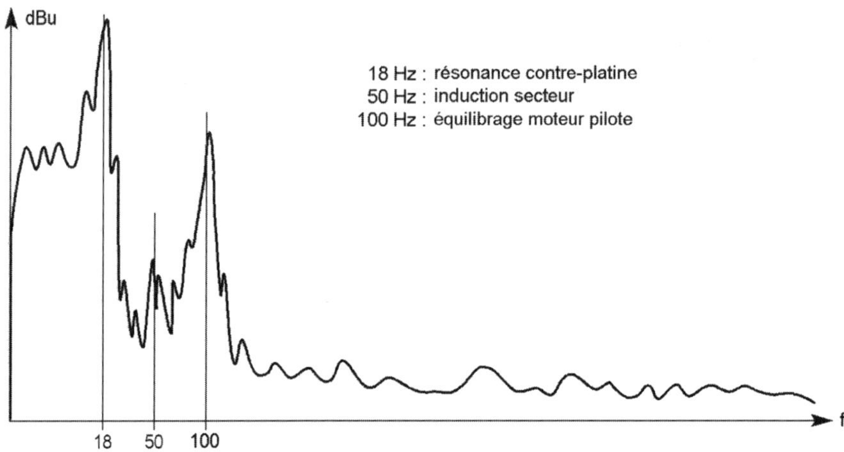

Figure 1.15 – Exemple d'une courbe de bruit de fond d'un tourne-disque réalisée avec un analyseur de spectre. Cette courbe a été réalisée pour l'étude d'un problème de « rumble » (bruit mécanique de la platine capté par la tête de lecture).

Un autre critère de qualité d'un bruit de fond est l'absence de signaux brefs et ponctuels à haut niveau d'énergie appelés aussi composantes discrètes (parasites secteur, légers craquements intermittents...).

Ces signaux peuvent être observés sur un analyseur de spectre en temps réel mais peuvent passer inaperçus sur des appareils de mesure classiques comme le dB-mètre ou psophomètre.

Il faut savoir que certaines composantes discrètes peuvent être perçues tout en étant situées 10 dB sous un souffle.

À ce sujet et en insistant, on peut dire que toute mesure de bruit de fond doit être écoutée (avec un casque de qualité par exemple) et vue sur un oscilloscope (à défaut d'un analyseur de fréquence).

1.2.5 *Expressions du bruit de fond*

✦ **Valeur du bruit exprimé en dBu**

Exemples

– 76 dBu en mesure linéaire (40/15 000 Hz),

ou encore – 72 dBu en mesure pondérée (CCIR).

Ces expressions n'ont de valeur que si on annonce d'autres mesures, comme le niveau nominal au point où l'on effectue la mesure ou encore le gain du quadripôle. Ce qui a entraîné les deux expressions suivantes : rapport signal/bruit et facteur de bruit.

✦ **Rapport signal/bruit**

C'est le rapport entre le niveau nominal et le niveau de bruit de fond, cette interprétation est particulière à la Technologie audiofréquence professionnelle (en électronique courante, c'est en fait le rapport entre le signal maximum et le bruit de fond).

Exemple

Niveau nominal : + 12 dBu

Niveaux de bruit en mesure linéaire – 56 dBu : + 12 dBu / – 56 dBu = 68 dB

et en mesure pondérée – 52 dBu :+ 12 dBu / – 52 dBu = 64 dB

Rapport signal/bruit (linéaire) : 68 dB

Rapport signal/bruit (pondérée) : 64 dB

Plus grand est ce rapport, meilleure est la qualité.

Attention : dans certaines notices le niveau maximum est pris en compte au lieu du niveau nominal. Ce qui donnerait, dans notre cas, avec une réserve de 10 dB, des rapports signal/bruit de 98 dB et 94 dB.

Le choix du niveau nominal est plus honnête dans la mesure où il reflète un niveau de travail (rappelons que le niveau nominal est souvent appelé niveau de travail).

✦ Facteur de bruit

Une résistance de bouclage génère un bruit de fond (bruit thermique appelé aussi bruit Johnson).

Ce bruit de résistance est bien défini et peut se calculer (voir § 6.1.5 du tome 1). Dans ces conditions, il peut devenir une référence pour évaluer les performances en bruit de fond de l'amplificateur.

Méthode :

Soit une résistance de bouclage d'entrée de 200 Ω et un amplificateur de 50 dB.

Le bruit théorique développé aux bornes de 200 Ω est de – 130,8 dBu (pour un Δf : 40 Hz/15 000 Hz).

Imaginons que notre amplificateur ne génère aucun bruit.

Nous aurions en sortie uniquement le bruit théorique amplifié, c'est-à-dire – 80,8 dBu.

En fait nous mesurons réellement – 76 dBu, soit 4,8 dB de plus.

Cet écart représente le bruit supplémentaire amené par l'amplificateur. Nous l'appelons *facteur de bruit* (*noise figure* en anglais).

Plus petit est ce facteur, meilleure est la qualité.

Remarques

- En pratique, et cela revient au même, on annonce que le bruit de fond mesuré en sortie est ramené sur l'entrée et comparé au bruit théorique de la résistance de bouclage.
  Exemple : – 76 dBu mesuré en sortie, ramené sur l'entrée (gain 50 dB) devient – 126 dBu et comparé ensuite à – 130,8 dBu donne un facteur de bruit de 4,8 dB.
- Le bruit de fond de sortie doit être mesuré en linéaire dans la même bande de fréquences (40/15 000 Hz) que celle qui entre dans la formule du calcul de bruit théorique.

Calculs du bruit théorique de quelques valeurs caractéristiques (Δf = 15 000 Hz) :

50 Ω	– 136,8 dBu	600 Ω	– 126 dBu
200 Ω	– 130,8 dBu	1 000 Ω	– 123,8 dBu

Nous venons de voir qu'une résistance de bouclage générait un bruit de fond, mais nous pouvons généraliser en disant, et cette notion est fondamentale : un bruit de fond sera généré par l'impédance de la source (partie réelle) ou par toute résistance parasite.

Par exemple, la résistance de l'enroulement secondaire des petits transformateurs micros est souvent plus bruyante que le préamplificateur qui le suit (fil secondaire trop fin et résistance ohmique importante). C'est ce problème de bruit qui amène certains constructeurs de matériels de haut de gamme à utiliser des transformateurs micros qui peuvent paraître largement dimensionnés. Cette notion de facteur de bruit est surtout fondamentale pour juger la qualité d'un système à très grand gain comme par exemple une voie de console (entrée micro/sortie ligne).

Plus l'amplification est importante, plus les bruits d'entrées sont amplifiés. Ce sont donc les préamplificateurs d'entrée qui seront les plus critiques.

Remarques

- Tous les bruits de fond que nous avons analysés prennent naissance dans les circuits électroniques qui constituent les appareils, on les appelle les bruits intrinsèques.
  On appelle bruits d'influence tous les bruits qui ont une source extérieure dont les origines sont diverses : champs magnétiques, champs électromagnétiques, parasites secteurs... (voir § 6.1.5 du tome 1). Les circuits d'entrée à faible niveau risquent évidemment d'être le plus touchés. Le concepteur d'un préamplificateur passe souvent plus de temps à le « protéger » qu'à le réaliser.
- Le mélange de différentes sources de bruit n'est pas directement proportionnel au nombre de sources mais à la racine carrée du nombre de sources.

1.2.6 *Distorsions de non-linéarité*

✦ Distorsion harmonique

Définition

Déformation du signal au cours de son passage dans un quadripôle. En régime sinusoïdal, le signal de sortie peut se décomposer en un signal (fo) qui est l'image du signal sinusoïdal appliqué sur l'entrée et en une suite de signaux sinusoïdaux parasites aux fréquences caractéristiques suivantes :

$$2\,fo,\ 3\,fo,\ 4\,fo,\ \text{etc.}$$

Ces signaux parasites représentent la distorsion harmonique (voir le chapitre 5 du tome 1). Le taux de distorsion harmonique est le rapport :

Valeur de la distorsion/valeur du signal total

Exemple :

Un signal de 1 V_{eff} présentant 10 mV de distorsion harmonique a un taux de distorsion harmonique de 1 %.

Cette distorsion est représentée par un rapport, on peut donc aussi l'exprimer en dB.

Dans le cas de notre exemple 1 % → rapport 100 → 40 dB

On dira donc : un affaiblissement harmonique de 40 dB

ou encore : une distorsion harmonique à – 40 dB.

Le 0 dB représente le niveau du signal total mesuré (fondamental + harmoniques).

La mesure de la distorsion est faite avec un distorsiomètre.

La distorsion harmonique n'est repérable à l'oscilloscope que pour des taux importants (> 2 %), par contre on peut y visualiser certains défauts caractéristiques (accrochages, écrêtages, recoupements...).

Le distorsiomètre élimine le signal fondamental et mesure le signal résiduel.

Ce signal résiduel se compose des harmoniques et du bruit de fond.

Le bruit de fond doit être suffisamment faible pour que la mesure de distorsion reste significative. Le contrôle du signal résiduel avec un oscilloscope branché sur la sortie du distorsiomètre permet d'éviter bien des erreurs de mesure.

Dans une « check-list » de mesures on place toujours la mesure du bruit de fond avant la mesure de la distorsion harmonique.

La gêne occasionnée peut être différente en fonction du niveau de chaque harmonique (H2, H3, H4...) et dans certains cas, il est nécessaire de les mesurer séparément.

On utilise alors un analyseur de spectre ou encore un distorsiomètre à sélection d'harmoniques.

L'analyseur permet d'analyser une bande de fréquence très étroite dans le spectre utile.

Le résultat de mesure est alors un graphique où l'on voit apparaître l'image du signal fondamental et des harmoniques (*figure 1.16*).

Remarque

Certaines distorsions harmoniques n'apparaissent qu'à des niveaux faibles (« distorsion de raccordement » ci-après et chapitre 5 du tome 1). Dans ce cas, l'analyseur de fréquences est aussi nécessaire pour « dégager l'information » du bruit de fond.

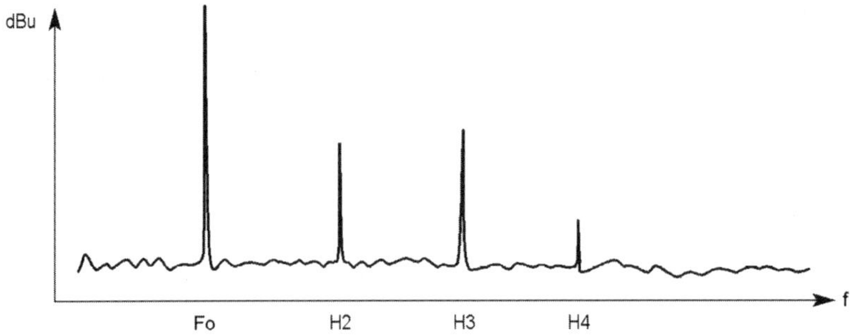

Figure 1.16 - Exemple de graphique obtenu avec un analyseur de spectre.

✦ Distorsion d'intermodulation

En injectant simultanément deux signaux *f*1 et *f*2 sur l'entrée d'un quadripôle, on ne devrait trouver en sortie que leur somme, en fait on peut trouver en plus des produits d'intermodulation.

L'analyse de ce défaut peut se faire en régime permanent ; les combinaisons linéaires des deux fréquences donnent des composantes parasites (§ 5.4.4 du tome 1). Par exemple dans le cas de deux fréquences *f*1 et *f*2, la distorsion d'intermodulation sera $pf1 + qf2$ pour *p* et *q* entiers positifs, négatifs ou nuls. Certains appareils de laboratoire permettent de faire des mesures en « fréquences glissantes » avec une « fréquence suiveuse » décalée d'un Δf réglable.

On s'oriente de plus en plus vers une recherche d'analyse de distorsion d'intermodulation en régime impulsionnel appelée distorsion d'intermodulation transitoire. La distorsion observée est très importante pendant un court instant juste après l'application du signal de mesure.

Cette distorsion d'intermodulation transitoire est liée, pour une bonne part, à la vitesse de propagation dans les circuits électroniques.

Les performances des appareils dans ce domaine ne sont pas communiquées du fait de la complexité des systèmes d'analyse mais aussi de l'interprétation des résultats de mesure.

✦ Distorsion de raccordement

Appelée aussi distorsion de croisement et de recoupement, cette distorsion est générée dans les amplificateurs où 2 voies amplifient séparément les alternances « positives et négatives » du signal. Cette distorsion est visible à l'oscilloscope en un « accident » au « point 0 » de la sinusoïde.

Il est important de savoir que cette distorsion de raccordement peut ne pas être visible au niveau maximum, mais à un niveau intermédiaire. Elle peut atteindre un maximum à un niveau intermédiaire déterminé (§ 5.4.4 du tome 1).

1.2.7 *Distorsion de phase*

On associe la rotation de phase à un retard. On parlera alors de retard de propagation de phase (chapitre 5 et annexes du tome 1).

La phase se mesure en degrés.

On dira par exemple : ces deux signaux sinusoïdaux sont déphasés de 45° (une période correspond à 360°).

Pour un quadripôle, le temps de propagation du signal (entrée/sortie) n'est pas le même en fonction de la fréquence, on parle alors d'une distorsion de phase entrée/sortie.

En stéréophonie, si les voies gauche et droite n'ont pas la même distorsion de phase avec la fréquence, on observe une distorsion de phase entre voies (défaut de localisation, phasing...). Une chaîne audiofréquence analogique présente toujours une distorsion de phase entrée/sortie plus ou moins importante mais elle ne doit pas présenter de distorsion de phase entre voies. Cette dernière condition ne peut être respectée que si les corrections sont les mêmes sur chaque voie (on réalise maintenant des montages dits « hors-phase » ou à « phase minimale » permettant des plages de correction importantes avec peu de variations de phase).

Il est évident que deux modulations microphoniques, appliquées sur deux entrées d'une console analogique, ont des phases relatives fondamentalement variables. Mais on doit retrouver rigoureusement ces mêmes variations entre les voies de sortie correspondantes. La console doit donc être « transparente », les correcteurs des voies étant hors services ou sur la même position.

La phase de deux signaux de même forme et de même amplitude (u) peut se comparer facilement en en faisant la somme :

- s'ils ont la même phase, la somme aura une valeur de 2 u (un déphasage de 360° ou de $n \times 360°$ donnera la même valeur) ;
- s'ils sont en opposition de phase (180°) ou s'ils ont un déphasage de $(2^{n-1})180^0$, la somme a une valeur nulle.

Remarque

La notion de déphasage de $n \times 180°$ est importante. Le signal de sortie d'un quadripôle peut se trouver en phase avec le signal d'entrée à une fréquence déterminée, puis en opposition de phase à une fréquence supérieure, puis en phase à une fréquence encore supérieure... c'est en partie pour ce problème de rotation de phase sortie/entrée qu'on « bride » les amplificateurs dans les bandes supérieures inutiles (risque d'« accrochages »).

L'exemple le plus étonnant de déphasage de $n \times 180°$ se rencontre lors du réglage d'azimut des magnétophones multipistes analogiques.

En régime permanent on peut contrôler la phase relative de deux signaux de plusieurs façons :

- avec un oscilloscope simple trace en faisant des figures de Lissajous (raccordement d'une voie sur les plaques horizontales et de l'autre voie sur les plaques verticales) (*figure 1.17*) ;
- avec un oscilloscope double trace en observant les « points 0 » des sinusoïdes (*figure 1.18*) ;
- avec un phase-mètre qui annonce directement le déphasage en degrés.

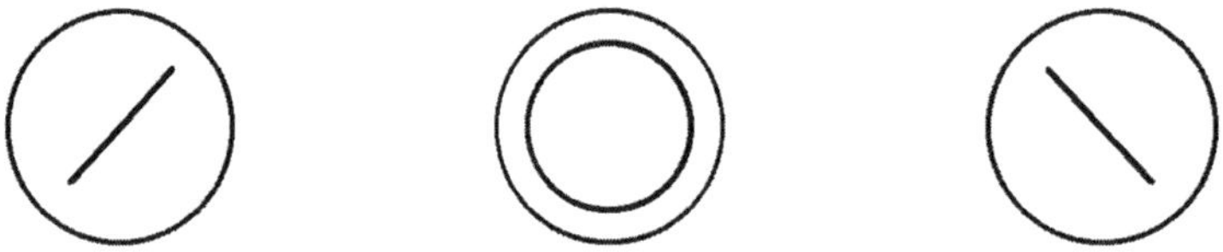

Figure 1.17 – Figures de Lissajous en régime statique.

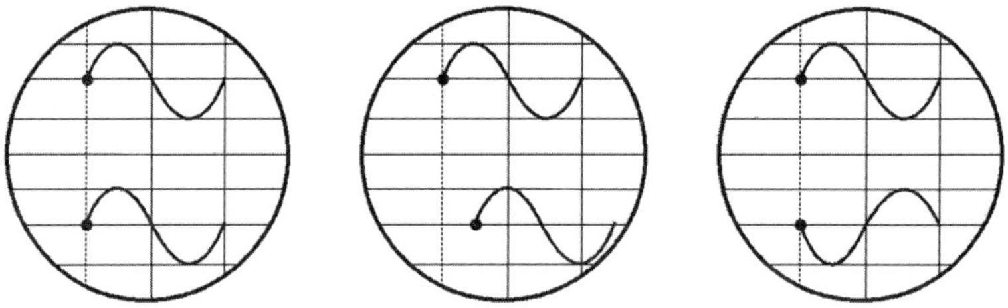

Figure 1.18 – Signaux sur oscilloscope double trace.

Le problème le plus courant en exploitation, donc en régime dynamique, est l'opposition de phase (180°).

Un mélange électrique de deux modulations monophoniques de même niveau donnera un signal résultant nul. Un mélange acoustique se traduira par une gêne plus ou moins importante en fonction des conditions d'écoute, en général on constate un affaiblissement des basses fréquences.

En stéréophonie, le mélange électrique des deux voies gauche et droite en opposition de phase se traduit aussi par un « son dénaturé ». Le mélange acoustique donne des résultats variables en fonction des techniques de prise de son, en général on décèle cette opposition par un affaiblissement des basses fréquences, et la disparition du centre acoustique (§ 4.2.1 du tome 1).

Le preneur de son utilise souvent le mélange mono pour localiser, à l'écoute, des défauts de phase, mais il peut aussi visualiser la phase en régime dynamique sur des appareils de contrôle (§ 1.2.8).

En pratique, quand des modulations sont en opposition de phase, on « inverse la phase » sur une des voies (gauche ou droite). Cette opération peut s'effectuer en croisant les fils d'une liaison symétrique d'une des voies gauche ou droite (micro, ligne, HP...) ou encore en utilisant l'inverseur de phase d'une voie de la console de prise de son.

1.2.8 *Indicateurs de phase en stéréophonie*

✦ Figures de Lissajous

La phase relative entre deux voies stéréophoniques est fondamentalement variable et la lecture des figures de Lissajous n'est pas toujours évidente (*figure 1.19*). Le corrélateur de phase est plus souvent utilisé.

Figure 1.19 – Figures de Lissajous d'un signal stéréophonique.

✦ Corrélateur de phase

Le corrélateur de phase donne une indication de la valeur moyenne des signaux en phase et des signaux en opposition de phase. Cette valeur est généralement donnée par un indicateur à cadre mobile avec, au repos, une aiguille en position médiane.

Les moyennes s'affichent de part et d'autre de cette position par rapport à l'importance de la rotation de phase.

Le principe consiste à comparer la somme des deux voies ($a + b$) à leur différence ($a - b$).

Si le « signal somme » prédomine, « on est en phase ».

1.3 Étude des diagrammes de niveaux d'une chaîne audiofréquence

Nombreux sont les paramètres qui caractérisent une chaîne audiofréquence : relations entrées/sorties, traitement du signal, nombre d'entrées et de sorties, etc. (voir chapitre 4).

Ces paramètres courants sont évidemment annoncés puisqu'ils déterminent les possibilités d'exploitation du produit. Mais le diagramme de niveaux n'est pas toujours communiqué, ce diagramme permet de voir d'un seul coup d'œil comment sont traités tous les paramètres courants que nous avons déjà définis et développés :

- l'amplification ;
- l'atténuation ;
- le mélange ;
- le niveau maximum ;
- le niveau nominal ;
- le niveau de bruit ;
- la réserve d'entrée ;
- la réserve de sortie ;
- la réserve utile.

Soit un quadripôle présentant un gain de 72 dB (*figure 1.20*).

Ce quadripôle est en fait constitué de deux étages : un préamplificateur et un amplificateur de sortie :

- caractéristiques du préamplificateur : Gain : 40 dB
  Niveau nominal d'entrée de – 60 dBm, réserve 30 dB ;
- caractéristiques de l'amplificateur de sortie : Gain : 32 dB
  Niveau nominal de sortie de + 12 dBm, réserve 10 dB.

Il est évident que la réserve d'entrée ne pourra pas être pleinement utilisée puisque, à partir de – 50 dBu appliqué sur l'entrée, l'étage de sortie sera en surcharge. On dit dans ce cas que la réserve utile est la réserve de sortie « ramenée sur l'entrée ».

Remarque

En exploitation, quand la réserve utile est celle de l'entrée, cela veut souvent dire que « l'outil de prise de son » est mal utilisé. C'est souvent le résultat d'un mauvais équilibrage des gains le long de la chaîne audiofréquence.

En pratique, quand les différentes sources sont amenées aux bons niveaux, et quand on ne touche plus aux atténuateurs (faders) de la console, la réserve utile sera celle de la sortie.

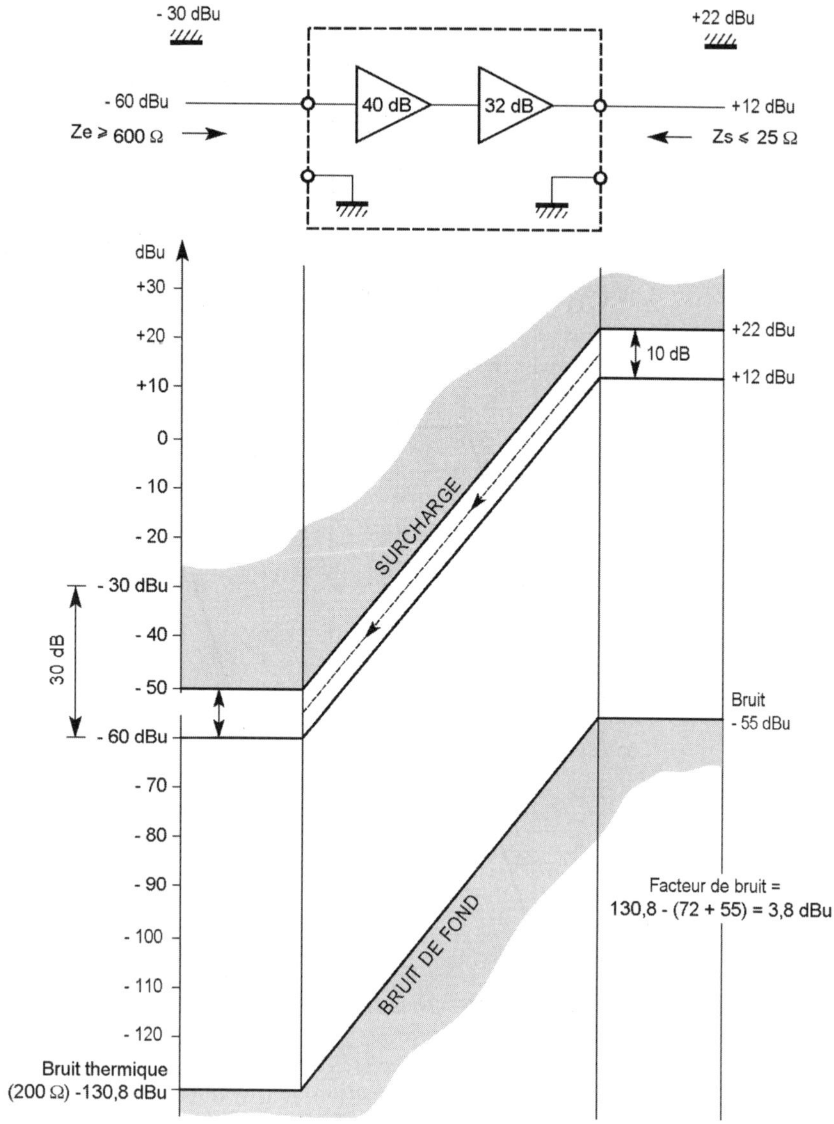

Figure 1.20 – Réserve de sortie ramenée sur l'entrée.

Envisageons maintenant ce quadripôle avec un gain réglable (*figure 1.21*). Nous le représentons par un préamplificateur et un amplificateur de sortie encadrant un atténuateur variable (potentiomètre). Nous pouvons alors retrouver les deux situations précédentes et tous les états qui les séparent.

Nous nous donnons la possibilité d'une réserve de gain supplémentaire de 12 dB. Le potentiomètre de réglage de gain aura donc une position de travail correspondant

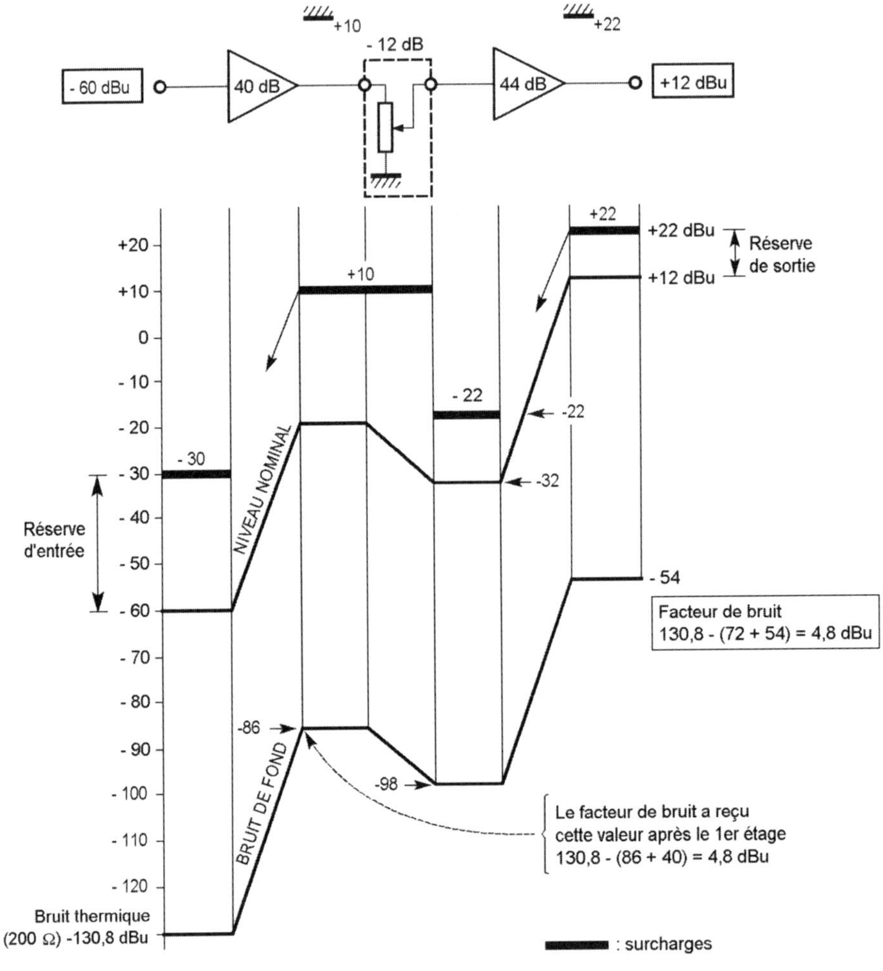

Figure 1.21 – Exemple d'un diagramme des niveaux.

à une atténuation de 12 dB. Cette position de travail correspondra à la graduation 0 dB de l'atténuateur, et nous augmenterons le gain de la chaîne de 12 dB.

Nous voyons sur ce diagramme que les réserves d'entrée et de sortie seront pleinement utilisées ou non en fonction de la position de l'atténuateur (*figure 1.21*). Ce diagramme fait aussi apparaître l'évolution du bruit de fond tout au long de la chaîne. Nous pouvons déjà remarquer que le facteur de bruit est déjà déterminé en sortie du préamplificateur.

Complétons notre chaîne audiofréquence (*figure 1.22*) avec :

Un mélange de 12 sources. Pour 12 sources le mélange sur impédance 0 n'est peut-être pas nécessaire, adoptons un compromis en fixant une valeur d'« affaiblissement

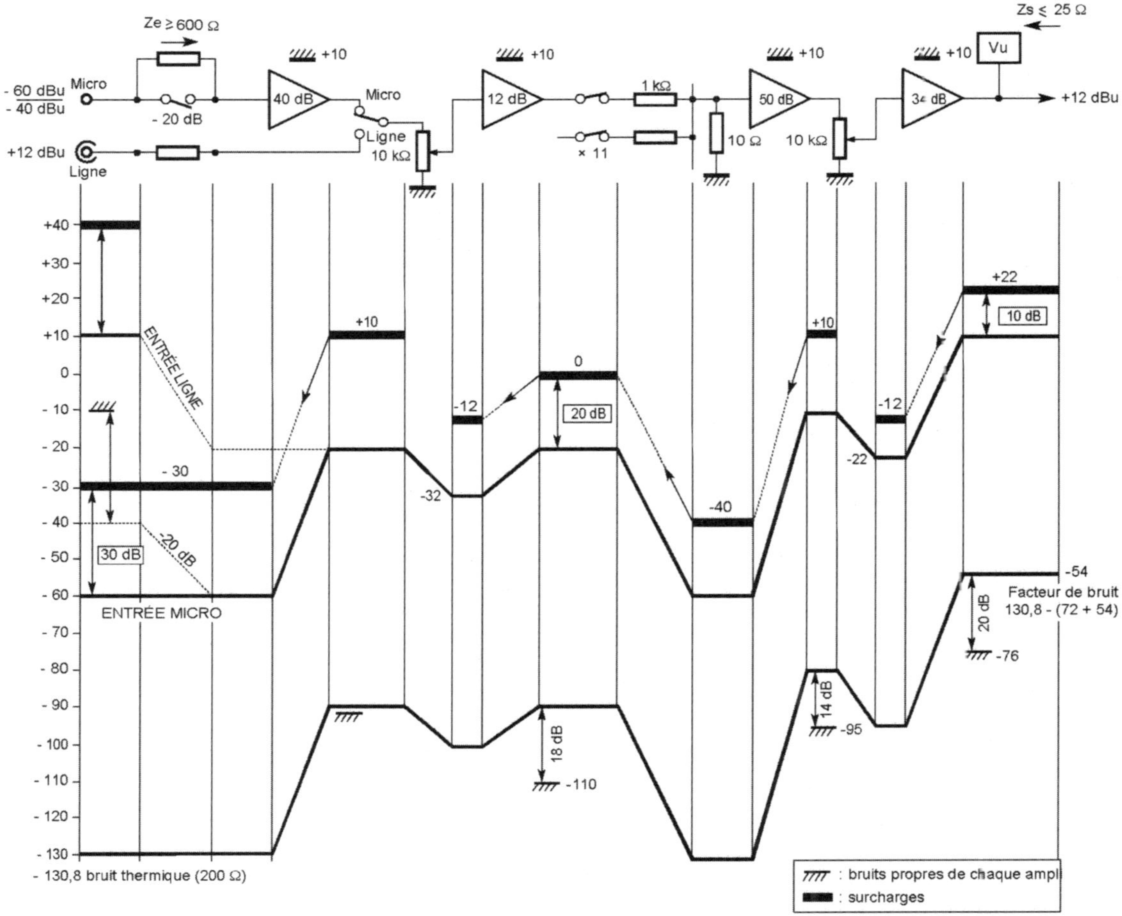

Figure 1.22 – Exemple d'un diagramme des niveaux d'une voie de console.

limite » de 0,2 dB ; cela veut dire qu'entre une voie et 12 voies commutées sur une barre de mélange, le niveau nominal théorique au point de mélange baissera au maximum de 0,2 dB. Des résistances de mélange de 1 000 Ω et une résistance de charge de 10 Ω donneront un écart de niveau entre une voie et 12 voies commutées de 0,17 dB. L'affaiblissement de mélange sera de 40 dB. Affaiblissement qu'il faudra compenser par une amplification.

Un amplificateur de 12 dB est donc nécessaire entre le *fader* de voie et le point de mélange. Nous trouvons dans l'ordre :

- un potentiomètre de gain général avec une réserve de 12 dB comme pour le potentiomètre de réglage de voie ;
- un VU-mètre directement sur la sortie ligne, le niveau nominal de + 12 dBu de sortie et l'impédance interne ≤ 25 Ω nous le permettent ;
- un atténuateur de 20 dB insérable sur l'entrée ;
- une entrée ligne commutable sur le potentiomètre de voie.

Remarquons qu'un atténuateur de 72 dB sur l'entrée micro pourrait aussi être une solution. Mais cette solution risquerait d'« être trop bruyante » (signal/bruit 65 dB au mieux en sortie pour 85 dB avec la première solution).

Ce dernier point est important, il montre que le choix d'un point d'insertion peut être déterminant pour la qualité finale. Ceci est aussi valable pour les fonctions principales (points de mélange, de réglage de gain, de correction, etc.). De ce fait les diagrammes de niveau peuvent être très différents entre produits spécialisés comme par exemple un pupitre de diffusion Broadcast, un pupitre de mixage film, une console de prise de son classique ou variétés, etc.

Remarques

Les réserves de l'entrée à la sortie évoluent en fonction de la difficulté de maîtrise des niveaux. On dispose de 30 dB sur l'entrée « non contrôlée », 20 dB après le premier réglage de niveau et 10 dB après le second (*figure 1.23*).

Mais n'oublions pas qu'après ces réglages la réserve de sortie se retrouvera sur l'entrée, du moins si les niveaux tout au long de la chaîne sont bien réglés et ce ne sera certainement pas le cas en travaillant avec les potentiomètres généraux à – 20 dB !

Pour limiter ces erreurs d'exploitation, les fabricants insèrent souvent des indicateurs de surcharges (L.E.D.) en différents points critiques de la console.

La connaissance de l'évolution du niveau maximum tout au long de la chaîne permet de savoir s'il est possible d'adopter d'autres niveaux nominaux (pour un nouveau « produit catalogue » par exemple).

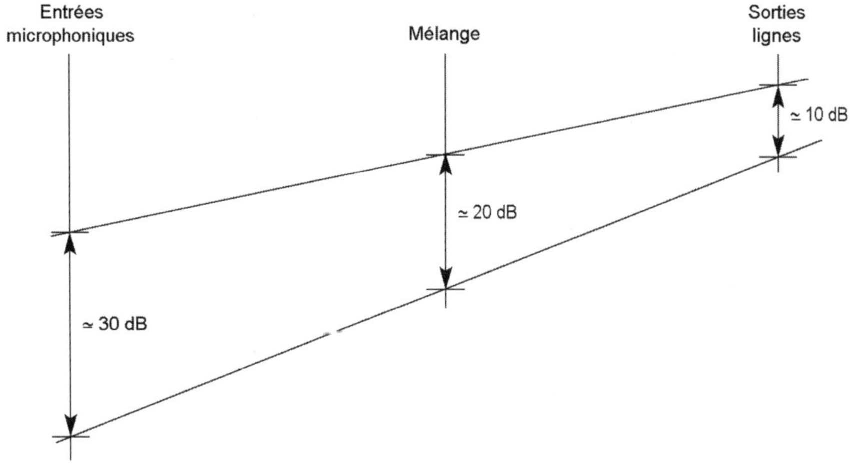

Figure 1.23 – Réserves d'une console de prise de son.

Le facteur de bruit est déjà déterminé après l'amplificateur d'entrée, les bruits propres des amplificateurs du reste de la chaîne sont nettement en dessous du diagramme. Le point critique à ce sujet est le bruit qui risque d'être amplifié en augmentant le gain à l'aide du potentiomètre général. Ce bruit est souvent généré par l'amplificateur à grand gain qui suit le mélange. Dans notre cas, le recul de bruit de 15 dB est suffisant pour pouvoir amener le curseur du potentiomètre général au maximum.

1.4 Les conversions analogique/numérique

La numérisation a été vécue comme une révolution car elle apportait à l'exploitant de nouvelles possibilités. Elle permettait de maintenir un niveau de qualité dans les transferts successifs et d'améliorer la qualité intrinsèque du signal sur certains paramètres (bande passante, phase, pleurage et scintillement). La qualité était alors binaire (très bonne ou très mauvaise).

Puis, principalement pour des raisons économiques, les systèmes de réduction de débit sont apparus sur le marché. Cela a eu pour conséquence directe un fait nouveau : la qualité d'un signal audionumérique peut aller de l'excellence à la catastrophe, en passant par tous les stades intermédiaires.

Les nouvelles possibilités liées aux technologies audionumériques ont favorisé l'essor de celles-ci (enregistrements, traitements, montages et transport peuvent désormais être effectués sans dégradation). L'augmentation des performances des composants, ainsi que la diminution des coûts ont également fortement contribué au développement des technologies numériques.

Les technologies audionumériques sont différentes des technologies audio analogiques. Elles sont basées sur des technologies informatiques et des algorithmes de calculs. Les bandes passantes nécessaires pour traiter les signaux audionumériques sans réduction du débit sont de 100 à 1 000 fois plus élevées. En audionumérique, une bande passante minimum de 6 MHz est nécessaire pour restituer un signal audio analogique de 20 kHz. L'exploitation liée à ces technologies sera donc profondément modifiée.

1.4.1 *Préambule*

Les microphones délivrent un signal analogique et les haut-parleurs ne sont pas numérisés. Il subsiste encore beaucoup de consoles et d'enregistreurs analogiques. De très nombreux enregistrements sont et resteront analogiques. Les signaux audio analogiques doivent donc être souvent convertis en numérique.

La qualité de l'étage analogique est primordiale. Afin de pouvoir tirer la quintessence d'un très bon convertisseur, l'étage d'entrée doit avoir été conçu suivant les règles de l'art.

1.4.2 *La conversion PCM*

✦ Principe

La conversion PCM (*Pulse Code Modulation*) est constituée d'un filtre analogique, d'un échantillonneur bloqueur et d'un quantificateur.

Le filtre est un filtre analogique destiné à éviter les effets de repliements de spectre. Ce filtre est difficile à réaliser, ce qui explique son prix élevé.

L'échantillonneur fixe une valeur et le bloqueur maintient cette valeur jusqu'au prochain instant d'échantillonnage.

Enfin, le quantificateur fait correspondre un mot numérique à chaque valeur issue du bloqueur.

La *figure 1.24* montre la chaîne d'une conversion PCM et l'aspect des signaux aux différentes étapes. Cette technologie atteint très vite ses limites, et les performances moyennes du filtre antirepliement rendent une conversion supérieure à 16 bits inutile. Les conversions vont donc évoluer vers d'autres technologies.

✦ Le bruit de quantification

Le bruit de quantification est directement lié au nombre de bits de la conversion. La quantification est discrète. L'erreur théorique sur un intervalle de temps est au maximum d'un demi-pas de quantification.

Pour un signal sinusoïdal, la valeur moyenne de bruit de quantification s'élève à $(q^2)/12$, q étant l'amplitude du pas de quantification. La densité spectrale de ce bruit se répartit de manière uniforme sur $1/2Fe$ (Fe étant la fréquence d'échantillonnage).

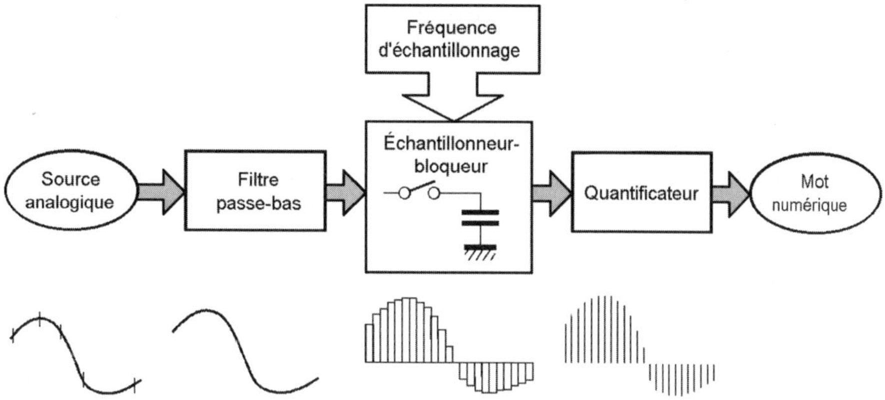

Figure 1.24 – Principe de la conversion analogique/numérique PCM.

Sur un instant d'échantillonnage, l'erreur maximale est réellement d'un demi pas de quantification. Dans la réalité, ce n'est pas le cas. Elle peut être très supérieure. Ceci est lié en particulier aux variations du signal, qui peuvent être plus rapides que la fréquence d'échantillonnage.

La répartition de la puissance de bruit est rectangulaire. La puissance de bruit est égale à $(q^2)/12$.

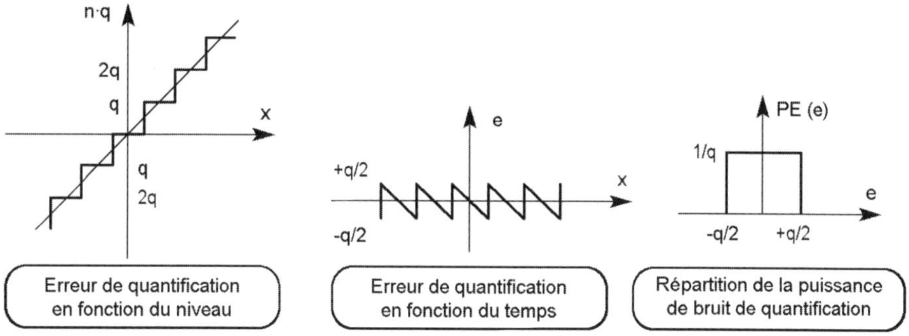

Figure 1.25 – Erreur de quantification et sa répartition.

Pour éliminer l'erreur de quantification, il est possible de rajouter un bruit analogique ou *dither*. Ce bruit de dispersion a pour effet de linéariser le processus de conversion. Ce bruit analogique peut avoir plusieurs répartitions spectrales : rectangulaire, triangulaire ou gaussienne. Évidemment, la contrepartie est une perte sur le rapport signal sur bruit.

Le *dither* ajoute une puissance de bruit $(q^2)/12$ pour le rectangulaire, $(q^2)/6$ pour le triangulaire et $(q^2)/4$ pour le gaussien. Cela correspond à une perte de respectivement 3, 4,8 et 6 dB sur le rapport signal sur bruit théorique.

Du point de vue psychoacoustique, le plus satisfaisant est le gaussien, mais c'est celui qui amène le plus de puissance de bruit. Le moins agréable est le rectangulaire ; le *dither* triangulaire représente le meilleur compromis, c'est donc le plus utilisé.

1.4.3 *La conversion à suréchantillonnage*

La technique du suréchantillonnage (en anglais *oversampling*) consiste à échantillonner le signal à une fréquence qui est un multiple de la fréquence d'échantillonnage de base. Ce multiple *k* est couramment 64, mais peut atteindre 256.

Le principe de base est le même que celui de la conversion PCM. Après le quantificateur, un filtre antirepliement en numérique et un décimateur dans un rapport *k* réalisent la conversion.

Dans ces conditions, les filtres antirepliement analogiques sont des simples filtres RC. Un filtre numérique n'est pas onéreux. Sa pente peut être très raide et sans rotation de phase. Il n'altère donc pas les performances du système.

✦ Mise en forme du bruit de quantification (*noise shaping*)

Après suréchantillonnage, le bruit de quantification est réparti uniformément sur une bande de fréquence égale à $kFe/2$.

Le *noise shaping* consiste à réinjecter ce bruit, en soustractif, à travers un filtre du premier ou second ordre.

Le résultat est un bruit qui est faible jusqu'à la fréquence de coupure du filtre et qui croît à partir de cette fréquence jusqu'à $kFe/2$.

Après décimation, toutes les fréquences élevées au-dessus de $Fe/2$, seront éliminées. Le résultat final est donc un bruit de quantification diminué, ainsi que le montre la *figure 1.26*.

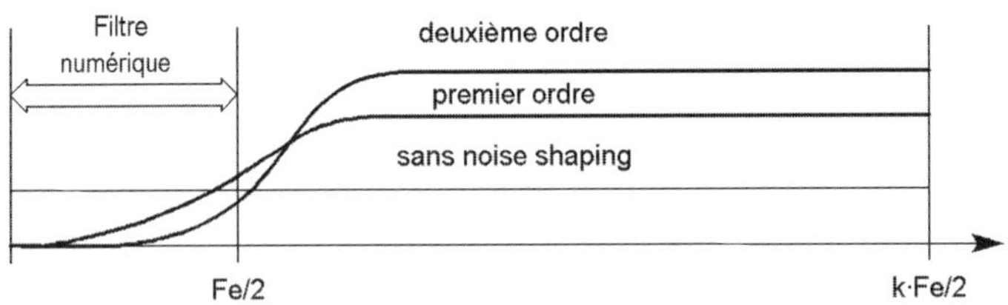

Figure 1.26 – Bruit de quantification avec et sans noise shaping.

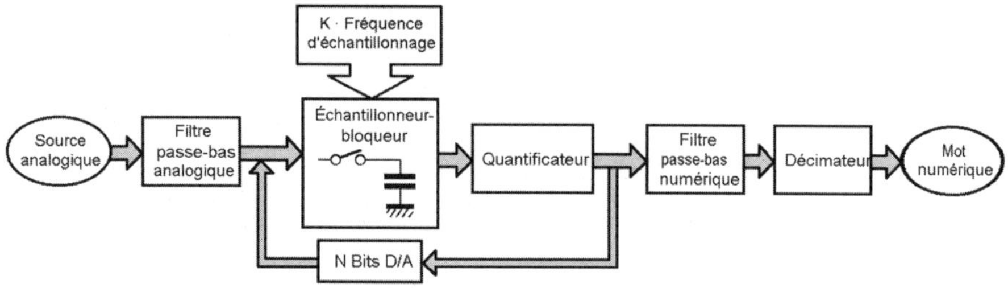

Figure 1.27 – Principe de la conversion analogique/numérique à suréchantillonnage avec noise shaping.

1.4.4 *La conversion sigma-delta*

Le suréchantillonnage poussé encore plus loin permet de diminuer le nombre de bits de quantification et de rendre ainsi plus simple l'intégration de l'échantillonneur bloqueur.

La conversion sigma-delta (en anglais *delta-sigma*) exploite cette possibilité au maximum puisqu'elle utilise une quantification à 1 bit et un suréchantillonnage à une fréquence très élevée. C'est pourquoi ce type de conversion est souvent appelé conversion *one bit*. C'est la technologie la plus répandue actuellement.

L'échantillonneur bloqueur se réduit alors à un simple comparateur, d'où l'utilisation d'un modulateur delta.

Un modulateur delta est basé sur le changement d'état entre deux fronts d'horloge si la variation de tension est supérieure à une référence.

La *figure 1.28* montre la densité d'échantillons en fonction de la variation de signal, pour une sinusoïde. Cela correspond à l'entrée et à la sortie d'un modulateur sigma-delta du premier ordre.

Afin d'améliorer les performances des modulateurs sigma-delta, ceux-ci peuvent avoir plusieurs ordres. L'ordre correspond au nombre de boucles d'intégration du modulateur sigma-delta.

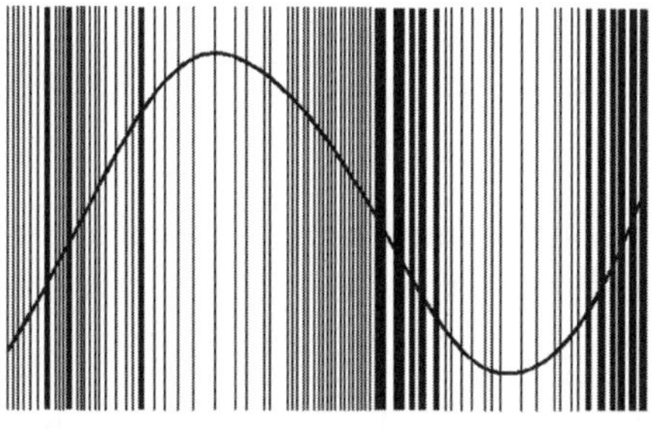

Figure 1.28 – Entrée et sortie d'un modulateur sigma-delta du premier ordre.

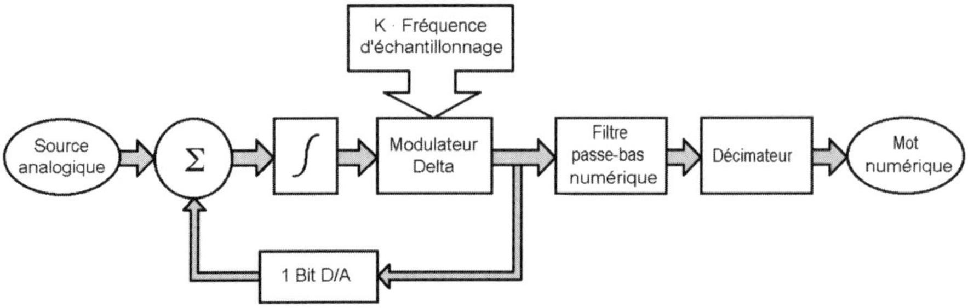

Figure 1.29 – Principe de la conversion analogique/numérique sigma-delta du premier ordre.

✦ **Le DSD (*Direct Stream Digital*)**

Le DSD est issu de la conversion sigma-delta. Le début du processus s'apparente à une conversion sigma-delta à 64 fois la fréquence d'échantillonnage. Mais il n'y a plus de filtre passe-bas et plus de décimation. On utilise directement un flux à haut débit.

Le bruit de quantification est élevé avec la technologie DSD. C'est pourquoi l'ordre du convertisseur est élevé, afin de réduire ce bruit à une valeur minimale.

Le DSD est le format adopté pour le SACD (Super Audio CD). La fréquence d'échantillonnage étant 44,1 kHz, le flux par voie audio s'élève à 44 100 × 64, soit 2,8224 Mbit/s.

L'amplitude du signal est représentée par la densité d'impulsions. Un simple filtre analogique permet ensuite de faire la conversion numérique/analogique et restituer le signal analogique.

En dehors du SACD, le DSD est actuellement peu utilisé.

1.4.5 *L'alignement du 0 dB Full Scale (0 dBFS)*

Plusieurs niveaux de référence ont été définis :

- le niveau maximum qui est le niveau de saturation numérique : 0 dBFS ;
- le niveau de travail également appelé niveau nominal ;
- le niveau d'alignement.

D'une part, il est nécessaire d'aligner le 0 dBFS entre les systèmes. D'autre part, en exploitation, il faut avoir une marge de réserve suffisante par rapport au 0 dBFS, tout en ayant la meilleure dynamique possible.

En numérique, on travaille en recul par rapport au 0 dBFS. Le niveau nominal et le niveau d'alignement sont choisis par rapport au 0 dBFS. L'UER (Union Européenne de Radiodiffusion) recommande un niveau de travail à – 9 dBFS et un niveau d'alignement à – 18 dBFS.

En diffusion ou lors de la réalisation d'un produit final comme un CD, la marge entre le niveau de saturation et le niveau nominal est souvent beaucoup plus faible que les 9 dB recommandés en production.

Le niveau de saturation analogique doit être supérieur ou égal au niveau correspondant au 0 dBFS.

En numérique, la moindre saturation est catastrophique. C'est pourquoi le VU qui a un temps de montée de 300 ms ne doit pas être utilisé comme indicateur principal. Il est nécessaire d'utiliser un crête-mètre. Le VU peut être utilisé comme indicateur secondaire pour visualiser le niveau moyen. Un VU utilisé en indicateur principal nécessiterait une marge considérable entre le niveau de travail et le niveau de saturation, donc une exploitation non optimisée.

Le niveau de travail analogique normalisé en Europe est + 6 dBu. En France, il est souvent plus élevé : + 12 dBu.

Si on adopte le niveau de travail de + 12 dBu et la marge recommandée par l'UER, cela signifie que le niveau 0 dBFS doit être réglé à + 12 dBu + 9 dB, soit + 21 dBu.

Un niveau d'alignement de – 18 dBFS correspondra alors à – 9 sur un crête-mètre dont le 0 est aligné sur + 12 dBu, ou à + 3 VU.

La *figure 1.30* visualise un alignement 0 dBFS pour + 15 dBu et 0 dBFS pour + 21 dBu.

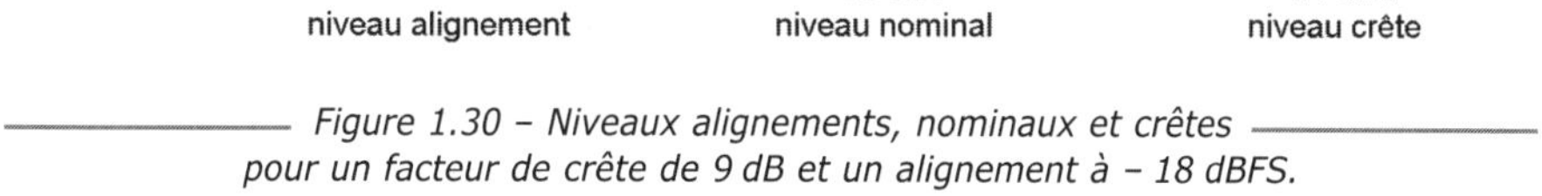

Figure 1.30 – Niveaux alignements, nominaux et crêtes pour un facteur de crête de 9 dB et un alignement à – 18 dBFS.

1.4.6 *Performances des conversions analogique/numérique*

Les fréquences d'échantillonnage maximales auxquelles ces circuits travaillent sont couramment 48 ou 96 kHz. Certains vont jusqu'à 192 kHz. Les circuits de conversion analogique/numérique actuels fonctionnent sur 20 ou 24 bits.

En dynamique, il y a peu de différence entre les 24 bits et les 20 bits. Un convertisseur 20 bits de bonne qualité peut avoir une meilleure dynamique qu'un 24 bits moyen. La différence est surtout effective sur le bruit de fond.

✦ Dynamique théorique

De plus en plus, les exploitants ont tendance à utiliser des convertisseurs 24 bits/96 kHz car de plus en plus de systèmes utilisent ce format (le DVD en est un exemple).

Le fait de travailler en 24 bits est un plus. Toutefois, cette configuration nécessite plus de ressources DSP et de mémoire de stockage. Un circuit DSP (*Digital Signal Processor*) est un circuit spécialisé dans les calculs.

Beaucoup de stations de travail enregistrent soit en 16 bits, soit en 24 bits. L'intérêt de travailler en 20 bits peut cependant être justifié pour garder la meilleure résolution lors des différents traitements, avant de finaliser en 16 bits.

✦ Dynamique réelle

La linéarité d'un système donne une très bonne approximation de la dynamique utilisable.

La linéarité est le niveau de sortie en fonction du niveau d'entrée. Ce devrait être une droite pour un niveau compris entre le niveau de saturation et ce même niveau moins $(6n + 2)$ dB, quelle que soit la fréquence en entrée.

La linéarité réelle dépend de la fréquence.

Si l'on considère qu'un système qui s'écarte de plus de 1 dB de la théorie n'est plus linéaire :

- à 1 kHz, les meilleurs 24 bits ont actuellement une linéarité de 22 bits à 1 kHz et de 20 bits à 18 kHz ;
- à 1 kHz, les meilleurs 20 bits ont une linéarité de 20 bits à 1 kHz et de 19 bits à 18 kHz.

A contrario, il est possible de trouver des conversions en 20 bits ayant une linéarité de 18 bits à 1 kHz et de 15 bits à 18 kHz.

Dans le pire des cas, pour une conversion 20 bits, la dynamique a une valeur de 90 dB à 18 kHz et 100 dB à 1 kHz.

Il faut toutefois relativiser. Si les anciens convertisseurs 16 et 18 bits avaient des performances qui laissaient à désirer, les moins bons des convertisseurs 20 bits ont des dynamiques équivalentes aux meilleurs matériels analogiques.

✦ Fréquence d'échantillonnage

Les avis sont plus partagés sur l'utilisation d'une fréquence d'échantillonnage à 96 kHz et encore plus à 192 kHz.

Si l'on s'en tient à la bande passante, une fréquence d'échantillonnage de 44,1 ou 48 kHz est suffisante ; les ressources DSP supplémentaires liées au 96 kHz ou au 192 kHz sont inutiles.

Toutefois, il ne faut pas s'en tenir à ce seul fait. En effet, deux autres paramètres sont à prendre en considération. Le premier est la résolution temporelle de l'oreille qui nécessiterait, suivant certains experts, d'utiliser le 192 kHz. Le second est la vitesse de transfert qui est divisée par 2 ou 4. Si à $Fe = 48$ kHz, le temps de transfert d'un convertisseur est 2,0 ms, il descendra à 1,0 ms à 96 kHz et à 0,50 ms à 192 kHz.

✦ **Rapport signal sur bruit**

Le bruit en sortie de convertisseur est la concaténation du bruit lié à la partie analogique et à la partie numérique.

Le rapport signal sur bruit théorique maximal d'une conversion n bits est $6n + 2$.

Si un *dither* est validé, on doit encore retrancher X dB à ce rapport (4,8 dB pour un *dither* triangulaire *cf.* § 1.4.2).

La valeur réellement obtenue est souvent la valeur théorique pour les convertisseurs 16 bits, s'ils ont une partie analogique performante.

En ce qui concerne les convertisseurs 20 et 24 bits, c'est la partie analogique qui limite le rapport signal sur bruit.

1.5 Les conversions numérique/analogique

1.5.1 *Préambule*

Comme pour les conversions analogique/numérique, la qualité de l'étage analogique est importante. Les concepteurs ont récemment pris conscience qu'une conversion numérique/analogique de très bonne qualité pouvait également être fondamentale. Ceci explique qu'il est actuellement plus difficile de trouver des convertisseurs N/A que des A/N avec réellement de très bonnes caractéristiques.

1.5.2 *La conversion PCM*

Elle consiste à associer à chaque valeur numérique une tension électrique. Plusieurs méthodes existent : réseau de condensateurs ou de résistances, réseau à source de tension ou de courant. On obtient alors un signal discontinu, le pas de chaque marche correspondant à la résolution du convertisseur. Un filtre passe-bas lisse ce signal en escalier pour donner la forme d'onde finale.

Les limitations sont les mêmes que pour la conversion analogique/numérique : la difficulté de réaliser un filtre analogique à pente très raide, performant à un prix raisonnable.

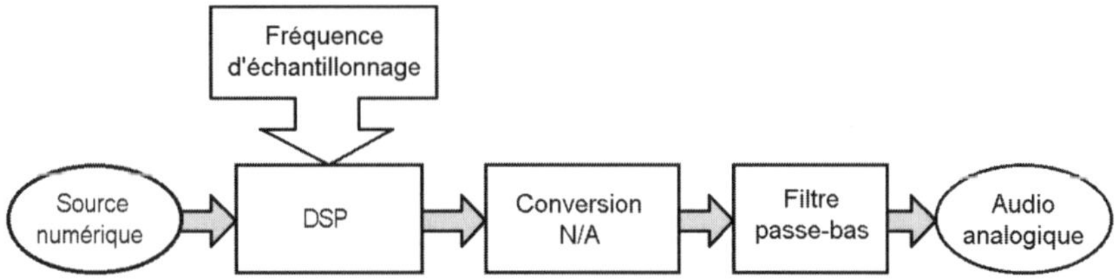

Figure 1.31 – Principe de la conversion numérique/analogique PCM.

1.5.3 *La conversion à suréchantillonnage*

Le signal numérique est rééchantillonné à *kFe*, *Fe* étant la fréquence d'échantillonnage. Cela consiste donc à effectuer un processus d'interpolation.

Cette opération est réalisée en deux étapes. La première consiste à insérer *k* – 1 échantillons d'amplitude nulle entre deux échantillons originaux. Un filtre numérique passe-bas effectue le calcul d'interpolation et donne une valeur effective à ces nouveaux échantillons.

La suite est identique à la conversion PCM, à la différence du filtre analogique passe bas qui est très simple et n'altère pas les performances du convertisseur, d'où l'intérêt du suréchantillonnage.

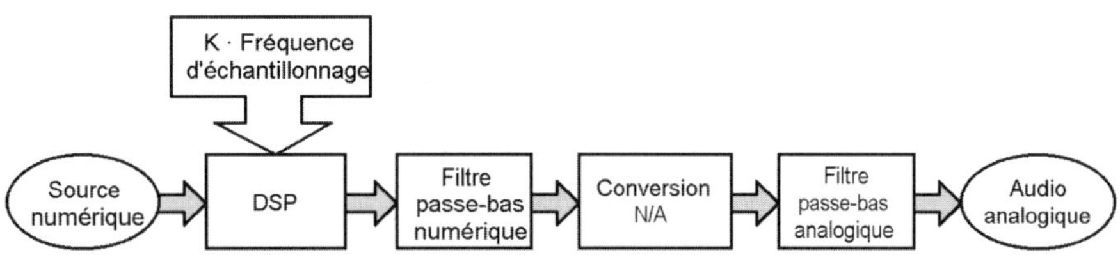

Figure 1.32 – Principe de la conversion numérique/analogique à suréchantillonnage.

1.5.4 *La conversion sigma-delta*

Le signal est d'abord suréchantillonné avec un filtrage numérique du même type que précédemment. Ensuite un modulateur sigma-delta transforme les mots de *n* bits en 1 bit. Un simple filtre passe bas permet de retrouver le signal analogique original (*figure 1.33*).

1.5.5 *Alignement du 0 dB* Full Scale *(0 dBFS)*

L'alignement du 0 dBFS est moins critique que pour la conversion analogique/numérique. Il est cependant cohérent d'adopter le même réglage que pour la conversion analogique/numérique, à condition que le 0 dBFS corresponde à un niveau inférieur ou égal au niveau maximum analogique.

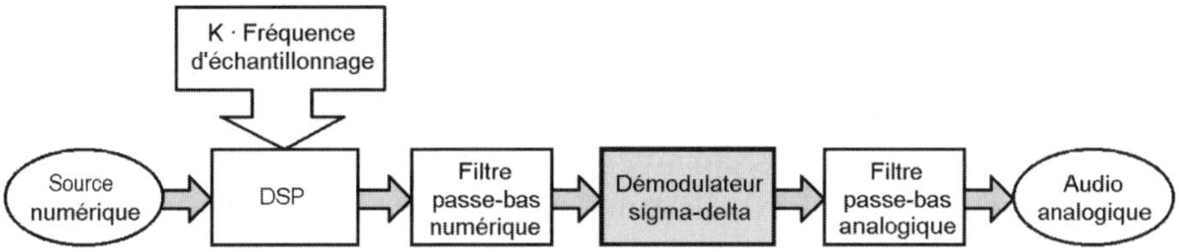

Figure 1.33 – Principe de la conversion numérique/analogique sigma-delta.

1.5.6 *Les performances des conversions numérique/analogique*

Les performances des circuits de conversions numérique/analogique ont suivi celles des conversions analogique/numérique, avec quelques années de décalage.

Les performances des meilleurs circuits de conversion N/A se rapprochent de celles des meilleurs circuits de conversion A/N. Néanmoins, il subsiste une très grande disparité de qualité, y compris sur des circuits de dernière génération travaillant sur 24 bits.

Les fréquences d'échantillonnage maxi auxquels ces circuits travaillent sont couramment 48 ou 96 kHz. Actuellement, très peu atteignent 192 kHz. La technologie évoluant rapidement, il faut s'attendre à leur développement.

1.6 Les traitements numériques

1.6.1 *Introduction*

Le simple fait de donner du gain est un traitement numérique (*cf.* chapitre 4). Dans une console, une station de travail ou un appareil de traitement de modulation, les traitements numériques ne se résument pas à un simple gain. Ils sont souvent complexes et nécessitent beaucoup de puissance DSP.

La résolution d'un signal, audio ou non, est la plus petite quantification effective de ce signal.

Pour ne pas perdre de résolution lors des calculs successifs, les bits du signal audio (au nombre de 16 à 24) doivent être véhiculés par un bus dont la résolution est nettement supérieure. C'est le cas de tous les bus des consoles numériques. Malheureusement, ce n'est pas le cas des convertisseurs de fréquence, qui eux ne travaillent pas sur de tels bus.

1.6.2 *Les conversions numérique/numérique*

Mélanger plusieurs sources numériques nécessite impérativement que celles-ci soient à la même fréquence d'échantillonnage.

Un convertisseur de fréquence d'échantillonnage permet de synchroniser différentes sources audionumériques qui ne l'ont pas été par une même horloge.

Dans les faits, un DSP est utilisé pour réaliser cette opération dans les consoles et les convertisseurs externes. Dans les stations de travail, cette opération est en général réalisée par les ressources du processeur (PC ou Mac). Cette opération est parfois réalisée sur carte spécifique possédant son propre DSP. Cela permet de libérer de la ressource pour mieux réaliser une opération, ou en réaliser plusieurs simultanément.

Le résultat d'une conversion de fréquence d'échantillonnage est soit une décimation si l'on doit passer à une fréquence d'échantillonnage inférieure (on enlève des échantillons), soit une interpolation si l'on doit passer à une fréquence d'échantillonnage supérieure (on en rajoute).

Les fréquences d'échantillonnage de départ et de fin ne sont quasiment jamais dans un rapport entier. Les algorithmes sont donc complexes et les systèmes doivent travailler en temps réel pour les appareils extérieurs ou bien les DSP intégrés dans des consoles.

Les meilleurs convertisseurs à base de DSP travaillent sur 24 bits et ont une résolution effective maximale de 23 bits.

Même s'ils sortent un mot numérique de 24 bits, beaucoup de DSP actuels travaillent sur 20 bits. Leur résolution réelle est donc inférieure.

Les stations de travail peuvent avoir une résolution effective équivalente aux meilleurs DSP, à la condition d'accepter que la conversion s'effectue après acquisition et pas en temps réel. Les ressources DSP nécessaires à une conversion de fréquence d'échantillonnage sont très importantes et ne sont pas prioritaires. La priorité est donnée à la gestion de l'enregistrement/lecture sur le disque, puis au traitement de voie. Une conversion en temps réel sur une station de travail a pour conséquence un résultat qui peut avoir une résolution finale basse et une distorsion conséquente.

Pour une durée fixée, la qualité des conversions de fréquence sur une station de travail dépend d'une part de l'optimisation des algorithmes et d'autre part de la puissance du processeur de la station de travail.

1.6.3 *Les bus à virgule fixe et à virgule flottante*

Les bus travaillant à virgule fixe ont des résolutions qui atteignent actuellement 56, voire 64 bits. Ils sont extrêmement performants sur les niveaux audio élevés, mais ce n'est plus le cas sur des niveaux faibles.

Les bus à virgule flottante ont couramment 32 bits. Ils peuvent atteindre 40 ou 48 bits. Un bus de 32 bits est constitué de 24 bits pour la mantisse et de 8 bits pour l'exposant. Ce type de bus est très intéressant dans les faibles niveaux. En effet, la résolution est moins grande, mais elle est conservée sur toute la dynamique.

1.7 Le transport des signaux audionumériques

1.7.1 *Introduction*

Du microphone à la finalisation ou à la diffusion du produit, en passant par la console, il est nécessaire de transporter les signaux audionumériques.

Pour véhiculer un seul signal audio numérique, les formats les plus couramment rencontrés sont les formats AES/UER et SPDIF.

Pour transporter plusieurs signaux audionumériques, la meilleure solution est d'utiliser un système de multiplexage. Raccorder un système d'enregistrement multipiste à un autre équipement en est un exemple.

Il existe de nombreux systèmes de multiplexage. Le MADI (*Multichannel Audio Digital Interface*) est le seul système de multiplexage normalisé. Il est également connu sous l'appellation AES 10.

1.7.2 *Le transport d'un signal suivant les normes AES3 / AES 3Id et SPDIF*

L'AES (*Audio Engineering Society*) a normalisé un signal audionumérique stéréo en 1985. Depuis cette date, plusieurs amendements ont enrichi cette norme connue sous l'appellation AES3.

Celle-ci a également été adoptée par l'UER (Union Européenne de Radiodiffusion).

L'AES 3 est capable de véhiculer un signal comportant 24 bits à une fréquence d'échantillonnage de $Fe = 192$ kHz.

La norme AES 3Id diffère de l'AES 3 uniquement par son interface physique.

La norme SPDIF (*Sony Philips Digital Interface*) correspond au protocole grand public de la norme AES 3.

Le signal AES comporte 8 bits en plus des 24 affectés à l'audio. Comme c'est un signal stéréo, le débit est donc : $Fe \times 32 \times 2$. À 48 kHz, il s'élève à 3,048 Mbit/s.

✦ AES 3 et AES 3Id

Un descriptif résumé en français des interfaces physiques est donné ci-dessous. Il en est de même pour les protocoles décrits en annexe 1. Les normes sont disponibles auprès de l'AES [4].

En ce qui concerne le protocole, certains bits non audio sont très importants. Ils correspondent à des labels et caractérisent le signal audio. Dans les faits, ils ne sont pas toujours conformes à la réalité. Dans ce cas, si le signal AES rentre sur un équipement qui analyse le protocole, un mauvais fonctionnement ou un blocage est possible.

La norme AES 3 utilise une paire symétrique. Elle ne définit pas de longueur de câble maximale. Elle définit une tension minimum et une gigue d'horloge maximale en entrée. Cette gigue est appelée *jitter*.

Cependant, on peut considérer que si l'on possède un câble AES de qualité correcte, une distance d'au moins 100 m peut être effectuée sans problème entre deux équipements.

Si l'on utilise un coaxial suivant la norme AES 3Id, cette distance augmente jusqu'à 300 m. Il est même possible d'atteindre 1 000 m dans les meilleures conditions.

Au-delà de cette distance ou si les conditions ne sont pas remplies, la seule possibilité est d'utiliser des systèmes qui permettent de transporter de l'AES sur fibre.

✦ Les interfaces physiques

AES 3

Le codage du signal AES est un codage biphase-mark (*cf.* § 8.1 du tome 1 pour plus de précisions sur les différents codes). L'horloge correspond à 2 fois celle du débit. La bande passante devra donc correspondre à 2 fois le débit.

Si *Fe* est la fréquence d'échantillonnage, le débit correspond à 64*Fe*. La bande passante devra donc être au moins 128*Fe*.

Si la fréquence d'échantillonnage de base est 48 kHz, le débit est 48 000 × 64 soit 3,0 Mbits et la bande passante 6 MHz.

La période horloge du codage biphase-mark est appelée *Unit Interval* (UI). À 48 kHz, le débit est 3,048 Mbit/s. La période du code est 1/(2 × 3,048) µs. 1 UI est alors égal à 162,8 ns. Il y a 128 UI dans une trame AES.

Les entrées/sorties sont symétriques sur XLR.

L'impédance caractéristique des entrées, des sorties et de la paire de transport doit être 110 Ω ± 20 % sur 128*Fe* (*Fe* = fréquence d'échantillonnage).

Tension de sortie du signal AES : elle doit se situer entre 2 et 7 V crête-crête.

Jitter en sortie d'équipement : Les récents additifs définissent un *jitter* qui doit être inférieur à 0,025 UI sur une bande de 700 Hz-100 kHz. Cela donne 4 ns à 48 kHz de fréquence d'échantillonnage.

Tension d'entrée :

Elle doit être au minimum égale à 200 mV pendant la moitié de la période du code biphase-mark.

La *figure 1.34* montre que le diagramme de l'œil doit être à l'extérieur du gabarit réalisé par une tension de 200 mV (V_{min}) pendant un temps égal à 1/2 UI (T_{min}).

L'œil est constitué par la superposition des fronts du signal AES : positifs et négatifs, montants et descendants. Plus l'œil est ouvert, plus le signal AES est bon. Plus l'œil est fermé, plus le signal est critique.

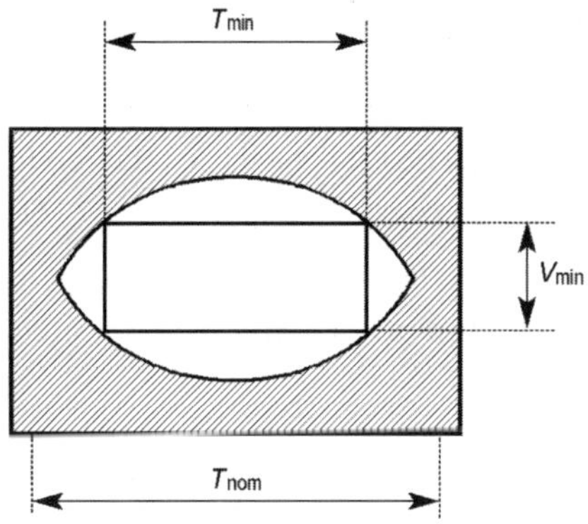

T_{min} : 0,5 × T_{nom}

V_{min} : 200 mV

Figure 1.34 – Gabarit minimum du diagramme de l'œil.

Jitter maxi en entrée d'équipement :

Le *jitter* maxi en entrée était ± 20 ns sur 0-100 kHz. Les récents additifs ont modulé ces valeurs :

- 0,25 UI au-dessus de 8 kHz (correspondant à un gabarit de 40 ns à 48 kHz) ;
- 10 UI en dessous de 200 Hz ;
- décroissant linéairement de 10 UI à 0,25 UI de 200 Hz à 8 kHz.

AES 3Id

La norme AES 3Id est une évolution de la norme AES3.

Le protocole est identique, mais l'interface physique est différente. Il s'agit d'une interface dissymétrique, de type BNC. Le signal audionumérique est donc transporté par un coaxial.

Les entrées/sorties doivent avoir une impédance de 75 Ω de 0,1 à 6 MHz.

Le coaxial doit avoir une impédance de 75 Ω sur cette même bande.

La tension de sortie doit être de 1 V ± 0,2 V.

Tension d'entrée : elle doit être au minimum de 320 mV pendant la moitié de la période du code biphase-mark.

SPDIF

Protocole : voir l'annexe 1.

L'interface physique correspond soit à du Cinch/RCA, soit à une interface optique TOSlink.

Caractéristique de l'interface RCA :

- l'impédance des prises en sortie est 75 Ω sur une bande 0,1-6 MHz ;
- la tension en sortie est 0,4 à 0,6 V crête-crête ;
- l'impédance du coaxial qui les relie est 75 Ω ;
- l'impédance en entrée est de 75 Ω ;
- la tension minimum en entrée est 0,2 V crête-crête. Celle maxi est 0,6 V.

Interface optique :

Elle a été inventée par Toshiba. Elle est conçue pour transporter un signal audio par une fibre plastique. La longueur d'onde est 660 nm.

Il y a 2 types de connecteurs : un connecteur carré de 0,25 pouce et un connecteur qui ressemble à un mini jack.

1.7.3 *Le transport de signaux suivant la norme de multiplexage AES 10*

Elle permet de véhiculer plusieurs canaux audio mono ou stéréo au standard AES 3 sur un coaxial ou une fibre.

Un amendement de cette norme est paru en 2003. Il est possible de transporter :

- soit 64 canaux audio à 48 kHz, ou 32 canaux audio à 96 kHz ;
- soit 56 canaux audio à 48 kHz +/– 12,5 %, ou 28 canux audio à 96 kHz +/– 12,5 %.

Comme les signaux audio sont au standard AES 3, les fréquences d'échantillonnage 44,1 et 32 kHz peuvent tout à fait être utilisées. L'utilisation du 192 kHz est également envisageable, en utilisant deux liens de transport.

1.7.4 *Le câblage en audionumérique*

À la fréquence d'échantillonnage de 48 kHz, la bande passante doit atteindre au moins 6 MHz. À 96 kHz, la valeur minimum est 12 MHz. Les techniques de câblage audionumériques n'ont rien à voir avec les techniques de câblage audioanalogiques. Elles s'apparentent beaucoup plus aux techniques de câblage vidéo. Toute rupture d'impédance est à proscrire absolument. L'impédance doit être constante d'un bout à l'autre de la chaîne. En AES 3, c'est 110 Ω.

Une rupture d'impédance entraîne des phénomènes d'écho, comme en vidéo ou en HF. Un Y, même si l'extrémité n'est pas raccordée, peut aboutir à la disparition pure et simple du signal AES.

Les Y, cordons Cinch-XLR qui sont naturels en analogique doivent donc disparaître en numérique. Comme en vidéo, on utilise des distributeurs pour envoyer un signal AES sur plusieurs destinations. Les adaptateurs passifs ou actifs seront utilisés pour passer de BNC ou Cinch à XLR et réciproquement.

1.8 Les systèmes de réduction de débit

1.8.1 *Les nouvelles nécessités*

Une fois numérisé, le signal audio peut subir des transformations visant à en réduire son débit, c'est-à-dire le nombre d'informations par seconde, et aussi à en réduire le « poids », c'est-à-dire le nombre total de bits nécessaire pour son stockage. En effet, les formats traditionnels, 16 bits - 44,1 kHz ou 48 kHz, demandent des débits importants lorsqu'ils sont exploités « en linéaire ».

Dans le domaine de la diffusion radiophonique, le numérique a changé la donne. Pour transporter un signal audio analogique dont la bande passante est 20 kHz, il faut une ligne spécialisée analogique avec une bande passante de 20 kHz. Tandis que pour véhiculer le même signal sous une forme numérique, il est nécessaire d'avoir une bande passante de 6 MHz lorsqu'on utilise le signal AES ! Dans la pratique, c'est la bande passante que font payer les opérateurs. Le coût est donc sans rapport si le signal est transporté en linéaire.

En outre, de nouveaux médias comme internet ne peuvent pas véhiculer des informations à haut débit en temps réel, il a fallu trouver des moyens « d'alléger » le signal pour le faire passer par ce canal.

Ainsi se sont développés de nouveaux formats dont la qualité est très inégale, en fonction du type d'algorithme utilisé pour la réduction de débit.

1.8.2 *Le principe*

La réduction de débit est un système de codage à la diffusion (ou à l'enregistrement) et de décodage à la réception (ou à la lecture). Plusieurs technologies existent et les taux de réduction sont extrêmement variables selon le but recherché, maximum de réduction ou maximum de qualité (voir le développement en § 8.5.2 du tome 1).

Un système de réduction de débit, quel qu'il soit, implique nécessairement une perte de qualité. Cette perte de qualité peut être acceptable ou ne pas l'être du tout, en fonction des critères de production ou de diffusion.

Le terme de « compression », souvent employé, est un abus de langage. C'est bien d'une réduction de débit qu'il s'agit. On supprime les informations que l'on considère comme inutiles.

Un signal audio stéréo échantillonné sur 16 bits à 48 kHz a un débit de $2 \times 16 \times 48\,000 = 1\,536$ kbit/s. Lorsque l'on utilise une réduction de débit à 128 kbit/s, comme c'est souvent le cas en mp3, on élimine physiquement $(1\,536 - 128)/1\,536$ kbit/s, c'est-à-dire 92 % du signal audio. Lors de la restitution du signal, il y a 8 % du signal original et 92 % de bruit et distorsion, que l'on espère non audibles !

La taille d'une trame est couramment de plus de 20 ms (24 ms en Mpeg couche 2 ou couche 3, à 48 kHz de fréquence d'échantillonnage). Effectuer un montage avec une telle résolution peut être très pénalisant en production.

Un « cascadage » est l'appellation courante pour une mise en cascade de systèmes (*cascading* en anglais). Un « cascadage » de réductions de débit dégrade encore plus le signal audio.

Si l'on cascade deux systèmes qui ont des algorithmes différents, le deuxième va éliminer des bits que le premier n'a pas supprimés. Les points faibles sont cumulés car il s'agit de réductions de débit qui ne travaillent pas sur le même principe.

Même si l'on met en cascade deux systèmes de réduction rigoureusement identiques, il y a une petite part d'aléatoire dans l'affectation des bits. En final, il y aura un peu moins de signal utile.

1.8.3 *Les applications*

Les systèmes de réduction se sont donc imposés dans différents domaines.

Dans les transmissions sur lignes téléphoniques, il existe de nombreux systèmes : les codecs à faible délai, comme ceux utilisant les codages en sous-bandes, ont un rôle important.

La famille des MPEG (*Movie Picture Experts Group*) exploite un principe d'affectation dynamique des données.

Le Mpeg couche 2 est utilisé principalement par les professionnels (en particulier dans de nombreux systèmes de diffusion).

Le Mpeg couche 3 se trouve dans le domaine grand public. Ce format est également connu sous l'appellation MP3.

Les produits de la société Dolby sont largement diffusés, en particulier l'AC3 qui est couramment utilisé pour le cinéma et dans les DVD. Le Dolby AC3 est aussi appelé Dolby Digital.

Le Mpeg AAC (*Audio Advance Coding*) et le Mpeg 4 Audio qui intègre l'AAC, sont très récents et commencent seulement à exister.

Il existe d'autres formats de réduction de débit comme l'ATRAC (*Adaptive Transform Acoustic Coding*) pour le MiniDisc (réduction de 1 à 5 par rapport au CD, voir chapitre 6), le Windows Media (WM) de Microsoft ou le RealAudio de RealNetworks qui sont plus axés sur les systèmes informatiques.

L'annexe 2 développe les caractéristiques des systèmes de réductions de débit en sous-bandes, Mpeg et Dolby.

1.9 La synchronisation des systèmes numériques

1.9.1 *La nécessité de synchroniser deux systèmes audionumériques*

La fréquence d'échantillonnage doit être la même en relecture pour que la hauteur du son soit identique.

Pour mélanger ou lire simultanément deux signaux audionumériques, toutes les fréquences d'échantillonnage doivent impérativement être rigoureusement identiques. Il en est de même pour réaliser un enregistrement synchrone.

Dans le cas contraire, des « clics » apparaîtront.

1.9.2 *Les synchro maître-esclave*

La première des possibilités est d'asservir l'appareil sur le signal AES entrant. C'est la solution la plus simple. S'il y a plus de deux appareils à synchroniser, un distributeur AES réalisera la synchro (on n'effectue pas d'Y en audionumérique). La sortie AES d'un appareil sera reliée à l'entrée du distributeur et les autres appareils seront connectés aux sorties du distributeur.

1.9.3 *Les générateurs de synchro*

Il y a deux différences principales entre un générateur de synchro et un distributeur AES : un générateur de synchro distribue plusieurs types de signaux et il génère un signal AES excellent. Dans le meilleur des cas, un distributeur régénère le signal audionumérique. Il ne distribue qu'un seul type de signal. La précision de la fréquence d'échantillonnage et le *jitter* sont identiques en sortie et en entrée d'un distributeur.

Plusieurs raisons peuvent rendre l'utilisation d'un générateur de synchro nécessaire : les entrées synchro des appareils ne sont pas du même type, le signal de synchro de l'appareil maître n'est pas suffisamment bon ou la distance entre les appareils est assez élevée.

1.9.4 *Les différents types de synchro*

Les trois signaux de synchronisations les plus utilisés sont le signal AES, le Word Clock et le Black Burst.

Le signal AES a été vu ci-dessus.

La norme AES 11 définit deux types de générateur de synchro AES, en fonction de la précision de leur fréquence d'échantillonnage. Un générateur de synchro est grade 1 si sa précision est à 1 ppm maxi (1 ppm = une part par million). Si celle-ci est à 10 ppm maxi, il est grade 2. Au-delà de 10 ppm, un appareil ne peut pas être considéré comme un générateur de synchro.

Le *Word Clock* (WC) est un signal carré TTL dont la fréquence est celle de la fréquence d'échantillonnage. La distance maxi recommandée est 20 pieds, soit environ 6 m.

Le Black Burst est un signal vidéo comprenant une synchro verticale, une synchro horizontale et une information de chroma. Ce signal est omniprésent sur les appareils en relation avec la vidéo.

Il existe d'autres signaux moins utilisés en audionumérique :

Le LTC : Le *Longitudinal Time code* est plus connu par son appellation SMPTE (*Society of Motion Picture and Television Engineers*). C'est un code longitudinal sur 80 bits. Il transporte les informations de trame, heures, minutes, secondes. Le lecteur se rapportera sur le chapitre des synchronisations pour plus de précisions. Enregistré longitudinalement, il peut avoir des « drops out » et est susceptible d'avoir du *jitter* (voir § 7.6).

Le VITC (*Vertical Interval Time Code*) véhicule les mêmes informations que le LTC, mais il est transporté entre les trames d'un signal vidéo. Contrairement au LTC, il a très peu de *jitter* (voir § 7.7).

Le SuperClock est un Word Clock à 256 fois la fréquence de celui-ci. La distance maxi recommandée des câbles reliant les entrées et les sorties SuperClock est très courte : 1 m.

Choix d'une synchro :

Lorsque le choix est possible, une synchro possédant un faible *jitter* est préférable : AES ou Word Clock si l'on a de faibles distances.

1.10 Précautions d'emploi

1.10.1 *La suppression des « cascadages »*

La succession de conversions, quelles qu'elles soient, ne peut qu'entraîner une dégradation des performances. Une fois que l'audio est converti en numérique, l'idéal est de rester à la même fréquence d'échantillonnage et de descendre le plus tard possible en résolution. Si l'on doit revenir en analogique, ou présenter un support final avec une fréquence d'échantillonnage ou une résolution différente, il est préférable de le faire en toute dernière phase. La réalisation d'un CD en 16 bits avec une fréquence d'échantillonnage à 44,1 kHz en partant d'une production effectuée en 20 bits avec une fréquence d'échantillonnage à 48 kHz en est un exemple.

1.10.2 *L'utilisation de* dither, noise shaping *ou UV22 pour éviter les effets de troncature*

Quand on passe d'un système numérique à un autre système numérique ayant un nombre de bits inférieur, il y a un effet de troncature du même ordre que le bruit de quantification. Cet effet de troncature peut même survenir quand on passe d'un système à un autre ayant le même nombre de bits. Une troncature peut amener la perte de plus de 2 bits de résolution. Un effet de troncature sur un système en 16 bits est audible. Cela peut également être le cas sur un système travaillant en 20 bits s'il y a des traitements derrière.

L'insertion d'un *dither* élimine cet effet de troncature. Mais ce *dither* introduit du bruit. Un *dither* triangulaire entraîne une perte de 4,8 dB sur le rapport signal sur bruit théorique (*cf.* § 1.4.2).

Pour réduire l'effet subjectif lié à la répartition uniforme du bruit sur tout le spectre audible, il existe la technique du *noise shaping*.

Cette technique est identique à celle utilisée pour les conversions analogique/numérique à suréchantillonnage (*cf.* § 1.4.3). En revanche, il n'y a pas de décimation qui élimine le bruit dans les fréquences élevées, comme dans ces conversions. La fréquence de coupure du filtre, dans la branche de réinjection, est choisie pour que la puissance de bruit se situe dans une zone de fréquence où l'oreille est le moins sensible (fréquences aiguës). La puissance de bruit du *noise shaping* est identique à celle du *dither*, mais la répartition n'est pas uniforme.

Quant à l'UV22, il est basé sur l'utilisation d'un signal non audible. Son rôle est identique au *noise shaping*.

Ces deux dernières techniques ne doivent pas être employées si elles sont suivies d'un traitement de signal multibandes. En effet, un tel traitement risquerait de faire apparaître ce bruit dans des zones où il serait audible et le bruit résultant serait plus dégradant qu'un simple *dither*.

✧ Positionnement d'un système de dither ou noise shaping

Dans une chaîne audionumérique, il doit se situer immédiatement avant le système qui a la plus petite résolution. Mettre plusieurs *dithers* n'est d'aucune utilité en ce qui concerne la linéarité. Par contre, cela dégrade le rapport signal sur bruit. (Si l'on met 2 *dithers* identiques, on perd 3 dB sur le rapport signal sur bruit).

Il est à noter qu'insérer un *dither* en *n* bits après un effet de troncature en *n* bits est inopérant. L'effet de troncature subsiste.

1.10.3 *La réduction du* jitter *pour diminuer la distorsion*

Le *jitter* peut se situer dans une large bande de fréquence allant de quelques hertz à 100 kHz. En conséquence, il est susceptible d'apporter de la distorsion. Elle n'est jamais élevée, mais quand on souhaite avoir un résultat final le meilleur possible, il faut en tenir compte.

1.10.4 *La suppression des conversions de fréquences d'échantillonnage*

La conversion de fréquence d'échantillonnage est un des points faibles de tout système numérique. Dans les stations de travail, les systèmes performants sont lents. Les convertisseurs de fréquences qui travaillent réellement en 24 bits sont onéreux.

Bien que sortant un mot AES de 24 bits, un certain nombre de convertisseurs ont une résolution effective inférieure à 20 bits.

Dans ces conditions, deux très bonnes conversions numérique/analogique – analogique/numérique peuvent donner un meilleur résultat qu'un tel convertisseur de fréquence !

1.10.5 *La résolution des problèmes de temps de transfert*

Les problèmes de temps de transfert peuvent exister à partir du moment où l'on mélange deux signaux.

Les constructeurs ont optimisé leurs systèmes pour que le temps de transfert soit constant, quels que soient les effets ou traitements en interne.

Les problèmes de temps de transfert et donc de phase sont liés aux sources.

Par exemple, si l'on veut mélanger deux signaux numériques, l'un étant sur une entrée « normale » et l'autre sur une entrée avec un convertisseur de fréquence d'échantillonnage, il faut tenir compte d'un décalage typique de 2 ms.

Ce décalage peut être moins évident à cerner. Chez un même manufacturier, il peut y avoir deux générations de cartes de conversion A/N qui peuvent s'insérer dans les slots d'extension d'une même console : 20 bits et 24 bits. Ces cartes peuvent tout à fait présenter une différence d'une demi-milliseconde de temps de transfert. Si on mélange des signaux audio issus de ces deux cartes, il y aura un décalage de phase non négligeable.

Donc, quand on mélange deux signaux audio, il est recommandé qu'ils soient issus du même type de convertisseur.

1.11 Conclusion

Dans les années 1980, le seul système numérique connu était le CD : résolution de 16 bits avec une fréquence d'échantillonnage de 44,1 kHz. Le numérique rimait avec qualité du CD. Ce n'est plus du tout le cas actuellement.

D'un côté, la qualité a été tirée vers le haut avec des résolutions de 24 bits en linéaire et des fréquences d'échantillonnage de 192 kHz.

De l'autre côté, on assiste à des réductions de débit de type MP3, avec des fréquences d'échantillonnage de 16 kHz (donnant une bande passante de 7 kHz) et des débits très faibles.

On réalise donc le « grand écart » en numérique. Ceci va probablement être encore accentué. Au final, l'appréhension de la qualité n'est pas du tout binaire. Elle peut varier dans des proportions encore plus grandes qu'avec les technologies analogiques.

La technologie numérique va continuer à évoluer. Les puissances DSP vont encore croître et des conversions supérieures à 24 bits vont apparaître sur le marché. On peut espérer être bientôt en présence de convertisseurs de fréquence de bonne qualité, à un coût raisonnable. Les algorithmes de réduction de débit vont aussi s'améliorer.

La partie numérique des convertisseurs va être encore meilleure, rendant encore plus importante les parties analogiques comme les préamplis micro.

La technologie numérique apporte des possibilités et une souplesse insoupçonnée comparée avec la technologie analogique. Elle permet une copie et un archivage de l'information sonore, sans dégradation (*cf.* le chapitre 6 sur les systèmes d'enregistrements).

Automation, mise en mémoire et rappel de configurations font partie des nouvelles capacités que les exploitants apprécient (*cf.* chapitre 4).

En contrepartie, de nouvelles contraintes sont apparues :

- synchronisation impérative ;
- câblage spécifique ;
- bande passante considérable et coûts liés à cette bande ;
- système de réduction de débit permettant de réduire cette bande et recherche d'une limite « acceptable » de la dégradation liée à cette réduction.

1.12 Bibliographie : normes et publications techniques

[1] A. Didier. *Physique appliquée à la reproduction des sons et des images* – Masson & Cie (1964).

[2] L. Chatenay. *Technologie basse fréquence* – École Nationale des Télécommunications (1964).

[3] J. Max. *Méthodes et techniques de traitement du signal et applications aux mesures physiques* – Masson.

[4] AES
Audio Engineering Society
60 East 42nd Street Road New York USA
Site internet : http://www.aes.org
– Normes AES : voir le site AES
– « Preprints » des conventions de l'AES et publications techniques pour l'Europe Continentale :

Île du moulin, 62 Bis quai de l'Artois 94170 Le Perreux sur Marne France
Mail aespubeur@aol.com

[5] UER/EBU :

Union Européenne de Radio-Télévision
17A Ancienne route CH-1218 Grand-Saconnex SUISSE
Site internet : http://www.ebu.ch

[6] UIT/ITU :

Union Internationale des Télécommunications
Place des nations CH-1211 Genève SUISSE
Site internet : http://www.itu.int

[7] ISO

International Standardization Organisation
1 rue de Varembé Case postale 56 CH-1211 Genève SUISSE
Site internet : http://www.iso.org

Chapitre 2

Les microphones

Pierre Ley
Ingénieur INSAS (Bruxelles).
Directeur du département audioélectronique LTM.

La diversité des microphones utilisés en prise de son professionnelle est une conséquence des nombreux types de mise en œuvre associés à ceux-ci.

Basé sur l'expérience de l'ingénieur du son, le choix du ou des microphones est conditionné par de nombreux éléments :

- la source sonore ainsi que l'acoustique du lieu d'émission :
  - un tambour en intérieur ou en extérieur…
  - une voix sur une scène sonorisée, une voix dans un désert…
  - un quatuor à corde dans une église, dans un salon Louis XVI…
  - une pluie sur une toiture en tôle…
- la mise en œuvre du microphone :
  - en position fixe, en suivi de mouvement sur perche ou encore tenu à la main…
  - en utilisation visible ou bien hors du champ de vision (d'une caméra par exemple) ;
  - avec liaison câblée ou par haute fréquence…
- la recherche d'une esthétique prédéterminée par :
  - l'auteur, l'œuvre, le document, l'événement sonore…
  - l'interprète, le metteur en scène, le réalisateur…
  - le type de média, le format de diffusion…

Selon les cas, le choix sera à reconsidérer et l'absence de microphone universel impose une connaissance appropriée de la technologie des microphones.

2.1 Fonctionnement des microphones

Un microphone est un transducteur[1], qui convertit une énergie acoustique en une énergie électrique.

Le processus s'opère en deux étapes qui se déroulent simultanément :

- les variations de pression de l'air provoquées par les ondes sonores mettent en vibration une fine membrane (ou diaphragme) ;
- les vibrations de la membrane sont utilisées pour produire une tension électrique qui est le reflet analogique des vibrations acoustiques.

$$\underbrace{\text{acoustique} \rightarrow \text{mécanique} \rightarrow \text{électrique}}_{\text{transducteur}}$$

2.1.1 *Transduction acoustique/mécanique*

Il s'agit plutôt d'un transfert d'énergie entre un fluide (très souvent l'air) et un solide soit une mince feuille de métal ou de plastique [1] : la *membrane* fixée sur un bâti inerte, le corps du microphone. Cette membrane vibre sous l'action d'ondes acoustiques incidentes qui lui imposent une force *F*. À chaque instant, la valeur de cette force mécanique est le produit de la surface *S* de la membrane par la pression acoustique *P* « vue par cette membrane » :

$$F_{(\text{Newton})} = S_{(\text{m}^2)} \cdot P_{(\text{N/m}^2)}$$

Le mouvement engendré par cette force alternative est une oscillation et sa fréquence est celle de l'onde acoustique « d'excitation ». Pour produire une vibration mécanique sous l'action d'une onde acoustique, on peut faire travailler le système :

- *en pression* ; une seule face de la membrane est en contact avec l'onde de pression, l'autre face ferme une cavité définie par une enceinte (*figure 2.1*) ;
- *en gradient de pression* ; les deux faces sont en contact avec l'onde de pression et la force qui s'y exerce est due à la différence de pression (ou encore gradient de pression) entre chacune de ces deux faces (*figure 2.3*).

---

1. Transducteur : néologisme technique appliqué à tout système traduisant un type d'énergie en un autre type d'énergie. Le terme « transformateur » est réservé au langage électrique où l'énergie entrante et sortante reste du même type, mais avec changement de « format » ou changement de grandeur électrique.

Dans le premier cas, la membrane « verra » une pression égale à la pression exercée par l'onde acoustique (à l'instant considéré), c'est un transducteur de pression. Dans le second cas, la membrane « verra » une pression égale à la différence de pression exercée sur ses deux faces : c'est un transducteur à gradient de pression.

✦ Transducteur de pression acoustique

Une onde acoustique se propageant dans le « champ acoustique » produit au cours de sa progression un déplacement oscillant des molécules d'air, le passage de l'onde se traduit donc par une variation rapide de pression d'air. Or, l'air comporte également une autre composante de pression : la pression atmosphérique. Par définition, notre capteur y est sensible aussi. Si la valeur de cette pression est peu variable, elle présente néanmoins des variations à long terme (variations barométriques). Celles-ci sont vues par le capteur comme une onde de pression à fréquence ultra faible, inaudible bien sûr mais se superposant aux vibrations rapides du champ acoustique. Il en résulte un déplacement inutile de la membrane perturbant le fonctionnement de son montage élastique. Pour supprimer cette composante quasi continue, les constructeurs de microphones à pression aménagent un petit trou dans l'enceinte rigide (*figure 2.1*). La pression atmosphérique s'équilibre alors des deux côtés de la membrane, annulant toute force à variation très lente sur celle-ci. Le diamètre de ce trou doit être suffisamment petit pour ne pas agir sur les fréquences les plus basses du domaine audible.

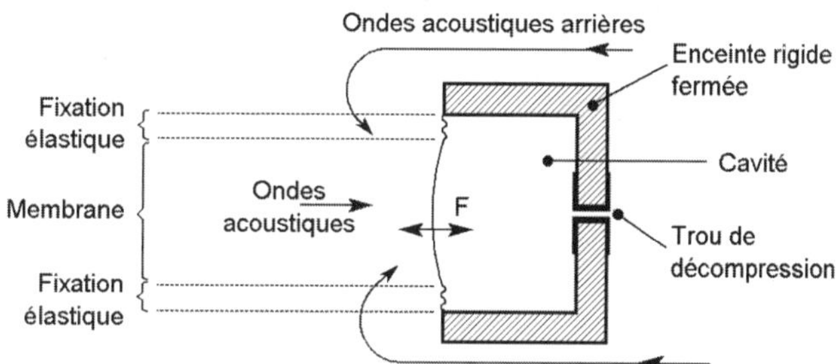

Figure 2.1 – Principe d'un transducteur acoustico-mécanique de pression.

On sait depuis Pascal, « qu'une pression exercée sur un fluide, l'air par exemple, se transmet intégralement, en tous sens et en tous points de ce fluide ». Une source sonore exerçant des ondes de pression dans l'air, entraînera un mouvement identique de la membrane et du capteur, quelle que soit son orientation par rapport au capteur, à condition toutefois que la distance source-capteur reste constante. Donc, le capteur de pression répondra de façon identique à toute source située sur un lieu géométrique sphérique dont il est le centre. Un capteur de pression est donc *omnidirectionnel.*

L'équation polaire d'un tel microphone est $E_p = 1$ car chaque point est équidistant du centre. Remarquons également que, en principe, la réponse d'un capteur de pression est indépendante de la fréquence.

En pratique, le corps du microphone est un obstacle à la progression des ondes à fréquences aiguës. Ces ondes ont tendance à être amplifiées lorsqu'elles arrivent par-devant et atténuées lorsqu'elles viennent par l'arrière. Ceci a deux conséquences : le microphone devient directif et sa courbe de réponse est affectée. Les courbes évoluent dans le rapport $\frac{D}{\lambda}$ avec D le diamètre du micro et λ la longueur d'onde.

Ceci est d'autant plus important quand D est grand (capsule large) et λ petit (fréquence très aiguë).

Cela nous donne l'allure générale du diagramme polaire omnidirectionnel pour les fréquences basses et directif pour les fréquences élevées (*figure 2.2*).

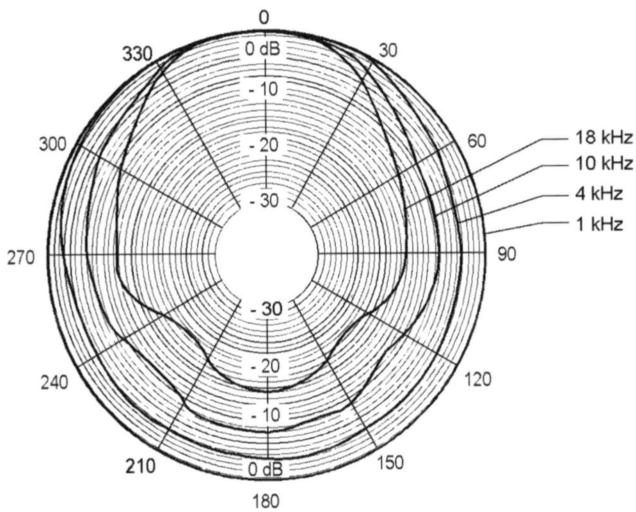

Figure 2.2 – Diagramme polaire d'un microphone à pression.
Pour les fréquences aiguës, un microphone omnidirectionnel tend à devenir directionnel.

✦ Transducteur de gradient de pression

La membrane d'un transducteur de gradient de pression fonctionne à « l'air libre ». Il n'y a donc pas de cavité. La membrane peut par exemple être fixée sur une armature en anneau (*figure 2.3*).

L'onde sonore parcourt le chemin d pour atteindre l'avant de la membrane et d' pour l'arrière de celle-ci.

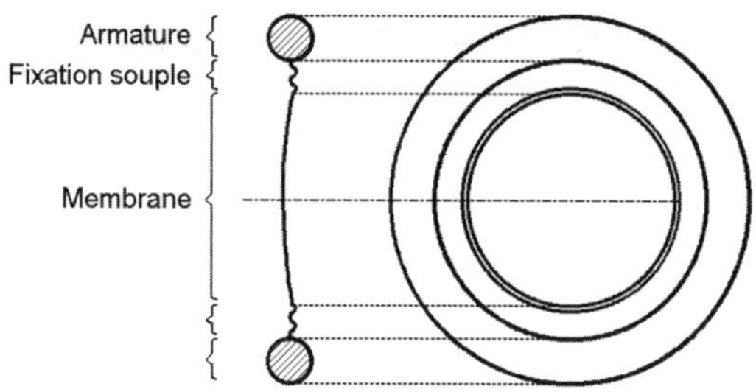

Figure 2.3 – Représentation de principe d'un transducteur acoustico-mécanique à gradient de pression.

Une onde issue d'une source sonore placée devant le micro créera une pression sur la face antérieure de la membrane (*figure 2.4a*).

Il en est de même pour une onde placée derrière qui rencontrera la face postérieure de la membrane (*figure 2.4c*).

Par contre, une source sonore située perpendiculairement à la membrane rencontrera en même temps, les faces avant et arrière de la membrane ($d = d'$), parce qu'ayant fait le même chemin. Les pressions s'équilibrent et la membrane reste immobile (*figure 2.4b*).

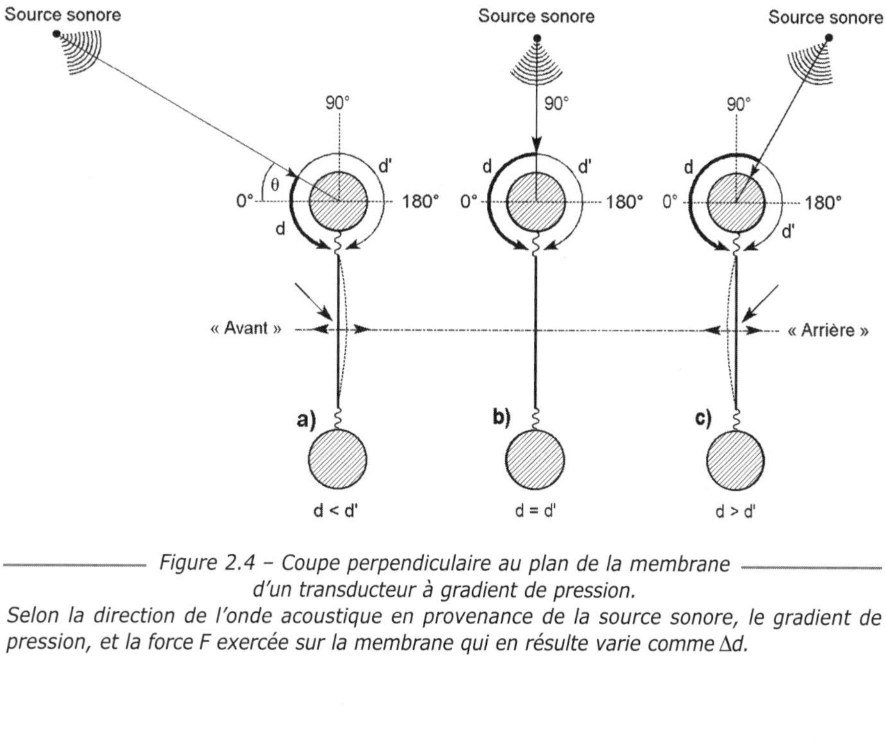

Figure 2.4 – Coupe perpendiculaire au plan de la membrane d'un transducteur à gradient de pression.
Selon la direction de l'onde acoustique en provenance de la source sonore, le gradient de pression, et la force F exercée sur la membrane qui en résulte varie comme Δd.

On en déduit immédiatement qu'un microphone à gradient de pression aura un diagramme polaire en « 8 », il sera dit *bidirectionnel*, l'atténuation latérale est maximale.

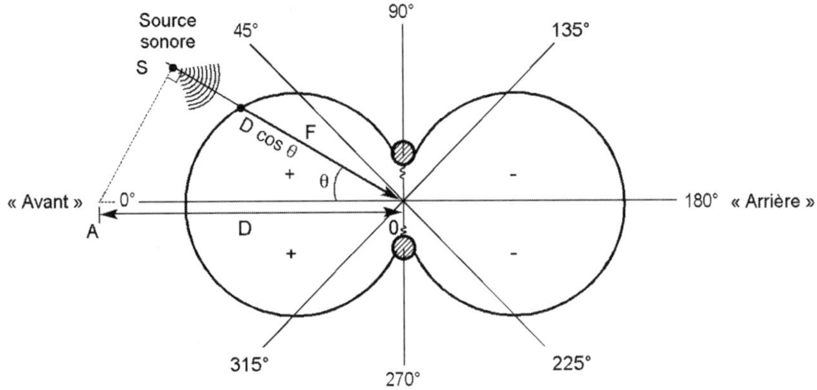

Figure 2.5

Le transducteur à gradient de pression voit une force F s'exercer sur sa membrane qui varie quantitativement (longueur de F) avec la direction d'incidence de l'onde de pression acoustique.

La courbe peut être obtenue en calculant la distance réelle en fonction de l'incidence θ. En effet, sur la *figure 2.5*, nous voyons que la distance *OS* est égale à $D \cos\theta$. Les valeurs de $\cos\theta$ passent de – 1 à 1 et nous donnent bien un diagramme polaire d'équation $E_{gp} = \cos\theta$.

Un microphone à gradient de pression est facile à reconnaître car il présente des ouvertures dans le corps du micro. Les ondes avant rencontrent la face antérieure de la membrane puis utilisent ces orifices et, après avoir fait le tour de l'armature, parviennent sur la face postérieure de la membrane avec un léger retard Δt proportionnel au chemin ΔD supplémentaire parcouru par l'onde (*figure 2.6a*). Ceci introduit un déphasage entre onde avant et onde arrière. Une onde avant provoque le déplacement de la membrane dans un sens alors qu'une onde arrière provoque le déplacement de la membrane dans le sens opposé, ce qui est rappelé dans la *figure 2.5* par les signes (+) et (–).

La force qui s'exerce sur la membrane dépend de la différence de pression entre l'avant et arrière.

Cette différence est inversement proportionnelle à la longueur d'onde λ. En effet, pour une même pression de l'onde incidente et pour une distance donnée ΔD, la pression varie peu dans le cas d'une grande longueur d'onde et beaucoup dans le cas d'une petite longueur d'onde (*figure 2.6b*).

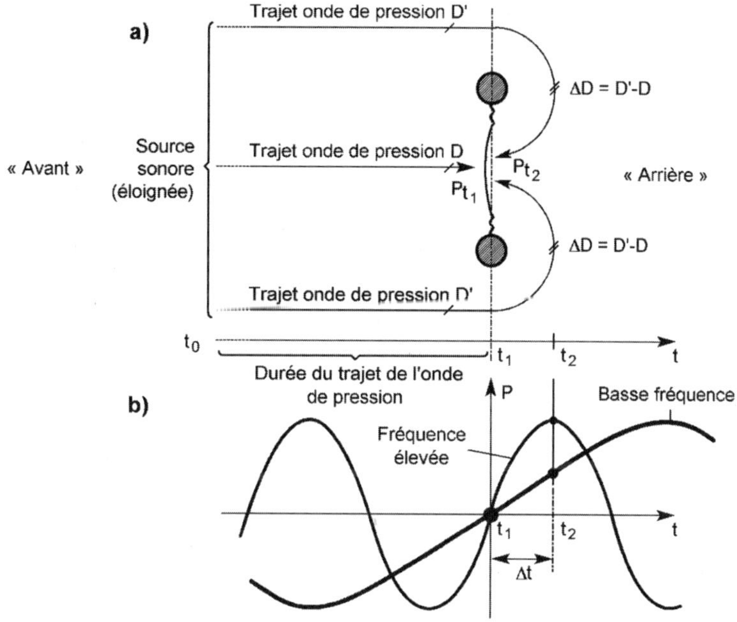

Figure 2.6

Le trajet supplémentaire ΔD que l'onde de pression acoustique doit parcourir pour atteindre la seconde face de la membrane engendre une différence de phase $t_2 - t_1$ *et en conséquence une différence de pression instantanée ΔP au niveau de cette membrane.*

Ainsi, la force qui en découle augmente avec la fréquence de l'onde sonore selon une pente de 6 dB/octave (doublement de la force pour un doublement de la fréquence). Ce phénomène est cependant limité aux longueurs d'ondes supérieures à *ΔD* (*figure 2.7*).

On s'efforce donc, par construction, de rendre la réponse mécanique du microphone inversement proportionnelle à la fréquence et d'utiliser des membranes suffisamment petites pour que le système puisse fonctionner linéairement sur une large bande passante.

✦ Transducteurs mixtes

Avec la pratique de la prise de son, il est rapidement devenu intéressant de rendre les microphones plus directionnels afin de s'affranchir de l'acoustique environnante ou de favoriser une source sonore parmi d'autres.

Les microphones *unidirectionnels* combinent les principes des microphones à pression et à gradient de pression afin de réaliser tous les diagrammes polaires intermédiaires. Le plus connu est le type « *cardioïde* » (en forme de cœur) qui provient de l'addition vectorielle simple des deux principes et de leurs diagrammes polaires : omnidirectionnel et bidirectionnel (*figure 2.8*).

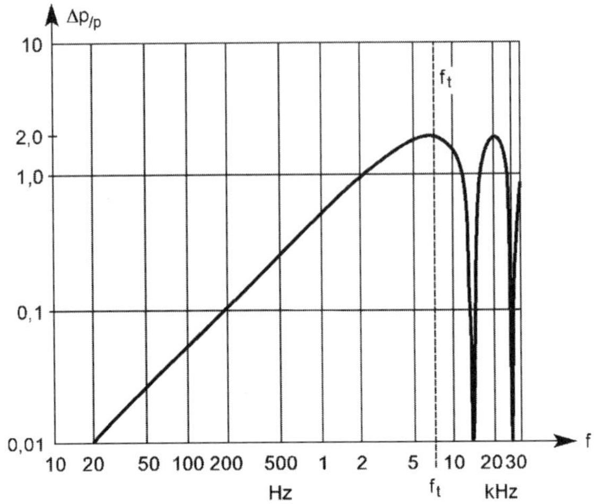

Figure 2.7 – Réponse en fréquence d'un gradient de pression.
On remarque ici des annulations de pression dans les fréquences aiguës, en rapport avec le diamètre de la membrane.

Considérons pour chaque direction repérée en degré d'angle, un vecteur d'origine M et de module (longueur) représentant la sensibilité de chaque capteur dans cette direction. On obtient, sur la *figure 2.8*, par exemple pour la direction 45°, deux vecteurs se superposant partiellement $\overrightarrow{MO_{45}}$ et $\overrightarrow{MB_{45}}$. Leurs modules respectifs sont différents, mais ils sont de même sens. Les signes (+) et (–) dessinés sur le graphique rappellent la relation de phase entre onde acoustique et vibration de la membrane. Pour le capteur omnidirectionnel, la vibration de la membrane est en phase avec l'onde acoustique quelle que soit la direction d'origine. Pour le capteur bidirectionnel, il y a opposition de phase dans la réponse mécanique de la membrane, selon la face qui perçoit la source sonore. Le sens des vecteurs $\overrightarrow{MO}$ et $\overrightarrow{MB}$ représentera donc cette relation de phase. La somme vectorielle de $\overrightarrow{MO}$ et $\overrightarrow{MB}$ donne $\overrightarrow{MC}$ par simple addition de leurs modules qu'on reporte sur le graphique.

En réalisant dans chaque direction :

$$\overrightarrow{MO} + \overrightarrow{MB} = \overrightarrow{MC}$$

On constate que le lieu des points C est une courbe en forme de cœur ou « cardioïde ». Deux éléments essentiels se remarquent sur cette courbe :

- une grande discrimination entre sources avant et arrière ;
- une atténuation sensible des sources latérales par rapport à celles situées à l'avant. L'équation polaire d'un transducteur mixte est la somme des équations

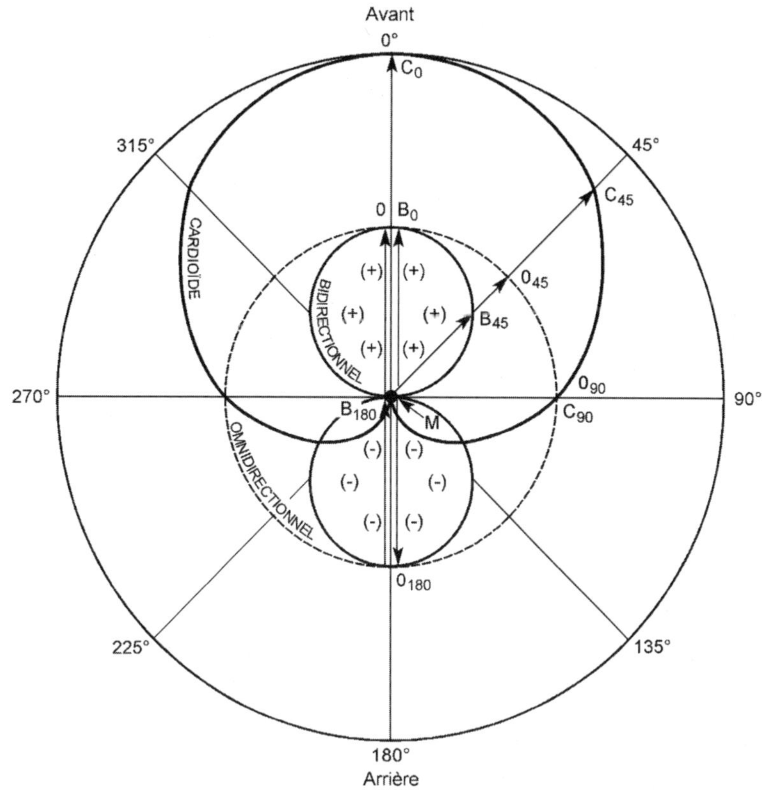

Figure 2.8

Considérons deux transducteurs, l'un omnidirectionnel 0, l'autre bidirectionnel B d'efficacité égale, et confondus dans l'espace en un point M. Leur sommation en parts égales détermine une résultante cardioïde G que l'on peut déterminer point par point pour chaque direction par addition vectorielle d'origine M. Ainsi par exemple :

- *dans la direction 0° :* $\overrightarrow{MO_0} + \overrightarrow{MB_0} = \overrightarrow{MC_0} \Rightarrow \overrightarrow{MC_0} = 2\overrightarrow{MO_0} = 2\overrightarrow{MB_0}$ *car* $\overrightarrow{MO_0} = \overrightarrow{MB_0}$ *;*
- *dans la direction 90° :* $\overrightarrow{MO_{90}} + \overrightarrow{MB_{90}} = \overrightarrow{MC_{90}} \Rightarrow \overrightarrow{MC_{90}} = \overrightarrow{MO_{90}}$ *car* $\overrightarrow{MB_{90}} = 0$ *(vecteur nul) ;*
- *dans la direction 180° :* $\overrightarrow{MO_{180}} - (\overrightarrow{MB_{180}}) = \overrightarrow{MC_{180}} = \vec{0}$ *car* $\overrightarrow{MO_{180}}$ *et* $\overrightarrow{MB_{180}}$ *sont des modules égaux mais de sens opposés et donc s'annulent.*

polaires du microphone à pression $E_p = 1$ et du microphone à gradient de pression $E_{gp} = \cos\theta$ soit $E = \alpha E_p + \beta E_{gp} = \alpha + \beta\cos\theta$.

α et β sont des variables qui peuvent être ajustées électriquement ou acoustiquement. Dans le cas du microphone cardioïde, l'addition est faite en termes égaux et $\alpha = \beta = 1$, soit $E_{cardio} = 1 + \cos\theta$.

D'autres courbes intermédiaires peuvent être réalisées sur ce principe et formeront des hypocardioïdes ou des hypercardioïdes (*figure 2.9*).

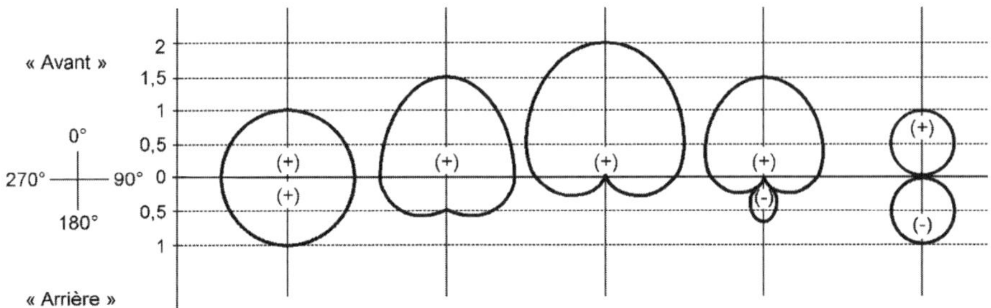

Directivité	Omnidirectionnel	Hypocardioïde	Cardioïde	Hypercardioïde	Bidirectionnel
Principe	Transducteur de pression pur	O + ½ 8	O + 8	½ O + 8	Transducteur à gradient de pression pur
Équation polaire	$E = 1$	$E = 1 + \frac{1}{2}\cos\theta$	$E = 1 + \cos\theta$	$E = \frac{1}{2} + \cos\theta$	$E = \cos\theta$

Figure 2.9 – Courbes directionnelles obtenues par addition des effets de transducteurs de pression et de gradient de pression.

2.1.2 *Transduction mécanique/électrique*

On peut utiliser divers phénomènes physiques (voir chapitre 6 du tome 1) pour créer une tension électrique proportionnelle au mouvement d'une membrane :

- la piézo-électricité (cristal ou céramique) ;
- la résistance de contact (charbon) ;
- les effets thermiques, ioniques ;
- les lois de l'électromagnétisme (bobine mobile, ruban) ;
- les lois de l'électrostatique (condensateur, électret).

Nous ne développerons que les microphones à usage professionnel soit :

- les électrodynamiques qui utilisent les propriétés électromagnétiques d'un conducteur se déplaçant dans le champ d'un aimant permanent ;
- les électrostatiques ou microphones à capacité, qui utilisent les propriétés de charge d'un condensateur.

✦ Les systèmes électrodynamiques

✧ Microphones électrodynamiques à bobine mobile

Lorsqu'un bobinage en fil de cuivre, situé dans le champ d'un aimant permanent, est animé d'un mouvement, il apparaît aux bornes de ce bobinage une force électromotrice (fem) d'induction *proportionnelle à la vitesse de son déplacement* (loi de Lenz). On exploite ce principe dans les microphones à bobine mobile, appelés parfois également microphones « à vitesse » ou encore à « vélocité ». Si le bobinage est mécaniquement solidaire d'une membrane microphonique, la f.e.m. induite sera une vibration électrique, image de la vibration mécanique de la membrane. On aura réalisé ainsi une transduction mécano-électrique complétant le transducteur acoustico-mécanique (membrane) donc un *microphone* (transducteur acoustico-électrique) (*figure 2.10a*).

Le niveau du signal électrique E sera indépendant de la fréquence si une pression acoustique constante en fonction de la fréquence produit une vitesse constante de la membrane en fonction de la fréquence.

$$E_{(\text{volt})} = B_{(\text{wb}/\text{m}^2)} \cdot L_{(\text{m})} \cdot V_{(\text{m}/\text{s})}$$

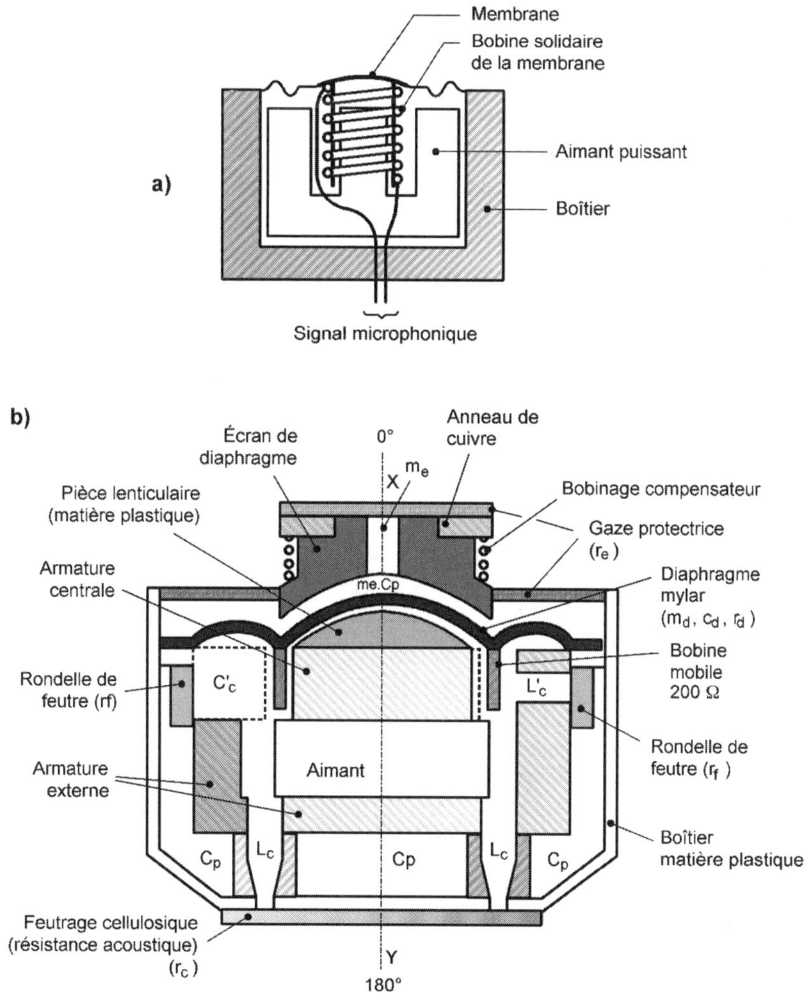

Figure 2.10 – Coupe d'un microphone électrodynamique à bobine mobile.
a) Principe de fonctionnement. b) Exemple réel.

On ne peut obtenir ce comportement mécanique pour un équipage mobile (type masse-ressort) qu'en déterminant par construction une fréquence de résonance au milieu de la bande de fréquence utile.

Afin d'élargir au maximum cette bande de part et d'autre de la fréquence de résonance, il faut *amortir* le système, ce qui diminue son efficacité mais augmente sa robustesse mécanique.

La *figure 2.10b* montre en coupe un capteur de directivité cardioïde à bobine mobile. On y situe bien le diaphragme et la bobine mobile, ainsi que les pièces polaires de l'aimant permanent. Un second bobinage, fixe, dit « bobine de compensation », est également visible, il a pour effet de compenser l'influence de champs magnétiques parasites éventuels (*cf.* § 2.2.4). Plongée dans un champ magnétique variable, la bobine mobile du transducteur répondra également par un signal parasite. C'est le cas, par exemple, lorsque le micro est situé à proximité d'un transformateur ou d'un câble véhiculant le secteur. L'induction parasite dans la bobine mobile se traduit alors par un ronflement à la fréquence secteur. Convenablement calculée, la bobine tendra à compenser cette induction par une induction égale de signe inverse : les deux bobines sont enroulées à l'envers et mises en série.

Microphone électrodynamique à bobine mobile MD 421 Sennheiser avec la représentation graphique du diagramme polaire cardioïde.

✧ Microphones électrodynamiques à ruban

Sur le plan mécano-électrique, ce transducteur dit « à ruban » fonctionne de façon identique à celui muni d'une bobine mobile. Son étude séparée se justifie par sa technologie fondamentalement différente. En effet, ici, la bobine mobile est remplacée par un ruban métallique remplissant le double office de *membrane* et de *conducteur*. La longueur du ruban est la variable L de l'expression $E = B\,L\,V$.

En tant que membrane, le ruban doit pouvoir osciller sous l'action des ondes de pression acoustique, aussi le fixe-t-on à ses deux extrémités longitudinales.

En tant que conducteur électrique, le ruban est placé dans le champ magnétique permanent d'induction *B* de l'aimant A (*figure 2.11*). Entre les deux extrémités du ruban apparaîtra une fem proportionnelle à la vitesse *V* de son déplacement sous l'action des ondes acoustiques. Rappelons que la réponse mécanique d'un microphone à gradient de pression doit être inversement proportionnelle à la fréquence. Dans le cas du microphone à ruban, la grandeur mécanique prise en compte est la vitesse.

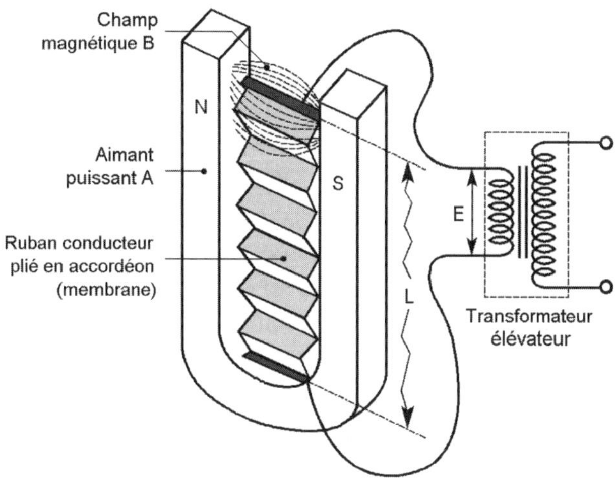

Figure 2.11 - Schéma de principe d'un microphone électrodynamique à ruban mobile. L'aimant A crée un champ magnétique perpendiculaire à L et situé dans le plan du ruban.

Pour obtenir une vitesse inversement proportionnelle à la fréquence, il faut rejeter la fréquence de résonance dans le bas du spectre sonore ; ce qui s'obtient en rendant le système mobile à la fois le plus lourd et le plus souple possible (voir chapitre 1 du tome 1).

Pour que le niveau du signal électrique *E* soit le plus élevé possible, le ruban doit être le plus long possible. Or, les dimensions physiques d'un micro limitent cette longueur. On y remédie en accroissant *L* par pliage en accordéon du ruban (*figure 2.11*) et en augmentant au maximum la valeur de *B* [3]. Toutefois, la valeur de *E* produite par un capteur à ruban est plus faible que celle obtenue avec une bobine mobile car *L* est beaucoup plus petit. Notons, enfin, que *L* détermine la résistance électrique interne du transducteur. Dans la pratique, un micro à ruban fera toujours appel à un transformateur élévateur de tension, ou à un préamplificateur à très faible bruit, pour rendre son signal électrique utilisable.

✦ Les systèmes électrostatiques

✧ Microphones électrostatiques à diélectrique fluide

On peut considérer la membrane d'un microphone électrostatique comme une des plaques d'un condensateur dont la seconde est fixe. La capacité d'un condensateur est, entre autres, variable avec la distance séparant ces deux plaques. En vibrant sous l'effet des ondes acoustiques, la plaque mobile (la membrane) entraînera une variation de capacité ΔC du condensateur ainsi formé. Il reste à convertir cette variation de capacité en signal électrique. Rappelons que pour deux plaques parallèles de même surface S, la capacité créée est proportionnelle à S, et inversement proportionnelle à la distance D séparant les plaques. On polarise à l'aide d'une tension U le condensateur qui de ce fait emmagasine une charge q. On a donc :

$$q = CU \Rightarrow U = \frac{q}{C}$$

$$C = \frac{S}{D} \Rightarrow U = \frac{q}{S} \cdot D$$

La surface S est une constante de fabrication, la tension U est réputée constante ; en conséquence une variation de D entraîne une variation de q. Cette variation de charge provoque la circulation d'un courant que l'on va recueillir sous forme de tension en interposant dans le circuit une résistance de charge R (*figure 2.12*).

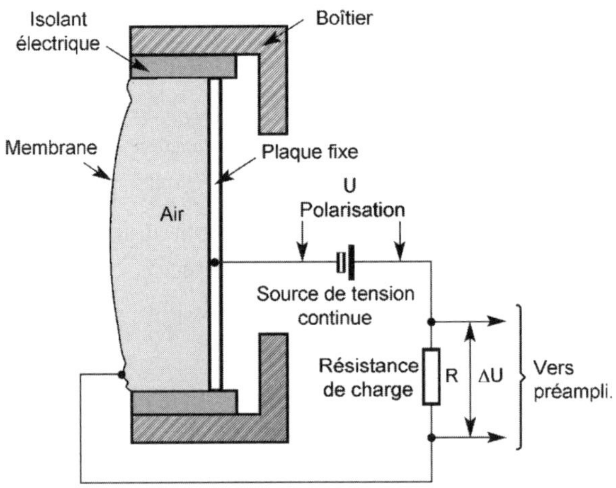

Figure 2.12 – Schéma de principe d'un microphone « à condensateur », à polarisation continue.

La capacité du condensateur est faible, les variations de sa charge seront donc également faibles.

Pour obtenir une variation de tension *U*, la plus élevée possible, nous choisirons *R* très grand.

De plus, si l'on veut recueillir une tension constante pour une pression acoustique constante en fonction de la fréquence, il faut que le déplacement *D* de la membrane soit proportionnel à cette dernière ; d'où le nom de microphone « à amplitude constante » ou à « déplacement constant ».

On obtient ce comportement mécanique en rejetant la fréquence de résonance vers les fréquences les plus élevées du spectre utile, en rendant par construction la membrane aussi légère et tendue que possible. Ce qui explique la fragilité d'une telle membrane.

Il importe donc impérativement de faire suivre un tel transducteur par un préamplificateur caractérisé par :

1. un grand gain en tension ;
2. une impédance d'entrée beaucoup plus élevée que *R* afin de ne pas « charger » cette résistance ;
3. un très faible bruit de fond intrinsèque.

Enfin le préamplificateur doit être situé à proximité immédiate du transducteur afin de minimiser les capacités et inductions parasites de liaison. Aussi, est-il inclus dans le corps même du microphone, ou relié par un câble de caractéristiques parfaitement définies (*cf.* § 2.3.4). Les microphones électrostatiques à condensateur nécessitent une *alimentation* extérieure servant d'une part à polariser le condensateur et d'autre part à fournir l'énergie nécessaire au préamplificateur (voir § 2.3.3).

Si l'on désire augmenter le signal aux bornes de *R* pour limiter les contraintes sur le préamplificateur qui suit, on peut penser à augmenter la tension continue de polarisation *U*. Mais dans cette hypothèse, l'espace interplaque doit être augmenté également sous peine de créations d'arcs par ionisation du diélectrique air et *C* diminue… Quant à augmenter la surface *S* des plaques, on se heurte à des limites mécaniques (format de la membrane). Enfin, l'augmentation de la valeur de la résistance *R* entraîne une tension de bruit de fond thermique croissante. On a donc cherché d'autres méthodes de polarisation de C. En Europe, la société Sennheiser (RFA) s'est fait une spécialité de microphones électrostatiques à polarisation alternative haute fréquence. Ici, un oscillateur (environ 8 MHz) remplace la source de polarisation continue (*figure 2.13*). On prélève le signal HF modulé par le transducteur à condensateur aux bornes de R par une diode D. Si la fréquence de l'oscillation augmente, l'impédance nominale du condensateur diminue, et la tension de polarisation nécessaire aussi. Ceci permet l'usage d'une résistance *R* plus faible qu'en régime continu.

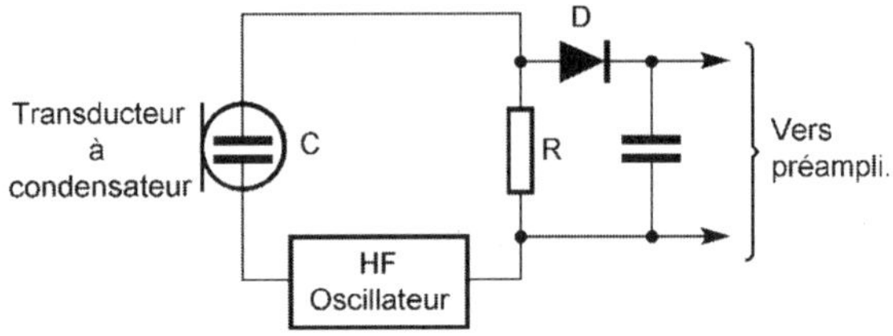

Figure 2.13 – Schéma électrique de principe d'un microphone électrostatique à polarisation HF.

D'autre part, pour une tension de polarisation HF donnée, le niveau du signal microphonique augmente linéairement avec la fréquence de polarisation. Diverses configurations, moins schématiques que celles de la *figure 2.13* existent. Généralement dans la pratique, le condensateur-transducteur est monté dans le circuit résonnant de l'oscillateur à quartz[1], engendrant une tension de polarisation d'environ 10 V (soit près de 10 fois plus faible qu'une polarisation DC).

Les variations de capacité du transducteur font varier la fréquence de « repos » comme la fréquence porteuse d'un émetteur FM. Un discriminateur à diode est alors employé pour « extraire » le signal microphonique « basse fréquence » (image des déplacements de membrane) de la « porteuse » HF.

Polarisations HF et continue coexistent sur le marché des meilleurs microphones professionnels.

✧ Microphones électrostatiques à diélectrique solide (« électret »)

Connus depuis longtemps, ce n'est qu'au début des années soixante que les « électrets » apparaissent au stade industriel, suite à de grosses améliorations de leur stabilité de charge à long terme [1] [5].

L'« électret » est un analogue électrique de l'aimant permanent : il présente deux pôles de charge *électrique* opposée.

Les matériaux les plus favorables à la fabrication d'électrets sont des plastiques polymères à haute résistivité tels que le TEFLON ou le polyester MYLAR[2], ou encore les propylènes. Le matériau choisi est soumis sous haute température (180 à 250 °C) à un champ électrique intense (3 à 4 kV). On constate qu'en retrouvant la température ambiante normale, et après suppression du champ électrique extérieur, le matériau plastique conserve une charge électrique importante : il est devenu un électret. L'usage de fines pellicules plastiques ainsi chargées est particulièrement adapté au principe du transducteur « à condensateur » : il suffit de remplacer la couche d'air

1. L'utilisation d'un quartz stabilisant l'oscillateur améliore le bruit de fond propre du microphone.
2. Teflon et Mylar » sont des marques déposées « Dupont de Nemour Inc ».

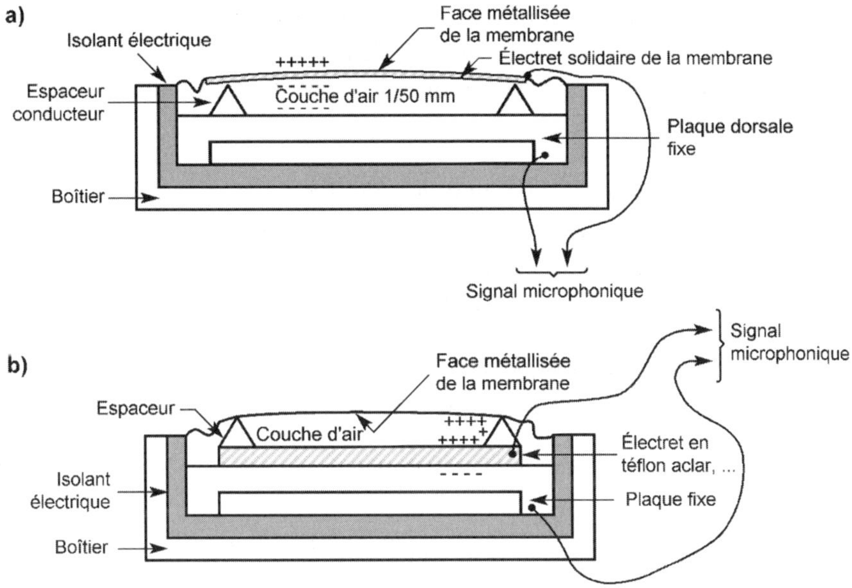

Figure 2.14 – Schéma de principe d'un microphone électrostatique à électret. L'électret peut être solidaire de la membrane (a) ou de la plaque fixe (b). La solution b est préférée dans les réalisations à hautes performances. Il s'avère que la capacité par unité de surface membranique d'un transducteur à électret est environ trois fois supérieure à celle que l'on obtient avec un dispositif à diélectrique fluide.

diélectrique du condensateur précédemment décrit, par l'électret, diélectrique de fait (matière plastique). Il s'ensuit l'inutilité d'une polarisation des plaques par apport d'énergie externe : plaque fixe et plaque mobile sont polarisées par contact direct avec l'électret (*figure 2.14a*).

On réalise des membranes de microphone en déposant une fine couche métallique sur une des faces de l'électret [6]. Cette couche conductrice représente la plaque mobile du condensateur. L'autre plaque, fixe, est séparée par une couche d'air, permettant la mise en vibration mécanique de la membrane. On préfère souvent faire le contraire, et rendre l'électret solidaire de la plaque fixe. En effet, les matériaux type polyester ou polypropylène font de meilleures membranes microphoniques et de moins performants électrets, que les halocarbones (type Teflon® ou Aciar®) [7]. Aussi, sépare-t-on par ce montage, les fonctions de membranes et de polarisation du condensateur-transducteur (*figure 2.14b).*

Les transducteurs à électrets sont aujourd'hui très performants et relativement bon marché. Ils prennent leur place dans les gammes de microphones à usage professionnel. La durée de vie (plusieurs dizaines d'années) d'un électret est liée à sa stabilité de charge dans le temps : il faut donc éviter des expositions exagérées aux températures élevées (proximité de fours, soleil tropical, etc.). Enfin, comme pour tous les transducteurs classiques à condensateur, le niveau du signal électrique prélevé étant faible, un préamplificateur situé au plus près du capteur est nécessaire. Dans la plupart des cas, une pile de petit format suffit à l'alimentation de ce préamplificateur.

2.1.3 *Technologie des transducteurs mixtes*

On peut réaliser un microphone à transduction mixte en associant deux capteurs accolés : l'un à pression, l'autre à gradient de pression. La somme de leurs effets respectifs sera réalisée électriquement par « mélange » des modulations issues de ces deux capteurs. Mais les deux capteurs ne pouvant être physiquement confondus dans l'espace, des interactions acoustiques néfastes rendent cette solution peu satisfaisante et de plus, onéreuse. Dans la pratique, on recourt généralement :

- *aux capteurs à compensation*, pour les microphones dynamiques à directivité fixe ;
- *aux capteurs symétriques*, pour les microphones électrostatiques à directivité variable.

✦ Systèmes à compensation

Un transducteur mixte à une seule membrane est réalisé dans les micros dits « *à compensation* » (de phase entre face avant et arrière de la membrane). Ici, la membrane est « chargée » par une cavité arrière, ouverte sur l'extérieur, formant une véritable ligne à retard acoustique (*figure 2.15*).

Sur un plan schématique, on se trouve à mi-chemin entre l'enceinte fermée du capteur de pression et l'enceinte totalement ouverte (inexistante) du capteur à gradient de pression. La membrane ainsi chargée subira donc l'action conjuguée des ondes de pression sur sa face externe et, après retard, sur sa face interne. Selon le décalage

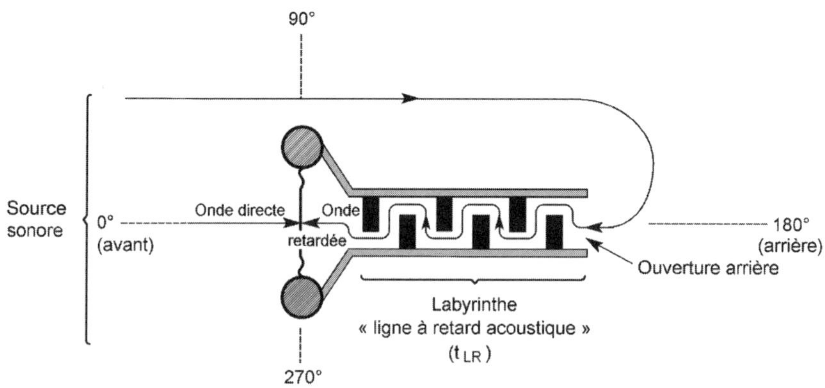

Figure 2.15 – Principe d'un transducteur mixte à compensation.

dans le temps Δt, ou « déphasage » de ces deux actions, la réponse directionnelle sera différente. Appelons t_{LR}, la durée du retard introduit par la ligne à retard acoustique, pour les ondes frappant l'arrière de la membrane :

- Si t_{LR} est nul (ce qui revient à une absence de ligne de retard), la membrane répond au gradient de pression avant/arrière. Ce capteur sera, comme nous le savons, bidirectionnel et il y aura « compensation de phase » pour des ondes acoustiques de 90° d'incidence.
- Si t_{LR} est infini (ce qui revient à construire une ligne à retard très longue), tout se passe comme si la membrane était chargée par une cavité fermée : d'où un fonctionnement omnidirectionnel en capteur de pression.
  Choisissons t_{LR} de telle sorte que pour une onde d'incidence 180° la membrane soit actionnée *en même temps* en face avant et arrière. Les forces engendrées s'annulent (on considère le cas général d'une source éloignée ou « ondes planes »). Il y a alors compensation de phase pour l'incidence 180°. Au contraire, pour des ondes d'incidence 0° les forces engendrées sur la membrane s'ajoutent. La directivité est cardioïde.
- Si l'on souhaite une directivité hypercardioïde, où l'influence du fonctionnement en gradient de pression est majoritaire, on donnera à la ligne à retard une durée propre située entre 0 et t_{LR}. Au contraire cette durée sera choisie plus grande que t_{LR} pour une directivité hypocardioïde.
  Cette ligne à retard acoustique est dans la réalité physique formée d'un ensemble de cavités, de tubes, de pièces de feutre, qui agissent de façon similaire aux condensateurs, selfs et résistances du domaine électrique.
  Les résonances ou tout autre fonctionnement non linéaire de la membrane, peuvent être pris en compte et compensés par la réponse fréquentielle de la ligne à retard. C'est pourquoi ce type de transduction mécano-acoustique est largement utilisé par les fabricants de microphones.

✦ Systèmes symétriques

Un transducteur *mixte à double membrane* (appelé aussi « *capteur symétrique* ») couramment utilisé est représenté *figure 2.16*. Deux membranes identiques sont placées symétriquement de part et d'autre d'une plaque rigide et perforée. L'air emprisonné entre les deux membranes peut donc circuler à travers ces perforations. Ces dernières agissent comme un frein acoustique (on optimise leur géométrie pour cela). Un tel transducteur est sensible à deux forces simultanées exercées par les ondes acoustiques :

- Une force F_p due *à la pression* de l'onde qui tend à une compression/décompression de l'ensemble boîtier-membranes. Les deux membranes tendent donc à se déplacer symétriquement par rapport au plan de plaque fixe (*figure 2.17a*) sous l'action de F_p et $F_{p'}$.

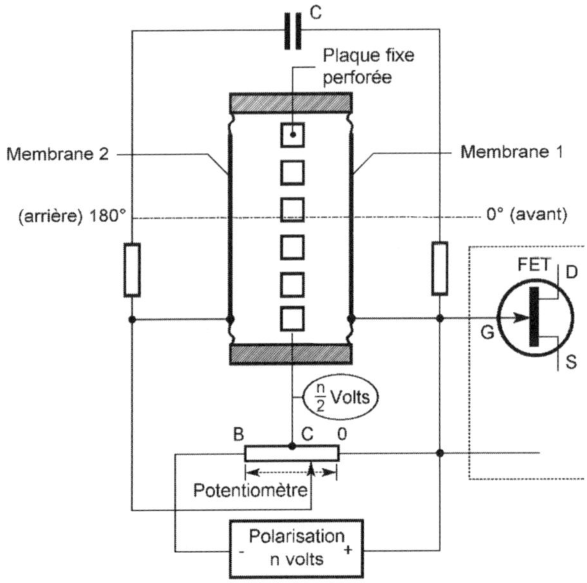

Figure 2.16 – Schéma de principe d'un micro électrostatique à double membrane avec son circuit de polarisation variable :
– quand le curseur du potentiomètre est situé en C, la réponse est cardioïde car la membrane 2 est au potentiel de l'électrode fixe (N/2 volts) donc inopérante ;
– quand le curseur est sur 0 (omnidirectionnel), les deux membranes sont polarisées identiquement en tension (n volts) et en signe (figure 2.18b) ;
– quand le curseur est sur B, les potentiels des deux membranes sont polarisés par des tensions égales mais de polarité opposée : la réponse est bidirectionnelle (voir figure 2.18c).
Le condensateur C permet aux tensions alternatives (signal microphonique) issues du mouvement des deux membranes, de s'ajouter électriquement en phase sur la grille du Fet.

- Une force F_{gp} due au *gradient de pression* de part et d'autre du capteur, qui tend à actionner les membranes dans le même sens (*figure 2.17b*).

Considérons les mouvements des membranes :

- Sous l'action d'une onde acoustique d'incidence 0° (*figure 2.17c*) F_p et F_{gp} s'ajoutent, la membrane « avant » tend à se déplacer deux fois plus sous l'action de F_p seule. La membrane « arrière » reste fixe car F_p et F_{gp} s'annulent (forces identiques mais de sens opposés).
- Sous une incidence de 90°, seule F_p intervient et ce, sur les deux membranes de façon équivalente (*figure 2.17a*).
- Pour l'incidence 180°, le fonctionnement est le même que pour 0°, mais cette fois-ci, la membrane « avant » reste fixe, et la membrane « arrière » oscille à amplitude double. Imaginons un transducteur mécano-électrique qui traduirait l'amplitude du déplacement de la membrane avant seulement,

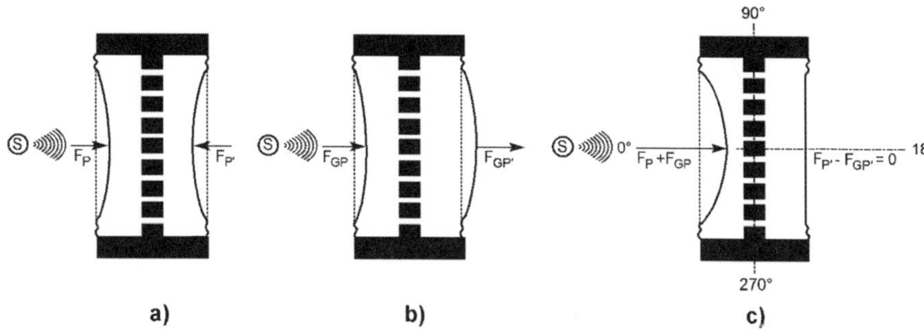

Figure 2.17 – Fonctionnement d'un transducteur mixte à double membrane.

il permettrait de relever une courbe directionnelle *cardioïde*. Remarquons la symétrie de construction de ce transducteur qui agit comme deux capteurs à directivité cardioïde montés dos à dos, donc de sens opposés. On exploite ce principe pour la fabrication des microphones électrostatiques à directivité variable.

Les deux membranes électrostatiques sont constituées d'une électrode centrale commune. Une des deux membranes est polarisée à tension fixe par rapport à la plaque centrale (*figure 2.16*). Sur l'autre membrane, la polarisation est rendue variable par potentiomètre :

- Lorsqu'une seule membrane est polarisée, la directivité est *cardioïde* (*figure 2.18a*).
- Lorsque les deux membranes sont au même potentiel par rapport à l'électrode fixe, les réponses cardioïdes s'ajoutent sur une réponse *omnidirectionnelle* (*figure 2.18b*).
- Lorsque les deux membranes sont au même potentiel mais de polarité inverse par rapport à l'électrode fixe, la réponse de l'ensemble devient *bidirectionnelle* (*figure 2.18c*).
- Lorsque les deux membranes ne sont pas au même potentiel, alors nous trouvons les courbes intermédiaires d'*hypocardioïde* et d'*hypercardioïde* (*figure 2.18d*) suivant la polarité par rapport à l'électrode centrale.

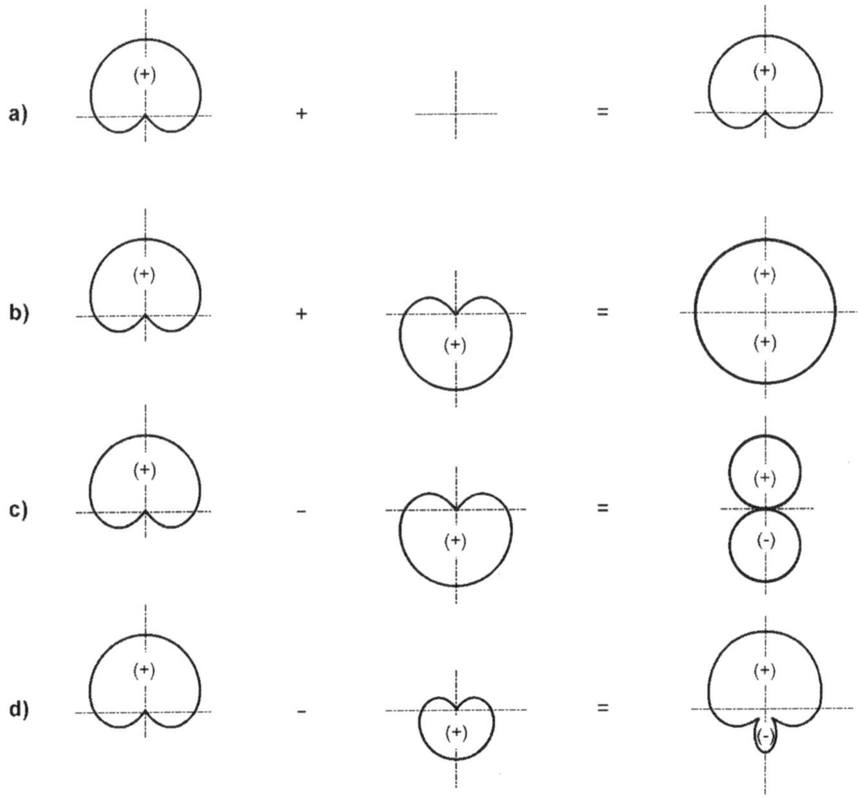

Figure 2.18 – Construction polaire à partir d'une capsule symétrique : a) cardioïde, b) omnidirectionnel, c) bidirectionnel, d) hypercardioïde.

2.2 Caractéristiques des microphones

Le microphone est certainement l'appareil de la chaîne électroacoustique le plus « fragile ». Il est souvent manipulé, utilise un câble spécial et délivre une tension faible qu'il faudra amplifier pour travailler à un niveau « ligne ». Le microphone sera donc très sensible aux parasites, aux bruits en général (acoustiques et électriques) et demandera une attention toute particulière.

2.2.1 *La dynamique : réponse pression acoustique/amplitude*

✦ L'efficacité des microphones

Le niveau de sortie d'un microphone pour un niveau de pression sonore donné doit être le plus haut possible afin d'avoir un bon rapport signal sur bruit. Suivant le principe de transduction et la technologie utilisée, les microphones sont plus ou moins « sensibles » et ceci dans un rapport de 1 à 10 et même parfois de 1 à 100.

Le célèbre microphone à capsule symétrique Neumann U 87 avec sa suspension très efficiente.

Le niveau d'« efficacité », noté en dB, est égal à vingt fois le logarithme décimal du rapport de l'efficacité du micro considéré à une référence correspondant au 0 dB soit 1 V/Pa pour 0 dBV et 0,775 V/Pa pour 0 dBu.

Il vient en dBV : $N_{\text{eff}} = 20 \log \frac{V}{1}$ et en dBm : $N_{\text{eff}} = 20 \log \frac{V}{0{,}775}$.

Les valeurs usuelles sont données sur le *tableau 2.1*.

Tableau 2.1 – Niveaux d'efficacité et tensions

Niveau d'efficacité (en dB)	Tension (en dBV)	Tension (en dBu)
0	1 V	0,775 V
20	100 mV	77,5 mV
40	10 mV	7,75 mV
60	1 mV	0,775 mV
80	0,1 mV	0,0775 mV

Pour comparer les différents microphones, il faut se placer dans des conditions identiques de mesure de l'efficacité. Une méthode simple permet de noter le niveau de la tension de sortie (en mV) pour une pression équivalente au discours d'un orateur parlant à un mètre dans l'axe du micro soit un niveau de 74 dB SPL (ou encore 0,1 pascal = 1 μbar).

On peut facilement remarquer qu'un microphone électrodynamique a une sensibilité de l'ordre de 1/10 de mV (0,1 mV/μbar) alors qu'un microphone électrostatique (préamplificateur compris) a une sensibilité de l'ordre du mV (1 mV/μbar) soit 20 dB au-dessus d'un microphone électrodynamique.

✦ La dynamique des microphones

La dynamique d'un microphone correspond à la « gamme » des pressions sonores qu'il peut transmettre correctement. Elle est limitée par l'imperfection du système électrique du microphone. Le bruit de fond propre tend à masquer les signaux de faibles pressions sonores et la distorsion par saturation dénature les signaux de fortes pressions sonores.

a) **Le bruit de fond propre** des micros professionnels modernes est très faible. Pour un micro électrodynamique, le bruit est proportionnel à la résistance de la bobine ou du ruban mobile. Du fait de son très faible niveau, il n'est généralement pas mentionné sur les fiches techniques. Pour le micro électrostatique, les origines du bruit sont multiples, citons notamment :

- la résistance de polarisation, de valeur élevée et son bruit thermique propre ;
- le bruit de fond électronique du préamplificateur associé ;
- le bruit de modulation de l'oscillateur (micros à polarisation alternative).

Les mesures de bruit de fond annoncées par les constructeurs sont généralement « psophométriques », c'est-à-dire « pondérées » par un filtre qui tend à répondre comme l'oreille humaine.

Les fiches techniques des fabricants expriment le bruit de fond propre de leurs microphones soit :

- par un rapport signal/bruit rapporté à la référence de pression acoustique de 1 N/m (1 Pa). Exemple : rapport signal/bruit de 72 dB (noté parfois en recul de bruit : – 72 dB) ;
- par une valeur absolue de niveau sonore, nommée « Volume sonore équivalent » (VSE) ou « niveau de pression sonore » (*Sound pressure level*) dont la référence de pression est de 2×10^{-5} N/m. Exemple : 22 dB SPL.

Ces deux exemples expriment la même contribution en bruit de fond propre du microphone. La référence de pression est :

$$1\ \text{N/m} = 1\ \text{Pa} = 94\ \text{dB SPL}$$

Le seuil d'audibilité est normalisé pour une pression de :

$$2 \times 10^{-5}\ \text{N/m} = 20\ \mu\text{Pa} = 0\ \text{dB SPL}$$

Un rapport signal/bruit annoncé de 72 dB correspondra donc à une VSE de :

$$94\ \text{dB} - 72\ \text{dB} = 22\ \text{dB SPL}$$

b) **Le niveau maximum de pression admissible** des micros électrodynamiques est très élevé. Pour les micros électrostatiques, il se situe plus bas, aux environs de 134 dB SPL = 100 N/m^2. Pour être significative, et surtout comparable, la valeur du niveau maximum doit être spécifiée pour un pourcentage de distorsion donné (généralement 0,5 % de distorsion harmonique totale, THD, « *Total Harmonic Distorsion* » dans la littérature anglo-saxonne). La fréquence de mesure et l'impédance de charge doivent être indiquées si elles sont différentes de 1 000 Hz et des conditions de circuit ouvert. La prise de son, notamment dans le secteur des variétés, tend à rapprocher les microphones des sources sonores. Le niveau de la pression sonore étant alors très élevé, les micros travaillent au voisinage de leur limite maximum. Aussi, certains constructeurs prévoient-ils des *atténuateurs* qui s'intercalent entre la « capsule démontable » et le « corps du préamplificateur » des micros à condensateur. Parfois, un atténuateur commutable est prévu dans le même esprit. Ainsi, les distorsions engendrées principalement par la surcharge du préamplificateur, sont-elles contrôlées. Une autre formule consiste à éloigner le microphone de la source sonore, voire d'interposer un écran acoustique. Dans les cas extrêmes, ce sont d'ailleurs les seules solutions.

2.2.2 *Réponse amplitude/fréquence*

✦ L'effet de résonance

Le constructeur s'efforce de linéariser la « courbe de réponse » de son microphone à toutes fréquences. L'ensemble « membrane/suspension élastique/cavité éventuelle » forme un système mécanique oscillant. Comme tout système de ce type, l'ensemble présente une *fréquence propre* (voir chapitre 1 du tome 1). C'est au voisinage de cette fréquence que le phénomène de résonance peut conduire à une bosse dans la courbe de réponse. Afin de linéariser au mieux la réponse d'un microphone dans le spectre audible, il importe de contrôler l'effet de cette résonance (*figure 2.19*) :

- soit en la rejetant hors du spectre audible ;
- soit en l'amortissant parce qu'elle se situe dans le spectre audible.

Pour contraindre la résonance à se situer dans la bande infrasonore (très basses fréquences), on tendra à augmenter la *masse* de la membrane (système à masse contrôlée). Tout au contraire, pour la rejeter dans la bande ultrasonore, on augmentera la *raideur* (système à raideur contrôlée). Enfin, lorsque la résonance se situera

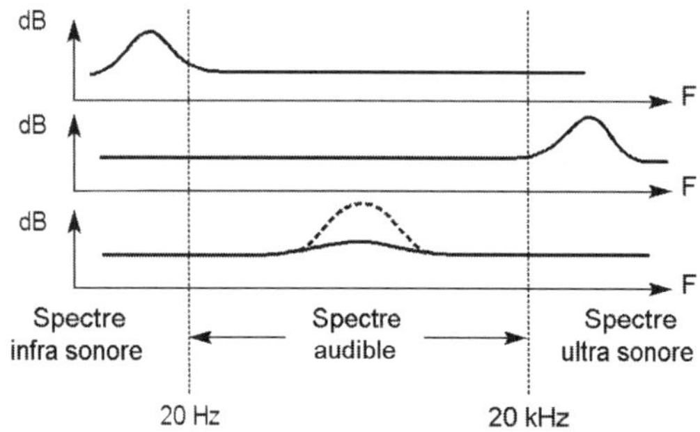

Figure 2.19

Selon le mode de contrôle de la résonance, celle-ci est située en dessous, au-dessus, ou dans le spectre sonore utile.

dans la bande sonore, on amortira son amplitude par un effet de *frottement mécanique* à cette fréquence (système à amortissement contrôlé). La conception d'un microphone implique donc l'association de plusieurs choix de fonctionnement possibles (*tableau 2.2*) :

- *sur le plan acoustique* : la membrane réagit à la pression ou au gradient de pression acoustique ;
- *sur le plan mécanique* : la fréquence de résonance de la membrane est délibérément située au-dessus ou au-dessous, ou encore dans le spectre audible ;
- *sur le plan électrique* : la production de tension est proportionnelle à la vitesse ou à l'amplitude du mouvement.

À première vue, de nombreuses combinaisons sont possibles. En réalité, seules certaines associations sont compatibles avec l'exigence d'une bonne linéarité sur l'ensemble du spectre audible.

Cet aspect de la conception du microphone pour le constructeur reste complexe. Des études théoriques montrent qu'il est possible d'analyser les structures mécano-acoustiques par analogie avec des circuits électriques équivalents [13] [14] [15]. Ces méthodes ont beaucoup contribué à linéariser la réponse amplitude-fréquence des microphones modernes, mais elles montrent aussi les compromis qu'il faut admettre pour étendre cette courbe des extrêmes graves jusqu'aux extrêmes aigus. Certains constructeurs ont donc scindé le spectre des fréquences sonores en deux parties pour optimaliser au mieux deux transducteurs distincts : l'un spécialisé dans les graves et l'autre dans les aigus. Un micro bien connu, le D222, successeur du D202 fabriqué en Autriche par AKG, en est un bon exemple. Sa fréquence de séparation est située vers 500 Hz. Le couplage des deux « cellules » est effectué électriquement, au moyen d'un filtre sophistiqué à faible distorsion de phase.

Tableau 2.2 – Réponse en fréquence des microphones selon le principe de fonctionnement (pression – gradient de pression) et la technologie employée (électrodynamique – électrostatique)

——— Résultante électrique – – – Caractéristique mécanique ------- Résonance **Légende**	**à pression**	**à gradient de pression**
Transducteur électrique à vitesse constante	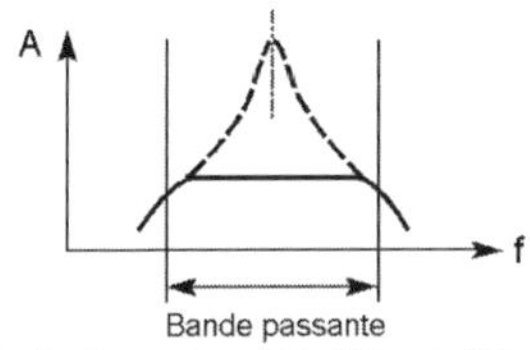 Électrodynamique à bobine mobile. Contrôle de la résonance par la résistance.	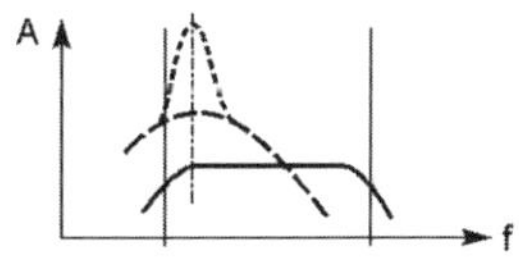 Électrodynamique à ruban. Contrôle de la résonance par la masse.
Tansducteur électrique à amplitude constante.	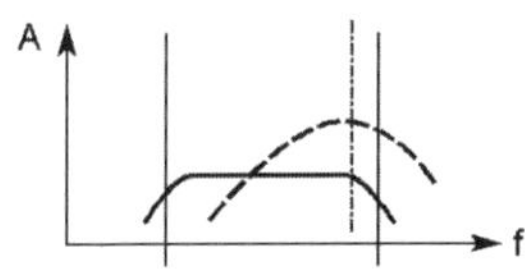 Électrostatique, piézo-électriques, charbon. Contrôle de la résonance par l'élasticité.	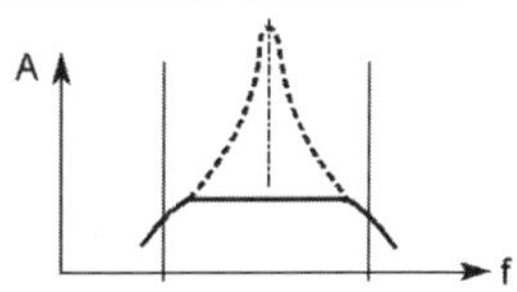 Électrostatiques à capteurs symétriques. Contrôle de la résonance par la résistance.

✦ L'effet de diffraction

D'autres phénomènes perturbant la courbe de réponse se manifestent dans le haut du spectre notamment : *l'effet de diffraction* sur la membrane, et *l'effet de différence de phase* pour les sources situées hors de l'axe principal du microphone. Quand une onde acoustique rencontre le microphone, ce dernier forme obstacle à sa progression. Si la longueur d'onde est petite par rapport à la taille de la membrane, il se produit, sur celle-ci, une onde de réflexion d'amplitude sensiblement égale à l'onde incidente. Un régime d'ondes stationnaires s'instaure, créant devant le microphone une augmentation de pression acoustique. Par contre, à l'arrière, la pression diminue (phénomène analogue à une « ombre »), ce qui perturbe le fonctionnement de la ligne à retard, dont l'ouverture se trouve précisément dans cette zone. Cette modification du champ acoustique dans les aigus par la présence du microphone lui-même, affecte la courbe amplitude-fréquence (*figure 2.20*) mais aussi sa réponse directionnelle pour ces fréquences : c'est « *l'effet de diffraction* ».

1) On peut compenser par construction la remontée des fréquences élevées due à l'effet de diffraction et ainsi linéariser la réponse du microphone pour les ondes d'incidences axiales (0°). Dans ce cas, les ondes provenant de directions hors axe 0° seront atténuées d'autant. Les micros ainsi conçus sont destinés à la captation du champ acoustique direct.

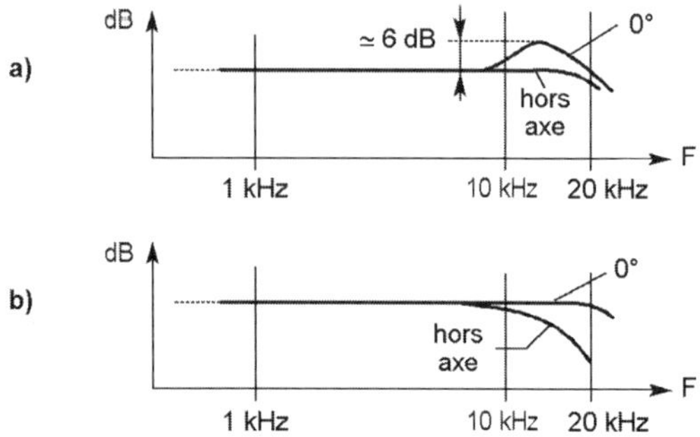

Figure 2.20

a) L'effet de diffraction engendre une remontée des fréquences élevées pour les ondes axiales. Pour un microphone omnidirectionnel la réponse hors axe reste quasi linéaire. Dans le cas d'un microphone directionnel, cette courbe décroît en relation avec sa directivité.
b) La compensation de l'effet de diffraction pour les ondes axiales entraîne une atténuation des fréquences élevées parvenant hors axe (cas d'un microphone omnidirectionnel). Cette atténuation est d'autant plus marquée pour un micro directif.

2) Au contraire, si l'on veut conserver une réponse plate pour les ondes d'incidence non axiale, on constatera une bosse caractéristique d'environ 6 dB vers 10 kHz. Les micros ainsi conçus sont destinés à la captation du champ acoustique diffus. Un fabricant allemand Schoeps a conçu une capsule qui a la particularité de remonter dans l'aigu. C'est un micro omnidirectionnel à utiliser pour des prises de son en champ diffus.

3) La diffraction est insensible aux grandes longueurs d'ondes, où la petite taille du micro ne peut plus agir en réflexion.

✦ La différence de phase

Le format de la membrane (son diamètre) intervient aussi sur la réponse aiguë par suite de la *différence de phase des ondes incidentes* qui parviennent en tous ses points. Si une onde, avant ou arrière, arrive perpendiculairement à la surface de la membrane, elle affecte en phase la membrane tout entière. Par contre, pour des ondes de direction différente dont la longueur est petite comparée au diamètre de la membrane, il en va tout autrement.

Le temps t que mettra une telle onde à se propager de la source S à deux points opposés de la membrane, sera différent. La force exercée par la pression acoustique sera décalée dans le temps. Selon la valeur de la différence de phase t', il se produira une variation de la force résultante et en conséquence des creux et des bosses dans la réponse aux fréquences élevées du microphone. Plus la longueur d'onde est petite, comparée aux dimensions de la membrane, et plus l'angle α s'approche de 90° (ou de 270°), plus l'effet sera marqué.

Ces deux phénomènes expliquent, au moins pour partie, « l'effet d'axe » d'un microphone dans le haut du spectre : pour une bonne réponse dans les aigus, il faudra « pointer » le micro vers la source, *même s'il est omnidirectionnel.* À l'inverse, en donnant un angle à la direction axiale du micro par rapport à un « speaker » par exemple, on diminue les sifflantes de sa voix, qui sont situées dans le haut du spectre sonore. De ces particularités dans la réponse aiguë, il est donc possible de tirer avantage dans la pratique. Les constructeurs diffusent leurs courbes de réponses microphoniques pour des sources d'incidence 0° et 90°.

✦ L'effet de proximité

Le transducteur à gradient de pression possède également un autre pouvoir discriminateur : celui de réagir différemment selon la distance source-membrane.

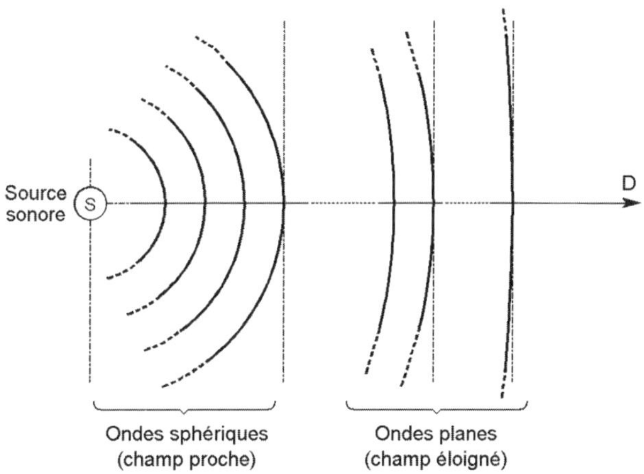

Figure 2.21

Selon la distance source-transducteur (microphone), on distingue un champ acoustique d'ondes sphériques ou planes.

S'il est situé relativement près d'une source sonore ponctuelle isotrope (source sonore théorique, de dimension nulle et rayonnant dans l'espace une énergie égale dans toutes les directions), les ondes de pression lui parvenant apparaîtront comme une calotte de sphère (*figure 2.21*), avec une courbure sensible. Au contraire, si cette source est éloignée du transducteur, les ondes tendront à lui apparaître comme planes (courbure insensible).

En régime d'ondes planes, la force F exercée sur la membrane est proportionnelle au rapport ΔD. La différence de pression ΔP, origine de la force F que subit la membrane n'est due qu'à la différence de phase (de temps) entre les deux actions de l'onde de pression : ΔD est très petit devant la distance source-membrane D et l'affaiblissement d'amplitude de l'onde de pression, pour effectuer ce parcours supplémentaire, devient négligeable.

Par contre, *en régime d'ondes sphériques*, où la distance source-membrane *D* est considérablement plus faible, la valeur de Δ*D* n'est plus négligeable devant *D*. La face avant de la membrane, voit une pression *P* affaiblie par la distance *D*, la face arrière voit une pression *P′* affaiblie par *D* augmentée de Δ*D* (*figure 2.22*).

Dans ces conditions particulières, dites de « champ proche » le gradient de pression vu par la membrane est dû principalement à la différence d'amplitude de *P′* par rapport à *P* ; et de plus, mais pour une moindre part, à la différence de phase (temporelle) de leur action. Entre zone de régime sphérique et zone de régime plan, l'influence de la longueur d'onde λ varie. Pour fixer les idées, aux courtes longueurs d'onde (fréquences élevées), cette frontière se situera à quelques centimètres de la source S, alors qu'aux longueurs d'onde plus grandes (fréquences basses), elle sera

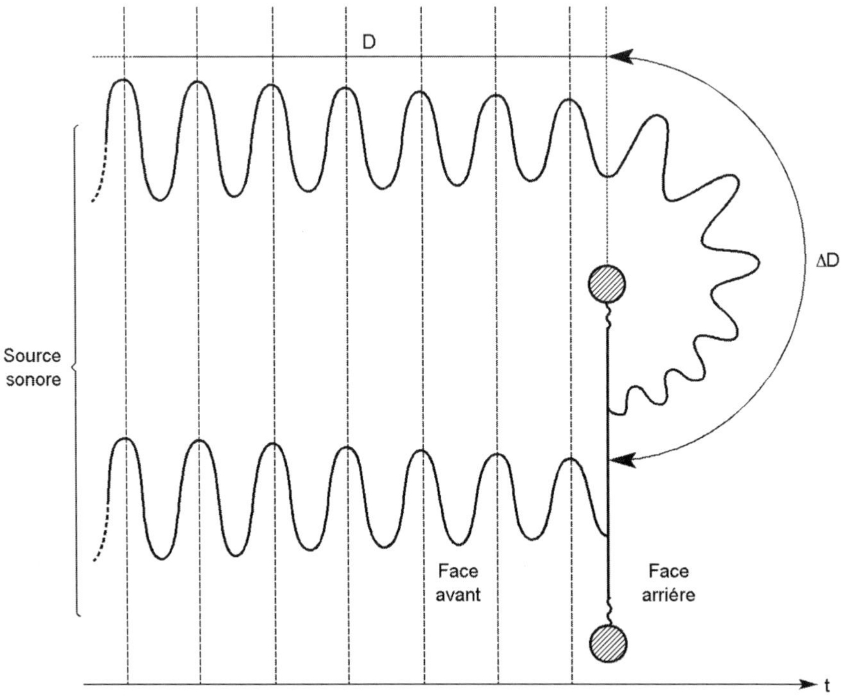

Figure 2.22

En régime d'ondes sphériques, l'affaiblissement d'amplitude de l'onde acoustique avec la distance source-membrane D augmente le gradient de pression. Cette augmentation s'ajoute à l'effet de la différence de phase de part et d'autre de la membrane. Dans le champ proche, cette amplitude décroît avec le carré de la distance D, alors qu'en champ éloigné elle ne décroît que proportionnellement à D (ce qui rend alors ΔD négligeable devant D).

éloignée de plusieurs dizaines de centimètres, voire de plusieurs mètres. Ainsi, pour une distance source-microphone donnée D, telle que ΔD ne soit pas négligeable devant D, la membrane microphonique sera en régime d'ondes sphériques (champ proche) pour les fréquences basses et déjà en régime d'ondes planes (champ éloigné) pour les hautes fréquences. Ainsi, la force P proportionnelle au gradient de pression sera plus grande pour les fréquences basses (où la différence d'amplitude de P s'ajoute à la différence de phase de sa double action), que pour les fréquences plus élevées (où seule la différence de pression instantanée intervient).

Cette particularité de fonctionnement entraîne une remontée du registre grave dans la courbe de réponse d'un micro à gradient de pression, connue sous le nom d'*effet de proximité*.

Cette remontée des fréquences basses peut être vue comme un défaut de non-linéarité gênant le preneur de son. Dans la pratique, il n'en est rien, car, outre la modification importante de couleur sonore parfois recherchée, on peut « linéariser » la réponse fréquentielle à l'aide d'un filtre compensateur. Sur les microphones « haut de gamme », le filtre est réglable par l'utilisateur pour compenser au plus juste l'effet de proximité variable avec la distance source-membrane. Certains constructeurs utilisent cette particularité pour fabriquer des microphones utilisables en environnement à haut niveau sonore : c'est le cas des micros de commentateurs sportifs ou encore, de micros pour sonorisation limitant les phénomènes « d'accrochage Larsen ».

2.2.3 *Réponse directionnelle en champ diffus*

Nous avons étudié jusqu'alors la réponse directionnelle d'un microphone « en champ libre » où seule une onde directe, parcourant la distance source-micro est considérée. Or ces conditions sont relativement théoriques. Dans un lieu fermé, des ondes directes et réfléchies parviennent au micro. Des études ont été faites sur le comportement des micros directifs dans un champ diffus type [12] où théoriquement :

- la distribution de l'énergie sonore est uniforme et en tous points du champ la densité de l'énergie moyenne est égale ;
- l'écoulement de l'énergie sonore moyenne s'effectue dans toutes les directions en tous points du champ ;
- la relation de phase est arbitraire entre les ondes convergeant en un point quelconque du champ.

Les méthodes de mesure en champ diffus sont délicates et complexes mais permettent d'y évaluer l'énergie moyenne reçue par un microphone donné, dirigé vers la source sonore. On montre que, pour un micro donné, le rapport entre le carré de son efficacité en champ libre à 0° (M_0) et le carré de son efficacité en champ diffus (M_{DIFF}) est une constante découlant de la directivité de ce micro :

$$F = \frac{M_0^2}{M_{\text{DIFF}}^2}$$

On établit ainsi un « facteur de directivité » ou « taux de directivité » caractéristique de la réponse en champ diffus d'un microphone directionnel donné. Il traduit l'atténuation relative de l'influence des ondes réfléchies par rapport à celle des ondes directes. Le *tableau 2.3* résume ces valeurs :

Tableau 2.3 – Les valeurs du facteur de directivité selon le diagramme polaire du microphone

	omni.	cardio.	bidirect.	hypercard.
Taux de directivité $TD = \frac{M_0^2}{M_{\text{DIFF}}^2}$	$\frac{1}{1}$	$\frac{1}{3}$	$\frac{1}{3}$	$\frac{1}{4}$
Indice de directivité $ID_{(\text{dB})} = 20 \log_{10} \sqrt{\frac{M_0^2}{M_{\text{DIFF}}^2}}$	0 dB	- 4,77 dB	- 4,77 dB	- 6,02 dB

- En cas de prise de son en milieu réverbérant, l'usage d'un micro directionnel en lieu et place d'un omnidirectionnel permet de diminuer la *distance apparente* source microphone par réduction du pourcentage de réverbération reçu. Cette *distance apparente* de la source est celle qu'on perçoit à l'écoute du son provenant du micro. Dans la pratique, on parle de « grosseur du plan sonore » par analogie avec le cadrage d'une image photographique. Remarquons que sous cet angle, un microphone bidirectionnel parvient au même résultat qu'un microphone cardioïde (*figure 2.23*).

  On définit comme « *facteur de distance* » la valeur par laquelle il faut multiplier la distance entre une source sonore et un micro omnidirectionnel, pour obtenir la même distance apparente en champ diffus avec un micro directionnel.

- Lorsque le micro omnidirectionnel O reçoit une énergie sonore :

$$E_0 = \frac{M_0^2}{M_{\text{DIFF}}^2}$$

- Situé à la même distance de la source que O, un micro cardioïde C recevrait trois fois plus d'énergie directe (voir *tableau 2.3*) soit :

$$E_c = \frac{3M_0^2}{M_{\text{DIFF}}^2}$$

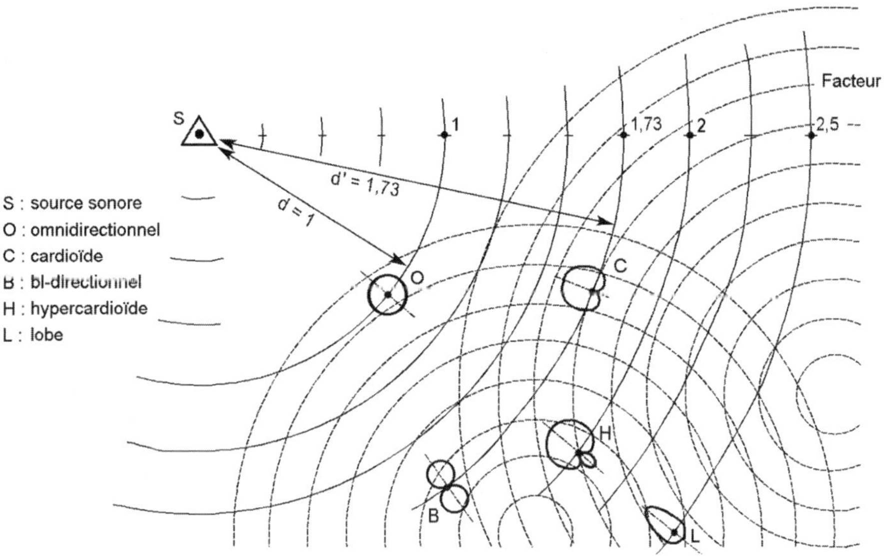

Figure 2.23 – Différence de distance entre microphones de directivités différentes, pour une « même grosseur de plan sonore ».
Un microphone cardioïde (C) se situera 1,73 fois plus loin de la source qu'un microphone omnidirectionnel (O).

- Pour que la *distance apparente* soit la même à l'écoute des deux microphones, il faut que $E_0 = E_c$. En effet, l'énergie réfléchie est réputée constante dans un champ diffus, quel que soit le point du champ considéré. Donc :

$$E_0 = E_c \text{ si } \frac{M_0^2}{M_{\text{DIFF}}^2} = \frac{3M_0^2}{d^2 M_{\text{DIFF}}^2}$$

ce qui revient à éloigner C de la source S d'une distance *d* (*figure 2.23*).

Cette condition est remplie pour une position où :

$$d^2 = 3 \Rightarrow d = \sqrt{3} = 1{,}732$$

Le microphone cardioïde placé en C sera donc situé 1,73 fois plus loin de la source que ne l'est le micro omnidirectionnel 0. Le facteur de distance d'un micro cardioïde est donc de 1,732.

2.2.4 *Réponses parasites*

Un microphone, aussi bien conçu soit-il, présentera une certaine sensibilité à son environnement physique, s'ajoutant à sa sensibilité « normale » aux ondes acoustiques.

✦ Sensibilité aux champs magnétiques

C'est surtout le cas des micros électrodynamiques. Dans un champ magnétique puissant, une forte tension parasite peut être induite dans la bobine mobile lorsqu'elle coupe les lignes de flux de ce champ. Le champ magnétique alternatif, créé par un câble secteur, ou pire, un transformateur, induira une « ronflette » à la fréquence du champ et de ses harmoniques. De tels champs sont fréquents sur les lieux d'une prise de son. Pour s'en prémunir, les microphones électrodynamiques sont dotés d'une bobine fixe dite « de compensation magnétique » située à proximité immédiate de la bobine mobile (*figure 2.10b*). L'induction parasite est alors la même dans les deux bobinages, branchés électriquement en opposition de phase afin que les tensions parasites s'annulent. Si le microphone comporte un transformateur de modulation (micros à ruban), celui-ci peut également capter le rayonnement magnétique parasite. On le protège généralement par un blindage fermé en acier à faible perméabilité (MUMETAL par exemple). L'influence magnétique parasite de tels champs est normalement indiquée sur la fiche technique du microphone : c'est la tension de sortie qu'il présente, plongé dans un champ magnétique alternatif uniforme défini en intensité et en fréquence[1].

✦ Sensibilité aux chocs mécaniques

La membrane en diaphragme de tout microphone, outre les mouvements de membrane engendrés par les ondes acoustiques, « répondra » également à toutes les vibrations transmises par le boîtier. Une bonne isolation membrane/boîtier est donc souhaitable. Les constructeurs utilisent pour cela des matériaux amortisseurs internes judicieusement disposés. Les microphones prévus pour un usage à la main (reportage, chant...) sont munis d'une suspension interne particulièrement étudiée pour les fréquences moyennes et hautes. Toutefois, pour les chocs mécaniques de très basse fréquence, cette « suspension » est inefficace. Pour les micros utilisés sur pieds ou sur perches, une « bonne » isolation vis-à-vis des vibrations mécaniques est effectuée par une suspension externe.

Un tel accessoire, s'il est bien étudié, devra présenter un amortissement maximal jusqu'aux fréquences les plus basses possibles [19]. Une approche de solution consiste à multiplier les étages d'élasticité, car il y a perte de transmission vibratoire avec chaque changement de matériaux, de plus les résonances propres à chaque

1. La mesure est faite généralement dans un champ magnétique de 5 µT = 50 mG à 50 Hz.

étage sont judicieusement décalées. Ainsi, chaque étage intervient dans une bande de fréquences différente.

Les microphones omnidirectionnels à bobine mobile sont les moins affectés par les vibrations de très basse fréquence transmises au boîtier. En effet, la résonance de leur membrane est fortement amortie par résistance (*cf.* § 2.2.2) ce qui leur confère une grande inertie aux vibrations infrasonores.

À l'inverse, pour les microphones à ruban, la membrane est contrôlée par la masse. Aussi leur fréquence de résonance, située dans le spectre infrasonore, tend, elle, à amplifier l'action des vibrations mécaniques basse fréquence.

En conséquence, l'association d'un microphone omnidirectionnel à bobine mobile et d'une suspension efficace, assurera la plus grande immunité possible aux vibrations mécaniques. Le microphone D021B de chez LEM (France), conçu pour le reportage « micro en main », en est un bon exemple.

✦ Sensibilité au vent et déplacements d'air

Les micros électrodynamiques à pression se présentent comme les moins sensibles au vent, ceux à caractéristiques mixtes le sont plus, mais restent utilisables avec des protections contre le vent bien conçues. L'usage de micros électrostatiques à gradient de pression pure est fortement déconseillé en présence de vent. Il en va de même des micros « canon » dont le tube à interférences est particulièrement sensible au vent (voir § 2.4.1).

a) Déplacé rapidement en cours de prise de son (mouvement rapide de perche par exemple), un microphone engendrera un bruit parasite à fréquence basse qu'il convient d'éliminer au maximum. Les constructeurs proposent des « bonnettes anti-vent » généralement en mousse de polyéruthane à fixer à même la capsule du micro. Leur efficacité n'est bonne que pour des vitesses d'air très faibles ; en extérieur avec un vent un peu marqué, elles sont insuffisantes. On les réservera aux usages d'intérieur, lorsqu'un orateur parle très près d'un micro conçu pour captation éloignée (qui en principe n'est pas protégé contre les syllabes « plosives »). La mousse plastique utilisée est constituée d'une infinité de petites bulles ou cellules ouvertes qui freinent les molécules d'air, mais aussi atténuent les fréquences élevées en leur faisant écran (faible longueur d'onde). Meilleure est la solution que propose la société Schoeps avec sa bonnette où une petite cage sphérique sous-tend un tissu à mailles fines et ceci à quelques centimètres de la membrane.

b) Dès l'instant où le vent intervient sur un micro, il faut à tout prix freiner sa vitesse au voisinage de la membrane, et si possible du boîtier tout entier. Dans le cas contraire, le vent entraînerait des perturbations de pression sur la membrane et des bruits de contact sur le corps du micro.

Utilisation de la bonnette anti-vent Rycote avec son windjammer sur un microphone canon et sur le microphone de la caméra vidéo.

On construit donc des « bonnettes anti-vent » (*wind shields*) dont la taille est sensiblement proportionnelle à l'atténuation des effets éoliens. Le micro est entièrement compris dans une cage sur laquelle est légèrement tendu un textile à trame lâche, ou une feuille de mousse polyester [18]. L'expérience montre que, plus la distance entre le « frein » que forment le tissu et le capteur est grande, plus l'atténuation du vent est bonne. On augmente encore les performances de l'accessoire en multipliant le nombre de cages (*figure 2.24*). Le micro est fixé à l'intérieur par l'intermédiaire d'une suspension élastique. Elle l'isole au mieux des vibrations mécaniques transmises par le vent aux cages, et par le support (généralement une perche à main). On trouve sur le marché des « protections anti-vent » de ce type pour les « micros-canon » dont le tube à interférence est particulièrement sensible au vent.

c) Enfin, les micros utilisés à la main, par des chanteurs de variétés, ou des commentateurs sont toujours situés très proches de la source sonore : la bouche. Les syllabes « plosives » font naître localement des déplacements brusques et ponctuels de l'air et entraînent des bruits parasites gênants. Les micros conçus spécialement

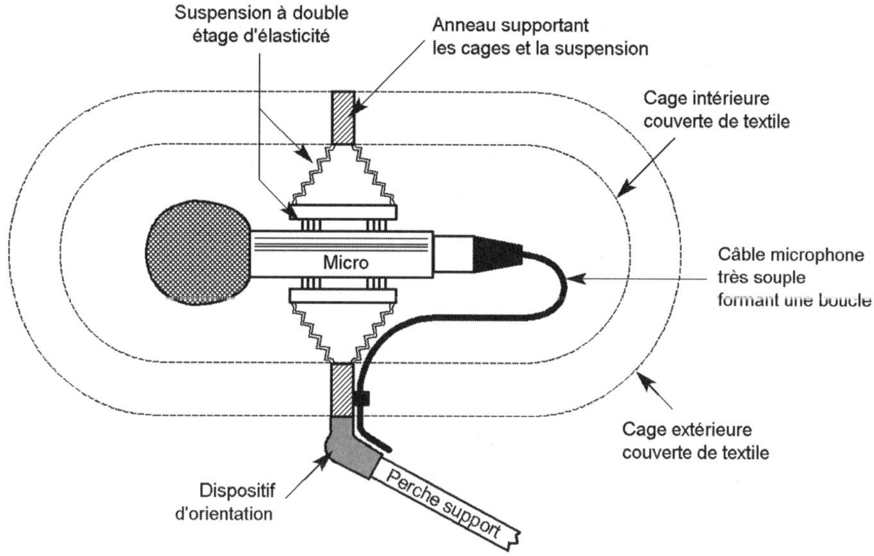

Figure 2.24 – Dessin de principe d'une « bonnette anti-vent » double cage :
– les cages doivent être les plus ouvertes possible (fils métalliques de petit diamètre) pour ne pas faire obstacle aux sons incidents et dégrader la directivité propre du micro ;
– le textile de recouvrement, ou la matière cellulaire utilisée doit présenter des mailles ou des cellules ouvertes pour que l'atténuation des fréquences élevées soit minimale. On recherche à freiner la vitesse du vent et non à l'arrêter trop énergiquement (ce qui produirait un régime de turbulences plus néfaste encore dans ses conséquences parasites).

pour cet usage, sont munis de « freins à vent » incorporés qui, pour être efficaces sont étagés à plusieurs distances de la membrane.

Le microphone Schoeps de la série CMH propose une solution psychologique efficace. Ici la membrane est volontairement reculée par une bonnette vide qui laisse quelques centimètres entre la capsule et la bouche de l'interlocuteur.

✦ Sensibilité aux rayonnements HF

Les micros à condensateurs sont les plus sujets à une détection parasite des ondes hertziennes. On les protège convenablement par « faradisation » : le corps du boîtier métallique est lié à la masse des circuits, ainsi que le grillage avant. Le câble de liaison entre le microphone (quel qu'en soit le type) et l'appareil qui le suit, devra être impérativement blindé et relié à leurs masses respectives.

✦ Sensibilité à l'humidité

Un environnement humide diminue les propriétés diélectriques de l'air situé entre les « plaques » des micros à condensateur (aussi, ces derniers sont-ils plus sensibles que les micros dynamiques à l'humidité ambiante). Actuellement, les microphones électrostatiques de haut de gamme sont bien prémunis contre le risque de formation d'arcs interplaques, qui se traduiraient sur le plan sonore par de petits « clics », voire des crachements itératifs.

✦ Sensibilité à la température

L'exposition d'un microphone à une température excessive et prolongée n'est jamais bonne, car elle ne peut qu'entraîner des dilatations des parties métalliques, des déformations des matériaux plastiques ou des colles éventuellement utilisées. De plus, le diélectrique polarisé des micros à électrets tend à voir sa durée de vie diminuer aux températures élevées.

✦ Sensibilité à l'usure et au vieillissement

Comme tout objet, même de haute qualité, un microphone s'use avec le temps. Les « électrets » subissent une autodécharge, les colles des assemblages du transducteur durcissent et deviennent cassantes, les préamplificateurs voient leur bruit de fond augmenter. Les chocs et vibrations durant les transports, les brusques variations de température... accélèrent le vieillissement des microphones.

Un contrôle et une maintenance régulière sont nécessaires.

2.3 « Interface » de sortie des microphones

2.3.1 *Impédances d'un microphone*

L'efficacité, ou encore la « tension nominale de sortie » d'un micro est donnée sur les fiches descriptives, en circuit ouvert : c'est-à-dire mesurée sur une impédance de charge infinie. Or, ce mode d'adaptation en tension s'accommode mal de liaisons longues : on constate des inductions diverses dans le câble, se traduisant généralement par un bruit de ronflement à la fréquence du secteur. Aussi, abaisse-t-on l'impédance de ligne à 200 Ω, valeur utilisée et annoncée comme impédance nominale à 1 000 Hz[1].

En pratique, cette impédance augmente avec la fréquence du signal, et l'impédance minimale de charge souhaitable à l'autre extrémité de la ligne de transmission se situe vers 1 000 à 2 000 Ω (5 à 10 fois l'impédance de source). Aussi, ne charge-t-on que peu le microphone sur l'ensemble de son spectre fréquentiel.

Pour les micros à condensateur, l'impédance de source est liée à la très faible impédance de sortie de son préamplificateur et du transformateur qui lui est éventuellement associé. La tendance moderne est à la suppression de ce transformateur

1. Cette impédance quasi généralisée pour les micros professionnels s'accommode bien de la faible impédance interne d'une bobine mobile. Pour les micros à ruban, un transformateur élévateur augmente l'impédance interne très faible du ruban tout en augmentant le niveau du signal microphonique. Outre-Atlantique, l'impédance de ligne normalisée est de 600 Ω.

comme dans les circuits d'entrée-micro de console. L'impédance de « source » est alors très faible (de l'ordre de 20 Ω).

2.3.2 *Liaison symétrique du micro à la chaîne électroacoustique*

L'abaissement de l'impédance du circuit de liaison et son blindage par écran métallique relié à la masse, diminuent l'influence des inductions électromagnétiques dans le câble de transmission (ligne microphonique). À proximité d'une source magnétique puissante, le câble sera le siège d'inductions qu'il convient d'éliminer, et son blindage sera sous cet angle, inefficace. C'est la raison pour laquelle on « symétrise » la ligne microphonique (*balanced line*) (*figure 2.25*). Dans chaque conducteur véhiculant le signal microphonique, l'induction magnétique parasite se fera en phase et à même intensité, car les deux conducteurs sont très proches l'un de l'autre. Le signal utile, lui, est transmis en opposition de phase sur ces mêmes conducteurs. Les courants induits en phase dans la ligne s'annuleront donc dans les transformateurs. La quasi-totalité des microphones professionnels utilisent un câblage symétrique car il permet d'utiliser des longueurs de câbles importantes et surtout il rend possible l'alimentation des microphones électrostatiques.

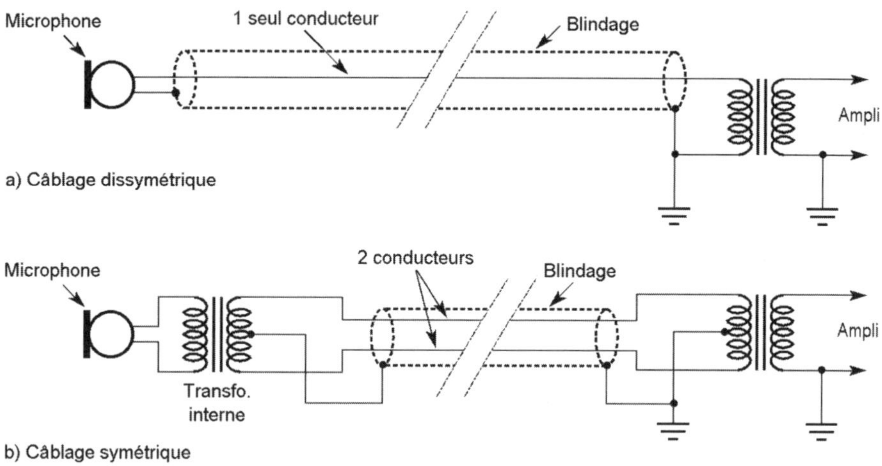

Figure 2.25 – Symétrisation d'une ligne microphonique afin d'éviter les problèmes d'induction magnétique parasite.

2.3.3 *Alimentation des micros à condensateur*

Le principal inconvénient fonctionnel des micros à condensateur est la servitude d'alimentation qu'ils impliquent. Incorporer une source d'énergie dans le corps du micro est possible, mais présente de nombreux désavantages :

- volume augmenté : négatif sur le plan acoustique ;

- poids élevé : usage sur perches rendu difficile ;
- autonomie réduite (10 à 20 h) ;
- usage des piles spéciales (tensions élevées) difficiles à approvisionner.

Aussi, préfère-t-on déporter la source d'énergie hors du microphone en la situant dans un boîtier d'alimentation distinct ou dans la console de prise de son. Par obligation, cet appareil possède déjà une alimentation dont il suffira de prélever une partie pour l'envoyer au microphone. La liaison symétrique micro-préampli/récepteur, permet la transmission de l'alimentation sur les conducteurs de modulation. Ainsi, une composante continue est superposée au signal microphonique. La *figure 2.26* montre l'addition du circuit d'alimentation au circuit de modulation symétrique.

Les conducteurs a et b sont à potentiels continus différents. Pour éviter un court-circuit dans les transformateurs (ou circuits équivalents), on bloque la composante continue par un condensateur. Ce mode d'alimentation est connu sous le nom de « système parallèle » ou « système AB » ou encore en « T » (*figure 2.26a*). Sa dissymétrie en continu entraîne plusieurs conséquences :

- le branchement d'un micro à condensateur en bout de ligne doit respecter les polarités des conducteurs a et b. Une inversion accidentelle est sans gravité : R1 et R2 limitent le courant de court-circuit éventuel, mais le micro n'est pas alimenté et ne fonctionne pas. Lors de l'usage de plusieurs microphones, leur branchement correct sur le plan de l'alimentation garantira également leur bonne mise en phase relative ;
- l'écran de blindage entourant les conducteurs ne transmet aucun courant d'alimentation ;
- un microphone dynamique branché sur la ligne, reçoit la tension d'alimentation et il importe de pouvoir couper la source continue dans ce cas.

La généralisation d'une liaison symétrique pour la modulation microphonique professionnelle a entraîné le développement d'un autre système, compatible avec le branchement de micros dynamiques, sans coupure de source continue. Le potentiel d'alimentation entre les conducteurs de modulation est *fantôme* car il est nul (*figure 2.26b*). Présent entre chacun de ces conducteurs et l'écran de masse, il ne peut pas être « vu » par la bobine mobile ou le transformateur d'un micro à ruban. Cette technique d'alimentation tend à devenir le standard international avec une d.d.p. de 48 V[1], un autre standard fonctionne de façon identique sous 12 V. Le mode « fantôme » présente essentiellement des avantages sur le mode parallèle :

1. L'adoption d'une d.d.p. de 48 V date de l'électronique à lampe. 48 V était la « haute tension » de sécurité pouvant polariser directement l'anode de certaines lampes préamplificatrices des micros à condensateur.

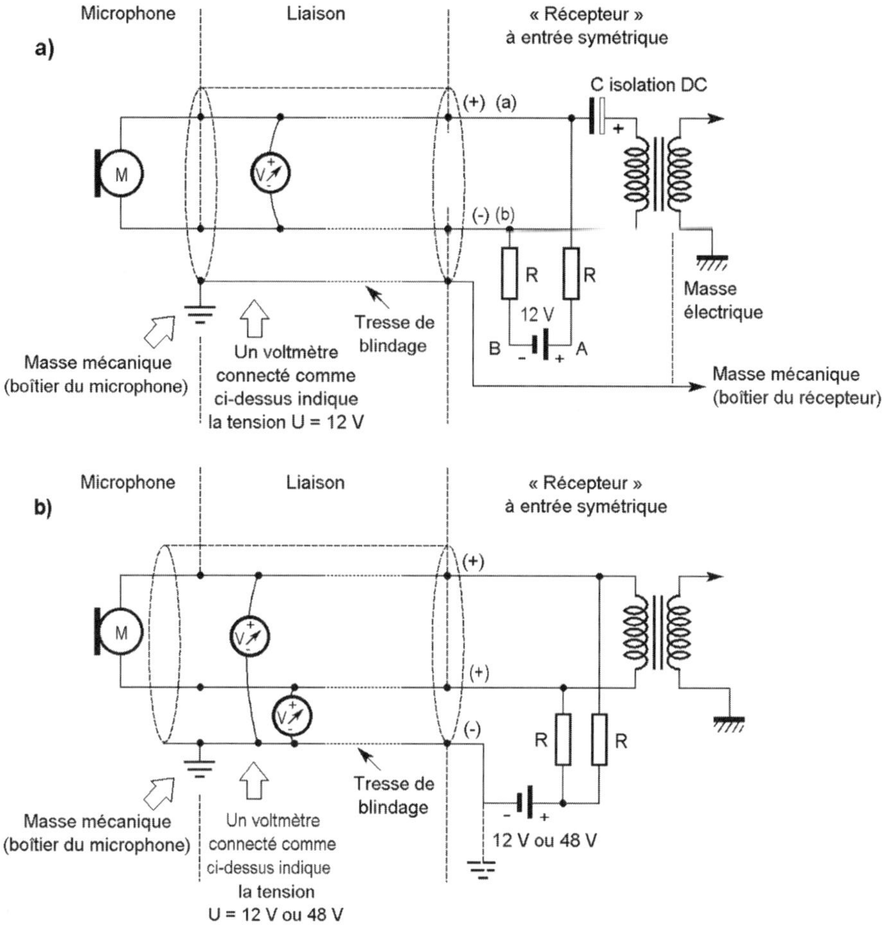

Figure 2.26

a) Alimentation d'un microphone électrostatique par son câble de modulation en mode « TONADERSPEISUNG 12 VOLTS » (T12) (mode également appelé « A/B » ou « Parallèle »). Le circuit audio est flottant par rapport à la masse mécanique. Toutefois dans la pratique, masses mécanique et électrique sont interconnectées. On mesure alors 12 V entre le conducteur (a) et la tresse de blindage (b).

b) Alimentation d'un microphone électrostatique par son câble de modulation en mode « FANTÔME 12 ou 48 VOLTS » (P12-48).

En la doublant par convertisseur, cette tension devenait suffisante pour polariser les plaques des transducteurs à condensateur. Le développement des circuits « solid-state » (transistors et IC'S) aurait dû entraîner le choix d'une d.d.p. de 12 V, supprimant l'inévitable convertisseur de tension grevant l'autonomie des appareils alimentés sur piles.

Tableau 2.4 – Principaux câblages utilisés dans le domaine professionnel

<table>
<tr><th>Appellations</th><th>Tonaderspeisung DIN
(A/B) - (Parallèle)</th><th colspan="2">Phantomspeisung DIN
(Fantôme)</th><th>Observations</th></tr>
<tr><td>Symbole</td><td>T12</td><td>P12</td><td>P48</td><td></td></tr>
<tr><td>Norme DIN n°</td><td>45595</td><td>45596</td><td>45596</td><td>Normes industrielles allemandes</td></tr>
<tr><td>Tension</td><td>12 V ± 1 V</td><td>12 V ± 1 V</td><td>48 V ± 4 V</td><td></td></tr>
<tr><td>Intensité max par micro</td><td>10 mA</td><td>10 mA</td><td>2 mA</td><td></td></tr>
<tr><td>Résistance R recommandée</td><td>180 Ω ± 10 %</td><td>680 Ω ± 20 %</td><td>6,8 kΩ ± 20 %</td><td>Appairées à 0,5 %</td></tr>
<tr><td>Branchement connecteur DIN, branché selon DIN 41524.</td><td>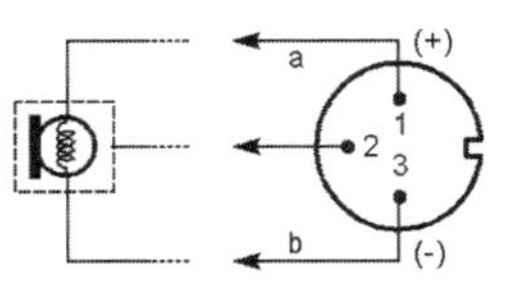
</td><td>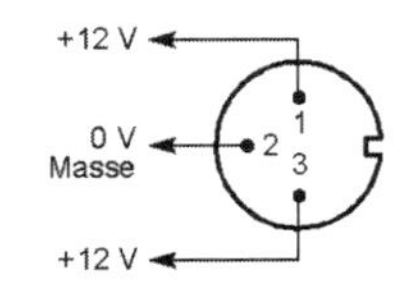
</td><td>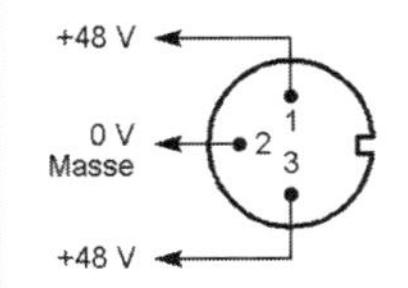
</td><td>Connecteurs européens (Tuchel -PREH - etc.)</td></tr>
<tr><td>Branchement connecteur selon IEC 268 - 12 AB (système T12).</td><td>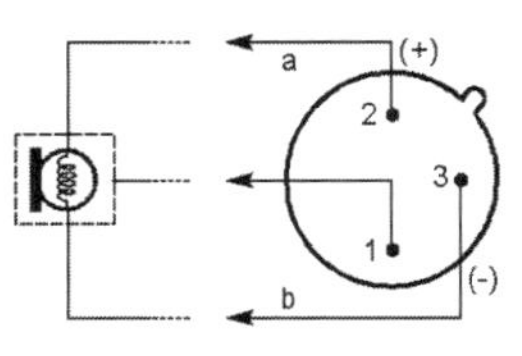
</td><td>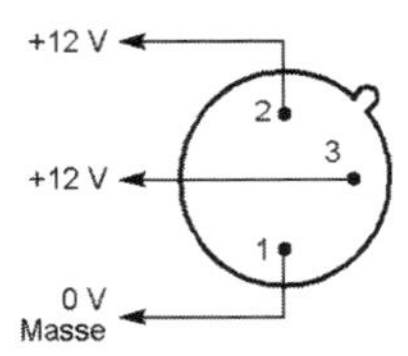
</td><td>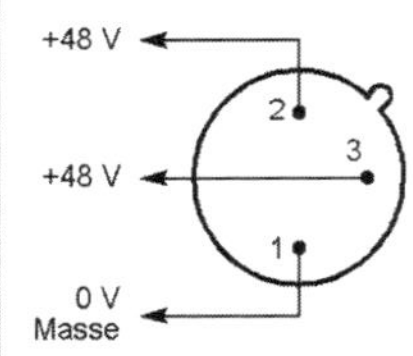
</td><td>Connecteurs américains (Cannon - XLR - Switchcrafts - etc.)</td></tr>
<tr><td>Branchement entre les connecteurs européens et américains.</td><td colspan="3">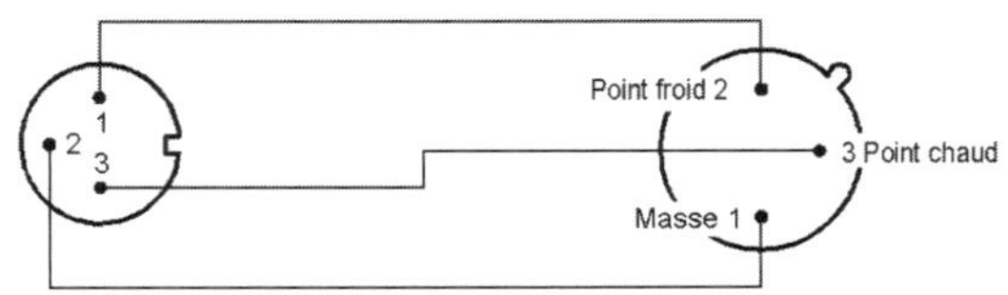
</td><td>Câblage classique Tuchel-Cannon</td></tr>
</table>

- compatibilité de la liaison pour tous les types de micros systématiques ;
- suppression des condensateurs d'isolation ;
- meilleure symétrie de l'ensemble dont on peut attendre un rapport de réjection de mode commun optimal (RRMC) ;
- branchement de micros en phase ou en opposition de phase. Il faudra donc veiller à la phase du branchement lors de l'utilisation de plusieurs micros, notamment dans le cas des couples stéréophoniques.

L'alimentation parallèle 12 V est certainement moins sensible aux parasites sur de très grandes distances supérieures à 50 m.

Le *tableau 2.4* permet la comparaison des trois modes d'alimentation cités.

2.3.4 *Les câbles de liaison*

Ce sont des accessoires indispensables. Leur qualité intrinsèque est souvent négligée, à tort. Un câble de liaison ne doit pas être considéré comme un court-circuit parfait, entre la sortie du micro et l'entrée de l'amplificateur qui suit, mais comme un milieu de propagation présentant essentiellement :

1) une capacité et une inductance « parasite » ;

2) une résistance ohmique ;

3) un risque de rupture ;

4) une transmission mécanique de vibrations communiquées au micro.

Les fabricants spécifient la *capacité* par mètre de leur produit. D'une manière générale, pour les lignes longues, il faudra chercher à diminuer la capacité totale sous peine d'atténuation des fréquences les plus élevées. En général, plus la distance de séparation entre chaque conducteur est grande (y compris et surtout l'écran de masse), plus son influence capacitive sera faible. La combinaison de la capacité et de l'inductance propre d'un câble donné lui confère une impédance propre : son impédance caractéristique dont la valeur approchée se calcule selon :

$$\frac{Z_{(\Omega)}}{C_{(\mathrm{F})}} = L_{(\mathrm{H})} \quad \text{(en négligeant la résistance ohmique et les facteurs de perte)}$$

Lorsque Z est égale à la valeur de l'impédance d'entrée de l'appareil qui charge la ligne, le câble conserve la même impédance sur toute sa longueur ; tout se passe alors comme si le micro et la chaîne électroacoustique étaient connectés directement entre eux, comme si le câble de liaison n'existait pas. En réalité, la tension du signal diminue le long du câble du fait de sa résistance ohmique non nulle.

La résistance ohmique du câble n'a qu'un effet atténuatif faible et linéaire en fréquence sur les signaux microphoniques. On en néglige l'importance dans la pratique, pour des liaisons de courte longueur.

Vis-à-vis des *risques de rupture*, le professionnel exercera une attention toute particulière notamment lorsqu'une section de câble de liaison est mobile (perches, micro-cravate, etc.). Dans ce cas, il doit être choisi très souple pour augmenter sa longévité mécanique. Par ailleurs, les mouvements du câble engendrent des vibrations mécaniques qui se propagent le long de celui-ci.

La section de câble située proche du micro peut communiquer à ce dernier ses vibrations. Il importe donc de choisir un câble particulièrement souple pour cet usage et de le fixer en laissant une boucle d'amortissement mécanique. Sans cette précaution, la suspension du micro est mécaniquement court-circuitée et inopérante (*figure 2.24*).

La littérature technique parle parfois de *câble actif* notamment lorsque l'on désire augmenter la distance entre la « capsule transductrice » d'un micro à condensateur et le « corps » contenant le préamplificateur. Dans ce cas, le maintien d'un étage abaisseur d'impédance à proximité du transducteur impose l'usage d'un transducteur (composant « actif ») incorporé dans le connecteur d'entrée.

Ici, une capacité de liaison faible et de valeur connue est impérative. De plus, en raison de la présence d'une tension de polarisation continue élevée (60 à 100 V), l'isolation du câble doit être excellente. Ceci revient bien à définir totalement les « performances » du câble, y compris dans sa longueur maximum : un tel accessoire est donc fourni par le constructeur du micro.

L'intérêt d'une telle liaison est de diminuer considérablement le poids et le volume apparent du micro. Pour un usage sur perche à main, « la capsule » microphonique seule est montée en bout de perche, diminuant la fatigue du « perchman ». Par ailleurs, lorsque le micro est dans le champ d'une caméra, il est beaucoup plus discret (journaux télévisés par exemple). Un dernier avantage, et non des moindres, est la réduction du volume effectif dans le champ acoustique, réduisant les effets de diffraction.

2.4 Systèmes microphoniques particuliers

2.4.1 *Lentilles acoustiques*

Les dispositifs à fonctionnement purement acoustique, qui, couplés à un microphone, en modifient ses caractéristiques de directivité, peuvent porter le nom de « lentilles acoustiques ».

✦ Le réflecteur parabolique

Il présente la particularité de discriminer les ondes de direction axiale, vis-à-vis de celles provenant de toutes les autres directions. Ainsi, les ondes se propageant parallèlement à son axe de révolution, se réfléchissent une seule fois puis repassent obligatoirement en un point remarquable de cet axe appelé foyer. Ces ondes ont parcouru une distance source-foyer identique, aussi arrivent-elles en phase au foyer. Leur concentration en un point unique ou « focalisation » augmente la pression acoustique en ce point (*figure 2.27*).

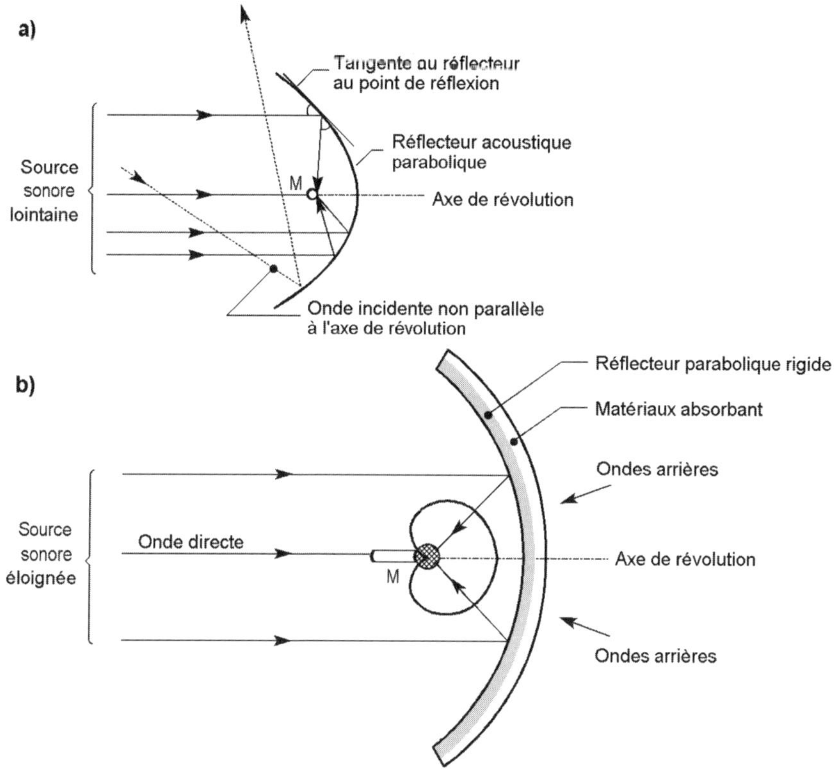

Figure 2.27

a) Au foyer d'un réflecteur parabolique où l'on place le micro M, passent les ondes de réflexions engendrées par des ondes incidentes arrivant parallèlement à l'axe de révolution du réflecteur. Au point M, leurs pressions respectives s'ajoutent.
b) Parabole pratique : les ondes provenant de l'arrière du réflecteur doivent être arrêtées au maximum par absorption. L'onde « avant » suivant l'axe de révolution est atténuée par rapport aux autres ondes « avant » du fait de la caractéristique cardioïde du micro M.

Un microphone placé au foyer d'un réflecteur parabolique recevra donc :

- les *ondes de réflexion* qui lui parviennent en phase depuis des sources sonores axiales ;
- une *onde directe* dont le parcours suit l'axe de révolution du réflecteur. Celle-ci sera par conséquent en décalage de phase avec les ondes réfléchies. Ceci

peut entraîner des atténuations à certaines fréquences. Aussi l'usage d'un microphone à directivité cardioïde, orienté vers le « fond » de la parabole, est-il conseillé : sa réponse axiale arrière est minimum et atténue fortement l'effet néfaste de l'onde directe.

L'analogie avec une lentille grossissante est possible et l'association micro cardioïde/parabole présente une caractéristique beaucoup plus directionnelle qu'un simple micro cardioïde ou hypercardioïde. La courbe de directivité ressemble grossièrement à une « massue » (*figure 2.28*).

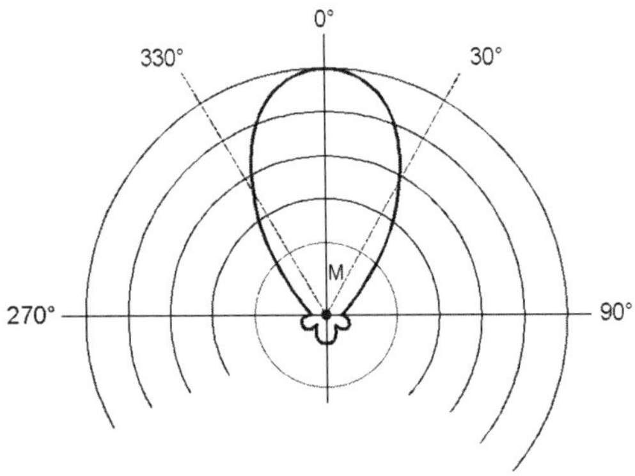

Figure 2.28 – Courbe de directivité d'un microphone situé au foyer d'un réflecteur parabolique.

Le principe de la parabole a une action sur la directivité mais aussi sur la réponse en fréquence : une augmentation de l'efficacité avec la fréquence.

Il va de soi que le diamètre du réflecteur parabolique est en rapport direct avec la plus grande longueur d'onde de vibration pour laquelle il travaille efficacement en réflecteur. Si l'on considère comme utilisable dans la pratique, une parabole de l'ordre d'un mètre de diamètre, son fonctionnement directionnel aura lieu pour les fréquences supérieures à 340 Hz (longueur d'onde égale à un mètre). Le réflecteur devra être conçu très rigide pour favoriser une bonne réflexion sans mise en résonance mécanique. De plus, les ondes parvenant de l'arrière du réflecteur devront être éliminées au maximum par amortissement (matériaux absorbants).

On peut utiliser d'autres formes de réflecteurs acoustiques en association avec un microphone : cônes, pavillons exponentiels par exemple. Comme tous les dispositifs acoustiques, leur construction est délicate du fait des non-linéarités fréquentielles des matériaux utilisés, des résonances et de la création de régimes d'ondes stationnaires.

✦ Le tube à interférences

Une autre manière de renforcer la directivité d'un transducteur acoustique fait appel au « *tube à interférences* ». La membrane microphonique ferme une des extrémités du tube, l'autre extrémité ainsi que des ouvertures latérales, permettent le passage des ondes acoustiques.

Les ondes de direction axiale pénètrent par toutes les ouvertures du tube et restent en phase au cours de leur progression jusqu'à la membrane.

Les ondes d'incidence non axiale parviennent dans le tube en suivant des parcours différents selon l'ouverture de pénétration (*figure 2.29*).

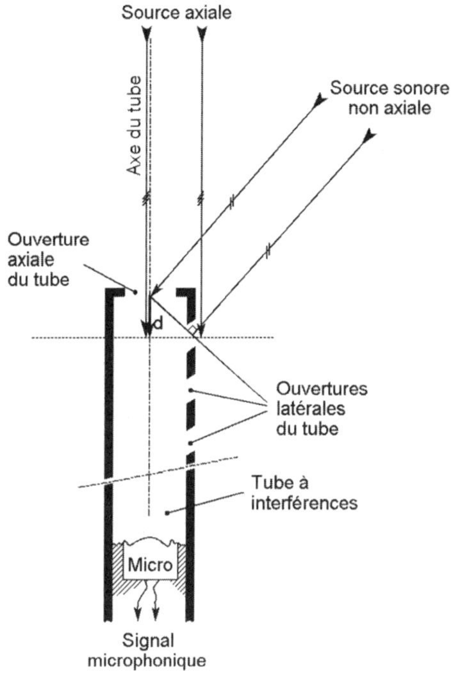

Figure 2.29 – Principe de fonctionnement d'un tube à interférence.
Pour des sources non axiales, le déphasage des ondes interférant dans le tube provient de la différence de parcours d. Pour des sources axiales, d est nul.

Il se crée dans le tube une zone de mélange où les ondes acoustiques non axiales interfèrent entre elles et tendent à s'annuler par différence de phase. Le phénomène est en relation directe avec la longueur d'onde acoustique et l'angle d'incidence de cette onde. Le format du tube, comme de ses ouvertures, est calculé pour le spectre des fréquences dans lequel il doit travailler. Cette description du fonctionnement de principe se complique, dans la réalité, d'effets indésirables :

- d'une part la création d'un régime d'ondes stationnaires, dont on atténue au maximum l'instauration dans le tube par des « résistances acoustiques » (généralement des tissus ou feutres choisis pour leur atténuation linéaire en fréquence) situées contre les ouvertures du tube ;
- d'autre part, une directivité de plus en plus marquée pour les fréquences élevées.

Les fréquences basses pour lesquelles on tend à sortir de la zone de fonctionnement du tube, sont partiellement atténuées par voie électrique. En effet, comme pour le réflecteur parabolique, la réponse directionnelle dégénère pour les longueurs d'ondes supérieures aux dimensions physiques du tube.

Tube à interférence
appelé couramment micro « canon » ou bien encore micro « fusil ».

Toutefois, comparé au réflecteur parabolique de directivité semblable, le tube à interférence semble, de par sa forme et ses dimensions, beaucoup plus facile à utiliser sur le plan pratique. Ceci explique la prolifération des microphones dits « canon » sur le marché, et leur succès auprès des utilisateurs. Le réflecteur parabolique offre néanmoins un grand avantage sur le micro « canon » : il concentre les ondes de pression acoustique sur le microphone, donc augmente la pression apparente de la source sonore vue par le micro. Il en découle un gain de sensibilité acoustique (exempt de bruit de fond électronique que procurerait un préamplificateur). Au contraire, le tube à interférence agit par atténuation de pression acoustique et la sensibilité acoustique plus faible qui en découle entraîne presque toujours l'emploi d'un préamplificateur.

D'autres solutions théoriques existent pour obtenir des directivités prononcées. Un fonctionnement proche de la solution du tube interférentiel peut être obtenu par juxtaposition de nombreux capteurs en ligne [2] et le mélange des différentes sources déphasées.

2.4.2 *Surpression à proximité d'un réflecteur plan : microphones à zone de pression*

Un capteur de pression situé à faible distance d'un réflecteur plan reçoit des ondes directes et réfléchies par ledit réflecteur. Le supplément de parcours que subissent les ondes de réflexion implique qu'au niveau du capteur, celles-ci se présentent décalées en phase par rapport aux ondes directes. La valeur du déphasage varie avec la longueur de l'onde acoustique et la distance *d* « réflecteur-capteur » (*figure 2.30a*).

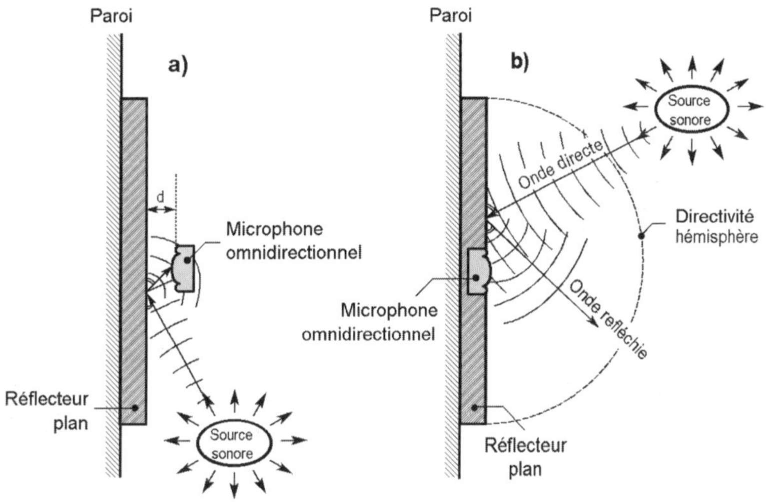

Figure 2.30 – Microphone à « zone de pression ».
a) Capsule microphonique en dehors du plan réflecteur.
b) Capsule microphonique située dans le plan réflecteur. À la surface du réflecteur s'établit un régime de surpression, conséquence de l'addition des pressions d'ondes directes et réfléchies.

Imaginons maintenant le cas extrême où la distance *d* est réduite à une valeur nulle ou quasi nulle. Plaçons le microphone dans le plan du réflecteur ($d = 0$) (*figure 2.30b*). Il est aisé de comprendre qu'à la surface de ce réflecteur (et donc sur la membrane microphonique), les ondes directes et réfléchies se confondent de telle manière que :

- la vitesse des molécules d'air est nulle (la propagation dans le champ acoustique est stoppée par le réflecteur puis réfléchie) ;
- la pression acoustique (ou densité des molécules d'air) est maximale car doublée par cumul des pressions directes et réfléchies.

Les remarques ci-dessus sont vraies si le réflecteur est de grande dimension par rapport à la longueur d'onde concernée. Les montages microphoniques exploitant cette surpression sont connus sous le nom de capteurs « à zone de pression » (PZM :

pressure zone microphone). Ils se caractérisent par une réponse en fréquence linéaire si la surface de réflexion est suffisamment grande vis-à-vis des plus basses fréquences à transmettre. La directivité de l'ensemble micro/réflecteur est *hémisphérique*.

Lorsqu'un capteur microphonique est situé très proche de la surface d'un réflecteur plan, il se trouve dans une zone de surpression acoustique et on bénéficie ainsi d'un « amplificateur acoustique » de pression sonore augmentant le rapport signal/bruit du microphone (environ 6 dB). Un microphone à « zone de pression » est donc constitué d'un capteur de pression, de taille réduite, fixé rigidement à distance très faible d'une plaque réfléchissante faisant partie du « microphone ». Cette plaque de quelques centimètres (ou dizaines de centimètres selon les modèles) devra être posée sur une surface de plus grandes dimensions (sol, mur, plafond, etc.).

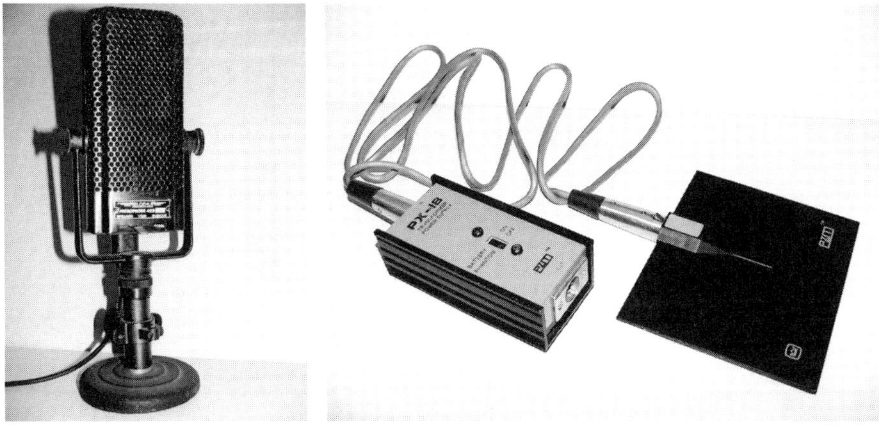

Quelques dizaines d'années seulement séparent ces deux technologies : le Mélodium 42 B à ruban et le PZM Crown.

Dans le cas contraire, une réponse linéaire dans le bas du spectre sonore est impossible. Lancés avec forte publicité, les modèles de la société CROWN PZM (USA) sont les plus connus. La configuration adoptée sur les systèmes PZM est particulière : le micro est monté en regard du plan réfléchissant. Les constructeurs européens ont préféré généralement un montage plus satisfaisant sur le plan théorique : le capteur « transperce » le plan réflecteur, diminuant tout risque d'établissement d'un régime d'onde stationnaire par réflexion secondaire sur la membrane. Citons entre autres le système BLM3 de la société SCHOEPS faisant appel à une capsule CMC et un corps préamplificateur standard de la série COLETTE. Remarquons que ces microphones à zone de pression, bien que posés généralement sur le sol, ne sont que peu sensibles aux vibrations mécaniques transmises par le réflecteur. Ceci est lié notamment à l'emploi d'un capteur de pression (*cf.* § 2.2.4).

2.4.3 *Autres systèmes de transduction*

✦ Autres systèmes de transduction mécano-électrique

On peut situer au milieu du XIXe siècle les premières expériences sur les microphones (littéralement « son miniature »). 25 ans plus tard, naissaient les premiers modèles à charbon (*figure 2.31*). Ce microphone engendre un courant électrique variable avec la résistance de grains de carbone mis en vibration par le diaphragme. Pour fonctionner, il faut une pile, en série dans le système. Les performances d'un tel micro sont loin de ce qu'exige actuellement la prise de son moderne.

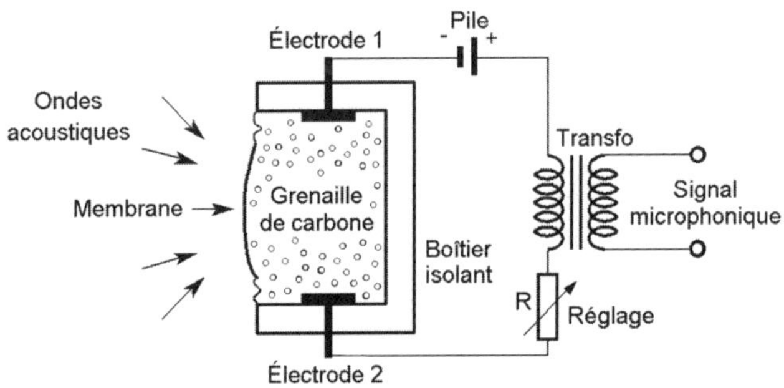

Figure 2.31 – Principe d'un microphone « à charbon ».

Les microphones professionnels à hautes performances font essentiellement appel aux modes de transduction décrits jusqu'ici. On réalise cependant des micros pour usage très spécialisé, basés sur le principe de la piézo-électricité par exemple.

On exploite ici la particularité des cristaux qui, sous l'action d'une déformation mécanique, présentent une différence de charge électrique aux deux extrémités opposées. Bien que très sensibles, de tels microphones sont réservés à des usages téléphoniques et à la réalisation de capteurs spéciaux (hydrophones, capteurs de contact, etc.).

Les transducteurs « magnétiques », tels que ceux des guitares électriques, ne sont pas à proprement parler des microphones puisqu'ils captent directement les vibrations *mécaniques* de la corde métallique. Du fait de leur usage quasi général sur ces instruments, nous en décrirons néanmoins ici leur principe de fonctionnement (*figure 2.32*). Sous chaque corde *métallique* est placé un petit aimant permanent puissant, entouré d'un bobinage. Les lignes de champ de l'aimant sont « canalisées » par un circuit magnétique formé d'un empilage de tôles en U, refermé par la corde de l'instrument. Les variations de champ magnétique, engendrées par la mise en vibration de la corde (éloignement/rapprochement), sont traduites électriquement aux bornes du bobinage par création d'une f.e.m. : c'est un capteur électromagnétique [8]. Le signal électrique de l'instrument est produit par la mise en série des bobinages correspondant à chaque corde. L'impédance totale de tels capteurs est donc relativement élevée de l'ordre de 10 kΩ.

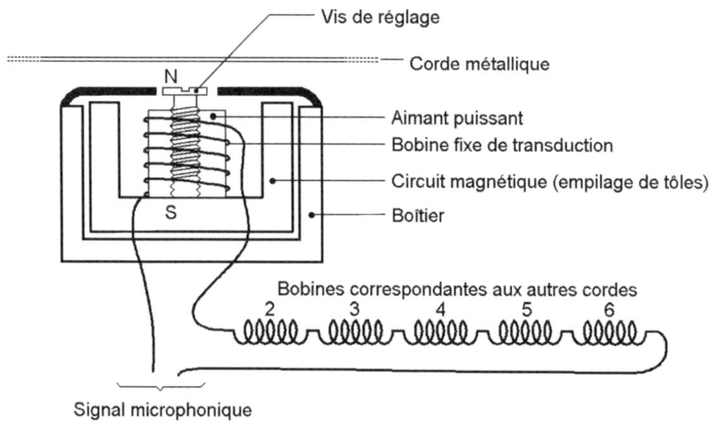

Figure 2.32 – Schéma de principe d'un transducteur électromagnétique utilisé dans les guitares électriques :
– la vis de réglage est une pièce polaire permettant le réglage du champ magnétique produit par l'aimant vis-à-vis de la corde ;
– les micros magnétiques les plus perfectionnés font appel à un double bobinage permettant d'annuler l'influence de champs magnétiques parasites extérieurs (montage dit « humbucking »). Il s'agit d'une « bobine de compensation » fonctionnant comme décrit § 2.2.4 ;
– le grand nombre de spires de chaque bobinage et leur addition par mise en série impliquent une impédance interne assez élevée de l'ensemble (plusieurs kΩ).

La sortie des instruments électroniques est pratiquement toujours asymétrique. La liaison avec l'amplificateur ne pose pas de problème mais il est indispensable d'utiliser des « *boîtes de direct* » (D.I. box) qui favorisent la liaison avec la console par *symétrisation et abaissement d'impédance*.

Selon la position des capteurs magnétiques le long des cordes, on favorisera plus ou moins les résonances graves ou aiguës, et en conséquence le timbre de l'instrument. Notons que, en sens inverse, le transducteur électromagnétique est couramment utilisé dans les écouteurs téléphoniques où la corde est remplacée par une plaquette métallique formant membrane.

Nous ne citerons qu'à titre de curiosité le principe d'une transduction *mécano-électronique* directe débouchant sur le « transistor microphonique ». La membrane microphonique est solidaire d'un minuscule stylet de matière dure (saphir) qui appuie sur la région « émetteur » d'un transistor planar. Les variations de la force exercée par le stylet sur le transistor changent les caractéristiques de la jonction base-émetteur. Du courant collecteur ainsi modulé est extrait le signal microphonique préamplifié [9]-[10]. Bien que séduisante *a priori*, l'idée d'un microphone « *solid-state* » n'a pas eu de répercussion pratique jusqu'à maintenant dans l'industrie du son.

✦ Capteurs de contact

Il ne s'agit pas à proprement parler de microphones, car les vibrations mécaniques ne sont pas transmises par l'air. Elles agissent directement par contact direct avec la source de vibrations. On les utilise partout :

- sur les instruments de musique lorsque l'on veut un découplage maximum entre la « source sonore » et le son ambiant. C'est typiquement le cas des enregistrements multipistes, ou/et en présence de sonorisations (accrochages Larsen). Un tel capteur augmente aussi l'« attaque » de l'instrument et ceci peut être mis à profit comme effet sonore, tel quel ou traité par divers artifices électroniques ;
- sur les plaques de réverbération, pour capter la modulation réverbérée ;
- sur toutes sortes d'objets solides, pour création d'effets sonores spéciaux, ou à fin d'études scientifiques.

Capteur de contact, le C-Ducer peut se fixer sur la anche d'un saxophone.

Les capteurs à fonctionnement électrostatique cumulent actuellement une haute qualité de restitution et une grande facilité d'installation sur un instrument de musique. Par exemple, la marque « C-DUCER » (Grande-Bretagne), propose de tels capteurs sous la forme d'une mince bande flexible que l'on peut coller sur la caisse de résonance d'un instrument de musique. La flexibilité du capteur permet son adaptation aisée sur les surfaces courbes. Ces dispositifs nécessitent un préamplificateur spécial livrable avec le capteur.

2.4.4 *Microphones à usage spécialisé*

✦ Les microphones miniatures

Souvent connus sous les noms de « micro-cravate » ou « micro-lavallière », les microphones de petite taille, proposés par les constructeurs, sont destinés à être fixés sur une personne ou cachés par un objet. Ce sont donc essentiellement des micros de proximité. On les utilise surtout pour :

- maintenir un « gros plan sonore » constant malgré les déplacements du porteur ;
- augmenter la séparation entre plusieurs sources et établir une « balance » par console de mélange ;
- minimiser l'importance du micro vu à l'image, lors de prises de vues.

Leur emploi tend à se généraliser dans le domaine télévisuel, malgré un certain nombre d'inconvénients, par exemple :

- leur sensibilité aux frottements sur les habits du porteur ;
- le détimbrage important qui se manifeste lors des mouvements de tête du porteur ;
- la liaison HF qu'ils impliquent parfois et ses inconvénients propres ;
- le câble de liaison dont les risques d'arrachements sont réels.

La proximité du corps et des vêtements du porteur, créent une atténuation des fréquences élevées par absorption sélective.

Les constructeurs tendent à la compenser par une courbe de réponse présentant une remontée à ces fréquences (10 à 15 kHz). Habituellement, ces micros sont du type « à pression » pour minimiser les inconvénients cités ci-dessus et limiter l'effet de proximité par principe. Le câble de liaison devra être souple et solide, mais de plus, conçu mécaniquement pour transmettre au minimum les bruits de frottement. Ces micros sont aussi utilisés comme capteurs d'instruments de musique et fixés sur ceux-ci.

✦ Liaisons sans fil : les « micro-émetteurs »

De nombreux constructeurs proposent des systèmes de transmission sans fil, par voie haute fréquence. L'ensemble se compose d'un émetteur FM miniaturisé au maximum, et d'un récepteur dont le gabarit importe moins. L'avantage de la suppression du câble de liaison est certain dans plusieurs situations où :

- ce câble ne pourrait être dissimulé à la prise de vues ;
- ce câble entraverait les mouvements subis par le microphone et son porteur ;
- ce câble entraînerait un temps d'installation trop long.

Toutefois, nombres d'inconvénients sont à prendre en considération, entre autres :

- la dynamique restreinte d'une liaison HF vis-à-vis de la dynamique souvent importante de la source, impose une compression de la dynamique, ou l'utilisation de limiteurs dont le fonctionnement risque d'être audible ;
- la faible puissance d'émission, ajoutée à la simplification de l'antenne augmente le risque de parasites de transmission, de pertes de porteuse HF, etc. ;
- la démodulation parasite d'autres émetteurs accordés sur une fréquence voisine.

Pour un usage « à la main », on fabrique des microphones de proximité, munis de protection anti-plosives, dont l'émetteur est logé dans le corps du microphone (micros de scène pour la voix et le chant). Lorsque le micro doit être dissimulé (dans le champ d'une caméra par exemple), on utilise un modèle miniaturisé fixé

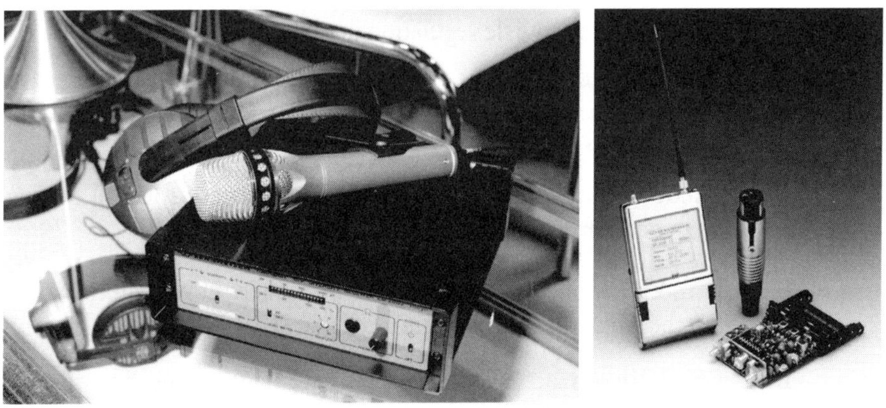

— Les émetteurs et récepteurs HF ont fait beaucoup de progrès dans la miniaturisation : — micro main et mini-récepteur Sennheiser.

sur l'orateur et relié par un petit câble à l'émetteur haute-fréquence. Dans tous les cas, des essais de position relative émetteur/récepteur sont à faire avant la prise de son pour vérifier que la porteuse HF parvienne en permanence au récepteur.

Ces essais devront être particulièrement soignés lorsque l'émetteur est mobile. Il est souvent indispensable de déplacer corrélativement le récepteur (et son antenne) au cours des mouvements de l'émetteur pour lui éviter les « zones d'ombres » éventuelles créées par des obstacles au rayonnement HF (éléments de décors, murs, masses métalliques, etc.). Par ailleurs, à l'intérieur des locaux, apparaissent des « points morts » où la réception est faible ou nulle par suite des différences de parcours que subissent le rayonnement direct et le rayonnement réfléchi sur les parois. Une bonne solution consiste à utiliser deux antennes distinctes judicieusement éloignées l'une de l'autre (*Diversity Reception System*) (*figure 2.33*).

Une autre formule fait appel à une antenne très directive que l'on dirige vers l'émetteur de façon à favoriser la réception des ondes directes au détriment des ondes réfléchies. Lors des déplacements de l'émetteur, une telle antenne doit être manipulée de façon à maintenir son orientation optimale en permanence.

Le développement des « micros HF » est lié à leur qualité du son transmis, mais aussi aux conditions de prises de son rendues difficiles par l'environnement.

✧ Technique d'émission

Des bandes de fréquence spécifiques sont allouées pour l'exploitation des microphones HF :

- bande VHF (*Very high frequency*) de longueur d'onde 8 m. Quelques fréquences entre 30 et 40 MHz sont autorisées sous réserve d'homologation auprès de l'autorité de régulation des télécommunications ;
- bande VHF de longueur d'onde 2 m. Deux plages de fréquence sont autorisées sous réserve d'homologation : 175,5 MHz à 178,5 MHz et 183,5 MHz à 186,5 MHz ;
- bande UHF (*Ultra high frequency*). Trois séries groupant de nombreuses fréquences fixes sont autorisées entre 470 et 830 MHz.

Les bandes VHF sont peu utilisées car trop chargées et parasitées, par contre leur portée est théoriquement supérieure à celle de l'UHF.

Les bandes UHF sont actuellement les plus avantageuses pour l'utilisation professionnelle de microphones HF mais elles sont en partie occupées par les canaux de télévision. Dans une région donnée, la fréquence de travail d'un microphone HF devra donc être choisie suffisamment loin de toute porteuse de télévision.

En France, le législateur a précisé en 1999[1] le cadre organisationnel et le principe des autorisations d'usage sur ces fréquences UHF [22]. Chacune des trois séries de fréquences correspond à une catégorie spécifique d'utilisateur : exploitants à vocation « nationale », ceux relevant du secteur privé et enfin les exploitants sur site fixe et permanent. La loi précise également une limitation maximale de la puissance apparente rayonnée à 50 mW pour les microphones HF.

Lors de l'utilisation simultanée de plusieurs microphones HF sur un même site, les fréquences de ceux-ci ne peuvent être choisies au hasard ! Il faut calculer soigneusement les fréquences compatibles entre elles, c'est-à-dire libres de tout brouillage dû aux produits d'intermodulation du 3e et du 5e ordre. Plus ce nombre de microphones est important, plus il est nécessaire d'établir un véritable plan de fréquences compatibles. En France, ce plan fréquenciel en UHF implique de plus le respect des fréquences fixes autorisées par la Loi de 1999... Le problème est donc complexe. Dans la pratique, les fabricants de microphones HF établissent eux-mêmes leur plan de fréquences. Ils proposent ainsi à leurs clients des ensembles émetteurs et récepteurs munis d'un sélecteur de fréquence répondant à un plan sans risque d'intermodulation.

Pour les besoins spécifiques à la prise de son, les émetteurs se sont miniaturisés : ils tiennent dans le corps d'un microphone main et sont inférieurs à la taille d'un paquet de cigarettes dans le cas des microphones lavallières.

D'autre part, une technologie adaptée est mise en œuvre par les constructeurs qui prévoient :

- un limiteur d'excursion incorporé pour ne pas perturber les canaux voisins ;
- une pré-accentuation pour améliorer le rapport signal sur bruit du système émetteur/récepteur ;
- un compresseur de dynamique pour éviter tout risque de surmodulation de l'émetteur.

Les antennes d'émission livrées avec chaque appareil doivent être accordées avec la fréquence d'émission. La longueur totale de l'antenne une fois déroulée doit se trouver dans un rapport simple avec la longueur d'onde (environ le quart).

Ce qui donne des antennes de 40 à 50 cm en longueur d'onde de 2 m, et 10 à 20 cm pour les fréquences UHF.

L'antenne de l'émetteur doit théoriquement être le plus possible parallèle à celle du récepteur.

1. Voir la « Décision n° 99-781 du 22 septembre 1999 attribuant les fréquences nationales pour le fonctionnement des équipements auxiliaires de radiodiffusion ». Cette Décision a été publiée au Journal Officiel de la République Française du 29 octobre 1999.

La puissance de l'émetteur est variable selon les modèles. On en trouve de 2 mW à 1 W pour l'utilisation en reportage.

Attention : la puissance délivrée par l'étage de sortie d'un émetteur n'est que partiellement responsable de la « portée » d'un émetteur. Il vaudrait mieux prendre en compte la Puissance Rayonnée effectivement par l'antenne chargeant cet étage de sortie, ainsi que les performances de sensibilité de l'ensemble antenne + récepteur pour estimer la portée de la liaison HF.

✧ Technique de réception

Pour chaque émetteur, il faut un récepteur étalonné précisément sur la même fréquence de transmission (il peut y avoir plusieurs récepteurs pour un seul émetteur).

Le récepteur peut être portable (taille proche d'un émetteur) ou bien il est intégré dans l'équipement audio comme un appareil périphérique.

L'antenne de réception d'une taille proportionnelle à la longueur d'onde se place parallèlement à celle de l'émetteur, et si possible à vue de l'émetteur (ou dans la même pièce au moins). En effet lors de la propagation, le signal s'atténue avec la distance car l'intensité du champ électrique varie inversement proportionnellement avec la distance.

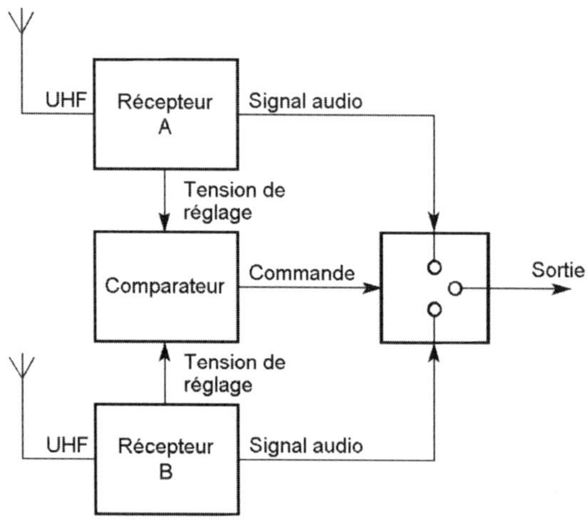

Figure 2.33 – Conception d'un récepteur « diversity » (d'après document Sennheiser).

En intérieur, les multiplcs réflexions sur les murs et obstacles lors de la propagation de la porteuse peuvent altérer la qualité de la réception surtout lorsque le chemin des ondes crée des déphasages complexes pouvant aller jusqu'à l'opposition de phase. Il suffit, la plupart du temps, de placer l'antenne au milieu de la pièce afin que l'onde directe prédomine pour s'affranchir d'une partie des problèmes de réception.

Pour éliminer au maximum les « trous de réception », absolument incompatibles avec le son direct, on double les antennes et les récepteurs opérant sur la même fréquence (*figure 2.33*). Un système comparateur sélectionne en sortie le récepteur qui a la meilleure tension d'antenne. Cette technique appelée « diversity de remplacement » donne des résultats remarquables dans des lieux difficiles. Un des deux signaux reste cohérent lorsque l'autre décroche (*figure 2.34*). Des essais préalables permettent d'optimiser la place de chaque antenne pour minimiser les risques de décrochages. Les antennes sont espacées de plusieurs mètres, soit placées à 90° pour permettre une focalisation optimale. Une fois capté, le signal doit retrouver sa forme d'origine, il y a donc :

- désaccentuation pour respecter la courbe de réponse en fréquence ;
- extension de la dynamique en proportion à la compression réalisée à l'émission.

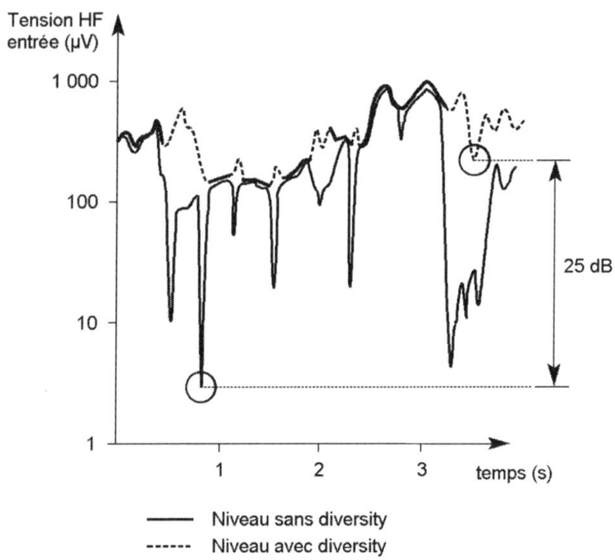

Figure 2.34 – Effet du récepteur « diversity » (d'après document Sennheiser).

✦ Les microphones stéréophoniques

Les exigences spécifiques de la prise de son stéréophonique ont conduit les constructeurs à proposer des microphones doubles. Dans le cas particulier de la stéréophonie d'intensité (de type XY, MS ou Stérésonic), il est clair que pour supprimer tout décalage temporel entre informations gauche et droite, les microphones doivent se situer en un même point de l'espace. Ceci est difficile à réaliser avec deux appareils distincts. Aussi, les constructeurs proposent-ils des microphones combinés, comportant deux capteurs distincts, superposés dans un même boîtier (par ex. : AKG C24, NEUMANN SM 69 et RSM 190 - Sony ECM 989). D'autres systèmes de prise de son stéréophonique utilisent deux capsules identiques éloignées l'une par rapport à l'autre formant ainsi un couple. La société Schoeps propose un modèle dont les caractéristiques sont issues de recherches des laboratoires de l'ex ORTF (17 cm entre les deux capsules formant un angle de 110°). L'utilisation d'un masque ou d'une tête artificielle (voir chapitre 1 du tome 3) entre les deux capsules est une autre variante utilisée.

Exemple de microphone stéréophonique développé par la société Schoeps d'après les études de l'ORTF.

Une compagnie anglaise, CALREC a développé un microphone, le SOUNDFIELD, destiné à répondre aux besoins du *Ambisonics Surround Sound System*. Il s'agit d'une prise de son quadriphonique qui permet des résultats optimaux lors d'une reproduction à 4 canaux. D'autres recherches sur le positionnement de 4 capteurs avec ou sans matriçage permettent des reproductions stéréophoniques à 4 canaux d'excellente qualité.

Tableau 2.5 – Caractéristiques d'un assortiment de microphones professionnels.

Modèle	Fonction[t]	Directivité	Incidence	Efficac. mV/Pa	Alim.	Pays fabricant	Remarques
AKG						Autriche	
D222	bob. mobile	cardioïde	axiale	1,6	–		microphone a 2 voies
D12	bob. mobile	cardioïde	radiale	2,2	–		remplacé par le **D112**
C451	électrostat.	série**	axiale	9,5	48 Vf		bague d'atténuation. Possibilité d'orienter la capsule
C414(P48)	électrostat.	variable*	radiale	6,0	48 Vf		Atténuateur-sélecteur
BEYER						Allemagne	
M88N	bob. mobile	hypercardio.	axiale	2,5	–		
M160	dble ruban	hypercardio.	axiale	1,0	–		ruban repéré sur le micro
MC713	électrostat.	cardioïde	axiale	10,0	48 Vf		
BRUEL & KJAER						Danemark	série de capsules omnidirectionnelles ou cardioïdes
4000	électrostat.	séné**	axiale	12,5	48 Vf		
CALREC						Angleterre	
CM1051C	électrostat.	cardioïde	axiale	8,0	48 Vf		
CROWN						États-Unis	
PZM6LP	électrostat.	hémisphér.	axiale	17,0	48 Vf		microphone à zone de pression
ELECTROVOICE						États-Unis	
RE 20	bob. mobile	supercardio.	axiale	10,0	–		
RE 10	bob. mobile	supercardio.	axiale	16,0	–		
LEM						France	
D021	bob. mobile	ommdirectio.	axiale	2,3	–		micro main

Tableau 2.5 (suite) – Caractéristiques d'un assortiment de microphones professionnels.

Modèle	Fonction[t]	Directivité	Incidence	Efficac. mV/Pa	Alim.	Pays fabricant	Remarques
NEUMANN						Allemagne	
KM 84	électrostat.	cardioïde	axiale	15,0	48 Vf		atténuateur 10 dB verrouil.
U 87	électrostat.	variable*	radiale	20,0	48 Vf		double capsule bande atténuée en dessous de 30 Hz
SCHOEPS						Allemagne	
CMC	électrostat.	série**	axiale ou radiale	10,0	48 Vf ou 12 Vf ou 12 VT		séné Colette
CMH 32	électrostat.	omnidirect.	axiale	10,0			capsule éloignée de la périphérie
BLM 3	électrostat.	hémisphér.	axiale	20,0			à zone de pression
SENNHEISER						Allemagne	
MD 441	bob. mobile	hypercardio.	axiale	1,8	–		commutateur de brillance
MD 421	bob. mobile	hypercardio.	axiale	2,0	–		
MKH 416	électrostat.	canon	axiale	20,0	48 Vf ou 12 VT		canon
SHURE						États-Unis	
SM 56	bob. mobile	cardioïde	axiale	1,6	–		
SM 57	bob. mobile	cardioïde	axiale	0,8	–		
565	bob. mobile	cardioïde	axiale	1,4	–		
SONY						Japon	
ECM 55 S/B	electret	omnidirect.	axiale	25,0	pile 1,5 V ou 48 Vf		microphone miniature
C 38 B	électrostat.	uni/omnidir.	radiale	40,0	pile 9 V ou 48 Vf		une pile peut être placée dans le corps du microphone

* variable : cardioïde ou bidirectionnel ou omnidirectionnel. ** série signifie que les capsules sont interchangeables.

✦ Les microphones à « tube »

On sait qu'un micro à condensateur nécessite un préamplificateur situé très près du transducteur afin de minimiser les capacités parasites de liaison. Les microphones modernes tirent tout le parti des transistors à effet de champ (*Field Effect Transistors*) caractérisés par une impédance d'entrée très élevée. Toutefois, certains ingénieurs du son préfèrent utiliser parfois des micros de construction plus ancienne dont la préamplification est effectuée par une « lampe » ou « tube électronique » : citons par exemple les NEUMANN M149, M147, AKG « The tube », etc.

Il faut chercher la raison de ce choix dans la couleur sonore spécifique du son « lampe » dont l'origine est certainement liée au spectre de distorsion assez différent de celui des transistors.

✦ Les microphones « numériques »

Des microphones équipés de convertisseurs A/D incorporés sont à l'étude. La première réalisation existe sous le nom de Solution D chez le constructeur allemand Neumann.

Le but ici consiste à numériser le signal au plus près du transducteur analogique et de son étage préamplificateur associé. En effet, il est difficile de numériser directement le signal en sortie de capsule car le niveau est trop faible et l'impédance inadaptée.

Le microphone numérique stéréophonique Neumann consiste en un capteur proche de la série du célèbre U87 appelé D01 pour l'occasion (avec une capsule à double diaphragme K07) suivi d'un interface numérique le DMI-2 (permettant d'ajuster le gain en numérique mais aussi les fonctions d'inversion de phase et de coupure « *mute* ») et d'une télécommande logicielle à intégrer dans le système d'enregistrement.

À la sortie du microphone, le signal est numérique selon le nouveau standard AES 42-2001 (avec une résolution de 28 bits et un échantillonnage de 44,1/48/88,2 ou 96 kHz) qui permet la synchronisation entre le micro et la console numériques ainsi que l'envoi de données telles que les coordonnées du fabricant, le numéro du micro et du logiciel ainsi que certaines fonctions programmables. L'interface DMI-2 alimente le microphone en fantôme et transforme le signal AES 42-2001 reçu du microphone en un signal AES/EBU envoyé vers la console. Le logiciel permet de gérer toutes les fonctions de choix de diagramme polaire, filtres et gain par l'intermédiaire d'une liaison USB avec l'interface.

Le bruit de fond propre au capteur d'un microphone analogique actuel est très faible et voisin du minimum théorique pour une température donnée. L'apport du convertisseur incorporé au microphone est donc finalement celui de la qualité du convertisseur et de la liaison numérique. L'intérêt du microphone numérique ne deviendra réel que lorsque les composants auront atteint les niveaux de qualité et de miniaturisation attendus dans ce domaine.

2.5 Conclusion

Comment finalement choisir un microphone précis pour obtenir un résultat sonore déterminé ? Cette question reste de mise à chaque situation nouvelle de prise de son.

Il y a lieu d'une part de se documenter suffisamment sur la technologie des microphones disponibles et de procéder à des essais comparatifs. En effet, si la lecture des fiches techniques est instructive, elle doit toujours être complétée par des tests d'écoute, réalisés au plus proche des conditions d'utilisation envisagées.

Par ailleurs, le microphone étant un des maillons de la chaîne audio particulièrement exposé, il est indispensable de vérifier son bon fonctionnement par une écoute attentive avant chaque session d'exploitation.

L'expérience facilite bien entendu une sélection rapide du microphone adapté à une situation donnée, mais la routine s'installant, l'ingénieur du son n'hésitera jamais à remettre ses choix en cause, et tendre ainsi à toujours améliorer son résultat.

2.6 Bibliographie

[1] A. Badmaieff. *The use of polyester films in microphones designs* – AES. Convention in New York – JAES (juillet 1961).

[2] H.F. Olson. *Directional Microphones* (RCA-Lab) – JAES (octobre 1967).

[3] H.F. Olson. *Ribbon Velocity Microphones* – JAES (juin 1970).

[4] HJ. Grieses. *Circuits of transistorized RF condenser microphones* – JAES (janvier 1965).

[5] G.M. Sessier, J.E. West. *High quality push pull condenser transmitters without DC Bias* – In Bell Téléphone Lab. Technical Memorendum 62-1234-7 (1962).

[6] G.M. Sessier, J.E. West. *Condenser microphone with Electret Foil* – AES New York (1963) – JAES (avril 1964).

[7] W.R. Bevan, R.B.Schulein, C.E. Seeler. *Design of a studio quality condenser microphone using electret technology* – Conférence at the 59th convention of AES – Hambourg (1978) – JAES (décembre 1978).

[8] D. Brosnac. *Électroniques de guitares – Types de micros* – © DBMC in « Les cahiers pratiques de DISC » – Mediapress 92320 Chatillon – France.

[9] M.E. Sikorski. *Transistors microphones* – Bel Tel. Lab. – AES Convention in Los Angeles (1966) – JAES (janvier 1967).

[10] T.F. Longwell. *Transistor microphone small signal parameters* – AES – Convention in Los Angeles (1966) – JAES (janvier 1967).

[11] B.R. Beavers, R. Brown. *Third order gradient microphone for speech réception* – AES Convention in Los Angeles (mai 1970) – JAES (décembre 1970).

[12] D. Queen. *The application of reverberant field mesurements to evaluation of loudspeakers and microphone* – JAES (juillet 1966).

[13] B.B. Bauer. *Equivalent circuit analysis of mechano-accoustic structures* – In Transactions of the IRE (vol. AU2-juillet 1954).

[14] H.T. Souther. *An adventure in microphone design* – JAES (avril 1953).

[15] R.L. *MD 416 microphone pour solide de Sennheiser* – In Revue du Son n° 259 – (novembre 1974).

[16] Brüel and Kjaer. *Introduction to underwater acoustics hydro-phones, Their caracteristics and applications* – Application note Brüel and Kjaer 15-112.

[17] B. Anthony. *Pressure zone microphone* – In Studio Sound (septembre 1982 – vol. 24, n° 9).

[18] LR. Burroughs. *The reduction of wind noise in microphone* – JAES (avril 1961).

[19] G.W. Plice. *Microphone accessory shock mount for stand and boom use* – Conférence at 38th Convention of the AES Los Angeles (1970) – JAES (février 1971).

[20] Les références extraites du Journal de l'Audio Engineering Society sont regroupées dans : *Microphones - An anthology of articles on microphones from pages of the Journal of the Audio Engineering Society* – Vol. 1, vol. 19 (1953/1979) – 60 East 42nd Street, New York 10017, USA.

[21] Norme européenne EN 300422 *Microphones sans fils.*

[22] *Décision n° 99 – 781 du 22 septembre 1999 attribuant des fréquences nationales pour le fonctionnement des équipements auxiliaires de radiodiffusion.* Journal officiel de la République française du 29 octobre 1999.

Chapitre 3

Les enceintes acoustiques

Jacques Foret
Docteur en électroacoustique.
Ingénieur conseil en acoustique.
Professeur d'acoustique et de traitement du signal.

S'il est, dans le monde de l'audio, un appareil sujet à polémiques et à controverses, c'est bien l'enceinte acoustique, et ce, pour trois raisons.

D'un point de vue fonctionnel, toute la somme de travail technique et artistique que représente une production aboutit dans de nombreux cas à une diffusion sur haut-parleur.

D'un point de vue relationnel, l'enceinte (ou le casque) est le médium, qui transforme un message technique (signaux électriques) en un message émotionnel.

D'un point de vue technique, l'enceinte, contrairement à l'ensemble de tous les appareils audio (micros compris), ne peut se résumer en un simple quadripôle.

Pour tous les autres appareils, la notion de signal d'entrée et de signal de sortie est clairement définie. Or, pour une enceinte, ce n'est pas le cas. En effet, si le point d'entrée est clairement identifiable, la sortie est une onde acoustique complexe qui remplit tout l'espace. Dans le cas fort usuel où cet espace est une salle aux dimensions finies, alors, l'onde acoustique qui se développe dépend aussi très fortement de la salle.

Contrairement à tous les autres maillons de la chaîne pour lesquels des normes définissent leurs adaptabilités, ici, salle d'écoute puis oreille ne sont pas normalisables. C'est l'une des raisons qui font que les mesures, aussi précises soient-elles, ne peuvent être directement confrontées aux impressions et tests d'écoute (méconnaissance des systèmes d'analyse de l'oreille).

3.1 Les haut-parleurs

3.1.1 *Structure d'un transducteur électroacoustique*

✦ Analyse

Quels que soient les principes utilisés et les technologies employées, la conversion d'une énergie électrique en énergie acoustique passe obligatoirement par une phase intermédiaire, qui est l'énergie mécanique, de sorte que la structure ci-dessous est un bon élément d'analyse.

$$\begin{array}{c} \textbf{Moteur} \quad \textbf{Membrane} \\ \underbrace{\text{électrique} \rightarrow \text{mécanique} \rightarrow \text{acoustique}}_{\text{transducteur}} \end{array}$$

Une membrane ayant par définition deux faces (!), il s'ensuit que l'énergie acoustique se présente sous forme d'une onde avant, et d'une onde arrière. Aussi, pour assurer le transfert de l'énergie acoustique dans la salle, on utilise des « charges avant », dont la plus simple expression est le rayonnement direct, mais qui peuvent prendre des aspects plus compliqués, comme les pavillons multicellulaires. De même, les « charges » arrière de la membrane peuvent prendre des aspects variés allant du plus simple, représenté par l'enceinte close, au plus compliqué, formé de résonateurs couplés. Le traditionnel « bass reflex » est une charge arrière formée par un simple résonateur.

✦ Principes physiques

Il existe apparemment une grande variété de conception de haut-parleurs. Néanmoins, tous possèdent un moteur et une membrane, bien que parfois ce soit le même élément qui remplisse ce double rôle. Pour les moteurs, il n'existe que deux méthodes pour transformer directement une énergie électrique en énergie mécanique, soit en utilisant un champ de force électromagnétique, soit un champ de force électrostatique. Ces transformations étant réciproques, les microphones utilisent les mêmes principes physiques.

✦ Électromagnétisme

✧ Haut-parleur électrodynamique

Il utilise le même principe que les moteurs électriques (réaction d'un conducteur parcouru par un courant et placé dans un champ magnétique). C'est de très loin la famille la plus importante.

✧ **Magnétostriction**

Ce type de haut-parleur utilise la propriété qu'ont certains matériaux, et notamment les ferrites, de se contracter ou de se dilater sous l'effet d'un champ magnétique. Il n'est pas utilisé actuellement en audio, mais on en trouve généralement dans les générateurs d'ultrasons de forte puissance. La magnétostriction se produit également de manière néfaste dans les transformateurs ; c'est la raison du sifflement dans l'extrême aigu (à la fréquence de balayage ligne, 15 625 Hz) émis par tous les téléviseurs.

✦ **Électrostatique**

✧ **Haut-parleur électrostatique**

Il utilise l'interaction d'un champ électrostatique et de charges électriques. Le champ est créé par deux électrodes. Les charges sont soit stockées sur une membrane (polarisation par une tension continue extérieure ou stockage « définitif » d'électrons dans une membrane isolante – effet électret), soit libres (plasma).

✧ **Haut-parleur piézo-électrique**

Cet effet est à rapprocher de la magnétostriction. Certains matériaux (quartz, ferrites, polymères), ont la propriété de se contracter ou de se dilater sous l'effet d'un champ électrostatique.

3.1.2 *Terminologie*

Les termes employés sont souvent source de confusion, aussi est-il utile d'en préciser certains (*tableau 3.1*).

3.1.3 *Principaux types de haut-parleurs*

✦ **Haut-parleur électrodynamique**

Ce haut-parleur, dont la coupe est donnée en *figure 3.1*, se compose d'un aimant permanent qui crée le champ magnétique, d'une bobine mobile parcourue par le courant. Pour un maximum d'efficacité, le champ magnétique doit toujours être perpendiculaire au conducteur, d'où l'existence de pièces polaires, qui concentrent le champ de l'aimant dans l'entrefer qui est la toute petite zone où se trouve la bobine. Cette dernière a donc tendance à se déplacer sous l'effet de la force de LAPLACE, et d'entraîner avec elle la membrane [1].

L'ensemble de l'équipage mobile est guidé par plusieurs anneaux souples, généralement deux, le *spider* qui est à la jonction de la bobine et de la membrane, et la suspension périphérique, qui comme son nom l'indique, est à l'ouverture du cône de la membrane. Dans les temps anciens, le *spider* n'était pas à l'« extérieur » de la bobine mais à la place du cache-noyau et était réalisé avec un carton bakélisé dont les découpes (pour augmenter sa souplesse) le faisaientt ressembler à une araignée d'où son nom insolite de *spider.* De même l'aimant était souvent remplacé par un électroaimant alimenté par un courant continu (haut-parleur à « excitation »).

Tableau 3.1 – Terminologie

Haut-parleur	Transducteur d'énergie électrique en énergie acoustique. Se compose de deux éléments principaux : a) Le moteur qui convertit l'énergie électrique en énergie mécanique. b) La membrane qui convertit l'énergie mécanique en énergie acoustique.
Enceinte	Ensemble fonctionnel regroupant les haut-parleurs, les charges acoustiques des haut-parleurs et les filtres.
Baffle	Écran généralement plan au milieu duquel débite le haut-parleur. De nos jours, il est très rare de trouver un baffle seul. Par contre, la face avant d'une enceinte joue le rôle d'un baffle pour les haut-parleurs et influence la distribution spatiale de l'énergie acoustique.
Pavillon	Système acoustique se montant devant un haut-parleur et favorisant le transfert d'énergie de la membrane vers la salle.
Moteur	Le terme « moteur à chambre de compression » est impropre car il désigne un haut-parleur complet (moteur et membrane) prévu pour fonctionner uniquement avec un pavillon (couplage par la chambre de compression).
Médium	Haut-parleur chargé de reproduire les fréquences médianes. Bande passante usuelle : 200 Hz – 7 kHz. Sur les ensembles de forte puissance cette section est séparée en « bas médium » (200 Hz – 1,2 kHz) et « haut médium » (1,2 kHz – 7 kHz).
Dôme	Membrane à excitation périphérique (diamètre de la bobine égal au diamètre de la membrane) par opposition aux cônes, où l'excitation se fait par le centre. On l'utilise de préférence pour les HP de petit diamètre (tweeter), bien qu'à surface égale sa directivité soit légèrement moins bonne.
Boomer	Littéralement « qui tonne comme le canon ». Haut-parleur chargé de la reproduction des fréquences basses. Diamètre usuel 25 à 46 cm. Courbe de réponse « exploitable » : 40 Hz – 300 Hz.
Woofer	Identique à boomer, mais plus à la mode.
Tweeter	(littéralement « gazouiller »). Haut-parleur reproduisant les fréquences aiguës. Se présente usuellement sous forme d'un dôme de 19 à 30 mm de diamètre pour les applications faibles niveaux, et d'ensembles comprenant moteur et pavillon, pour les forts niveaux. Courbe de réponse : 5 kHz – 20 kHz.
Supertweeter	Il s'agit d'un vrai tweeter destiné à compléter l'action d'un « tweeter » défaillant. Courbe de réponse usuelle : 5 kHz – 25 kHz.
Subwoofer	Voir définition précédente. Ne se justifie vraiment que lorsque, pour des problèmes d'encombrement, le fabricant n'a pas pu mettre un boomer suffisamment puissant dans ses enceintes. Dans ce cas, le subwoofer est monophonique et couvre la bande 40 Hz – 120 Hz au maximum.

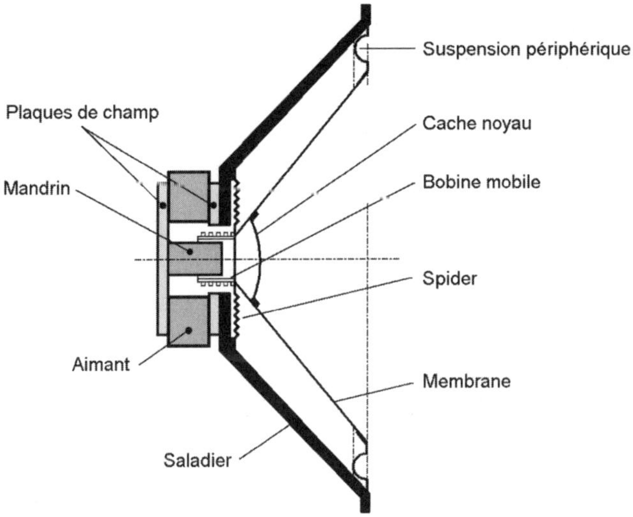

Figure 3.1 – Coupe d'un HP électrodynamique.

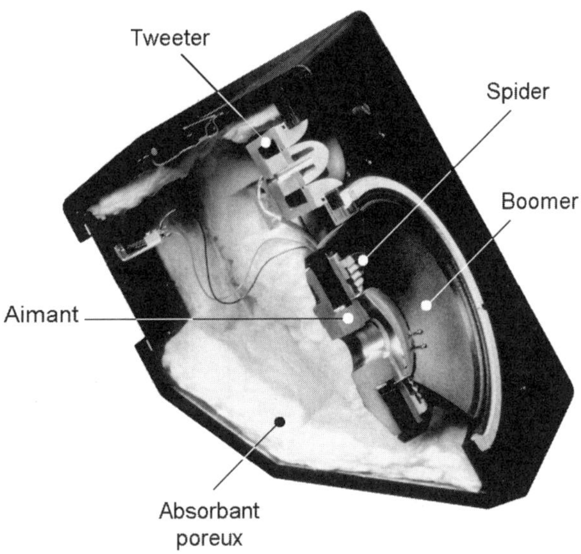

Coupe d'une enceinte de scène (doc. JBL).

Les haut-parleurs à dôme et les haut-parleurs à chambre de compression utilisent exactement les mêmes principes.

On utilise parfois une disposition plus particulière, où la membrane et la bobine sont confondues en un seul élément mécanique. Il s'agit des haut-parleurs à ruban (*tweeter*), ou des haut-parleurs plans dont l'ancêtre est la cellule « orthophase ». Dans ces derniers, la « bobine » mobile est constituée par un conducteur décrivant une grecque sous la membrane. Le champ est constitué par des aimants linéaires (*figure 3.2*).

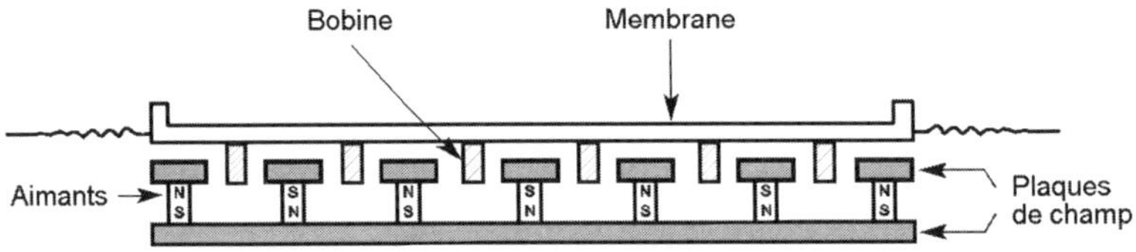

Figure 3.2 – Coupe d'une cellule orthophase.

Dans les haut-parleurs à ruban (*figure 3.3*), le conducteur est généralement formé par un film plastique (mylar) métallisé. Sa masse est évidemment très faible, ce qui serait favorable au plan du rendement, mais par contre, il est très mal couplé à l'air (trop de force « disponible » par rapport à la surface d'air que l'on peut « pousser »).

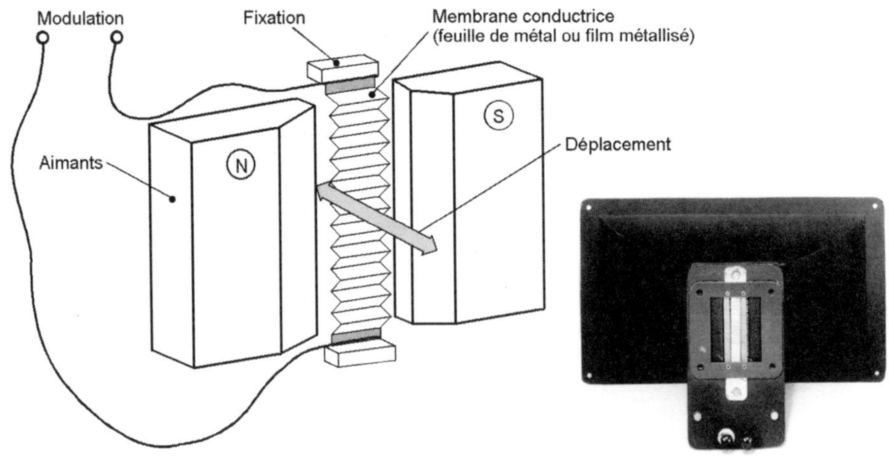

Figure 3.3 – Principe et exemple d'un haut-parleur à ruban.
(tweeter Kelly Decca)

✦ Haut-parleur électrostatique

Dans ce type de haut-parleur, on utilise la loi :

$$\vec{F} = -q\vec{E}$$

$\vec{E}$ est le champ électrique, image de la modulation à transmettre, et q est la charge stockée sur la membrane. Cette charge est obtenue par une polarisation de plusieurs centaines de volts. La membrane est très résistive, et l'ensemble membrane-électrodes forme un circuit RC de très grande constante de temps (comme pour les micros électrostatiques), de telle sorte que la fréquence de coupure de ce filtre soit notablement inférieure à la plus petite fréquence audio. Ainsi, peut-on admettre que la charge q sur la membrane reste constante pendant toute la durée d'un cycle (sinon il y aurait de la distorsion). La coupe d'un haut-parleur électrostatique est donnée sur la *figure 3.4*.

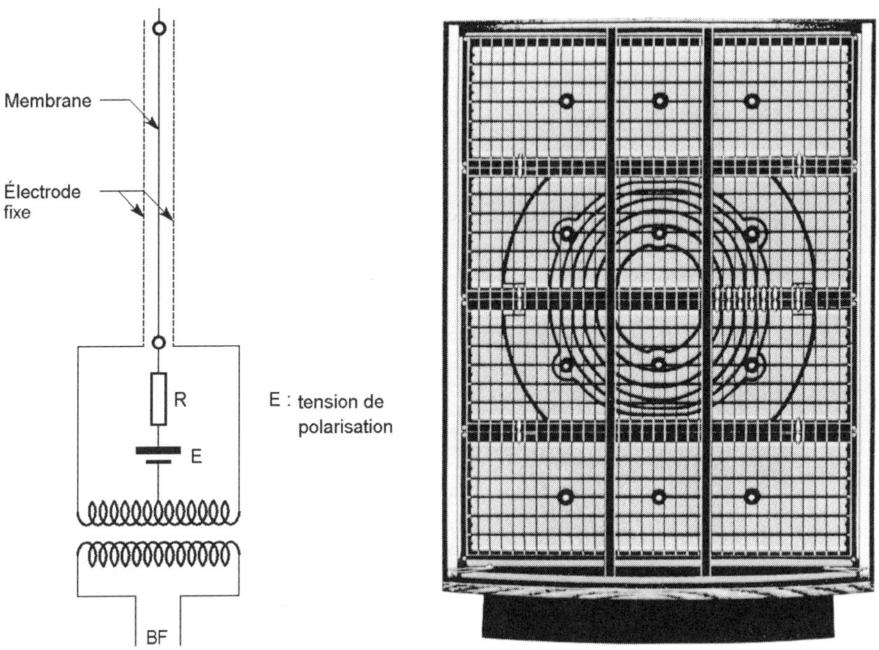

Figure 3.4 – Coupe de principe et exemple de réalisation (Quad ESL 63) d'un haut-parleur électrostatique.

Au niveau du moteur, les équations de base sont :

$\vec{F} = -q\vec{E}$ avec F : la force qui s'applique sur la membrane ;

$E = V/2e$ E : le champ électrique ;

$$q = CV_0 = V_0 \cdot \frac{\varepsilon_0}{2\pi} \cdot \frac{S}{e}$$

V_0 : la tension continue de polarisation ;

e : la distance entre les électrodes.

On retrouve les formules du condensateur plan avec, pour la polarisation, la mise en parallèle des condensateurs « avant » et « arrière ».

Dans les casques à électret, on trouve une disposition similaire, mais sans polarisation, puisque les charges sont « figées » dans la membrane (même principe que pour les micros « électret »).

✦ Haut-parleur à plasma

Le plasma est un état où l'air est ionisé, c'est-à-dire que les molécules, initialement neutres, se brisent et laissent échapper un (ou plusieurs) électrons. L'air est alors formé de charges positives (ions) et négatives (électrons). Cet état peut être provoqué soit par une forte élévation de température, on l'appelle alors « plasma chaud » ou bien par l'action d'un champ électrique intense « plasma froid ». Citons à titre d'exemple pour les plasmas chauds : la flamme d'une allumette. Pour les plasmas froids : les petits « éclairs » qui se forment sur certains tissus synthétiques lorsqu'on les frotte dans le noir.

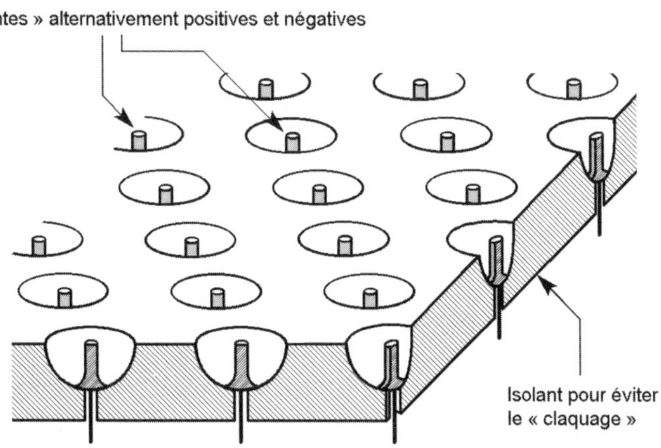

Figure 3.5 – Structure d'un HP large bande à plasma froid.

Si on parvient à séparer les charges, alors, par l'action d'un champ électrique, on peut agir directement sur l'air. On crée, en définitive, une variante du haut-parleur électrostatique, dans lequel les charges ne seraient plus stockées sur une membrane physique, mais seraient dans un petit volume d'air qui jouerait le rôle d'une membrane très légère.

Ce principe fort ancien [2] a donné lieu de par le monde à quelques réalisations commerciales de diffusion relativement confidentielle, mais à la suite de recherches récentes [3], il n'est pas impossible que ce type de transducteur soit un jour utilisé dans des enceintes de monitoring, une fois résolus les problèmes de sensibilité et de coût de fabrication (*figure 3.5*).

✦ Haut-parleur piézo-électrique

Il existe deux grandes familles de haut-parleurs piézo-électriques. On peut utiliser des céramiques piézo-électriques, qui sont constituées de disques, généralement empilés pour augmenter l'amplitude du déplacement, et dont le mouvement est transmis à une membrane rayonnant le plus souvent dans un pavillon. Mais depuis quelques années, on sait également réaliser des films plastiques très minces (et donc très légers), qui possèdent la propriété de se dilater dans le sens de la longueur (et non de l'épaisseur comme pour les disques « céramiques »). On peut utiliser cette propriété pour créer un déplacement de membrane suivant le principe de la *figure 3.6*.

On peut créer ainsi une très bonne approximation, soit du cylindre pulsant, soit de la sphère pulsante, suivant la directivité désirée dans le plan vertical.

Ce type de matériau, du fait de sa faible inertie, et parce que membrane et moteur ne font qu'un, peut avoir une bande passante très importante de l'ordre de plusieurs mégahertz, (utilisation en échographie médicale), mais pour les applications audio, on se heurte encore à deux problèmes : le premier est lié au fait que ce type de matériau n'a que très peu d'amortissement interne, de sorte qu'il est difficile de juguler les résonances qui prennent naissance dans la membrane elle-même [4], et le second est que le niveau maximal admissible reste encore un peu faible vis-à-vis des haut-parleurs électrodynamiques.

Figure 3.6

Principe de base pour transformer une élongation de la membrane en déplacement. Exemple de réalisation (Thomson - Audax et Pioneer).

Tweeter utilisant des céramiques piézoélectriques (Motorola).

Par contre, le coût de fabrication d'un tel HP est infiniment plus faible, et sa fiabilité plus importante. Du fait de sa structure, il est facile d'imaginer d'implanter plusieurs « HP » sur une même membrane, et cela ouvre des horizons vers les haut-parleurs numériques, où chaque zone, correspondant à un bit, aurait une surface proportionnelle au « poids » du bit. Des essais très positifs ont été faits en laboratoire avec une quantification sur 8 bits. Il serait souhaitable d'utiliser des enceintes en technologie 16 bits, ou bien 10 bits + 4, conformément à la norme NICAM (voir chapitre 5 du tome 1).

3.1.4 *Principe de fonctionnement d'un haut-parleur électrodynamique*

Dans le cadre de cet ouvrage, il n'est pas possible, ni même souhaitable, de détailler le mode de fonctionnement de chaque type de haut-parleur. Néanmoins, dans le cas du HP électrodynamique, nous indiquons ici les principes de fonctionnement, qui, sur le plan pratique, ont des conséquences importantes. Le lecteur pourra trouver les développements mathématiques qui sous-tendent cette partie dans divers ouvrages de référence [1].

✦ Le moteur : Transformation Énergie Électrique - Énergie Mécanique

On retiendra que la grande « action » (force) est proportionnelle au *courant* injecté dans le HP et au *facteur de force* (Bl) et que la grandeur de « réaction » (vitesse) est perçue aux bornes du HP comme une *tension* (fcem).

✦ La membrane

Là encore, sans vouloir entrer dans la théorie [5], il faut savoir qu'en radiation directe, la pression sonore obtenue (en champ libre) est proportionnelle à l'accélération de la membrane, tant que les longueurs d'onde sont grandes vis-à-vis du diamètre du HP, et proportionnelles à la vitesse pour les fréquences élevées.

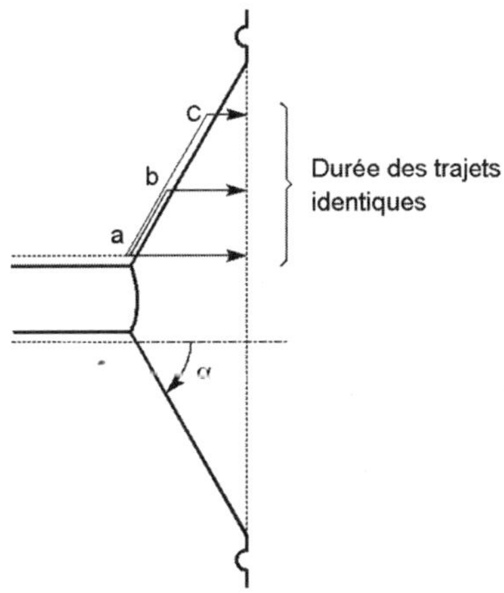

Figure 3.7 – Les trajets a, b, c ont des durées identiques.

Dans l'extrême aigu, la membrane ne peut plus être considérée comme indéformable, mais comme une succession d'anneaux concentriques, qui présentent des retards de phase entre eux (temps de propagation de l'onde mécanique de flexion dans la membrane). Ce défaut est naturellement évité sur les HP, où la force est répartie sur l'ensemble de la membrane (HP électrostatique, cellules orthophases, etc.). L'ensemble forme donc un système d'interférence, avec une réponse similaire à celle des filtres en peignes (voir chapitre 6 du tome 1). On peut. dans l'axe, minimiser ces irrégularités notables en s'arrangeant pour que l'ouverture du cône du HP soit telle que le temps de propagation reste identique quel que soit le chemin emprunté (*figure 3.7*).

Pour les haut-parleurs électrodynamiques, on peut distinguer quatre zones de fréquence (*figure 3.9*), à savoir :

Zone a : la courbe de réponse est ascendante (+ 12 dB/oct pour une enceinte close, + 18 dB/oct pour une bass reflex) jusqu'à la fréquence de résonance. Cette fréquence ne dépend que de la masse mobile et des forces de rappel (HP + boîte) ; à la résonance l'impédance électrique devient très élevée, et est essentiellement d'origine mécanique (lors de la mesure de cette impédance sur un haut-parleur monté en baffle infini – charge acoustique minimum – le simple fait de mettre la main devant le haut-parleur modifie de manière sensible cette impédance). Cette impédance se résume pratiquement à une résistance électrique (résistance en courant continu de la bobine) et un générateur de fcem (force contre électromotrice proportionnelle à la vitesse de la membrane) (*figure 3.8*).

Il s'ensuit que le courant que débite l'amplificateur (qui se comporte toujours comme une source de tension) dans le haut-parleur est proportionnel à la différence entre la tension de sortie de l'ampli et la fcem. On constate alors un phénomène de contre-

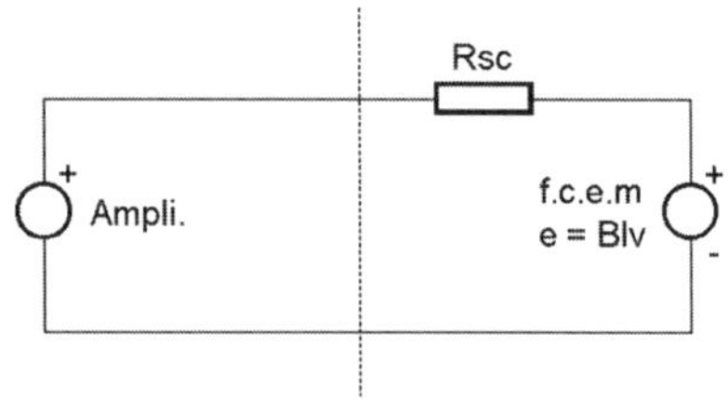

Figure 3.8 – Schéma électrique équivalent d'un HP à la résonance.

réaction. En effet, si la vitesse de la membrane avait tendance à augmenter, alors la fcem augmenterait d'autant. Il s'ensuit donc une diminution de la ddp aux bornes de la résistance et par là même, une diminution du courant circulant dans le circuit. Ce faisant, la force d'excitation diminue et donc la vitesse doit diminuer. Nous avons affaire ici à un asservissement naturel, qui fonctionne d'autant mieux que la résistance est faible. L'amortissement mécanique est donc essentiellement d'origine électrique. Aussi, indépendamment des problèmes de pertes en ligne (qui sont négligeables), la résistance des câbles de liaison doit-elle toujours être très faible devant la résistance en courant continu de la bobine mobile (environ 6 Ω pour un HP d'impédance nominale de 8 Ω). Une règle très simple consiste à prendre (pour les câbles en cuivre), une section en mm^2 égale au dixième de la longueur (en mètre). Exemple : pour une liaison de 40 mètres, il faudra un câble de 4 mm^2 de section (pour les enceintes d'impédance nominale 4 Ω, la valeur de la section est à multiplier par deux).

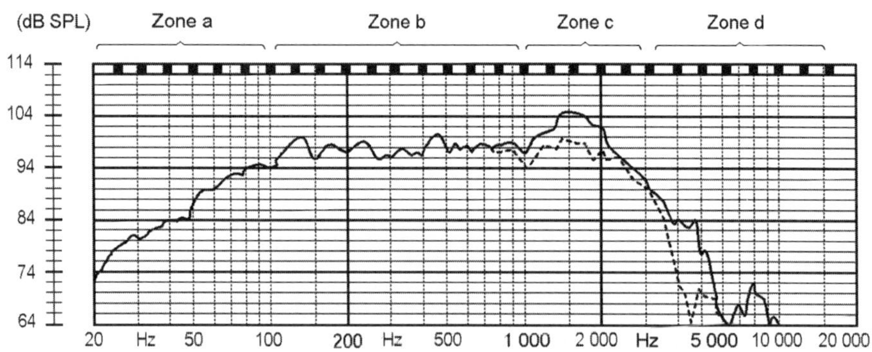

Figure 3.9 – Exemple de courbe de réponse d'amplitude dans l'axe, à 30° (en pointillé), d'un HP de 38 cm.

Zone b : entre la fréquence de résonance et la fréquence de coupure de l'impédance de radiation ($f = \frac{c}{\pi D}$. avec D = diamètre du piston), le haut-parleur a une courbe de réponse droite (si la membrane est bien rigide), et diffuse de manière omnidirectionnelle (zone d'exploitation normale d'un HP, cette zone représente 3 à 4 octaves au mieux).

Zone c : au-delà de cette fréquence, le haut-parleur devient directif, sa courbe de réponse en puissance chute à – 6 dB/oct. et sa courbe de réponse dans l'axe peut présenter des accidents (compensation imparfaite entre la chute de la réponse en puissance et l'augmentation de l'indice de directivité), cette zone représente environ une octave et demie.

Zone d : dans cette zone, la membrane n'est plus du tout assimilable à un piston et il se produit de nombreuses réflexions. La première de ces réflexions laisse d'ailleurs une « signature » sur la courbe d'impédance. Ces résonances entraînent un effet de filtrage en peigne, ce qui explique la fin de courbe très accidentée des haut-parleurs qu'il conviendra de faire disparaître par un filtrage énergique.

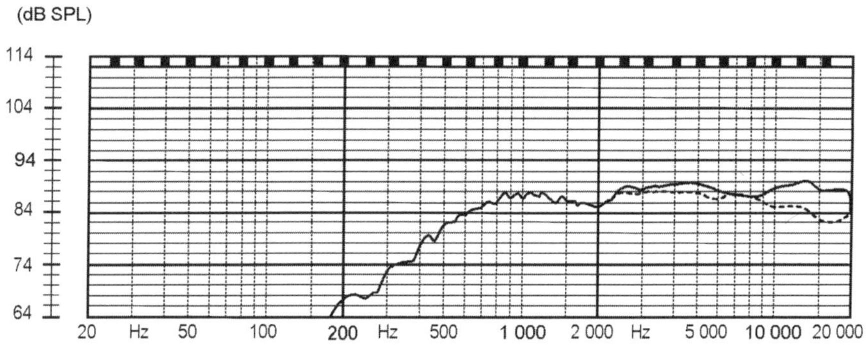

Figure 3.10 – Même exemple que dans la figure précédente, mais sur un tweeter à dôme de 25 mm.

✦ Les analogies

La théorie des réseaux électriques offre des possibilités immenses de calculs, aussi est-il agréable de convertir tous les paramètres mécaniques et acoustiques de haut-parleur en grandeurs électriques. Ceci est parfaitement licite, tant que les longueurs d'onde sont grandes, vis-à-vis des dispositifs. Cette étude est particulièrement intéressante pour le calcul des charges arrière des haut-parleurs. La notion d'analogie a été introduite par Olson [6], la « normalisation » de son usage est due à Richard H. Small [7], de sorte que les fabricants sont « invités » à présenter dans leurs notices techniques, les paramètres mécano-acoustiques de leurs HP. À titre d'exemple, nous donnons la reproduction d'une fiche fournie par un grand constructeur français de HP aux fabricants d'enceintes acoustiques (*figure 3.11*). Nous indiquons au chapitre 9

Spécifications	Symboles	Valeurs	Unités
Impédance nominale	Z	8	Ω
Module minimal de l'impédance	Z_{min}	7,5 @ 300 Hz	Ω
Résistance au courant continu	R_{Rcc}	5,5	Ω
Inductance de la bobine mobile	L_{BM}	1430	µH
Fréquence de résonance	f_s	24 ± 4	Hz
Compliance de la suspension	C_{MS}	$3{,}9 \cdot 10^{-4}$	mN^{-1}
Facteur de qualité mécanique	Q_{MS}	3,47	
Facteur de qualité électrique	Q_{ES}	0,18	
Facteur de qualité total	Q_{TS}	0,17	
Résistance mécanique	R_{MS}	5,42	$kg\ s^{-1}$
Masse mobile	M_{MD}	$113{,}6 \cdot 10^{-3}$	kg
Diamètre émissif de la membrane	D	0,335	m
Surface émissive de la membrane	S_D	0,0880	m^2
Diamètre de la bobine mobile	d	100	mm
Nature du support de la bobine		Nomex	
Hauteur du bobinage	h	14	mm
Nombre de couche du bobinage	n	2	
Induction dans l'entrefer	B	1,50	T
Flux dans l'entrefer	Ø	$3{,}30 \cdot 10^{-3}$	Wb
Énergie magnétique du moteur	W	2,95	Ws
Facteur de force du moteur	BL	26,04	NA^{-1}
Volume de l'entrefer	V_E	$3{,}298 \cdot 10^{-6}$	m^3
Hauteur de l'entrefer	H_E	7	mm
Diamètre de l'aimant ferrite	ØA	220	mm
Hauteur de l'aimant	B	23	mm
Masse de l'aimant		3,140	kg
Masse du haut-parleur		10	kg
Niveau d'efficacité caractéristique 1 W Bruit rose pondéré	η	103 (PR)	dB SPL
Puissance nominale		200	W
Facteur d'accélération	Γ	229	$ms^{-2} \cdot A^{-1}$

Figure 3.11 – Fac-similé d'une page catalogue Audax (haut-parleur PR38S100).

l'analogie la plus utilisée, avec les formules de conversion entre les grandeurs électriques, mécaniques et acoustiques. Il n'est pas inintéressant de préciser l'ordre de grandeur des différents composants. En reprenant la fiche technique donnée précédemment, et en montant ledit haut-parleur dans une enceinte close de 150 litres, on trouve les valeurs de la *figure 3.12*.

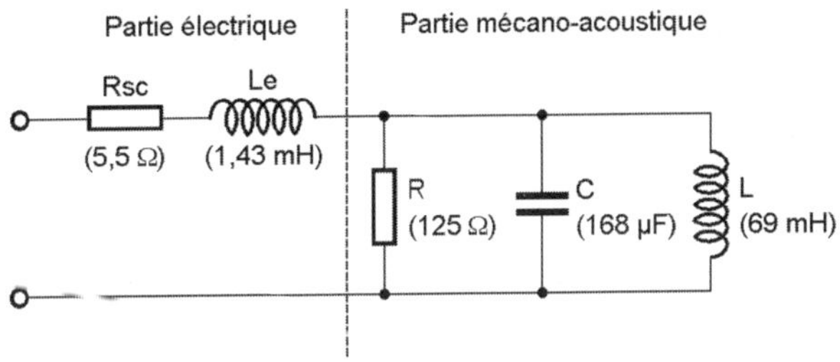

Figure 3.12 – Valeurs électriques pour un haut-parleur de 38 cm, monté dans une boîte de 150 litres.

On conçoit aisément qu'aux alentours de la fréquence de résonance, l'impédance vue par l'ampli change rapidement, étant d'abord très fortement selfique puis capacitive. Cela induit des déphasages courant/tension, parfois très mal supportés par les amplificateurs de puissance. Aussi, la puissance d'un amplificateur sur charge résistive, n'a-t-elle que peu de rapport avec la puissance réellement disponible sur un haut-parleur, comme l'ont montré des études récentes [8]. On trouvera en annexe une méthode permettant de synthétiser un correcteur de cosinus Φ. de sorte que le haut-parleur apparaisse comme purement résistif.

✦ Les charges arrière

Les haut-parleurs émettent généralement deux ondes acoustiques de polarité inversée. En effet, lorsque la membrane se déplace vers l'avant, il se crée une surpression à l'avant et une dépression à l'arrière. Si ces deux ondes sont libres dans l'espace, elles s'annulent. Aussi pour qu'un haut-parleur puisse émettre, il faut modifier les caractéristiques d'au moins une de ces ondes.

Deux grands principes sont utilisés. Soit on supprime une des ondes (généralement l'onde arrière), en enfermant le haut-parleur dans une *enceinte close*. Soit on essaye de modifier la polarité des ondes, pour qu'elles soient, à la sortie de l'enceinte, en phase. Malheureusement, contrairement à l'électronique, il n'existe pas d'« inverseur de phase » en acoustique, de sorte que l'inversion de polarité ne peut être compensée que par l'un des deux autres phénomènes physiques qui altèrent la phase, c'est-à-dire un retard ou un déphasage (voir chapitre 5, tome 1), aussi cela donne-t-il deux familles d'enceintes.

✧ Enceinte avec un élément de retard

On fait subir à l'onde arrière un trajet beaucoup plus long qu'à l'onde avant, en utilisant soit un obstacle : baffle plan, soit un guide (*cf.* Enceintes à labyrinthe).

Soit ΔL la différence de trajet entre l'onde avant et l'onde arrière (différence de marche), alors à chaque fois que ΔL sera égal à un nombre impair de demi-longueurs d'onde, il y aura un renforcement du niveau sonore, et à chaque fois que ΔL

sera égal à un multiple de la longueur d'onde, il y aura affaiblissement. L'augmentation de niveau est en moyenne de 3 dB. D'un point de vue mathématique la courbe de réponse est un filtre en peigne.

✧ Enceinte à résonateur

Une autre technique, consiste à utiliser des filtres pour obtenir un déphasage de $-\pi$ sur la plus grande bande possible. Le système le plus simple consiste à utiliser un filtre du deuxième ordre, qui, associé à la membrane du HP, forme un système masse-ressort-masse. C'est le principe du « bass reflex » avec ses très nombreuses variantes, plus commerciales que réelles.

La *figure 3.13* montre la coupe d'une enceinte « bass reflex » et son analogie mécanique. La masse *m*1 est la masse de la membrane, sur laquelle s'exerce la force de la bobine mobile et la masse *m*2 est la masse de l'air dans l'évent.

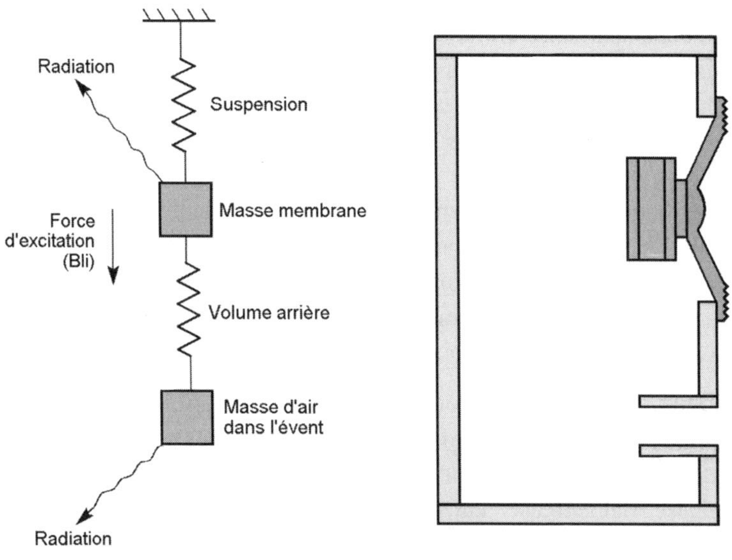

Figure 3.13 – Coupe d'un bass-reflex, analogie mécanique.

Pour simplifier l'analogie, on considère que toute la masse vibrante est dans l'évent (ou le « col » du résonateur) et que la partie « ressort » est formée par le reste du volume. Ce raisonnement peut apparaître très spécieux, et on ne voit pas, a priori, pourquoi de l'air est représenté tantôt sous forme d'un ressort sans masse, tantôt d'une masse sans élasticité ! L'air est, en réalité, les deux à la fois, un très bon ressort et une masse certes faible, mais non négligeable. Simplement, dans le cas qui nous intéresse, en supposant la surface de l'évent, très faible devant la dimension de la boîte, il est bien évident que la vitesse de l'air dans l'évent est bien supérieure à la vitesse de l'air dans la boîte, et que par conséquent, les effets d'inertie sont surtout sensibles dans l'évent, alors qu'au contraire, l'effet du ressort est lié au volume. Nous avons en toute rigueur, un ressort assez « mou » (boîte) monté en série avec un ressort assez « dur » (évent) ; l'ensemble se comporte bien entendu comme un ressort « mou ».

Il est facile à comprendre que, pour les très basses fréquences, les deux masses se déplacent ensemble, l'une « poussant » l'autre. Le haut-parleur ne peut émettre, car les ondes provenant de la membrane et de l'évent, sont toujours en opposition de polarité. À la résonance, au contraire, les deux mouvements sont en opposition, et les deux ondes émises sont en phase. Il est à noter que dans le cas (souhaitable) où l'amortissement est faible, alors presque toute l'énergie provient de l'évent, de sorte que le déplacement de la membrane est beaucoup plus faible que si le haut-parleur était chargé par une enceinte close (*figure 3.14*). Ensuite, le résonateur ne peut plus « répondre » et seule l'onde avant est transmise.

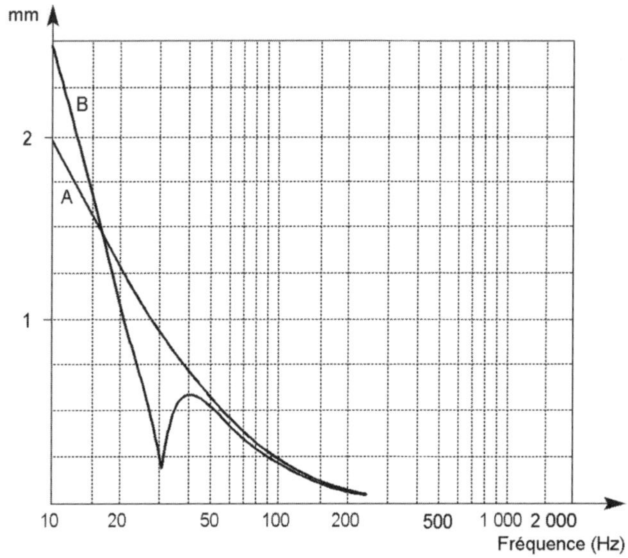

Figure 3.14

Courbe de déplacement d'un HP,de 38 cm monté dans une enceinte close de 220 litres (A), et une enceinte de 220 litres accordés à 30 Hz (B). On note qu'en dessous de 20 Hz, l'excursion du HP monté en « bass-reflex » augmente très rapidement. Un filtre subsonic doit être utilisé à titre de protection contre le talonnage.

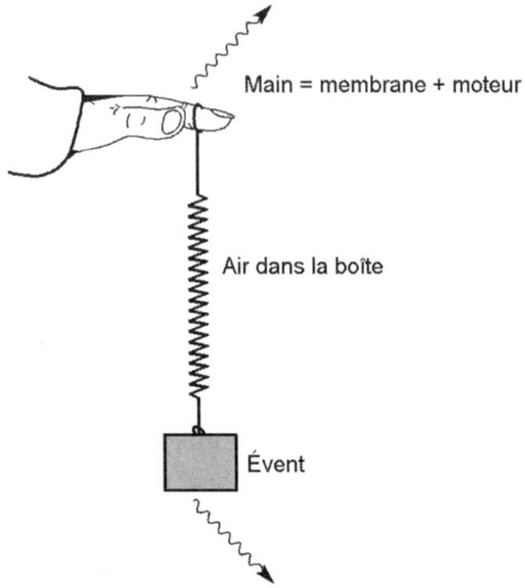

Figure 3.15 – Simulation d'un système « bass-reflex ».

Pour bien comprendre le fonctionnement du « bass reflex », il est facile de réaliser l'expérience suivante : prenez un élastique assez long (environ 20 cm), attachez au bout un objet pesant, et faites osciller le tout verticalement. La main représente la masse de la membrane, et le poignet fournit une force à la main, tout comme la bobine à la membrane. Vous constaterez visuellement les relations de phase entre les mouvements de votre main et les mouvements de l'objet.

L'enceinte « bass reflex » procure donc un « gain » d'énergie au voisinage de la seule fréquence d'accord. Il est possible, par des dispositifs plus complexes, d'étendre la bande où l'on apporte du gain. Ceci se réalise à l'aide de résonateurs couplés. Dans cette gamme de fréquences, les phénomènes de propagation ne sont pas à prendre en compte, car les longueurs d'onde sont très grandes vis-à-vis des dimensions de l'enceinte, aussi est-il facile de transposer à l'aide d'analogies, le fonctionnement d'un tel système, sur le plan électrique. La théorie des réseaux électriques fournit alors un moyen très puissant pour étudier ces configurations.

✦ Charges avant - Pavillons - Lentilles

✧ Couplage par résonateur

Dans certaines enceintes reproduisant les basses fréquences, les haut-parleurs ne rayonnent pas directement dans la salle, mais servent à exciter un filtre acoustique placé devant eux, qui débouche sur la salle. L'exemple du HP dit à charges réparties est le plus répandu, mais d'autres dispositifs plus complexes (filtre d'ordre 6) ont été mis en œuvre pour des applications spécifiques [9]. Cette technique permet une augmentation de la sensibilité du HP en abaissant (effet du résonateur) l'impédance acoustique de source. En outre, le HP n'est couplé à la salle que par un évent d'accord, dont la surface est plus faible que celle de la membrane, ce qui autorise la réalisation d'enceintes extrêmement compactes.

✧ Les pavillons

Les pavillons constituent une famille bien à part, très fréquemment utilisée en son professionnel. En simplifiant à l'extrême cette technique, qui, même sur le plan de la recherche fondamentale, continue d'évoluer, un pavillon est assimilable à un transformateur d'impédance en électronique. Le rapport de transformation est dépendant du rapport entre surface de gorge et surface d'ouverture, et la bande passante dépend de la vitesse de transition entre ces deux surfaces (*i.e.* longueur du pavillon). La forme du plan d'onde en sortie dépend bien évidemment de la forme du pavillon, or, directivité et forme du plan d'onde, ne sont que deux aspects du même phénomène de propagation. Aussi peut-on, lorsqu'ils sont effectivement conçus à cet effet, contrôler la directivité de façon très efficace indépendamment du moteur qui leur fournit l'énergie sonore. Plusieurs techniques ont été, ou sont utilisées : pavillons multicellulaires, pavillons radiaux, gorges et bouches à diffraction et enfin pavillons à directivité constante sur lesquels de grands progrès ont été réalisés [10] [11]. Malheureusement, quelle que soit la technique utilisée, des pavillons de grandes dimensions sont nécessaires au contrôle efficace de la directivité dans les basses fréquences.

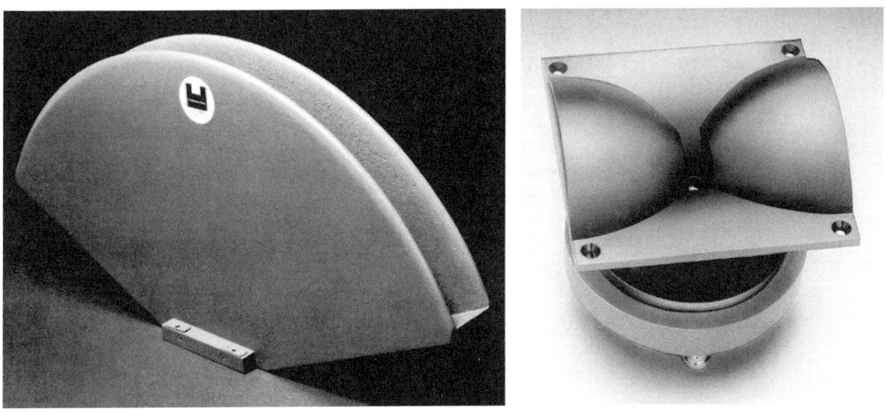

Deux différents types de pavillon.

La simple présence d'un pavillon n'est en aucun cas le gage de caractéristiques de dispersion intéressante, bien au contraire si un pavillon n'est pas spécialement étudié pour cela, ses performances spatiales sont généralement mauvaises.

✧ Les lentilles

Les lentilles acoustiques permettent d'ajuster les caractéristiques de dispersion des éléments. Le principe de fonctionnement est tout à fait similaire aux lentilles optiques. La seule différence est qu'en optique, on utilise, pour faire varier la vitesse de propagation, des matériaux d'indices différents de l'air, alors qu'en acoustique, on garde le même matériau (air), mais on peut faire varier la longueur du trajet, en faisant cheminer l'onde acoustique entre des fentes repliées, ou des tôles perforées suivant le principe décrit *figure 3.16*.

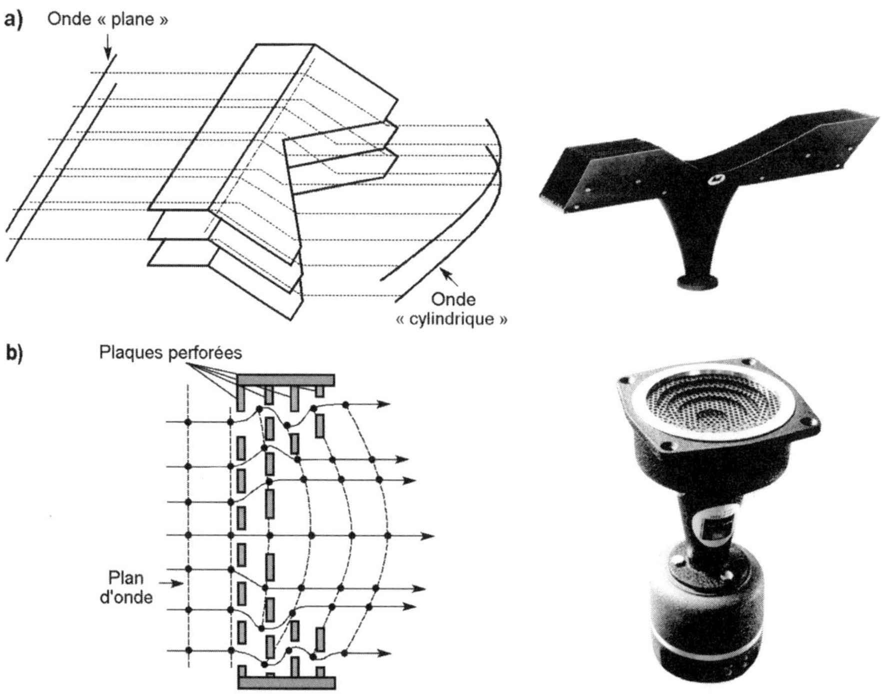

Figure 3.16 – Principe et réalisation de lentilles acoustiques, a) à fentes. b) à plaques.

Bien que celles-ci soient le plus souvent montées devant des pavillons coniques courts, dont les caractéristiques de dispersion sont très mauvaises, afin de réaliser un ensemble de petite taille et de bonnes performances, elles peuvent également être adaptées sur des haut-parleurs à cône ou à dôme. Il est possible également de trouver des configurations diverses telles que des fentes de diffraction devant des haut-parleurs à cône ou des plateaux de phase devant des tweeters à dôme. Certains constructeurs ont également utilisé des réflecteurs acoustiques (paraboles) pour modifier la directivité.

✦ Limites et compromis

Dans la conception de tout produit, entrent des limitations d'ordre théorique et des limitations d'ordre technologique. Si ces dernières sont en constante évolution (matériaux magnétiques, membranes, supports de bobines, etc.), les limitations d'ordre théorique sont *incontournables*. Par exemple, l'extension dans le grave, le volume et le rendement sont reliés par une loi physique. La seule liberté que peut s'autoriser un fabricant, est de privilégier un des facteurs au détriment des autres.

Par contre, la tenue thermique (*i.e.* puissance) est bien une contrainte technologique, qui peut être repoussée par l'amélioration du refroidissement de la bobine (ferrofluide) [12] et par le choix de matériaux résistants à de très hautes températures.

La conception d'un haut-parleur est toujours le résultat d'un grand nombre de compromis, décidés en fonction de son application. Cela explique qu'il n'existe pas de haut-parleur universel, mais des lignes de produits en fonction des applications (sonorisation, hi-fi, monitoring, applications industrielles).

3.2 Les enceintes acoustiques

Comme nous venons de le voir, il est actuellement impossible de concevoir une enceinte ne possédant qu'un seul haut-parleur large bande du type électrodynamique (sauf pour les très faibles niveaux), aussi doit-on utiliser un assemblage et, dans certains cas, un empilage de HP, pour pouvoir couvrir à peu près correctement toute la bande audio. Mais cela ne va pas sans soulever trois autres problèmes, à savoir la directivité (ainsi que la réponse en puissance), le positionnement relatif des haut-parleurs et le filtrage (on devrait d'ailleurs à ce propos plutôt parler de répartition électrique et le mot anglais *crossover* est très précis).

3.2.1 *Directivité*

✦ Définition

La directivité est une notion globale à laquelle on rattache un certain nombre de mesures. La plupart des transducteurs ne rayonnent pas de la même façon dans toutes les directions. Pour représenter ce phénomène, il convient de mesurer, pour chaque angle possible dans l'espace, la fraction d'énergie qui y est rayonnée, par rapport à l'énergie globalement émise. Cette fonction, c'est le coefficient de directivité qui s'exprime en fonction des directions d'espace.

Les courbes polaires montrent ce phénomène, pour un plan donné (généralement horizontal et vertical), et une fréquence donnée. Pour avoir une idée globale, il faut donc un très grand nombre de courbes. Aussi, afin d'avoir une vue synthétique, l'indice de directivité est-il défini par le « gain » dans l'axe (au sens des antennes) en dB apporté par une enceinte directive par rapport à une enceinte omnidirectionnelle qui rayonne globalement la même énergie.

Nous avons la relation :

$$ID\,(\theta \text{ et } \varphi)\ \mathrm{dB} = 10 \log\,(CD\,(\theta \text{ et } \varphi))$$

$CD\,(\theta$ et $\varphi)$: coefficient de directivité sous l'angle φ : angle orbital, θ : angle azimutal

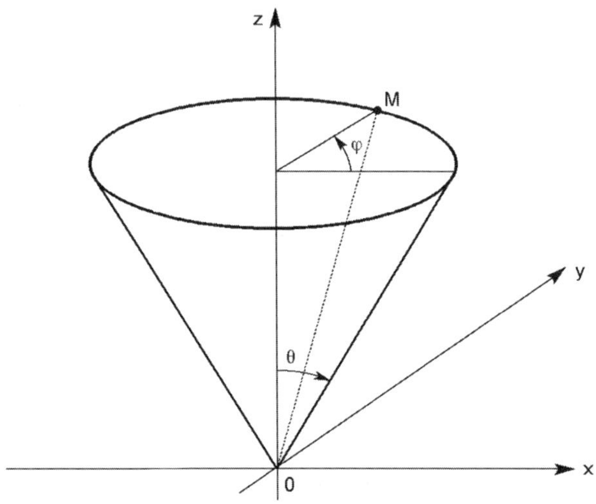

Figure 3.17 – Définition des angles de directivité (θ, φ) dans un espace orthonormé.

Cet indice est d'un maniement pratique, mais ne représente forcément qu'une vision tronquée de la réalité. Deux enceintes ayant le même indice de directivité, peuvent avoir des rayonnements très différents. Pour les micros, la même notion existe, et on démontre aisément qu'un cardioïde et un bidirectionnel ont le même indice (4,7 dB). L'indice de directivité dépend essentiellement de la dimension de la surface émissive. Un haut-parleur unique à radiation directe devient toujours, en fonction de la fréquence, plus ou moins *directif*, c'est-à-dire qu'il a tendance à concentrer l'énergie acoustique devant lui. Pour les longueurs d'onde très grandes, la membrane apparaît comme un point, et ne peut donc rayonner autre chose qu'une onde sphérique qui se propage dans toutes les directions. Pour les aigus, la membrane devient très grande vis-à-vis des longueurs d'onde, et se comporte plutôt comme un piston de dimension infinie, qui lui, donne naissance à une onde plane. La propagation se fait alors dans une seule direction. La réalité se situe bien sûr entre ces deux extrêmes théoriques. *L'indice de directivité* représente l'augmentation de l'énergie dans un axe (usuellement l'axe du haut-parleur), au détriment de l'énergie globale. Pour une membrane assimilable à un piston plan, alors l'indice de directivité dans l'axe suit sensiblement les courbes données en *figure 3.18*.

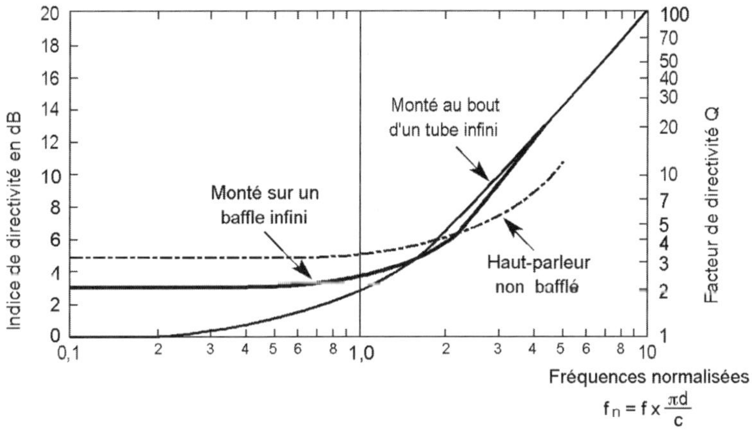

Figure 3.18 – Indice de directivité théorique d'un piston plan de diamètre d suivant différents montages.

✦ Affaiblissement en champ proche

On a souvent coutume de dire que le son s'affaiblit en fonction de la distance, selon une loi en $1/r$ (pour la pression). Ceci n'est vrai que pour une onde sphérique. Si l'objet sonore est très grand, alors l'onde est sensiblement plane tant que l'on est proche de l'objet (proche au sens où l'action des sources élémentaires – au sens de Huygens – [13] situées en bordure est négligeable devant celle des sources « centrales ») et l'on démontre alors qu'il n'y a pas d'affaiblissement en fonction de la distance. Ce phénomène est explicité par la *figure 3.19*. Dans la zone A, le plan d'onde se propage parallèlement à lui-même. Il n'y a donc pas « d'étirement », le flux d'énergie (qui est l'intensité acoustique et qui s'exprime en W/m^2) reste

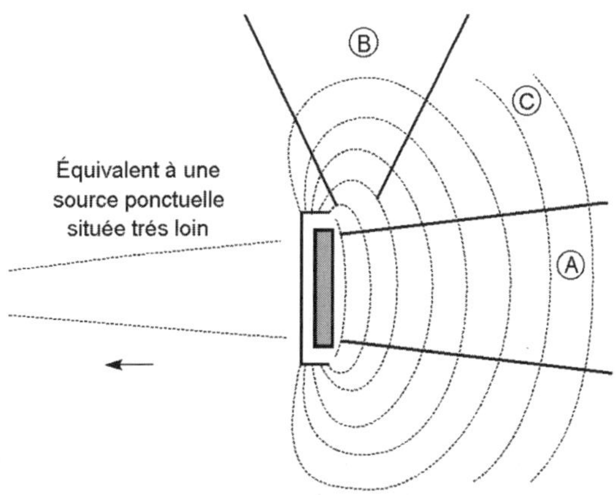

Figure 3.19 – Rayonnement d'une source étendue.

constant. Au contraire, dans la zone B, la propagation est sensiblement sphérique et le flux diminue proportionnellement à l'augmentation de surface. La zone C représente une zone de transition.

On pressent que forme du plan d'onde et directivité sont liées. Dans le cas d'un empilage, l'on peut positionner à volonté les sources multiples, pour modeler le plan d'onde à l'origine et influencer très fortement la directivité, et la décroissance du niveau en champ proche.

✦ Importance de la directivité

Le choix des différents transducteurs est dicté par un certain nombre de contraintes, en particulier la régularité de l'indice de directivité. Il faut en effet que les caractéristiques de l'ensemble soient de même nature que celles des haut-parleurs pris séparément.

Prenons un exemple : il est bien évident que l'association d'un boomer de 38 cm avec un haut-parleur à dôme de 37 mm serait parfaitement ridicule, alors qu'en terme de courbe de réponse, l'assemblage est possible (bande passante boomer : 45 Hz – 2 kHz, bande passante dôme : 1 kHz – 15 kHz). Dans ce cas, il est possible d'obtenir dans l'axe une courbe de réponse honorable, avec un filtrage correct (ordre élevé) et en compensant les différences de rendement (de l'ordre de 10 dB) entre les HP. Il n'en restera pas moins vrai que l'indice de directivité subira des variations très importantes, le boomer devenant très directif au-dessus de 1 kHz, alors que le dôme est, lui, parfaitement omnidirectionnel à cette fréquence. L'énergie rayonnée dans la pièce (champ réverbéré) sera donc très différente de la courbe de réponse dans l'axe (champ direct).

Sans aller jusqu'à cette caricature, il faut bien remarquer que l'étendue du spectre audio étant très large (rapport 1 000), toutes les enceintes sont relativement omnidirectionnelles dans les basses, et directives dans les aigus. Aussi, les constructeurs essaient-ils, soit d'avoir des voies médium-aigu très dispersives (enceintes hi-fi - HP de très petit diamètre) soit de contrôler la directivité sur toute la bande (HP de basse à pavillon replié, chambre médium aigu à « directivité constante ») [10].

3.2.2 *Les filtres*

Dès qu'une enceinte possède des haut-parleurs spécialisés, se pose le problème de la répartition de l'énergie (en fonction de la fréquence) entre eux. Indépendamment de leur technologie (filtres actifs, passifs, filtres acoustiques), les filtres posent un problème de fond. Sur le plan du principe, que demande-t-on à un filtre ? Simplement de réaliser un aiguillage en fonction des fréquences, pour chaque haut-parleur, avec l'idée simple que ce qui ne va pas sur un HP va sur l'autre. On s'attend tout naturellement à ce que cette opération soit « transparente », c'est-à-dire que la recombinaison fasse « oublier » le filtrage suivant le schéma donné en *figure 3.20*.

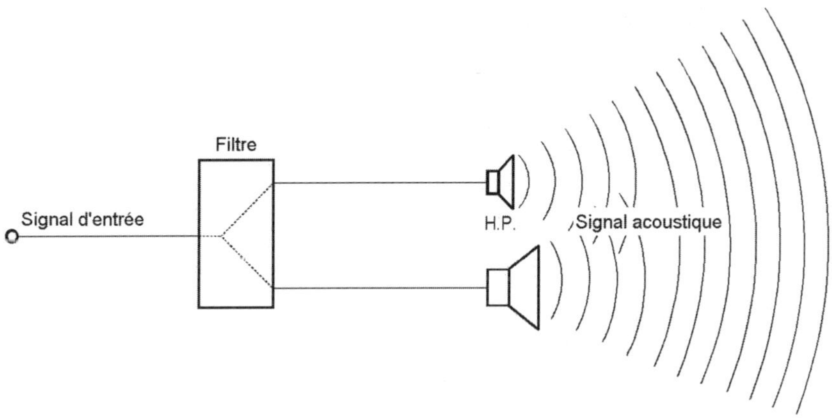

Figure 3.20 – Filtre transparent.
Le signal acoustique ne redevient homogène qu'à une distance d'au moins trois fois la distance entre les haut-parleurs (en toute rigueur, il faudrait que les différences de marche soient inférieures à λ/16).

Il est à noter dans ce schéma que la recombinaison entre les différentes voies se réalise acoustiquement dans l'air. Pour que cette dernière soit la plus indépendante possible de la direction, il est très important que les trajets des ondes de provenance de HP différents, soient de même longueur, sinon il y a création d'un système d'interférence. Tous les constructeurs essaient, dans les limites mécaniques du possible, de rapprocher au maximum les différents HP. D'un point de vue pratique, l'on peut considérer comme une source unique, deux haut-parleurs dont la distance (entraxe) est inférieure à λ/4 (λ : longueur d'onde à la fréquence considérée). Cela conduit à des distances de l'ordre de 35 cm pour des fréquences inférieures à 250 Hz, ce qui est (presque) toujours possible, par contre pour une transition médium-aigu aux environs de 5 kHz, l'on devrait avoir un entraxe de 17 mm, ce qui est parfaitement impossible à réaliser directement, sauf avec des haut-parleurs coaxiaux. Certains constructeurs ont contourné cette difficulté en utilisant des réflecteurs devant les HP de telle sorte que les sources images soient relativement coïncidentes. Mais sur la quasi-totalité de la production, aussi bien en monitoring studio, qu'en broadcast, ou en hi-fi, cette difficulté est tout simplement éludée.

Toute modification dans le domaine fréquentiel, entraîne des modifications dans le domaine temporel (voir chapitre 5, tome 1). Aussi, lors d'un filtrage, la réponse en phase, le temps de propagation de groupe et la réponse impulsionnelle sont altérés. Actuellement, on ne sait pas encore très bien de quelle manière réagit l'oreille devant ce type de défaut [14], aussi existe-t-il différentes « écoles » vis-à-vis de ce problème.

✦ Les filtres complémentaires

L'axiome de départ est que le système complet doit être complètement transparent. Cela impose que le signal acoustique (au moins dans l'axe) doit être l'image (à un retard près) du signal électrique.

Une analyse rapide montre que l'on peut intervenir électriquement avant le HP mais aussi acoustiquement après le HP.

Les études en ce domaine se limitent, pour des raisons d'ordre technologique, aux filtres complémentaires sans retard [15] [16]. Ces derniers, bien qu'intéressants sur le plan théorique, ont une largeur de recouvrement bien plus grande qu'avec d'autres types de filtres. De plus, la phase des transducteurs doit être très contrôlée (ou corrigée) sous peine de voir apparaître des effets secondaires très néfastes. Dans cette famille de filtres, les différences de phase entre les haut-parleurs sont souvent supérieures à 90°, de sorte qu'il y a apparition d'énergie réactive (c'est-à-dire de l'énergie qu'il faut envoyer aux HP, mais qui doit s'annihiler par opposition de phase entre les voies). Ce principe fonctionne parfaitement bien sur le plan électrique, mais par contre est très délicat à mettre en œuvre en acoustique (sauf pour les fréquences basses), de par les rotations de phase des HP et les différents trajets possibles dans l'air. Un filtre de ce type, mal adapté, peut conduire aux pires catastrophes, par création de lobes de directivité très importants dans la zone de recoupement.

Il faut néanmoins signaler que les filtres complémentaires avec retard, offrent d'immenses possibilités sur le plan théorique, car les deux défauts mentionnés précédemment peuvent être facilement évités. En effet, dans cette classe de filtres, il est aisé d'avoir simultanément une pente très forte à la fréquence de coupure (supérieure à 100 dB/oct), sans création d'énergie réactive (les deux HP travaillent en phase). Il s'ensuit que quelles que soient les différences de trajet entre les deux HP, les courbes de réponse hors de l'axe ne peuvent présenter que des affaiblissements (et non des gains comme dans le premier cas), et que ces défauts, déjà minimes en amplitude, ne peuvent apparaître que dans une zone fréquentielle extrêmement étroite (de l'ordre d'un dixième d'octave).

D'un point de vue technologique, ils ne sont pas encore employés, car seules les techniques numériques peuvent les réaliser dans des conditions de coût et de qualité raisonnables. La raison n'est ni un problème de complexité, ni de précision des opérateurs, mais tient simplement au fait qu'en analogique, il n'existe pas d'opérateur « retard » contrairement aux techniques numériques. En analogique, pour obtenir des retards appréciables, on utilise usuellement soit des « lignes » à échantillonnage (lignes BBD ou CCD, voir § 5.4.1), soit des filtres, qui, par de très multiples cellules, simulent un retard à l'aide d'un déphasage variant à peu près linéairement avec la fréquence (filtres passe-partout, filtres de Bessel).

✦ Les filtres à réponse constante en puissance

On peut au contraire préférer des filtres qui, même s'ils ont des défauts de phase, ne peuvent en quelques applications que ce soient, se transformer en « filtres catastrophes ». Cela signifie que la recombinaison des signaux doit être également satisfaisante, que cette dernière se fasse en amplitude (cas idéal où la phase relative entre les HP est nulle) ou en puissance (phase relative entre les deux HP aléatoire). Un certain nombre de filtres répondent à ce critère, les plus usités à ce jour, étant les filtres de Bessel (généralement d'ordre 4) et les filtres de Linkwitz-Riley [17].

Les filtres de ce type apportent par contre toujours des distorsions de phase, mais il faut reconnaître que ces dernières sont loin d'être audibles dans les conditions usuelles d'écoute (matériau sonore y compris !).

✦ Détermination d'un filtre

Même si la réponse globale en phase n'est pas prise en compte, la phase relative des haut-parleurs et leur disposition dans l'enceinte ont une importance capitale sur la courbe de réponse de l'ensemble. Aussi les paramètres des haut-parleurs doivent-ils impérativement être pris en compte et faire partie intégrante du filtre. Cela est toujours vrai lorsque les enceintes sont proposées avec des filtres passifs, par contre, la notion même de filtre actif universel est un leurre. Les constructeurs sérieux d'enceintes acoustiques fonctionnant en mode actif, se doivent de proposer des filtres électroniques spécifiquement réglés pour chaque modèle d'enceinte. Ne pas le faire revient à considérer que les haut-parleurs sont parfaits, ce qui est pour le moins présomptueux dans l'état actuel de la technologie.

3.3 Mesures et interprétations

3.3.1 *Courbes de réponse*

✦ Définition

La mesure d'une courbe de réponse d'une enceinte n'est pas différente de celle d'un autre maillon électronique, si ce n'est qu'elle ne représente la fonction de transfert de l'enceinte que dans une direction donnée de l'espace. Aussi, les constructeurs donnent-ils parfois un ensemble de courbes.

✦ Présentation des courbes

Il est extrêmement important, lors de la lecture de courbes de réponse, de faire très attention aux conditions dans lesquelles elles ont été mesurées. Des rapports d'échelle verticaux et horizontaux peuvent donner une impression visuelle radicalement différente de la même courbe de réponse. La *figure 3.21* donne deux courbes de réponse strictement identiques tracées sur les deux formats d'échelle les plus répandus.

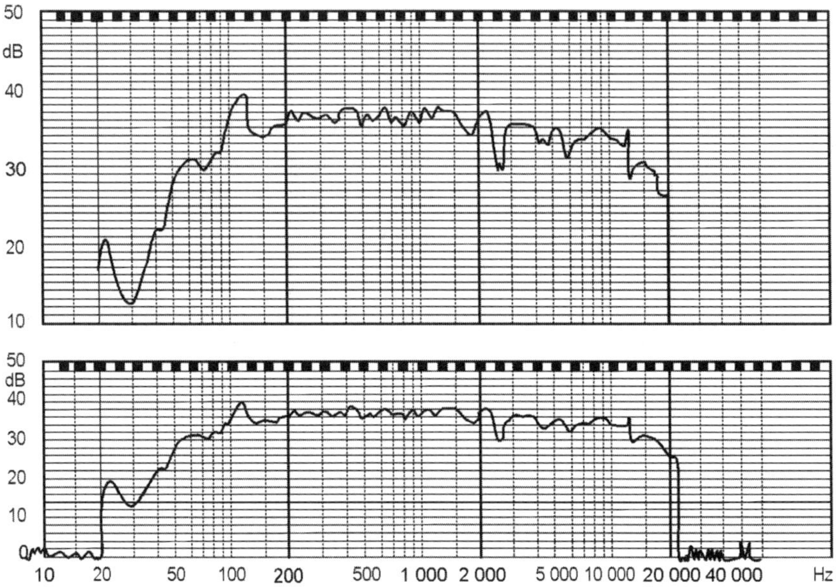

Figure 3.21 – Courbe de réponse sinus sur papier B&K 100 mm et 50 mm (50 dB pleine échelle).

Le même problème se pose en ce qui concerne l'intégration des courbes, qui, sur un banc de mesure mécanique (le plus répandu), dépend du réglage des vitesses de défilement du papier et d'écriture de la plume. Le problème est ici plus grave car ces données ne sont pas toujours fournies. La *figure 3.22* montre une même source mesurée et tracée avec des échelles identiques, l'une avec une vitesse de papier lente et une vitesse d'écriture élevée (courbe A), l'autre avec une vitesse de papier élevée et une vitesse d'écriture lente (courbe B). Un autre procédé de moyennage ou d'intégration est l'utilisation de signaux wobulés, le plus souvent en 1/3 d'octave. Un signal wobulé est un signal sinusoïdal dont la fréquence instantanée est modulée (effet de « vibrato ») à l'intérieur d'une bande spécifiée. Les courbes effectuées à partir de relevés d'analyseurs 1/3 d'octave sont équivalentes au cas précédent, mais de présentation légèrement différente (courbe C). D'autres méthodes de mesure et d'autres formes de présentation existent mais elles ne sont pas suffisamment employées dans les caractéristiques techniques des constructeurs pour être exposées ici.

Au vu des courbes A à C, et partant du principe que tout constructeur essaie de présenter honnêtement mais sous le meilleur jour possible les performances de ses produits, il n'est pas difficile de comprendre pourquoi la grande majorité des utilisateurs seraient surpris de voir tracer la courbe de réponse de leurs enceintes préférées en régime sinusoïdal avec une faible vitesse de défilement du papier, et une grande vitesse d'écriture stylet. L'usage, au niveau du laboratoire est d'utiliser une

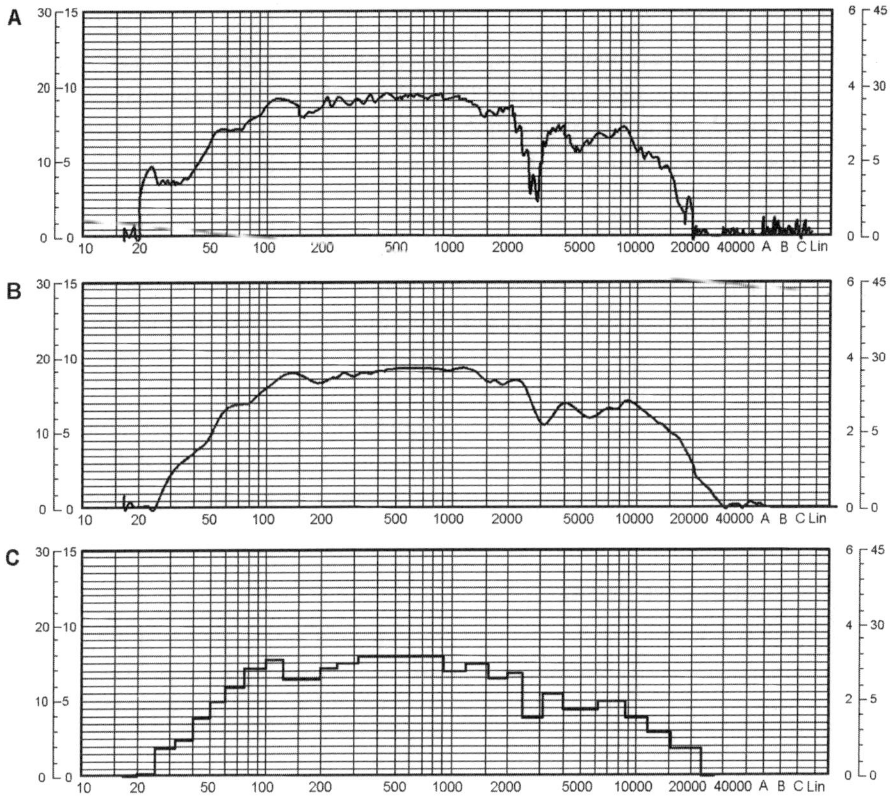

Figure 3.22 – Diverses mesures d'une même enceinte :
A. Courbe sinus Papier = 3 mm/s stylet = 100 mm/s
B. Courbe sinus Papier = 10 mm/s stylet = 25 mm/s
C. Courbe 1/3 oct. (analyseur « temps réel »).

vitesse de défilement de 10 mm/s et une vitesse de stylet de 100 mm/s. La norme AFNOR est également très précise sur ce point. Elle indique notamment que le choix des vitesses doit être tel, que le graphique obtenu ne doit pas s'écarter de plus de 1 dB de la valeur que l'on obtiendrait en régime permanent. Il est regrettable que cette norme ne soit que très rarement appliquée.

✦ Interprétation

Sur les courbes A à C nous voyons certains accidents de courbe de réponse apparaître et disparaître selon les réglages d'un banc de mesures. Tous ces accidents ont-ils la même importance ? Il convient d'abord de les caractériser selon leur audibilité puis de déterminer ceux qui sont « égalisables » (qui peuvent être corrigés à l'aide d'un égaliseur). L'oreille est beaucoup plus sensible à une irrégularité de faible amplitude sur une bande très large (coefficient de surtension *Q* faible) qu'à une irrégularité plus violente mais de faible largeur de bande (*Q* élevé). De plus, à cause des effets de masques, des atténuations très importantes mais très localisées en fréquence, seront très peu perceptibles, dès lors qu'elles ne se reproduisent pas. Par contre, une enceinte présentant de très nombreux petits accidents ne dépassant pas ± 5 dB (courbe de réponse globalement droite mais avec de « l'herbe ») qui ne sont visibles qu'avec une analyse fine, aura une coloration très notable (parfois même « agréable »).

Une enceinte présentant une courbe régulière, mais non droite, pourra être, sous certaines conditions (phase minimale), parfaitement corrigée à l'aide d'un égaliseur. Dans ce cas, le constructeur se doit soit de proposer un correcteur fixe, soit d'indiquer le type d'égaliseur souhaitable. Les pavillons à directivités constantes [18] ont pour caractéristique fondamentale une courbe de réponse dans l'axe chutant avec la fréquence (courbe de réponse dans l'axe idéalement identique à la courbe de réponse en puissance). Lorsqu'un tel composant est utilisé, il doit être égalisé soit en passif par le constructeur de l'enceinte, soit lors de l'installation à l'aide d'un égaliseur extérieur.

✦ Courbes hors de l'axe

Ce sont les plus utiles pour évaluer rapidement un matériel. Elles s'effectuent et s'interprètent de la même façon que les courbes de réponse dans l'axe. Elles sont tracées à intervalles d'angle réguliers dans les plans horizontaux et verticaux. Deux méthodes sont possibles :

- les constructeurs utilisent souvent comme référence une courbe de réponse dans l'axe supposée parfaitement plate. Les courbes hors de l'axe visualisent donc les *variations* de réponse en fonction de l'angle d'écoute (recommandation de l'AES) ;
- d'autres utilisent la courbe de réponse dans l'axe comme référence et les courbes de réponse hors de l'axe sont donc les réponses *réelles*.

La lecture de ces données est très simple, mais il convient de faire un certain nombre de remarques :

- faire attention à la méthode de référence utilisée (voir ci-dessus) car, pour une même enceinte, les résultats peuvent être assez différents, si la courbe de réponse dans l'axe n'est pas parfaitement plate ;
- vérifier si le signal est sinusoïdal ou wobulé, ou en tiers d'octave (wobulé ou bruit rose filtré). Les courbes hors de l'axe en sinusoïdal sont rares car elles font souvent apparaître des accidents violents (interférences, diffraction) souvent inévitables pour un type d'enceinte donné ; les constructeurs ont donc une grande réticence à les publier bien qu'elles soient indispensables à leur travail. Le projet de norme AES prévoit donc un signal wobulé ou des relevés effectués par tiers d'octave.

Il ne faut pas s'étonner de variations assez importantes au voisinage des zones de filtrage entre les différents composants. Une importance beaucoup trop grande a toujours été accordée à l'optimisation des courbes de réponse dans l'axe des enceintes acoustiques (souvent au détriment des courbes de réponse hors de l'axe), et il faut se rendre à l'évidence qu'il est d'une extrême difficulté sinon impossible, sauf pour des systèmes très particuliers (enceinte de très petite taille, haut-parleur unique ou système concentrique), d'obtenir un jeu de courbes hors de l'axe de qualité équivalente à celles obtenues dans l'axe.

✦ Diagrammes polaires

Ce sont des courbes de réponse amplitude/angle tracées pour une fréquence donnée sur une échelle dite « polaire » par analogie avec la cartographie, où les latitudes sont graduées en décibels et les longitudes en degrés. Les diagrammes polaires sont généralement fournis pour les seuls plans horizontaux et verticaux, à intervalles de fréquences réguliers et le plus souvent moyennés (wobulation ou bruit rose filtré) sur un tiers d'octave. Pour un utilisateur désirant sélectionner ou utiliser correctement une enceinte acoustique, ces diagrammes ne sont indispensables que pour analyser un phénomène ponctuel. Les données plus synthétiques de CD ou DI ainsi que les courbes de réponse amplitude/fréquence hors de l'axe s'avèrent beaucoup plus utiles car elles donnent une vision globale du système en fonction de la fréquence.

✦ Courbe de réponse en puissance

Bien que très difficile à mesurer, ce paramètre est très important. Il représente (à peu près) l'énergie sonore rayonnée par l'enceinte dans la pièce et le champ réverbéré dépend essentiellement de la réponse en puissance. D'un point de vue théorique, l'indice de directivité (ID) est la différence entre la courbe dans l'axe et la réponse en puissance. On a :

$$ID = \text{Niveau dans l'axe (à 1 mètre)} - \text{niveau en puissance} + 11 \text{ dB}$$

Le terme correctif de 11 dB provient du fait que, dans la mesure de niveau, l'intensité acoustique est évaluée en un seul point, alors que dans la mesure de puissance, on explore toutes les directions de l'espace, soit un angle de 4π stéradiant. Or, il se trouve que $10 \log (4\pi) = 11$ dB.

3.3.2 *Sensibilité – Rendement*

✦ Introduction

Une importance exagérée est souvent attribuée au seul chiffre de sensibilité, souvent appelé à tort rendement. Seule la notion de pression sonore maximale, dans l'axe comme hors de l'axe, a une signification précise pour l'utilisateur. Celle-ci dépend à la fois :

- de la sensibilité ;
- de la tenue en puissance thermique, qui, elle, dépend directement du rendement proprement dit et de la constitution physique des haut-parleurs ;
- de la tenue en puissance mécanique qui dépend du type d'enceinte et de la constitution physique des haut-parleurs.

Tous ces termes étant fortement variables avec la fréquence, la pression sonore maximale variera donc également en fonction de celle-ci. L'énergie sonore étant elle-même répartie fort inégalement dans le spectre pour un programme musical, quelques notions sur les signaux musicaux sont nécessaires pour évaluer la pression sonore maximale.

✦ Sensibilité dans l'axe

Il s'agit de la pression sonore exprimée en dB SPL à une distance d'un mètre (parfois 3 pieds, soit une différence de 1 dB), dans l'axe, pour une tension RMS de 2,8 V aux bornes de l'enceinte (ce qui correspondrait à 1 W si l'impédance était purement résistive de valeur 8 Ω). Le terme rendement appliqué à cette donnée est doublement erroné ; d'une part, il s'agit d'une pression sonore relevée selon un axe de mesure et non d'une puissance acoustique émise, d'autre part, la puissance électrique absorbée dépend directement de l'impédance généralement très variable en module et en phase avec la fréquence (cosφ).

✦ Sensibilité en puissance

Il s'agit cette fois de la puissance acoustique émise pour une tension RMS de 2,8 V aux bornes de l'enceinte.

✦ Rendement

Il s'agit du rapport de la puissance acoustique émise à la puissance électrique absorbée par l'enceinte. La valeur est toujours très faible de l'ordre de quelques pour mille à quelques pour cent pour les haut-parleurs à radiation directe.

Elle peut atteindre quelques dizaines de pour cent pour les chambres de compression. Ce chiffre déprimant n'est pratiquement jamais annoncé par les constructeurs, mais peut être estimé avec une bonne précision, à partir de la sensibilité en puissance (ou si elle n'est pas donnée, de la sensibilité dans l'axe et de l'indice de directivité) et de la courbe d'impédance. Il suffit de savoir qu'une puissance acoustique (rayonnée de manière omnidirectionnelle en espace libre) de 1 W correspond à un niveau de 109 dB à 1 mètre. La majeure partie de l'énergie fournie par les amplis est dissipée en chaleur dans les bobines mobiles.

3.3.3 *Tenue en puissance*

✦ Définitions

Cette notion est souvent assez floue sur les catalogues constructeurs. Les haut-parleurs peuvent être endommagés, soit par échauffement, qui déforme la bobine mobile, soit par une limitation de l'excursion (talonnement) et plus rarement par une accélération trop importante (déchirement de la membrane, rupture mécanique). Ces paramètres varient bien entendu en fonction de la fréquence. Pour simplifier à l'extrême, l'on peut dire qu'aux alentours de la fréquence de résonance, la limitation est essentiellement d'ordre mécanique (d'où avantage des bass reflex par rapport aux enceintes closes à ce niveau) ; dans la partie nominale de fonctionnement, les risques sont essentiellement d'ordre thermique ; dans les fréquences élevées (dans la zone où l'impédance devient inductive) seuls subsistent des risques mineurs de déformation permanente de membrane, voire effritement dus à des accélérations trop intenses.

La norme AFNOR NFC 97-330 définit deux types de puissance limite. L'une en sinusoïde, avec wobulation dans les limites de fréquence en relation avec le HP et une en bruit, avec un spectre qui représente la moyenne (?) des messages musicaux. Cette courbe est donnée sur la *figure 3.23*. La moyenne des spectres (relevés sur les programmes d'une radio FM « branchée ») en musique de variété diffère notablement de la courbe AFNOR (qui provient elle-même d'une norme ANSI, et dont l'origine remonte très probablement à une époque antérieure au « swing » !). La musique évolue vite, les normes moins vite.

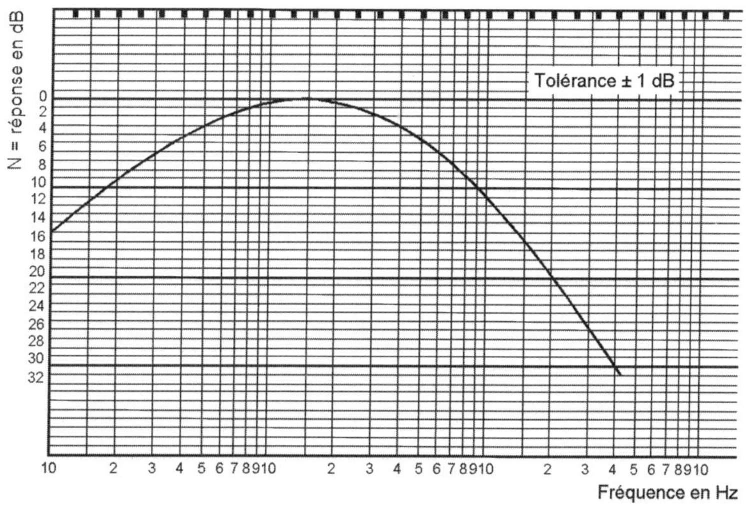

Figure 3.23 – Courbe de pondération AFNOR 97330.

Depuis l'apparition des synthétiseurs, il n'est pas rare de trouver une grande énergie concentrée aux extrémités de la gamme audio, chose tout à fait rarissime auparavant. Seule, la mesure en régime sinusoïdal (pendant 100 h) permet une approche des possibilités du HP en exploitation. Mais, du fait du facteur de crête important de la musique, la puissance limite d'utilisation est toujours beaucoup plus grande que la puissance sinusoïdale, aussi parle-t-on parfois de puissance « musicale », qui, par pure convention, est le double de la puissance sinusoïdale.

✦ Compression thermique

D'après ce qui vient d'être dit, on pourrait facilement en déduire, que la connaissance de la sensibilité (dans l'axe et/ou en puissance), et du niveau maximum admissible, permet de déterminer la pression sonore maximale. Il n'en est rien, car les haut-parleurs électrodynamiques ont une sensibilité qui décroît avec la puissance. Ce phénomène bien connu (compression thermique) a une explication très simple. Chacun sait que la résistance d'un conducteur augmente légèrement avec la température. Or, aux niveaux des bobines mobiles, cette dernière atteint couramment plusieurs centaines de degrés. De ce fait, la résistance ohmique de la bobine s'élève notablement et il s'ensuit une diminution de la sensibilité, qui peut atteindre dans la pratique 3 à 5 dB (*figure 3.24*).

La courbe de réponse se modifie également en conséquence, et on observe une diminution de l'amortissement à la fréquence de résonance, ainsi qu'une augmentation relative des aigus (dans la zone fréquentielle où l'impédance est essentiellement inductive).

Cet effet est tout à fait similaire à l'action d'un compresseur, et les constantes d'attaque et de retour sont liées à l'inertie thermique des bobines. Elle dépend de nombreux facteurs, tels que mode de bobinage, nature du support, huiles ferro-

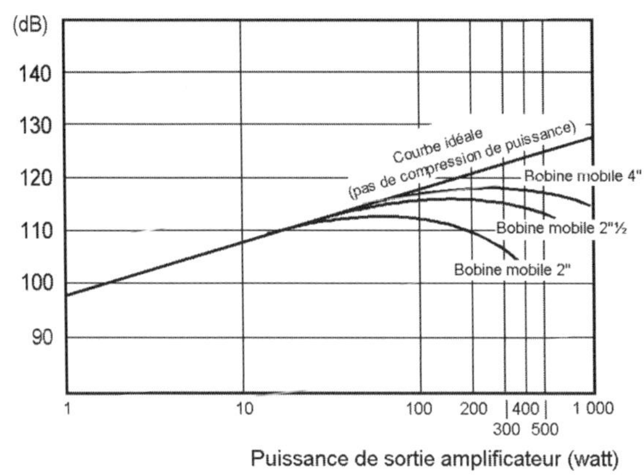

Figure 3.24 – Compression thermique.

magnétiques de refroidissement (en suspension dans l'entrefer) [12], aération (certains HP sont munis d'une ouverture dans le cache-noyau, et au fond du circuit magnétique), ailettes de refroidissement sur le circuit magnétique, etc.

Cet effet est très souvent bénéfique, et empêche partiellement une destruction trop rapide du HP sous l'effet d'une surcharge.

3.3.4 *Réponses temporelles*

Les aspects temporels des performances des enceintes acoustiques sont un des points les plus controversés et ayant fait l'objet de nombreuses « découvertes ».

✦ Réponse impulsionnelle

L'interprétation d'une réponse impulsionnelle d'enceinte est bien plus complexe que celle d'un filtre simple ; elle ne peut être menée à bien qu'avec des moyens informatiques puissants. C'est l'une des voies de recherche la plus passionnante à l'heure actuelle, mais évitons la publication et l'interprétation visuelle de ces réponses impulsionnelles jusqu'au jour où les techniques de traitement du signal seront suffisamment répandues et comprises.

✦ Représentations tridimensionnelles

De même, les magnifiques courbes en trois dimensions (*spectral decay*) engendrées par ordinateur, ne s'interprètent pas aussi simplement que leur présentation pourrait le suggérer.

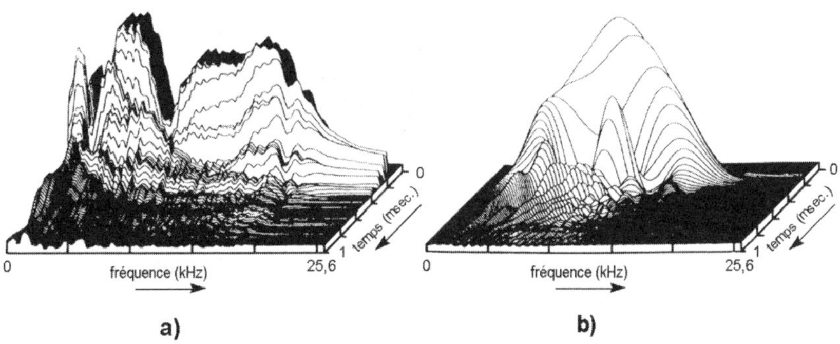

Figure 3.25 – Mesure d'un tweeter à dôme :
a) Mesure « conventionnelle » type Cumulative decay spectrum
b) « Spectre de Wigner » du même tweeter.

Elles sont toujours entachées d'erreurs, parfois très importantes, dues au principe même de mesure (fenêtrage temporel) et demandent de solides connaissances en traitement du signal pour pouvoir être exploitées sous peine de pourfendre des défauts chimériques. De nombreuses études théoriques se poursuivent en traitement du signal, pour faire apparaître la notion de « fréquence instantanée » [19]. Mais sa définition varie encore en fonction des auteurs. La *figure 3.25* montre deux représentations d'une même mesure, la ressemblance est loin d'être frappante !

3.3.5 *Réponse en phase*

Il est courant d'attribuer tout et n'importe quoi à des « problèmes de phase » et de confondre phase, retard et polarité ; cette dernière est effectivement à l'origine de problèmes aussi graves que fréquents. Ces trois phénomènes sont de nature complètement différente, bien qu'en régime permanent, ils conduisent à la même représentation. La *figure 3.26* montre l'établissement d'une onde sinusoïdale dans ces trois cas, qui conduisent tous à l'opposition de phase en régime permanent.

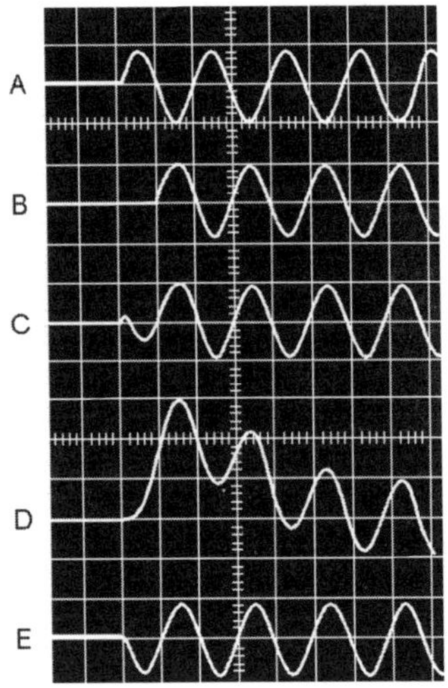

Figure 3.26 – Oscillogramme d'une salve de sinusoïde :
A. Signal original (1 kHz)
B. Signal retardé de 0,5 ms
C. Signal déphasé de + 180° (à l'aide de deux filtres passe-tout)
D. Signal déphasé de – 180° (à l'aide de passe-bas 2e ordre)
E. Inversion de polarité.

Nous insistons sur le fait qu'une courbe de phase, une réponse impulsionnelle ou une courbe de temps de propagation de phase ne sont pas directement interprétables sans quelques précautions.

Les courbes de temps de propagation de groupe sont, elles, plus facilement interprétables. Toutefois la régularité d'une courbe de temps de propagation de groupe, si elle est indispensable n'est pas à elle seule le gage d'une bonne réponse transitoire.

Ces courbes sont surtout utiles au niveau du laboratoire pour comparer d'un point de vue temporel les avantages et inconvénients de certaines architectures.

3.3.6 *Polarité*

Lorsque plusieurs enceintes reproduisent un signal (diffusion en sonorisation ou reproduction en stéréophonie), il est d'une extrême importance que toutes les enceintes soient connectées avec la même polarité relative. Il est même souhaitable (sauf spécification contraire) que cette polarité corresponde à un standard absolu, en prenant comme référence le haut-parleur de grave : une tension positive appliquée à la borne + ou rouge de l'enceinte (ou celle qui est connectée à la borne + ou rouge de l'amplificateur) doit faire avancer le haut-parleur de basse. Une pile de 1 à 4,5 V fera parfaitement l'affaire. Certains constructeurs ne respectent pas ce standard. On peut utiliser le système SPEAKON LN4 à 4 fils dont 1+ et 1– sont les seules entrées principales de l'enceinte, le 2+ et le 2– étant usuellement réservés aux sub-basses. Il existe également des connecteurs SPEAKON pour 1 ou 4 circuits (2 ou 8 fils).

Il est important de le savoir en cas de remplacement d'enceintes ou de haut-parleurs. La phase d'une enceinte varie fortement en fonction de la fréquence, et il est extrêmement courant que les constructeurs, pour des raisons de filtrage et d'homogénéité de courbe de réponse, montent certains transducteurs avec une polarité inversée. Dans le cas d'un empilage, il est très important que les phases relatives entre les éléments de même nature soient faibles (même polarité).

Il existe sur le marché des testeurs de phase qui fonctionnent avec un signal « quasi sinusoïdal » (les autres ne conviennent absolument pas pour le contrôle des enceintes). Mais ils sont à manier avec précaution car ces appareils indiquent comme « en phase », un transducteur dont la phase absolue est comprise entre – 90° et + 90°, et « hors phase » en dehors de cette plage. Ceci peut conduire à des erreurs d'interprétation, car deux transducteurs apparemment « en phase » peuvent avoir l'un une phase proche de + 90° et l'autre, une phase proche de – 90°, de sorte qu'ils sont presque en opposition de phase ! Un déphasage entre les sources joue un rôle important sur la directivité, ainsi que sur le niveau global. L'abaque donnée en *figure 3.27* donne l'augmentation de niveau obtenue avec deux sources rayonnant le même signal, et ayant une phase relative variant de 0° à 180°.

Du point de vue de l'audibilité, la polarité *absolue* fait encore l'objet de controverses dont fort peu sont sérieuses. Par contre, la polarité absolue a une importance dans les cas où une source réelle se combine ou devrait se combiner avec sa réplique amplifiée, cas en sonorisation, où un renforcement léger est effectué à proximité de l'instrument pour en augmenter le volume sonore apparent de façon discrète (dans ce cas, toute la chaîne devra être vérifiée). Il existe également des cas en sonorisation où l'inversion de polarité *relative* est voulue (retours de scènes et même clusters, bien que cela soit le plus souvent très discutable).

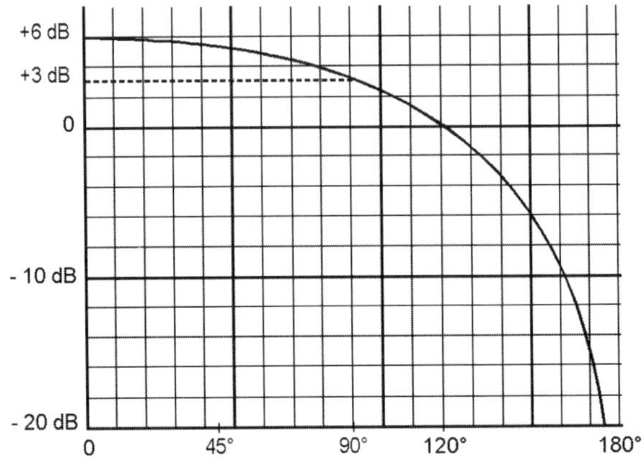

Figure 3.27 – Gain obtenu avec deux sources identiques mais déphasées.

3.3.7 *Distorsions*

✦ Introduction

Sans revenir sur des définitions (voir chapitre 5, tome 1) nous n'exposerons ici que ce qui est spécifique aux enceintes acoustiques, et en particulier, les causes de distorsion. Étant donné les niveaux de distorsion souvent élevés et parfois inévitables, rencontrés sur les enceintes acoustiques, l'audibilité et les niveaux acceptables seront abordés.

✦ Distorsion harmonique

Les distorsions harmoniques peuvent varier énormément en fonction de la fréquence. Deux ou trois chiffres seront sans aucune signification, de même, la notion de distorsion harmonique totale est très discutable. Une mesure sérieuse doit être présentée par harmonique (2 et 3 habituellement) et en fonction de la fréquence.

Le relevé à intervalles réguliers sur toute la bande passante peut donner une fausse impression, car le taux de distorsion fluctue de manière importante, et très rapidement en fonction de la fréquence. Ceci doit impérativement être fait à des niveaux de pression sonore assez élevés (et constants) pour être significatifs et, si possible, à plusieurs niveaux.

L'habitude et la norme AFNOR font que cette distorsion est mesurée pour une tension donnée aux bornes de l'enceinte et non pour un niveau de pression donné. Une enceinte chutant rapidement dans les fréquences basses, aura probablement une distorsion plus faible qu'une enceinte très linéaire !

Il y a souvent réticence des fabricants à publier ces caractéristiques car les utilisateurs sont habitués aux chiffres infinitésimaux des fabricants d'électronique. L'audibilité des taux de distorsion rencontrés sur les enceintes acoustiques a fait l'objet d'études [20]. Des taux de l'ordre de 1 % au-dessus de 400 Hz peuvent être considérés comme à la limite de l'audibilité ; au-dessous de 400 Hz, la limite d'audibilité s'élève jusqu'à atteindre les chiffres étonnants de 50 % de H_2 et 10 % de H_3 au-dessous de 60 Hz.

3.3.8 *Courbes d'impédance*

✦ Définition

L'impédance représente la somme des charges résistives et réactives présentées par l'enceinte à l'amplificateur. Une valeur « nominale » est toujours fournie par le constructeur ainsi que de préférence une courbe du module de l'impédance (usuellement appelée courbe d'impédance) en fonction de la fréquence. L'échelle peut être linéaire ou logarithmique, les unités sont exprimées en ohms. Cette impédance est le plus souvent fortement variable avec la fréquence sans que ceci soit une indication de la qualité ou des performances du système.

✦ Utilité

La courbe d'impédance est très utilisée par les constructeurs d'enceintes, afin de repérer ou d'interpréter certains phénomènes liés aux enceintes car elle est un reflet du circuit électroacoustique. Résonances acoustiques et mécaniques, charge acoustique, paramètre des haut-parleurs et des filtres influent sur la courbe d'impédance mais l'interprétation est complexe et sans intérêt direct pour l'utilisateur. Pour celui-ci, l'impédance n'est qu'une indication de la charge vue par l'amplificateur et influera donc sur son choix et en sonorisation principalement, sur le nombre d'enceintes qu'il sera possible de connecter en parallèle sur un canal d'amplification. Il faut cependant noter, qu'en raison de la nature fortement réactive de cette impédance, la valeur minimale ou nominale de l'impédance ne donne qu'un ordre de grandeur des besoins en courant pour la reproduction de signaux transitoires. Il conviendrait d'associer à la courbe de module de l'impédance, la courbe d'angle de phase mais l'interprétation deviendrait complexe. Il suffit donc de réaliser que les besoins en courant nécessaires à une reproduction correcte des transitoires par une enceinte acoustique sont très supérieurs à ceux qui pourraient être estimés à partir de la seule valeur d'impédance minimale. Un facteur de 2 à 6 fois doit être employé [8].

✦ Technologie

Comme indiqué ci-dessus, ceci concerne plutôt les constructeurs, cependant, les points généraux suivants peuvent être mentionnés :

- Il est normal que la résistance en courant continu de la bobine mobile, mesurée à l'aide d'un contrôleur, soit nettement plus faible que l'impédance nominale. Exemple : HP basses de 8 Ω nominal, résistance au courant continu de la bobine mobile 5 Ω. Moteur d'aigus 16 Ω nominal, $Rcc = 7$ Ω.

- De fortes variations en basses fréquences sont normales. Elles se présentent sous forme d'une bosse d'impédance (fréquence de résonance d'une enceinte close), de deux bosses (centrées autour d'un minima à la fréquence d'accord d'évent de bass reflex) ou de bosses multiples (pavillons).
- De fortes variations (généralement vers des valeurs élevées) sont également normales au voisinage des fréquences de recouvrement des filtres passifs.
- Une impédance chutant très en dessous de la valeur nominale (en dessous de la moitié) sur une large plage de fréquence (plus d'un demi-octave) peut indiquer, soit une mauvaise conception du filtrage passif, soit si l'enceinte est de qualité, l'emploi d'une technologie entraînant des contraintes élevées pour l'amplificateur.

3.4 Les utilisations professionnelles

L'enceinte, en tant qu'objet technique, est également définie par la manière dont elle s'intègre dans un processus. On peut, dans ce sens, parler d'environnement, qui n'est pas de seule nature technique (couplage électronique), mais aussi physique (couplage avec la salle), et également psycho-physiologique (audition). Avant toute considération technique, la seule vraie et grande question est de savoir ce que l'on cherche à écouter à travers une enceinte.

3.4.1 *Les différentes utilisations*

En audio professionnel, il n'existe pratiquement que deux types d'écoute bien définis, l'écoute « globale » en sonorisation, et l'écoute « analytique » en studio.

En sonorisation, le but est d'obtenir, quels que soient les artifices, une image sonore qui satisfasse le public (identification avec l'artiste et référence aux disques).

En studio, on cherche au contraire à objectiver le message. Il ne faut pas oublier que l'enceinte est le *seul* instrument de contrôle (avec le VU-mètre) lors d'un enregistrement. Le problème majeur en studio, vient du fait que la même installation sert pour l'ingénieur du son et pour les musiciens, qui n'écoutent pas de la même manière, ni au même niveau (la sonorisation du plateau est parfois une très bonne solution).

Ces deux utilisations présentent un point commun important, par rapport aux enceintes hi-fi, car les signaux sont ici des sons « vivants » dont la dynamique est parfois tout à fait imprévisible. La différence est très importante au niveau de la fiabilité du matériel, qui se doit de résister à de nombreux incidents (« accrochage » LARSEN, ou électrique, surmodulation, etc.). En utilisation « broadcast » (post-production image), on recherche souvent une écoute proche de l'écoute domestique. Par contre, en post-production son (ou en mixage cinéma), les conditions se rapprochent de plus en plus des exigences du monitoring studio.

3.4.2 *Amplification*

Dans le cas d'un son « direct », la dynamique (hors incident), peut être relativement élevée, de l'ordre de 12 à 15 dB. De plus, le facteur de crête d'un signal, c'est-à-dire le rapport entre sa valeur moyenne ressentie comme « niveau sonore » et sa valeur instantanée est couramment de l'ordre de 3 à 4 et dépasse parfois 7. En se plaçant dans le cas le plus favorable (dynamique = 12 dB et facteur de crête de 3), cela conduit à un rapport de 50 en puissance. Il faut savoir que les amplificateurs sont limités uniquement par la valeur crête du signal, alors que les enceintes sont limitées en puissance, et ce, pratiquement indépendamment de la valeur crête, de sorte que les puissances ampli et enceintes ne sont pas comparables.

Dans l'exemple précédent, on s'aperçoit qu'un ampli de 100 W (sinus) donc de 200 W crête, ne délivrera en moyenne que 4 W. Le faire fonctionner à des niveaux plus importants entraîne de fréquents écrêtages. Cet exemple est très représentatif de la majorité des cas d'exploitation.

En sonorisation, où l'on cherche à obtenir le plus fort niveau possible, on peut donc réduire la dynamique en utilisant des compresseurs, et réduire le facteur de crête en filtrant certaines sources. C'est d'ailleurs cette fonction qui est réalisée dans certains amplificateurs de sonorisation, ou certains « processeurs ».

Je tiens à faire remarquer au passage une grave anomalie dans le monde de la sonorisation. En effet, les amplificateurs de puissance ont toujours des gains beaucoup trop importants. Il serait en effet souhaitable, pour avoir un bon rapport signal sur bruit, que l'écrêtage des amplis ait lieu juste un peu avant l'écrêtage de la console et non 20 dB avant ! Il serait sage que les amplis aient un gain maximal de + 26 dB, ce qui est largement suffisant tant que les puissances nominales (de chaque ampli) ne dépassent pas quelques kilowatts (à titre indicatif, un ampli de 800 W, sur 8 Ω écrête pour un niveau de + 14 dBm). Pour les systèmes multivoies, il faut également prendre conscience que les valeurs de la dynamique, et du facteur de crête dépendent du filtrage. Le facteur de crête dépend de la largeur de bande. En conséquence, la puissance des amplificateurs doit être choisie en fonction des bandes de fréquences, de manière à ce que les niveaux d'écrêtage soient identiques sur toutes les voies. Cela revient à dire que le rapport de puissance entre les différentes voies, ne tient compte *que* des différences de sensibilité entre les voies et non de la puissance RMS réellement utilisée.

Ceci est particulièrement significatif au niveau des tweeters, où les niveaux moyens sont assez faibles, mais où les niveaux crêtes sont du même ordre de grandeur que sur les chambres médium. Il est d'ailleurs curieux de constater qu'aucun fabricant ne propose d'amplificateurs spécialisés qui sont pourtant plus simples (donc plus fiables), et moins coûteux que les amplificateurs large bande.

3.4.3 *Corrections électroniques*

✦ Principes et limites

L'emploi de correcteurs (de quelque nature qu'ils soient) est d'un usage très général en électronique. Citons à titre d'exemple, les corrections de gravure, les « prédistorsions » pour le report sur film optique, etc. Ces corrections sont très utiles, mais supposent que les distorsions elles-mêmes soient très bien connues et stables dans le temps. De plus, cette correction ne peut se faire que si le maillon à corriger peut être représenté comme un quadripôle.

Dans le cas des enceintes, cette notion de quadripôle doit être abandonnée, dès que le son « sort » de la membrane. Cela signifie en clair, que l'on peut utiliser tout correcteur jugé utile, dès lors que l'on veut corriger un haut-parleur (ou une enceinte, *hors* des zones de recoupement entre les HP). Pour une salle le problème est fort différent. Tout au plus, peut-on, dans les cas critiques, utiliser des réjecteurs pour les zones fréquentielles les plus perturbées, il s'agit là, non plus d'une correction, mais d'un abandon par forfait de la sonorisation de certaines bandes de fréquence.

✦ Égaliseurs

Les égaliseurs graphiques (généralement 1/3 oct.) sont des instruments très pratiques pour modifier légèrement une courbe de réponse. Mais il ne faut pas leur demander plus qu'ils ne peuvent faire, et surtout croire aux miracles. Une égalisation en 1/3 oct. n'est qu'une linéarisation très grossière. À ce sujet, l'emploi d'analyseurs de spectre tend à se développer, mais n'oublions pas que l'indication portée sur l'appareil, représente pour chaque tiers d'octave, la moyenne de toutes les fréquences. À l'intérieur d'un tiers d'octave, il peut parfois y avoir des fluctuations de la courbe, de plusieurs dizaines de dB, qui peuvent globalement se compenser sur le plan physique (indication sur l'appareil) et non sur le plan subjectif (effets de masque fréquentiel).

Enfin, je mets en garde les utilisateurs vis-à-vis de certains analyseurs qui n'ont qu'une faible sélectivité. La valeur de la mesure d'un tiers d'octave dépend alors fortement de ce qui se passe dans les tiers d'octave adjacents. Il se produit donc un lissage artificiel de la courbe représentée (pour la plus grande satisfaction de l'installateur !). La norme CEI impose, pour les sonomètres de précision, une réjection de 12 dB entre tiers d'octave adjacents (*figure 3.28*). Il est très simple à tout un chacun de tester la sélectivité de son appareillage. Il suffit d'envoyer un signal électrique sinusoïdal (de 1 000 Hz console par exemple) et de constater que seule la barre de LED (ou tout autre affichage) s'illumine, les autres étant à des niveaux du même ordre de grandeur que ceux représentés à la *figure 3.29*.

✦ Phase minimale

On dit et l'on écrit un peu partout, qu'un égaliseur doit être à phase minimale. Que cela signifie-t-il ?

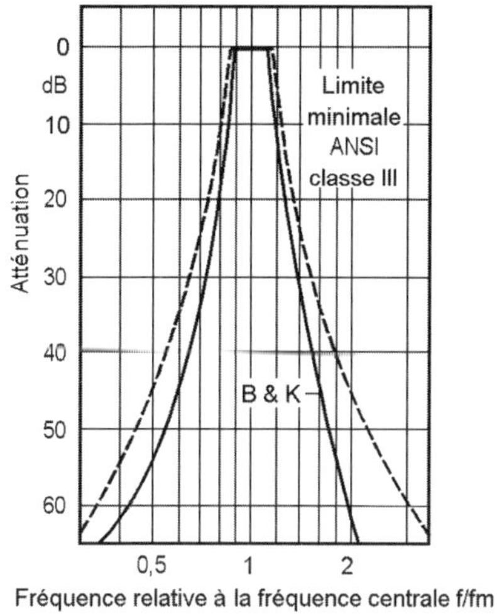

Figure 3.28 – Courbe et tolérance pour les filtres 1/3 oct.

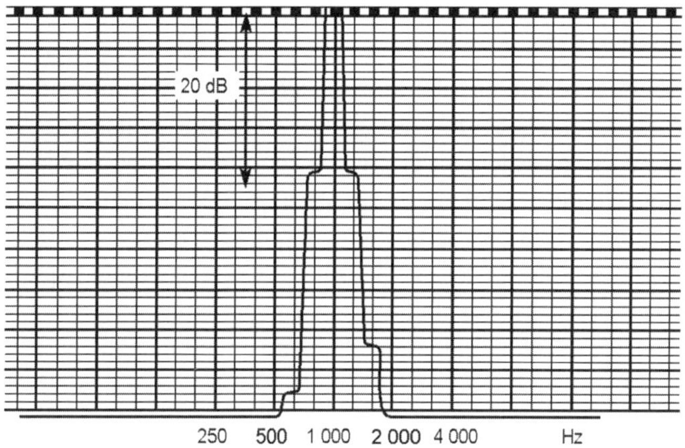

Figure 3.29 – Analyse spectrale en 1/3 oct. d'un signal parfaitement sinusoïdal conforme à la norme CEI (analyseur numérique B&K type 2131).

En traitement du signal, un quadripôle à déphasage minimal est défini comme étant le quadripôle qui, pour une courbe de réponse donnée, présente la phase théorique la plus faible. La propriété principale est qu'alors il existe un quadripôle réciproque, qui, mis en série avec le premier, annule strictement toutes les distorsions d'amplitude et de phase.

Les haut-parleurs à radiation directe (et non les enceintes) peuvent, lorsqu'ils fonctionnent en piston, être assimilés à de tels quadripôles, et donc être corrigés dans cette limite par un égaliseur à phase minimale, en ne vérifiant que la courbe d'amplitude.

Mais cela revient à se restreindre à un retard nul. Or un retard pur ne déforme pas un signal. Il est possible de corriger un quadripôle quelconque à l'aide d'un filtre à convolution. Ce type d'égaliseur, de technologie numérique (problème de retard) fait son apparition sur le marché, un grand nombre d'expériences ayant été très concluantes chez divers constructeurs (notamment en hi-fi).

3.4.4 *L'enceinte et la salle*

Le positionnement des enceintes dans une salle est certainement l'un des problèmes les plus difficiles à résoudre, car, outre le fait qu'il se pose chaque fois de manière différente et nécessite donc une étude particulière, il dépend de trois composantes dont les impératifs sont parfois divergents, à savoir les impératifs de construction de l'enceinte (données « constructeur »), l'acousticien et les choix du décorateur (ou du scénographe). Le choix des enceintes, de leur emplacement, des matériaux situés à proximité, doit se faire après concertation mutuelle avant le début des travaux de maçonnerie. Il faut savoir que l'on n'installe pas une enceinte, comme une console ou un magnétophone, sous peine de déboires, qui, un jour ou l'autre auront une incidence financière importante.

✦ Couplage avec la salle

De plus, et ce, indépendamment des concepts couramment utilisés en acoustique architecturale, la courbe de réponse (amplitude/phase) en champ *direct*, c'est-à-dire l'énergie réellement émise par l'enceinte, dépend de la salle tant que les longueurs d'onde ne sont pas très petites devant les dimensions physiques de cette salle. C'est un phénomène peu connu [21], qui prend une grande importance dans les très petites salles (inférieures à 50 m^3). Cela vient du fait, que les enceintes sont des sources de vitesse (haute impédance acoustique) et que la pression sonore qui en résulte (ce que nous entendons) dépend autant du haut-parleur que de l'impédance de la salle vue par ce dernier. Or, cette impédance peut notablement différer de celle utilisée pour les mesures (chambre anéchoïque). Ceci explique d'ailleurs pourquoi, à courbe de réponse égale, une enceinte close et une enceinte bass-reflex (qui possède une impédance acoustique de source plus faible à la fréquence d'accord), ne « sonnent » absolument pas de la même manière. Ce problème est parfois également mis cruellement en évidence avec certains types d'asservissement (asservissement du type « accélération » ou « pont de vitesse » qui augmente l'impédance acoustique de source).

Relevons au passage une idée fausse pourtant fort répandue. D'aucuns prétendent qu'il n'est pas possible d'obtenir des fréquences basses dans une salle de faible volume, parce que les longueurs d'onde ne peuvent se « développer ». Il s'agit là d'une contre-vérité, résultat d'une méconnaissance totale des phénomènes physiques. Aucune loi physique n'interdit d'engendrer des niveaux importants aux basses fréquences, *quel que soit* le volume de la pièce. Simplement, les équations de propagation montrent que le niveau de pression est proportionnel à la variation de volume due au mouvement du HP, alors que dans les grandes salles et en champ libre, le niveau de pression est proportionnel à l'accélération de la membrane [26]. Je n'en veux pour preuve que l'écoute au casque, où la distance HP-tympan est de l'ordre de quelques dizaines de millimètres, et le volume de la salle de quelques cm^3 !

Lors des mesures sur site, on peut avoir une idée de cette disparité entre puissance acoustique « nominale » de l'enceinte et puissance réellement émise. En effet, d'après les théories classiques de l'acoustique, on peut, connaissant le temps de réverbération et les caractéristiques géométriques du local, connaître *l'amplification par réverbération* de la salle et, de ce fait, la réponse en puissance de l'enceinte, en fonction du spectre relevé en cabine. Or, la mesure in situ, s'écarte notablement de la mesure en laboratoire, ces écarts étant beaucoup plus importants que ceux normalement liés aux imprécisions des mesures.

✦ Positionnement

✧ Studio

Dans un local, même très bien traité acoustiquement dans les fréquences basses à l'aide notamment de résonateurs accordés (type « diaphragme » ou « vases de Vitruve » qui commencent à être à l'honneur dans les studios) [25], il subsiste toujours des ondes stationnaires (et heureusement sur le plan de la psychoacoustique !) qui perturbent plus ou moins la courbe de réponse, suivant que l'enceinte est placée dans un nœud, ou un ventre de pression (l'idéal étant de la placer dans un nœud de pression, puisqu'étant elle-même source de vitesse). Par définition, les murs (rigides) imposent des nœuds de vitesse (donc ventres de pression). Il est d'ailleurs facile de s'en rendre compte à l'aide d'un sonomètre, qui, même sur un bruit aléatoire (type bruit « rose »), indique un niveau à proximité du mur de + 3 dB supérieur au niveau moyen dans la pièce. 169

Dans le cas où l'écoute doit être très fidèle, la position la meilleure (en réalité la moins mauvaise, pour dire vrai) est celle où l'enceinte excite le moins de modes propres de la salle. Cette détermination peut être expérimentale après construction de la cabine, mais il est évidemment bien préférable, plus rapide et plus simple, d'effectuer une prédétermination grâce à un modèle mathématique implanté sur ordinateur. L'évolution actuelle en *design* de studio conduit à des temps de réverbération assez longs mais à un niveau de champ réverbéré de quelques dB inférieurs au champ direct. Ce concept qui contredit apparemment les lois classiques de l'acoustique utilise « une polarisation » marquée de la salle.

✧ Sonorisation

Dans ce cas, les salles sont de volume plus important, et les problèmes susmentionnés n'apparaissent plus dans la bande audio. Par contre, d'autres problèmes tels que les échos francs peuvent apparaître. Le positionnement des enceintes est dicté essentiellement par deux contraintes :

- homogénéité de l'espace scénique. En tous points de la salle, on doit avoir l'impression que le « son » vient de la scène ;
- respect de la zone de couverture.

Les méthodes utilisées sont d'ordre géométrique, car contrairement au cas des studios, l'espace et les enceintes sont généralement grands par rapport aux longueurs d'ondes.

Exemple d'un monitor studio : le 6332 JBL.

3.5 Mesures et contrôles en salle

Les contrôles sur site sont tout à fait indispensables pour pouvoir déterminer le bien fondé d'une étude et sa bonne application. À la fin de chaque installation, l'on se doit de le faire, ne serait-ce que pour pouvoir, par comparaison, suivre le vieillissement du matériel. Dans la suite, nous distinguerons « mesure » et « contrôle ». La mesure représente une grandeur caractéristique de l'enceinte ou de la salle. Elle se réfère à des normes et procédures. Un contrôle est une opération qui, par comparaison avec des opérations antérieures, permet de conclure au bon ou mauvais fonctionnement du système.

Les mesures en salle sont assez difficiles à réaliser. En effet, sur une mesure globale (type analyse de spectre en 1/3 oct.) il n'est guère aisé de distinguer les accidents dus à la salle, ceux dus à l'environnement immédiat de l'enceinte (sources secondaires), et ceux dus uniquement à l'enceinte. Il existe maintenant une méthode qui permet de distinguer ces différents éléments. Il s'agit de la TDS (*Time Delayed Spectrometry*). Le principe est assez simple à comprendre. Un signal sinusoïdal glissant assez rapidement de 20 Hz à 20 kHz excite l'enceinte. La fréquence instantanée qui est reçue sur le micro de mesure présente donc un décalage fréquentiel par rapport à celui qui est émis, et qui dépend uniquement du temps de propagation. Un filtre suiveur synchronisé, permet donc de sélectionner parmi toutes les sources (source principale et ses images par réflexion), celles qui présentent toutes le même retard, donc le même trajet. On peut ainsi isoler la source principale, les premières réflexions, du champ réverbéré total.

Comme toute mesure, celle-ci a ses limites. Il est aisé de comprendre que lorsque les sources secondaires sont assez proches de la source principale, le décalage fréquentiel est faible, et il faudrait alors un filtre très sélectif. Mais ce faisant, le temps d'intégration lié à la réponse de ce filtre, sera plus grand et des accidents très localisés en fréquence ne seraient plus pris en compte par cette mesure. Néanmoins, c'est à ce jour une des meilleures méthodes d'analyse en salle ; elle remplace la méthode par salve de sinusoïde (*gating System*) qui ne permettait de suivre que la source principale.

Un système d'analyse de Fourier avec post-traitement permet des mesures équivalentes à la TDS (mesure par intercorrélation). Un des avantages de l'analyse par intercorrélation, est que le rapport signal sur bruit est aussi grand qu'on veut (analyse statistique), et que le signal de mesure peut être n'importe quel signal audio (à large bande). On peut, par exemple, contrôler par cette technique, la courbe de réponse réelle d'un système de sonorisation pendant le concert lui-même !

Les analyseurs 1/3 d'octave doivent être considérés comme des appareils de contrôle et non de mesure. Ils sont en effet très pratiques pour vérifier, à partir d'une courbe de référence mesurée, lors de la mise en service de l'installation, les dérives, voire les pannes d'un système d'écoute.

3.6 Sélection d'une enceinte

3.6.1 *Classification*

Le choix de tout matériel technique comprend une part importante de subjectivité que l'acheteur tente, mais vainement, de camoufler derrière des données (plus ou moins) « objectives ». Une lecture distanciée des publicités est, à cet égard, très instructive. Aussi peut-on tout au plus indiquer ici une sélection sur critères techniques, qui, à défaut de choisir « la meilleure enceinte » permet de rejeter les modèles impropres à un usage spécifié. Les critères principaux de sélection sont :

- niveau acoustique maximum ;
- protection contre les surcharges (fiabilité) ;
- directivité ;
- courbe de réponse ;
- sensibilité ;
- encombrement, poids, ergonomie ;
- prix.

L'importance relative de ces critères dépend bien sûr, de chaque application. On peut classer les enceintes par familles, correspondant chacune à une application typique (*taleau 3.2*).

Tableau 3.2

mini-enceinte	écoute de proximité – simule l'auditeur « standard » (bande passante réduite, mais équilibrée).
enceinte « near field »	écoute de haute qualité, prévue pour fonctionner en « champ proche » lorsque l'on veut s'affranchir des caractéristiques du local.
enceinte « broadcast »	écoute primitivement conçue pour les usages radio, et qui s'utilise également dans les régies vidéo.
enceinte « monitor »	écoute conçue pour les studios d'enregistrements de disques. S'utilise également dans certaines régies radio et son vidéo (enregistrements « variété »).
enceinte « compact »	« petite » enceinte de sonorisation.
systèmes modulaires	enceinte de sonorisation se présentant sous forme d'éléments spécialisés qui peuvent s'assembler en « grappe » (« cluster »), ou en empilage (« châteaux »). L'enceinte complète pouvant comprendre parfois plus d'une centaine d'éléments (caissons).

3.6.2 *Analyse des critères*

✦ Directivité

Avant toute chose, il faut faire une analyse des besoins réels en termes de couverture et de niveau maximum.

L'aspect directivité n'apparaît pas suffisamment, et pourtant, dans tous les cas, qu'il s'agisse de monitoring studio ou de sonorisation, il est toujours d'un grand intérêt, tant sur le plan du niveau sonore, que sur celui de la précision de l'écoute, d'avoir une zone de couverture réduite au plus strict nécessaire. En studio, il est très rare que la zone d'écoute utile, vue de l'enceinte, représente un angle supérieur à $\pm 25°$ dans le plan horizontal et $\pm 10°$ dans le plan vertical, de sorte qu'une enceinte couvrant *parfaitement* une zone de $60 \times 30°$ est amplement suffisante. Une enceinte trop dispersive est néfaste, car alors elle engendre des réflexions proches sur les murs et le plafond, qu'il faut absolument annuler à l'aide d'absorbants poreux (laine de verre, mousses « acoustiques »).

En sonorisation, une dispersion de l'ordre de $90° \times 40°$, représente la majorité des besoins, bien que certains cas exigent des enceintes très dispersives (théâtre par exemple), ou bien au contraire très directives (« son et lumière », spectacles nautiques). Dans le cas de la construction de « châteaux », la directivité de l'ensemble est déterminée davantage par la position relative des différents éléments de même nature, que par leur indice de directivité propre. On conçoit aisément que la forme du plan d'onde global « s'appuie » sur les différents éléments (si ceux-ci sont en phase). La forme du plan d'ordre, peut également être modifiée par des moyens électroniques, en réalisant des retards sur certains éléments.

✦ Niveau maximum

Le niveau maximum ramené à 1 m, doit être évalué en prenant en compte l'amplification par réverbération au point d'écoute le plus défavorable. Pour dégrossir le problème, nous avons établi en *figure 3.30* un abaque qui donne le niveau du champ réverbéré par rapport au niveau à 1 mètre, niveau qu'il convient de corriger en fonction de l'indice de directivité de l'enceinte. L'*abaque 3.31* donne le niveau du champ direct en fonction de la distance enceinte/spectateur. Si la valeur du champ direct est de 9 dB inférieure à celle du champ diffus, alors il y a des risques de mauvaise intelligibilité. Si au contraire, le niveau du champ direct est supérieur à – 6 dB (par rapport au champ réverbéré), alors il n'y aura pas de problème au niveau de la salle, la qualité perçue subjectivement sera très directement liée à la qualité intrinsèque des enceintes (*cf.* § 4.1, tome 1) [22] [23].

Prenons un exemple, nous avons une petite salle de 9×15 mètres et de hauteur sous plafond de 5 mètres soit 675 m^3. Considérons qu'elle est normalement absorbante avec un temps de réverbération de l'ordre de 0,5 seconde ($\alpha = 0{,}45$). L'enceinte que

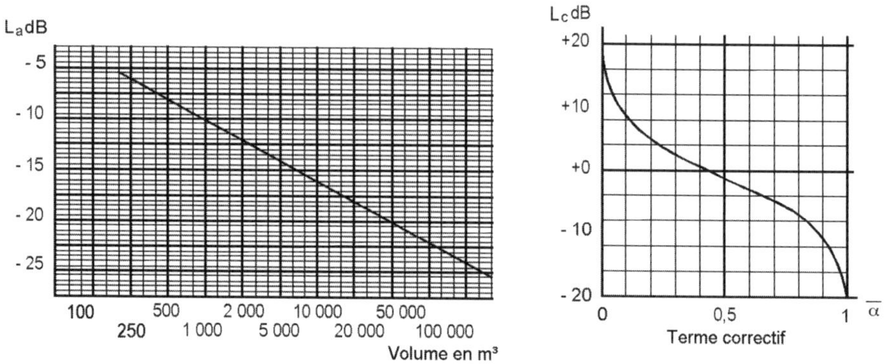

Figure 3.30 – Abaque permettant d'évaluer le niveau du champ réverbéré (par rapport au niveau dans l'axe à 1 m, correction faite de l'indice de directivité) en fonction du volume. Le terme correctif indiqué à droite, permet de tenir compte du traitement de la salle (voir la correspondance entre la nature des matériaux et le α moyen dans le chapitre 3 du tome 1). Niveau = La + Le - ID.

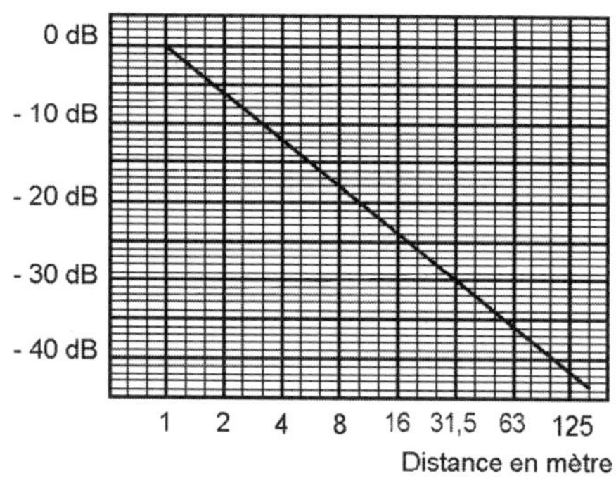

Figure 3.31 – Abaque permettant d'évaluer le niveau du champ direct (par rapport au niveau à 1 mètre), en fonction de la distance.

nous nous proposons d'utiliser possède un niveau maximum de 130 dB avec un indice de directivité de 5 dB. L'abaque de la *figure 3.30* indique un niveau de champ réverbéré de – 9 dB, cela signifie donc que le niveau réel du champ réverbéré sera de 130 – 9 – 5 dB soit 116 dB. D'autre part, si la distance maximale entre les spectateurs et l'enceinte est de 10 mètres, le niveau du champ direct sera donc de 130 – 20 = 110 dB. Le résultat subjectif sera satisfaisant (différence inférieure à – 6 dB), et le niveau moyen de travail (compte tenu de la dynamique et du facteur de crête) pourra être tenu sans difficulté à environ 100 dB, soit 103 dB dans le cas de deux enceintes éloignées l'une de l'autre (106 dB dans le cas d'un empilement). Notons également que le facteur de crête du champ réverbéré est toujours très faible (intégration de l'énergie). Il est bien entendu que ces abaques sont établis dans le cadre de salles de dimensions « harmonieuses ». Des méthodes plus précises, prenant en compte la forme de la salle et la disposition exacte des enceintes, existent mais nécessitent là encore le recours à la micro-informatique.

✦ **Sensibilité**

Le critère sensibilité ne doit pas être attaché à une notion de « qualité » mais à une notion de prix. En effet, pour un niveau acoustique donné, la puissance de l'ampli dépend directement de ce critère. Ainsi, une enceinte (type hi-fi) ayant une sensibilité de 86 dB/1 W/1 m, demandera-t-elle cinquante fois plus de puissance qu'une enceinte de sonorisation ayant une sensibilité de 103 dB/1 W/1 m.

✦ **Prix**

Le critère prix se doit d'être relativisé. Une enceinte qui ne convient pas à un usage donné, est toujours trop chère, aussi faible que puisse être son prix, car, aussi bien en studio, qu'en sono, elle fera perdre des clients et il faudra rapidement la remplacer. En studio, le traitement acoustique et l'enceinte sont deux éléments indissociables, l'un étant étudié en fonction de l'autre. On ne remplace pas une enceinte, comme on échange un périphérique, ou un magnétophone. Il s'agit d'un investissement longue durée, que des phénomènes de mode font parfois oublier.

✦ **Encombrement, poids, ergonomie**

Ce critère n'a d'importance qu'en sonorisation mobile. Dans ce cas, il influe fortement sur le coût d'exploitation (temps de mise en œuvre, moyens de transport). Il ne faut pas perdre de vue qu'en sonorisation, l'ensemble des coûts mobiles (y compris l'estimation de fiabilité-casse) dépasse rapidement l'investissement initial.

3.6.3 *Comparaisons subjectives*

Le choix d'un système d'écoute passe toujours par une « dégustation ». Mais il faut être extrêmement prudent sur la manière d'écouter, et se méfier au plus haut point des « démonstrations ». Pour une enceinte de sonorisation, les tests d'écoute sont assez simples, puisqu'il s'agit de vérifier, pour un échantillon représentatif de modulations, si le son « passe bien ». Par contre, pour une enceinte de studio (« broadcast », « monitor » ou « near field »), qui est avant tout un instrument de contrôle, les tests sont longs, fastidieux et difficiles à mener sérieusement.

L'écoute doit se faire, dans un premier temps, sur un signal *monophonique*. Les enceintes, munies chacune de leur propre amplificateur, doivent être placées dans des conditions d'écoute similaires, et, de ce fait, le nombre d'enceintes en comparaison simultanée ne peut excéder cinq. Afin de ne pas perturber l'écoute, le passage de l'une à l'autre doit se faire avec un très léger fondu (« cross fad ») de l'ordre de 1 à 2 dixièmes de secondes. Les niveaux subjectifs des enceintes doivent être ajustés à l'oreille, sur un bruit rose filtré en décade voix (300-3 000 Hz). Enfin, les enceintes doivent être placées derrière un voilage (soigneusement testé pour sa « transparence » acoustique, mais on trouve facilement certains jersey qui n'absorbent qu'à partir de 50 kHz), afin d'éliminer toute subjectivité liée à la forme ou à la marque des enceintes. Ce dernier point est particulièrement important et a été l'objet de nombreuses expérimentations à l'INA (anciennement ORTF, puis TDF).

Le choix des modulations est très délicat. Il faut des modulations « pures », c'est-à-dire qui ont subi le moins d'effets possibles. Il faut également veiller à ce que l'enceinte ayant servi au contrôle de l'enregistrement ne soit pas de même nature que les enceintes à tester. Les sources doivent être le plus variées possibles, mais facilement reconnaissables et identifiables (instruments acoustiques usuels, voix humaines, orchestre classique, formation de jazz « classique », bruits de pas, feux d'artifice, etc.). L'idéal étant de disposer d'un plateau avec des sources sonores réelles (musiciens, comédiens, machines, etc.) pour pouvoir faire une comparaison entre « l'objet » réel et ses diverses représentations au travers des enceintes à tester.

Après une première sélection en *monophonie*, l'écoute en *stéréophonie* permet de s'attacher uniquement à la cohérence spatiale (précision, stabilité, centre), à l'aide de documents réalisés selon diverses techniques stéréophoniques. Enfin, il est très important de faire un test de similitude, pour déceler éventuellement des différences sensibles entre enceintes d'un même modèle (dispersion de fabrication). Ce test est simple, rapide et précis. Il suffit de mettre les deux enceintes côte à côte et d'envoyer le même bruit rose alternativement sur chacune d'elles. Si elles sont pourvues d'éléments de réglage, on pourra alors aligner au mieux une des enceintes sur l'autre. La méthode dite « d'essai vérité » [24], pour intéressante qu'elle soit, ne permet pas, de par son principe même, d'appréhender la manière dont se comporte l'enceinte vis-à-vis de la salle.

Il ne faut également pas perdre de vue que l'utilisateur professionnel s'insère dans une réalité commerciale et travaille pour l'auditeur final. De sorte qu'il est nécessaire que l'enceinte choisie ait une compatibilité subjective avec les enceintes utilisées dans l'application finale (hi-fi, cinéma, sonorisation, autoradio, etc.).

3.7 Entretien

Le vieillissement des enceintes n'est pas souvent pris en compte dans l'entretien des matériels et les changements d'équipage mobile ne s'effectuent souvent qu'en cas de casse.

Tous les composants soumis à de fortes accélérations se dégradent à des degrés divers. Un équipage mobile ne supportera pas des accélérations de plusieurs milliers de g (pour les tweeters) de 2 000 à 20 000 fois par seconde sans modifier ses propriétés. De même, la force développée par une bobine mobile sur un HP de basse dépasse couramment 20 daN, pour des sections de l'ordre de 100 mm^2 soit des pressions de l'ordre de 2×10^6 pascals (20 kg/cm^2).

Les rayonnements (UV sur les suspensions en mousse synthétique), la chaleur provenant des entrefers, l'humidité contribueront à ce processus. La rupture des composants peut s'ensuivre mais elle est le plus souvent le résultat d'erreurs de manipulation. Le vieillissement se traduira par une dégradation progressive des performances, il est donc essentiel de faire procéder à des remembranages réguliers. Ces remembranages seront également l'occasion de vérifier si des poussières ou des particules métalliques ne se sont pas accumulées à des endroits critiques (entrefers, chambre de compression entre le diaphragme et la pièce de mise en phase). L'apparition de rouille dans les entrefers, la dégradation des capacités de filtrage si celles-ci sont électrochimiques doivent également être vérifiées.

Une méthode rapide et simple de contrôle consiste à envoyer dans l'enceinte complète un courant sinusoïdal d'amplitude constante (il suffit de mettre une résistance de 470 Ω en série) de faible valeur (50 mA par exemple) et de contrôler la courbe de réponse en tension aux bornes de chaque HP. Les courbes obtenues, qui ne représentent rien en soi, permettent par comparaison de détecter très tôt les débuts de fatigue. De même, l'écoute d'une fréquence glissante de 20 Hz à 20 kHz à un niveau de l'ordre de 10 dB inférieur au niveau habituel de travail (attention aux tweeters qui ne supportent que quelques watts en régime sinusoïdal), permet de détecter très rapidement des défauts tels que décentrement, décollement du cache-noyau, vibrations mécaniques diverses, etc. L'essai complet dure moins de 15 minutes et, dans le cas d'une enceinte travaillant à son niveau nominal chaque jour, devrait être réalisé trois fois l'an.

3.8 Bibliographie

[1] L. L. Beranek. *Acoustics* – Mc Graw-Hill, New York (1954).

[2] S. Klein. *L'Onde Électrique* n° 26 – Paris (1946).

[3] H. Bondar. *Haut-Parleurs à plasma froid* – Journées d'étude – SDSA – Paris (1983).

[4] F. Micheron. JAES (1979).

[5] L Raleigh, Mc Millian and Co. *Théorie of sound* – Londres.

[6] H.F. Olson, Van Nostrand. *Elements of acoustical engineering* – Princeton (1957).

[7] A.N. Thiele, R.H. Small. *Loudspeaker in vented box* – JAES (mai/juin 1971)
Direct-radiator loudspeaker System analysis – JAES (juin 1972)
Closed box loudspeaker Systems – JAES (déc. 72/janv. 73)
Vented box loudspeaker Systems – JAES (juin/juillet/sept./oct. 73)
Passive radiator loudspeaker Systems – JAES (oct./nov. 74).

[8] Martikainen, Otala, G. Penkov. *Input current requirements of high quality loudspeaker Systems* – AES Preprint n° 1987 (1984)
Power and real signals in an audio System.

[9] D.B. Keele. *A new set of 6th order vented box loudspeaker System alignment* – JAES (mai 75).

[10] Clifford, A. Henrickseon and Mark S. Ureda. *Blasphemy - The Manta Ray Horn* – AES Preprint n° 1288 (1977).

[11] David Smith, D.B. Keele Jr and John Eargle. *Improvements in monitor loudspeaker Systems* – JAES (juin 83).

[12] W. Bottenberg, L. Melillo and K. Raj. *The dependence of loudspeaker design parameters on the properties of magnetics fluids* – AES Preprint (nov. 78)
L. Melillo and K. Raj. *System design* – AES Preprint (mars 1979).

[13] Maurice Jessel, Masson, J.P. Vian. *Acoustique théorique – Propagation et holophonie* – Paris (mars 1973)
Rapport sur le contre bruit – CSTB – Rapport n° 276 176 (oct. 76).

[14] D. Preis. *Phase distorsion and phase equalization in audio signal processing* – AES (déc. 82).

[15] Jacques Foret. *Réflexions sur la réponse en phase des haut-parleurs* – Journées d'études – Éditions Radio – Paris (1975).

[16] R.H. Small. *Constant voltage crossover network design* – JAES (janv. 71).

[17] S.H. Linkwitz. *Active crossover networks for noncoincident drivers* – AES (janv./févr. 76).

[18] E. Vincenot and P. Robineau. *Cad of dedicated high power modular loudspeaker cabinets fort concert sound reinforcement* – AES Preprint n° 2085 (mars 84).

[19] Cornelis, P. Janse and Arie J.M. Kaiser. *Time-Frequency distributions of loudspeaker: the application of the wigner distribution* – Philips Journal of research (janv. 82) – Eindhoven.

[20] Martin Colloms. *High performance loudspeaker* – Pentech Press (1978).

[21] Jacques Foret. *Interdépendance de la salle d'écoute et des transducteurs sonores* – Journées d'Études – SDSA – Paris 1983.

[22] Helmut Haas. *Uber den einfluss des einfachedos and die horsamkeit von sprache* – Thèse de doctorat n° 363 – Université de Gottingen (déc. 1949) – Traduction anglaise dans JAES (en mars 72).

[23] Don Davis and Chips Davis. *The lede concept for the control of acoustjcs and psychoacoustic parameters in recording control room* – JAES (sept. 80).

[24] De Lamare. *Revue du Galf* (1974).

[25] Jacques Foret et Jacques Leguy. *Using Cavity Resonators as low frequencies diffractors* – AES Preprint n° 2635 K-9 (mars 88).

[26] Jacques Foret. *Acoustique et monitoring dans les très petits volumes* – SFA (mai 91 – Paris).

Chapitre 4

Les consoles

Pol Simon
Ingénieur conseil.
Directeur technique studios disque et auditoria film.

4.1 Introduction

Un enregistrement (ou une diffusion) peut être réalisé dans le cas le plus simple en connectant directement un microphone à l'entrée d'un magnétophone (ou d'un amplificateur). Cependant, dès qu'il s'agit de mélanger ou bien de manipuler plusieurs sources, un équipement plus complet devient nécessaire : la console de mélange.

Appelée aussi table ou pupitre de mélange ou de mixage, c'est un véritable centre d'aiguillage et de contrôle où les modulations sont dosées, corrigées puis mélangées et enfin dirigées sur une ou plusieurs sorties.

À partir d'une même configuration de base, la console de mélange peut être plus ou moins complexe, d'un extrême à l'autre il y a le mélangeur monophonique (1 sortie et 2 entrées micros), jusqu'à la console de mixage d'auditorium multipiste pouvant avoir plus de 200 voies d'entrées et 96 sorties (!) en passant par le mélangeur stéréophonique de discothèque ou la console broadcast capable d'assurer une diffusion de plusieurs plateaux tout en effectuant un enregistrement multipiste.

On trouve des consoles de mélange dans de nombreux secteurs d'activité :

- diffusion radio, TV (On Air, broadcast) ;
- sonorisation (live, DJ), concerts, discothèque, ambiance, etc.

- enregistrement : musique classique, variété, cinéma, reportage, recopie…
- mixage cinéma, disque, etc.

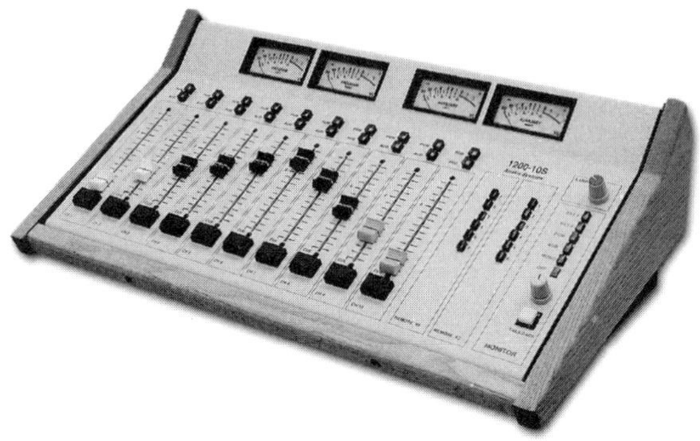

Console analogique de diffusion.

Depuis l'arrivée du numérique dans l'audioprofessionnel (environ 1980), les deux technologies, analogique et numérique, cohabitent dans la conception des consoles. Les fonctions élémentaires semblent les mêmes pour l'utilisateur bien qu'elles cachent des techniques extrêmement différentes pour arriver au même résultat.

En effet le plus souvent l'usage prime sur la technologie et nous continuons à utiliser des termes issus du langage analogique mais devenus impropres dans le cas du numérique. Prenons l'exemple du potentiomètre de réglage de niveau d'une voie (de diviseur potentiométrique). Dans une console analogique, il contrôle un « potentiomètre logarithmique à déplacement rectiligne » ou « *fader* » qui forme un diviseur de tension, permettant l'atténuation du signal électrique, éventuellement suivi d'un amplificateur permettant d'abaisser l'impédance de sortie et de corriger le gain nominal du circuit (*figure 4.1*). Alors que, dans une console numérique, ce même potentiomètre commande, par l'intermédiaire d'une interface appropriée (logiciel et matériel), le multiplicateur par lequel est multiplié un échantillon numérique de la modulation (*figure 4.2*).

Cependant la fonction est la même pour l'utilisateur : le réglage du niveau.

Que la technologie employée soit analogique ou numérique, on peut scinder une console en deux grandes parties distinctes subdivisées :

- la voie de la console, comprenant la section d'entrée/sortie et la section de traitement (atténuation, coupure, filtrage…) ;
- le mélangeur, comprenant la section de mélange vers des « généraux ou groupes ou sous-groupes » ainsi que la section de sortie.

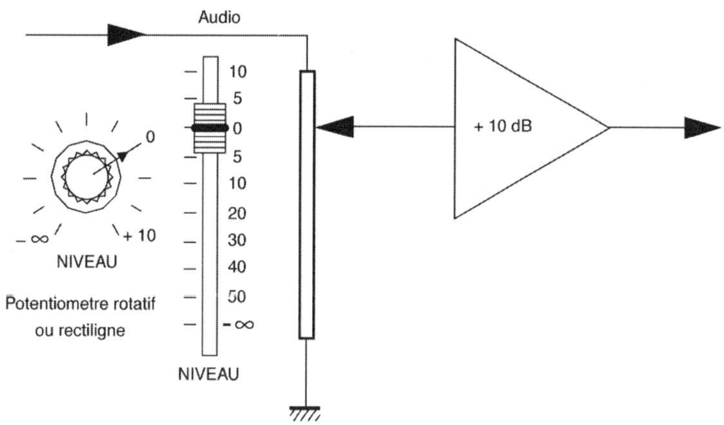

Figure 4.1 – Réalisation analogique du réglage de niveau par potentiomètre.

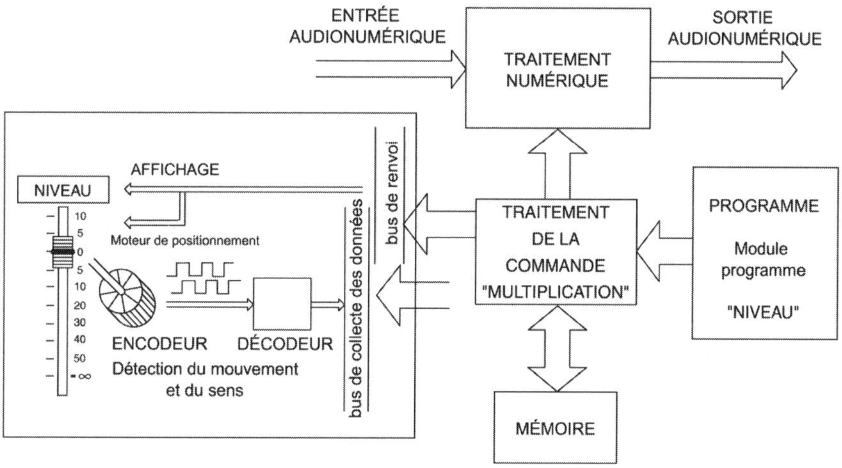

Figure 4.2 – Réalisation numérique du réglage de niveau par multiplicateur.

4.2 Voie d'une console

4.2.1 *La section d'entrée*

L'étage d'entrée constitue l'interface entre le monde extérieur et les circuits de la console. Indépendamment de la technologie utilisée (analogique ou numérique), son rôle est de permettre l'adaptation de tous les types de signaux parvenant à la console : les sources à mélanger mais aussi les retours d'effets (voir § 4.3.1) ou des signaux de tests, etc.

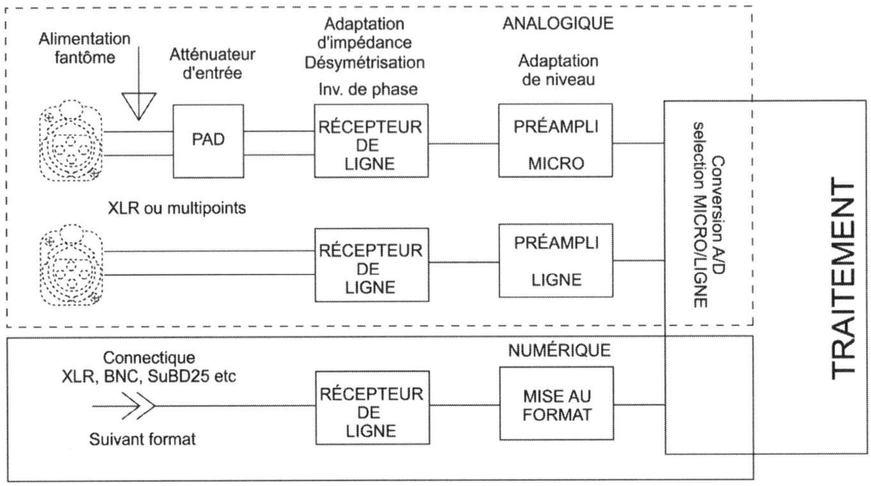

Figure 4.3 – Étage d'entrée d'une voie de console.

✦ Le récepteur de ligne

Le premier élément de l'étage d'entrée est le récepteur de ligne qui assure la compatibilité électrique entre les éléments connectés (analogique, numérique, électrique, optique) ainsi que l'adaptation d'impédance (qui se fait en tension).

D'autre part, c'est aussi lui qui assure la désymétrisation des entrées symétriques soit par transformateur, soit par amplificateur différentiel. En analogique, le transformateur présente un meilleur isolement et une bonne réjection des hautes fréquences (voir § 6.2.3).

Dans le cas des microphones (impédance nominale d'environ 200 Ω), les constructeurs préconisent une impédance de charge d'environ 1 200 Ω. Pour les modulations déjà traitées, donc au niveau ligne (magnétophones par exemple), dont l'impédance de sortie est comprise entre quelques ohms et 1 000 Ω, l'impédance de charge retenue est de l'ordre de 10 kΩ.

Points importants à respecter :

- le bon respect « symétrie/symétrie » (ou alors les bonnes règles de symétrisation/désymétrisation) ;
- pour les sources numériques, il existe de nombreux types de transmissions mettant en jeu l'interface électrique, le protocole, la fréquence d'échantillonnage et la synchronisation (voir § 1.8). Aussi la bonne connexion physique des éléments doit être complétée par un bon paramétrage dans les menus de configuration.

Les étages d'entrée (niveau microphone ou niveau ligne) adaptent le niveau du signal entrant avec le niveau de travail interne de la console.

✦ Le préampli micro

C'est sur une très large plage, généralement de – 80 à – 10 dBm que le préampli micro permet l'adaptation d'un signal audiofréquence en niveau. Il s'agit d'une amplification supérieure à 60 dB, soit un rapport de 10^3. On comprend que le choix des composants et la qualité de la conception soient déterminants pour les caractéristiques de bruit de ce préampli.

Il y a en effet plusieurs façons de réaliser un amplificateur à gain variable sur une aussi large plage et l'utilisation de composants électroniques à faible bruit ne suffit pas à en garantir les bonnes caractéristiques de bruit ; l'étude et la réalisation y entrent pour une bonne part.

Le réglage du gain de ce préampli peut être continu (par potentiomètre) ou à plot (par commutateur) par bond de 5 ou 10 dB suivi d'un réglage fin de ± 10 dB par potentiomètre (*trimmer*).

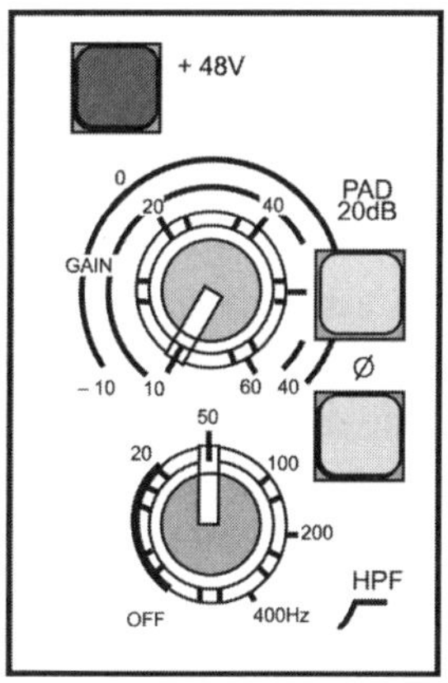

Figure 4.4 – Étage d'entrée : coupure de l'alimentation fantôme, PAD, trimmer d'entrée/gain micro et filtre de basses à fréquence variable et inverseur de phase (∅).

✦ L'alimentation fantôme

Pour alimenter les microphones électrostatiques, il est courant, sur les consoles de prise de son, d'intégrer un circuit d'alimentation du mode fantôme 48 V (voir § 2.3.3). Cela évite la multiplication des connecteurs entre le microphone et la console et diminue ainsi le temps d'installation.

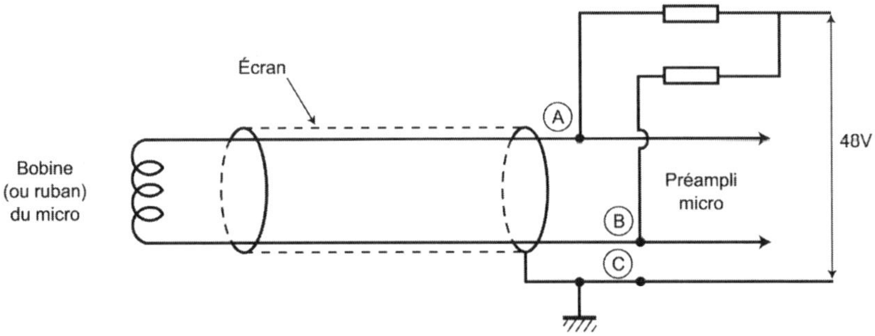

Figure 4.5 – Alimentation fantôme :
les points A et B sont au même potentiel, aucun courant ne circule dans la bobine mobile du microphone. Si B est en court-circuit avec la masse au point C, un courant circule dans la bobine.

L'alimentation fantôme n'empêche pas l'utilisation de microphones dynamiques puisque les points « chaud » et « froid » sont au même potentiel en tension continue ; aucun courant ne circule donc dans la bobine ou le ruban.

En revanche, en cas de désymétrisation accidentelle (point chaud ou point froid en court-circuit avec la masse) un courant circule entre les deux conducteurs de liaison. Un champ magnétique parasite est donc créé dans la bobine ou le ruban, perturbant le bon fonctionnement du microphone. Cependant en raison de l'impédance assez élevée de l'alimentation fantôme, il y a peu de risque de destruction du microphone (*figure 4.5*).

Lorsque le microphone est connecté à plusieurs consoles (enregistrement + sonorisation par exemple), les différentes alimentations fantômes sont en parallèle. Les impédances de chacune d'entre elles étant différentes, des courants s'établissent entre les alimentations, celle de plus forte impédance débitant dans celle d'impédance plus faible. Ces courants ne présentent pas de danger pour le matériel mais engendrent sur les modulations des bruits parasites intolérables pour une bonne exploitation.

Il est donc indispensable qu'une seule console alimente les microphones et que l'alimentation fantôme de l'autre console soit coupée. Si cette coupure de l'alimentation fantôme n'est pas prévue sur la deuxième console, l'utilisation de transformateurs d'isolement s'impose alors. L'important est de ne pas créer de conflit entre les alimentations fantômes.

✦ L'atténuateur d'entrée, le PAD

Afin d'éviter tout risque de surcharge du récepteur de ligne, il est prévu, dans le cas de très fortes modulations microphoniques, la possibilité d'insérer un atténuateur, directement à l'entrée de la voie, avant le récepteur de ligne.

Cet atténuateur, communément appelé le PAD, permet de décaler la plage de réglage du niveau d'entrée vers le haut, soit, pour une valeur d'atténuation de 20 dB (ce qui est généralement retenu) de – 60 à + 10 dBm (à la place de – 80 à – 10 dBm).

✦ **Le préampli ligne**

Le préampli ligne assure l'adaptation en niveau entre les signaux d'entrée ligne et le niveau nominal de la console.

Suivant les consoles, on utilise un étage spécialement dédié à cette fonction, et utilisant parfois le réglage fin du *trimmer* d'entrée (± 10 dB). Pour augmenter la plage de réglage (afin de permettre une meilleure adaptation), on utilise parfois le préampli micro précédé d'un atténuateur fixe d'environ 30 dB.

✦ **Le convertisseur analogique/numérique (A/N)**

Dans le cas d'une console numérique, le convertisseur analogique/numérique (A/N) est placé après ces étages, lorsque le signal analogique audio est parfaitement calibré afin de faire « travailler » les convertisseurs A/N dans les meilleures conditions (voir § 1.4).

4.2.2 *Le traitement interne*

✦ **L'inverseur de phase**

Un inverseur de phase réalise une inversion de 180° du signal entrant et permet, par exemple, de rétablir une polarité inversée par le mauvais câblage d'une ligne microphonique ; il peut aussi être utilisé pour mettre délibérément deux signaux en opposition de phase. Évidemment, sur une voie stéréo, un seul canal est inversé.

En maintenance, son utilisation peut faciliter le contrôle rapide de la mise en phase des équipements par somme et différence : somme de deux signaux égaux et en phase = + 6 dB, et somme de deux signaux égaux en opposition de phase = – ∞.

✦ **Les filtres**

La bande passante normale d'une console (20 Hz à 20 kHz et plus) n'est utilisable que dans les conditions idéales de prise de son. Il est parfois nécessaire d'utiliser des filtres afin de limiter la réponse en fréquence, dans le grave pour éliminer les vibrations basses fréquences (*rumble*) du studio, les ronflements des amplificateurs de guitare… et dans les fréquences aiguës, pour supprimer des sifflements issus de synthétiseurs par exemple ou des interférences HF.

La fréquence de coupure du filtre d'élimination des fréquences graves (filtre coupe-bas) est fixe ou réglable de 40 Hz à 200 Hz avec une efficacité de 12 ou 18 dB par octave.

Le filtre de coupure des fréquences aiguës (filtre coupe-haut) présente la même efficacité, pour une fréquence de coupure fixe ou réglable de 6 à 12 kHz.

Un autre filtre de coupure des fréquences supérieures à 20 kHz est souvent placé en amont du récepteur de ligne afin d'éliminer les radiofréquences dès l'entrée (ce filtre n'est pas commutable et est en service permanent).

Il est à noter que bien souvent des consoles offrent une bande passante trop large et laissent passer certaines fréquences très élevées (sans que l'utilisateur ne s'en rende compte) susceptibles de perturber d'autres équipements (par exemple le seuil de fonctionnement d'un compresseur) ou de créer des battements avec la fréquence d'effacement ou de polarisation d'un magnétophone.

✦ L'étage correcteur

Il y a lieu de faire une distinction entre la « correction » et « l'égalisation » en fréquences :

- l'égalisation (accentuation/désaccentuation) permet de compenser sur le signal les limites et les défauts de transmission d'une ligne ou d'un système ; par exemple on peut utiliser une égalisation pour l'enregistrement sur un magnétophone analogique (NAB, CCIR, AES voir chapitre 6) et de la même façon, la courbe de préaccentuation RIAA à la sortir d'un tourne-disque 33T/vinyl (voir § 2.2.2, tome 3). La machine nécessite un alignement par rapport à un standard à l'aide de correcteurs.
  Une égalisation peut aussi être utilisée pour la calibration d'un système d'écoute adaptée à l'acoustique d'une salle, en studio et en sonorisation ;
- la correction permet une modification volontaire de la courbe de réponse d'un système. Cette déformation du spectre a une finalité esthétique et peut agir par amplification ou atténuation d'une zone de fréquence plus ou moins large. Un commutateur (*bypass*) est souhaitable et permet de faire une comparaison rapide « correction » et « hors correction ».

Suivant l'usage, on rencontre deux types de correcteurs.

✧ Le Baxendall

Le Baxendall est le correcteur élémentaire que l'on retrouve pratiquement dans tous les équipements audio, grand public ou professionnel.

Son domaine d'action se situe aux extrémités de la bande audio : amplification ou atténuation des fréquences graves ou aiguës. Les fréquences charnières sont fixes, respectivement situées à 500 Hz et entre 5 et 8 kHz.

L'efficacité du Baxendall est réglable entre ± 12 dB (*figure 4.6*).

Cependant l'action limitée aux extrémités de la bande audio du correcteur Baxendall fait qu'on lui adjoint souvent un autre élément de correction, agissant dans les fréquences médium : le filtre de présence. C'est un filtre passe-bande, parfois passe/

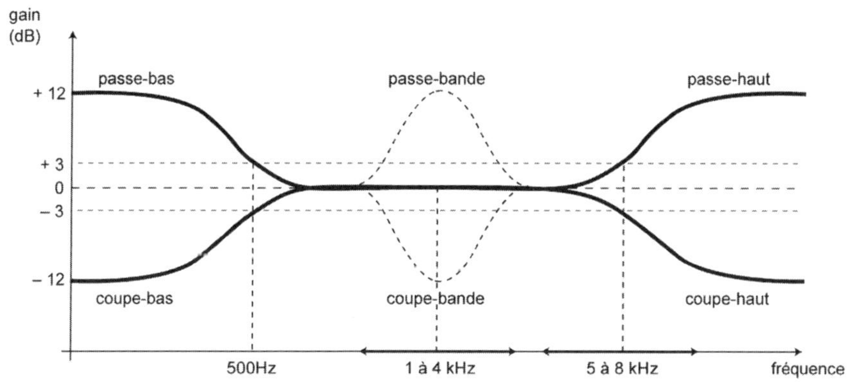

Figure 4.6 – Efficacité d'un correcteur élémentaire du type Baxendall.

coupe-bande (dénommé alors « présence-absence »), de 12 dB d'efficacité et dont la fréquence centrale se situe entre 1 et 4 kHz.

✧ Le paramétrique

Le correcteur paramétrique comporte un nombre plus ou moins important de cellules passe/coupe-bande, dont les différents paramètres peuvent être ajustés par l'utilisateur.

Chaque cellule est caractérisée par sa fréquence centrale, située dans un domaine fréquentiel privilégié : grave, médium grave, médium aiguë, aiguë, dans le cas d'un correcteur à quatre cellules. Néanmoins il y a un recouvrement entre chaque cellule, permettant, entre autres, de cumuler l'action de deux cellules ou de traiter différemment deux fréquences très proches.

Ainsi, dans l'exemple précédent d'un correcteur à quatre cellules, les fréquences choisies peuvent être :

Graves (*Low frequencies*, LF) 35 à 450 Hz
Médium graves (*Low médium frequencies* LMF) 240 Hz à 2,5 kHz
Médium aigu (*High medium frequencies* HMF) 1 à 6 kHz
Aiguës (*High frequencies* HF) 3 à 18 kHz

- Le gain à la fréquence centrale est réglable jusqu'à ± 18 dB ;
- le facteur de qualité *Q* est ajustable soit continûment de 0,5 à 3, soit par un commutateur « *HIGH Q* », faisant passer la cellule d'un *Q* de 0,5 à 3 (ce qui donne une bande passante du filtre de 1 octave ou de 1/3 d'octave) ;
- la transformation des filtres d'extrémité de bande (graves et aiguës) en filtres passe-haut/passe-bas « *bell/shelve* » (en cloche et en pente inclinée) permet d'avoir une réponse du type Baxendall (*figure 4.7*).

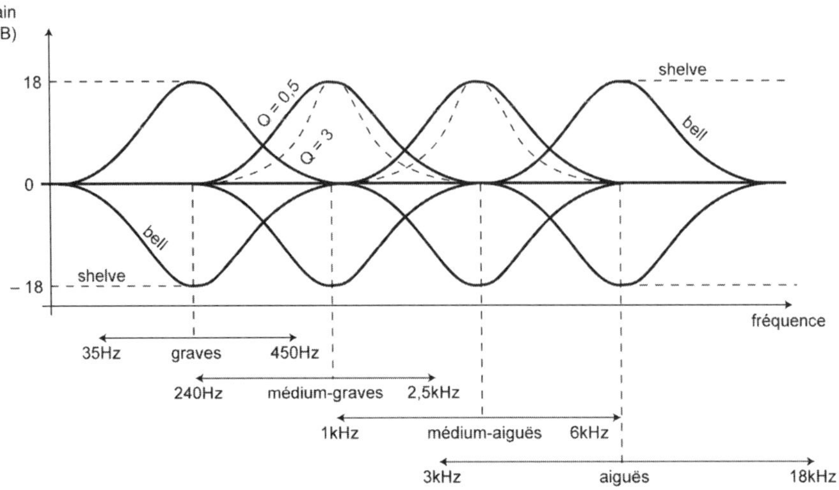

Figure 4.7 – Efficacité des différents modules d'un filtre paramétrique.
Dans les fréquences graves et aiguës, le filtre paramétrique (en cloche : bell) se transforme en filtre Baxendall (en pente inclinée : shelve).

✦ Surcharges

Les capacités importantes de modification de niveau (jusqu'à ± 18 dB) qu'offre le correcteur (même si cette modification est sélective en fréquence) peuvent éloigner la modulation du niveau optimal de fonctionnement de la console.

Ainsi, après une correction importante, une augmentation de niveau peut imposer une retouche du réglage d'entrée de la voie (*trimmer*, gain d'entrée) afin d'éviter une surcharge dans les étages suivant le correcteur (ou dans le correcteur lui-même).

En revanche, lors d'une correction inverse, une sous-modulation en sortie du correcteur peut être compensée par le *fader* de voie, placé après.

✦ Le réglage du niveau de sortie de la voie

À l'intérieur de la voie de console, le signal circule au niveau nominal. Lors du mélange de plusieurs sources, le niveau de sortie de chaque voie est réglé indépendamment par un potentiomètre rectiligne[1] de grande course appelé « *fader* » ou « tirette ».

Du fait de la courbe de sensibilité de l'oreille (voir § 4.1.2 du tome 1), la loi de variation de résistance d'un potentiomètre de réglage d'un niveau audio est logarithmique.

1. Ne pas confondre avec un potentiomètre « linéaire », qui correspond à une loi de variation.

✧ Le fader

La plage d'action du *fader* s'étend de l'atténuation infinie (– ∞) à un gain de + 10 dB. Des marques sont gravées sur le côté et respectent une variation logarithmique (– ∞, – 40, – 20, – 10, – 5, 0, + 5, + 10).

Le *fader* est constitué d'un potentiomètre (atténuateur) suivi d'un amplificateur tampon de 10 dB de gain ; la position « 0 » correspond en fait à une atténuation de 10 dB par le potentiomètre (*figure 4.8*).

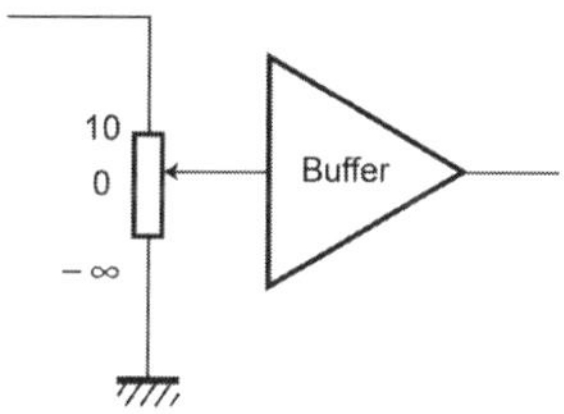

Figure 4.8 – Le fader : le buffer a un gain de 10 dB et compense les 10 dB d'atténuation de la position « 0 » du curseur. L'atténuation infinie du potentiomètre est obtenue en bas du curseur.

Le *fader* est l'interface « dynamique » entre la console et le preneur de son. Des manipulations fréquentes en cours de séances (fondu, retouche de niveau…) imposent une certaine souplesse de la course, c'est-à-dire l'absence de points durs.

D'autre part, un interrupteur, ou une clef, appelé le « *cut* » ou « *mute* » permet la coupure immédiate de la modulation, sans modifier la position du *fader*.

✦ Télécommandes

Certains points de passage du curseur peuvent servir à commander plusieurs fonctions :

a) Le *Fader-Start* permet la télécommande en lecture d'une machine (magnétophone, tourne-disque, etc.) ; à l'ouverture du *fader*, la fermeture d'un contact déclenche la lecture et son ouverture (à la fermeture du *fader*) provoque l'arrêt de la machine.
   Seul un matériel équipé à cet effet peut fonctionner correctement avec un *Fader-Start*.
   Une télécommande classique nécessite deux contacts, un pour la mise en lecture et un pour l'arrêt. Le même interrupteur permet aussi la signalisation d'ouverture de voies (rouge micro, rouge antenne…). Ce circuit doit être isolé des circuits de la console afin d'éviter tout mélange des masses entre les télécommandes et la console (on dit qu'il est « flottant »).

b) L'*over-press* est une fonction permettant une préécoute sur un réseau séparé (voir § 4.2). Elle est obtenue en tirant vers soi le *fader* lorsqu'il est fermé (à – ∞).

c) Le court-circuit de modulation met le curseur du potentiomètre à la masse sur la position – ∞ et assure ainsi au *fader* une atténuation quasi parfaite. En effet, un potentiomètre peut avoir une résistance résiduelle lorsqu'il est fermé et n'assure plus alors une atténuation parfaite. Un défaut de masse, un encrassement ou un potentiomètre de mauvaise qualité en sont les principales causes.

Sur les consoles numériques, toutes ces fonctions sont réalisées par logiciel, et l'éventail de paramètres permet d'élargir le domaine d'application d'utilisation. Par exemple en auditorium de post-synchro, la coupure de l'écoute à partir d'un certain seuil d'ouverture des voies micros est automatique afin d'éviter toute réinjection (effet Larsen).

✦ La sortie de la voie

En sortie de voie, la modulation doit être dirigée (affectée) vers les groupes de sortie de la console : les généraux (gauche/droite, L/R) ou les groupes (pair/impair, *odd/even*) lorsque la console a plus de deux sorties.

✦ Le panoramique

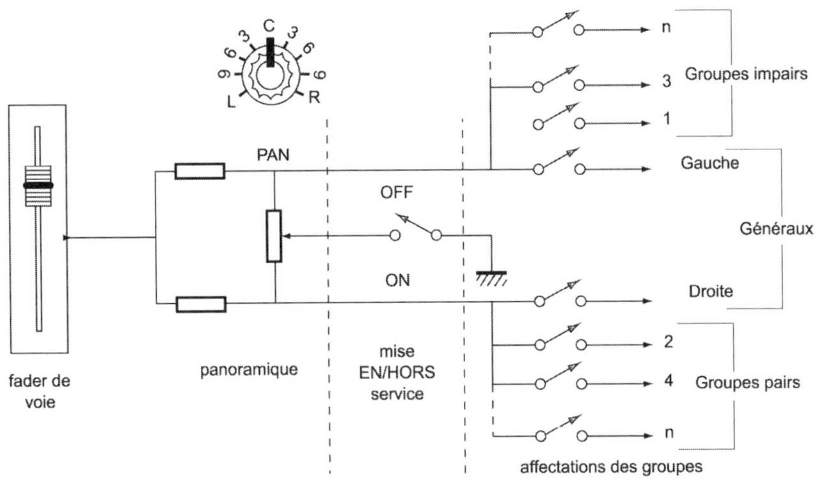

Figure 4.9

Le potentiomètre panoramique permet la balance par répartitions de niveau.

Le potentiomètre panoramique (appelé aussi pan-pot) permet de créer un effet de positionnement sur le plan gauche/droite par répartition en niveau. L'orientation du signal est obtenue par atténuation opposée (0, – ∞) d'un canal par rapport à l'autre (*figure 4.9*).

Afin qu'à toute position du panoramique la somme acoustique gauche/droite reste identique, le circuit est étudié de telle façon que lorsque le panoramique se trouve placé au centre, le signal (présent sur les deux sorties) est atténué de 3 dB par rapport aux positions extrêmes (présent sur une seule sortie).

On évite ainsi toute discontinuité de niveau acoustique lors du déplacement du signal d'un côté à l'autre (la somme acoustique de deux signaux identiques est égale à + 3 dB).

Cependant lors d'une mise en monophonie, c'est-à-dire lors d'une sommation (analogique ou numérique) des côtés gauche/droit, les signaux situés au centre sont élevés de 6 dB[1]. Donc on observe, lors d'une comparaison mono/stéréo, une élévation du niveau de 3 dB des signaux placés au centre (*figure 4.10*).

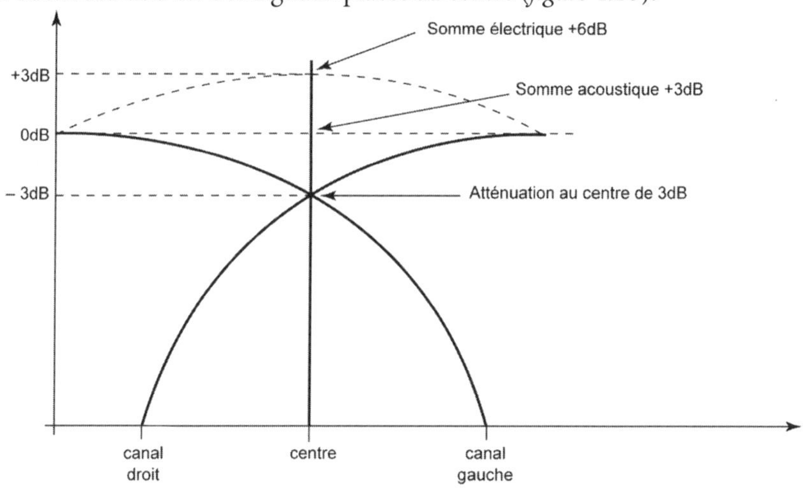

Figure 4.10 – Principe de fonctionnement en niveau d'un potentiomètre panoramique (pan-pot).

Une compatibilité électrique mono/stéréo nécessiterait donc une atténuation de 6 dB au centre afin que la somme électrique gauche/droite reste la même.

Dans la pratique, seuls quelques constructeurs adoptent parfois un compromis d'une atténuation au centre de 4,5 dB, ou le proposent en option, la mise en mono d'un programme stéréo étant de moins en moins fréquente (Grandes Ondes et TV).

1. La somme électrique de deux signaux identiques (niveau et phase) est égale à + 6 dB.

✧ Balance

Dans les voies stéréo (deux signaux contrôlés par un seul potentiomètre à piste double), le pan-pot est remplacé par un contrôle de balance qui permet de décaler l'image stéréo à gauche ou à droite et qui offre les caractéristiques suivantes : 0 dB d'atténuation sur les deux canaux en position centrale, + 3 dB de gain pour un canal et une atténuation de – ∞ pour l'autre canal dans les positions extrêmes.

✧ Pan film

Un autre type de panoramique tend à se généraliser sur les consoles Broadcast, Multipiste et Film ; le panoramique multisortie (dit Pan film) : 3 sorties ou plus, destiné à répondre à la demande des nouveaux moyens de diffusion multicanaux :

- films Dolby stéréo (SR), en stéréo digital ; SRD, DTS, SDDS, de 3 à 5 canaux en façade, jusqu'à 3 canaux en arrière (EX) ;
- vidéo, DVD, soit en diffusion de film cinéma soit en retransmission de concerts ;
- jeux vidéo.

Le Pan film 3 sorties Gauche, Centre, Droite (L, C, R) est le plus rencontré, des variantes à 5 sorties destinées au format film SDDS : Gauche, demi-centre Gauche, Centre, demi-centre Droit, Droit (L, IL, C, IR, R) peuvent êtres rencontrés sur des consoles numériques (voir chapitre 7, tome 3).

Il va sans dire qu'une compatibilité entre un pan-pot stéréo (2 voies) et un pan-pot multivoies est nécessaire, le problème étant surtout critique lors de l'utilisation de système de matriçage Dolby stéréo créant un centre virtuel à partir des éléments gauche/droite (dans ce cas, l'atténuation au centre doit être de 3 dB).

Généralement le Pan film est complété par deux autres pan-pots :

- avant arrière : *Front/Rear* ;
- arrière Gauche/Droite : LS/RS (*Left surround/Right surround*) ou même LS/CS/RS (avec aussi le *Center surround* en plus).

✧ La sortie Subwoofer

Lorsqu'il y a la nécessité d'envoyer simultanément un signal vers des canaux d'écoute large bande (façade) et renfort de basse (*subwoofer* ou *SubW*) sur une console non équipée à cet effet, il suffit d'envoyer le signal destiné au *Subw via* un départ auxiliaire afin de pouvoir équilibrer les niveaux relatifs. Il faut donc alors dispatcher la sortie auxiliaire utilisée vers la piste *SubW.*

Un départ spécialisé *SubW* ajoute un contrôle de niveau supplémentaire (gain entre – ∞ et 0) entre le *fader* et le bus *SubW.*

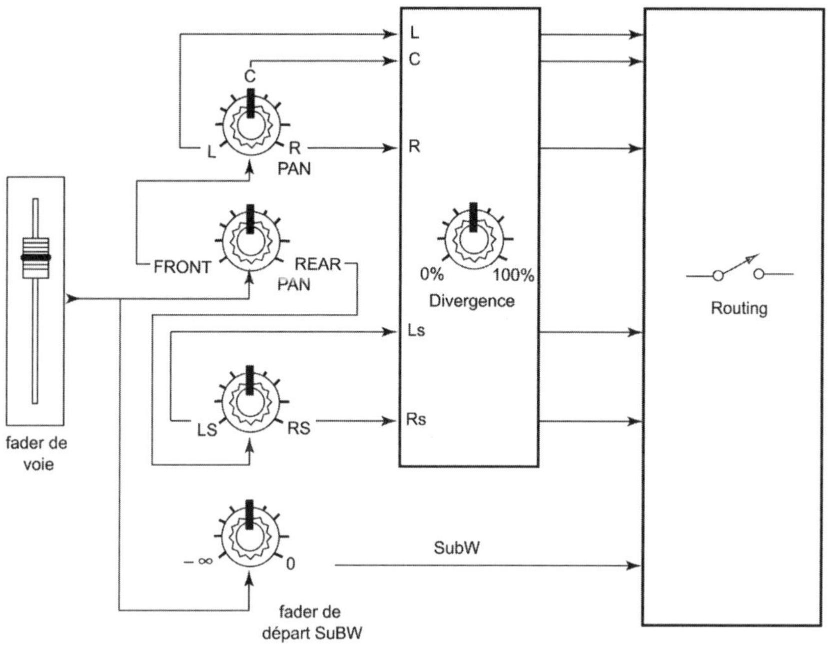

Figure 4.11 – Pan film complet.

✧ Joystick

Comme son nom ne l'indique pas le joystick est un dispositif de pointage qui peut avantageusement remplacer simultanément trois pan-pots (L/C/R, F/R, LS/RS) et leurs variantes tout en assurant une ergonomie et une visualisation que n'offre pas une combinaison de trois pan-pots. Certains fabricants utilisent aussi une tablette graphique.

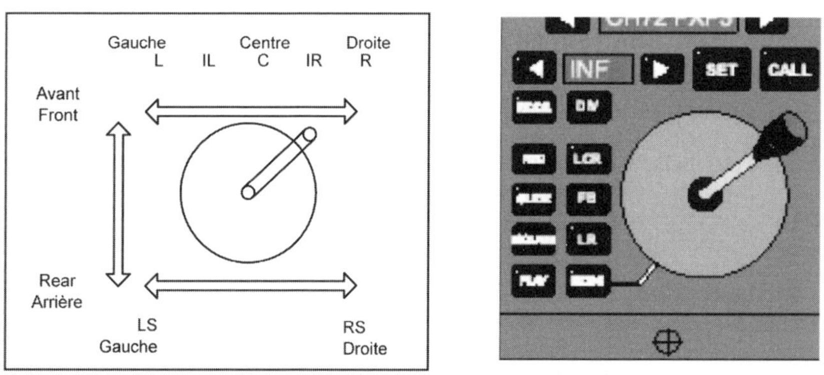

Figure 4.12 – Joystick (schématisé et réalisation de AMS-NEVE).

✧ Fonctions complémentaires

Les pan-pots, pan-pot film, balance et *joysticks* sont parfois associés à des contrôles complémentaires destinés à élargir ou au contraire resserrer la stéréophonie.

Par exemple avec la balance, un contrôleur associé « largeur ou *width-narrow* » permet de réduire la largeur de l'image stéréo (jusqu'à un signal mono) ou au contraire d'élargir la stéréo (en introduisant un décalage de phase).

Le contrôle « divergence » en complément d'un pan-pot permet de diminuer (dissoudre) l'effet du pan-pot, alors que le « Focus » permet de passer progressivement d'un centre virtuel (égalité LR) à un centre réel C et inversement afin de renforcer ou de diluer le centre.

Apparaît aussi sur des consoles numériques, un pan-pot actif qui est un traitement DSP spatialisant un son monophonique.

✦ La sortie directe de la voie

Il y a parfois sur une console, en plus des autres sorties, une sortie « directe » par voie. La sortie directe permet de disposer sur une sortie individuelle du signal traité dans la voie de console, sans que celui-ci soit mélangé aux signaux traités dans les autres voies.

Cette sortie vient donc en complément des généraux et offre la possibilité de n'envoyer qu'une seule modulation vers l'extérieur : par exemple le commentaire d'un présentateur vers une sonorisation alors que le mélange des bruits d'ambiance et du commentaire est envoyé vers l'antenne par les généraux.

De plus, utilisées judicieusement en complément des sous-groupes (voir § 4.3), les sorties directes permettent de faire simultanément une diffusion et un enregistrement multipiste.

Une autre utilisation est de permettre l'enregistrement d'un nombre de pistes plus important que le nombre de groupes. Par exemple, pour enregistrer seize pistes avec une console ayant huit groupes de sortie, les groupes sont dirigés vers les huit premières pistes et les sorties directes des huit autres voies peuvent être enregistrées sur les pistes suivantes (voir § 4.5.1 « Les consoles multipistes »).

Pour cette sortie directe, la modulation est prélevée avant la coupure de voie, immédiatement avant ou après le *fader* (voir *figure 4.15*). Le circuit de sortie est en principe identique à celui d'une sortie principale.

✦ Le *routing*

Quelle que soit la complexité de la console, diffusion ou multipiste, l'affectation des sorties de voie se fait par le *routing* une série d'interrupteurs, chacun dirigeant la modulation vers le ou les réseaux de mélange, en tout ou rien.

Une combinaison poussoir/pan-pot permet aussi de mettre hors service le panoramique et de diriger la modulation vers l'une ou (et) l'autre des sorties.

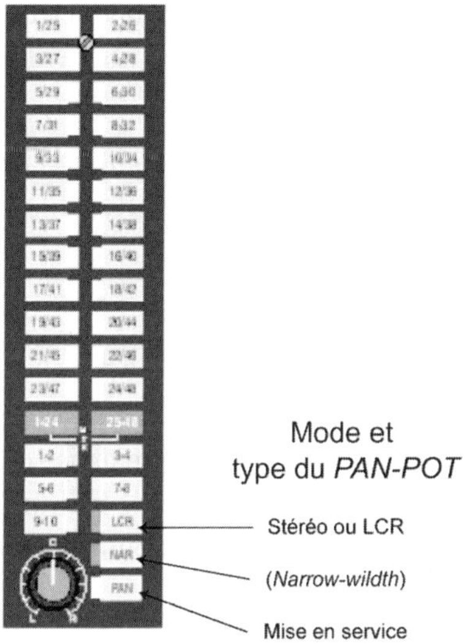

Routing multipiste

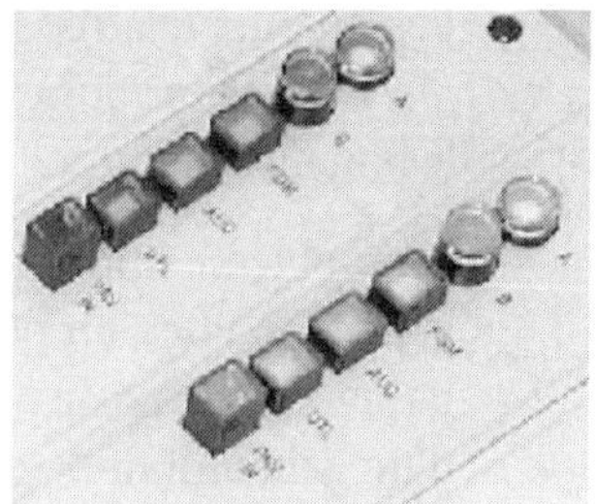

Routing d'une console de diffusion

4.3 La section de sortie de la console

4.3.1 *Les généraux, le réseau de mélange*

Un général permet de mélanger (ou de grouper) les signaux issus de plusieurs voies vers une sortie.

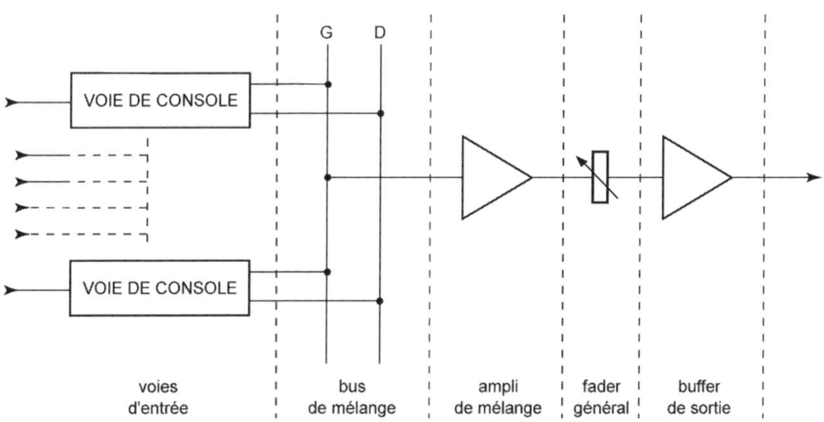

Figure 4.13 – Synoptique simplifié d'une voie de « général ».

En terme de fonction électrique (analogique), le réseau de mélange est un sommateur (additionneur en numérique) de signaux (voir § 1.4).

Le mélange des signaux se fait dans le « bus » de mélange ; ce terme, bien que toujours utilisé, fait référence aux consoles analogiques où un conducteur traverse la console tout en longueur, recueille les signaux en sortie de voie, et les envoie au mélangeur.

Le mélange ainsi réalisé est suivi du *fader* de groupe ; ce potentiomètre rectiligne agit seulement en atténuateur et permet le réglage final du niveau de sortie, donc du niveau global du mélange.

Les niveaux relatifs, *trimmer* d'entrée (récepteur de ligne § 4.2.1), *fader* de voie et *fader* de groupe doivent être impérativement maîtrisés, de façon à toujours respecter le bon niveau interne de la console.

Un problème important lié à l'utilisation des groupes est la maîtrise du niveau du signal. En effet, un potentiomètre de voie ouvert à un gain de 0 dB ne représente pas le gain réel, si le potentiomètre de groupe est fermé (ou donne un gain différent d'un gain unitaire).

De plus, les circuits sont étudiés pour que les signaux en sortie de console restent en phase avec ceux en entrée (sauf en cas d'inversion volontaire avec l'inverseur de phase). Ainsi toutes combinaisons ultérieures de ces signaux restent possibles.

4.3.2 *Groupe, sous-groupe et prémélange*

Lorsqu'une console comporte plus de deux sorties, on parle alors de groupes. Certaines consoles permettent le mélange des groupes entre eux en direction des généraux. Les groupes deviennent alors des sous-groupes lorsqu'ils sont ainsi mélangés dans une même console.

Le même type d'opération peut aussi être réalisé à partir de plusieurs consoles qui portent alors le nom de prémélangeurs. Pour une diffusion sur plusieurs plateaux, le principe du prémélange est préféré au travail sur une seule grosse console. La substitution d'un prémélange à l'autre se fait sur la console centrale de diffusion.

Il est parfois également possible de mélanger les généraux, on dispose alors d'une sortie monophonique (dont les généraux sont les groupes !) – *figure 4.14*.

Une console ayant, par exemple, 10 voies d'entrée, 4 groupes et 2 généraux est dite console « 10/4/2 » et devient console « 10/4/2/1 » si elle a une sortie mono.

Le principe des groupes audio qui permet le contrôle de plusieurs modulations par un potentiomètre offre deux limitations :

- si un nombre important de voies est mélangé, le danger de saturation au niveau du bus de mélange augmente alors de façon importante. Il faut être

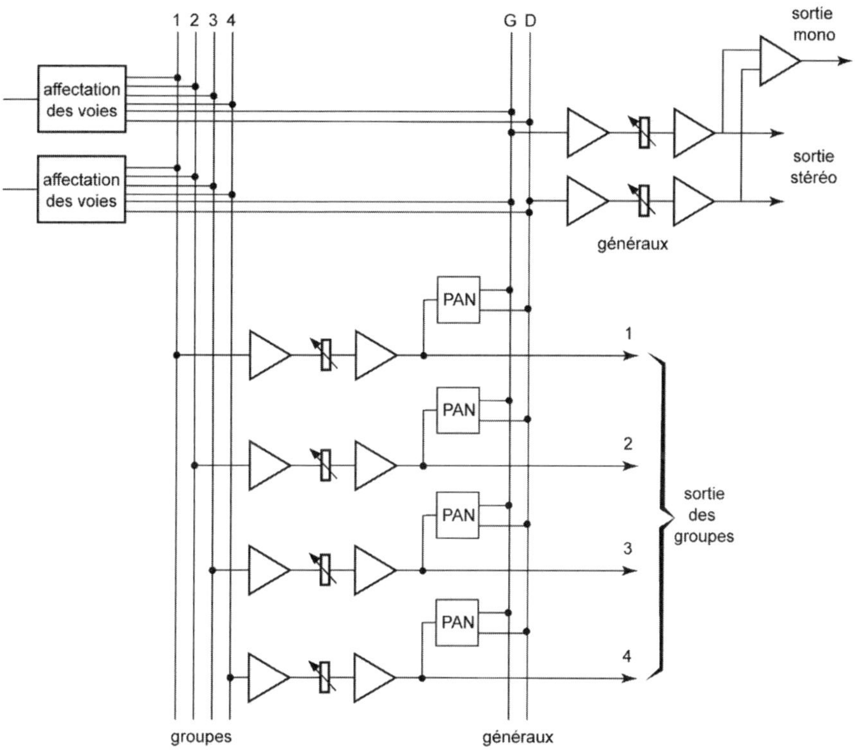

Figure 4.14

La sortie de chaque groupe peut être affectée vers les généraux via un panoramique. Le mélange monophonique est obtenu par le mélange des généraux.

très vigilant quand au bon respect de la courbe des niveaux, car il est en effet tentant de baisser le gain général et non pas le niveau de chaque voie si un réajustement de niveau s'avère nécessaire ;

- un seul *fader* ne peut contrôler qu'un seul groupe, alors que, dans des configurations de console de plus en plus sophistiquée, contrôler plusieurs groupes par un *fader* devient une nécessité, par exemple les six sorties d'un mélange 5.1.

Ces limitations peuvent êtres contournées par les VCA (§ 4.4.1).

4.3.3 *L'étage de sortie*

Le rôle de l'étage de sortie est symétrique de celui de l'étage d'entrée, il assure la compatibilité des éléments sortants. En analogique, le niveau électrique standard est + 4 dBm (parfois – 6 dBm sur des petites consoles) et l'impédance est abaissée grâce à l'amplificateur « *buffer* ou tampon » de sortie. En numérique, l'étage de sortie fonctionne selon le protocole de transmission choisi.

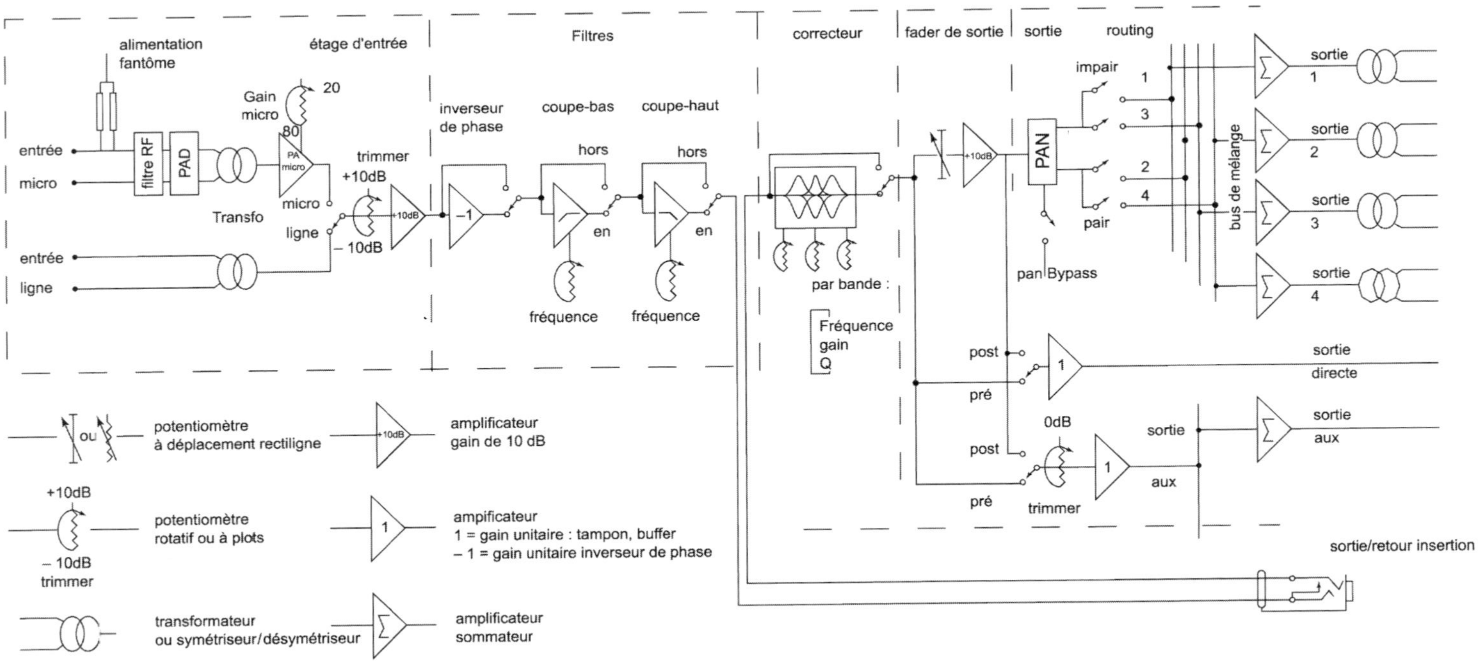

Figure 4.15 – Synoptique détaillé d'une voie de console.

4.3.4 *Synoptique d'une voie de console (voir* figure 4.15*)*

4.4 Les fonctions audio complémentaires

4.4.1 *Les accès internes à la console*

✦ Les départs auxiliaires

Le mélange d'écoute envoyé aux musiciens (par le réseau des casques ou par des retours) n'est pas forcément le même que celui qui est diffusé ou enregistré. Une option de mélange différente de celle réalisée sur les sorties principales de la console est souvent nécessaire.

Les consoles sont équipées d'un réseau de mélange supplémentaire dont l'accès, pour chaque voie, se fait à l'aide d'un potentiomètre de dosage ou d'un commutateur en tout ou rien appelé le départ auxiliaire (*aux. send*). Il est important de savoir que l'adjectif « auxiliaire » n'est pas pris en terme qualitatif, tous les éléments de ces départs doivent avoir les mêmes performances que ceux d'une sortie principale.

Le cheminement de la modulation y est d'ailleurs identique :

- dosage (le départ, par voie) ;
- mélange ;
- général de sortie (*Master aux. send*), suivi d'un *buffer* de sortie.

Il peut y avoir plus d'un départ par voie, dans ce cas chacune de ces fonctions est multipliée par le nombre de départs.

Afin que le mélange auxiliaire soit sans rapport avec celui réalisé en sortie de généraux, il faut que le niveau de chaque départ auxiliaire soit indépendant de la position du potentiomètre de voie. Le prélèvement de la modulation se fait donc avant le potentiomètre de niveau : on l'appelle départ *pré-fader*.

Cependant, pour certaines applications (départ auxiliaire vers une chambre d'écho par exemple), il peut être nécessaire d'avoir un niveau de départ dépendant de la position du niveau du potentiomètre. La modulation est alors prélevée après le potentiomètre de voie et on l'appelle départ *post-fader*. Dans ce cas, le niveau choisi peut être différent de celui déterminé par le potentiomètre de voie, mais toute variation de niveau est alors répercutée sur le niveau du départ auxiliaire (*figure 4.16A*).

Ce départ *pré* ou *post-fader* peut être choisi à tout moment par une clef ou un inverseur en regard de chaque départ.

À la différence d'une sortie principale, le potentiomètre de départ auxiliaire n'est pas toujours suivi d'un amplificateur de 10 dB de gain. Aussi, il n'est possible de rattraper du gain sur ce départ qu'en position *post-fader*, en utilisant le rattrapage de gain de 10 dB du potentiomètre de voie.

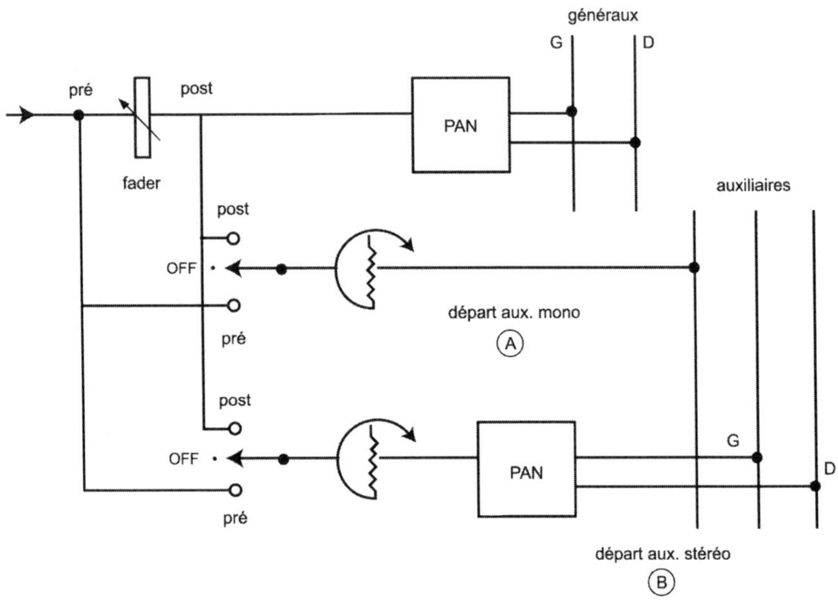

Figure 4.16
Les départs auxiliaires peuvent êtres sélectionnés avant ou après le potentiomètre de niveau : pré ou post-fader.

On rencontre parfois un départ auxiliaire stéréo qui ne diffère pas dans son principe et dont le réglage de niveau est suivi d'un potentiomètre de panoramique (*figure 4.16B*). Suivant les utilisations (et les fabricants), les départs auxiliaires prennent plusieurs dénominations :

- configuré en *post-fader* : départ effet ou écho ;
- configuré en *pré-fader* : retour scène, départs casques, *foldback* (retour) ;
- configuration *pré* ou *post-fader* (usage général) auxiliaire, *send* (envoi), *cue* (repérage).

Les limitations à respecter par rapport à la courbe des niveaux sont les mêmes que celles concernant les groupes et sous-groupes (§ 4.3.2).

✦ **Les insertions**

L'utilisation d'appareils périphériques de traitement impose fréquemment d'interrompre le cheminement de la modulation dans la voie de la console au niveau ligne (*figure 4.17*).

On dispose dans chaque voie d'une insertion qui est un point d'accès double :

- le point destiné à extraire la modulation afin de la diriger vers le périphérique appelé le « départ d'insertion » ;

- le point destiné à récupérer la modulation après qu'elle ait été traitée appelé le « retour d'insertion ».

La rupture du cheminement normal de la modulation entre ces deux points se fait lorsqu'un périphérique est inséré. La modulation transite toujours par ces points. En l'absence de traitement extérieur, il est nécessaire d'assurer la continuité interne entre le point de départ et le point de retour de l'insertion.

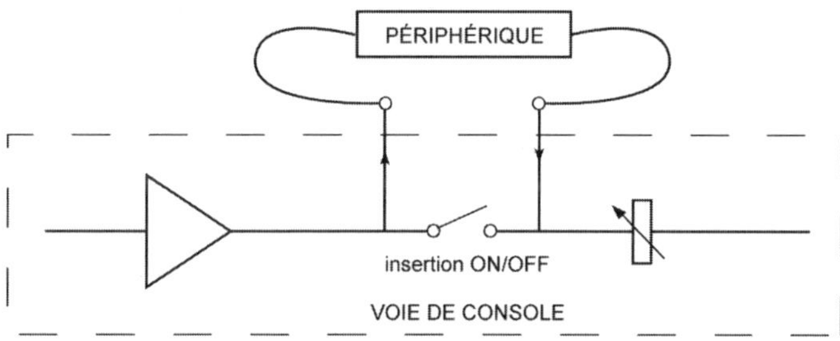

Figure 4.17 – Principe de l'insertion d'un périphérique dans une voie de console.

Sur les grosses consoles, lorsque le panneau de brassage « patch » est éloigné, un interrupteur à poussoir permet de mettre en service ou de supprimer l'insertion, autorisant ainsi facilement la comparaison « signal traité/signal non-traité ». Cet interrupteur permet aussi d'éviter que la modulation ne transite inutilement vers des éléments extérieurs.

Néanmoins la sortie d'insertion est toujours disponible, ce qui permet de disposer d'un départ supplémentaire ou de prérégler l'effet connecté.

Sur la plupart des matériels, l'insertion se fait au niveau ligne, sous faible impédance et symétrique, sinon au niveau nominal de la console.

Sur les petites consoles, la commutation « insertion ON/OFF » n'existe pas toujours, aussi doit-on veiller à ce que la continuité du cheminement du signal soit assurée, en étudiant soigneusement la disposition du câblage.

Le point d'insertion se trouve généralement placé après le correcteur, avant le potentiomètre de voie, ainsi toute modification de niveau par le potentiomètre ne change pas le niveau de départ (ce qui pourrait changer le seuil de fonctionnement d'un périphérique inséré, tel un compresseur). Parfois, le point d'insertion peut être déplacé et positionné avant le correcteur, après les filtres. La sélection se fait de façon un peu semblable à la sélection *pré/post-fader* des départs auxiliaires, soit de façon permanente à l'aide de cavaliers internes, soit au gré de l'utilisateur, par une clef.

On rencontre aussi des points d'insertion dans les généraux ou (et) dans les groupes placés avant le potentiomètre de groupe.

D'autres points d'insertion destinés à des processeurs d'écoute (Dolby ou DTS) sont placés après les potentiomètres de groupe et avant le contrôle de volume d'écoute (voir § 4.5.2).

Une autre utilisation des points d'insertion est la suppression d'un élément de la console en panne : on peut parfaitement entrer une modulation au niveau ligne par le retour d'insertion et ainsi ne pas utiliser un étage d'entrée défectueux. On peut aussi utiliser le départ insertion comme une autre sortie de la voie prise avant potentiomètre.

En maintenance, les insertions permettent d'accéder ou d'isoler simplement et sans démontage les différents éléments de la console et sont donc une aide précieuse à la localisation d'une panne. En fait, l'insertion permet de reconfigurer le chemin normal de la modulation, et ses limites sont liées à l'imagination de l'utilisateur, dans la mesure où les niveaux d'entrée et de sortie ainsi que le respect de la phase des différents équipements sont compatibles.

✦ La baie de brassage, le patch

La console de mélange associée à l'ensemble de ses périphériques représente un grand nombre d'entrées/sorties.

Console :

- entrées micros, lignes ;
- sorties des généraux, des groupes, des départs auxiliaires (*cues*, écho) ;
- départ et retour des insertions.

Entrées et sorties des machines et périphériques :

- magnétophones, stations de montage, défileurs film, tourne-disques, compact disc, etc.
- entrées et sorties des périphériques.

Arrivées de lignes extérieures :

- lignes micro ;
- lignes d'interconnexions entre studios ;
- lignes PTT.

L'exploitant doit avoir la possibilité d'accéder rapidement et aisément aux points d'entrée et de sortie de chacun des appareils ; néanmoins l'installation de traitement doit présenter une configuration de câblage type pouvant convenir à la majorité des besoins.

Élément de patch, le câblage à l'arrière peut être symétrique ou dissymétrique suivant les cas.

Toutes les modifications du cheminement normal de la modulation (insertion d'un périphérique) doivent se faire simplement et avec la possibilité de revenir rapidement à la configuration « standard ».

Pour satisfaire à ces « contradictions », on fait transiter tous les points d'entrée et de sortie des équipements sur un panneau de connecteurs, dit panneau « de brassage », « de dicordage » ou encore « le patch (*dispatching*) ». Là sont disponibles toutes les modulations, et on s'arrange pour que les sorties et les entrées logiquement connectées entre elles soient placées en regard les unes des autres.

La configuration de base est établie par une liaison entre ces points d'entrée et de sortie. Cette liaison peut être réalisée soit automatiquement soit manuellement par un cavalier.

Un type de disposition permet l'extraction de la modulation sans coupure, on l'appelle *half-normaled* (demi-normal). Dans un autre arrangement moins utilisé, en position *normaled* (normal), la coupure du cheminement normal se fait aussi bien à l'extraction qu'à l'injection de la modulation.

À l'aide de cordons munis de fiches, il est possible de reconfigurer complètement l'installation. Chacune des modulations peut être prélevée sur les points correspondant aux sorties (départ), puis être réinjectée sur n'importe quel point de l'installation correspondant aux entrées (retour).

Généralement les points d'accès sont regroupés par type de signal ; par exemple toutes les sorties de magnétophones, de lecteurs CD ou d'arrivées extérieures sont placées sur une rangée, avec en face sur une autre rangée les entrées lignes de la console.

Le panneau de brassage peut être incorporé à la console ou extérieur. Dans le premier cas, les liaisons et le câblage restent internes à la console et sont donc largement simplifiés. Les périphériques sont raccordés à des connecteurs situés à l'arrière de la console et la liaison avec le patch se fait par des lignes appelées *ties lines*.

Pour réaliser les panneaux de brassages, plusieurs systèmes sont utilisés par connecteurs ou par matrice.

✧ Le jack

Le « jack » est le type de connecteur le plus répandu pour la réalisation de panneau de dicordage. La raison vient des nombreuses possibilités de contacts à coupure qu'offre son embase, permettant de résoudre de façon simple les impératifs de configuration de base du patch.

Il en existe plusieurs types :

- le jack mono, peu utilisé dans les installations professionnelles puisque ne permettant de transmettre que des lignes dissymétriques (*figure 4.18*) ;
- le jack stéréo, existant en différents diamètres : 6,35 mm, 4,5 mm, 3,5 mm et permettant de multiples types de câblages. Les caractéristiques de base du jack restent identiques (*figure 4.19*). Le plus fréquemment rencontré est le jack 4,5 mm « battam ».

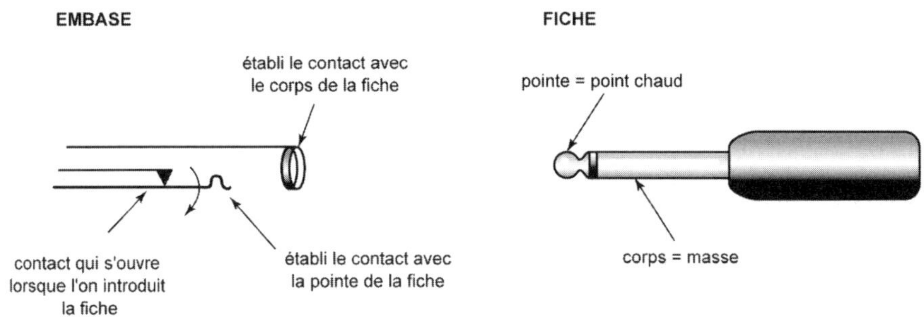

Figure 4.18 – Jack mono : embase de patch et fiche.

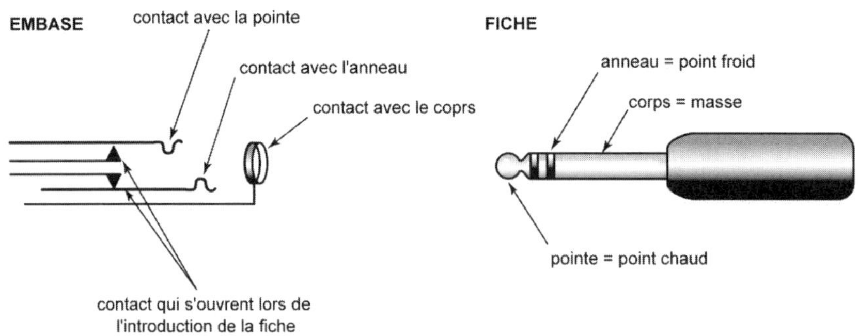

Figure 4.19 – Jack stéréo : embase de patch et fiche.

L'anneau peut avoir plusieurs fonctions :

- second canal, pour une liaison stéréo asymétrique ;
- retour de modulation (le départ se faisant sur la pointe), sur certaines consoles où les insertions sont dissymétriques et à bas niveau ;
- point froid, dans le cas de liaisons symétriques (il faut cependant remarquer que les installations dissymétriques bien faites utilisent l'anneau pour la masse et le corps pour l'écran).

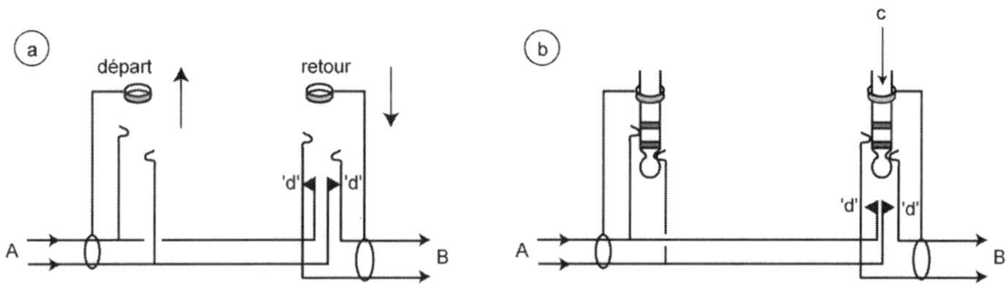

Figure 4.20 – Principe des jacks à coupure : en a) on utilise le départ en conservant la modulation A au point B alors qu'en b) on introduit un jack dans le retour qui fait coupure, la modulation C se retrouve en B et la modulation A n'est que sur le départ.

Les panneaux de dicordage réalisés avec des jacks sont remarquables de souplesse et de commodité d'emploi, puisque la configuration type est réalisée sans qu'aucune fiche ne soit utilisée, évitant ainsi nombre d'erreurs.

La seule réserve que l'on puisse faire est la fiabilité à long terme des contacts de coupure en raison d'agressions extérieures telles que les poussières, miettes, projections de liquides sucrés (coca-cola, café), mais aussi par des dépôts de goudrons de tabac et bien sûr l'oxydation de ces contacts. Cette faiblesse (toute relative) au niveau des contacts de coupure explique pourquoi on évite de faire transiter les lignes micros par un patch réalisé en jack.

✧ Les blocs FRB

Le FRB est utilisé lorsque la fiabilité des contacts prime sur la facilité d'exploitation, notamment en radio ou TV directe, où il ne peut être toléré la moindre coupure de modulation.

L'embase se présente sous la forme d'un bloc ayant trois, six ou neufs contacts femelles à ressorts. La fiche se présente de deux manières, soit sous forme d'un cavalier, le « pavé », réalisant la continuité entre quatre points d'embase (deux par deux), soit c'est une fiche ayant trois plots, avec laquelle sont réalisés les dicordages (*figure 4.21*).

Ce standard de connexion permet des liaisons symétriques, les contacts sont autonettoyants, mais c'est une solution coûteuse.

La configuration de base est réalisée avec des embases à neuf contacts, les pavés établissant les différentes liaisons. Il est donc indispensable, avant toute exploitation de s'assurer que tous les pavés sont en place ou que les liaisons nécessaires sont dicordées.

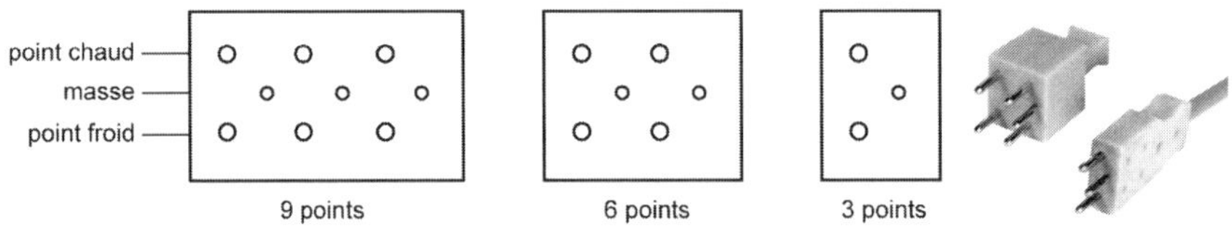

Figure 4.21 – Blocs FRB.

✧ Patch Ghielmetti

Un système assez semblable est le patch Ghielmetti, à mi-chemin entre le patch FRB, car il faut placer des « blocs » pour assurer la continuité, et le patch en jack pour la compacité. Il est de plus en plus utilisé dans les installations numériques (patch AES3).

Barrette de patch Ghielmetti.

✧ Patch BNC

Réservé auparavant aux installations vidéo, le patch BNC 75 Ω se rencontre fréquemment dans les installations audio, pour le brassage de signaux AES3Id et MADI.

On le trouve aussi pour le brassage de signaux complémentaires de réseaux, Aknet notamment. Dans ce cas, il faut s'abstenir de mélanger lignes de services et cordons, car les réseaux sont souvent en 50 Ω alors que la vidéo est en 75 Ω.

✧ Grilles et matrices

Un panneau de brassage peut aussi exister sous la forme d'une matrice XY avec les arrivées de modulation d'un côté et les départs de modulation de l'autre.

En analogique, les connexions se font :

- au moyen d'aiguilles qui établissent les contacts entre les colonnes et les rangées ;
- avec un ensemble d'interrupteurs ou de boutons poussoirs ;
- par des relais mécaniques (à bobine) ou statiques (transistors à effet de champ), commandés par une logique plus ou moins élaborée ou par microprocesseur, incluant des préprogrammations, interdictions, mémorisations, etc.

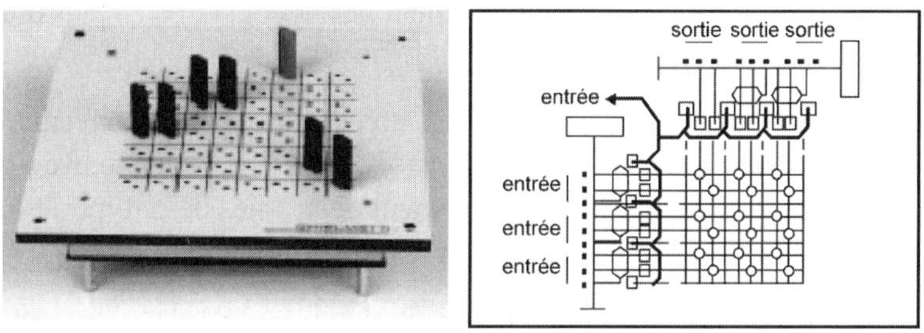

Grille manuelle de patch.

Cette grille ainsi constituée peut être réelle ou virtuelle dans le cas des consoles numériques.

Un grand nombre de consoles numériques disposent en interne de telles grilles : en entrée pour la sélection des sources vers les voies et en sortie pour diriger les groupes, départ auxiliaires, vers les médias de sortie (analogique, AES, MADI, etc.).

✦ Les retours d'effets

La modulation sortant des périphériques autres que ceux utilisés en insertion (chambres d'écho, retards) peut revenir dans la console par des voies normales ou par des voies spécialisées : les voies de retour.

Les voies de retour sont des voies simplifiées, sans préampli micro ni *trimmer* d'entrée, parfois sans correcteurs et un nombre de départs auxiliaires minimal. Elles sont parfois réduites à une entrée simplifiée avec un réglage de niveau (à potentiomètre rotatif) et un panoramique.

Cependant, sur certains matériels, on rencontre une fonction, le *spin*, qui permet de réinjecter la sortie du périphérique sur son entrée, sans passer par un départ auxiliaire, afin de réaliser facilement les effets de « réinjections ».

✦ **Les voies stéréo et autres voies**

Malgré le fait que les constructeurs s'efforcent de rendre les voies de leurs consoles les plus complètes et les plus universelles possibles, il n'est pas toujours souhaitable, pour une application donnée, d'avoir toutes ces facilités. Par exemple, en diffusion radio, les voies affectées aux sources préenregistrées (platine TD, CD, MD, magnétophone à bande ou à cassette) n'ont pas besoin d'être équipées d'un préampli micro ni d'un correcteur paramétrique complet. En revanche, l'exploitation y gagne en confort d'utilisation si ces mêmes voies sont stéréophoniques. Un seul potentiomètre (stéréo) contrôle les deux modulations gauche et droite. Ainsi, il est inutile de se soucier de la position des potentiomètres panoramiques comme il faudrait le faire en utilisant deux voies monophoniques, ceux-ci sont alors remplacés par des contrôles de balance et éventuellement de largeur stéréo en plus d'un inverseur de phase sur un canal.

Certaines de ces voies « stéréo » ont un clavier de sélection d'entrée où toutes les sources (au niveau ligne) sont connectées. Le passage d'une source à une autre se fait par simple sélection. Et avec seulement deux voies de ce type, les enchaînements s'effectuent très facilement.

Un potentiomètre rectiligne *cross-fader* (fondu croisé) placé horizontalement facilite cet enchaînement sur les consoles spécialisés (DJ).

4.4.2 *Les contrôles de la modulation*

Tout au long des opérations de traitement de la modulation, le contrôle des différents mélanges et des traitements individuels (retours d'effet ou corrections par exemple) doit pouvoir s'effectuer en permanence.

La console dispose d'un sous-ensemble, le *monitoring*, véritable centre de contrôle où l'exploitant peut choisir une modulation afin de la contrôler à l'écoute (et au VU-mètre).

Les points sur lequel porte le contrôle sont généralement :

- les sorties de la console : les généraux, les groupes, les départs auxiliaires ;
- les sorties de machines (magnétophones, *direct-to-disc*, CD...) ou les arrivées de lignes à usage permanent (retour d'antenne par exemple) ;
- les points de patch sur lesquels l'exploitant peut dicorder la modulation de son choix ;
- les points spécifiques à la console (solo, PFL... voir un peu plus loin).

Les modulations sont amenées au bloc de *monitoring* soit individuellement et de manière permanente par câblage interne, soit par différents bus (solo, AFL, PFL) qui regroupent toutes les modulations des voies sélectionnées. Il est important que les points où sont prélevées les modulations à contrôler soient choisis sur les points de retours d'insertion de groupe. Ainsi le contrôle s'opère bien après le traitement extérieur s'il y a lieu.

✦ Le monitoring

Le contrôle de la modulation fait appel à deux sens, la vue et l'ouïe qui sont complémentaires, l'un d'un point de vue quantitatif et le second d'un point de vue qualitatif.

✧ Le contrôle d'écoute

On ne saurait concevoir une installation audio sans moyens d'écoute. Cependant, ce contrôle ne revêt pas un caractère universel puisqu'il est dépendant de tous les problèmes liés à l'acoustique du lieu d'écoute, au choix des amplificateurs et des enceintes de contrôle... Il y a donc lieu de soigner particulièrement cet aspect du studio afin de ne pas être trompé par une écoute trop « colorée ».

De plus, le niveau d'écoute n'est pas calibré sauf sur les installations de mixage cinéma, où le lieu de reproduction est, sinon connu, du moins appréhendé. Il faut donc que l'ingénieur du son prenne des repères afin, par exemple, de ne pas se faire surprendre par des différences de niveau entre plusieurs prises.

La modulation à écouter est sélectionnée sur un clavier (*figure 4.22*).

Cette modulation est ensuite dirigée vers le potentiomètre de réglage de niveau, puis vers deux clefs :

- la coupure d'écoute (*Mute*) ;
- l'atténuation d'écoute (Dim), fixe (– 20 dB) ou variable par potentiomètre.

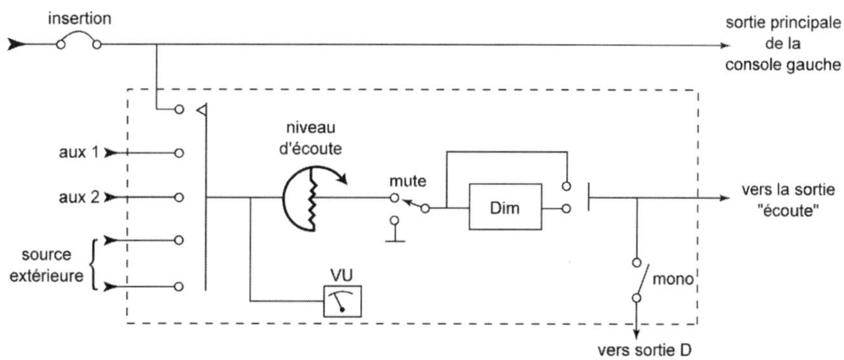

Figure 4.22 – Étage de sortie monitoring d'une console.

Ces deux fonctions permettent d'intervenir temporairement sur le niveau d'écoute, sans retoucher le volume principal.

Une dernière clef commande le mélange des sorties droite/gauche pour une écoute en monophonie (contrôle de phase ou production pour la télévision).

La modulation est ensuite dirigée vers la sortie d'écoute de la console (*via* les circuits habituels, *buffer*, symétriseur, etc. pour les consoles analogiques et les convertisseurs pour les consoles numériques).

Il y a lieu d'être particulièrement vigilant lors de l'installation d'une console numérique si l'on souhaite une réserve de gain d'écoute, par exemple de 10 dB, cela implique une atténuation de 10 dB du signal sortant par rapport au niveau nominal et donc une dégradation du rapport signal/bruit d'autant. Aussi, certaines consoles numériques ont-elles un réglage d'écoute analogique qui est en réalité un décalibrage du convertisseur de sortie.

Il y a parfois un deuxième départ d'écoute, ayant son propre sélecteur, et destiné à l'envoi d'un retour d'écoute vers le studio ou une cabine de *speaker* (*Studio Loudspeaker* : SLS).

Ce départ est alors muni d'une sécurité, coupant l'écoute lorsque l'installation est en enregistrement ou à l'antenne (appelé sur certaines consoles « *On Air* » ou « TX »).

✧ Le contrôle visuel

La précision du contrôle visuel ne vaut que celle des appareils de mesure utilisés : le VU-mètre et le crête-mètre. Le calibrage de ces instruments est donc indispensable pour une bonne exploitation.

Sur les consoles numériques, l'indication de niveau des crête-mètres est donnée en dBFS (*full-scale*) qui indique la réserve avant saturation. Par exemple, le niveau de travail de – 20 dBFS, indique une réserve de 20 dB avant saturation (voir § 1.5.5).

Cette indication est fiable dans tous les cas, puisque l'on visualise la valeur des échantillons numériques et non pas une tension issue d'un signal audio redressé électriquement !

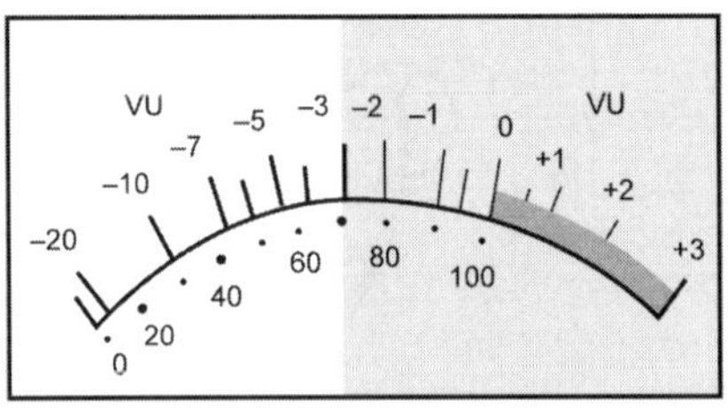

Figure 4.23 – VU-mètre.

La modulation est choisie à l'aide d'un clavier de sélection, puis dirigée vers l'appareil de mesure ; la sélection suit le plus souvent le contrôle d'écoute. La liaison vers l'appareil de mesure est alors placée directement après le clavier de sélection, sans passer par le *mute*, le DIM ni la mise en mono. Dans ce cas seulement la modulation visualisée est la même que celle écoutée, avant toute intervention sur le niveau.

✦ Le contrôle dans les voies

Le contrôle visuel et surtout auditif de points remarquables de la console (voies, groupes, départs…) est assuré par différentes fonctions AFL, PFL et solos.

✧ AFL, PFL

Ces fonctions permettent de contrôler les modulations au niveau de chaque voie de la console. La modulation est sélectionnée avant le potentiomètre de voie avec le PFL (*pré-fader listen*) qui permet le repérage sans avoir à ouvrir le potentiomètre de la voie ou du groupe, alors qu'elle est choisie après le potentiomètre en AFL (*after-fader listen*) qui donne un contrôle individuel de la voie avec le respect du niveau (*figure 4.24*). On utilisera le PFL (appelé aussi *overpress* lorsqu'il se situe sur le *fader* en position fermée § 4.1.2) pour écouter par exemple un instrument ou un chanteur avant que ce dernier n'entre sur scène ou ne soit diffusé par la sonorisation. En revanche, on utilisera l'AFL pour vérifier le niveau d'un instrument au milieu des autres, pour l'isoler simplement du mélange mais en gardant son niveau de diffusion ou d'enregistrement.

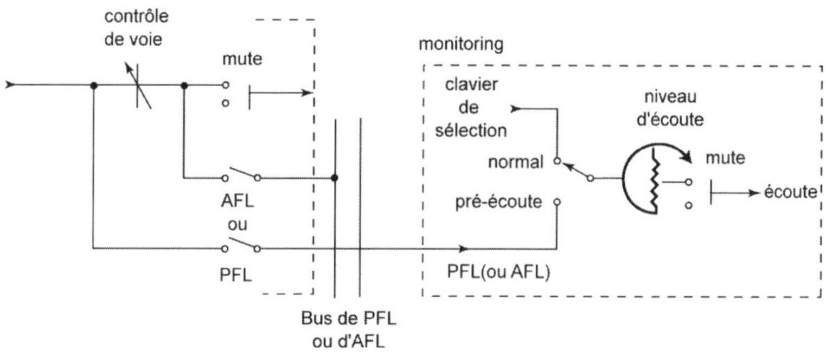

Figure 4.24 – Principe de fonctionnement de l'AFL et du PFL en post et pré-fader.

✧ Les solos

Si l'utilisation du solo est la même que celle des AFL et PFL la fonction et les effets diffèrent considérablement. À l'appel de la fonction solo sur une voie, toutes les autres voies sont coupées (*cut* ou *mute*). Ainsi il ne reste sur les généraux que la modulation présente sur la voie mise en solo.

Cette fonction présente l'avantage de permettre le contrôle exact d'une (ou plusieurs) modulation dans son cheminement normal à travers la console, avec le respect des niveaux, du positionnement gauche/droite, des groupes, etc.

Mais le solo présente un certain danger s'il est activé par mégarde en cours d'enregistrement ou de diffusion. Aussi, pour éviter toute coupure, il existe une sécurité (Solo safe, *On Air*, *Tx*) qui inhibe la fonction ou la transforme en fonction AFL.

Des variantes du solo peuvent être :

- *Interlock* : la mise en solo d'une voie déconnecte celle qui est en solo (mode normal) ;
- *Sum* : les voies mises en solo sont sommées et on peut ainsi isoler tout ou partie des voies ;
- *Solo isolate* : une voie placée dans ce mode n'est pas coupée par la mise en solo d'une autre voie ; fonction utilisée notamment sur les voies utilisées pour des retours d'effets ;
- *Solo group* : dans ce mode, plusieurs voies peuvent êtres mises en solo simultanément, par exemple pour écouter l'ensemble des micros de prise d'une batterie ou les six canaux d'un son spatialisé.

Un contrôle Maître *Solo Clear* permet de désactiver tous les solos actifs.

✧ Les indicateurs de surcharge

Afin de prévenir des risques d'écrêtage, un indicateur de surcharge (*overload*) constitué d'un simple voyant (diode électroluminescente) est souvent placé sur chaque voie.

La surveillance de la modulation se fait généralement à la sortie du correcteur, mais peut porter parfois sur plusieurs points simultanément : la sortie de l'étage d'entrée (préampli micro/ligne), le correcteur et après le potentiomètre de voie. Les différents signaux prélevés à ces points sont mélangés avant d'attaquer l'indicateur de surcharge.

Certaines consoles ont un indicateur lumineux sur chaque voie destiné uniquement à signaler la présence d'une modulation, sans aucune indication de niveau. Il est bon de s'assurer du mode de fonctionnement d'un tel voyant afin de ne pas l'utiliser comme un crête-mètre !

✦ Le réseau d'ordres et de communication

Une des liaisons entre l'exploitant et le studio (ou le plateau) se fait par un microphone (micro d'ordres) disposé en cabine et un réseau de haut-parleurs placés dans le studio.

Dans ce type de liaison il est nécessaire de prévoir deux sécurités :

- la mise en service dans le *monitoring* de l'atténuateur d'écoute de 20 dB (le DIM) lors d'envoi d'ordres, ceci afin d'éviter tout accrochage (effet Larsen) entre les micros et haut-parleurs mis en œuvre (le micro d'ordre et les écoutes de la cabine technique, les micros de plateau et les haut-parleurs d'ordres). C'est une sécurité permanente qui est mise en service automatiquement dans pratiquement tous les cas d'envoi d'ordres, car elle facilite en plus la compréhension des ordres ;
- une sécurité d'exploitation destinée à éviter le déclenchement intempestif d'ordres en cours de séance (fausse manœuvre ou erreur). Cette sécurité consiste en l'interdiction pure et simple de l'envoi d'ordres par ce réseau (Rouge, *On Air*, TX).

Ce type d'envoi d'ordres peut être étendu, le départ se faisant dans plusieurs directions par l'intermédiaire d'un clavier de sélection, et se rapproche d'un système d'interphonie.

Sur d'autres réseaux, les ordres utilisent les mêmes circuits que la modulation :

- l'envoi d'ordres dans le réseau casque pour les interprètes jouant dans le studio ou bien pour une liaison avec un autre studio. Ce départ se fait par l'intermédiaire des départs auxiliaires, avec une clef d'envoi par départ ou plus simplement l'envoi des ordres vers l'ensemble des auxiliaires, avec une seule clef de commande. La seule sécurité est la mise en service du DIM ;
- l'envoi d'ordre dans les généraux et les groupes (*slate*) est destiné aux préparations de séances ainsi qu'à l'envoi (par exemple) de commentaires de l'exploitant sur la bande magnétique entre deux prises d'enregistrement.

✦ L'oscillateur

Un oscillateur est souvent incorporé à la console ; ce module comprend un réglage du niveau et un choix de fréquence ajustable. Il peut aussi y être incorporé un générateur de bruit rose qui permet ou facilite certaines opérations de maintenance :

- le réglage de certains équipements avec par exemple l'alignement des magnétophones ;
- des opérations de calibrage ;
- le contrôle de continuité de différentes liaisons, de ruptures, de courts-circuits, d'inversion de phase, etc.

Associé avec un analyseur de spectre, le bruit rose permet aussi un contrôle de la courbe de l'écoute.

4.5 L'assistance au mixage

4.5.1 *Commande à distance*

Pour compléter et contourner les limitations des groupes audio (§ 4.2), l'audio ne passe pas par le potentiomètre de la voie de console, ni par un *fader* de groupe mais par un dispositif situé dans chaque voie, à la place du *fader*, et dont le gain est commandé à distance.

✦ Le VCA

Le VCA (*Voltage control amplifier*), dont le nom vient des consoles analogiques, est à l'origine un amplificateur dont le gain est contrôlé sur une plage de – ∞ à + 10 dB par une tension ; le curseur d'un potentiomètre connecté entre une tension de référence et la masse prélève une tension qui correspond à sa position, et contrôle un VCA (*figure 4.25*). Par extension, on désigne ainsi un amplificateur contrôlé à distance.

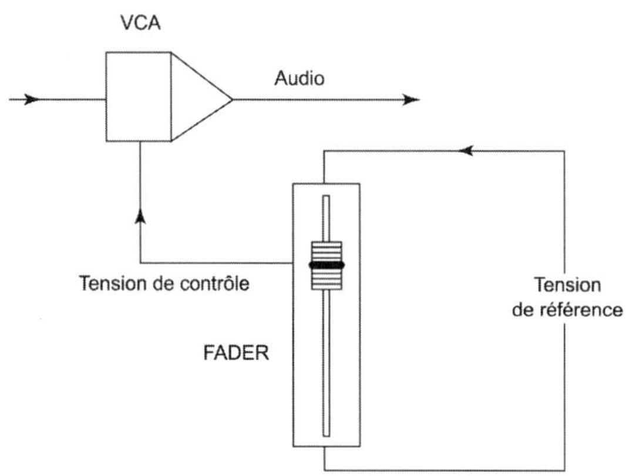

Figure 4.25 – Le VCA est un amplificateur dont le gain est commandé à distance.

Grâce au VCA, un « *fader* maître » contrôle le niveau audio de plusieurs voies sans que les modulations de ces voies ne soient mélangées. De plus, chaque voie conserve son contrôle de niveau propre (*figure 4.26*) mais, pour conserver les niveaux de sortie de chaque voie, il faut positionner le *fader* maître à 0 dB.

Le contrôle du groupe VCA peut s'effectuer soit à partir d'un *fader* dédié (*hardware grouping*), soit en utilisant un des *faders* d'une voie incluse dans le groupe (*software grouping*), qui joue alors le rôle de maître (fonction applicable dans le cas d'une console disposant de *faders* motorisés).

Si l'on désire que n'importe quel *fader* de voie du groupe puisse jouer ce rôle, il faut alors sélectionner la fonction *Gang* (appelé aussi parfois *Link*).

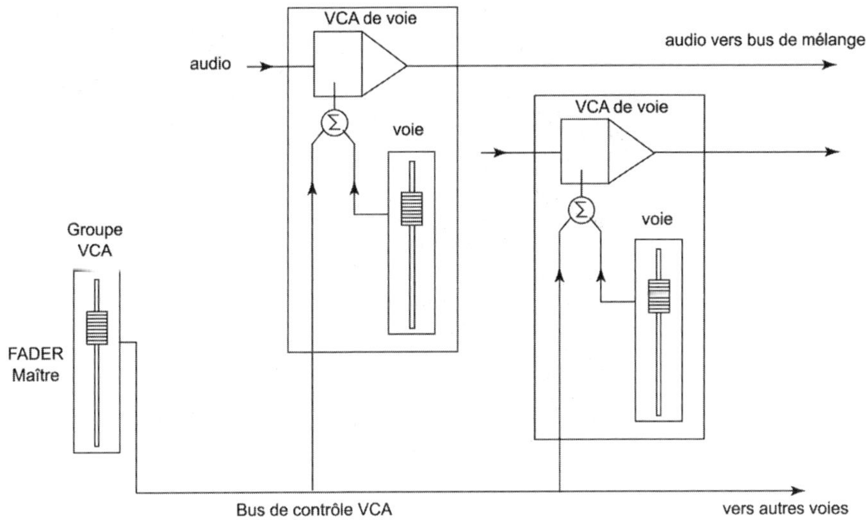

Figure 4.26 – Groupes et sous-groupes VCA : un fader maître contrôle plusieurs voies équipées chacune d'un VCA : un groupe virtuel est ainsi créé.

Lorsqu'un groupe est constitué, les fonctions de solos (voir § 4.3.1) et coupure de voies (*mute*) sont gérées par le maître VCA, ainsi la mise en solo ou la coupure agit sur l'ensemble des voies du groupe.

Dans une console numérique le principe est par nature le même que celui d'une commande à distance : commande située sur une surface de contrôle et traitement audio distant (voir *figure 4.2*). Par extension, chaque contrôleur de la console peut être affecté d'une adresse d'entrée et de sortie pour communiquer avec l'extérieur *via* un réseau Ethernet ou un canal MIDI.

✦ Visualisation du gain réel

Pour connaître le gain réel appliqué au signal, il suffit, dans une console analogique, de visualiser les tensions de commande des VCA, soit en commutant les VU-mètres de la console pour qu'ils affichent des tensions, soit en disposant un galvanomètre ou encore une échelle lumineuse à côté du potentiomètre.

Dans une console numérique, des solutions semblables sont utilisées : affichage en clair dans une fenêtre placée à proximité du contrôleur, échelle ou couronne lumineuse ou encore *fader* virtuel sur un écran.

Une autre solution est le potentiomètre motorisé, qui, créé par Neve en 1975, fut à l'époque une révolution.

Ce dispositif est utilisé principalement pour les *fader*s de voies et de groupe. Le réglage du niveau est visualisé directement par le positionnement du *fader*.

Affichage du gain par couronne lumineuse (doc. Soundcraft « broadway »).

La tension prélevée par le curseur du potentiomètre est comparée avec cette même tension sommée avec celle du maître VCA. Si le maître VCA est positionné à 0 dB, sa tension est égale à 0, le comparateur compare alors deux tensions identiques. Donc le déplacement manuel du fader ne perturbe pas cet équilibre et le moteur n'est pas actionné.

En revanche, tout écart de la tension du maître VCA sera interprété par le comparateur et transmis au moteur, afin de rechercher l'égalité des tensions en positionnant le potentiomètre (*figure 4.27*).

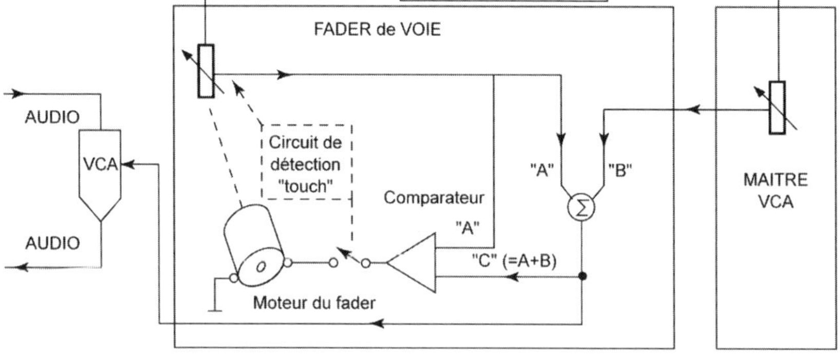

Figure 4.27 – Potentiomètre motorisé analogique.
Le fader montre le gain réel appliqué au VCA de la voie.

Lors de la modification locale du niveau, un circuit (*touch*) détecte par effet capacitif lorsque le potentiomètre est touché et déconnecte le moteur.

De par son principe, le circuit *touch* ne fonctionne que si le *fader* a été touché par un doigt ; il ne détecte pas lorsqu'il est touché par autre chose, un stylo par exemple. En cas de blocage accidentel du *fader* une protection déconnecte le moteur.

4.5.2 *L'automation*

L'automation, improprement appelée « mixage automatique », est en fait une assistance au mixage qui permet la mémorisation, puis la restitution automatique de réglages prédéfinis par l'exploitant.

Pour qu'un réglage puisse être automatisé, il faut qu'il soit conçu comme un système à VCA dans lequel on intercalerait un processeur entre le dispositif de contrôle (potentiomètres, boutons poussoirs...) et le VCA.

Ce processeur est chargé de mémoriser le réglage, puis de le restituer (*figure 4.28*) vers l'audio et le dispositif de visualisation.

Ce sont les consoles des studios multipistes qui ont été les premières équipées d'un système d'automation. Le nombre de voies à contrôler, devenu plus important avec les magnétophones 24 puis 48 pistes, a multiplié le nombre de manipulations : ouvertures et coupures de voies, mouvements des potentiomètres, départs vers les effets, corrections, etc.

L'automation s'applique, pour les consoles les plus simples, aux réglages de niveau (des potentiomètres de voie et des généraux) ainsi que les coupures de voie (*mute*).

L'évolution de la technologie vers le numérique a permis d'automatiser l'ensemble des fonctions pour les consoles les plus sophistiquées : départs auxiliaires, correcteurs, panoramiques, affectations du *routing*, etc.

Deux principes très différents mais complémentaires participent à une automation : l'automation statique et l'automation dynamique.

✦ Automation statique : *snapshots*

Il est possible de mémoriser des scènes figées, comme si on prenait une photographie d'un état (une configuration) de la console. Ces instantanés couramment appelés « *snapshots* », ou parfois « mémoires, scènes ou *recall* » peuvent ensuite êtres utilisés pour rappeler automatiquement une configuration mémorisée.

La quantité de commandes mémorisées dépend de la technologie de la console. Elle est totale dans le cas des consoles numériques et permet le rappel de tous les contrôleurs. Sur les consoles analogiques, utilisant les VCA, elle est généralement limitée, aux *faders* de voies et groupes[1] et boutons poussoirs permettant les commutations En/Hors (*On/Off*) ; mise en service des correcteurs, départs auxiliaires, insertions, *routing*.

Les *snapshots* sont souvent utilisés au théâtre pour le rappel de différentes scènes préparées pendant les répétitions, ou en sonorisation lors du changement de balance d'un groupe.

En auditorium, ils permettent de créer un « état » de la console pour débuter un mixage ou pour rétablir les réglages d'un plan précédent.

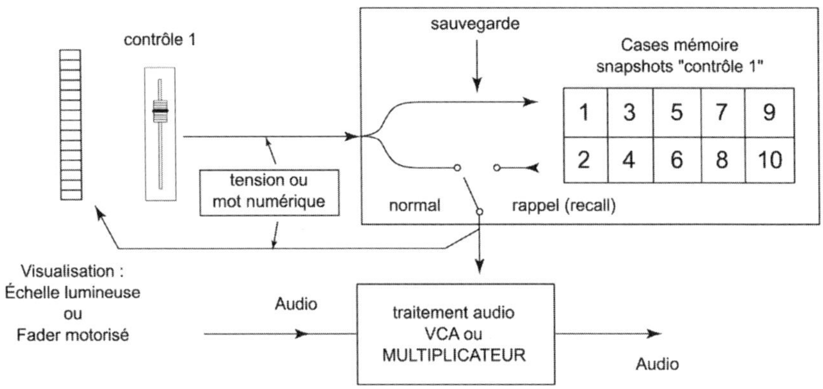

Figure 4.28

La valeur du contrôle est stockée à la demande dans la mémoire du processeur. Lors du rappel, elle est appliquée simultanément au contrôleur audio et à la visualisation.

Certaines consoles offrent la possibilité de « filtrer » les *snapshots* en permettant de ne rappeler que quelques-uns des paramètres, par exemple uniquement les positions des potentiomètres de niveau ou des correcteurs, en laissant inchangés les réglages d'entrée (*trimmer*), les départs auxiliaires, etc.

Il est même possible de copier des paramètres d'une voie à l'autre, par exemple positionner les *faders* de plusieurs voies à 0 dB ou préparer une correction de base identique sur plusieurs voies par simple copie.

Lors de la saisie d'un *snapshot*, le processeur enregistre la date et l'heure de création et donne par défaut un nom (*snapshot* 1, *snapshot* 2...) que l'utilisateur peut modifier (nom du titre, de la scène, du groupe...). En éditant et en nommant ces

1. Cette fonctionnalité ne doit pas être confondue avec le « *total recall* » que l'on rencontre sur les grosses consoles multipistes et *live* analogiques qui est une aide statique au rappel manuel, par comparaison sur un écran, commande par commande, d'une configuration mémorisée.

snapshots on peut créer des bibliothèques de réglages, de configuration de base, de réglage de correcteurs, de valeur de compression… et ainsi personnaliser la console pour chaque utilisateur.

Un autre élément important est la gestion des *snapshots* sous forme de listes hiérarchisées. Par exemple, pendant les répétitions d'un spectacle vivant, le régisseur peut mémoriser les états de la console par ordre de création dans la « liste des *snapshots* ».

Ces listes sont locales ou générales, c'est-à-dire ouvertes à l'utilisateur en cours (et/ou d'autres utilisateurs) ou bien protégées contre l'effacement, etc.

Ensuite, pour la bonne exécution du spectacle, le régisseur peut classer les *snapshots* globaux ou filtrés dans une liste d'exécution « *events list* » (liste d'événements).

Cette liste peut aussi contenir des commandes d'autres équipements en MIDI, en Sony 9p (voir chapitre 7) ou l'ouverture/fermeture de relais (GPIO : *General purpose In/Out*).

Une autre liste, la « *cues list* », sert à noter des points de repère temporels « *cue* » en référence au code AES/EBU, MTC…, il devient possible d'automatiser complètement l'exécution des *snapshots* en fonction d'un code temporel.

✦ Automation dynamique

Dans un système d'automation dynamique, la mémorisation, puis la restitution des variations des différents réglages se fait en temps réel, selon le mode d'automation : écriture ou lecture.

On peut imaginer un multipiste dédié à la mémorisation des réglages, connecté à la console et possédant une piste par réglage (commande) automatisé.

Pour créer une automation dynamique, il suffit alors de disposer des fonctions ; *Replay, Ready, Record*, afin de placer les pistes des réglages à automatiser en lecture ou en enregistrement et de faire défiler ce multipiste en synchronisme avec le signal audio correspondant.

Dans les consoles actuelles, le multipiste est virtuel[1] et possède un enregistrement non destructif, c'est-à-dire que la mise en enregistrement d'une piste n'efface pas

1. Dans les premiers systèmes d'automation, les données étaient multiplexées et enregistrées (en alternance) sur deux pistes (une en lecture, une en enregistrement) du magnétophone multipiste raccordé à l'installation. Ce système semblait parfait, puisque chaque bande conservait l'automation des données audio qu'elle contenait. Mais les opérations nécessaires de multiplexage/démultiplexage à chaque passe entraînaient un décalage dont le cumul rendait la précision des mouvements incertaine…

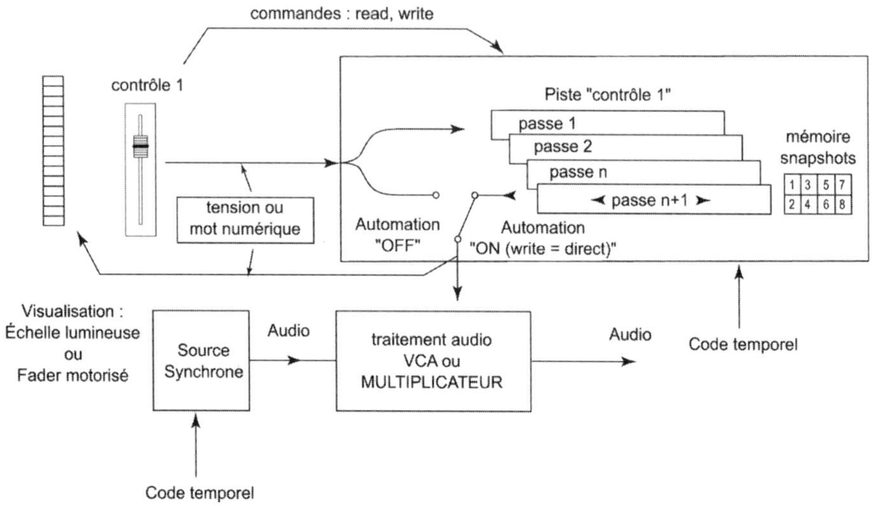

Figure 4.29 – Automation dynamique : un bouton placé à côté du (ou sur le) contrôleur sélectionne le mode : écriture ou lecture.

les données présentes sur cette piste, mais les place dans une « sous-piste » où il est possible de les récupérer en cas de changement d'avis ou d'erreur.

Pour assurer un parfait synchronisme entre l'audio et les données, l'automation défile toujours en relation avec un code temporel (SMPTE/EBU ou MTC), et cette même référence temporelle doit aussi être utilisée pour synchroniser les sources audio (magnétophone multipiste, éditeur *Direct-To-Disk*, lecteur vidéo pour le travail à l'image, etc.). Afin de permettre une mémorisation et une restitution précise des différents mouvements des potentiomètres, l'ensemble des voies de la console est examiné 25 fois par seconde (temps de traitement d'une image).

Afin que les fonctions d'automation puissent remplir parfaitement leur rôle, il faut que les manipulations qu'elles nécessitent n'alourdissent pas la tâche de l'utilisateur et qu'elles soient les plus intuitives possible.

Le mode d'enregistrement/lecture « *drop-in, drop-out* » est commandé par un bouton placé à côté ou directement sur le contrôleur (en appuyant dessus), dont la fonction change en suivant le mode en cours ; enregistrement lorsque l'automation est en lecture, *AutotakeOver* ou *AutoGlide* (voir « phases de modification ») lorsqu'elle est en enregistrement, etc.

Avec les *faders* motorisés, on utilise la fonction « *touch* » (voir § 4.5.1 « Les VCA ») pour basculer en mode « enregistrement ».

La mise en enregistrement simultané de plusieurs contrôles préparés est possible avec la fonction « *Global Drop-In* » ou « *Master Touch Record* »[1].

Sous automation, les différents contrôleurs (potentiomètres, poussoirs…) n'agissent plus directement sur le traitement audio puisque tout contrôle passe d'abord par le multipiste virtuel pour être mémorisé et éventuellement effacé.

Ainsi la position ou le réglage d'un contrôleur peut être perdu si l'automation est mise en lecture avant que cette position ne soit mémorisée ! Il faut en effet enregistrer avant de relire !

Aussi l'utilisateur devra-t-il soigneusement choisir le mode de fonctionnement en relation avec l'étape du travail en cours.

✦ Les modes de base d'automation

✧ Écriture (*Write, record*) : mémorisation des données

Lorsque l'automation est mise en enregistrement, les positions des contrôleurs sont enregistrées dans la mémoire en relation avec le code temporel et simultanément transmises à l'unité de traitement audio et à la visualisation.

Chaque enregistrement prend le nom de « passe » qui, pour faciliter un rappel ultérieur, peut être nommée ou simplement laissée avec la numérotation donnée par défaut.

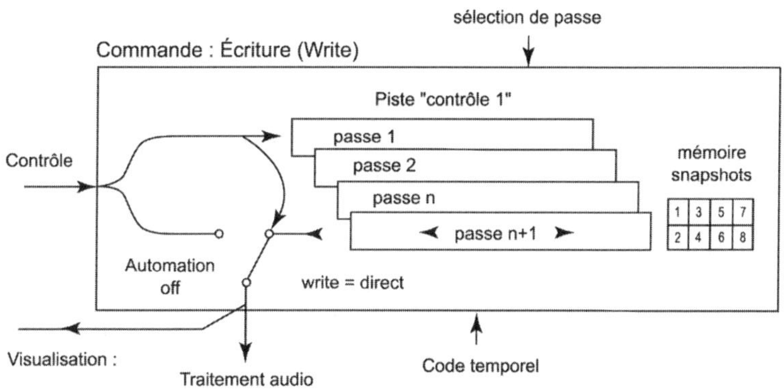

Figure 4.30

En mode écriture, les données sont enregistrées et envoyées simultanément vers le traitement audio et la visualisation du contrôle. Le numéro de passe est incrémenté automatiquement.

1. Il est difficile de nommer les fonctions d'automation, chaque constructeur offrant « sa version » de fonctions semblables, avec une multitudes de variantes, chacun essayant, souvent avec bonheur, d'apporter son petit « plus ». L'inconvénient pour l'utilisateur passant d'une console d'un fabricant à l'autre est que parfois deux fonctions identiques ont des noms différents, mais aussi l'on trouve des fonctions différentes avec le même nom !

✧ **Lecture (*Read* : *replay*) : phase de restitution des données**

La phase de restitution des données qui ont été préalablement mémorisées.

Lorsque le système est en lecture, les positions des contrôleurs sont ignorées et celles stockées dans la mémoire sont transmises à l'unité de traitement audio et à la visualisation ; par le processeur, en synchronisme avec le code temporel.

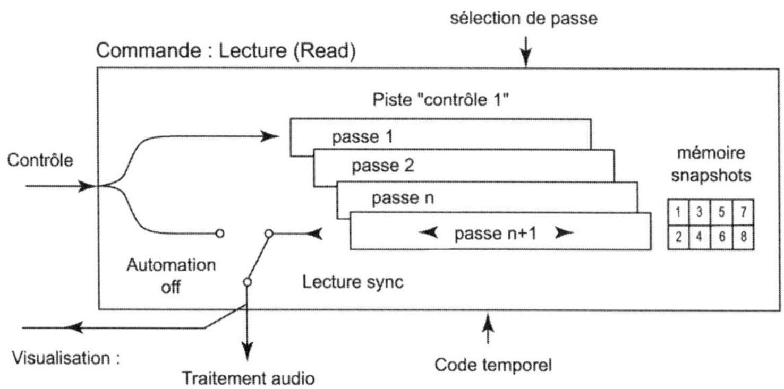

Figure 4.31

En mode lecture, les informations mémorisées sont appliquées au traitement audio et restituent les niveaux et leurs variations enregistrées. Les positions des contrôleurs sont également restituées.

✧ **Cas particulier de la 1re passe**

On rencontrera au cours d'une séance de mixage automatisé une phase particulière qui est la mise en marche de l'automation. Le système ignore le nombre de voies utilisées et sa mémoire est vide, aussi tous les contrôleurs reviennent-ils à 0 [1]. C'est la raison pour laquelle sur certaines consoles, l'ensemble des *faders* motorisés revient brutalement à – ∞ et les positions des réglages, donc les essais préalables avant la mise en marche de l'automation, sont perdues !

Aussi sur de nombreuses consoles, à la mise en service de l'automation, lorsque l'on appuie sur le bouton « *automation ON* », la séquence réellement réalisée par le processeur est la suivante :

- prendre un *snapshot* de l'état de la console ;

1. Ce cas de figure ne concerne pas les consoles virtuelles intégrées dans les éditeurs de montage puisque le nombre de voies d'un tel mixeur est le reflet exact du nombre de canaux utilisés. L'automation d'un tel éditeur a dans sa mémoire des informations enregistrées par défaut. et toutes les voies sont ouvertes et les *faders* préréglés à 0 dB.

- mettre l'automation « en service ». La mémoire étant vide, tous les contrôleurs reviennent à 0 ;
- restituer immédiatement le *snapshot* mais cette fois-ci sous automation !

Cette séquence est automatique et transparente pour l'utilisateur. La position de chaque contrôleur est conservée (mais n'est mémorisée que si l'automation est mise en enregistrement !), et l'utilisateur peut, à son gré, appeler un autre *snapshot* pour démarrer la séance ou une automation déjà commencée.

Il faut ensuite faire défiler l'automation en écriture (*write*) pour mémoriser la 1re passe.

Si cette 1re passe d'automation n'est pas écrite jusqu'à la fin du titre, lors de la relecture, l'ensemble des contrôleurs se remet automatiquement à zéro dès que l'on passe dans la zone non enregistrée (*virgin territory*).

Afin d'éviter une passe fastidieuse sur l'ensemble du titre, les automations offrent des modes *write to end* ou *overwrite* permettant de gagner du temps et d'écrire automatiquement la dernière valeur en mémoire jusqu'à la fin du titre (voir phases de modifications, fonction « *fill* » *figure 4.36*).

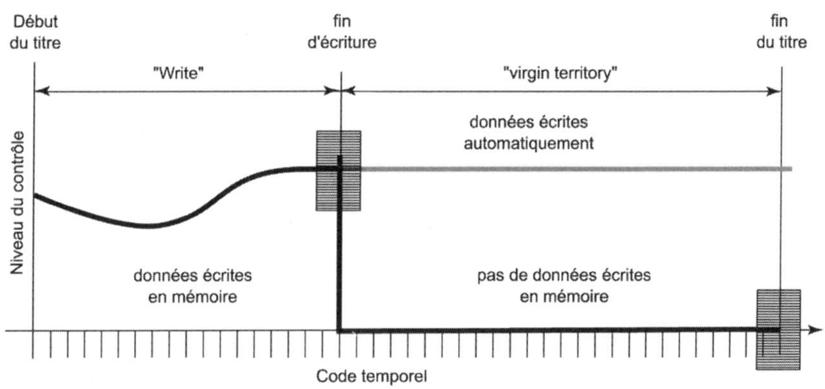

Figure 4.32

1re passe d'automation, le mode write to end remplit l'automation avec la dernière valeur, sans avoir à défiler jusqu'à la fin.

✦ La séance de mixage automatisée

✧ Mixage par « passes »

L'automation dynamique permet la réalisation d'un mixage par étapes, commençant par une première passe d'écriture, sorte de dégrossissage (niveaux approximatifs des différentes pistes…) suivi de plusieurs passes de corrections qui permettent d'affiner le mixage avec des variations de réglages dans le temps (*figure 4.33*).

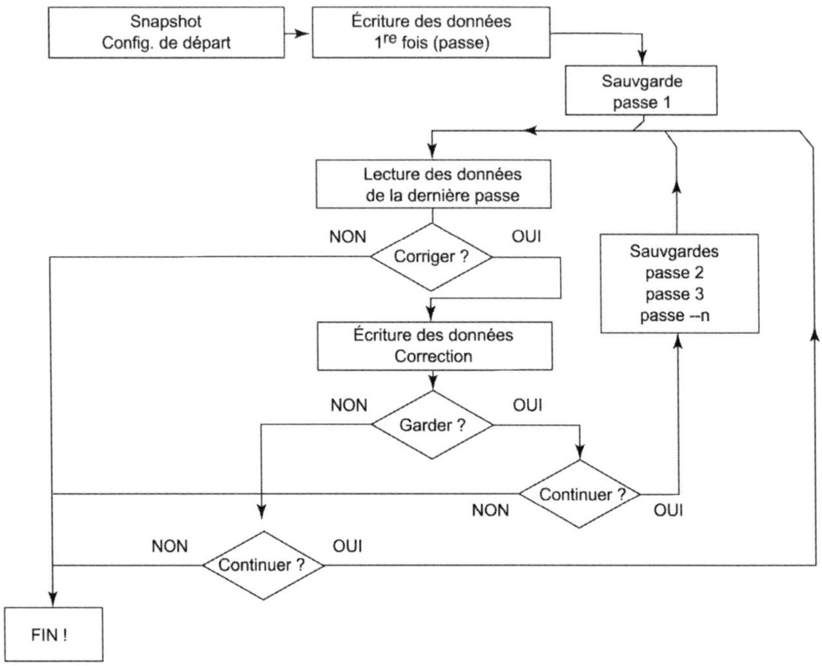

Figure 4.33 – Organigramme de fonctionnement de l'automation.

Ainsi, chaque passe sert de base à la passe suivante.

Toutes les passes étant automatiquement mémorisées et conservées, l'exploitant peut ainsi revenir à tout moment à une version précédente.

Cette méthode de travail s'apparente à celle employée avec un traitement de texte où il est toujours possible de modifier un texte et d'en mémoriser la dernière version sans toutefois effacer la précédente.

✧ Gestion des fichiers

Les informations sont stockées dans le disque interne du système.

Pour en faciliter la gestion, elles sont, comme pour l'automation statique, organisées de façon rationnelle dans des dossiers, sous-répertoires… pouvant contenir des informations complémentaires.

Pour toutes les informations, l'heure et la date de création sont conservées, permettant une recherche ultérieure aisée.

Les informations de TITRE, MIXE et de PASSE sont de plus référencées par rapport au code temporel : heure de début, heure de fin.

Ainsi, il est possible de retrouver les données concernées entre 00:00:00:00. et 23:59:59:24.

✦ Phases de modifications

✧ Recherche d'un réglage fixe

En mode Écriture (*write*), les données sont enregistrées en permanence. Cette méthode n'est pas adaptée à la recherche d'un réglage ; par exemple pour une correction (filtrage), seul le résultat est intéressant et est conservé, alors que les étapes permettant d'y arriver risquent de gêner la recherche.

Un mode *preview* déconnecte provisoirement le contrôle de l'automation, permet la recherche, et de plus protège de l'effacement les données situées avant et après les points limites !

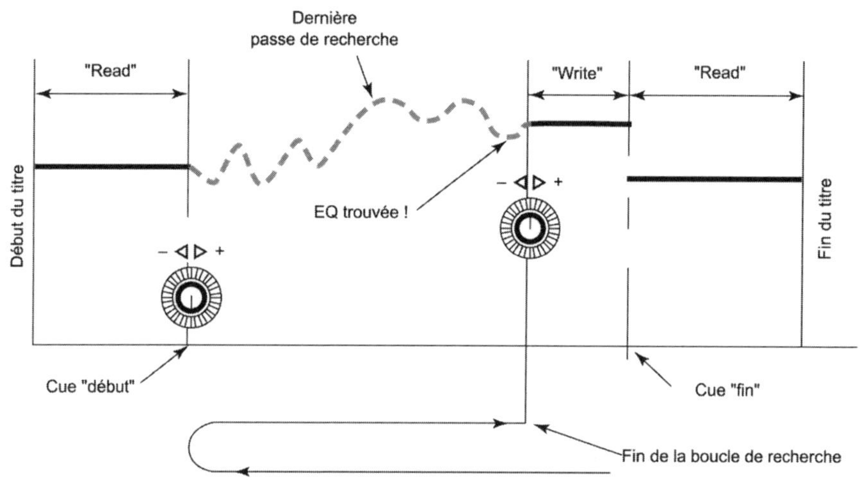

Figure 4.34

Lorsque le bon réglage est trouvé, il faut écrire jusqu'à la fin de la boucle, mais le début n'est pas écrit.

Au point où le bon réglage est trouvé, il faut prendre un *snapshot* de ce réglage, retourner au point « début », rappeler le *snapshot*, puis écrire toute la boucle (*figure 4.35*).

Une autre méthode et d'utiliser le mode *Fill* ; qui permet d'appliquer un réglage sur toute une partie d'une passe, du point *cue-start* au *point cue-end*, sans avoir à utiliser les *snapshots*.

✧ Réécriture complète d'une partie d'une passe

Pour réécrire complètement un réglage (mode *write/absolu*), sur une portion de passe, il faut mettre en enregistrement (*drop-in*), réaliser la modification et sortir d'enregistrement (*drop-out*) à l'instant choisi.

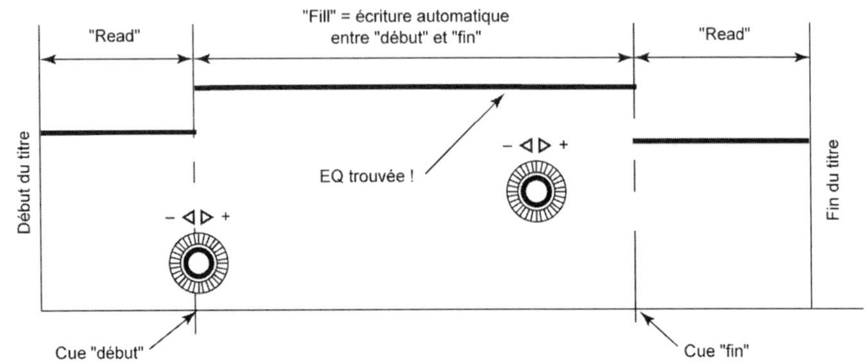

Figure 4.35

La fonction fill remplit une portion du mixage, entre les points cue-début et cue-fin avec la même valeur de réglage.

Au point d'entrée en réécriture et lors du retour en lecture (point de sortie), afin d'éviter une saute de niveau, il faut que la position du contrôleur corresponde exactement à la donnée présente en mémoire.

Au point d'entrée

Avec les *faders* motorisés la condition est toujours remplie.

Sans *fader* motorisé, deux voyants en forme de flèche placés à côté du *fader* donnent la direction où l'utilisateur doit déplacer le *fader* pour obtenir l'égalité de niveau « *null point* » (*figure 4.36*).

Il faut garder présent à l'esprit que ces indicateurs peuvent êtres appliqués à tous les contrôles individuellement ou simultanément, aussi les fonctions « *collect* »,

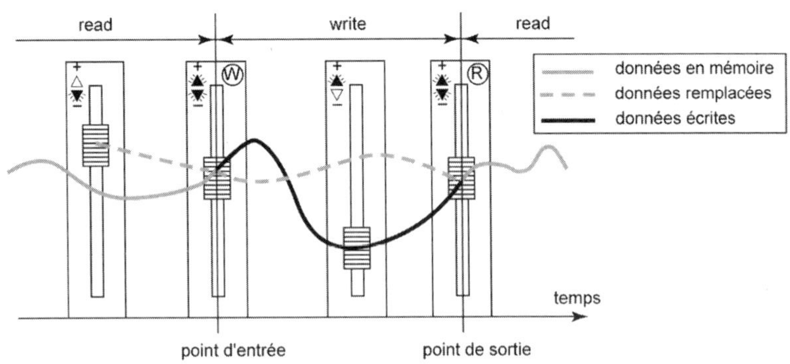

Figure 4.36

Recherche de l'égalité « position fader – niveau en mémoire = null point » à l'aide des flèches lumineuses.

« *Punch mode* » permettent de choisir les réglages qui seront automatisés sous le contrôle du « *master drop-in* ».

Au point de sortie

Par une aide manuelle à la recherche (*autotakover*) – avec ou sans *fader* motorisé –, la direction vers laquelle l'utilisateur doit déplacer le *fader* est donnée par les deux voyants. L'automation bascule en lecture dès que le niveau est croisé (*null point*), même si l'utilisateur garde la main sur le contrôleur.

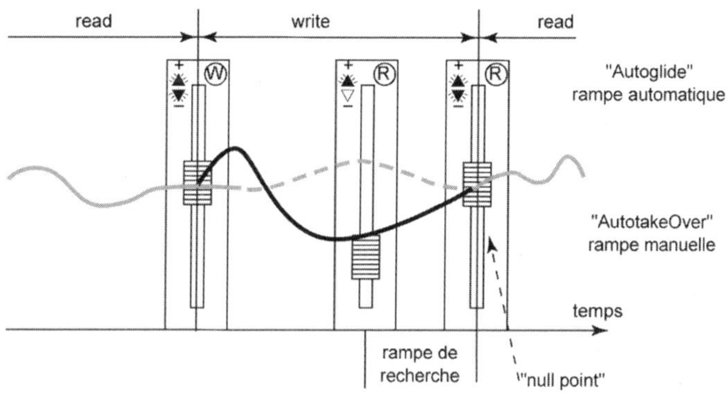

Figure 4.37

La fonction autoglide déplace le fader vers le null point, au point de croisement, l'automation bascule en lecture.

Par une aide automatique à la recherche, la fonction *autoglide* utilise une rampe définie par l'utilisateur en millisecondes de déplacement du *fader* motorisé vers le *null point*.

Cette fonction s'appelle aussi *glide* ou *snap* si la durée de la rampe est nulle.

Ajustement du niveau

Le mode *write/trim* qui s'applique seulement aux *faders* de voies, groupes audio et VCA permet une retouche relative de quelques décibels de niveau tout en conservant les variations déjà enregistrées.

L'automation place les contrôleurs à 0 dB (*fader* motorisé), qui ne montrent alors plus les déplacements en mémoire, bien que ceux-ci soient rejoués. Tout déplacement du *fader* ajoute (ou retranche) du niveau aux informations présentes en mémoire pour ce contrôleur.

Sans *fader* motorisé, la position courante du *fader* est considérée.

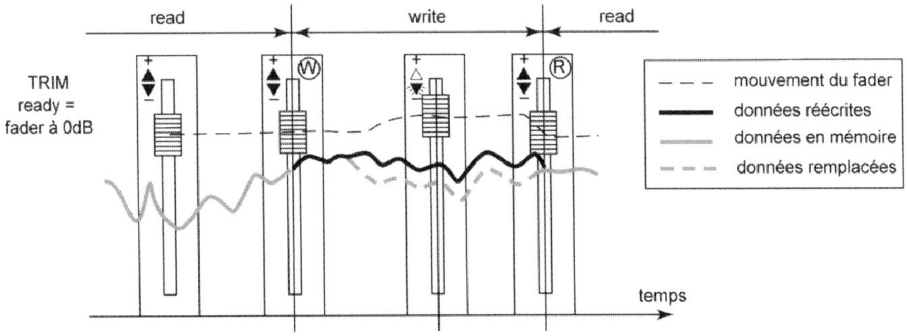

Figure 4.38 – Le mode trim permet d'ajuster un réglage en relatif.

✧ Les autres modes

D'autres modes permettent de protéger les données en mémoire ou de ne pas en tenir compte : le mode *Protect* (*Write Suspend*) empêche certains réglages de passer en écriture, par exemple le calibrage des voies de retours d'effets.

Inhibit (*Read Suspended*) permet de suspendre la lecture pour faire des essais de réglages sur quelques voies ou de ne pas appliquer un *snapshot* sur les commandes choisies.

Il est aussi possible de comparer en temps réel deux passes, puis de faire une sélection en retenant, pour une dernière passe un certain nombre de voies d'une ou de l'autre des passes : par exemple la balance d'une section de cuivre d'une passe, puis la balance de la rythmique depuis une autre passe sont réunies sur une même passe.

Des modes d'édition « *off line* », à l'arrêt, permettent d'affiner des réglages à l'image près.

Ils permettent aussi de prendre des *offsets* par rapport au code temporel, de répéter, copier, déplacer... des portions de mixage pour, par exemple, conformer une bande son par rapport à une bande image après une modification tardive de montage... !

4.6 Les consoles spécialisées

Ainsi qu'il a été dit dans l'introduction, la gamme d'utilisation d'un mélangeur audio, une console... est extrêmement large, aussi les constructeurs se sont-ils efforcés de concevoir des consoles adaptées aux différentes applications.

4.6.1 *La console du studio multipiste*

✦ Rappel sur le multipiste

Un magnétophone multipiste permet l'effacement, l'enregistrement et la lecture sur un même support de plusieurs pistes indépendantes (de 2 à 32 pistes en analogique,

48 pistes sur les magnétophones numériques et un nombre quasiment illimité sur les *direct-to-discs*).

Sur un multipiste analogique, en plus des fonctions normales d'un magnétophone, enregistrement (*record*) et lecture (*play*), les têtes d'enregistrement du multipiste peuvent être utilisées pour la lecture (voir chapitre 3, tome 3).

Ainsi, par piste, il y a deux modes de lecture : la lecture normale ou « repro » par la tête de lecture et la lecture synchro ou « sync » par la tête d'enregistrement. Une autre fonction, le direct, permet de sélectionner en sortie du magnétophone la modulation présente sur son entrée « input ».

Dans les systèmes numériques, à part quelques exceptions, la sortie est toujours « sync ».

✦ Spécificité du travail avec le multipiste

Sans entrer dans les détails d'exploitation, les modes d'utilisation du multipiste imposent à la console de permettre certaines fonctions nécessaires :

- enregistrement de plusieurs modulations, séparément ou mélangées entre elles, sur des pistes différentes ;
- enregistrement piste par piste, certaines en enregistrement, d'autres en lecture synchrone (*overdubbing*) ;
- traitement individuel et mélange de toutes ou d'une partie des modulations déjà enregistrées sur des pistes et réenregistrement de ses modulations sur d'autres pistes (*tracking*) ;
- traitement individuel et mélange de toutes les modulations en vue d'enregistrement de cette modulation sur un magnétophone stéréo.

La console multipiste doit aussi permettre simultanément :

- le contrôle visuel et individuel de chacune des modulations sur un VU-mètre ou un crête-mètre ;
- le contrôle d'écoute de l'ensemble des modulations (d'où la nécessité de les mélanger avant de les diriger vers le circuit d'écoute) ;
- le contrôle visuel et d'écoute des pistes préalablement enregistrées.

✦ Éléments d'une console multipiste

Une console multipiste est composée de trois sections : entrée, sortie et *monitoring*.

✧ La section d'entrée

La voie d'entrée d'une console multipiste ne présente pas de différences fondamentales avec celles d'une console stéréo et on retrouve les mêmes fonctions de base.

Étage d'entrée, filtres et inverseur de phase, correcteur (souvent très complet), *fader* et *mute*, départs auxiliaires *pré/post-fader*, ainsi que les contrôles individuels solos, AFL et PFL.

Les sorties du magnétophone multipiste sont en principe reliées aux entrées ligne, mais il y a parfois une entrée « *Tape* » (bande) qui ne passe généralement ni par le réglage fin du gain (*trimmer*), ni par l'inverseur de phase.

Sur les consoles de haut de gamme, les possibilités de traitement de la modulation sont parfois très importantes sans manipulations au *patch*, en intégrant dans la console des éléments tels que limiteurs/compresseurs/*expanders/noise-gate* (*dynamic*) et un nombre important de commutations permettent différentes combinaisons avec les éléments plus classiques que sont les filtres et correcteurs (*figure 4.39*).

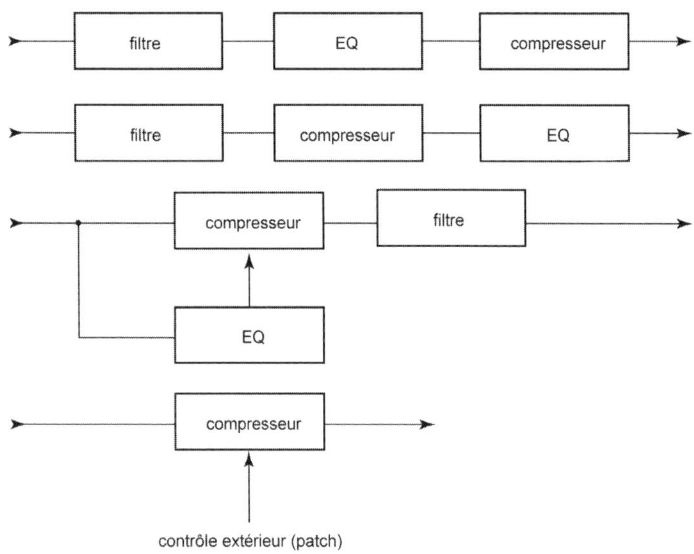

Figure 4.39 – Dans certaines consoles multipistes, les éléments de traitement peuvent être échangés.

Les sorties après le potentiomètre de panoramique sont appelées pair et impair et sont dirigées vers le *routing* qui permet d'affecter la modulation vers les groupes pair et impair.

Le *routing*, avec un poussoir par groupe, devient vite important. Par exemple une console ayant 32 voies et 24 groupes a donc 32 *routings* de 24 départs soit 768 boutons poussoirs…

Aussi existe-t-il différentes solutions pour réduire le nombre de ces boutons :

- *routing* double : un seul poussoir affectant les groupes pair et impair et le choix se fait par le panoramique ;
- *routing* centralisé : les poussoirs sont remplacés par des relais électroniques commandés à partir d'un clavier central. Ce système offre bien sûr des possibilités de mémorisation de plusieurs configurations.

✧ La section de sortie, les groupes

Les sorties des groupes sont raccordées aux entrées du magnétophone multipiste et portent le nom de *Tape in*. Inversement, les entrées des voies de la console reçoivent les modulations en sortie du magnétophone et sont appelées *Tape out* (*figure 4.40*).

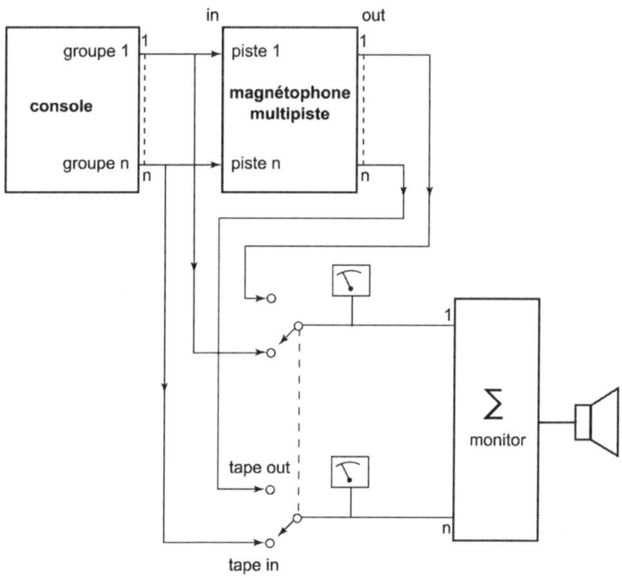

*Figure 4.40 – Configuration de la console multipiste : sortie de la console (*Tape in*) ou retour du magnéto (*Tape out*).*

Cette section est finalement identique dans son principe à celle d'une console stéréo (voir § 4.2.1 et § 4.2.2).

Néanmoins, des réseaux de sortie multicanaux (5.1 et plus) tendent à se généraliser.

Parfois le réglage de niveau de groupe est différent et se fait par potentiomètre rotatif, avec une position calibrée (gain unitaire).

Si la console a un nombre de groupes inférieur au nombre de pistes, par exemple une console de 8 groupes et un magnétophone 24 pistes (configuration très fréquente), il existe plusieurs solutions de raccordement :

- les groupes sont câblés en parallèle sur plusieurs sorties (cette solution est retenue par plusieurs fabricants),
  groupe 1 sortie vers les pistes 1, 9, 17
  groupe 2 sorties vers les pistes 2,10,18
  groupe 3 sorties vers les pistes 3, 11,19
  ...
  groupe 8 sorties vers les pistes 8, 12, 24 ;
- la sortie directe permet d'affecter directement une voie vers la piste lui correspondant (voie 1, piste 1, etc.), sans passer par le *routing*. Dans l'exemple, les groupes 1 à 8 sont affectés aux pistes 1 à 8 et les sorties directes des voies 9 à 24 sont raccordées aux pistes correspondantes ;
- le panneau de brassage. Il suffit de dicorder la sortie d'un groupe vers l'entrée de la piste désirée.
  Le panneau de brassage (le *patch*) est réalisé le plus souvent en jack, câblés en *half-normaled*, et toutes les entrées/sorties du magnétophone y transitent.

✧ La section de monitoring multipiste

Le contrôle d'écoute simultané de toutes les pistes du multipiste ou de tous les groupes nécessite leur mélange avant le départ vers l'amplificateur d'écoute. Le *monitoring* multipiste réalise cette fonction. C'est un mélangeur stéréo « inclus » dans la console qui comporte un nombre de voies au moins égal au nombre de pistes et de groupes qu'il doit permettre de contrôler. Ce mélangeur n'a pas d'entrées micro, mais chaque voie a deux entrées (qui sont au niveau ligne) :

- une entrée dite *Tape in*, permettant d'écouter la modulation présente à l'entrée du magnétophone (qui correspond à la sortie des groupes) ;
- une entrée dite *Tape out*, raccordée à la sortie du magnétophone et qui permet d'écouter la sortie du magnétophone, donc les pistes enregistrées.

Il faut remarquer qu'en sortie d'un magnétophone analogique il peut y avoir les lectures « normales (repro) » ou « synchro » ou « direct » ; dans ce dernier cas, les modulations écoutées en *Tape in* ou en *Tape out* sont identiques.

Un réglage de niveau sur chaque voie permet de faire une « balance » d'écoute différente du simple mélange des modulations enregistrées (notamment lorsque l'enregistrement sur les pistes du magnctophone est réalisé au niveau optimal de la bande magnétique plutôt qu'au niveau utile pour le mélange final).

On peut aussi désirer ajouter certains effets (réverbération par exemple) à cette balance d'écoute sans pour autant les enregistrer. Il est donc aussi prévu des départs auxiliaires sur la section *monitoring*. Lors de l'envoi d'un mélange particulier dans les casques des musiciens, on préférera utiliser les départs auxiliaires du *monitoring*. En effet à chaque piste du magnétophone correspond une voie du *monitoring* alors qu'à chaque voie ne correspond pas forcément une piste ! En retour machine, on peut utiliser le *monitoring* pour écouter les prises sans passer par les voies de la console.

✦ Configurations de l'ensemble voies-*monitoring*

L'intégration du *monitoring* dans la console multipiste peut se faire de deux manières soit le *monitoring* est une « petite console de mélange destinée au contrôle d'écoute », soit c'est un circuit complémentaire intégré dans chaque voie de la console principale.

✧ Les consoles à *monitoring* séparé

Le *monitoring* est placé à côté de l'ensemble des voies de la console de prise de son, comme une seconde console. Sur chacune des voies de *monitoring* est placé le *fader* de commande du groupe correspondant. Ainsi, pour chaque groupe, la commande de niveau et le contrôle d'écoute sont placés ensemble.

Lors du mixage final, la console d'enregistrement se transforme en console de mixage. Le *routing* vers le magnétophone multipiste est remplacé par la fonction *remix* qui envoie le mélange des voies vers un général stéréo. Une commutation supplémentaire dans le bloc de *monitoring* stéréo permet d'écouter soit le *monitoring* multipiste (prise de son et autres travaux d'enregistrement), soit les généraux (*remix*), au mixage.

Au mixage, le mélange des sorties du *monitoring* et du *remix* augmente le nombre d'entrées de la console (voies d'enregistrement + voies de *monitoring*). Une autre facilité est la possibilité de créer des sous-groupes (touche *Sub*).

✧ Les consoles à *monitoring In line*

Console multipiste NEVE « in line ».

La partie enregistrement et la partie *monitoring* sont encastrées dans la même console.

Les trois éléments (voie, groupe et *monitoring*) sont placés sur la même « tranche » de console. On retrouve donc, placé à proximité du *fader* de voie, le réglage du niveau de groupe et le réglage du niveau d'écoute (qui se fait souvent par un petit potentiomètre à déplacement rectiligne appelé *secondary fader* ou *small fader* ou par un potentiomètre rotatif).

Cette disposition est assez déroutante au premier abord puisque pour une modulation traitée dans la voie d'enregistrement 1, puis affectée au groupe 10 (par exemple), le niveau et le traitement de la modulation se font dans la tranche n° 1, et le niveau d'écoute est ajusté sur le *monitoring* de la tranche n° 10 (ainsi que le niveau de groupe).

Ce type de configuration permet, en plus de la réduction d'encombrement, d'accroître de façon considérable les possibilités de l'ensemble. Certaines fonctions peuvent être partagées entre la voie d'enregistrement et la voie de *monitoring*, le correcteur peut être inséré par une simple commutation dans la voie ou dans le *monitoring*.

Les commandes de niveau peuvent également être échangées ; le *fader* de voie d'enregistrement est appelé le grand *fader* (*primary fader*) et peut servir à commander le niveau d'écoute, le petit *fader* commandant alors le niveau d'enregistrement.

Il est aussi possible de multiplier le nombre de points de prélèvements de la modulation (dans la section d'enregistrement) pour l'envoyer au *monitoring*.

Une autre fonction (*dump*, *bounce* ou *float*) permet de renvoyer la sortie de la voie de *monitoring* vers les groupes afin de faciliter les *trackings*.

Ce type de console offre une interaction étroite entre ses différents sous-ensembles et permet de créer des fonctions impensables sur les consoles à *monitoring* séparé.

4.6.2 *Les consoles de mixage film*

✦ Spécificité du mixage film

La console film représente un cas particulier de la console multipiste car les besoins sont quasi identiques, à deux exceptions près.

Une bande son doit pouvoir être « conformée » en différents formats afin de satisfaire aux besoins de l'exploitation : mono, Dolby (stéréo, surround, SRD, SRD EX), DTS (5.1, 6.1), SDDS.

D'autre part, il existe de nombreuses versions du même film : la version originale (VO), la version internationale (VI), les versions DVD, TV, longues, courtes, pour

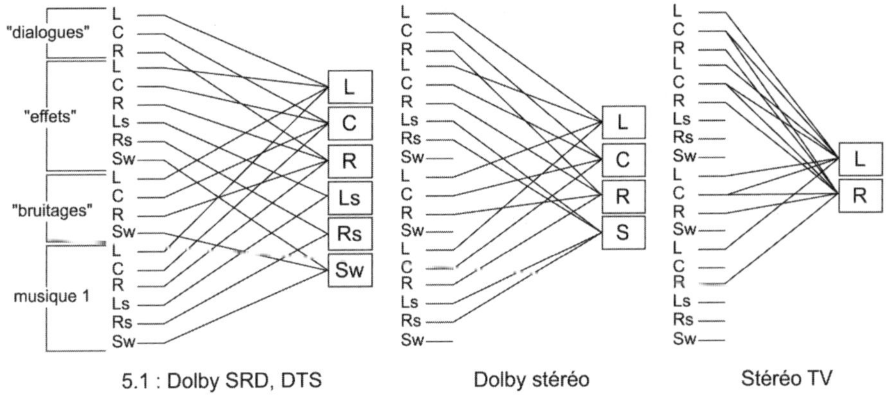

Figure 4.41 – Les différents formats d'écoute et de mixage à partir des mêmes éléments.

l'Europe, les USA etc. qui seront toutes dérivées d'une même bande multipiste (*figure 4.41*).

Tout au long des étapes, le mixage se fait en maintenant séparés les différents éléments qui le composent : les dialogues (direct et post-synchro), les musiques, les effets et les bruitages dans leur répartition dans l'espace (voir chapitre 7, tome 3). Cette technique permet ensuite de finaliser facilement les différentes versions.

✦ Les *stems* et le *monitoring* film

Les *stems* (branche, en français) sont des ensembles de groupes manipulés simultanément. Les modulations ne sont, en revanche, pas mélangées.

Par exemple, les effets sont répartis sur 6 groupes : Gauche, Centre, Droit, arrière Gauche, arrière Droit, Sub basse (L, C, R, Ls, Rs, SW), on l'appellera le *stem* « effet », alors que les dialogues le sont sur trois, L, C, R et formeront le *stem* « dialogue ».

Ces *stems* peuvent ensuite être regroupés et permettre des manipulations centralisées pour l'utilisation des direct/retour (*tape in/tape out*) *mute* et *solo*.

Contrairement aux consoles musiques où l'on peut ajuster le gain des différentes pistes au *monitoring*, la section *monitoring* est à gain unitaire fixe (calibré). Évidemment, comme toute règle, celle-ci peut être contournée en décalibrant le niveau mais cela reste exceptionnel.

De plus, on trouvera dans la partie finale du *monitoring*, juste avant le contrôle de niveau d'écoute (qui lui aussi a une position calibrée), une insertion commutable sur l'ensemble des groupes. C'est là que sont câblés les processeurs Dolby ou DTS.

Un autre point remarquable dans une console film : il n'y a pas de *fader* de *shunt* général !

4.6.3 Les consoles d'émission et de production broadcast

Sous la définition *Broadcast* on entend généralement les consoles de diffusion TV, mais ce terme concerne aussi les consoles de radio.

Les consoles *Broadcast* permettent les applications d'*On-Air Broadcast* (émission) et *Off-Air* (production). Une émission est immédiatement diffusée aux auditeurs, alors qu'une production est enregistrée, stockée, parfois éditée puis diffusée.

Même de petite taille, une console d'émission doit être équipée d'un nombre important de bus pour gérer les différents sous-mixages et sorties nécessités par des transitions rapides entre des intervenants lointains, ceux restés en studio et les éléments préenregistrés.

Des fonctions de préécoute et de communications avancées doivent exister hors antenne entre les différents intervenants et l'exploitant en utilisant les ressources existantes : microphones, casques, lignes, etc.

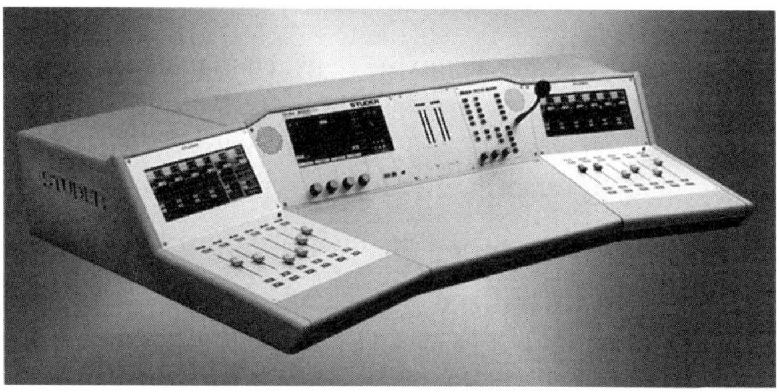

Console de diffusion radio.

Un renvoi *mixe-minus* ou encore *cleanfeed* (envoi propre) est le mixage de sortie de console auquel on injecte en opposition de phase le signal de l'intervenant, ainsi ce dernier n'a pas sa voix, souvent gênante, dans son renvoi casque (voir chapitre 6, tome 3).

Des voies stéréo sont également nécessaires pour la diffusion d'éléments de musique.

Le rappel des paramètres (par *snapshots*) est important pour rappeler les configurations préparées avant la diffusion.

Les consoles de production devront êtres adaptées à des enregistrements (souvent multipistes) de nombreux plateaux ainsi qu'au mixage avant diffusion et nécessiteront une automation dynamique. Elles sont en fait très proches des consoles multipistes.

En télévision, les généraux de sortie devront permettre la diffusion multicanaux 5.1 (voir chapitre 8, tome 3).

Et dans tous les cas, la fiabilité est un atout essentiel ; il inclut la redondance du matériel de traitement et des alimentations, la possibilité de remplacer des éléments à « chaud » (sous tension), le diagnostic du logiciel et le redémarrage rapide dans le cas de console numérique.

4.6.4 *Les consoles de sonorisation*

Ce type de travail du son englobe un domaine très vaste. Sous ce terme on peut entendre : sonorisation de spectacles, en fixe et en tournée, grosses formations ou petites salles, cabarets, musique de variété avec sonorisation de la façade (FOH), retour pour les musiciens, musique classique, théâtre, conférences, ambiance…

✧ Les consoles de sonorisation (live)

Suivant le type de prestations, ces consoles comportent un nombre plus ou moins important d'entrées jusqu'à 48 et plus. Les sorties sont bien souvent multiformat (Gauche, Centre, Droite). Le nombre de groupes et sous-groupes peut-être important (notamment pour des enregistrements *live*) et le nombre de départs auxiliaires (souvent stéréo) est plus important encore afin de créer des balances personnalisées pour chacun des musiciens (pour les retours de scènes, bien que souvent une console spécialisée soit affectée à cet usage) – voir chapitre 4, tome 3.

Le *monitoring* permet le contrôle à l'écoute au casque de chacune des sources ainsi que des sous-mixages.

La sonorisation des concerts ne se limitant plus à un simple renforcement sonore mais prenant de plus en plus une part active dans le spectacle, ces consoles sont de plus en plus souvent équipées d'une automation à rappel de scènes (*snapshots*) et même parfois d'une automation dynamique pilotée par MTC (*MIDI time code*). De la même façon une interface existe souvent en MMC pour le pilotage des effets raccordés.

4.7 Les technologies

4.7.1 *Les consoles analogiques*

Après un bon demi-siècle d'existence, après être passée par les tubes, les transistors (germanium puis silicium), puis enfin les circuits intégrés, la technologie des consoles analogique est complètement mûre et maîtrisée, mais le nombre de voies reste finalement restreint malgré de nombreuses astuces qui ont permis de repousser les limites du bruit de fond.

Dans une console analogique, le précieux signal circule dans la voie de la console, à portée de main de l'opérateur. À chaque fois que celui-ci manipule un contrôleur, potentiomètre ou poussoir, il a une action directe sur le signal (à peu d'exception près, VCA ou relais).

Le cheminement du signal et la conception de la voie sont intimement liés à l'ergonomie ; plus la console est sophistiquée, plus le chemin du signal (*signal path*) est long.

Pour aller rejoindre un *patch* distant (*remote patch*), les longueurs de câble atteignent parfois plusieurs dizaines de mètres, sans compter les sources et destinations qui peuvent être elles aussi parfois très distantes de l'opérateur (sonorisation, auditorium).

Une alternative remarquable est de placer toute l'électronique audio dans des baies, elles-mêmes placées à proximité des sources audio et, grâce à une conception idoine de cette électronique, de télécommander cette baie (*figure 4.42*).

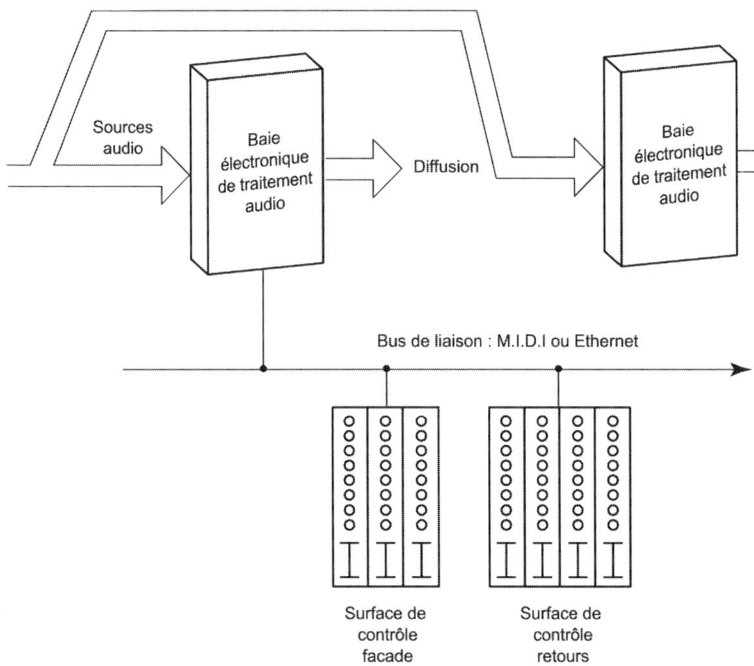

— *Figure 4.42 – Déploiement en réseau d'une console analogique à contrôle numérique.* — *Chacun des composants peut être librement placé : traitement audio près des musiciens, surface de contrôle à l'emplacement optimum d'écoute dans la salle, sans câblage complexe.*

La console n'est alors plus qu'une télécommande, surface de contrôle qui envoie ses ordres à l'électronique *via* des circuits numériques, qu'il est facile de détourner pour réaliser toutes les opérations de *recall* et d'automation. Et puisque l'ensemble des circuits de la console est télécommandable, l'automation elle aussi peut être totale !

La liaison utilisée est soit en MIDI (dans le cas de petite console mais qui montre vite ses limites en terme de vitesse), soit de type Ethernet, qui permet en plus une mise en réseau, par exemple plusieurs « surfaces de contrôle » pour une unité de traitement audio... ou l'inverse.

Ensuite, il est tentant d'étendre le principe, de dissocier le nombre de voies physiques (voies de traitement) du nombre de voies de contrôle (tranches), ainsi, il peut y avoir plusieurs « couches ». Par exemple, sur une console de 48 voies, la surface de contrôle peut n'être composée que de 24 voies physiques, l'utilisateur ne manipule « que » 24 voies à la fois, mais les 24 autres sont cachées dans une « couche (*layer*) » ou encore sont commandées par une autre surface de contrôle distante... Le principe peut être étendu à davantage de « couches », un nombre plus ou moins important de voies, par exemple 3 couches de 16 *faders*.

L'utilisateur peut personnaliser « sa » surface de contrôle, il peut n'avoir sous la main que les commandes les plus souvent usitées, des afficheurs en regard de chaque contrôleur lui rappelant la fonction définie.

Les voies de traitement sont alors appelées soit individuellement, soit par groupes (de voies) qui peuvent être déplacés pour plus de commodité, d'accessibilité. Par exemple, les voies de traitement 1 à 4 peuvent être permutées temporairement avec les voies 13 à 16 !

Cependant cette solution n'a pas eu le succès qu'elle mérite, l'électronique en étant très compliquée et de nombreux utilisateurs n'acceptant qu'avec réticence le remplacement systématique des potentiomètres par des VCA, des filtres par des VCF (*Voltage contrôle filter*). C'est une solution qui n'a réussi à s'imposer que dans les installations *live* : sonorisation de concerts, théâtre où le pupitre de commande est placé dans la salle, loin des éléments audio à traiter.

4.7.2 *Les consoles numériques*

Les possibilités quasi illimitées d'aide au traitement numérique du signal ont séduit les utilisateurs :

- automation totale ;
- mémorisation et rappel des paramètres ;
- mise en réseaux, intégration des éditeurs audionumériques ;
- consoles configurables.

Bien que l'on trouve plusieurs types de consoles numériques, toutes se composent de cinq sous-ensembles :

- les interfaces d'entrée/sortie ;
- la matrice d'entrée/sortie (matériel et/ou logiciel) ;
- le pupitre de commande, la « surface de contrôle » ;
- le processeur de traitement audio : *digital engine* (matériel ou logiciel selon les consoles) ;
- le contrôleur de processus (uniquement logiciel).

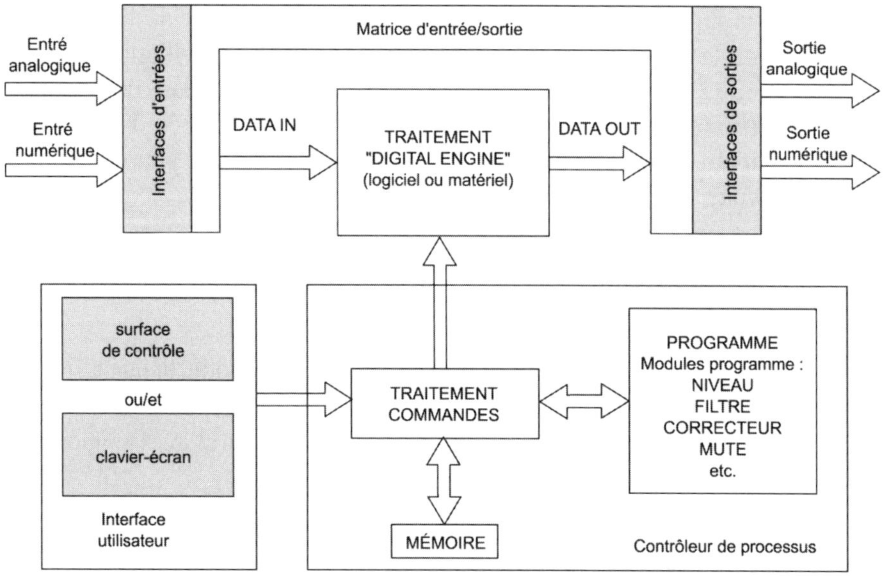

Figure 4.43 – Les différentes parties constitutives d'une console numérique : interfaces d'entrée/sortie, matrice d'entrée, traitement du signal audio, traitement des commandes et programme, interface utilisateur.

✦ L'interface d'entrée/sortie

C'est un élément dont le coût est important, puisqu'étant en grande partie matériel (*hardware*), et de plus il y a une multitude de types de formats possibles. Les 6 formats audionumériques les plus répandus sont : AES/EBU, SDIF-2, SPDIF, MADI, TDIF-1, ADAT.

✧ Média de transmission

- électrique : AES/EBU, SPDIF, MADI, TDIF-1 ;
- optique : ADAT, MADI, SPDIF ;

(MADI et SPDIF peuvent se rencontrer suivant deux formes.)

✧ **Mode de transmission**

- symétrique : AES/EBU(AES3) SDIF-2 ;
- asymétrique : SPDIF, MADI, SDIF-2 AES/EBU(AES3-ID), TDIF-1.

(L'AES/EBU et le SDIF-2 se rencontrent sous deux formes.)

✧ **Protocole**

- mono canal : SDIF-2 ;
- multi-canaux : TDIF-1, MADI, ADAT, SPDIF, MADI, AES/EBU.

✧ **Fréquence d'échantillonnage**

44,1 ou 48 kHz en audio pro, et aujourd'hui 96 kHz et arrivée du 192 kHz...

✧ **Mode de synchronisation**

- formats transmettant leur propre horloge : (Synchrone) ; AES/EBU, TDIF-1, ADAT, SPDIF ;
- format nécessitant une horloge (*Word-clock* ou référence vidéo) : (isosynchrone) : MADI, SDIF-2.

Une matrice d'entrées/sortie est insérée entre les interfaces d'entrée et les voies de la console et les différentes sorties (groupes, aux, etc.). Cette matrice permet d'affecter n'importe quel canal MADI par exemple vers n'importe quelle voie et non pas d'être obligé de suivre l'ordre des canaux.

De plus, grâce à cette matrice d'entrée/sortie, le nombre d'entrées et de sorties est indépendant du nombre de voies, il est déterminé lors des spécifications de la console.

✦ **Les différents concepts de console**

Selon l'importance de chacun des quatre autres sous-ensembles constitutifs, on rencontre différentes familles de console :

✧ **Les consoles « full processing »**

La « surface de contrôle » ressemble souvent à celle d'une console analogique (il peut néanmoins y avoir des couches) ; il y a un contrôleur pour chaque fonction. Toutes les fonctions définies lors de l'acquisition de la console sont accessibles, sans limitation ; nombre de voies, nombre de départs auxiliaires, nombre de bandes du correcteur, nombre de groupes...

Dans ce type de console, les fonctions du *digital engine* (donc les capacités de traitement) sont figées : telle quantité de puissance de calcul pour tel processus, telle quantité pour tel autre.

Les évolutions futures sont donc pratiquement limitées aux améliorations des algorithmes de calcul.

Il peut cependant y avoir des touches de fonction paramétrables, voire des macro-commandes permettant dans une certaine mesure de personnaliser la console.

✧ Les consoles configurables

Dans ce type de console, l'utilisateur a la possibilité de « construire sa propre console ». Il dispose de ressources ; les DSP, dont il peut modifier l'arrangement, et les fonctions.

L'évolutivité est constante et dépend de la quantité de DSP et bien évidement du dynamisme du fabricant...

La surface de contrôle n'est pas dédiée pour un nombre de fonctions, puisque c'est l'utilisateur qui détermine le partage des ressources. On trouve ainsi des contrôleurs assignables, semblables à ceux de la *figure 4.44*.

Figure 4.44 – La fonction d'un bouton peut varier en fonction du mode en cours.

✧ Les consoles totalement virtuelles

Basée uniquement sur le logiciel, une console de ce type est totalement évolutive et personnalisable. Des compléments logiciels sous forme de *plug-in* peuvent à tout moment ajouter des fonctions et simuler de nouveaux traitements.

Ces consoles principalement basées sur des plates-formes MAC ou PC sont le plus souvent interfacées avec un système d'enregistrement *direct-to-disc*. Des systèmes complets intègrent déjà une console totalement virtuelle faisant le lien entre une surface de contrôle spécifique HUI (*Human user interface*) et un logiciel de montage et de mixage. Les effets sont intégrés dans le logiciel en natif pour les plus simples ou sous forme de *plug-ins* pour les plus sophistiqués.

4.8 Conclusion

Les différentes révolutions technologiques ont finalement conforté le rôle stratégique de la console de mélange. Les réalisations technologiques tiennent compte des finalités extrêmement diverses en fonction des types d'exploitation. L'ergonomie en terme d'efficacité est un facteur déterminant lors du choix d'une console. Les fabricants lancés dans l'aventure du numérique ont compris qu'il fallait se servir de l'expérience des consoles analogiques en ajoutant les atouts du numérique pour concevoir des outils performants sur tous les points.

La prochaine génération de consoles verra peut-être se profiler des interfaces nouvelles en terme de simulation des effets de traitement et de spatialisation.

4.9 Bibliographie

[1] Sterling publication limited. Audio Technologie'87 édité par Simon Croft, Garfield House, 86-88 Edgware Road, London W2 2YW.

[2] A. M. Bourget. *Modern Multitrack Recording Techniques.*

[3] R. E. Runstein. *Modern Recording Technique* – Édition Howard W. Sams & Co INC (1974).

[4] M. Giles. *Audio handbook* – National Semiconductor (2000).

[5] Paul A. Lynn, Wolfgang Forest. *Introduction to digital signal processing.*

[6] Phillips Giddings. *Audio system design and installation.*

Manuels techniques et notice d'utilisation de consoles de différents constructeurs : SSL, SAJE, AMECK, SOUNDCRAFT, STUDER, AMS-NEVE, STUDER, SOUNDCRAFT, Hallen & HEATH, SOUNDTRACK.

Chapitre 5

Les périphériques

Alain Fromentel
Ingénieur diplômé Supélec. Directeur des enseignements de l'EFREI.
Chargé d'enseignement à l'École Polytechnique.

Lors du processus de réalisation, le technicien est amené à intervenir sur le son par des procédés de natures différentes : acoustiques, électroacoustiques, électroniques ou informatiques. Ces interventions peuvent prendre la forme de corrections visant à compenser un défaut ou au contraire visant à mettre en avant une qualité ; elles peuvent aussi prendre la forme d'effets qui se combinent ou même remplacent totalement le signal d'origine, ceci dans un but créatif.

Les interventions acoustiques, électroniques ou informatiques (sous forme de logiciels ou de *plug-ins*) résident en des traitements du signal qui interviennent à plusieurs étapes du processus de réalisation :

- lors de l'interprétation même, le musicien dispose d'un certain nombre de traitements, sous forme de choix de différents « jeux » ou « capteurs », ajout de « sourdines », « pédales » ou « racks d'effets »... qui prolongent en fait son instrument et font donc partie de son jeu musical ;
- lors des choix de prise de son : acoustique du lieu, système de prise de son, type de microphones, position du microphone face à la source, amplification... interviennent sur la qualité du signal acoustique (voir chapitre 1, tome 3) ;
- lors de l'enregistrement ou de la diffusion, le preneur de son dispose également d'un certain nombre de traitements, sous forme de systèmes intégrés

à la console ou extérieurs à celle-ci (d'où le nom de « périphériques » quand ils sont extérieurs à la console). Ces traitements ont un aspect définitif dans le cas des systèmes électroniques, révisables dans le cas des systèmes informatiques ;

- lors du mixage final et du report sur le support de stockage, l'ingénieur du son a les mêmes outils à sa disposition et peut en user à loisir jusqu'à ce que le produit soit conforme à celui qui avait été imaginé du point de vue artistique.

5.1 Introduction

5.1.1 *Les paramètres perceptifs*

L'utilisateur d'un système de traitement peut avoir besoin de retoucher ou modifier un seul des paramètres principaux qui décrivent un son : amplitude (donc puissance), durée, fréquence fondamentale, contenu spectral… Or, le fonctionnement de notre système auditif fait que la plupart de ces paramètres sont liés, du point de vue de la perception (voir chapitre 4 du tome 1).

Il suffit pour s'en convaincre de modifier la vitesse de défilement de la bande d'un magnétophone lors de la lecture : la durée change mais aussi la perception de la hauteur ainsi que la répartition harmonique. Quant à lire une bande à l'envers… le phénomène est encore plus complexe !

Il n'y a pas de relations simples connues décrivant l'interaction entre ces différents paramètres, ce qui rend parfois difficile la matérialisation d'un effet sonore recherché, c'est-à-dire, sur quel(s) paramètre(s) physique(s) agir pour obtenir l'effet désiré (*figure 5.1*).

La notion même de timbre (voir § 2.4 du tome 1) qui se veut décrire la « sonorité » d'un instrument est complexe au point que cette sensation dépend justement d'une

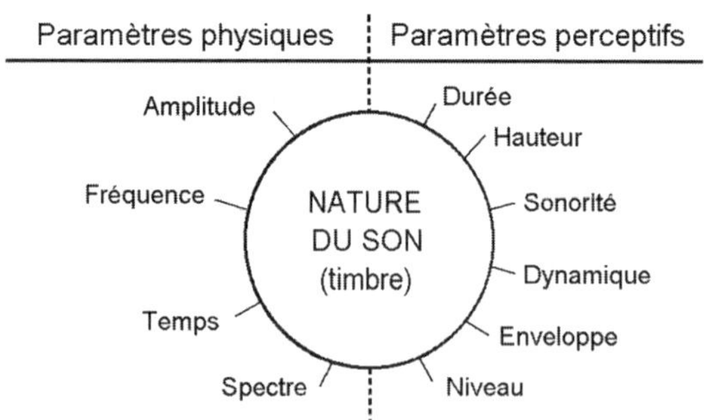

Figure 5.1 – En intervenant sur un ou plusieurs paramètres physiques d'un son, nous en modifions la perception du timbre.

combinaison de paramètres physiques, temporels et spectraux. À ce sujet, il est habituel (mais simpliste) d'associer la notion de timbre à la notion de spectre au sens de la composition spectrale ; en réalité, deux sons de mêmes compositions spectrales peuvent différer dans leur timbre dès lors que leurs phases transitoires (établissement, extinction), leurs durées et même leurs amplitudes ne sont pas identiques.

Tout ce préalable a pour but de montrer, s'il était besoin, que la technique de la correction et de l'effet ne relève pas d'une science exacte mais plutôt d'une bonne connaissance des systèmes, de leurs actions sur le signal (aspect physique), de leurs actions sur le son perçu (aspect physiologique) et encore plus d'une bonne expérience pratique de ces systèmes, tant il est difficile, voire impossible de décrire les actions sur le son perçu autrement que par un langage imagé (« ajoute de la rondeur », « amène de la présence »…), par des expressions analogiques (« comme une frappe de batte de base-ball, comme un son de crécelle… ») ou encore par des onomatopées (« wah-wah » pour l'effet de trémolo, chuintement « chïou » pour l'effet de flanging…).

5.1.2 *La chaîne de traitement*

Les systèmes périphériques peuvent être rangés en deux catégories suivant que le traitement est réalisé par des circuits électroniques ou est le fruit d'un calcul informatique. Par ailleurs, ces systèmes (électroniques ou informatiques) peuvent être intégrés à la console ou extérieurs à celle-ci. Dans le cas de systèmes électroniques extérieurs on accède à ces périphériques soit par une insertion dans une tranche de voie, dans un groupe ou dans un général, soit par un envoi d'un prémélange de voies sur un bus de départ auxiliaire (voir § 4.4). Dans le cas de systèmes informatiques, il s'agira d'un traitement sur un fichier de données réalisé à partir d'un logiciel spécialisé ou d'un logiciel complémentaire en *plug-in*.

✦ Le câblage en insertion

Le signal est envoyé vers le périphérique et revient après traitement. Le signal d'origine n'est donc plus disponible. Ce sont essentiellement les modifications de la dynamique qui sont utilisées en insertion. Chaque modulation est traitée séparément et on choisira de préférence un point d'insertion après l'étage de corrections de la console. En effet une modification de la courbe de réponse entraîne une modification du niveau, donc nécessite un nouveau réglage de l'appareil de traitement de la dynamique (voir § 5.2.2).

Certains appareils d'effets sont équipés d'un potentiomètre de mélange entre le son d'origine (direct ou « DRY ») et le son traité (« EFFECT »ou « WET ») (*figure 5.2a*). On trouve ce type de réglage sur les appareils qui utilisent le son direct pour réaliser l'effet. Un léger retard additionné au son direct crée un phasing par exemple (voir § 5.3.4). Il est parfois plus commode d'utiliser uniquement le départ de l'insertion et de revenir sur une autre voie de la console pour ainsi régler indépendamment le signal traité (les jacks à coupure permettent cette manipulation, autrement il faut utiliser les sorties directes de voie) (*figure 5.2b*).

✦ Les départs auxiliaires

Lorsque le même effet est désiré pour plusieurs modulations, il est nécessaire d'en faire un prémélange avant d'effectuer le traitement. Il est possible d'utiliser les systèmes de groupes et de sous-groupes mais le plus efficient consiste à utiliser les départs auxiliaires (voir § 4.4.1).

C'est ainsi qu'une chambre de réverbération unique pourra être utilisée pour plusieurs modulations avec des réglages de niveau différents. Une voie de retour permet de doser l'importance de l'effet dans le mixage avec les autres signaux. Les départs auxiliaires sont situés soit avant le potentiomètre de voie donc ne dépendent pas du niveau de sortie (le *fader* peut être en bas, le départ s'effectue quand même), soit après le potentiomètre de voie et le niveau de départ est soumis à une atténuation proportionnelle au niveau du *fader*. Sur les consoles d'un studio multipiste, les départs auxiliaires existent sur la console *monitoring* pour réaliser les effets à l'écoute sans les enregistrer, et sur la console d'enregistrement pour les envoyer directement sur les pistes du magnétophone multipiste.

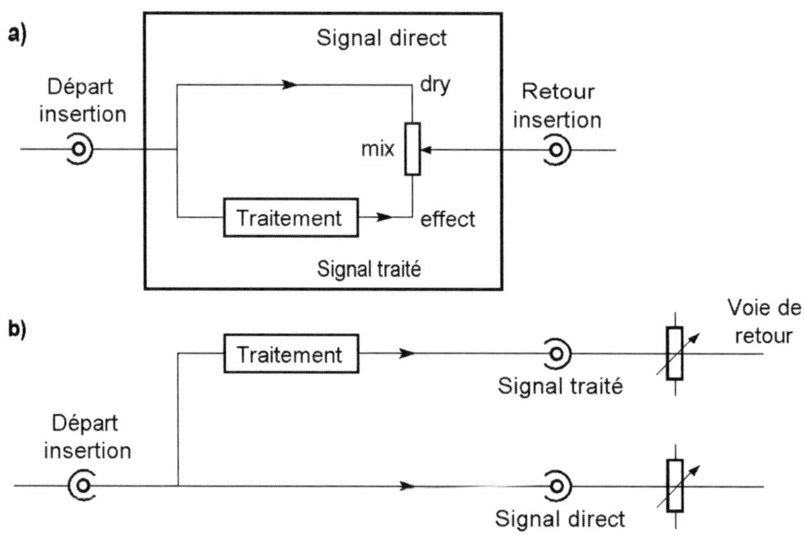

Figure 5.2 – Les deux méthodes pour mélanger le signal traité au signal original. a) sur l'appareil périphérique. b) sur la console.

✦ Le traitement informatique

Les systèmes de traitement peuvent toujours être considérés comme une « boîte noire » qui effectue ce traitement et qui possède ainsi une entrée et une sortie.

En électronique, entrée et sortie sont des signaux électriques représentatifs du son.

En informatique, entrée et sortie sont des données binaires présentées sous forme de fichiers.

En règle générale, tout traitement électronique a son équivalent en traitement informatique (une fois le son numérisé bien entendu) dans la mesure où les opérateurs élémentaires utilisés en électronique réalisent des opérations de « convolution » (voir chapitre 5 du tome 1), opérations qui peuvent s'écrire sous forme de lignes de calcul, donc de lignes de code informatique. Les puissances de calcul actuelles des processeurs de traitement de signal DSP (*Digital signal processing*) permettent de réaliser ces opérations en temps réel de la même façon qu'avec l'électronique. Il y a néanmoins un avantage majeur au traitement informatique : celui-ci permet de conserver en mémoire le fichier d'entrée aussi longtemps que l'on souhaite, alors que le signal d'entrée d'un système électronique est « perdu » car remplacé par le signal de sortie. On y voit ici la possibilité qu'offre le traitement informatique à pouvoir faire « marche arrière » lorsque telle correction ou tel effet doit être supprimé ou revu (fonction « *undo* » à plusieurs niveaux de correction). Une des difficultés en informatique est de bien « étiqueter » les différents fichiers (initiaux et modifiés) de manière à pouvoir les retrouver !

5.1.3 *La technologie de traitement*

Les manipulations du son ont existé dès l'antiquité. En effet, dans certains théâtres, l'acteur situé en coulisse utilisait l'acoustique pour créer un effet d'écho destiné au public (voir chapitre 5, tome 3).

C'est ainsi que les effets acoustiques naturels (écho, réverbération, effet Doppler…) et les effets propres à certains instruments (vibrato de guitare, pédale forte de piano…) sont aussi reproductibles par des méthodes artificielles. Afin de pouvoir caractériser ces systèmes, il est utile de définir au préalable les concepts de linéarité et de réponse harmonique, de temps de réponse et de temps de traitement.

✦ La linéarité et la réponse harmonique

On dit formellement qu'un système est linéaire si la relation entre les signaux d'entrée (x) et de sortie (y) s'exprime mathématiquement par une équation différentielle de la variable temps et à coefficients constants (par exemple : $ax'' + bx' + cx = dy' + ey$, abcde étant des valeurs constantes, le $'$ indiquant l'opération de dérivée par rapport au temps).

Une conséquence de cette définition, qui est en même temps un test de vérification de la linéarité, est qu'un signal sinusoïdal en entrée produit un signal sinusoïdal en sortie avec un rapport d'amplitudes qui n'est fonction que de la fréquence : cette fonction se nomme « réponse harmonique », le graphe de cette fonction se nomme « courbe de réponse (harmonique) ».

À ce titre, un amplificateur et un atténuateur (potentiomètre de niveau par exemple) sont des systèmes linéaires car ces deux systèmes sont décrits par $y = kx$ (en utilisant les notations x et y précédentes), k étant constant et supérieur à 1 pour un amplificateur, inférieur à 1 pour un atténuateur.

Un filtre ou un ensemble de filtres (égaliseur graphique par exemple) sont aussi des systèmes linéaires car ils sont décrits par $Y = H(f)\,X$, expression dans laquelle X et Y sont respectivement les amplitudes des signaux d'entrée (x) et de sortie (y), $H(f)$ étant une fonction de la seule fréquence du signal : c'est la réponse harmonique de ce filtre.

Une autre conséquence de la définition de linéarité est qu'un système linéaire n'est pas générateur d'harmoniques (c'est en fait un corollaire de l'invariance de la fonction sinusoïdale).

À l'inverse, un système non-linéaire est un système qui ne satisfait pas à la définition précédente. Il convient toutefois de distinguer deux cas selon qu'il y a ou non invariance de la fonction sinusoïdale :

- un système qui produit un signal sinusoïdal en sortie en réponse à un signal sinusoïdal en entrée, mais dont le rapport d'amplitudes est fonction de l'amplitude du signal d'entrée n'est pas linéaire, malgré l'invariance de la fonction sinusoïdale : les systèmes de modification de la dynamique (compresseurs, limiteurs par exemple) sont donc non-linéaires. De tels systèmes, malgré leur non-linéarité ne sont pas producteurs d'harmoniques et respectent ainsi le contenu harmonique d'un son, mais pas nécessairement son timbre ;
- un système qui produit un signal non sinusoïdal en sortie en réponse à un signal sinusoïdal en entrée, pour toutes ou certaines amplitudes n'est manifestement pas linéaire : les systèmes de modification de forme de signal ou de spectre (boîte de distorsion, octaveur par exemple) sont dans ce cas. De tels systèmes sont toujours producteurs d'harmoniques et modifient ainsi le timbre de manière très sensible.

Comme toute tentative de classement, certains effets seront sujets à controverse : une chambre d'écho peut-elle être considérée comme étant linéaire ou non, dans la mesure où il s'agit d'une simple répétition d'un son avec atténuation progressive ?... et une réverbération ? La réponse est oui dans la mesure où la définition est respectée et le test d'invariance de la fonction sinusoïdale positif ; quant à dire que ces opérations ne modifient pas le spectre (et donc le timbre), c'est manifestement

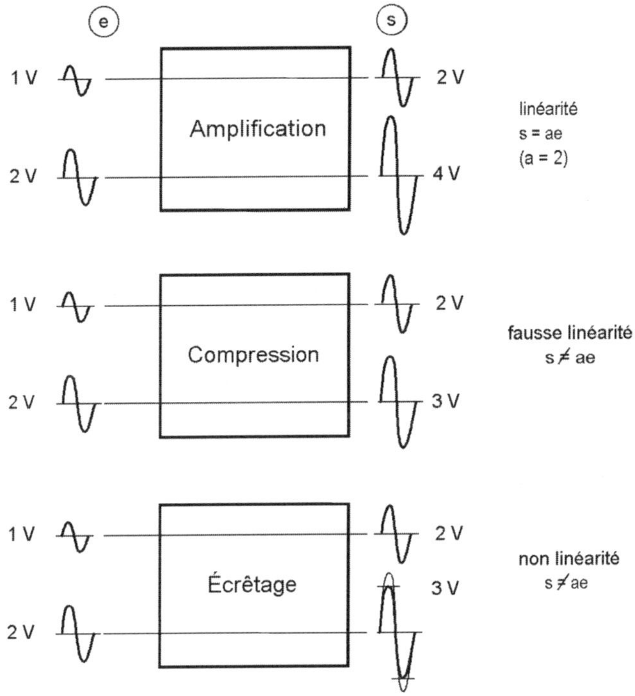

Figure 5.3 – Les différents types de linéarité.

faux. Le problème vient du fait qu'il faut bien faire la distinction entre la fonction sinusoïdale qui est une fonction invariante dans le temps et un son réel qui, lui, varie constamment dans le temps !

✦ Le temps de réponse

On définit le temps de réponse d'un système à partir d'une entrée impulsionnelle : celle-ci produit toujours en sortie, c'est-à-dire quel que soit le système de traitement, un signal qui s'étend sur un certain temps : somme d'un « temps d'établissement » et d'un « temps d'amortissement ». De plus, les fonctions du temps qui décrivent l'établissement et l'amortissement sont aussi significatives de l'action du système. Il ne s'agit donc plus ici de raisonner sur un signal établi et invariant comme l'était la fonction sinusoïdale, mais au contraire sur des signaux transitoires, correspondant aux phases d'établissements et d'extinctions des sons élémentaires qui constituent le programme sonore. Des modifications sur les réponses impulsionnelles d'un son (formes et durées) altéreront très sensiblement le timbre de ce son. De nombreux dispositifs basés sur le contrôle de l'enveloppe du signal utilisent ce principe.

✦ Le temps de traitement

Le temps de traitement est le retard existant entre l'instant où le signal d'origine entre dans le système et l'instant où le signal traité en sort. En dehors d'une durée qui serait justement souhaitée pour réaliser un effet de retard, ce temps de traitement doit être suffisamment court pour ne pas créer de décalage audible par rapport aux autres sources.

Les systèmes électroniques sont qualifiés de « temps réel » dans la mesure où le temps de traitement est bien inférieur au pouvoir séparateur temporel de l'audition humaine (voir chapitre 4 du tome 1).

S'il s'agit de faire un traitement informatique (au sens où il y a des opérations séquentielles), le problème peut se poser. Dans le cas d'un traitement nécessitant des calculs longs, celui-ci devra se faire en « temps différé ». La présence d'une synchronisation entre les différentes voies est alors indispensable pour que, après traitements, l'ensemble des voies puisse être parfaitement resynchronisé, comme elles l'étaient à l'origine (de le même façon qu'un musicien soliste se « cale » sur une rythmique par exemple).

✦ Les technologies employées

On peut considérer qu'il y a aujourd'hui quatre grandes familles de technologies utilisées pour le traitement : l'analogique, le numérique, le processeur de traitement, l'informatique.

Le traitement analogique est historique et tend à disparaître au profit des autres techniques, sauf pour quelques traitements spécifiques non-linéaires (distorsion par exemple) ou encore quand des problèmes de temps de traitement apparaissent pour une utilisation « temps réel » (cas de la sonorisation par exemple). Ce traitement analogique souffre en effet de plusieurs défauts dont le bruit de fond ajouté, la difficulté de maintenir la linéarité, le faible paramétrage possible des fonctions réalisées (un circuit est dédié à une fonction limitée, par exemple un filtre passe-bas ne pourra jamais être paramétré en filtre de bande), le manque de présélections ou de mise en mémoire de réglages fréquents.

Le traitement numérique n'est autre que la transposition du traitement analogique, grâce, d'une part, à une numérisation du signal et d'autre part, à l'utilisation de circuits électroniques logiques travaillant donc avec des valeurs binaires et non plus avec des valeurs continues (voir chapitre 8 du tome 1). Ce traitement numérique vient remédier aux défauts majeurs de l'analogique, toutefois, le paramétrage reste encore difficile et parfois impossible.

Le processeur de traitement DSP (*Digital signal processing*) consiste en un circuit électronique spécialisé dans le traitement du signal, muni d'une architecture, c'est-à-dire la façon dont sont connectés les composants et circuits, dédiée à ce type de traitement. On y trouve ainsi une série d'opérateurs élémentaires comme les retards, les filtres numériques, les transformateurs de Fourier (pour « calculer le spectre »), les générateurs de fonctions (pour construire ou modifier l'enveloppe)... Ce circuit DSP est « programmable », c'est-à-dire que l'on peut connecter à loisir les opérateurs élémentaires ensemble et que l'on peut aussi paramétrer chacun d'eux. L'opérateur filtre est générique : on peut le paramétrer en passe-bas, passe-bande, passe-haut, puis choisir sa pente, sa fréquence de coupure... Ce type de circuit est à la frontière de l'électronique et de l'informatique dans le sens où le traitement est électronique mais les réglages sont « informatiques », donc, en particulier, automatisables, mémorisables, chargeables par une liaison MIDI...

Le traitement informatique se démarque des trois autres dans la mesure où le traitement proprement dit est effectué par une unité de calcul dont le fonctionnement est celui d'un ordinateur. Une fois que le signal a été échantillonné, n'importe quel type de traitement consistera toujours en un calcul sur les échantillons : n'importe quel effet peut ainsi s'écrire sous la forme d'une expression algébrique, même compliquée. Cette expression sera ensuite résolue grâce à un programme informatique qui déroulera ses instructions à partir d'une bibliothèque de fonctions, chaque fonction pouvant être elle-même un programme informatique. Cette opération séquentielle se répétera sans cesse : il est clair que la notion de temps de traitement apparaît ici. La notion de temps réel ne sera ainsi applicable que si le calcul relatif à un échantillon donné est entièrement terminé avant que l'échantillon suivant n'apparaisse (soit un temps de calcul inférieur à 20 µs pour un échantillonnage à 48 kHz). Une autre notion est celle de la « profondeur de calcul », c'est-à-dire, le nombre d'échantillons à prendre en compte à l'entrée pour fournir un échantillon en sortie (ce nombre pouvant être très grand dans le cas de traitements spécifiques comme la translation de fréquence), une profondeur de calcul implique une taille de mémoire de travail. L'augmentation constante de la vitesse des unités de calcul ainsi que de la taille des mémoires permet aujourd'hui de réaliser des corrections et des effets très perfectionnés... mais pas toujours en temps réel.

Enfin, le fait que le traitement informatique opère par calcul permet de réaliser des traitements qui ne seraient pas toujours possibles par voie électronique ou qui engendreraient une circuiterie trop complexe ou encore qui nécessiteraient des réglages trop délicats. De la même façon, des enchaînements de traitements électroniques (que ce soit par voie analogique ou par voie numérique) altèrent inévitablement le rapport signal sur bruit à cause de l'addition des bruits propres à chacun des traitements, alors qu'il n'en est pas de même pour le traitement informatique si l'on prend soin toutefois de réaliser les calculs avec une précision suffisante, c'est-à-dire sur un nombre de bits notablement plus élevés que ceux d'entrée et de sortie (par exemple calculs sur 32 bits pour un format de 16 bits). Tous ces points renforcent encore la tendance à ce choix de traitement informatique, à chaque fois que cela est possible.

5.2 Traitements de la dynamique

5.2.1 *Définitions*

✦ Enveloppe et dynamique

Le signal audio est une fonction alternative à valeur moyenne nulle : ses valeurs passent donc par des maxima et par des minima ; ceux-ci étant d'ailleurs sensiblement égaux en valeur absolue étant donné que la valeur moyenne est nulle (*figure 5.4*).

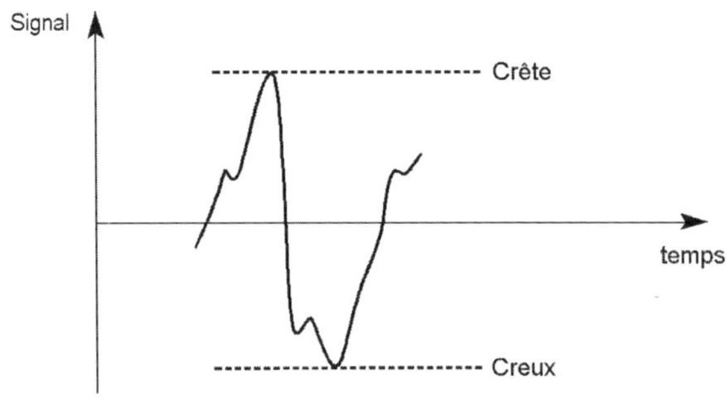

Figure 5.4 – Crête et creux d'un signal.

Ce signal, s'il décrit bien le son en tant que phénomène physique, est peu représentatif de la sensation auditive qu'il produit, notamment au niveau de la puissance du son et de l'évolution de celle-ci. On appelle « enveloppe » l'ensemble de deux courbes : la première (enveloppe supérieure) est le lieu des maxima du signal, la deuxième (enveloppe inférieure) est le lieu des minima du signal (*figure 5.5*). En principe, ces deux courbes sont parfaitement symétriques. On appelle « enveloppe moyenne » le résultat d'un calcul d'approximation consistant à remplacer durant un temps donné, dit « temps d'intégration », la valeur de l'enveloppe supérieure par une valeur constante égale à la moyenne des valeurs obtenues durant ce même temps. On dit que l'on effectue un « lissage ». La notion de temps d'intégration est la même que celle que l'on trouve pour les appareils de mesure de type VU-mètre ou crête-mètre (voir § 1.1.10).

Cette enveloppe moyenne, une fois élevée au carré montre l'évolution de la « puissance moyenne » au cours du temps. Enfin, le rapport entre la valeur maximale et la valeur minimale que prend cette puissance moyenne au cours de la durée d'un programme musical (ou d'une période de ce programme) se nomme « dynamique ». Ce dernier rapport s'exprime en décibel (dB) (*figure 5.6*). L'ensemble des opérations précédentes montre bien la différence entre la notion de dynamique qui est

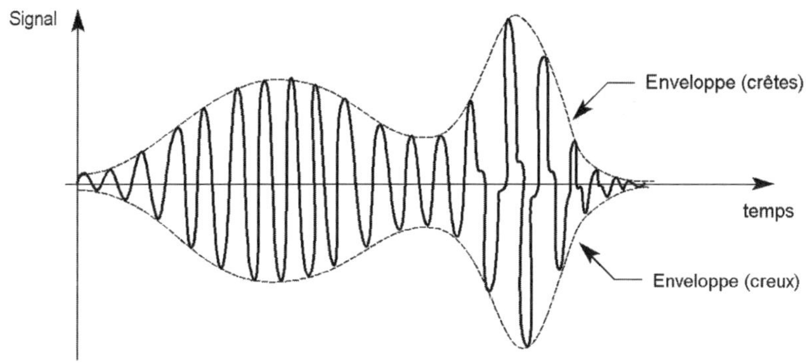

Figure 5.5 – Enveloppe d'un signal : il s'agit de l'enveloppe exacte.

un écart maximal de puissances moyennes au cours d'une durée qui peut être très longue et la notion de puissance instantanée qui mesure uniquement la puissance (carré de la valeur de l'enveloppe) durant un temps très court ; grande dynamique ne veut pas dire nécessairement « son très fort », mais plutôt son avec de fortes nuances d'amplitude.

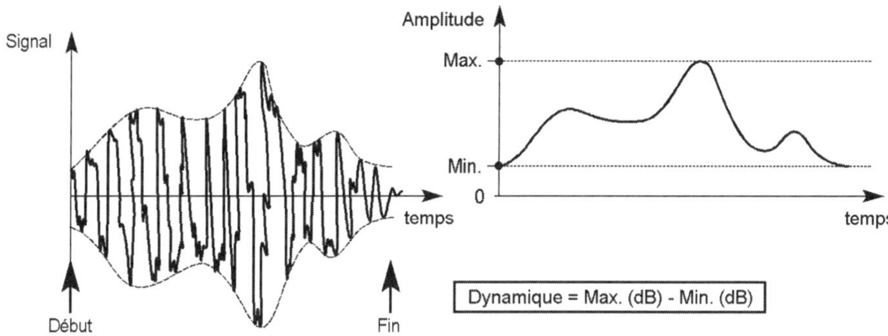

Figure 5.6 – Dynamique d'un signal.

Par extension, on peut aussi exprimer une dynamique « généralement constatée » pour un type de programme. Les systèmes de prise de son, de traitement, de stockage et de restitution ont des performances limitées en dynamique à cause des phénomènes de saturation (pour les valeurs hautes) et des phénomènes de bruit (pour les valeurs basses). Il est donc utile de connaître ces valeurs de dynamiques réalisables, face aux dynamiques des sons qui transitent dans ces dispositifs (*figure 5.7*). On notera pour la suite, *Ds* la dynamique de la source et *De* celle de l'équipement de traitement.

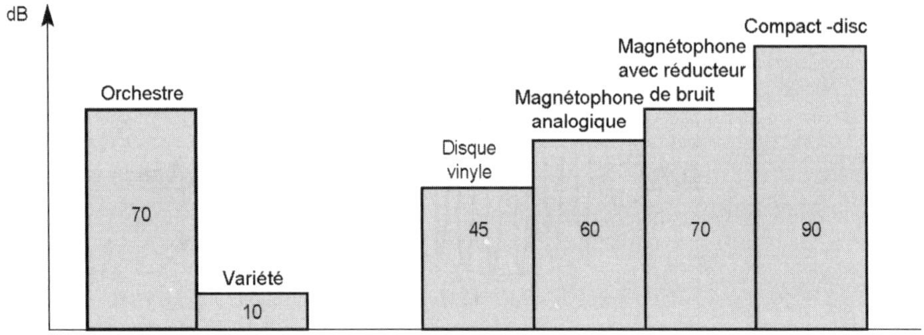

Figure 5.7 – Les différentes dynamiques : d'un côté naturelle, de l'autre des systèmes de reproduction actuels.

✦ Phases temporelles

La courbe d'enveloppe est également utile pour caractériser l'évolution dans le temps de l'amplitude instantanée d'un signal. En règle générale, un son produit par un instrument isolé peut être décrit temporellement en plusieurs phases : attaque (ou établissement), entretien (ou maintien ou résonance), extinction (ou amortissement), l'entretien étant le seul fait du musicien, les autres une combinaison de son jeu et de la facture de l'instrument (*figure 5.8*). Nous retrouvons ici les mêmes concepts de forme et de temps que ceux qui avaient été évoqués pour la caractérisation des systèmes de traitement (§ 5.1.3).

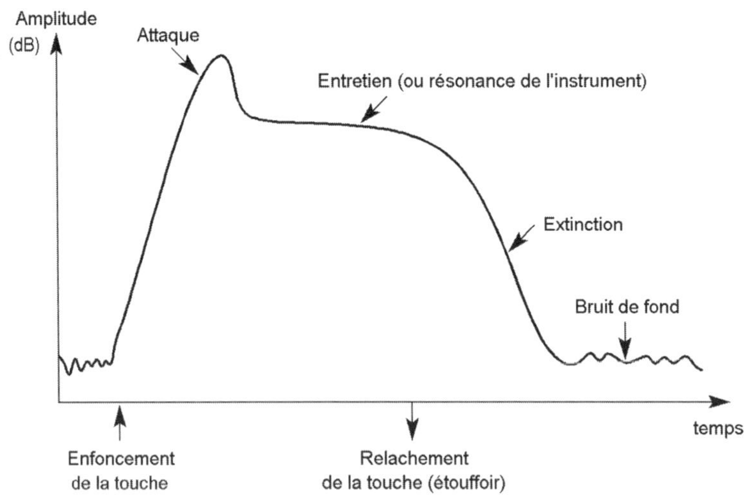

Figure 5.8 – Représentation schématique de « l'enveloppe » d'un son (une note de piano par exemple).

Il est aisé de concevoir qu'un dispositif puisse modifier ces valeurs soit involontairement, ce qui constituera un défaut du système qui dénature le son, soit volontairement, ce qui constitue un effet spécial souhaité.

5.2.2 *Modification de la dynamique*

✦ Diagramme de transfert

Considérons d'abord un système atténuateur ou amplificateur. Dans les deux cas, la relation entrée (x) – sortie (y) peut s'exprimer par la relation :

$$y = kx$$

k étant le gain du système, k est inférieur à 1 pour un atténuateur, supérieur à 1 pour un amplificateur. Cette même relation peut aussi s'exprimer en valeurs logarithmiques (en décibels) :

$$Y = X + K$$

K étant cette fois négatif pour un atténuateur, positif pour un amplificateur (voir chapitre 1).

Dans le cas de systèmes atténuateurs ou amplificateurs traditionnels, le facteur k (ou K en décibels) est constant, même s'il est réglable par l'opérateur : le terme constant signifie ici qu'il ne dépend pas des caractéristiques du signal (fréquence, amplitude). Dans le cas contraire, si ce terme k dépend de la fréquence, nous sommes en présence d'un filtre (atténuateur ou amplificateur de surcroît) et si ce terme dépend de l'amplitude du signal d'entrée, nous sommes en présence d'un système non-linéaire (conservant néanmoins la forme sinusoïdale). Ce dernier cas conduit à une famille de systèmes modificateurs de dynamique que sont les compresseurs, limiteurs, extenseurs et *noise-gate*. En effet, la dynamique sera forcément modifiée étant donné que le facteur k ne sera pas le même, en particulier pour les grandes valeurs ($k = k_1$) et pour les petites valeurs ($k = k_2$) du signal d'entrée :

- pour un signal d'entrée « grand », soit x_1, on aura : $y_1 = k_1 \cdot x_1$
- pour un signal d'entrée « petit », soit x_2, on aura : $y_2 = k_2 \cdot x_2$

en considérant des signaux x_1 et x_2 à enveloppe constante et en appelant Ax_1, Ax_2, Ay_1, Ay_2, respectivement les amplitudes des signaux x_1, x_2, y_1, y_2, la dynamique d'entrée s'écrit alors : $Dx = (Ax_1/Ax_2)$ et la dynamique de sortie s'écrit $Dy = (Ay_1/Ay_2)$ ce qui conduit à un rapport : $Dy/Dx = (k_1/k_2)$.

On voit bien en effet que la dynamique n'est conservée que si $k_1 = k_2$ (système à gain fixe). Au contraire, si k_1 est supérieur à k_2, la dynamique sera augmentée (contraste « faible-fort » accentué : extension de dynamique) et si k_1 est inférieur à k_2, la dynamique sera diminuée (contraste « faible-fort » réduit : compression de dynamique).

Les raisonnements précédents peuvent être menés en valeurs logarithmiques avec des amplitudes exprimées en dBu (0 dBu = 0,775 mV sur impédance 600 Ω) et les gains *K* exprimés en dB. Le diagramme montrant l'évolution de l'amplitude de sortie en fonction de l'amplitude d'entrée se nomme diagramme de transfert (*figure 5.9*).

On voit sur ce diagramme qu'un « amplificateur » de 0 dB (gain $k = 1$) fournit des amplitudes de sortie égales aux amplitudes d'entrée. Un amplificateur de gain + 10 dB fournit en sortie des amplitudes de 10 dB supérieures aux amplitudes d'entrée, mais se trouve limité d'une part par le bruit de fond (issu de la source, des équipements en amont ou de lui-même) et d'autre part par la saturation électronique. Un atténuateur de gain – 10 dB fournit en sortie des amplitudes de 10 dB inférieures aux amplitudes d'entrée. Toutes les droites relatives aux diagrammes des systèmes précédents ont une pente égale à 1 (un accroissement de 1 dB en entrée provoque un accroissement égal en sortie). Enfin, il est figuré un système non-linéaire pour lequel il faut remarquer que la pente de la droite ne vaut pas 1 mais 1/2 (exemple droite d), système pour lequel il faut un accroissement de 20 dB en entrée pour obtenir un accroissement de 10 dB en sortie : il est clair que la dynamique de sortie sera inférieure à la dynamique d'entrée. On remarque sur le graphique de la *figure 5.9* que la droite de pente 1/2 coupe toutes les autres droites de pente 1. Or, les droites de pente 1 représentant des gains fixes (indépendants des amplitudes d'entrées), la droite de pente 1/2 représente donc un gain variable, égal à chaque intersection au gain fixe correspondant, ce gain étant donc fonction de l'amplitude d'entrée.

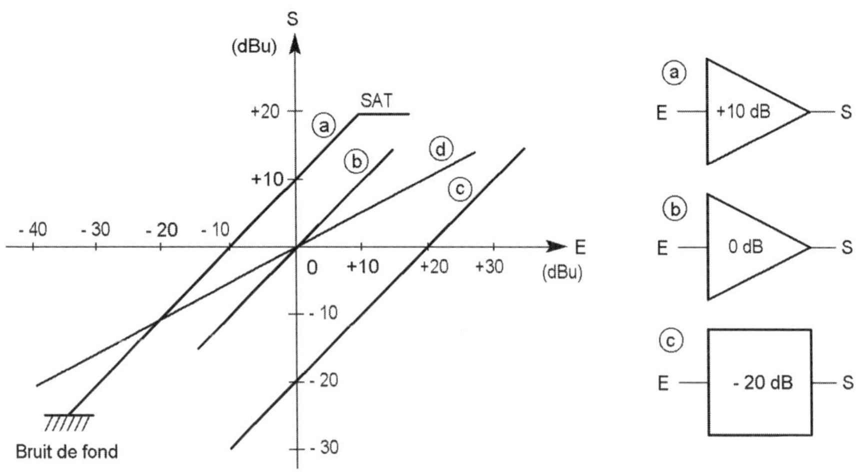

Figure 5.9 – Diagrammes de transfert : a) amplificateur (+ 10 dB) b) suiveur (0 dB) c) atténuateur (– 20 dB) d) compression de rapport 1/2.

✦ Compression de dynamique

On désire que la dynamique d'un message soit réduite. Les deux applications essentielles sont :

- l'adaptation d'un message à dynamique élevée à un système de dynamique encore plus faible (exemple : orchestre symphonique *Ds* = 70 dB, disque vinyle *De* = 45 dB) ;
- la réduction volontaire de dynamique dans un but artistique, esthétique ou nécessaire à l'intelligibilité (exemple : atténuation des écarts de niveaux dus aux mouvements de l'orateur par rapport au microphone, diffusion de musique d'ambiance à dynamique faible, donc à niveau quasi uniforme…).

La technique consiste à contrôler l'amplification ou l'atténuation du signal en fonction de son niveau d'entrée.

Si on désire diminuer la dynamique, on peut amplifier davantage les signaux faibles que les signaux forts ou encore se fixer un niveau de référence correspondant à un gain donné et invariable. Alors pour tout niveau d'entrée supérieur à ce niveau de référence, on fera diminuer le gain d'autant plus que le niveau d'entrée augmentera. Au contraire, pour tout niveau d'entrée inférieur à ce niveau de référence, on fera augmenter le gain d'autant plus que le niveau d'entrée diminuera.

Par exemple, fixons le niveau de référence à 0 dBm et le gain correspondant à 0 dB (pour simplifier).

Supposons que le niveau maximal d'entrée soit de + 30 dBm et que le minimal soit de – 30 dBm, ce qui conduit à une dynamique en entrée de 60 dB.

On désire que cette dynamique ne soit plus que de 40 dB en sortie. Si l'on désire agir de façon symétrique, on déduit que le niveau maximal de sortie doit être de + 20 dBm (pour + 30 dBm à l'entrée, soit une atténuation de 10 dB) et que le minimal doit être de – 20 dBm (pour – 30 dBm à l'entrée, soit une amplification de 10 dB) comme le montre la *figure 5.10* (Ce type de diagramme qui montre l'évolution des niveaux dans un système se nomme « hypsogramme ».)

Afin de pouvoir représenter les actions progressives de compression pour tous les niveaux, il est pratique d'utiliser le diagramme de transfert défini en 5.2.1. En conservant l'exemple précédent, on arrive au diagramme de la *figure 5.11*.

Sur cette figure, on a fait figurer le diagramme correspondant au gain de référence (ici 0 dB). On voit que le diagramme de la compression est une droite qui a subi une rotation dans le sens horaire autour du point de référence (ici E = 0 dBm). Pour cette raison, le niveau de référence est parfois appelé « point de rotation » (*rotating point*).

La longueur des flèches verticales qui joignent la droite de référence à la droite de compression indique la valeur de l'amplification (flèche vers le haut) ou de l'atténuation (flèche vers le bas) en décibels, l'échelle étant celle du système d'axes (E, S).

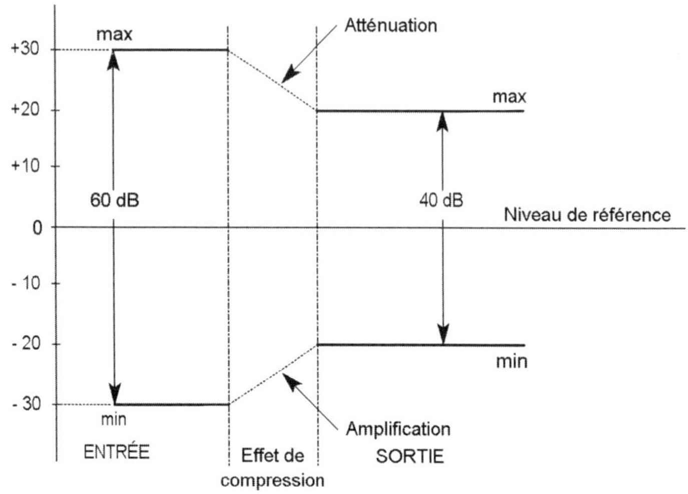

Figure 5.10 – Hypsogramme d'une compression.

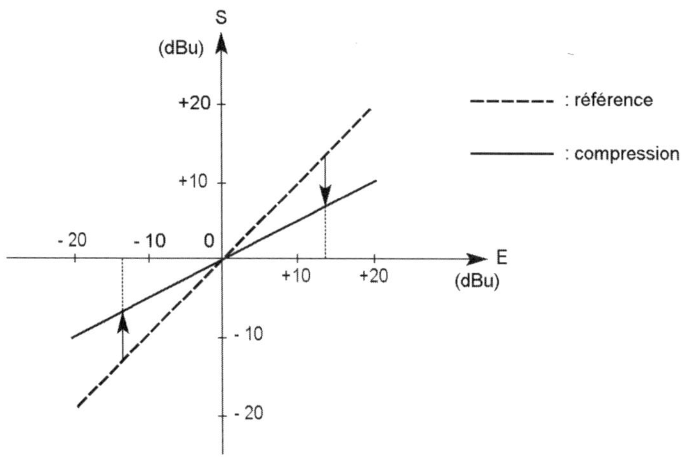

Figure 5.11 – Diagramme de transfert d'une compression.

Plus l'angle de rotation sera élevé, plus la réduction de dynamique sera importante, avec comme limite absoluc l'horizontale, ce qui signifierait que le niveau de sortie serait parfaitement constant quelles que soient les variations du niveau d'entrée (dynamique = 0 dBm).

Remarque : si on continuait à faire tourner la droite au-delà de l'horizontale, on inverserait les nuances : les sons les plus faibles devenant les plus forts et vice-versa ; effet encore inusité en audio !

Sur le diagramme de transfert, on exprime la pente de la droite de compression par le rapport de la variation nécessaire en décibels à l'entrée pour provoquer une variation d'un décibel en sortie appelé « rapport de compression » (*ratio* en anglais).

Par exemple 2:1 ou 2/1 signifie qu'un accroissement de 2 dB à l'entrée ne provoque qu'un accroissement de 1 dB à la sortie.

Toujours dans notre exemple précédent, nous avions une réduction de dynamique de 60 dB à 40 dB, ce qui fait 6 dB à 4 dB, soit un rapport de compression de 3:2, soit 1,5:1.

✦ Compression avec seuil

La compression, telle qu'elle vient d'être décrite souffre d'un défaut majeur : celui de suramplifier le bruit de fond et autres bruits parasites. En effet, cet équipement est placé en aval d'un certain nombre d'autres dispositifs (périphériques, tranche de console...), eux-mêmes connectés à une source (microphone, capteur de guitare, retour de bande magnétique...). L'ensemble de ces dispositifs génère du bruit : bruit thermique et bruit « de grenaille » dans les systèmes électroniques (voir chapitre 6 du tome 1), captation de sons d'environnement pour les microphones, inductions parasites dans les capteurs... Bien entendu, ces sources de bruit sont de faible puissance (sinon, le son serait de bien piètre qualité !), mais justement, vis-à-vis du compresseur de dynamique, ces bruits seuls (en l'absence de son utile) représentent des amplitudes faibles (voire très faibles) et seront donc amplifiés avec un facteur d'amplification très grand, conformément au principe du compresseur !

En revanche, lorsque le son utile est présent, l'amplitude totale (son utile + bruit) devient plus importante et ainsi le gain diminue. En réalité le gain s'aligne sur l'amplitude du son utile car l'amplitude du bruit est en principe suffisamment faible pour pouvoir confondre l'amplitude totale et la seule amplitude du son utile. Toutefois, relativement au bruit, ce dernier se trouve très amplifié durant les silences du son utile et beaucoup moins, donc atténué, durant la présence du son utile. Cette modulation d'amplification du bruit est audible et donne lieu à des apparitions systématiques de bruit durant les silences, ou silences relatifs, du son utile. Un son utile qui est rythmé (ce qui est fréquent comme la parole avec les respirations) amène alors un effet parasite particulier : le bruit prenant la place des silences, celui-ci se trouve aussi être artificiellement rythmé, d'où l'expression de « pompage ».

Afin d'éviter cet effet désagréable et pour donner une plus grande liberté d'action à l'utilisateur, on réalise la compression à seuil.

Un réglage (accessible à l'utilisateur) détermine le niveau en dessous duquel la compression n'agira pas ; ce niveau se nomme « seuil de compression » (*threshold*) – *figure 5.12*.

En dessous du seuil, l'ensemble peut néanmoins avoir un gain. Ce paramètre est un réglage également accessible à l'utilisateur.

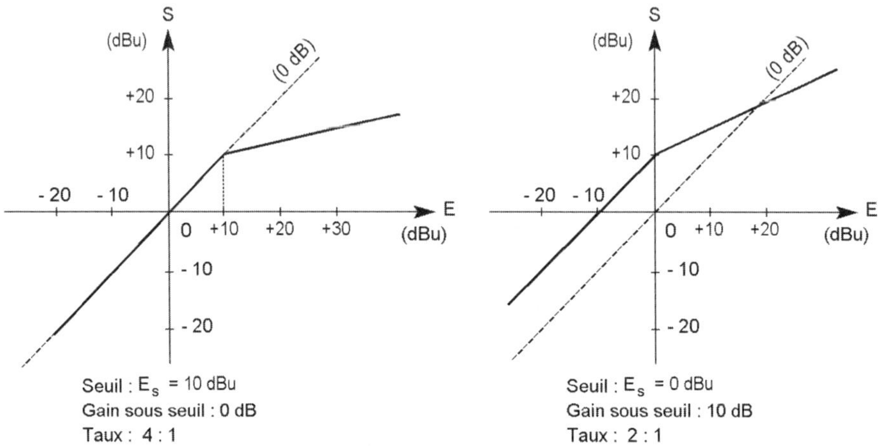

Figure 5.12 – Compression à seuil.

Un gain supérieur à 0 dB est souvent nécessaire. En effet, quand on utilise la compression à seuil, les niveaux « faibles » et « moyens » restent inchangés, par contre les niveaux « forts » sont abaissés, ce qui provoque une atténuation globale sensible du niveau sonore moyen. On rattrape cette atténuation grâce au gain (*figure 5.13*).

Un autre phénomène vient perturber le fonctionnement du compresseur : celui du temps de réponse du dispositif. En effet, le système étant à gain variable, on peut modéliser le fonctionnement de ce dispositif de la façon suivante : acquisition du signal d'entrée - mesure de l'amplitude de ce signal d'entrée - calcul du gain compte tenu de cette valeur d'amplitude en prenant en compte le seuil - application du gain calculé au signal d'entrée pour produire le signal de sortie. Le point délicat est celui

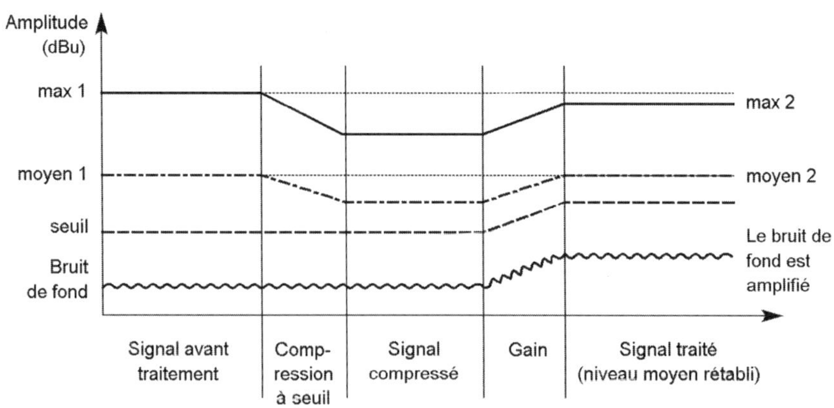

Figure 5.13 – Hypsogramme d'une compression à seuil avec gain.
Niveau moyen 1 = niveau moyen 2 et niveau max. 2 < niveau max. 1.

de la mesure de l'amplitude du signal d'entrée : est-ce une mesure instantanée (et comment pourrait-on la faire ?) ou est-ce une valeur moyenne (mais alors sur combien de temps ?). La première solution est illusoire et inutile : en effet, c'est illusoire car on ne peut mesurer une amplitude qu'après avoir eu au moins une alternance du signal pour qu'il soit bien passé par le maximum ou par le minimum. Le problème est que la durée d'une alternance est inconnue car variable selon la fréquence fondamentale du son ; d'autre part, c'est inutile, car on ne demande pas au compresseur de réagir instantanément à chaque milliseconde. Cela pourrait au contraire être néfaste au rendu sonore dans la mesure où les transitoires seraient complètement bouleversés. La deuxième solution est plus intéressante car elle laisse à l'opérateur le loisir de faire le réglage de son temps de réponse relativement au son traité : un temps d'action bref, donc une mesure quasi instantanée, aura pour effet de « gommer » les phases transitoires, au contraire, un temps d'action plus long respectera les phases transitoires tout en diminuant néanmoins la dynamique dans la phase d'entretien du son. En général, les compresseurs dédoublent ce réglage de temps de réponse, souvent appelé « temps d'intégration », l'un pour la diminution de gain (*attack*, en phase d'attaque du son) et l'autre pour la ré-augmentation de gain (*release*, en phase d'extinction du son).

✦ Limitation

La limitation est une opération qui consiste à imposer une amplitude de sortie maximale invariable. Il se met en fonction dès lors que l'amplitude d'entrée dépasse un certain niveau de seuil. Un tel dispositif est utilisé surtout en présence d'un signal dont la dynamique et donc le niveau maximal atteint ne sont pas connus *a priori* (enregistrement direct sans répétition, prévision « d'éclats de voix »...), mais aussi lorsque le signal est destiné à un équipement situé en aval ne supportant pas un dépassement de niveau nominal sous risque de saturation (modulateur d'un émetteur de radiodiffusion, enregistrement numérique...).

La limitation n'est autre qu'une compression à seuil, en général avec un gain de 1 en dessous du seuil et un rapport de compression très grand (souvent 100:1 ou plus) au-dessus du seuil (*figure 5.14*). L'amplitude de sortie est alors égale à l'amplitude d'entrée tant que le seuil n'est pas franchi, elle devient constante et égale au seuil dès que celui-ci est franchi.

Il faut bien noter que ce système conserve la forme d'onde car il se comporte au-dessus du seuil comme un atténuateur dont le facteur d'atténuation augmente au fur et à mesure, et proportionnellement, que l'amplitude du signal d'entrée augmente ; ce qui permet ainsi d'avoir une amplitude de sortie constante au-dessus du seuil et égale à la valeur de ce seuil. Il faut bien le différentier d'un écrêteur qui ne conserve pas la forme du signal, les deux systèmes sont non-linéaires certes, mais l'écrêteur modifie le contenu harmonique, donc profondément le timbre, au contraire du limiteur.

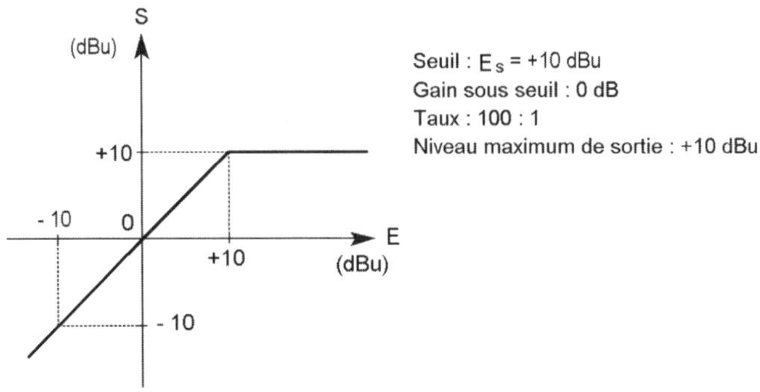

Figure 5.14 – Limitation.

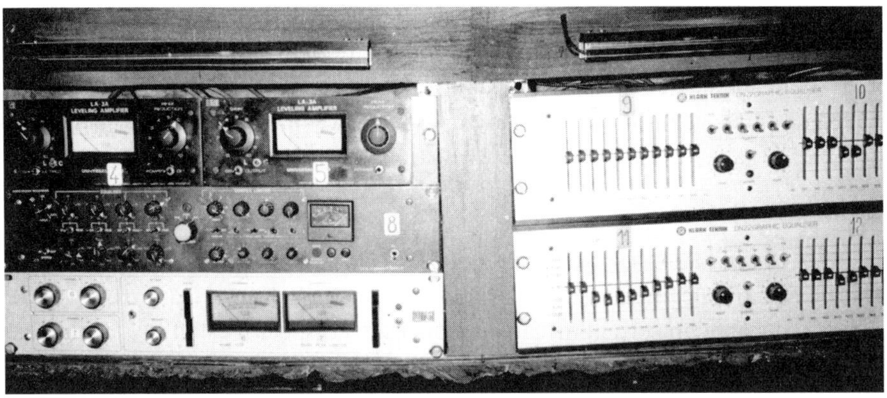

Compresseurs, égaliseurs graphique, noise-gate... remplissent les racks de la cabine du studio.

✦ Extension de dynamique

L'extension de dynamique est exactement le processus inverse de la compression. Il s'agit donc ici d'accentuer les contrastes, c'est-à-dire de rendre encore plus faibles les sons déjà faibles et de rendre encore plus intenses les sons déjà intenses. Un tel système pourrait être utilisé pour « apporter de la dynamique » à une source sonore qui en manque manifestement, mais au risque de dénaturer fortement le son si le taux d'extension est important sauf si c'est un effet désiré.

Du point de vue du diagramme de transfert, celui-ci est semblable à celui de la compression à ceci près que la rotation de la droite est opposée par rapport à celle qui modélise la compression (*figure 5.15*)

L'extenseur utilisé tel quel est avantageux au niveau du bruit de fond et des sons parasites en ce sens où l'amplitude de ces derniers diminuera par rapport aux ampli-

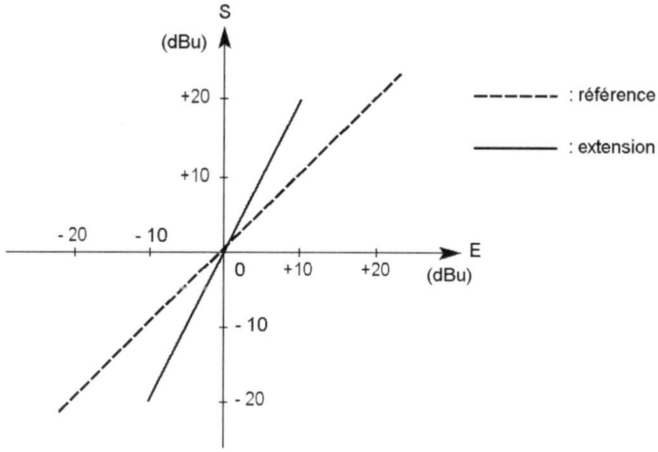

Figure 5.15 – Diagramme de transfert d'une extension.

tudes des sons utiles pour autant que ces sons utiles soient d'amplitudes moyennes proches de 0 dBu (pour ne pas être trop affectés par l'extension). En revanche, il y a un risque au niveau des signaux de grande amplitude qui sont suramplifiés et qui peuvent donc provoquer une saturation dans les équipements avals, voire même au niveau de l'extenseur lui-même !

La propriété de l'avantage qu'il a vis-à-vis du bruit de fond et des sons parasites fait que ce système est à la base des dispositifs atténuateurs de bruit.

✦ Les atténuateurs de bruit

La sensation de bruit résulte certes d'un effet physique, addition du bruit au signal, mais aussi d'un effet physiologique, bruit perçu dès lors qu'il n'est pas masqué : (voir « Les caractéristiques de l'audition » dans le chapitre 4 du tome 1).

Le principe d'un « atténuateur de bruit » est précisément d'utiliser cet effet de masque subjectif. En effet, le bruit de fond présente généralement un spectre « blanc », c'est-à-dire que ses composantes spectrales sont uniformément et également réparties sur l'ensemble du spectre, ce qui donne d'ailleurs au bruit de fond ce timbre tellement caractéristique. En revanche, le spectre du son utile présente des zones fréquentielles différenciées : certaines sont représentatives car contenant beaucoup de composantes de grandes ou moyennes amplitudes, d'autres sont peu ou pas représentatives car contenant peu de composantes de faibles amplitudes ou pas de composantes du tout (rare).

Ainsi, une bande de fréquence pour laquelle la puissance des composantes utiles est bien supérieure à celle du bruit peut subsister telle quelle, car l'effet de masque fera que le bruit correspondant sera inaudible. À l'inverse, une bande de fréquence dans laquelle les composantes utiles sont négligeables doit être atténuée pour atténuer en même temps le bruit qui serait audible.

Le procédé consiste alors à découper le spectre en un grand nombre de bandes (tiers d'octaves), chacune étant munie d'un dispositif extenseur à seuil réglable par l'opérateur.

La réduction de bruit consiste à régler ces différents seuils de façon à atténuer au maximum la puissance de bruit comme le montre la *figure 5.16* : un seuil réglé au

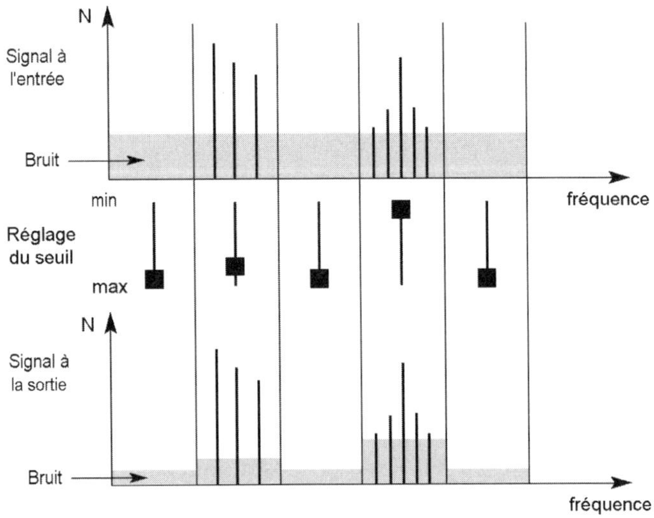

Figure 5.16 – Action d'un atténuateur sélectif de bruit.

maximum produira une atténuation systématique pour tous les niveaux inférieurs et d'autant plus d'atténuation que ces niveaux sont éloignés du seuil, ainsi le bruit de niveau « faible », donc « loin du seuil », sera très atténué, ce qui est le but. En revanche, si une bande présente des composantes utiles, il faut régler le seuil sous le niveau de ces composantes, dans le cas contraire, cela atténuerait ces composantes et produirait ainsi un effet indésirable de filtrage ! Le bruit est donc encore atténué, mais moins que dans le cas précédent car le niveau de bruit se trouve alors « moins loin du seuil ».

La puissance totale de bruit étant proportionnelle à l'aire de la surface hachurée, il est clair que celle-ci a diminué par passage dans l'atténuateur de bruit. Dans l'hypothèse où les seuils ont été correctement réglés, la puissance du signal n'a pas varié, on a donc bien amélioré le rapport signal sur bruit.

✦ Extension avec seuil (*noise-gate*)

De la même façon que pour la compression, on réalise des extensions avec seuil. Il existe alors un niveau au-dessus duquel l'extension n'agit plus. Il peut y avoir gain ou atténuation pour les niveaux supérieurs au seuil. Le rapport d'extension est déterminé de la même façon que pour la compression, mais en inversant les deux nombres. Par exemple, une compression de taux 3:1 correspondrait à une extension de taux 1:3 ce qui signifie qu'un écart de 1 dB à l'entrée conduit à un écart de 3 dB en sortie.

Un tel système est « transparent » pour les signaux « moyens » ou « forts » et atténue les signaux « faibles » (*figure 5.17*). Un tel dispositif est couramment appelé « *porte de bruit* » (*noise-gate*). En effet, lors d'un silence, il ne subsiste que le bruit de fond.

Un extenseur placé en aval peut alors atténuer fortement ce bruit de fond pour le rendre inaudible. C'est l'utilisation principale de ce dispositif (*figure 5.18*).

Remarque

Dans le cas de l'extension à seuil, lors de la décroissance du signal on passe par plusieurs phases successives (*figure 5.19*) : a) amplification constante, b) amplification décroissante, c) atténuation croissante, d) atténuation limite appelée « *range* ».

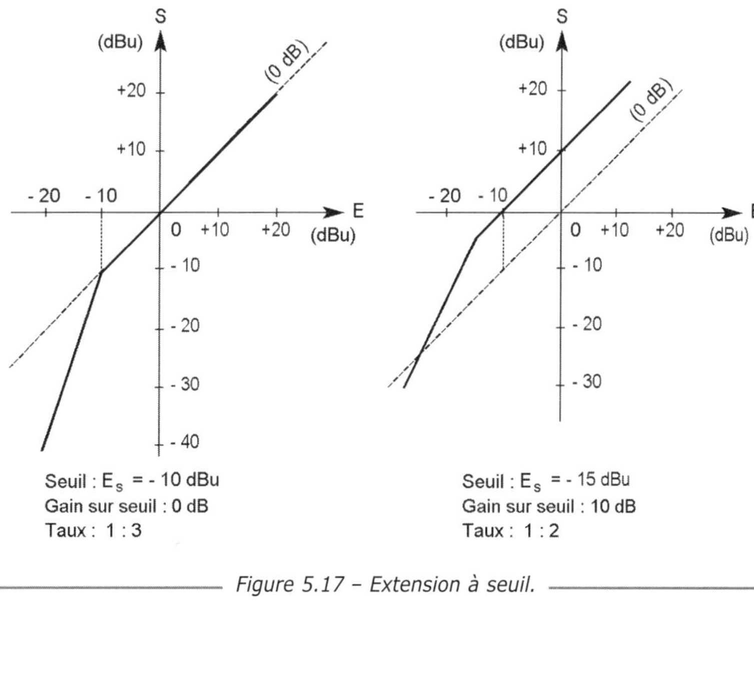

Figure 5.17 – Extension à seuil.

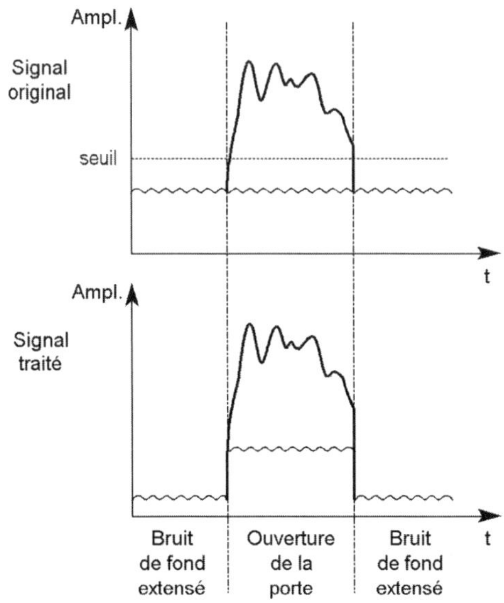

Figure 5.18 – Le principe de l'extension avec seuil (noise-gate).

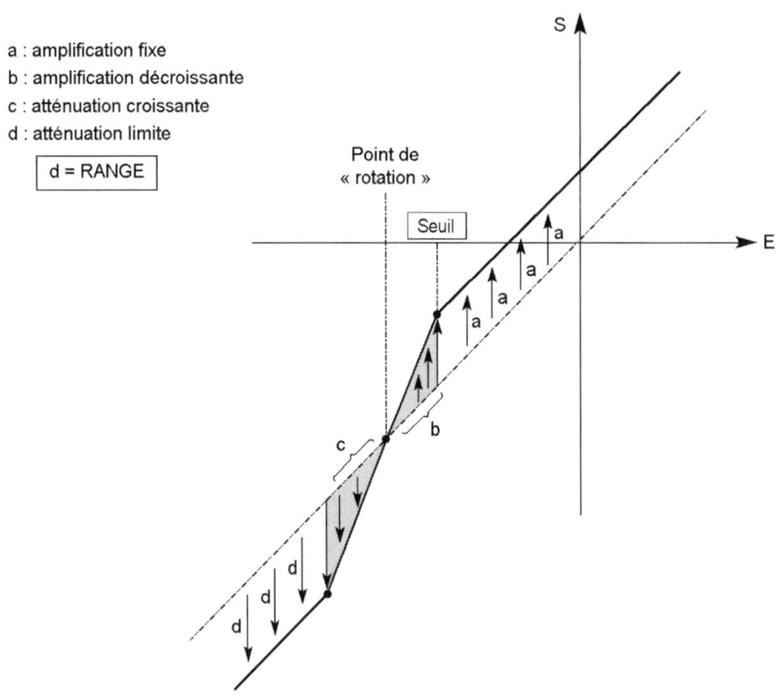

Figure 5.19 – Les phases successives de l'extension à seuil.

✦ La réduction de bruit

Ces systèmes sont constitués de l'association des deux principes de compression et extension. En effet, on utilise un réducteur de bruit quand il y a un système à faible dynamique (donc à bruit relativement élevé face aux autres systèmes), dans la chaîne de traitement (cas du magnétophone analogique).

L'étude de la *figure 5.20* montre que les différents niveaux (1, 2, 3, 4) initiaux sont correctement restitués. Il faut pour cela que l'extension soit strictement le symétrique de la compression. Le bruit de fond propre du système A est certes relevé par la compression mais rabaissé ensuite par l'extension au niveau de bruit de fond du système C. (On a supposé par simplicité que A et C avaient la même dynamique.)

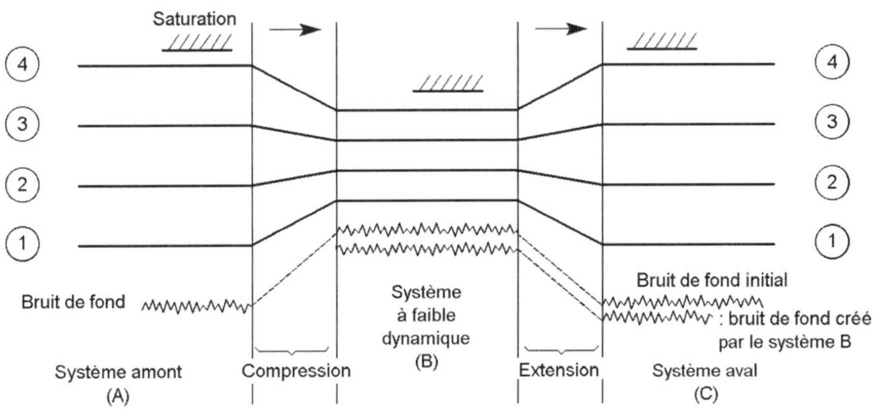

Figure 5.20 – Hypsogramme de principe de la réduction de bruit.

Enfin le bruit de fond créé par le système B, grâce à l'extension, est fortement atténué puisqu'il arrive même sous le niveau de bruit de fond du signal donc pratiquement inaudible.

Toutefois, cet ensemble réducteur de bruit, s'il semble parfait souffre de défauts et appelle à des contraintes. Une contrainte majeure et indispensable est de s'assurer de la parfaite conformité des deux systèmes compresseur et extenseur : mêmes paramètres et réglages parfaitement symétriques, ce qui exclue bien entendu toute compatibilité entre systèmes de marque ou de type différents. Une autre contrainte majeure est que le système central (B) ait une fonction de transfert unitaire ; on dit aussi qu'il doit être « transparent », c'est-à-dire que sa sortie recopie exactement son entrée quelles que soient l'amplitude et la fréquence. Il doit donc avoir un gain global entrée-sortie égal à 0 dB. En effet, en dehors de cette condition, les niveaux présentés à l'entrée de l'extenseur ne seront pas ceux qui étaient présents à la sortie

Le Dolby série XP réducteur de bruit multipiste.

du compresseur et donc la modification de gain apportée par l'extenseur ne sera pas inverse de celle apportée préalablement par le compresseur. Il s'en suivra une erreur sur la restitution des amplitudes, donc une distorsion du son initial. Enfin, les systèmes compresseurs et extenseurs fonctionnent avec des temps de réponse, ceux-ci, par principe, altèrent les transitoires. On ne peut donc pas espérer que le passage par un réducteur de bruit, même parfaitement réglé n'ait aucune action parasite sur le signal. Son emploi serait donc à éviter s'il n'y avait pas cette contrainte de faible dynamique pour le système central. Il faut ainsi faire le choix d'un compromis entre l'amélioration de la dynamique liée à la réduction de bruit et la parfaite fidélité. En tout état de cause, l'emploi répété d'un tel procédé le long de la chaîne de traitement est à éviter voire à proscrire.

✦ Les réducteurs de bruit conventionnels

Ces appareils sont dits aussi « à codage et décodage » respectivement pour désigner compression et extension.

Tout en utilisant le principe général de compression/extension, plusieurs techniques de réduction de bruit ont été développées : avec ou sans seuil de compression, global ou sélectif en fréquence, accompagné ou non de filtres à réponses variables…

Le système DBX opère sans seuil avec un taux de compression de 2:1 sur toute la bande de fréquences, il constitue de ce fait la meilleure illustration du principe exposé précédemment.

Les systèmes Dolby se déclinent en plusieurs versions.

Le système Dolby A se compose d'un ensemble de quatre compresseurs/extenseurs travaillant chacun sur une bande de fréquence associée. Afin de minimiser les risques de distorsion qui pourraient être dus à une légère asymétrie du couple compression/extension, la compression ne s'effectue que pour des niveaux qui se trouvent en dessous d'un seuil, ce dernier étant différent pour chaque bande de fréquence, compte tenu de l'inégalité naturelle de la répartition spectrale de puissance des sons. Ce dispositif permet ainsi d'abaisser le niveau de bruit de 10 à 14 dB sur l'ensemble du spectre. Toutefois, ces performances sont atteintes sous réserve que les équipements qui sont placés entre les deux unités, compresseur ou « encodeur » d'une part et extenseur ou « décodeur » d'autre part, soient « transparents » en niveau, c'est-à-dire que le niveau de sortie du compresseur doit se retrouver identique au niveau d'entrée de l'extenseur. La « transparence » est alors traduite par un gain équivalent aux équipements insérés égal à 0 dB.

Ainsi, dans le cas d'un stockage sur support magnétique ou mécanique, il faudra, à la lecture, s'assurer que le niveau du signal lu est bien égal à celui du signal qui a été enregistré, d'où la nécessité d'enregistrer un « signal test » de niveau connu, de manière à rectifier le niveau à la lecture, le cas échéant. Cette contrainte est due à l'emploi de seuils : par exemple, un signal de niveau – 25 dBu se trouve à 5 dB au-dessus d'un seuil de compresseur situé par exemple à – 30 dBu, donc n'est pas compressé ; si ce signal subit une atténuation de 10 dB lors du processus enregistrement/lecture (par suite d'un étalonnage défectueux), ce signal va donc se retrouver au niveau de – 35 dBu, à 5 dB au-dessous du seuil de – 30 dBu, il sera donc expansé alors qu'il n'a pas été compressé ! Il s'en résultera une distorsion (amplitudes non respectées).

Enfin, ces mêmes performances sont au prix de réglages internes précis (en particulier les seuils) qu'il convient de vérifier périodiquement.

Le système Dolby B se compose d'un ensemble compresseur/extenseur opérant sur une seule bande de fréquences (à partir d'une fréquence limite, sans effet au dessous) et pour des niveaux qui se trouvent en dessous d'un seuil. Ce système constitue ainsi une version simplifiée du précédent, ce qui le rend accessible au « grand public » en particulier.

Les systèmes ultérieurs (C et S) se sont rapprochés du Dolby A. Le Dolby HX, spécialement réalisé pour l'enregistrement magnétique a une fonctionnalité supplémentaire : celle d'éviter le risque de saturation de la bande pour des fréquences élevées. Enfin le Dolby SR introduit le concept de « bande dynamique » : les paramètres (limites de bandes et seuils) sont ajustés automatiquement et en temps réel en fonction du contenu spectral du son traité.

✦ Temps d'action

Ces dispositifs ne réagissent pas immédiatement lors d'un changement brutal de niveau à l'entrée. En particulier, lorsque le niveau du signal franchit le seuil de compression ou d'extension, le dispositif met un certain temps à effectuer la modification de gain : ce sont les *temps d'action*. On les appelle temps « d'attaque » ou de « retour » suivant le sens de franchissement du seuil. Ces temps sont en général réglables par l'utilisateur. Leur existence, qui pourrait être un défaut technique, est exploitée couramment. En effet, pendant ces temps, le dispositif ajuste progressivement son gain ou son atténuation pour passer de la situation « normale » à la situation « compression » (ou « extension »). Ceci conduit à des formes d'ondes à enveloppe sensiblement modifiée :

- en compression, le temps d'attaque provoque une accentuation du transitoire d'attaque, le temps de retour prolonge la durée du maintien lors de l'extinction du son ;
- en extension, les effets sont inversés : l'attaque est « adoucie » voire supprimée, le temps de retour peut servir à créer une phase d'extinction sur un signal qui s'arrête brusquement.

Enfin on peut déclencher extérieurement, par l'intermédiaire d'une entrée de commande (clef ou « *KEY* »), l'action de compression ou d'extension qui est alors indépendante du signal lui-même. Le but est d'avoir l'enveloppe du signal extérieur avec la forme d'onde du signal que l'on traite. La *figure 5.21* montre l'application de ce procédé avec un *noise-gate* « NG ».

La combinaison du déclenchement externe et de l'utilisation des temps d'action donne une grande souplesse d'utilisation.

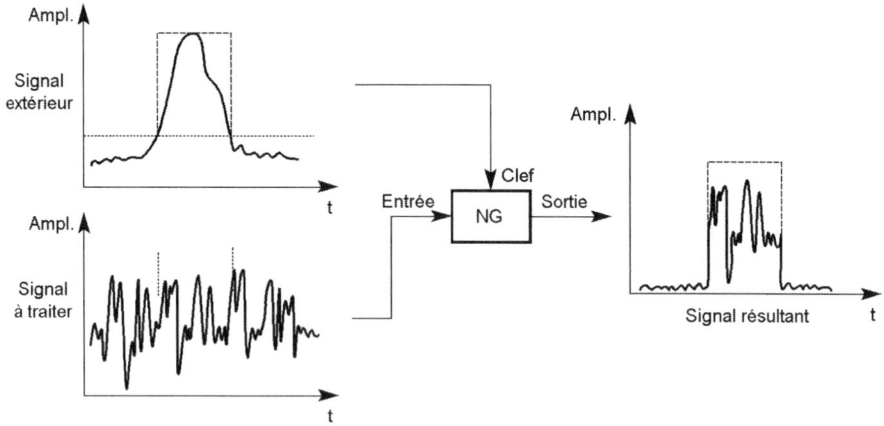

Figure 5.21 – Utilisation de la clef de déclenchement d'un noise-gate par un signal extérieur.

5.2.3 *Action sur l'enveloppe*

✦ Suiveur et générateur d'enveloppe

Un suiveur d'enveloppe (*envelope follower*) est un dispositif qui délivre une fonction du temps proportionnelle à l'enveloppe d'un signal existant. Le résultat n'est pas un son, mais représente la variation dans le temps de l'amplitude instantanée d'un son. Cette fonction du temps est destinée à être appliquée ensuite sur un autre son de manière à lui attribuer l'enveloppe ainsi définie : on pourra ainsi modifier l'enveloppe d'un son, par exemple avec l'enveloppe d'un autre son.

Un générateur d'enveloppe (*envelope shaper*) est un dispositif qui crée artificiellement une fonction du temps destinée à devenir une enveloppe de signal. Cette fonction du temps n'est pas un signal, elle est destinée également à agir sur un signal déjà existant de manière à lui attribuer son enveloppe : on pourra ainsi créer une enveloppe artificielle à un son.

✦ Amplificateur commandé

Lors d'un traitement électroacoustique, le signal traverse un certain nombre d'amplificateurs. En général leurs gains sont fixés ou déterminés par l'utilisateur. Il existe des dispositifs « amplificateur commandé » VCA : (*Voltage Controled Amplifier*) dont le gain est fonction d'une tension auxiliaire dite tension de contrôle (*control voltage*).

Ce système est complémentaire d'un suiveur ou d'un générateur d'enveloppe. Le gain en dB est en général une fonction linéaire de la tension de commande. Des exemples d'utilisation sont présentés *figure 5.22*. On note « SE » le suiveur d'enveloppe. « GE » un générateur d'enveloppe, « VCA » l'amplificateur commandé (voir § 4.5.1).

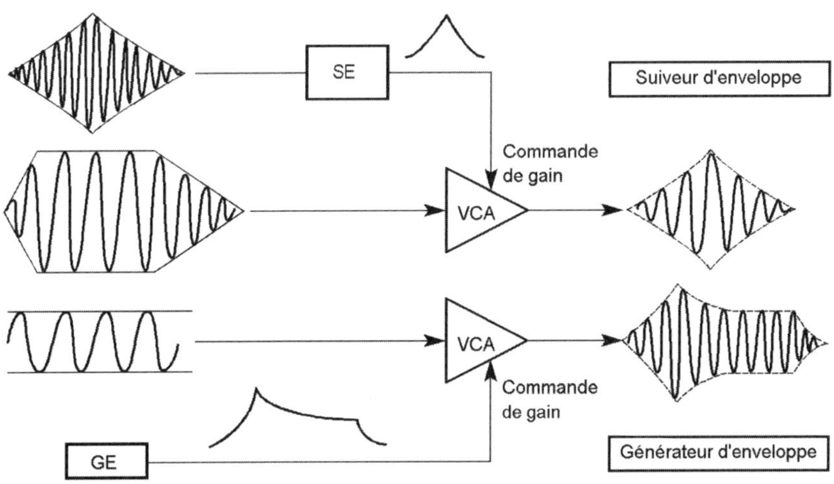

Figure 5.22 – Utilisation du suiveur d'enveloppe et du générateur d'enveloppe.

5.2.4 *Modification sélective de l'enveloppe*

Le contenu spectral peut aussi devenir un paramètre réglable. Par filtrage, on peut distinguer des zones de fréquence dans le spectre et y apporter des modifications de dynamiques.

Si par exemple on ne désire enlever que des bruits de fond « sourds », on utilise un *noise-gate* (extenseur à seuil) qui ne se déclenchera que sur la partie basse du spectre ; le signal sera alors débarrassé de ses composantes graves de faible niveau (*figure 5.23*).

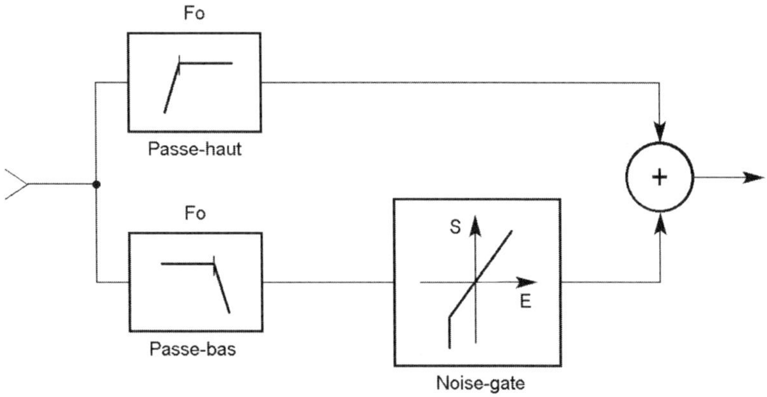

Figure 5.23 – Schéma synoptique de principe de l'élimination de composantes graves parasites.

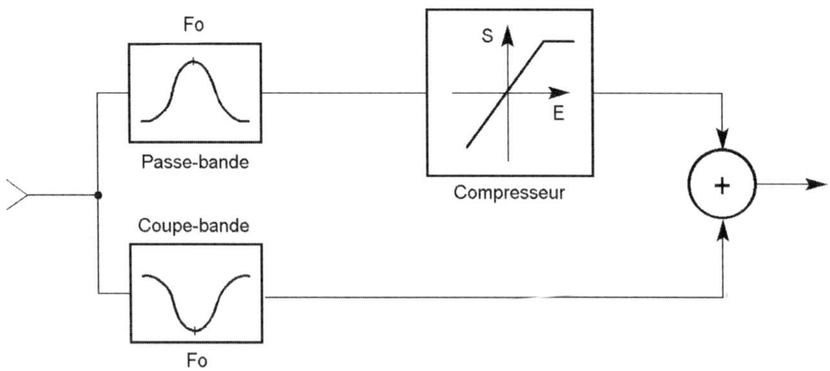

Figure 5.24 – Réduction sélective du haut-médium.

Ce dispositif a l'avantage, sur un simple filtre coupe-bas, de conserver la partie basse du spectre dépassant un certain niveau (seuil) donc appartenant au message.

Autre exemple utilisé couramment, lorsqu'on désire réduire la dynamique des composantes haut-médium du spectre (zone où se situent les consonnes « sifflantes » : « s », « ch » et « f »...), on utilise alors soit un compresseur à seuil qui ne se déclenchera que sur la zone haut-médium (*figure 5.24*).

Le dispositif basé sur ce principe est appelé « contrôleur dynamique de sifflantes » soit en anglais *dynamic sibilance contrôler* ou *de-esser.*

Si l'on désire au contraire renforcer la dynamique d'une partie du spectre (en général les médiums), de façon à augmenter l'intelligibilité d'un message parlé ou chanté, on utilise alors un extenseur sans seuil qui n'interviendra que dans la zone choisie.

5.3 Action sur le spectre

5.3.1 *Définitions*

Le spectre d'un son est une autre représentation du signal (voir § 1.4.6 du tome 1). Ces deux représentations temporelle d'une part et spectrale (ou fréquentielle) d'autre part sont strictement équivalentes. Une action sur la représentation temporelle (sur l'enveloppe par exemple) modifiera le spectre ; inversement une action sur le spectre (filtrage par exemple) modifiera l'allure temporelle.

On appelle en règle générale et historiquement « filtre » un système qui réalise une action sur le spectre du signal. Par voie de conséquence, cette action sera aussi effective sur l'allure temporelle, mais plus difficile à représenter. Il s'agit d'un produit de convolution (voir chapitre 5 du tome 1).

Un filtre est un système linéaire entièrement déterminé par sa fonction de transfert qui représente le quotient S/E en fonction de la fréquence, S et E étant les représentations complexes des signaux, c'est-à-dire, sous la forme « amplitude-phase ». Cette fonction de transfert est elle-même entièrement déterminée par son amplitude appelée « réponse en amplitude » et par sa phase appelée « réponse en phase ».

Par analogie avec la représentation temporelle, l'enveloppe spectrale (*figure 5.25*) permet, d'une part, de délimiter la bande de fréquences réellement occupée par le signal et, d'autre part, d'évaluer de façon sommaire la répartition fréquentielle de la puissance.

5.3.2 *Filtres*

Les correcteurs sont destinés à apporter une modification spectrale localisée, autour d'une fréquence dite « centrale » ou une modification étendue à partir ou jusqu'à une fréquence dite « de coupure » (*figure 5.26*).

Les égaliseurs dont destinés à apporter une modification sensible de l'enveloppe du spectre, en ayant recours à un ensemble de plusieurs modifications localisées (*figure 5.27*).

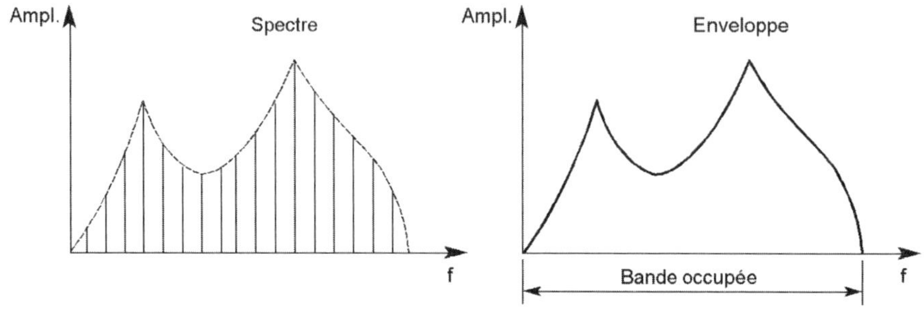

Figure 5.25 – Enveloppe d'un spectre : l'enveloppe joint en moyenne les raies spectrales.

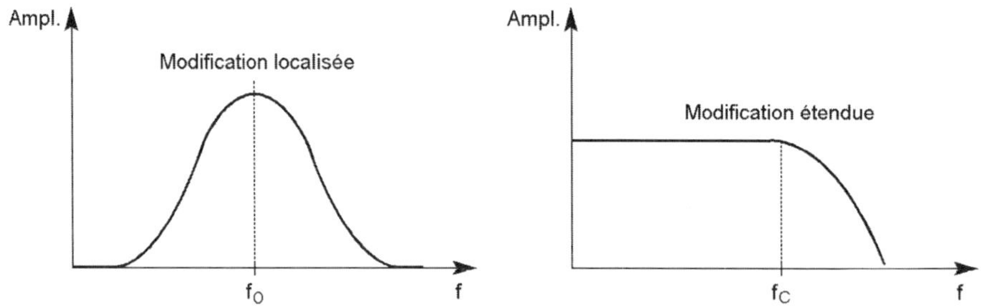

Figure 5.26 – Exemples de correcteurs.

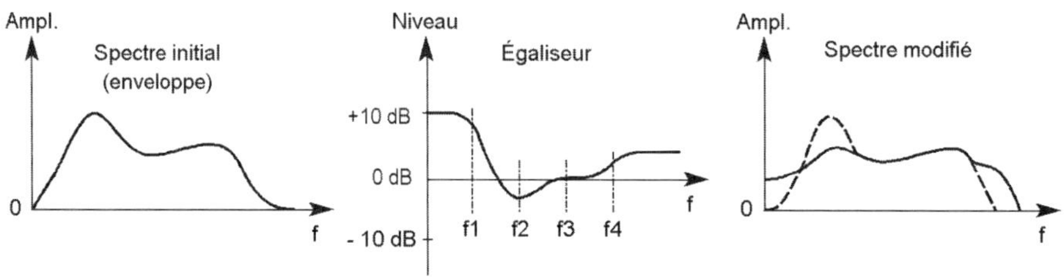

Figure 5.27 – Exemple d'égalisation.

Les paramètres de réglages accessibles à l'utilisateur dépendent du type de filtre. On distingue habituellement trois types de filtres :

- les filtres graphiques : le seul réglage est celui de l'amplification ou de l'atténuation pour la valeur de la fréquence centrale ou pour chaque valeur dans le cas d'un égaliseur. Ce réglage se nomme « efficacité » et se mesure en décibels (*figure 5.28*). En général, les correcteurs graphiques à action étendue ne sont pas réglables et leur efficacité vaut 0 dB :

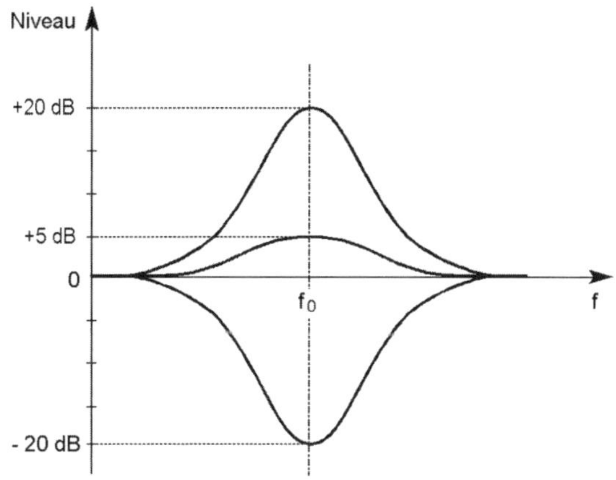

Figure 5.28 – Filtre passe-bande graphique : variation de l'efficacité.

- les filtres semi-paramétriques : en plus de l'efficacité, la fréquence centrale, pour les filtres localisés ou la fréquence de coupure pour les filtres étendus, est réglable ;
- les filtres paramétriques : pour les filtres localisés, en plus de l'efficacité et de la fréquence centrale, la bande passante est réglable (*figure 5.29*) ; pour les filtres étendus, en plus de la fréquence de coupure, la pente est réglable (*figure 5.30*).

5.3.3 *Modifications non linéaires*

Ainsi que nous l'avons déjà décrit au § 5.1.3, un système linéaire laisse invariante la fonction sinusoïdale et cela est équivalent à dire qu'il n'y a pas de création de nouvelles composantes spectrales au passage dans un tel système.

À l'inverse, un système non-linéaire va modifier la fonction sinusoïdale pour produire une fonction d'un autre type, parfois proche mais parfois très éloignée de la fonction sinusoïdale. Une conséquence est que le spectre du signal de sortie contiendra de nouvelles composantes distinctes de celles du spectre du signal d'entrée.

Selon les propriétés qu'auront ces nouvelles composantes par rapport aux composantes d'origine, on peut distinguer plusieurs types de dispositifs qui créeront chacun des effets différents sur le son.

Les nouvelles composantes peuvent ainsi être :

- des harmoniques ou des sous-harmoniques des composantes initiales, venant s'ajouter à ces composantes initiales : fréquences multiples ou sous-multiples des fréquences initiales. L'effet ainsi obtenu est un enrichissement en nombre de composantes, donc une profonde modification du timbre, sans

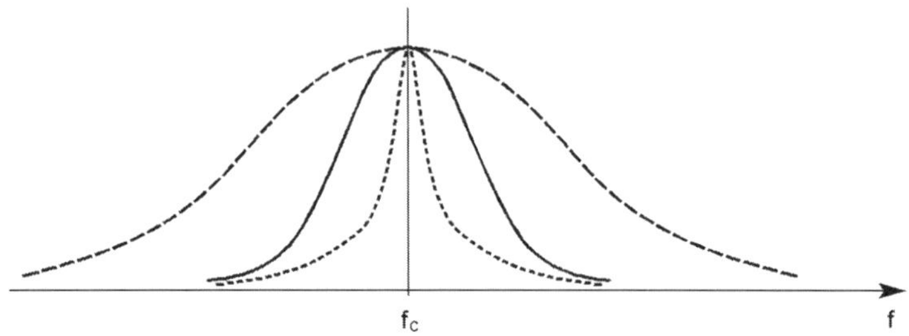

Figure 5.29 – Filtre passe-bande à bande passante réglable.

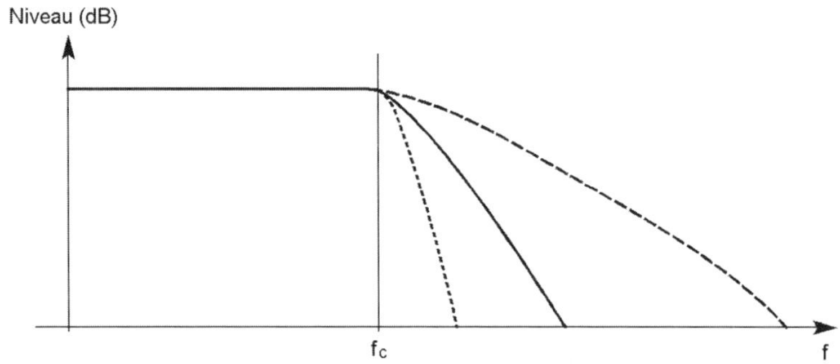

Figure 5.30 – Filtre passe-bas à pente réglable.

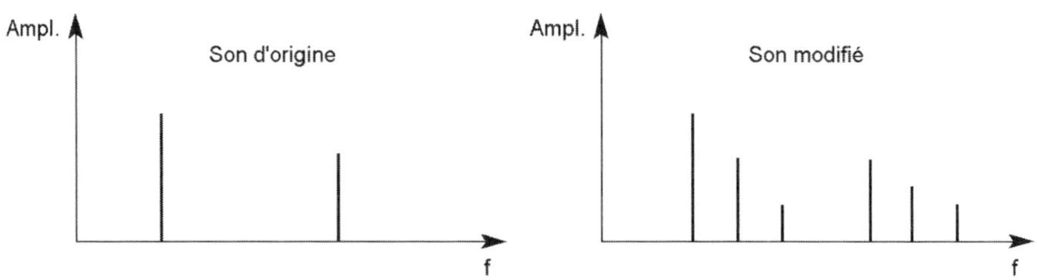

Figure 5.31 – Génération d'harmoniques.

pour autant modifier la hauteur des sons, déterminés par leurs fréquences fondamentales qui ne sont pas altérées (voir *figure 5.31*) ;

- une simple translation des composantes initiales (sans création d'autres composantes) : les composantes du spectre du signal d'entrée sont toutes conservées mais subissent chacune une translation fréquentielle ; l'effet ainsi obtenu est cette fois-ci une modification de la hauteur des sons, sans en changer le contenu spectral (donc en conservant le timbre à condition toute-

Égaliseur paramétrique
avec choix de la fréquence, de l'efficacité et de la pente sur quatre bandes.

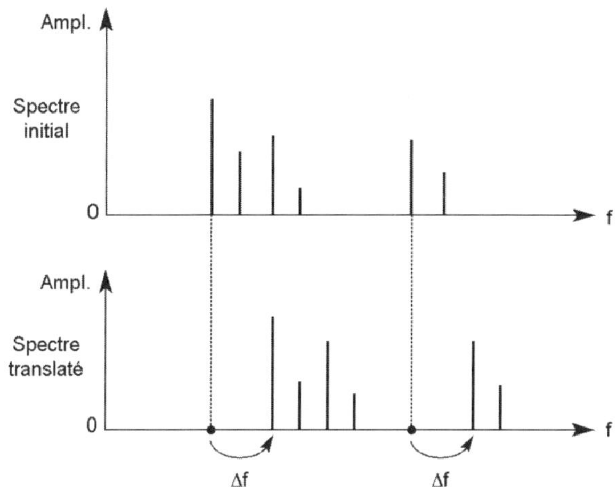

Figure 5.32 – Translation de spectre.

fois que cette translation ne soit pas trop importante au risque de provoquer une dissonance) : *figure 5.32* ;

- des combinaisons linéaires, sommes et différences, des composantes initiales ; l'effet ainsi obtenu est dans ce cas proche d'une création de son synthétique : ni les hauteurs, ni les timbres ne sont conservés, seul les rythmes le sont : *figure 5.33*.

✦ Harmoniques

La création de nouvelles composantes harmoniques ou sous-harmoniques des composantes initiales vient enrichir le spectre initial et modifie ainsi le timbre du son. L'utilisation d'un tel dispositif permet donc à un musicien de produire des timbres différents et en grand nombre à partir d'un seul instrument.

Plusieurs principes sont utilisables pour arriver à un tel résultat.

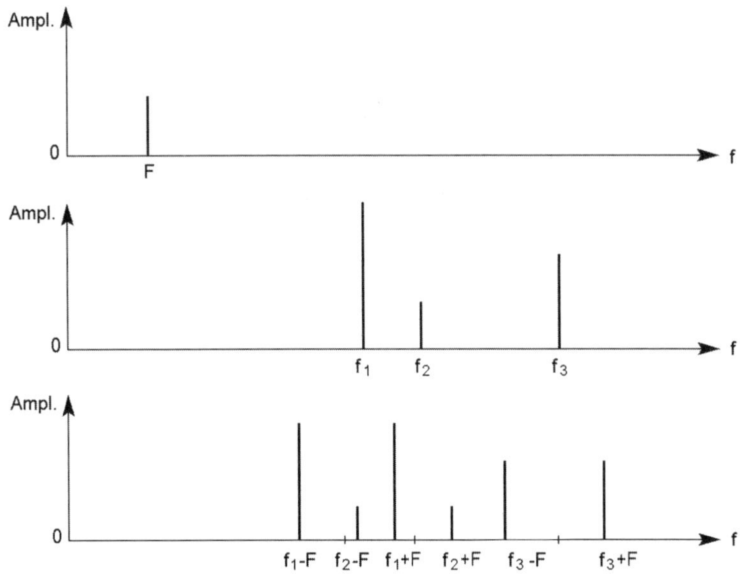

Figure 5.33 – Combinaisons spectrales.

✧ La saturation

Le principe consiste à limiter l'amplitude instantanée de la fonction à une valeur suffisamment faible, « limite » ou « seuil de saturation », pour que la fonction résultante soit proche d'une fonction « carrée » ou plutôt trapézoïdale, (voir *figure 5.34*). On effectue ensuite une amplification linéaire de manière à rétablir la puissance d'origine (« gain »), sinon le signal de sortie aurait une amplitude moyenne bien plus faible que celle du signal d'entrée, justement à cause de la saturation. On peut enfin effectuer un filtrage de manière à favoriser ou, au contraire, réduire l'importance des harmoniques produites, permettant ainsi de contrôler le timbre du son.

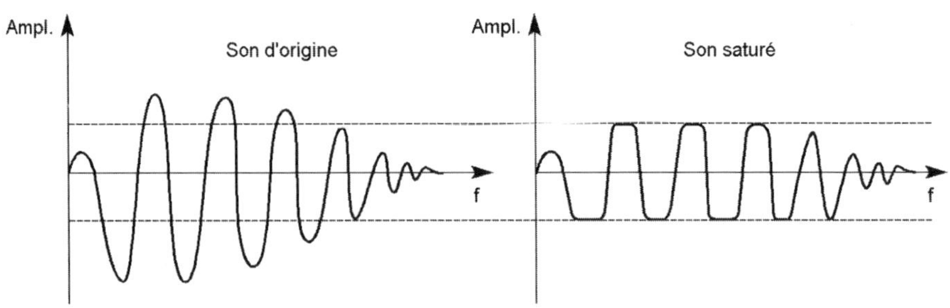

Figure 5.34 – Saturation.

Ce procédé de saturation est bien générateur d'harmoniques car dans le cas d'une fonction sinusoïdale de fréquence F et d'amplitude A en entrée, on montre que la fonction de sortie contient les nouvelles composantes $3F$, $5F$, $7F\ldots$ harmoniques impaires d'amplitudes respectives $A/3, A/5, A/7\ldots$ décroissantes.

Deux utilisations principales sont possibles : la première résulte de la création d'harmoniques, ce qui permet d'obtenir des timbres « riches » et ajustables au gré du musicien grâce aux réglages de saturation, de gain et de filtrage ; la deuxième résulte de la limitation d'amplitude dans le but de créer un effet de « maintien » (*sustain*), obtenu grâce à la modification d'une enveloppe initiale de type croissance – décroissance en une enveloppe de type croissance – constance – décroissance, voir *figure 5.35*.

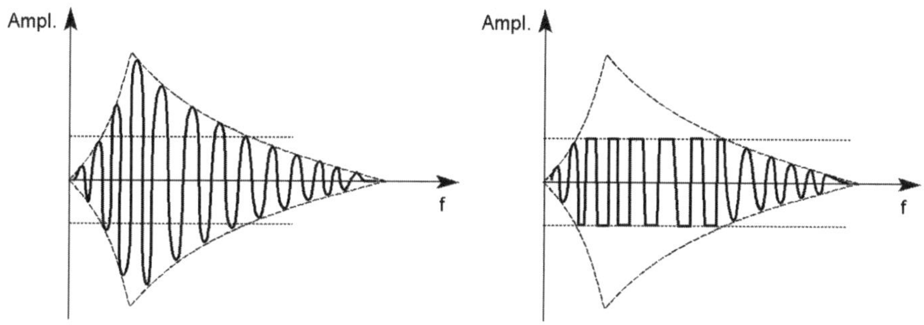

Figure 5.35 – Effet de maintien d'un son saturé.

✧ La distorsion

Le principe est une variante de la saturation et consiste à créer, en plus des harmoniques impaires, également des harmoniques paires. Ce qui conduira à des timbres jugés en général plus « doux », plus « arrondis » que ceux produits par la saturation. Pour arriver à un tel résultat, il est nécessaire de réaliser une action dissymétrique sur le signal. Rappelons ici que le signal représentatif d'un son est à valeur moyenne nulle et, sauf cas très particulier, est symétrique par rapport à la valeur 0 : (*figure 5.36*). C'est aussi un tel principe qui permet de rappeler les sonorités distordues des anciens appareils équipés de tubes à vide « les amplis à lampes ».

✧ L'octaveur

Ce nom rassemble deux dispositifs très différents. L'octaveur simple génère un signal souvent sinusoïdal ou de timbre invariable, peu riche de fréquence double (octaveur « octave ») ou moitié (octaveur « sous-harmonique ») de la fréquence fondamentale détectée dans le signal d'entrée (*figure 5.37*). Ce dispositif produit

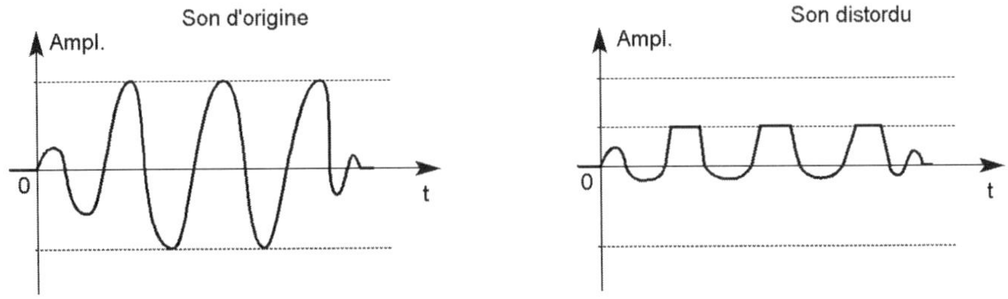

Figure 5.36 – Distorsion à action dissymétrique.

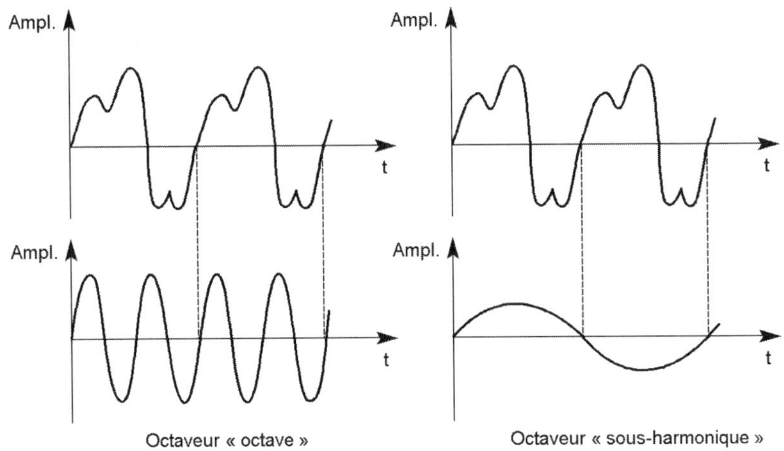

Figure 5.37 – Octaveurs simples.

ainsi un effet d'accompagnement harmonique en simulant un instrument qui ferait cet accompagnement.

Quant à l'octaveur qui produit un signal de même forme d'onde que le signal d'entrée, mais de fréquence fondamentale double ou moitié, ce dispositif s'apparente à l'harmoniseur, présenté dans le paragraphe suivant.

✦ Translations

Le principe recherché est de modifier la hauteur des sons. Celle-ci étant déterminée par la fréquence fondamentale, une translation spectrale simple peut être envisagée. Toutefois, une translation de la fréquence fondamentale de F à $F + \Delta F$ (translation de ΔF) entraînera une translation de l'ensemble des harmoniques de la même valeur ΔF. le contenu harmonique initial de fréquences F, $2F$, $3F$… deviendra alors $F + \Delta F$, $2F + \Delta F$, $3F + \Delta F$…, ce qui produira un son dissonant dès lors que la valeur de ΔF sera significative. En effet, les harmoniques naturelles de $F + \Delta F$ devraient être : $2F + 2\Delta F$, $3F + 3\Delta F$…

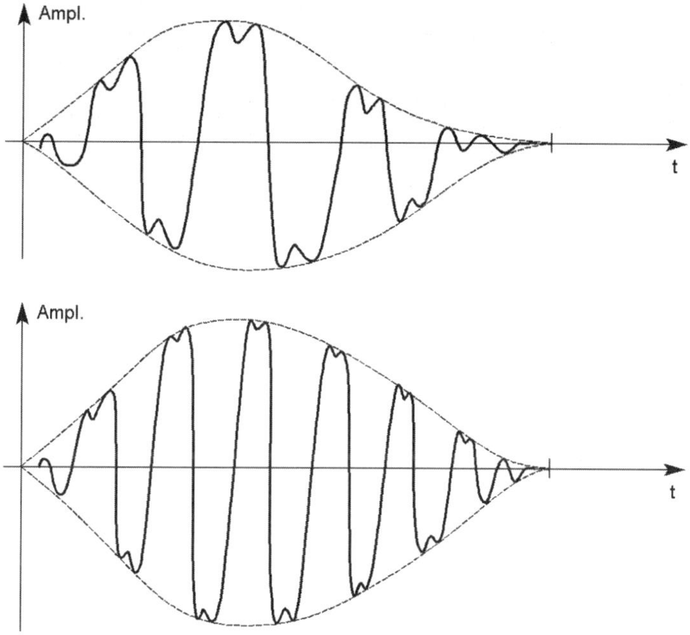

Figure 5.38 – Translation de la hauteur par « compression temporelle ».

Si le respect du timbre est souhaité, la modification de la hauteur doit se faire non pas en effectuant une translation spectrale, mais en effectuant une « compression temporelle ». La *figure 5.38* montre ainsi que le signal modifié a manifestement la même forme d'onde (donc le même timbre), tout en étant de période différente, donc de hauteur différente.

Ce dispositif, nommé « harmoniseur » peut être utilisé à plusieurs destinations :

- réaliser une transposition musicale par exemple pour rattraper un léger désaccord accidentel ou pour, au contraire, réaliser un effet de désaccord ;
- simuler un accompagnement pour faire un arrangement de chœurs par exemple, sans choristes ;
- compenser la modification de hauteur lors d'une lecture d'un enregistrement fait à une vitesse de lecture différente de celle utilisée pour l'enregistrement (magnétophone, piste sonore de film, son de télévision à cadence d'images différente...).

Le principe de ce dispositif repose sur un enregistrement numérique du son initial sur une mémoire cyclique ; la dernière adresse mémoire coïncide avec la première et ainsi de suite : le rythme (horloge) de lecture est différent de celui d'écriture, ce qui produit l'effet attendu.

Traitement du spectre
par retards numériques et transposition « harmonizer » Eventide.

✦ Combinaisons de fréquences

On considère deux signaux initiaux E_1 et E_2. Il y a combinaison de fréquences lorsqu'apparaissent des sons à des fréquences étrangères aux séries harmoniques des sons initiaux.

Pour créer ce phénomène, on emploie généralement un « multiplieur » souvent dénommé *modulateur en anneau* (*ring modulator*).

Avec deux signaux à deux fréquences f_1 et f_2 quelconques, le multiplieur délivre les fréquences $f_S = f_1 + f_2$ et $f_D = f_1 - f_2$.

On obtient ainsi un effet de modulation du signal de fréquence f_1 par le signal de fréquence f_2 (en supposant $f_1 > f_2$) (*figure 5.39*).

Le signal de sortie peut être décrit comme E_1 avec l'enveloppe de E_2. De plus, à chaque changement de signe de E_2, il y a inversion de phase de E_1 dans le signal S ; ce qui donne à cet effet un caractère particulier (*figure 5.40*).

L'un des deux signaux (en général E_2) peut être un oscillateur. E_1 est alors le signal à traiter.

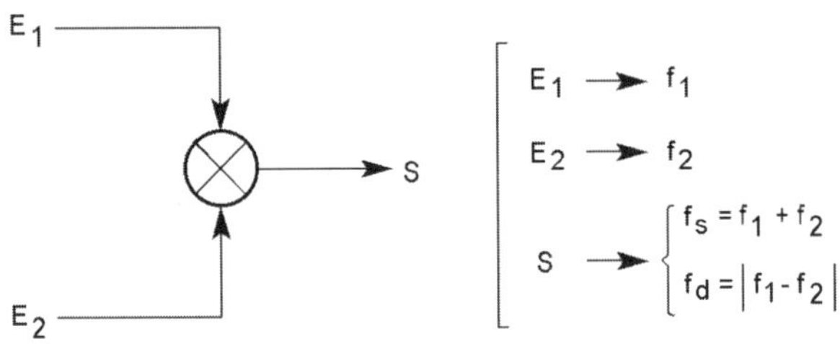

Figure 5.39 – Multiplieur ou modulateur en anneau.

5.3.4 *Modifications dynamiques du spectre*

Les cas précédents comportaient un système invariant dans le temps (sauf par action volontaire de l'utilisateur).

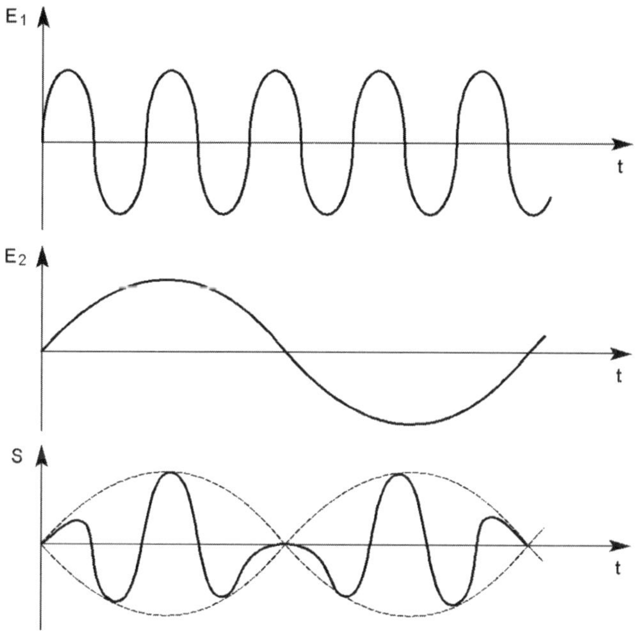

Figure 5.40 – Effet de modulation.

On parle de modification « dynamique » du spectre lorsque les paramètres ou certaines fonctions du système varient dans le temps grâce à un oscillateur réglable par l'utilisateur en général. On obtient alors un effet particulier souvent très éloigné en perception du système statique.

✦ Filtre à fréquence variable

C'est un filtre passe-bande semi-paramétrique dont la valeur de fréquence centrale oscille de part et d'autre d'une valeur choisie.

La vitesse et l'amplitude de ces variations sont déterminantes pour l'effet voulu.

À faible vitesse et grande amplitude, on trouve l'effet « *wah-wah* » très utilisé par les guitaristes (variations grâce à la manœuvre d'une pédale progressive).

À grande vitesse et faible amplitude, on simule un effet de vibration des notes émises. Cet effet est nommé « vibrato » (variations grâce à un oscillateur).

✦ Déphaseur

On obtient un déphasage à l'aide d'un filtre « passe-tout » à réponse constante en amplitude et phase décroissante.

Lorsqu'un tel déphaseur présente un déphasage total de 180°, il est appelé « cellule (passe-tout) ».

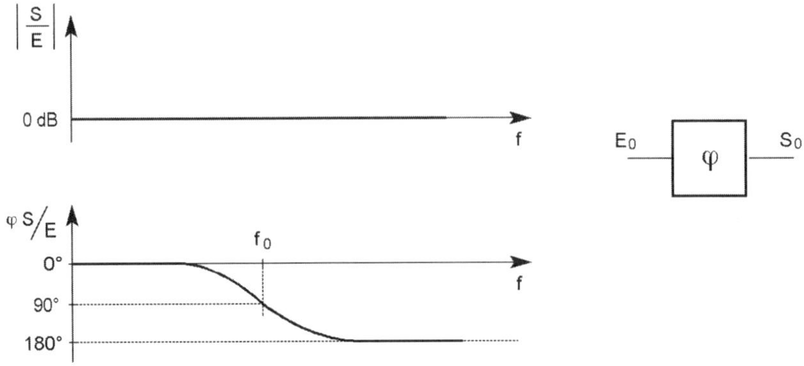

Figure 5.41 – Réponse d'un filtre passe-tout.

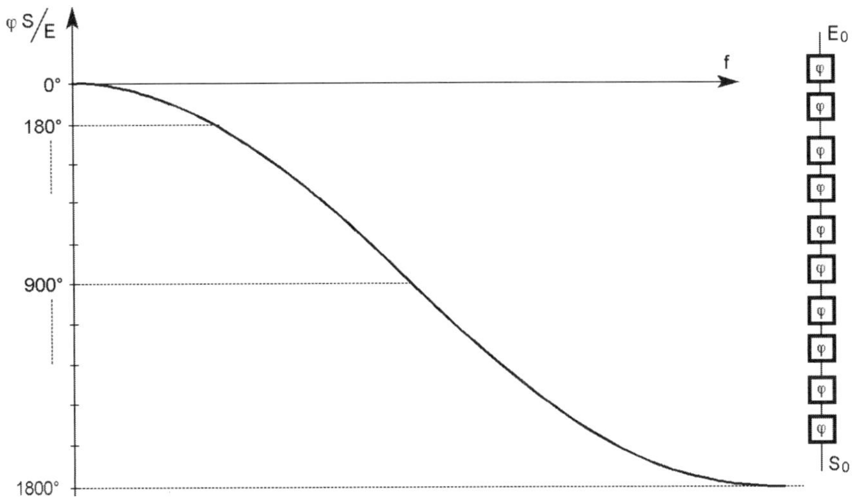

Figure 5.42 – Réponse avec 10 cellules.

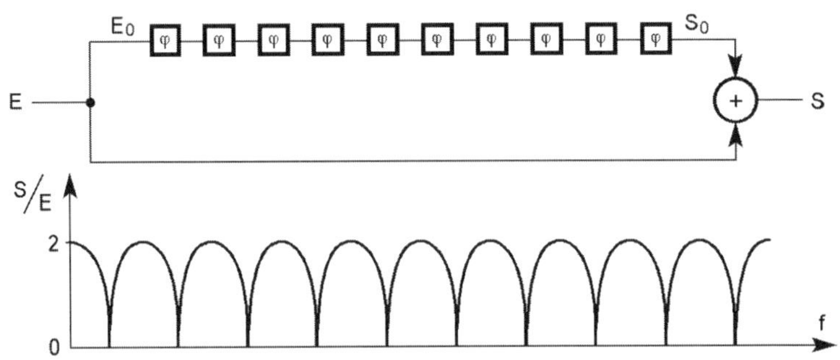

Figure 5.43 – Filtre en peigne obtenu avec 10 cellules.

La mise en cascade de tels filtres, avec des fréquences f_0 différentes, détermine une courbe de réponse qui présente donc un déphasage maximal égal à 180° fois le nombre de cellules.

Le signal de sortie sera en phase avec le signal d'entrée pour des fréquences telles, que le déphasage correspondant soit 360° ou un de ses multiples entiers (360 ; 720 ; 1 080 ; 1 440 ; 1 800).

Le signal de sortie sera en opposition de phase pour des fréquences telles, que le déphasage correspondant soit de 180° ou un de ses multiples impairs (180 ; 540 ; 900 ; 1 260 ; 1 620).

Si on ajoute maintenant la sortie de ce filtre au signal d'entrée, on obtient un filtre résultant dont la réponse varie entre 2, dans le cas des fréquences pour lesquelles E_0 et S_0 sont en phase, et 0 dans le cas des fréquences pour lesquelles E_0 et S_0 sont en opposition de phase.

Ce filtre se nomme « *filtre en peigne* » (*comb filter*).

On peut doser différemment S_0 et E. La *figure 5.43* a été faite avec une même valeur d'amplitude pour E et S_0.

Ce réglage est appelé habituellement « profondeur » (*depth*).

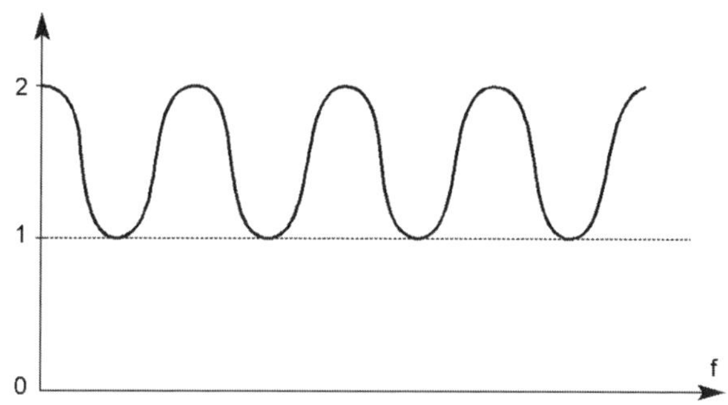

Figure 5.44 – Filtre en peigne avec profondeur moitié.

✦ Le déphaseur variable (*phasing*)

Ce déphaseur devient variable si on modifie les fréquences f_0 (*figure 5.41*) des cellules, donc également les fréquences des bosses et des creux des *figures 5.43* ou *5.44*.

Si la modification est cyclique (à l'aide d'un oscillateur très basse fréquence interne au dispositif), l'effet obtenu est dit *phasing*. On peut, grâce à cet oscillateur, régler la vitesse (*speed*), c'est-à-dire la fréquence de l'oscillateur, et la largeur (*width*), amplitude de l'oscillateur (*figure 5.45*).

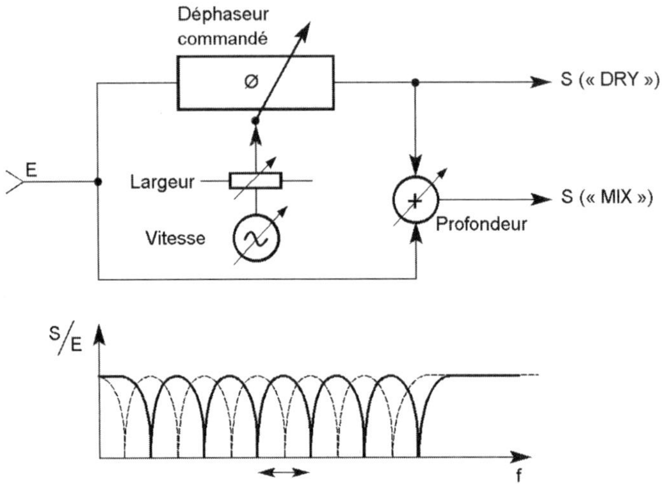

Figure 5.45 – Phasing.

5.4 Action sur le temps

Les actions sur le temps peuvent être de deux types principaux, combinables entre eux :

- introduction d'un retard à l'apparition d'un son isolé, ce qui constitue un décalage du son dans le temps ;
- modification de la durée d'un son isolé.

On appelle ici « son isolé » un son pour lequel on peut définir un début (apparition du son ou début de sa perception auditive) et une fin (disparition du son ou fin de sa perception auditive).

5.4.1 *Retards naturels et artificiels*

✦ Retard pur

On considère un son isolé dont l'apparition a lieu au temps $t = 0$, origine de la mesure des temps et dont la fin a lieu au temps $t = T$.

L'introduction d'un retard est un processus élémentaire consistant à retarder l'apparition d'un son isolé. Ainsi, si ce son est représenté par une fonction $s(t)$ pour $0 < t < T$, le son retardé d'une durée R s'exprimera par la fonction $s(t - R)$. En effet, d'une part, l'instant $t = 0$ marquant le début devient $(t - R) = 0$, c'est-à-dire $t = R$ et d'autre part, l'instant $t = T$ marquant la fin devient $(t - R) = T$, c'est-à-dire $t = T + R$: le son s'étend donc à présent des instants R à $T + R$, sa durée T n'a pas changé, il est simplement retardé de R (voir *figure 5.46*).

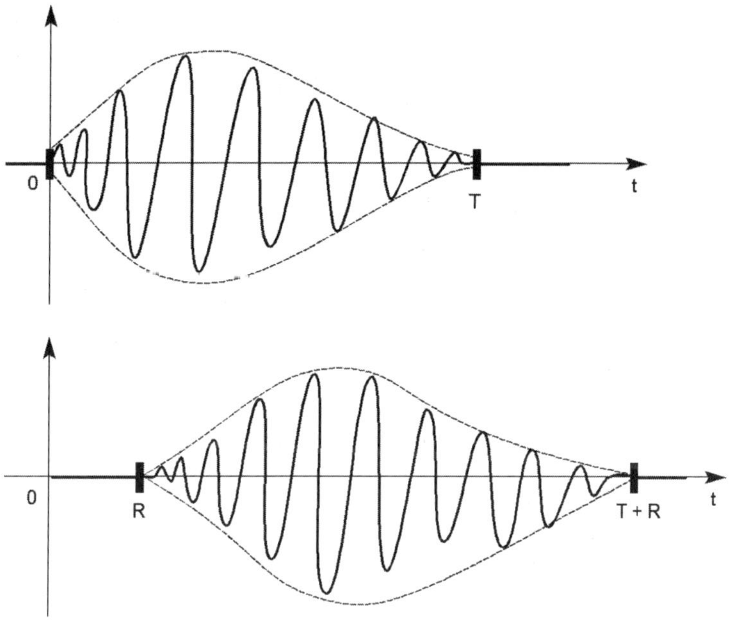

Figure 5.46 – Retard.

✦ Retard naturel et réverbération naturelle

Il faut d'abord bien noter que la notion de retard d'un son est associée à sa propagation naturelle dans l'air (qui se passe à la vitesse de 340 m/s environ), mais aussi à sa propagation naturelle dans tout milieu déformable et élastique (voir chapitre 1 du tome 1).

Lorsque le son se propage dans un lieu où se trouvent des obstacles naturels comme les reliefs ou artificiels comme les constructions, il se produit des réflexions du son qui engendrent ainsi des sons retardés : on parle alors d'échos lorsqu'il n'y a qu'une ou quelques répétitions du son. Le même phénomène se produit naturellement pour un son qui se propage dans un local délimité par des parois, il y a alors de très nombreuses réflexions sur l'ensemble des parois : on parle plutôt de réverbération (voir chapitre 3 du tome 1).

✦ Retard artificiel

Les retards artificiels, simulant les retards naturels, ont été conçus suivant deux principes majeurs, en accord avec les notions développées précédemment :

- le premier principe exploite la propagation naturelle, c'est-à-dire la propagation « mécanique » du son dans un milieu : tuyau ou local équipés d'un haut parleur qui produit le son initial et d'un microphone qui capte le son retardé après propagation du son initial, plaque métallique ou ressort à boudin équipés à chaque extrémité de transducteurs électromécaniques, transformant le signal électrique en vibration mécanique et inversement ;

- le deuxième principe utilise la définition du retard : le retard R peut représenter un temps durant lequel le son est stocké dans un dispositif. Ce dispositif peut lui même faire appel à plusieurs procédés : magnétique, électronique analogique ou électronique numérique.

Le procédé magnétique (historique, car abandonné de nos jours) exploitait simplement le décalage de temps qui existait entre l'enregistrement et la lecture sur une bande magnétique qui se déroule sans fin en passant successivement devant chacune des deux têtes respectives. L'écartement géométrique entre les deux têtes et la vitesse de la bande déterminait alors le temps de retard.

Le procédé électronique analogique repose sur la propagation progressive d'une tension électrique le long d'un ensemble de cellules élémentaires constituées d'un simple condensateur électrique entouré d'un jeu de deux interrupteurs électroniques (*figure 5.47*).

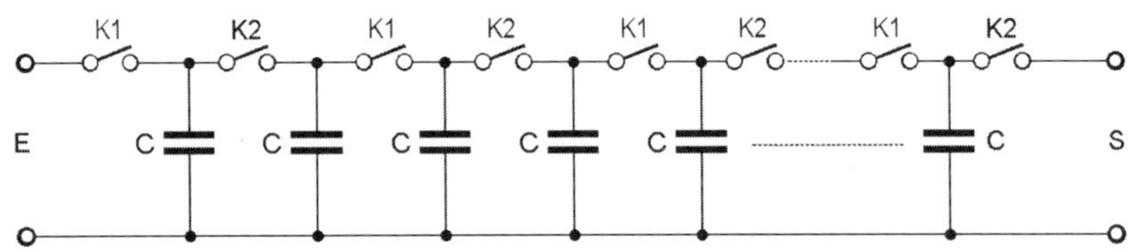

Figure 5.47 – Cascade de cellules de retard : système CCD.

Il s'agit là d'un procédé exploitant le transfert progressif de charges électriques d'une cellule à une autre ce qui justifie le nom de ce système : dispositif à transfert de charges ou *Charge coupled device* – CCD. Le fait qu'il s'agisse de transfert de charges élémentaires et ponctuelles dans le temps impose que le son ait été préalablement échantillonné. Il s'agit donc d'un système analogique mais échantillonné. Le nombre de cellules ainsi que la période d'échantillonnage déterminent la valeur du retard.

Le procédé électronique numérique consiste à stocker le son numérisé durant le temps souhaité pour la valeur du retard. Ce stockage s'effectue dans une mémoire RAM ou sur un disque dur, à condition que ce dernier soit suffisamment rapide pour pouvoir assurer l'écriture et la lecture des sons en temps réel.

Le décalage d'adresses entre l'écriture et la lecture détermine le temps de retard. La capacité totale de la mémoire limite la valeur maximale de ce retard.

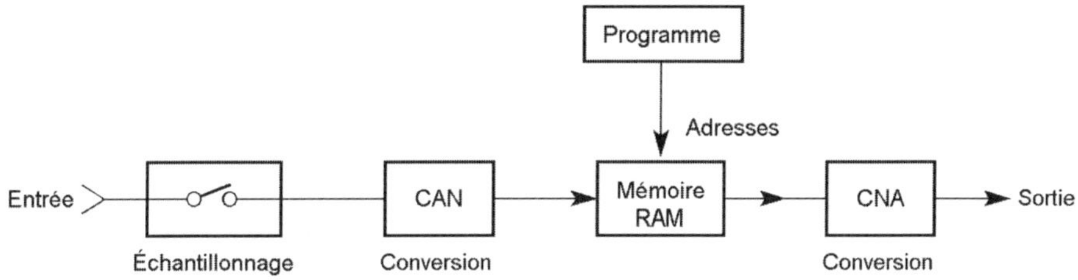

Figure 5.48 – Retard numérique.

Par exemple, un échantillonnage à 50 kHz et un codage effectué sur 16 bits entraînent un débit de 800 kbit/s, 10 s de retard nécessitent alors une mémoire de capacité minimale égale à 8 Mbit.

5.4.2 *Échos et réverbérations artificiels*

Les phénomènes d'échos et de réverbérations consistent simplement en une série de retards affectant un son initial et créant autant de sons répétés que de retards. Toutefois, on peut distinguer les échos comme étant une ou quelques répétitions d'un son isolé, chacune des répétitions étant distincte de l'autre (les sons répétés ne se chevauchent pas). Alors que le phénomène de réverbération, s'il est précédé en général de quelques échos distincts (ce sont les « premières réflexions »), il se poursuit ensuite par un très grand nombre d'échos suffisamment rapprochés pour créer l'impression d'un son qui se prolonge en s'atténuant (les échos se chevauchent). C'est cette dernière impression qui conduit à la sensation de prolongement dans le temps d'un son isolé. Voici donc un exemple où le retard répété engendre une sensation de modification de la durée.

Les procédés de réalisation d'échos artificiels ou de réverbérations artificielles sont donc identiques et tous basés sur des synthèses de retards.

✦ Chambre de réverbération naturelle

La prise de son s'effectue généralement à proximité immédiate de la source, ce qui rend négligeables en puissances les sons éventuellement réverbérés par le local, d'autant plus que le local de prise de son ou le studio d'enregistrement ne sont en général pas conçus pour engendrer une réverbération particulière. Toutefois, il existe des studios à géométrie variable et à revêtements de parois diversifiés voire variables qui permettent de « régler » naturellement la réverbération.

Dans le cas contraire, une autre possibilité est de disposer d'un local particulier, dédié à la synthèse de réverbération : local isolé phoniquement, de formes irrégulières et aux parois à revêtements variables, équipé d'un haut parleur et d'un ou plusieurs microphones (*figure 5.49*).

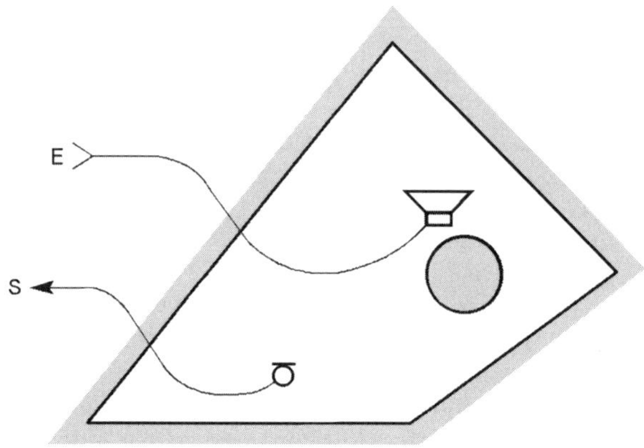

Figure 5.49 – Exemple d'une chambre de réverbération naturelle (vue d'en haut).

✦ Réverbération mécanique

Le signal est converti en une vibration mécanique par un vibreur solidaire d'un système de propagation : ressort à boudin ou plaque métallique.

Dans les deux cas, ces systèmes ont des extrémités qui provoquent brutalement une rupture de propagation, donc une réflexion partielle ou totale de la vibration et ainsi de suite… (voir chapitre 1 du tome 1).

Dans le cas d'une réverbération à ressort, le vibreur et le capteur provoquent cette rupture : *figure 5.50a*.

Dans le cas de la réverbération à plaque, cette dernière rentre en vibration avec le maximum de modes possibles (voir chapitre 1 du tome 1) ; on place des capteurs au voisinage des ventres des vibrations forcées, les côtés de la plaque provoquent la rupture de la propagation : *figure 5.50b*.

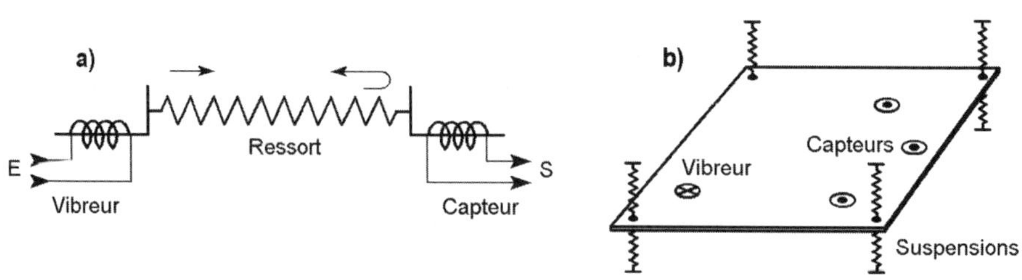

Figure 5.50
a) Principe de la réverbération à ressort. b) Plaque de réverbération.

✦ Réverbération électronique

Les générateurs d'échos électroniques et les chambres de réverbérations électroniques reposent aujourd'hui sur des systèmes à retards numériques.

Dans la mesure où l'on souhaiterait se limiter à la seule simulation d'échos ou de réverbérations naturelles, les sons répétés jouiraient des deux propriétés suivantes : décroissance quasi uniforme des amplitudes, densité (nombre de sons répétés par unité de temps) régulièrement croissante (*figure 5.51*).

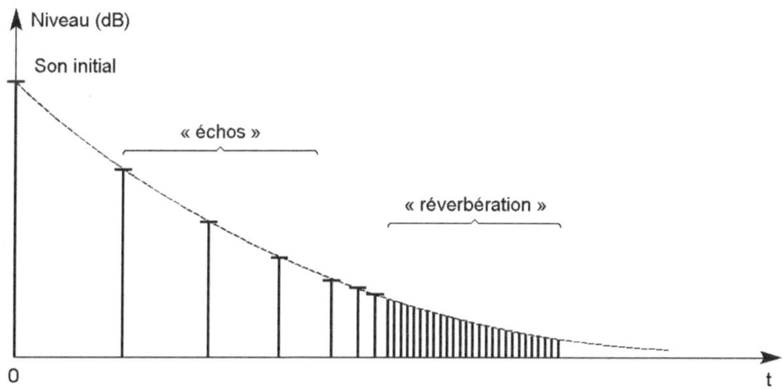

Figure 5.51 – Réverbération naturelle.

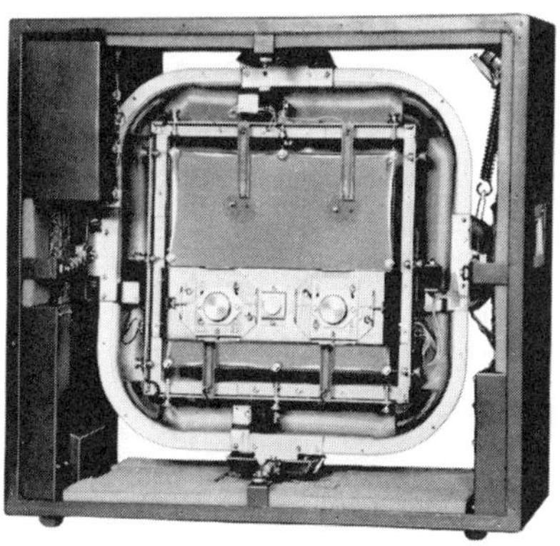

La réverbération EMT 240 à feuille d'or n'a pas été détrônée par les réverbérations numériques, ici la EMT 250.

Au contraire, et pour une destination d'effet spécial, les lois d'amplitude et de densité peuvent être quelconques puisque les retards sont générés artificiellement (*figure 5.52*).

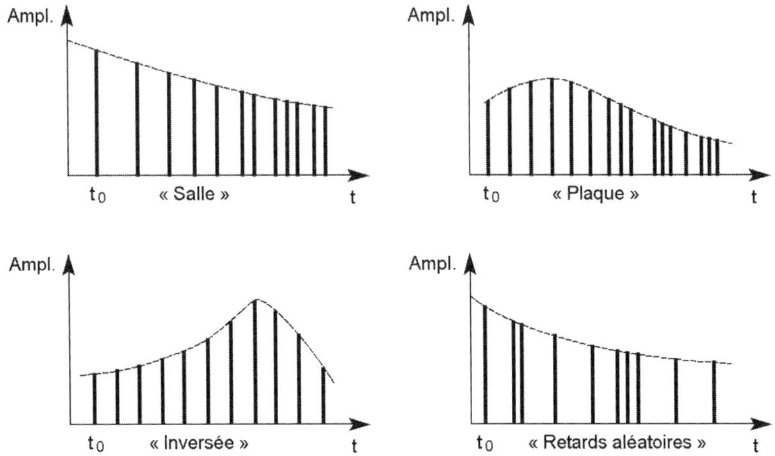

Figure 5.52 – Exemples de réverbérations.

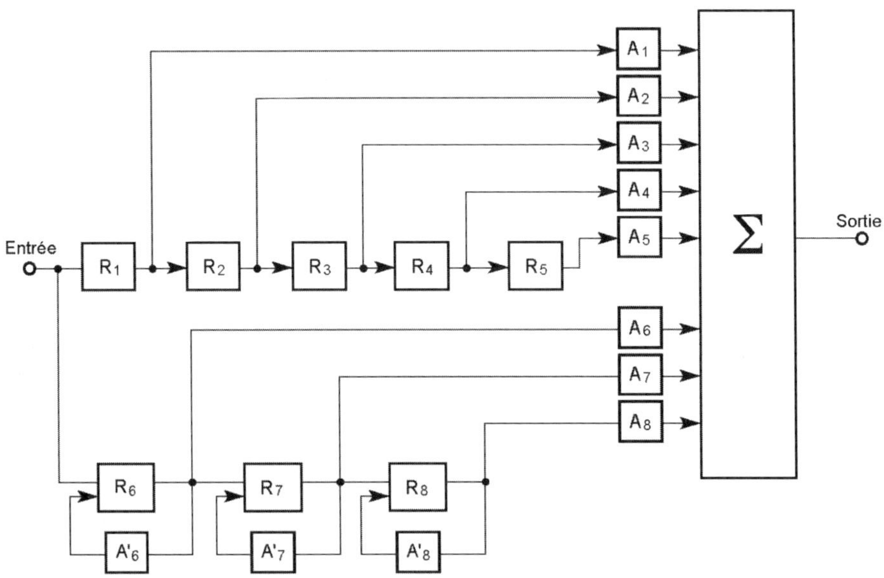

Figure 5.53 – Structure générale d'une réverbération électronique.

Les systèmes générateurs d'échos ou de réverbération sont donc constitués des éléments suivants (*figure 5.53*) :

- un certain nombre de retards programmables, permettant de générer les échos distincts ;

- un certain nombre d'autres retards programmables sur lesquels vont agir des boucles de réaction, de manière à obtenir des retards en cascade, donc des sons répétés de grande densité et permettant ainsi d'obtenir des réverbérations ;
- des atténuateurs/amplificateurs programmables permettant le choix de la loi d'amplitude ;
- un sommateur permettant d'ajouter les résultats.

De tels systèmes permettent de simuler un très grand nombre de situations réelles ou réalistes avec des temps de réverbérations très variables : réverbérations de type « salle de bains » (retards courts et décroissance lente), de type « église » (retards longs et décroissance lente), de type « salle de concert » (retards longs et décroissance rapide).

Ces mêmes systèmes permettent aussi de simuler des sons de réverbérations mécaniques (plaque ou ressort) et enfin permettent de réaliser des situations nouvelles de réverbérations artificielles avec des conditions irréalisables par les voies naturelles : échos non décroissants, réverbération à amplitude d'abord croissante puis décroissante ou même toujours croissante avec arrêt brusque, échos pendant ou après réverbération…

Réverbération numérique programmable Lexicon.

✦ Spatialisation

Les systèmes précédents sont appliqués à un son unique et génèrent un autre son unique : il s'agit d'un contexte monophonique. Dans la réalité des échos et réverbérations naturels, une source unique, après propagations dans différentes directions

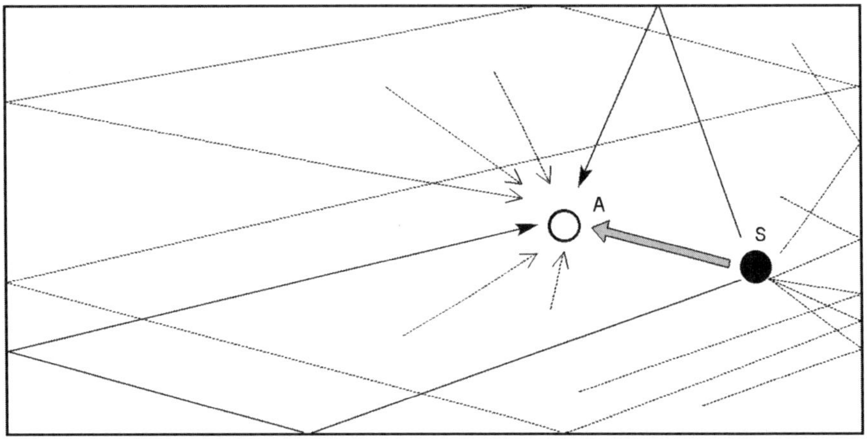

Figure 5.54 – Spatialisation naturelle d'un son émis par une source unique.
S : source, A : auditeur, en gras : trajet direct, en fin : échos de plusieurs provenances (avant, arrière, droite, gauche), en pointillés : ensemble de réflexions multiples donnant naissance à réverbération diffuse.

et réflexions dans différents endroits, va entraîner l'apparition d'échos de plusieurs provenances ainsi qu'une réverbération spatialement diffuse (*figure 5.54*).

La simulation électronique de ce phénomène peut se réaliser aisément dans un contexte stéréophonique ou même multiphonique : système à une entrée correspondante au son initial et plusieurs sorties : 2 pour la stéréophonie (voies gauche et droite), 5 en général pour la multiphonie (voies gauche et droite, avant et arrière et voie frontale centrale pour le système « 5.0 »). Cette multiplicité permet, outre la synthèse d'une réverbération plus réaliste, des effets spéciaux impressionnants comme des déplacements de réverbération ou des rotations d'échos.

Les procédés utilisés sont exactement semblables à ceux décrits précédemment à la différence près que les programmations des retards et des amplitudes et en plus les programmations des affectations et des dosages des sons sur les différentes voies de sortie ne peuvent se réaliser qu'à l'aide de calculs réalisés par un processeur spécialisé (DSP) qui est lui-même paramétré par l'utilisateur ; à partir de réglages prédéfinis dans un « menu » ou encore de réglages définis au préalable par l'utilisateur et mis en mémoire.

5.4.3 *Modifications dynamiques*

On réalise une modification dynamique lorsqu'on fait varier la valeur du retard *pendant* le passage du signal dans le module de retard.

Cela signifie que ces variations seront rapides (de l'ordre de grandeur des variations du signal).

L'effet obtenu peut simuler des réflexions sur une (ou des) paroi(s) en mouvement.

La première simulation de ce phénomène a été réalisée à l'aide de deux magnétophones sur lesquels on enregistre le même son, et dont on mélange les sorties en lecture. En faisant varier légèrement la vitesse de défilement de l'un par rapport à l'autre, on obtient des retards relatifs variables, base de l'effet recherché. La variation de vitesse était obtenue par léger freinage à la main de la bobine débitrice de l'un puis de l'autre magnétophone, d'où le nom anglais de *flanging*. Le schéma de la réalisation électrique du *flanging* est similaire à celui du *phasing* à la différence près que le module de déphasage variable est remplacé par un module de retard variable, commandé lui aussi par un oscillateur à très basse fréquence : *figure 5.55.*

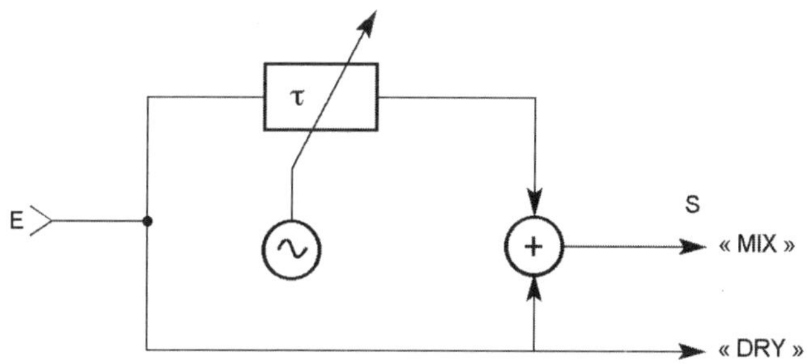

Figure 5.55 – Schéma de principe du flangeur.

La réponse de ce système, pour une valeur de retard fixée est du type « filtre en peigne ».

La variation continue du retard fait varier sans cesse les fréquences d'annulation ce qui crée l'effet de *flanging* : *figure 5.56.*

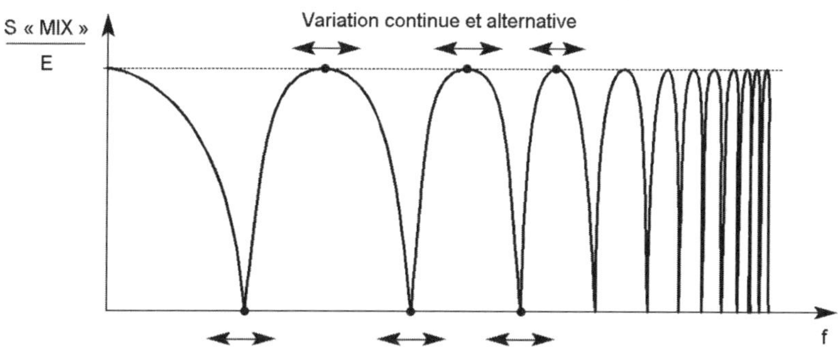

Figure 5.56 – Réponse du flangeur.

5.5 Conclusion

Le traitement du signal audio qui est réalisé dans les périphériques qui viennent d'être décrits peut toujours s'effectuer par un procédé de traitement de l'information (objectif de l'informatique), dans la mesure où le son à traiter est exprimé sous formes de données numériques, c'est-à-dire échantillonné dans le temps puis numérisé.

La limite actuelle des procédés informatiques tient en deux termes : les capacités de mémoire et les temps de traitement. Toutes les applications de l'informatique sont soumises exactement à ces mêmes limites : la vitesse des processeurs est encore un frein aux applications nécessitant le traitement en temps réel, les architectures matérielles, les systèmes d'exploitations et les algorithmes implémentés manquent encore de performances pour pouvoir assurer quasi simultanément ce très grand nombre d'opérations que nécessitent les processus de prise de son ou de mixage, accompagnés des nombreux et nécessaires correcteurs et autres effets spéciaux.

Il est sans nul doute que les technologies futures feront reculer ces limites dans des proportions non encore estimables (on parle à ce sujet de « bonds technologiques » attendus en termes de capacités et de vitesse). Il sera alors parfaitement envisageable que l'intégralité des traitements pourra se réaliser avec l'outil informatique, des actions les plus élémentaires aux modifications les plus complexes, du simple filtre correcteur jusqu'à la cascade d'effets spéciaux, et ceci avec une souplesse et une étendue de paramétrage sans égal. Ceci poursuivra le changement, voire la mutation de l'environnement des techniques du son, à la condition toutefois que les concepteurs de tels systèmes apportent à ces machines une ergonomie appropriée, exprimée en une interface homme-machine réellement adaptée aux besoins, aux souhaits et même aux habitudes de l'opérateur.

Les moyens certes changeront, peut-être les méthodes, les principes quant à eux, intimement liés à la notion de timbre du son, resteront longtemps immuables. Ce chapitre fut écrit dans ce sens.

5.6 Bibliographie

[1] R. Besson. *Sono et prise de son* – Dunod (2000).
[2] F. Ernould, D. Fortier. *Home studio* – Dunod (2003).
[3] J. Watkinson. *An introduction to digital audio* – Focal Press (2002).
[4] U. Zölzer. *DAFX : digital audio effects* – John Willey (2002).
[5] J. Whitaker. *Master Handbook of Audio Production* – Mc Graw Hill (2002).

Chapitre 6

Les systèmes d'enregistrement

Jacques Van Den Driessche (§ 6.1 à 6.3)
Ancien responsable des laboratoires de Radio-France.

François Ragenard (à partir du § 6.4)
Responsable du Service Qualité à Radio-France.

L'apparition sur le marché de nombreux nouveaux formats et supports d'enregistrement audionumérique, ainsi que le développement de nouveaux outils comme Internet, ont totalement modifié les méthodes de travail des professionnels de l'audio.

Tout au long du processus de réalisation d'une production audio ou audiovisuelle, il est nécessaire d'opérer des choix précis et de prendre un certain nombre de précautions en cours de réalisation.

À l'image de la technologie des microphones (chapitre 2), il n'existe pas de système d'enregistrement universel idéal, mais un éventail d'outils plus ou moins adaptés aux besoins. Les technologies ont été développées pour répondre aux demandes spécifiques des professionnels en fonction de critères aussi différents que :

- la qualité de la reproduction du son ;
- le nombre de pistes ;
- l'autonomie en alimentation (piles, batteries) ;
- la synchronisation et/ou l'asservissement en vitesse ;
- l'accès aléatoire instantané ;
- la durée du support d'enregistrement ;
- l'archivage des éléments ;
- …

Nous aborderons au cours de ce chapitre les principales technologies utilisées dans le monde de l'audioprofessionnel en les regroupant par familles.

6.1 Généralités

6.1.1 *L'évolution des supports d'enregistrement*

La bande magnétique 1/4 de pouce a longtemps été un standard pour l'enregistrement analogique avec plusieurs vitesses de défilement : 4,75 cm/s, 9,5 cm/s, 19 cm/s, 38 cm/s et 76 cm/s. On y trouvait des appareils comme l'UHER Report en reportage, le NAGRA IV en tournage cinéma (avec une piste de code) et le STUDER A80 en studio…, tous utilisant la bande 1/4 de pouce.

Les bandes 1/2, 1 et 2 pouces sont apparues ensuite pour effectuer des enregistrements multipistes, mais la technologie restait fondamentalement la même.

Les premiers enregistreurs numériques ont exploité la technologie mise en œuvre dans les domaines de la vidéo. Le signal audionumérique était alors « adapté » en signal vidéo pour être enregistré sur un magnétoscope. C'était le PCM F1 qui enregistrait un signal stéréo sur une cassette ßéta et les PCM 1610/1630 de chez SONY, sur des cassettes U-Matic. Ces machines ont permis plus tard le développement de la cassette DAT (§ 6.3.1). Les magnétophones numériques à bande sont arrivés peu après et ont aussi permis la multiplication des pistes jusqu'à 32 puis 48 (§ 6.5.8).

Les premiers systèmes d'enregistrement sur disques durs appelés *direct-to-disc* ont fait leur apparition sur des gros ordinateurs (Soundstream aux États-Unis, JVC au Japon). Avec les progrès fulgurants de l'informatique, des systèmes de montage virtuel sont apparus sur des ordinateurs personnels avec ATARI, puis PC et MAC.

Les vitesses d'accès aux données ont rapidement permis la lecture instantanée sur des ordinateurs personnels, d'abord de deux pistes audio puis rapidement quatre, huit, seize, et actuellement trente-deux sur un seul disque dur. Lorsque l'on sait que l'on peut synchroniser deux ou trois disques durs, on arrive à un nombre plus élevé.

La taille mémoire des outils de stockage a aussi suivi le mouvement à la hausse et les supports permettent maintenant l'enregistrement de plusieurs heures de données audionumériques multipistes.

Les cartes son et les modèles propriétaires se sont multipliés et il n'est plus possible de les répertorier sans en oublier. On peut juste imaginer que tous les niveaux de qualité et de sophistication sont proposés.

Le choix de la qualité demandée en audionumérique est en effet devenu très large (voir § 1.4). Entre le format compressé MP3 et les dernières réalisations 48 bits 192 kHz, il y a un véritable océan… et la qualité finale reste toujours, comme en analogique, celle du maillon le plus faible.

6.1.2 *L'influence sur les méthodes de travail*

À l'heure de la bande magnétique, une « copie de sécurité » était impérativement enregistrée à partir de l'original. En effet, la précieuse bande « master » pouvait un jour être l'objet d'un accident : étirement de la bande sur un magnétophone défectueux, effacement d'un segment du message, usure d'un bord ou même usure du temps... et la copie jouait le rôle d'un nouvel original, aux petites distorsions et niveau de bruit près...

Dans le cas des supports numériques « traditionnels », il est conseillé d'en faire autant. Cette fois la copie est très proche de l'original en terme de qualité.

Par contre, lors de la réalisation d'une production sur disque dur, le prix du matériel, sa fragilité dans le temps... imposent de doubler le stockage des données pour minimiser les risques, et ensuite de transporter les données et fichiers sur de nouveaux supports en vue de les archiver. L'apparition du CD-R puis ensuite du DVD-R a modifié sensiblement les méthodes de stockage qui se faisaient auparavant sur cassettes DAT ou EXABYTE.

Lors de la production, toute nouvelle modification nécessite de recharger les données sur disque, et ensuite de procéder à la réactualisation de la sauvegarde. Sans compter qu'un CD ou un DVD peut aussi être l'objet d'incidents divers : perte, rayure, endommagement de la couche externe, défauts de lecture... et nécessite aussi une copie de sécurité.

Les réglages d'entrée/sortie sont limités sur les systèmes d'enregistrement audionumérique, ainsi le protocole d'alignement audio se réduit le plus souvent aux réglages des niveaux maxima sur les entrées et sorties analogiques.

La virtualisation des données, le montage non destructif ainsi que la généralisation du travail à l'écran ont accéléré le processus de transformation des méthodes de travail.

6.1.3 *L'embarras du choix*

La multiplication des systèmes d'enregistrement, des supports, des formats de données audionumériques (avec ou sans compression de données), des logiciels de montage et de traitement..., rend le choix difficile au professionnel qui doit assurer : les meilleures conditions lors de l'enregistrement, l'outil de postproduction approprié, la livraison du produit final sur le support adéquat et la sauvegarde de l'ensemble des travaux pour un archivage à long terme...

En conséquence, les choix d'investissements pour les studios, auditoriums, loueurs de matériel, ingénieurs du son... reviennent sans cesse à chaque sortie d'un nouveau support ou d'un nouveau format d'enregistrement.

6.2 Les magnétophones

Les magnétophones analogiques ont laissé place aux systèmes d'enregistrement numérique. Cela dit, on constate qu'ils sont encore appréciés par une certaine clientèle soucieuse de conserver « un son analogique »... Nous connaissons des « tailleurs de son » de talent qui ne se décident pas à les abandonner. D'autre part, on aura encore besoin pendant longtemps de machines analogiques pour rééditer des masters multipistes ou transcrire des documents d'archive. Ces considérations nous ont amené à conserver, dans cette nouvelle édition, un chapitre, certes moins complet que dans les précédentes, mais plus orienté sur la maintenance, l'archivage et l'étude de la qualité analogique.

6.2.1 *La cinématique de défilement*

On entend par cinématique de défilement, l'ensemble des systèmes nécessaires au défilement de la bande magnétique.

✦ **Description** (*figure 6.1*)

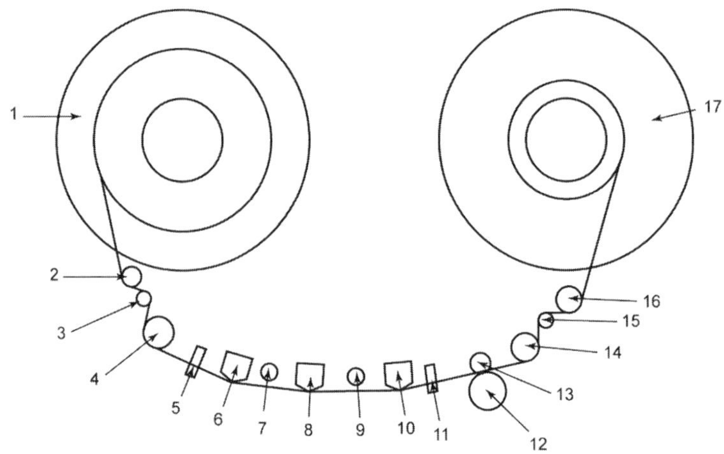

Figure 6.1 – Cinématique d'un magnétophone professionnel.
1. Plateau débiteur. 2. Galet d'entrée. 3. Capteur de tension (commande du moteur gauche). 4. Galet régulateur (volant d'inertie). 5. Guide-bande. 6. Tête d'effacement. 7. Écarteur de bande. 8. Tête d'enregistrement. 9. Écarteur de bande. 10. Tête de lecture. 11. Guide-bande. 12. Galet-presseur. 13. Cabestan. 14. Galet-compteur. 15. Capteur de tension (commande du moteur droit). 16. Galet de sortie. 17. Plateau récepteur.

Tous les organes (*figure 6.1*) sont fixés sur une platine réalisée en fonte d'aluminium surfacé ou avec une plaque épaisse d'aluminium stabilisé (alliage PA3X, ALCOA PLUS...). Cette technique garantit un « plan de référence » assurant une position rigoureuse de la bande magnétique et une interchangeabilité des sous-ensembles.

✦ Entraînement de la bande magnétique

Le système d'entraînement de la bande avec cabestan et galet presseur est le plus courant.

Un cabestan, axe de 4 à 10 mm de diamètre, tourne à vitesse constante. Un galet en caoutchouc « monté libre » vient pincer la bande magnétique contre ce cabestan. La vitesse de rotation et la circonférence du cabestan déterminent en théorie la vitesse de défilement.

Les performances du défilement (fluctuation de la vitesse) dépendent, pour une bonne part, de l'usinage du cabestan. La qualité du galet presseur intervient certes, mais à un degré moindre heureusement.

Par principe, il faut admettre un léger glissement de la bande. La vitesse linéaire des magnétophones professionnels tient dans un gabarit ± 0,25 % autour de la vitesse théorique. Ce qui correspond à un écart de tonalité d'un demi-coma.

✦ Techniques de guidage de la bande magnétique

✧ Galets guides

Ces galets permettent d'imposer un parcours à la bande magnétique tout en assurant, dans certains cas, un rôle particulier (régulateur ou capteur). La qualité d'usinage de ces galets et le type de palier utilisé ont une grande importance sur les performances.

✧ Galet régulateur

Ce galet, relativement lourd et très équilibré, agit en volant d'inertie. Il est situé avant le bloc de têtes. Il filtre les défauts engendrés en amont (excentricité des galets, voile des bobines, etc.) ; il peut être équipé d'un disque en aluminium tournant dans le champ d'un aimant (régulateur à courants de Foucault). Sur quelques appareils, ce galet régulateur sert surtout comme régulateur de la chaîne d'asservissement et dans certaines configurations de cinématique, il est possible de s'en passer.

✧ Galet régulateur de bandes latérales (*flutter-idler*)

Ce galet, placé à proximité de la tête d'enregistrement, filtre les microvibrations de la bande engendrant un bruit de modulation (§ 6.2.6). Ce galet régulateur est souvent placé « après coup » pour pallier un défaut constaté à la mise au point du prototype. Et sur certains appareils, son rôle est souvent inutile et même souvent négatif à moyen terme (fluctuation de vitesse).

✧ Galet compteur

Ce galet commande une roue tachymétrique qui donne les informations nécessaires à la carte compteur, il est conçu pour limiter le glissement de la bande : nervures pour chasser le film d'air à grande vitesse et matériaux à grande adhérence.

✦ Guidage de la bande magnétique à proximité des têtes

Deux systèmes sont couramment utilisés : le guidage à « bande libre » et le guidage à « bande stabilisée ». Le système retenu caractérise le magnétophone sur les paramètres suivants : phase entre pistes et passage des collants.

✧ Guidage à bande libre

Le passage entre les guides est légèrement supérieur à la largeur de la bande qui ne touche les guides que dans les phases d'accélération ou par accident (coupe de bande, usure anormale).

Ce système garantit un excellent passage des collants mais une stabilité de phase moyenne.

✧ Guidage à bande stabilisée

Par construction la bande est sollicitée sur le guide inférieur (frotteur en rubis par exemple présentant un angle de quelques degrés par rapport au plan de référence). Ce système garantit une très bonne stabilité de phase mais un moins bon passage des collants.

✦ Moteurs de cabestan

La plupart des machines sont dites « à entraînement direct » c'est-à-dire que le cabestan est en bout de l'axe moteur.

Les moteurs sont de type « synchrone à courant alternatif », « asynchrone à courant alternatif » ou « asynchrone à courant continu ».

Le premier modèle se suffit à lui-même (il se synchronise sur la fréquence du réseau électrique) et il faut associer aux deux autres, qui sont les plus courants, un montage électronique de régulation de vitesse (*figure 6.2*).

✦ Moteurs latéraux et régulateur de la tension de bande

Les moteurs latéraux des magnétophones « Master » sont munis d'un système de régulation de tension de bande. La tension de la bande doit être constante, quel que soit le diamètre de la bobine (ex. : 90 g ± 5 g).

Cette régulation de la tension permet de garantir de bonnes performances en début, milieu et fin de bande.

✧ Régulation mécanique

Principe

Un frein mécanique, à intensité variable, placé sur le plateau débiteur permet de réguler la tension de la bande (*figure 6.3*).

Il existe beaucoup de variantes de ce système et différentes solutions originales ont été développées pour le linéariser (NAGRA, M12, M15, F200, MP10…).

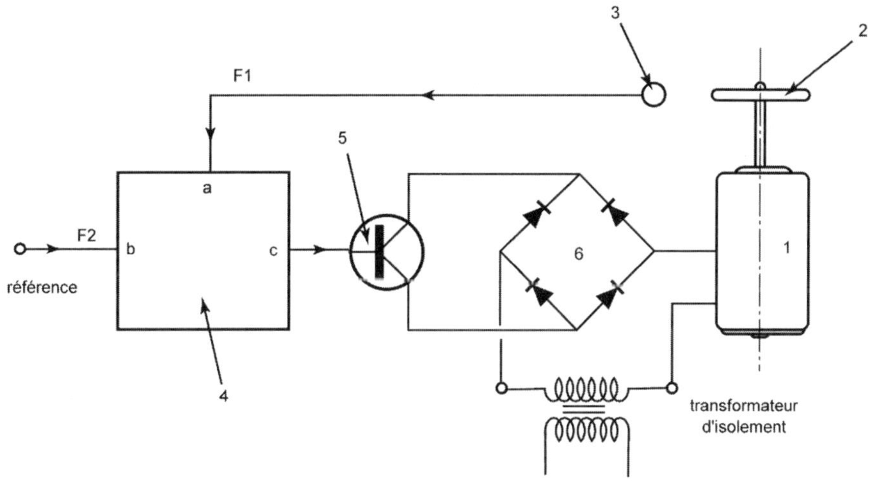

Figure 6.2 – Exemple simplifié de fonctionnement d'un moteur asynchrone à courant alternatif :
Le moteur asynchrome (1) est équipé d'une roue tachymétrique (2). Un capteur (3) fournit un signal (F1) dont la fréquence est proportionnelle à la vitesse de rotation. (F1) est appliqué sur l'entrée (a) du comparateur (4). Une fréquence de référence (F2) issue d'un quartz, après division, alimente la deuxième entrée (b). La sortie (c) du comparateur commande le transistor de puissance (5). Le moteur (1) est alimenté en courant alternatif à travers un pont de diode (6). Le transistor de puissance (5) fonctionne en résistance variable. La vitesse de rotation se stabilise quand F1 = F2.

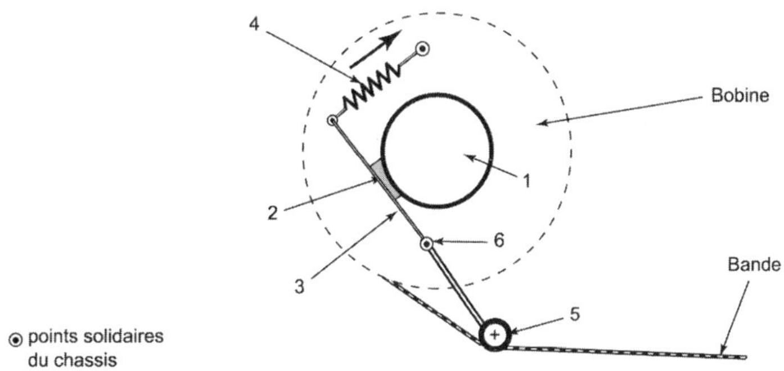

Figure 6.3 – Principe de la régulation mécanique.
Un levier (3) articulé en (6) est muni d'un feutre (2) qui vient freiner un tambour solidaire du moteur. Un ressort (4) détermine l'intensité de la friction du feutre sur le tambour. La bande magnétique exerce une force sur le guide (5) solidaire du levier en diminuant, de ce fait, le freinage d'où un effet de régulation. La tension de la bande est déterminée par la position de l'articulation (6) (bras de levier) et par la tension du ressort (4).

✧ Régulation électronique

Principe

Des capteurs de pression actionnés par la bande magnétique donnent les informations nécessaires pour commander les moteurs à travers une électronique appropriée (*figure 6.4*).

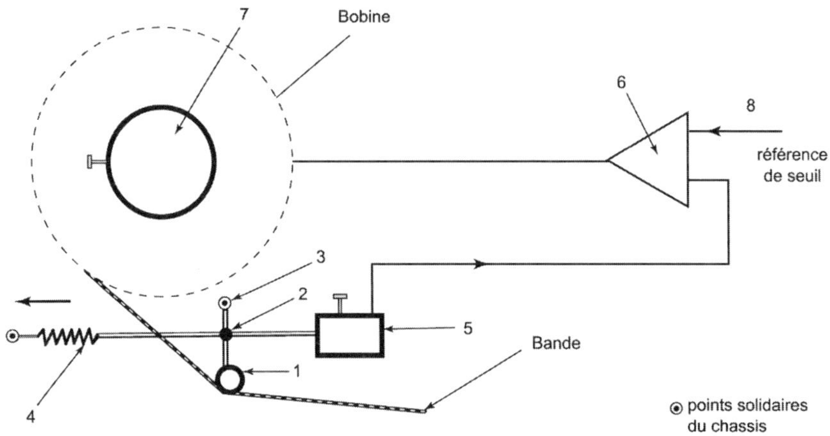

Figure 6.4 – Principe de la régulation électrique.

La bande enveloppe un galet (1) monté sur un bras (2) articulé sur un axe en (3), un ressort (4) tire le bras dans le sens de la flèche. Un capteur de position (5) donne des informations à l'amplificateur (6) qui alimente le moteur (7). La tension de la bande est déterminée par la tension du ressort (4) et par le seuil de fonctionnement de l'amplificateur (6) référencé en (8).

✦ Diagramme de gestion (*figure 6.5*)

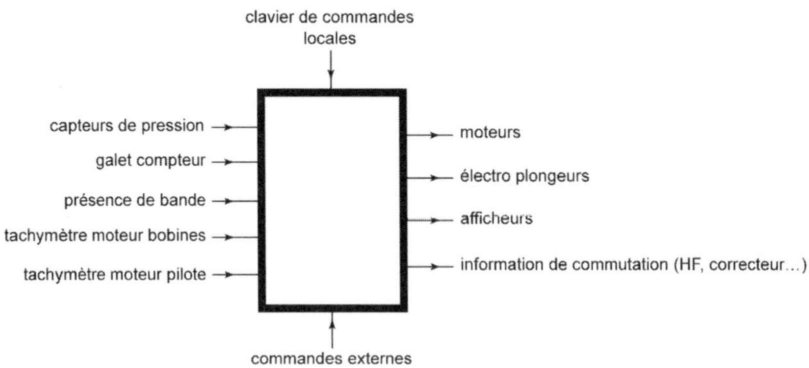

Figure 6.5 – Le diagramme de gestion de la cinématique peut se simplifier ainsi.

✧ **Clavier de commandes locales**

Le microprocesseur reçoit toutes les informations de gestion (locale ou extérieure) et fournit les signaux de commande aux systèmes électroniques et électromécaniques, l'organigramme est imposé par un programme stocké dans une mémoire interchangeable.

Changer les caractéristiques d'un appareil sur le plan logique (relation entrées/sorties) n'implique pas une modification de la « circuiterie » mais l'échange d'une PROM.

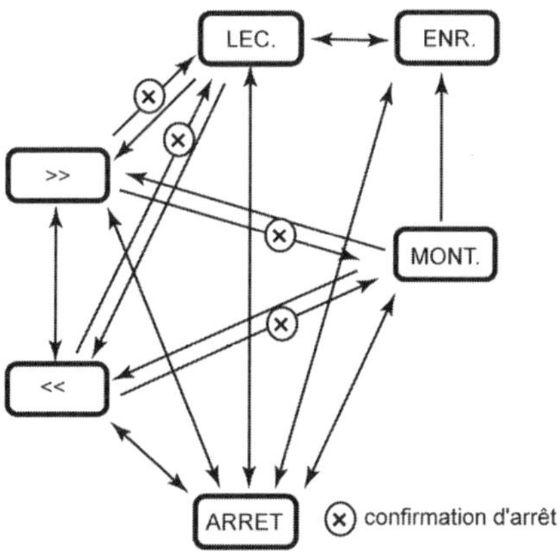

Figure 6.6 – Exemple d'un diagramme d'une logique à commandes mémorisées.

6.2.2 *Chaîne enregistrement/lecture*

✦ **Chaîne de lecture** (*figure 6.7*)

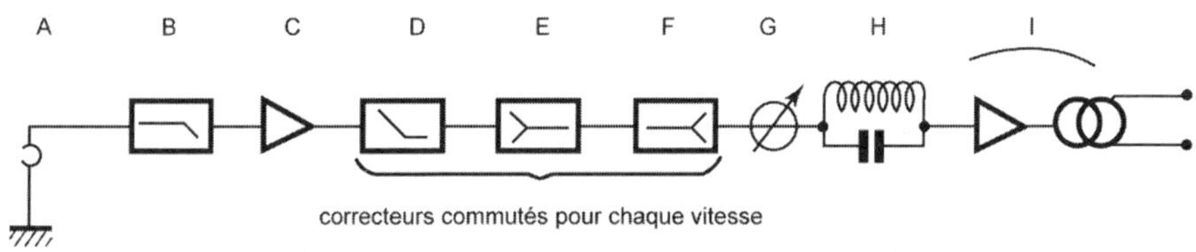

Figure 6.7 – Schéma simplifié type d'une chaîne de lecture.
A. Tête de lecture. B. Filtre HF. C. Préamplificateur. D. Correcteur normalisé. E et F. Correcteurs graves/aigus. G. Réglage du gain. H. Filtre de résiduelle HF. I. Amplificateur de ligne.

✦ **Chaîne d'enregistrement** (*figure 6.8*)

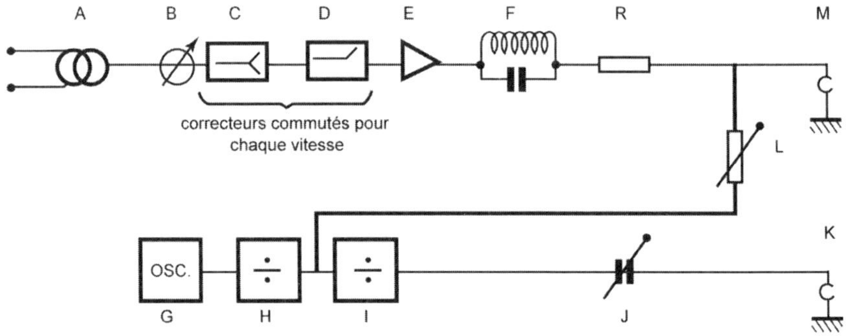

Figure 6.8 – Chaîne d'enregistrement et d'effacement.
A. Transformateur d'entrée. B. Réglage du gain. C et D. Correcteurs graves/aigus. E. Amplificateur d'enregistrement. F. Circuit de blocage HF. G. Oscillateur. H. Diviseur et mise en forme pour la polarisation. I. Diviseur et mise en forme pour l'effacement. J. Condensateur d'accord. K. Tête d'effacement. L. Réglage de la polarisation HF. M. Tête d'enregistrement.

6.2.3 *Maintenance d'exploitation*

✦ **Définition**

La « maintenance d'exploitation » est l'entretien courant souvent effectué par les utilisateurs. Cet entretien est aussi qualifié de « maintenance de premier degré ». Les méthodes suivantes ne sont données qu'à titre d'exemple et certains contrôles (parmi ceux développés dans le § 6.2.5) peuvent être envisagés dans le cadre de cette maintenance. Le choix dépend de la qualification de l'utilisateur et de l'équipement dont il dispose.

✦ **Nettoyage**

La stabilité des performances du magnétophone dépendra, pour beaucoup, du parfait état de propreté du « couloir » de défilement de la bande magnétique. La fréquence de nettoyage de l'appareil varie en fonction du type de bande utilisé.

Un appareil utilisé pour la reproduction de bandes d'archives comprenant de nombreux collants peut être nettoyé après la lecture de chaque bobine.

Méthode

Des poussières de magnétite se déposent au niveau des galets, guides, têtes magnétiques, cabestan, galet presseur…

Le nettoyage avec un pinceau est possible, mais une aspiration associée est préférable.

Les dépôts plus consistants sont enlevés avec un chiffon doux ou un « coton-tige » légèrement imbibé d'alcool dénaturé.

Il est souvent nécessaire d'insister pour nettoyer convenablement le galet presseur ; à ce sujet, la « bande de contact » peut être légèrement teintée, ce qui n'altère pas nécessairement les performances de défilement.

Les dépôts sur les têtes ne sont pas toujours visibles et c'est particulièrement le cas lorsque le « chemin de la bande » n'est pas matérialisé par deux encoches (encrassement des « angles d'usure »).

En règle générale, il faut éviter d'utiliser des produits trop agressifs comme le trichlore ou encore le tétrachlorure. Ces produits peuvent avoir un effet désastreux sur certains composants.

✦ Démagnétisation

La magnétisation rémanente des circuits magnétiques et de certaines pièces mécaniques en contact avec la bande, causée par le contact ou l'approche d'objets magnétisés, peut engendrer un bruit de fond et une distorsion, et en cas de forte magnétisation, un effacement affectant principalement les fréquences aiguës.

Méthode

- Le magnétophone ne doit pas être sous tension.
- La mise en service ou hors service du démagnétiseur doit se faire au moins à 1 mètre du magnétophone (risque de magnétisation des têtes).
- Le démagnétiseur doit être approché presque jusqu'au contact, puis éloigné des organes à démagnétiser d'une distance d'environ 30 cm. La procédure habituelle consiste à présenter le démagnétiseur à l'entrée du couloir de défilement (galet d'entrée), suivre lentement le trajet de la bande jusqu'au galet de sortie, revenir jusqu'au galet d'entrée et éloigner le démagnétiseur de l'appareil.

Attention : éviter la proximité des bandes enregistrées.

Périodicité : cette opération se fait habituellement en même temps que le contrôle et les réglages d'alignement.

Mais il est conseillé de démagnétiser les têtes avant une séance d'enregistrement importante (bande mère, originaux…).

Il est très important de démagnétiser régulièrement les ciseaux de montage. Ils sont rarement amagnétiques.

✦ Contrôle d'alignement enregistrement/lecture

Ce contrôle se fait en utilisant le générateur et le VU de la console de prise de son. Avant ce contrôle, il est conseillé de nettoyer et de démagnétiser l'appareil.

Exemple de contrôle sur un appareil stéréophonique 1/4 de pouce, 38 cm/s, 510 nWb/m.

Contrôle du niveau

- Enregistrer un signal à 1 000 Hz au 0 du VU de la console.
- Comparer les niveaux avant/après enregistrement : les écarts de niveau doivent tenir entre ± 0,5 dB.

Contrôle des aigus

- Commuter le générateur sur 10 000 Hz.
- Mettre hors service les correcteurs de la console.
- Ajuster au 0 du VU.
- Comparer avant/après enregistrement. Les écarts de niveau doivent tenir entre ± 1 dB.
- La stabilité du niveau à 1 kHz doit tenir dans ± 0,25 dB et à 10 kHz dans ± 0,5 dB.

Remarque

Habituellement, le contrôle de la courbe de réponse se fait à un niveau inférieur, d'au moins 10 dB. Mais ce contrôle d'exploitation, pour cet exemple (38 cm/s, 510 nWb/m) reste valable. Pour des vitesses inférieures et des niveaux de magnétisation plus élevés, enregistrer à – 10 dB sur le VU et relire l'enregistrement en augmentant de 10 dB les voies correspondantes de la console (correcteurs hors service).

Attention

Ces contrôles correspondent à l'analyse d'un transfert complet enregistrement + lecture.

A priori, il n'est pas possible de savoir si un défaut constaté provient d'un déréglage de la lecture ou de l'enregistrement. Pour vérifier la chaîne de lecture au préalable, il est nécessaire de disposer de bandes étalons (niveau, fréquence et azimut). Les procédures développées dans le § 6.2.5 deviennent nécessaires.

Réglages d'azimuts sur un enregistrement douteux

Dans les organismes de Radiodiffusion et de Télévision la périodicité des interventions de la « maintenance » et l'utilisation des bandes en « circuit fermé », font que les techniciens d'exploitation sont rarement gênés par des problèmes d'azimut.

Mais ce n'est pas le cas pour les techniciens qui utilisent beaucoup « d'éléments extérieurs » et peuvent dans certains cas modifier leurs réglages.

Quand l'enregistrement douteux présente une plage de référence enregistrée à 10 kHz, plusieurs contrôles sont possibles :

- pour un enregistrement mono, rechercher le maximum de niveau et la meilleure stabilité en réglant l'azimut de la tête de lecture ;
- pour un enregistrement stéréophonique, faire un mélange mono en prenant la précaution de mettre hors service les correcteurs de la console. Rechercher le maximum de niveau et la meilleure stabilité en réglant l'azimut (la stabilité de niveau du mélange doit tenir dans 1 dB).

La méthode suivante est plus précise : faire un mélange mono en inversant la phase sur une voie de la console : régler l'azimut pour que le niveau résiduel observé sur le VU soit inférieur à 20 dB par rapport au niveau enregistré sur les deux voies. Cette méthode n'est valable que sur des appareils performants en ce qui concerne l'instabilité de phase entre voies, instabilité liée à la qualité du défilement (fluctuation de phase § 6.2.5). Et même dans ce cas, la mesure est délicate car le signal résiduel reste instable (± 6 dB pour des variations de phase à – 10 kHz de ± 4°).

La mesure avec un oscilloscope ou un gîteur de phase est plus du domaine de la maintenance de second degré.

Si l'enregistrement douteux ne présente pas de signaux de référence d'azimut, le réglage se fera à l'écoute, en recherchant le maximum d'aigu perçu.

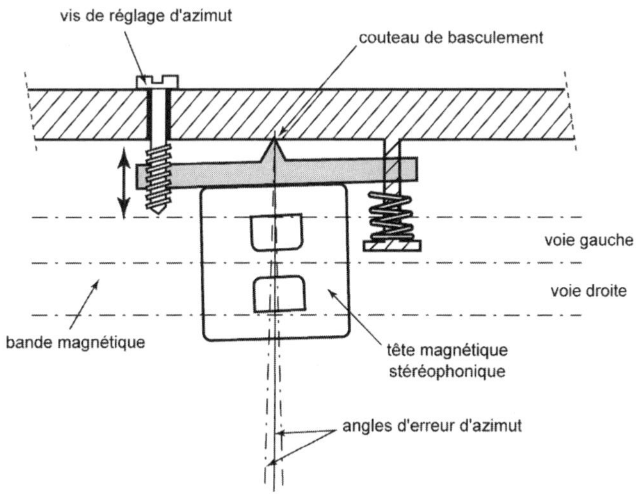

Figure 6.9 – Position des pistes et réglage d'azimut.

Le réglage est plus précis, ou plus exactement, « moins mauvais », en écoutant au casque, en mono (réglage au minimum d'aigus).

Le mélange mono des deux pistes en opposition de phase peut donner de meilleurs résultats.

Mais la fourchette de ce genre de réglage est trop large, en ce qui concerne les relations de phase, et le message stéréophonique peut être sérieusement altéré.

6.2.4 *Normes de l'enregistrement magnétique et principes fondamentaux*

Généralités

Paramètres qui caractérisent un enregistrement sur bande magnétique :

- format de la bande magnétique et nombre de pistes ;
- vitesse de défilement ;
- niveau de magnétisation ;
- circuits de correction utilisés.

✦ **Format de la bande magnétique, nombre de pistes et utilisations**

Tableau 6.1 – Format de la bande magnétique, nombre de pistes et utilisation

Largeur	Nombre de pistes	Utilisations
2 pouces	16/24 pistes	Prise de son et mixage Disque, Radio et TV
1 pouce	8/16 pistes	Prise de son et mixage Disque, Radio et TV
1/2 pouce	2 pistes Master	Prise de son Disque
	4 pistes Master	Prise de son Disque
	8 pistes	Prise de son Disque Spectacle Sono Maquettes
15/100 pouce (3,8 mm)	2/4 pistes	Cassettes compactes
1/4 pouce	mono Master (pleine piste)	Radio et TV
	stéréo Master (inter-piste 0,75 mm)	Radio, TV, Disque
	bi-pistes Master (inter-piste 2 mm)	Radio (banque de modulation), TV. Sono
	4 pistes	Amateur
16 mm perforé	Mono et bi-piste	Film
35 mm perforé	Mono et Multipistes	Film

✦ Vitesses de défilement

- 76 cm/s : Abandonnée depuis longtemps, cette vitesse est utilisée, à nouveau, pour certains enregistrements « Disque » sur bande 1/4 pouce, 1/2 pouce et 2 pouces.
- 38 cm/s : Enregistrement stéréo Disque et Broadcast, Multipistes Disque.
- 19 cm/s : Vitesse standard mono Broadcast, reportage, cinéma. Banque de modulation Broadcast – Diffusion spectacle.
- 9,5 cm/s : Archivage.

✦ Niveau[1] d'enregistrement

Il représente le niveau d'aimantation de la bande magnétique et s'exprime en nanoweber par mètre (nWb/m).

Cette expression représente le flux d'une largeur unitaire de piste analysée. Il serait plus logique de raisonner en picoweber par mm (pWb/mm).

Le « normalisateur » a préféré utiliser « l'unité de longueur » : le mètre, ce qui entraîne souvent confusion dans l'interprétation de l'expression nWb/m (longueur de bande ? surface de bande ?...).

Remarques générales concernant les niveaux

Terminologie : il ne faut pas confondre les niveaux suivants :

1. Le niveau de saturation de la bande magnétique.
2. Le niveau 0 de magnétisation.
3. Le niveau nominal d'entrée et de sortie des appareils.
4. Le niveau d'alignement en exploitation.

Niveau de saturation de la bande magnétique

Ce niveau s'exprime en nWb/m, il varie avec le type de bande utilisé et ne peut donc servir de niveau de référence. En général, on considère que le niveau de saturation est atteint quand on obtient 2 % de distorsion harmonique (H3).

Niveau 0 de magnétisation

Ce niveau s'exprime en nWb/m ; c'est un niveau de référence de magnétisation de la bande que l'on se fixe avec une marge de sécurité par rapport à la saturation (par exemple 2 % de H3).

Cette marge de sécurité dépend du mode d'exploitation (radio, disque, avec ou sans compresseur, avec ou sans réducteur de bruit...).

1. Les vitesses théoriques sont en fait : 76,2 cm/s, 38,1 cm/s, 19,05 cm/s et 9,525 cm/s.

Les différents niveaux de travail normalisés sont : 250, 320, 510 et 640 nWb/m.

Il s'agit de valeurs efficaces en régime sinusoïdal. Les valeurs crêtes sont $\sqrt{2}$ fois plus fortes.

En théorie, les pointes de la modulation enregistrée devraient s'approcher de ce niveau et non le dépasser.

Niveau nominal d'entrée et de sortie des appareils

Le niveau nominal d'un magnétophone est fixé par le constructeur. Les niveaux les plus courants sont : – 10 dBu, 0 dBu, + 6 dBu et + 12 dBu.

L'alignement d'un appareil au niveau 0 de magnétisation choisi, consiste à faire correspondre ce niveau 0 enregistré sur la bande avec le niveau nominal (entrées et sorties de cet appareil) (voir § 1.1.7).

Les différents appareils d'une installation (consoles de prise de son, magnétophones, bâtis, etc.) n'ont pas forcément le même niveau nominal d'où la nécessité d'un alignement par l'intermédiaire d'amplificateurs (*boosters*) ou d'atténuateurs (*figure 6.10*).

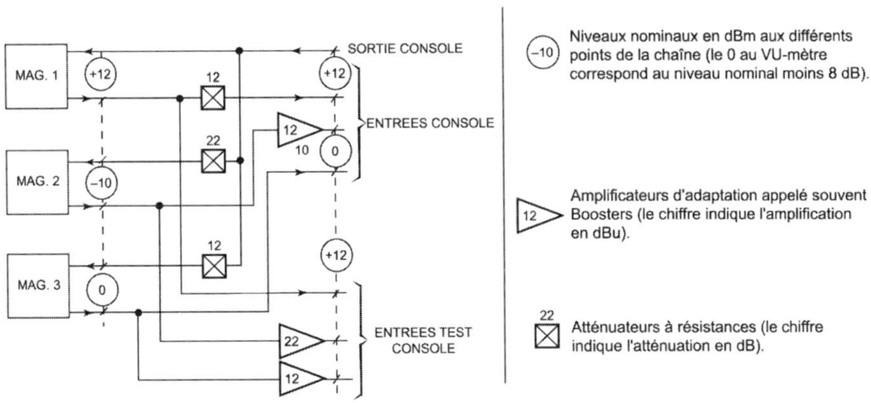

Figure 6.10 – Exemple d'une installation avec adaptation des niveaux nominaux des appareils.

Niveau d'alignement

C'est le niveau qui permet de « mettre à l'heure » les appareils ou les studios entre eux. C'est en général le niveau nominal diminué de 8 dB. Dans ce cas, il correspond au 0 du VU ou au – 8 du crête-mètre soit + 4 dBu sur la sortie ligne (pour une ligne normalisée avec un niveau nominal de + 12 dBu), En radiodiffusion, le niveau d'alignement, pour un départ de ligne, est + 2 sur le VU ou – 6 sur le crête-mètre soit + 6 dBu sur la sortie ligne (ligne normalisée avec un niveau nominal de + 12 dBu).

✦ Circuits de correction

Le transfert magnétique n'est pas transparent, la chute des fréquences élevées est particulièrement importante ; les causes principales sont les suivantes :

- hystérésis et courants de Foucault dans la tête d'enregistrement ;
- l'enregistrement des fréquences élevées ne se fait que sur la couche superficielle de l'oxyde, d'où une saturation plus rapide (voir § 7.5.1 du tome 1).

En théorie, ces pertes ne devraient être compensées que dans l'amplificateur d'enregistrement, mais c'est impossible à cause des risques de saturation dans les fréquences aiguës.

En pratique, la compensation des pertes du transfert magnétique est répartie entre l'amplificateur d'enregistrement et l'amplificateur de lecture.

On a décidé de normaliser les circuits de compensation de l'amplificateur de lecture.

Cette correction est définie par la constante de temps d'un circuit RC exprimée en microsecondes (*figure 6.11*).

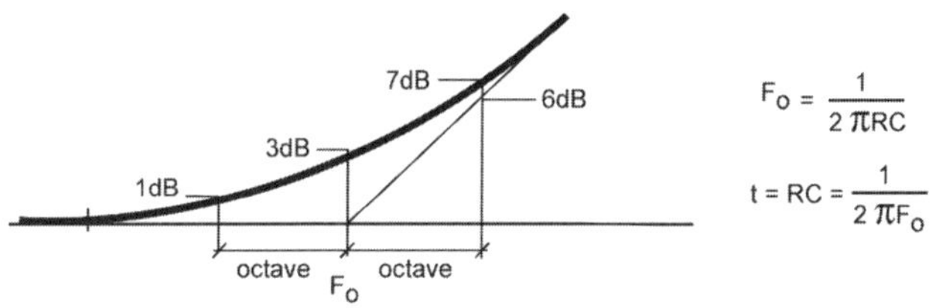

Figure 6.11

Fo est le point d'intersection des deux asymptotes de la courbe du circuit RC. La courbe réelle passe à 3 dB du point d'insertion des asymptotes et à 1 dB des asymptotes aux octaves inférieure et supérieure.

Tableau 6.2 – Circuits de correction normalisés
CCIR : Comité Consultatif International des Radio Communications.
NAB : National Association of Broadcasters

	CCIR	NAB
9,5 cm/s	90 µs 3 180 µs	90 µs 3 180 µs
19 cm/s	70 µs	50 µs 3 180 µs
38 cm/s	35 µs	50 µs 3 180 µs
76 cm/s	17,5 µs	17,5 µs

Remarques

- Une correction dans les basses est prévue dans les normes NAB (augmentation des basses en enregistrement et chute à la lecture). Cette correction permet une atténuation des inductions parasites à 50 Hz ;
- les écarts entre les différentes normes restent relativement faibles (1 à 3 dB à 50 et 10 000 Hz) et, dans la plupart des cas, il est toujours possible d'utiliser un enregistrement réalisé dans un autre standard en corrigeant légèrement sur la console de prise de son.

Mais il est évident qu'il est préférable de commuter le lecteur sur les normes correctes, pour avoir un transfert tenant dans ± 1 dB.

6.2.5 *Maintenance préventive*

Définition

La « maintenance préventive » est un entretien systématique nécessaire pour « maintenir » un niveau de qualité des équipements analogiques et « prévenir » certaines pannes. Elle est souvent assurée par un technicien spécialisé disposant d'un matériel de contrôle spécifique. Cet entretien systématique est souvent appelé « maintenance de second degré ».

✦ Tension de bande et qualité du bobinage

Les machines Master sont équipées de systèmes de régulation de tension de bande. La mesure devrait se faire au point de contact tête/bande. À défaut, on peut la faire à l'aide d'un capteur de tension (par exemple, Tentelomètre Ampex T2 H12) que l'on place dans le couloir de défilement.

Le capteur de ces appareils est constitué de 3 rouleaux entre lesquels passe la bande (*figure 6.12*).

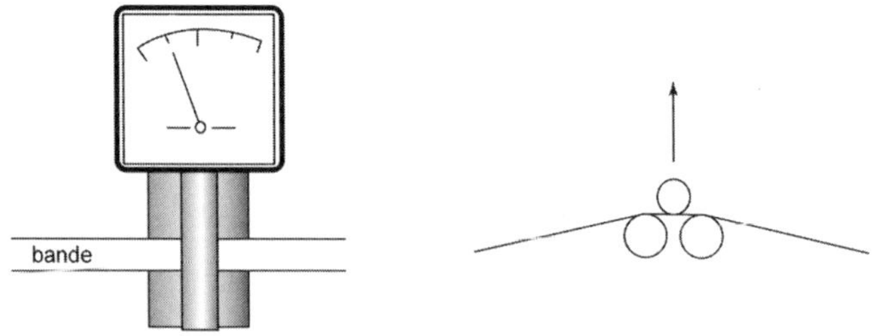

Figure 6.12 – Capteur de tension de bande.

Le rouleau central est mobile et commande l'aiguille d'un indicateur à cadran gradué en grammes.

À défaut d'appareil de mesure de ce type, ou quand se présentent des difficultés pour l'insérer dans le chemin de bande, il est toujours possible de faire une mesure à l'aide d'un simple peson accroché à l'extrémité de la bande placée sur le plateau débiteur.

Pendant la mesure, il faut déplacer le peson, approximativement à la vitesse de défilement, pour avoir une idée plus précise de la tension de la bande (couple moteur + forces de frottement). Il est évident que cette « manip » n'est pas possible en bobinage rapide (*figure 6.13*).

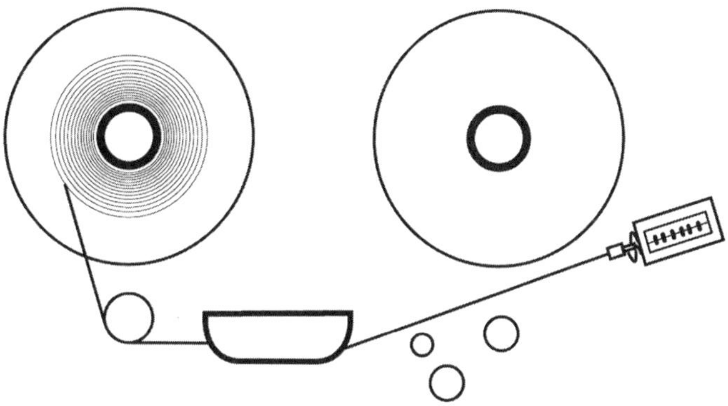

Figure 6.13 – Mesure de tension à l'aide d'un peson.

Valeurs courantes

Lecture : 60 g à 100 g (choix constructeur).

Variations début/milieu/fin de lecture d'une bande de 750 m : ± 5 g.

Bobinage rapide : 100 g à 250 g (choix constructeur).

Variations début/milieu/fin de bobinage d'une bande de 750 m : ± 10 g.

Remarques

- La régulation de la tension de bande est un facteur déterminant de la qualité du bobinage.
- La vitesse de bobinage ne doit pas être trop élevée (air entre spires mal chassé). Pour l'archivage, il est conseillé de ne pas dépasser 100 g de tension de bande, et de bobiner à vitesse modérée.

✦ Vitesse linéaire

La bande magnétique doit, théoriquement, défiler à vitesse constante, mais il faut admettre une faible variation autour de la vitesse de défilement théorique (voir entraînement des bandes lisses, § 6.2.1).

Les variations de vitesse linéaire se traduisent par des écarts de tonalité. En pratique, deux cas peuvent se présenter :

- une vitesse linéaire constante, mais en dehors des tolérances fixées ;
- une dérive de la vitesse suffisamment lente pour ne pas être perçue comme un pleurage.

Dans les deux cas, le défaut ne peut être détecté en écoutant « après bande », le magnétophone qui enregistre. C'est à la relecture, sur un appareil en bon état, qu'il pourra l'être.

Un enregistrement réalisé à vitesse constante mais en dehors des tolérances fixées peut être « rattrapé » en relisant la bande sur un appareil équipé d'un variateur de vitesse. Mais un défaut de dérive n'est pratiquement pas rattrapable. Malgré des tolérances très serrées (± 0,25 %), il faut admettre des écarts de tonalité d'environ 1/2 comma entre deux appareils (1 comma = 1/9e de ton). En pratique, ces écarts relativement faibles ne poseront un problème que lors de copies successives.

Certains appareils à bande lisse, prévus pour traiter un code temporel enregistré sur une piste (SMPTE...), peuvent, par contre, défiler à vitesse rigoureusement synchrone.

La mesure de la vitesse linéaire doit être effectuée avec une bande étalon de vitesse réalisée avec la même bande que celle qu'on utilise en exploitation ; ou à défaut, avec une bande très proche (épaisseur et état de surface).

Sur cette bande étalon, est enregistré un signal à la fréquence de 1 905 Hz à la vitesse de 19,05 cm/s. Ce qui permet la lecture directe de la vitesse sur un fréquencemètre branché en sortie lecture. La tolérance doit être inférieure à ± 0,25 % autour de la vitesse théorique.

Il est évident que la même bande peut être utilisée pour toutes les vitesses normalisées.

✦ Fluctuation de vitesse

La mesure est effectuée avec un fluctuomètre.

Cet appareil analyse la modulation de fréquence du signal enregistré, modulation engendrée par les variations de vitesse. Certains fluctuomètres permettent aussi la mesure de la vitesse linéaire ainsi que le temps de démarrage.

La fluctuation de vitesse se traduit par une fluctuation de la tonalité.

L'oreille est très sensible aux variations de tonalité, mais sa sensibilité varie avec la fréquence de ces variations.

On a donc établi expérimentalement une courbe de sensibilité de l'oreille en fonction de la fréquence de ces variations (courbe de pondération).

Des filtres correspondants sont incorporés dans les fluctuomètres pour permettre une mesure, dite « pondérée », plus proche de l'impression subjective de l'auditeur.

La terminologie suivante est souvent utilisée pour délimiter « les bandes de pleurage ».

DÉRIVE (ou *DRIFT*)
Variations très lentes inférieures à 0,5 Hz

PLEURAGE (ou *WOW*)
Variations lentes de 0,5 à 10 Hz

SCINTILLEMENT (ou *FLUTTER*)
Variations rapides « ou chevrotements » de 10 à 50 Hz

SCINTILLEMENT RAPIDE (ou *SCRAPE FLUTTER*)
Variations très rapides supérieures à 50 Hz (plus proche du bruit de modulation, § 6.2.6).

Les fréquences, délimitant ces bandes, ne sont pas « normalisées » et ne sont données qu'à titre indicatif (*figure 6.14*).

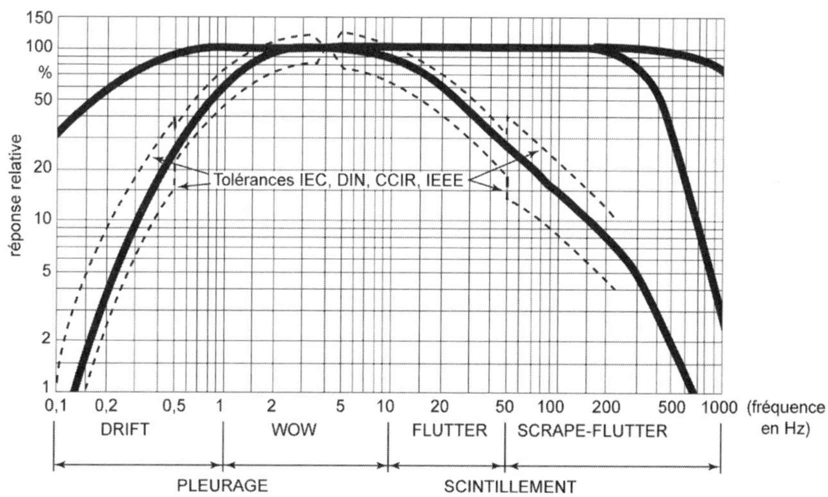

Figure 6.14 – Courbe de pondération.

Mais la terminologie usuelle de la fluctuation de vitesse est surtout :

PLEURAGE
Variations inférieures à 10 Hz

SCINTILLEMENT
Variations supérieures à 10 Hz

La valeur pondérée de la fluctuation de vitesse est plus significative, car plus proche de l'impression d'écoute, mais la valeur linéaire est souvent donnée ; elle intéresse plus particulièrement le technicien de maintenance.

Pour exemple, les tolérances courantes en *Broadcast* sont :

- mesure linéaire : ± 0,15 % ;
- mesure pondérée : ± 0,08 %.

Il est courant d'obtenir, sur des machines Master, une fluctuation de vitesse de ± 0,08 % en linéaire et de ± 0,03 en pondérée.

Les principales origines de la fluctuation de la vitesse sont les suivantes :

✦ Fluctuation de phase entre pistes

Comme annoncé précédemment, la phase entre piste dépend de l'azimut de la tête mais aussi de la phase électrique des amplificateurs.

L'instabilité de défilement engendre des fluctuations de phase qui peuvent perturber sérieusement le message stéréophonique. Le défaut sera d'autant plus sensible que les pistes seront distantes l'une de l'autre.

Ce défaut s'accentue avec un déréglage d'azimut.

La mesure des variations rapides de phase est très délicate et n'est possible qu'avec un analyseur de fluctuation de phase (appelé aussi gîteur de phase). Mais on peut avoir une idée de l'importance du défaut sur un oscilloscope (Lissajous) ou encore en mélangeant en opposition de phase les deux pistes concernées.

Quelques chiffres :

Tolérance des magnétophones Master stéréophonique sur bande 1/4 pouce (inter-piste 0,75 mm) :

$$< \pm 8° \text{ à } 15\,000 \text{ Hz en } 38 \text{ cm/s}$$

Et en pratique, sur un appareil parfaitement entretenu et réglé, il est possible de descendre à ± 2°.

Par comparaison, sur un 8 pistes en 1/2 pouce, il est difficile de descendre à ± 4° sur les pistes contiguës et à ± 20° sur les pistes les plus éloignées.

✦ Alignement de la chaîne de lecture

Les contrôles et réglages d'un magnétophone doivent s'effectuer dans un ordre logique déterminé.

Cet ordre logique correspond à l'ordre des paragraphes suivants.

Une procédure complète d'un modèle déterminé sera développée dans le paragraphe « Effacement ».

Les réglages suivants doivent être effectués après un nettoyage et une démagnétisation (§ 6.2.3).

✧ Azimut

(Voir effet d'azimut au § 7.5.2 du tome 1.)

Le réglage est effectué à l'aide d'une bande étalon d'azimut sur laquelle est enregistrée une fréquence élevée ; en général 10 kHz en 19 cm/s et 15 kHz en 38 cm/s. Ces bandes sont réalisées sur des machines parfaitement réglées dans des laboratoires spécialisés (AGFA, MRL...).

Utiliser une bande étalon d'azimut récente préalablement bobinée sur le magnétophone que l'on veut mesurer. Cette précaution permet de positionner correctement la bande par rapport au couloir de défilement.

Lire la bande et régler l'azimut de la tête de lecture pour obtenir le maximum de niveau et la meilleure stabilité en sortie ligne lecture.

La stabilité de niveau doit tenir dans ± 0,25 dB en 19 cm/s, pour une largeur de piste de 6,25 mm.

La stabilité s'améliore en diminuant la largeur des pistes et en augmentant la vitesse. Pour les appareils stéréophoniques, ou les multipistes, l'approche du réglage se fait, de la même façon, sur une piste.

Mais, il est suivi d'un réglage plus précis par l'analyse des deux pistes stéréophoniques ou par l'analyse de deux pistes sur un multipiste. Il est souvent nécessaire de choisir des pistes contiguës pour la répartition *G*/*D*.

Ce deuxième réglage doit être fait après le réglage de la courbe de réponse et le réglage des gains (relation de phase entre les amplificateurs).

Plusieurs modes de réglage d'azimut sont alors possibles :

a) Rechercher le minimum d'écart de phase avec un gîteur de phase.

b) Utiliser un oscilloscope et faire une figure de Lissajous (*G* sur *x* et *D* sur *y*). Deux signaux en phase et d'égale amplitude forment une droite inclinée de 45° « sur la droite ». La lecture de la bande d'azimut fera apparaître, en réalité, une « élipse fluctuante » autour de cette droite. L'amplitude des élipses (ventres) correspond à la fluctuation de phase (§ 6.2.5). Un réglage d'azimut correct correspond à une fluctuation minimale autour de cette droite.

c) Mélanger les deux pistes en opposition de phase. Un réglage d'azimut correct correspond à un affaiblissement du mélange d'au moins 20 dB par rapport au niveau nominal de la bande étalon.

Le niveau mesuré est instable. L'amplitude des fluctuations de niveaux observée, permet d'estimer la fluctuation de phase.

✧ Courbe de réponse

Utiliser une bande étalon de fréquence pour la vitesse et la norme choisies. Régler les correcteurs aigu et basse pour obtenir la réponse la plus linéaire.

Rappel :

Le correcteur basse est nécessaire pour trouver le meilleur compromis face aux accidents de la courbe de réponse aux basses fréquences.

Le correcteur aigu est nécessaire pour ajuster le niveau des aigus après un changement de norme ou corriger l'usure des têtes.

✧ Gain

Ce réglage consiste à faire correspondre le niveau 0 de magnétisation de la bande étalon et le niveau nominal de sortie de l'amplificateur de lecture.

Régler le correcteur Gain pour obtenir le niveau nominal de travail sur la sortie ligne lecture.

Les deux exemples suivants montrent qu'on peut régler un magnétophone sur un standard déterminé en utilisant des bandes étalon différentes.

Exemple

Bande étalon de niveau enregistrée à 510 nWb/m.

Magnétophone conçu pour travailler avec un niveau nominal de + 12 dBu en sortie ligne.

Réglage à la norme 510 nWb :

Lire la bande et régler le gain de l'amplificateur de lecture pour obtenir + 12 dBu sur la sortie ligne lecture.

Remarques

Ce sont les réglages du gain et de la courbe de réponse de la chaîne lecture qui permettent de fixer les normes d'enregistrement (niveaux et fréquences). En effet, la chaîne de lecture devient ensuite la « référence » permettant de régler l'enregistrement.

✧ Bruit de fond

Les mesures sont effectuées à l'aide d'un Psophomètre.

Cet appareil permet une mesure linéaire ou pondérée du bruit de fond.

La mesure linéaire est souvent faite dans une bande « utile » (40 à 15 000 Hz).

La mesure pondérée est faite à travers des filtres de pondération ; ces filtres ont une courbe de réponse proche de la courbe de sensibilité de l'oreille.

La mesure « psophométrique » ou pondérée se rapproche de la gêne subjective occasionnée par le bruit de fond (*figure 6.15*).

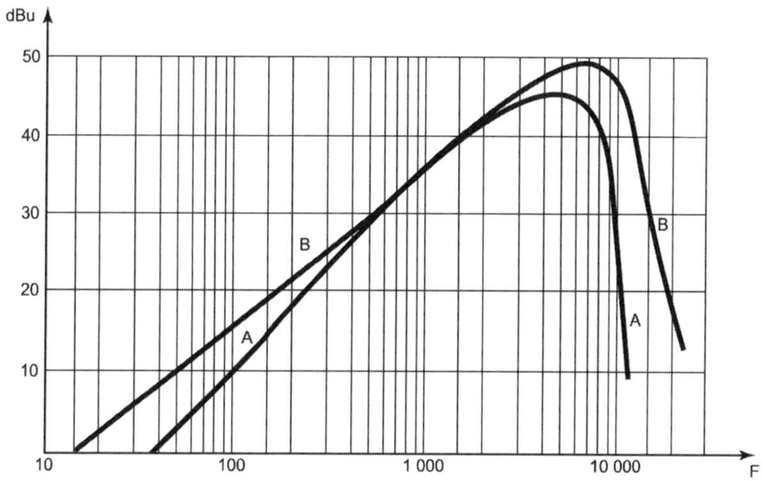

Figure 6.15 – Courbes de pondération normalisées.

✦ Alignement de la chaîne enregistrement/lecture

✧ Azimut

Mêmes méthodes de contrôle qu'en lecture (gîteur de phase, opposition de phase ou oscilloscope).

Utiliser une bande de bonne qualité de coupe et sans collants.

Bobiner au préalable cette bande sur le magnétophone à régler, pour qu'elle prenne bien sa place par rapport au couloir de défilement.

Enregistrer un signal à 10 kHz en 19 cm/s ou 15 kHz en 38 cm/s.

Régler l'azimut de la tête d'enregistrement pour obtenir le maximum de niveau et la meilleure stabilité de niveau (± 0,25 dB en 19 cm/s pour une largeur de piste de 6,25 mm).

Pour les appareils stéréophoniques et les multipistes, ce premier réglage, effectué sur une piste, est une approche.

Un deuxième réglage doit être fait après l'alignement complet (polarisation, courbe de réponse et gain).

Les correcteurs ont, évidemment, comme en lecture, une influence sur la phase.

Le réglage du courant de polarisation a aussi une influence sur la phase et dans une proportion plus grande (voir § 7.6.2 du tome 1).

L'analyse de la phase entre 2 pistes, dans le cas d'un transfert complet enregistrement /lecture, est donc la somme des déphasages suivants :

- Relation de phase entre les deux amplificateurs d'enregistrement.
- Alignement mécanique des entrefers de la tête d'enregistrement.
- Courants de polarisation.
- Azimut de la tête d'enregistrement.
- Alignement mécanique des entrefers de la tête de lecture.
- Azimut de la tête de lecture.
- Relation de phase entre les deux amplificateurs de lecture.

✧ Réglage du courant de polarisation HF

Chaque type de bande magnétique, ou plus exactement, chaque association tête d'enregistrement/bande magnétique présente des courbes caractéristiques particulières. En effet, les caractéristiques de la tête d'enregistrement, et principalement la largeur de son entrefer, ont une grande influence sur la distorsion et la courbe de réponse (*figure 6.16*).

Ces courbes montrent que les paramètres gain, courbe de réponse, saturation et distorsion harmonique évoluent considérablement avec le courant de polarisation HF. Il apparaît un courant de polarisation favorable qui correspond à un minimum de distorsion (H3) et un maximum d'efficacité à 400 Hz.

La mesure de révolution de la distorsion (H3), en fonction du courant de polarisation, n'est pas rapide avec un équipement traditionnel et le maximum d'efficacité à 400 Hz n'est pas assez « pointu ».

On préfère trouver ce point de fonctionnement en observant l'évolution de la courbe d'efficacité à une fréquence élevée (10 kHz).

Il suffit de rechercher le maximum d'efficacité, en augmentant le courant de polarisation (après avoir amené la commande au minimum) et de continuer de l'augmenter, pour baisser d'une certaine valeur par rapport au maximum précédemment obtenu.

Cette valeur dépend du type de bande, de la vitesse de défilement et de la tête d'enregistrement (propriétés électromagnétiques et surtout largeur de l'entrefer). Il est donc important, pour profiter au maximum des propriétés d'une bande magnétique, de tracer ces courbes de transfert pour chaque type de magnétophone utilisé (ou plus exactement pour chaque type de tête d'enregistrement utilisée). Ces courbes permettront de définir la procédure de réglage.

Pour exemple, quelques points de fonctionnement avec la bande AGFA 528 en fonction du type de tête d'enregistrement et de la vitesse de défilement.

Les valeurs exprimées en dB représentent l'écart entre le maximum d'efficacité à 10 kHz et le point de fonctionnement retenu (*tableau 6.3*).

Tableau 6.3

Vitesse tête magnétique d'enregistrement		19 cm/s	38 cm/s
Enertec E245 :	*Entrefer 20 microns*	4,5 dB	2 dB
Woelke 1A 1024.2 :	*Entrefer 10 microns*	5,5 dB	2,5 dB
Studer 1.316.130.00 :	*Entrefer 7 microns*	7 dB	3 dB

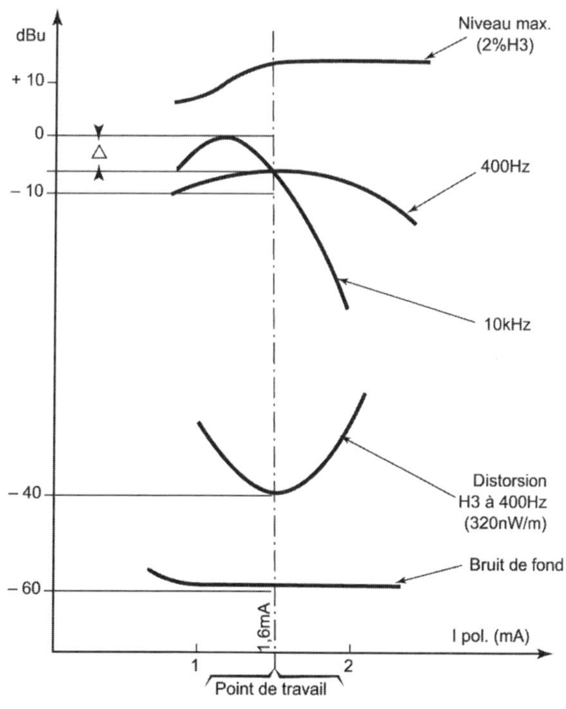

Figure 6.16 - Exemple d'un tracé de courbes caractéristiques.

Procédure de réglage

Utiliser une bande de très bonne qualité (coupe, condition de stockage…) et vierge de préférence. Cette bande doit, évidemment, être de la même marque et porter la même référence que celle qui est utilisée en exploitation.

Sur certains appareils, il est possible de prérégler plusieurs types de bandes (polarisation HF, courbe de réponse et gain).

- Enregistrer un signal à une fréquence de 10 kHz.
- Mettre au minimum la commande du réglage de courant de polarisation.
- Rechercher le maximum d'efficacité en augmentant le courant de polarisation et continuer de l'augmenter pour perdre 2 à 8 dB (cette valeur en fonction de la vitesse de défilement, du type de bande utilisé, et de la largeur de l'entrefer de la tête d'enregistrement).

✧ **Courbe de réponse**

Utiliser la même bande que pour le réglage de la polarisation HF.

- Injecter, sur la ou les entrées enregistrement, des signaux inférieurs d'au moins 10 dB par rapport au niveau nominal, pour éviter une légère chute des fréquences élevées (« Effet de compression » § 6.2.6).
- Régler les correcteurs aigus pour obtenir la meilleure linéarité.

Remarque

Il ne faut pas oublier que le résultat obtenu est l'addition arithmétique de la courbe de réponse de la chaîne de lecture et de la chaîne d'enregistrement : il faut donc rechercher le meilleur compromis.

L'amplificateur d'enregistrement n'est pas équipé de « correcteur basse » ; les accidents observés aux basses fréquences proviennent, surtout, de la chaîne de lecture.

Le « correcteur aigu » sert pour l'ajustement à la suite d'un changement de standard ou d'un changement de type de bande.

L'usure de la tête d'enregistrement n'a pas les mêmes effets que dans le cas de la tête de lecture :

- la largeur de l'entrefer en lecture a une influence directe sur la lisibilité (effet d'entrefer) ;
- la largeur de l'entrefer en enregistrement a une influence sur les aigus à cause de la variation résultante du courant de polarisation qu'il faut, dans ce cas, retoucher.

✧ **Gain**

Utiliser la même bande que pour les précédents réglages.

- Injecter le niveau ligne nominal sur les entrées enregistrement et ajuster les correcteurs gain des amplificateurs d'enregistrement pour trouver le niveau ligne nominal sur les sorties lecture.

En pratique, ce réglage se fait à – 8 dB par rapport au niveau nominal, ce qui correspond au 0 des VU.

Remarque

Les niveaux nominaux entrées/sorties peuvent être différents.

Par exemple, pour certains appareils de reportage : niveau nominal d'entrée – 60 dB (entrée microphonique) et niveau nominal de sortie ligne 0 dB. Les niveaux nominaux lignes entrées/sorties sur les machines Master sont souvent les mêmes : + 12 dBu, + 6 dBu ou 0 dBu.

Rappel : utiliser une machine conçue avec un niveau nominal différent des niveaux nominaux ligne de l'installation, implique l'utilisation d'atténuateurs ou d'amplificateurs. Dans certains cas, le réglage des gains des amplificateurs de lecture et d'enregistrement est possible. Mais, à ce sujet, il faut se méfier des limites de surcharge des étages d'entrée et de sortie ligne.

✧ Bruits de fond

La mesure est effectuée avec un psophomètre (même remarque qu'en lecture).

- L'entrée enregistrement doit être bouclée sur une résistance proche de la valeur de l'impédance de la source habituelle.
- Lancer le magnétophone en enregistrement.
- Faire la mesure en valeur linéaire et pondérée.

Remarques

Le bruit de fond mesuré est la somme du bruit de fond de la chaîne de lecture et de la chaîne d'enregistrement.

Le bruit lecture est inférieur au bruit d'enregistrement (6 à 12 dB suivant les performances de la chaîne de lecture et la norme de niveau de magnétisation retenue). Le bruit de fond de la chaîne d'enregistrement est principalement généré par la bande. C'est un bruit de transfert magnétique qui est mis en évidence dès l'application du courant de polarisation HF dans la tête d'enregistrement. Le rapport niveau max. (2 % H3)/niveau de bruit de polarisation est d'environ 63 dB (mesure linéaire).

Le bruit d'une bande vierge « non polarisée » se situe, environ, 10 dB sous le « bruit de polarisation ».

Le bruit généré par la tête d'effacement se situe, environ 6 dB sous le bruit de polarisation.

✧ Distorsions harmoniques

La mesure de distorsion d'un magnétophone analogique est délicate. Les distorsiomètres classiques, qui ne font qu'éliminer le signal fondamental et mesurer les harmoniques + le bruit de fond, ne sont pas suffisants. La mesure est perturbée par le bruit de modulation (§ 6.2.6).

Il faut utiliser un analyseur de fréquence pour mesurer séparément chaque harmonique (H2 et H3).

La connaissance du niveau de H2 et H3, permet d'orienter certaines recherches de défauts.

Distorsion H3

Cette distorsion vient principalement du transfert magnétique ; elle peut donc provenir d'une bande de mauvaise qualité, d'un mauvais réglage du courant de polarisation ou encore du niveau d'enregistrement mal calibré. Rappelons que l'analyse précise de la distorsion H3 permet d'une part, de trouver un point de fonctionnement, et, d'autre part, de trouver le niveau maximum d'enregistrement pour fixer un niveau de travail.

Distorsion H2

La distorsion H2 peut provenir d'un défaut des amplificateurs ou d'un défaut du transfert magnétique. C'est ce dernier point qui nous intéresse.

Une distorsion H2 peut apparaître avec une polarisation HF dissymétrique ou encore lorsque la tête d'enregistrement est aimantée ou traversée par un courant continu.

Ces deux défauts perturbent aussi le bruit de fond (paragraphe précédent), mais une légère aimantation sera plus rapidement décelée avec une mesure de distorsion : une aimantation augmentant le bruit de 1 dB, augmentera la distorsion de 3 dB.

Remarques

Les causes de magnétisation accidentelle des têtes sont d'origine électrique ou magnétique.

Causes d'origine électrique :

- Courant de fuite des condensateurs de liaison.
- Enregistrement à saturation. Il est possible, en effet, de magnétiser légèrement une tête d'enregistrement en saturant les amplificateurs de sortie (dans le cas d'une saturation dissymétrique). Il est clair que l'importance du phénomène varie avec la nature du montage des amplificateurs.

Causes d'origine magnétique :

- Les têtes magnétiques sont sensibles aux champs magnétiques « continus » et elles sont blindées pour limiter leurs effets.

Une tête de lecture serait de toute façon inutilisable à cause des inductions parasites des champs alternatifs à 50 Hz.
Mais la tête d'enregistrement est équipée d'un blindage pour éviter une magnétisation due aux champs magnétiques « continus » (ce blindage doit être encore plus « soigné » pour les appareils à « lecture synchrone » qui peuvent utiliser la tête d'enregistrement comme tête de lecture).

Quelques exemples de sources d'induction parasites :

- Champ magnétique terrestre.
  Il faut remarquer que les têtes restent « ouvertes » au niveau du circuit magnétique en contact avec la bande, et dans certains cas, les risques demeurent (sauf quand elles sont équipées d'un écran mobile qui vient « fermer » le blindage en mode lecture ou enregistrement).
  Les fabricants de magnétophones de reportage signalent les risques d'une magnétisation des têtes dans le cas des transports aériens ou sur certains sites défavorables.
- Champs magnétiques d'origine interne comme les électroaimants, les électroplongeurs, les aimants permanents (systèmes amortisseurs), les moteurs à courant continu, les moteurs à courant alternatif freinés par un courant continu, les haut-parleurs, etc. Éviter une concentration importante de champs continus dans la zone où se trouvent les têtes est un des nombreux paramètres qu'il faut prendre en compte pour réaliser une cinématique. L'utilisateur doit connaître ce problème dans le cadre de modifications sur l'électromécanique.

✧ Effacement

Rappel

La tête est parcourue par un courant alternatif à haute fréquence de 80 à 120 kHz. En passant devant la tête, la piste magnétique est soumise à un champ croissant puis décroissant. L'oxyde décrit des cycles d'hystérésis qui tendent vers 0 pour le laisser dans un état neutre. La décroissance doit être relativement lente, il est difficile d'effacer une bande magnétique à grande vitesse de défilement.

Contrôle

Ce contrôle se fait à la plus grande vitesse nominale de défilement.

La norme d'efficacité d'effacement la plus couramment annoncée par les fabricants de magnétophones est de 70 dB à 1 kHz.

Cette norme n'est pas valable : un affaiblissement d'au moins 80 dB à 1 kHz est nécessaire.

D'autre part, pour plus de sécurité, il est conseillé de faire une mesure dans les basses fréquences.

En effet, l'efficacité de l'effacement diminue vers les fréquences basses.

Les professionnels qui utilisent des vitesses élevées (76 cm/s pour le « disque ») connaissent bien ce problème.

La norme conseillée par TDF (70 dB à 80 Hz) est plus significative.

La mesure de l'affaiblissement d'effacement doit être effectuée avec un analyseur de fréquence.

✧ Check-list de contrôle d'un magnétophone stéréo

Magnétophone Master Stéréophonique

Bande 1/4 pouce, inter-piste 0,75 mm

Vitesses 19/38 cm/s

Normes d'égalisation 38 cm/s : 35 µs, 19 cm/s : 70 µs

Niveau 0 de magnétisation : 510 nWb/m

Niveaux nominaux entrées et sorties lignes : + 12 dBu

Matériel nécessaire

Générateur AF ($Zi < 50\ \Omega$)

Décibel-mètre ($Ze > 10\ k\Omega$)

Psophomètre ($Ze > 10\ k\Omega$)

Analyseur de fréquences ($Ze > 10\ k\Omega$)

Fluctuomètre

Gîteur de phase

Oscilloscope

Bandes étalon : vitesse, azimut, niveau et fréquences

Tentelomètre ou pesons (0-250 g)

Contrôle mécanique

Nettoyage général

Démagnétisation

Tension de bande

Vitesse linéaire

Fluctuation de vitesse

Fluctuation de phase

Contrôle électrique

• Lecture 19 cm/s

Premier réglage d'azimut

• Lecture 38 cm/s

Courbe de réponse

Courbe de réponse
Gain
Deuxième réglage d'azimut
Bruit de fond

Contrôle de l'azimut
Gain
Bruit de fond

• Enregistrement + lecture 19 cm/s
Premier réglage d'azimut
Polarisation HF
Courbe de réponse
Gain
Deuxième réglage d'azimut
Bruit de fond
Distorsion H2 H3

• Enregistrement + lecture 38 cm/s
Polarisation HF
Courbe de réponse
Gain
Contrôle de l'azimut
Bruit de fond
Distorsion H2
Effacement

6.2.6 *Mesure et analyse de phénomènes particuliers*

✦ Bruit de modulation

Le bruit de fond d'une bande magnétique est relativement faible (entre – 60 et – 65 dB) mais il augmente quand un signal est enregistré. Ce bruit supplémentaire est appelé « bruit de modulation ».

L'auditeur entendra sous la modulation une sorte de « chuintement » qui sera d'autant plus gênant que la modulation enregistrée se rapprochera d'un son ténu (dit « régime permanent »).

Ce bruit de modulation reste « calé » autour de la fréquence enregistrée.

Il est possible de percevoir ce phénomène en enregistrant des fréquences glissantes de 1 000 à 10 000 Hz et de comparer avant et après enregistrement avec une écoute assez forte ou un casque de bonne qualité. Une autre méthode, encore, consiste à enregistrer une fréquence aiguë à la limite de notre perception, les signaux parasites résiduels perçus sont les bandes latérales inférieures du bruit de modulation.

L'analyse spectrale du phénomène, avec un analyseur de fréquence, permet de discerner des bandes spectrales parasites (*figure 6.17*).

Les bandes latérales sont générées par les microvibrations de la bande.

Les bandes latérales proches proviennent du frottement de la bande magnétique sur les têtes (effet d'archet).

Les bandes latérales éloignées proviennent, principalement, des résonances de la bande entre les « points de contact » du couloir de défilement.

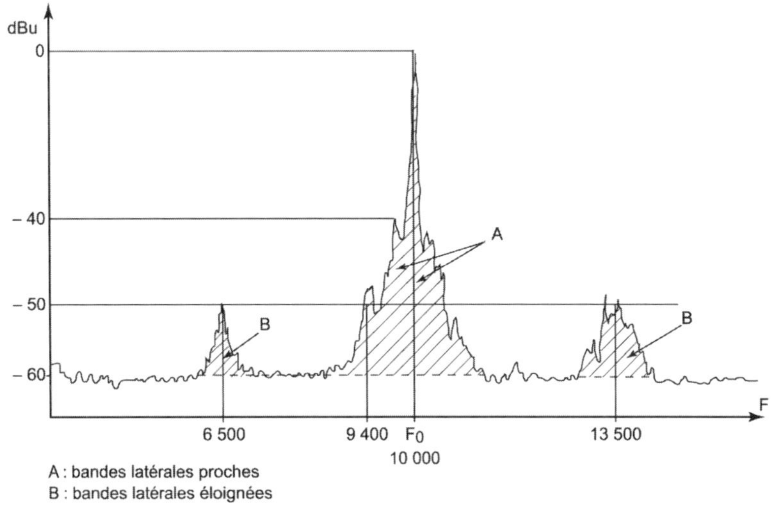

Figure 6.17 – Mesure du bruit de modulation.

L'importance de l'effet d'archet dépend de la qualité du calendrage de la bande et du polissage de la tête, mais aussi de la tension de la bande, de l'enveloppe de la bande sur la tête et de la forme du circuit magnétique (certains circuits de « forme hyperbolique » donnent de meilleurs résultats).

Les guides-bandes peuvent générer des vibrations parasites. La qualité d'usinage mais surtout la technologie retenue, sont déterminantes.

Le scintillement à fréquence élevée (> 50 Hz) est une source de bruits de modulation non négligeable (les moteurs pilotes à courant alternatif peuvent générer un scintillement à 100 Hz).

Les turbulences « de la bande » dans le couloir de défilement (à proximité des têtes) sont atténuées avec des galets régulateurs insérés entre les têtes (*flutter-idler*).

La composante modulation d'amplitude provient surtout de l'intimité du contact tête/bande, de défauts d'homogénéité de l'oxyde et de défauts de coupe de la bande magnétique (microdéplacements perpendiculaires).

Il est clair que le bruit de modulation est lié, pour une bonne partie, à la conception mécanique de la cinématique.

Les machines modernes permettent des résultats exceptionnels. Quelques chiffres moyens comparatifs : *tableau 6.4*.

Il faut savoir que ce défaut est aussi bien généré en enregistrement qu'en lecture. Mais le bruit de modulation en enregistrement est souvent plus important.

Tableau 6.4

	Bandes proches	Bandes éloignées
Magnétophones Master	– 40 dB	– 60 dB
Magnétophones semi-professionnels	– 20 dB	– 40 dB
Magnétophones à cassette compacte	– 10 dB	– 30 dB

Par exemple, un enregistrement réalisé sur une machine Master « autorisant » – 40 dB... – 60 dB, sera lu sur un magnétophone semi-professionnel avec un bruit de modulation de – 35 dB... – 55 dB.

Le bruit de modulation est un des éléments déterminants de qualité des machines Master.

Mais il est évident, à cause de l'origine mécanique du défaut, qu'il faudra une maintenance sérieuse pour tenir les performances initiales (régulateurs, *flutter-idler*, guides, têtes...).

Pour l'histoire, dans les années 65, les amateurs de son de qualité ont très vite différencié le « Son NAGRA ».

Le Nagra III était déjà équipé d'un régulateur à proximité de la tête d'enregistrement.

Remarque
L'utilisation de régulateurs à proximité des têtes (*flutter-idler*) n'est pas une condition nécessaire ni suffisante pour garantir la qualité, en ce qui concerne le bruit de modulation.

Certaines machines Master ne sont pas équipées de régulateurs et donnent de bons résultats. Les régulateurs sont souvent placés « après coup » pour tranquilliser une « portion de bande » entre deux points de contact.

Certains constructeurs se sont attachés à traiter ce problème, dès la conception de la cinématique, par une meilleure approche de l'étude théorique de l'influence des paramètres suivants : rapport de distance entre les points de contact, « rayons d'enveloppe », tension de bande, technologie des guides et courbure des têtes .

✦ **Drops**

Les drops sont des chutes rapides et brèves du signal enregistré.

Ces variations de niveau, même de faible amplitude et de courte durée, peuvent se traduire par un phénomène de légers « craquements », particulièrement perceptibles sur les sons tenus (fréquences pures, flûte, clarinette, etc.).

Ces variations sont le fait de défauts de structure de la bande, de l'hétérogénéité de la couche magnétique, d'aspérités de surface et de poussières déposées sur la couche magnétique.

On peut utiliser des dispositifs de nettoyage qui se placent avant les têtes : par exemple, un racleur ORAC pour les défauts d'aspérité ou plus simplement un feutre nettoyeur pour les poussières.

Remarques

Ce phénomène est très gênant pour l'enregistrement analogique mais surtout un sérieux handicap pour l'enregistrement numérique (instrumentation, informatique et son).

La chute de niveau peut se traduire par une absence de signal et, donc, à des erreurs d'information.

Toute une philosophie de « correction d'erreur » doit être développée et la fiabilité dépend, pour une bonne part, de « l'intelligence » et de la capacité du système retenu. Il est évident qu'il faut déjà limiter les défauts à la source. La solution idéale est de mettre hors poussière le support d'enregistrement (disque dur en informatique).

Certains magnétophones analogiques sont équipés de guides-bandes nettoyeurs (MP10, TD50, NAGRA IVS).

Le nombre de drops est inversement proportionnel à la largeur de la piste enregistrée. Il faut savoir que pour l'enregistrement analogique, ce défaut est rarement perceptible avec des pistes de 4 mm et l'utilisation professionnelle devient difficile avec des pistes inférieures à 1,5 mm.

L'amplitude de certains drops peut diminuer en augmentant légèrement le courant de polarisation, à condition de pouvoir se contenter des effets sur les autres paramètres (§ 6.2.5 « Réglage du courant de polarisation HF »).

La durée de certains drops augmente avec la surface de contact et des têtes furent réalisées avec une courbure particulière (circuits hyperboliques).

L'augmentation de la tension de bande peut permettre de diminuer l'amplitude des drops, mais au détriment d'autres paramètres (pleurage, bruits de modulation...).

Comme pour le bruit de modulation, ce défaut est surtout perceptible en régime permanent.

Des drops très rapprochés et de petites amplitudes sont assimilables à la composante modulation d'amplitude du bruit de modulation.

La mesure et le comptage des drops demandent une mise en œuvre de moyens importants dans le cadre de laboratoires spécialisés ; le « classement qualité » n'est pas évident car la gêne est très subjective et différente en fonction de la nature de la modulation (en enregistrement numérique, sur un système déterminé, le classement est plus facile : « ça marche ou ça ne marche pas ». Un drop est corrigé ou ne l'est pas).

✦ Effet de compression

Cet effet est aussi appelé « amortissement magnétique ».

La bande magnétique est « plus rapidement » saturée par les fréquences élevées. Cela se traduit par une atténuation des aigus sur les niveaux forts. Plus le niveau augmente dans la zone de saturation, plus l'atténuation est importante comme le montrent les courbes de la *figure 6.18*.

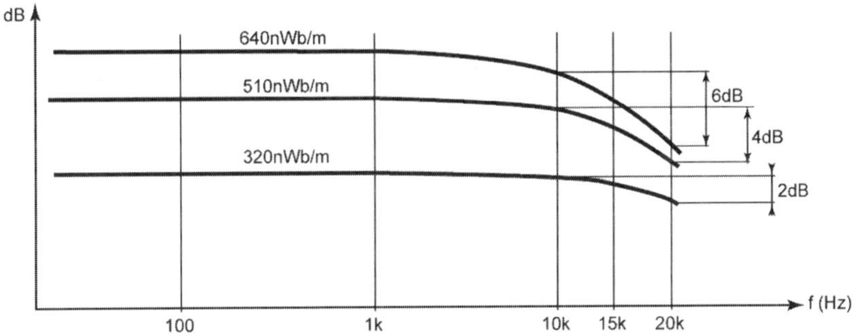

Figure 6.18 – Courbes de réponse en 19 cm/s
(bande AGFA 528, magnétophone stéréophonique avec interpiste de 0,75 mm, entrefer de la tête d'enregistrement de 7 microns).

On peut dire qu'à partir d'un certain niveau de magnétisation, le magnétophone devient un « compresseur sélectif ». En pratique, cet « amortissement des aigus » altère les transitoires quand les crêtes de modulation avoisinent le niveau nominal. Le transfert magnétique générant des « harmoniques 3 », la distorsion harmonique ne devient perceptible que lorsque ce phénomène affecte les fréquences inférieures à 5 kHz.

Le point critique au-delà duquel apparaît cette compression est fonction du standard d'enregistrement (niveau et corrections), des caractéristiques du couple « tête d'enregistrement/bande magnétique » et de la vitesse de défilement (son importance étant inversement proportionnelle à la vitesse de défilement). Par exemple pour obtenir les mêmes résultats en 19 cm/s (70 µs, 510 nWb/m) qu'en 38 cm/s (35 µs, 510 nWb/m) il faut « sous-moduler » d'environ 6 dB, le rapport signal/bruit diminuant alors d'autant.

Remarques

C'est à cause de cet effet de compression sélective qu'il est toujours conseillé de faire les mesures de courbe de réponse d'un magnétophone environ 20 dB en dessous du niveau nominal. Il ne faut donc pas juger les performances d'un transfert magnétique à la seule vue des résultats de mesures de la courbe de réponse faites à un niveau déterminé. Ce problème a souvent alimenté des polémiques entre techniciens de maintenance et techniciens d'exploitation, les premiers jugeant les performances en régime permanent et les seconds en régime dynamique.

✦ Distorsion d'interférence

Des signaux parasites d'origine interne ou externe à l'appareil peuvent interférer avec la fréquence de l'oscillateur et éventuellement ses harmoniques. Ces interférences s'enregistrent.

Harmoniques générées par l'ampli d'enregistrement

Exemple : le cinquième harmonique d'un signal à 19 kHz donne 95 kHz, si l'oscillateur a une fréquence de 100 kHz, l'intermodulation donnera un signal à 5 kHz qui sera enregistré. Pour limiter ce défaut, plusieurs orientations sont possibles :

- diminuer la distorsion de l'amplificateur d'enregistrement mais la distorsion est souvent générée au niveau de la tête d'enregistrement ;
- augmenter la fréquence de l'oscillateur ;
- « talonner » les circuits de correction de l'amplificateur d'enregistrement, c'est-à-dire limiter le haut du spectre inutile pour éviter une distorsion importante de l'extrême aigu.

Pour observer ce phénomène : enregistrer au niveau nominal des signaux (fréquences glissantes) dans la bande 18/25 kHz en 19 cm/s ou de préférence en 9,5 cm/s.

Une série de sifflements peut être perçue, comme sur un poste de radio ondes courtes quand on recherche une station.

Dans les cas les plus défavorables, le niveau enregistré peut approcher le niveau nominal.

Ce défaut est souvent très gênant en enregistrant des instruments électroniques (raccordement direct sur les amplis de sortie) ; ces appareils génèrent, en effet, beaucoup de fréquences glissantes dans le haut du spectre.

« Accrochage » HF généré par l'ampli d'enregistrement

Un accrochage HF, même à très bas niveau, peut poser un problème en interférant avec la fréquence de l'oscillateur ou ses harmoniques.

La fréquence de cet accrochage peut varier et interférer un certain temps après la mise en route de l'enregistrement et disparaître plus ou moins rapidement ; on imagine facilement, dans ce cas, les difficultés de communications entre la maintenance et l'exploitation.

Ce défaut peut survenir à cause d'une panne, ou encore à la suite d'une intervention : modification, dépannage, remplacement d'un transistor par un « équivalent » à bande passante plus large. Il faut donc, après toute intervention sur l'amplificateur d'enregistrement, vérifier l'absence de signaux parasites (au moins jusqu'à 2 MHz !).

Superposition HF sur le signal BF entrant sur l'ampli d'enregistrement

L'injection de signaux parasites HF est possible dans le cas de raccordements d'appareils comportant eux-mêmes des oscillateurs (radio, TV, magnétophone ou magnétoscope) ou des appareils en panne présentant un défaut d'accrochage HF. Des filtres sont souvent placés sur les entrées enregistrements pour limiter les risques.

Réception directe des signaux radioélectriques

Ce risque est plus important sur les étages d'entrée à faible niveau. En général, la modulation AF de ces signaux est détectée, donc audible.

✦ Échos

C'est un problème caractéristique du support magnétique sur bobine : chaque spire rayonne sur les spires voisines.

Cette induction parasite affecte, dans les cas les plus défavorables plusieurs spires, ce qui se traduit par plusieurs pré-échos et post-échos. Le pré-écho est souvent plus gênant. On peut déjà diminuer le niveau de l'écho en bobinant toute la bande, ce qui permet, dans certains cas, de gagner quelques dB. On a donc intérêt à archiver une bande sans la bobiner après lecture ou enregistrement.

L'induction diminue très vite avec la distance, donc avec l'épaisseur du support (effet d'éloignement).

L'inscription de l'écho n'est pas instantanée, et augmentera avec la durée et la condition du stockage (en particulier la température).

Un stockage au-dessus de 25° est en effet déconseillé et un environnement pollué par des champs électromagnétiques ou magnétiques peut polariser l'oxyde et favoriser l'induction parasite.

Le stockage dans des boîtes métalliques, classées dans des armoires métalliques est conseillé.

L'induction parasite se fait principalement sur les particules à très faible coercivité qui sont faciles à effacer.

Pour atténuer les échos sur les originaux, on peut faire défiler la bande devant une tête d'enregistrement parcourue par un très léger courant de polarisation HF, ce qui permet d'affaiblir l'écho de 6 à 20 dB en ne perdant qu'environ 1 dB dans le spectre AF utile et principalement dans les aigus. Cette manipulation reste très délicate.

L'écho reviendra progressivement pendant le prochain stockage et on ne peut renouveler la « manip » de nombreuses fois.

En théorie le rapport entre le niveau du signal enregistré et le niveau de l'écho correspondant est le même, quel que soit le niveau du signal enregistré. Par exemple, si un signal enregistré à 0 dB inscrit un écho à – 30 dB, un signal enregistré à – 10 dB inscrira un écho à – 40 dB.

Un signal enregistré à saturation imprime un écho plus important.

La courbe de réponse de l'écho varie avec la vitesse. Cette courbe est favorable aux vitesses lentes (par rapport à la sensibilité de l'oreille : max. à 1,5 kHz en 38 cm/s et 200 Hz en 4,75 cm/s). De ce fait, on est un peu gêné par ce problème d'écho sur une cassette compacte.

Un écho magnétique est rarement perceptible au moment de l'enregistrement. Il convient, pour limiter les risques, d'éviter la saturation sur les crêtes de modulation, de respecter la dynamique admissible par rapport à un type de bande déterminé et d'envisager de bonnes conditions de stockage.

6.2.7 *Magnétophones multipistes*

Les magnétophones multipistes étaient principalement utilisés en prise de son et en mixage dans les techniques du disque.

Le nombre de pistes et la largeur de la bande magnétique les caractérisent. En général on désigne sous le vocable « multipistes » des magnétophones enregistrant de 8 à 24 pistes sur des bandes de 1/2 pouce, 1 pouce et 2 pouces (voir § 6.2.4).

Il existe des appareils 4 pistes sur 1/4 de pouce, utilisés pour le spectacle et des applications semi-professionnelles.

Ont existé aussi des 4 pistes en bande 1/2 pouce et 1 pouce, ces appareils ont été développés à l'époque où l'on espérait un débouché commercial pour la tétraphonie.

Studer, Telefunken, Otari, 3M, MCI, Lyrec et Ampex sont les principaux fabricants de magnétophones multipistes analogiques. Pratiquement tout ce qui a été développé dans ce chapitre s'applique au magnétophone multipistes (cinématique, électronique et particularités du transfert magnétique), mais certains paramètres ont évidemment leur spécificité, tant en ce qui concerne la fabrication que l'exploitation.

✦ Têtes magnétiques

Les têtes multipistes sont difficiles à réaliser et ne sont fabriquées qu'en petite série, leur prix est donc très élevé et entre pour une bonne part dans les frais d'exploitation.

Le problème de réalisation vient principalement des tolérances d'alignement des entrefers et de la tenue de ces tolérances dans le temps.

La mise en place de nouvelles têtes est affaire de spécialistes disposant d'un « équipement usine » important. Il est conseillé pour l'utilisateur d'opérer par échange standard de blocs de têtes déjà contrôlés en usine. Même dans ce cas, le réglage, quoique simplifié, reste très délicat (azimut et adaptation électrique). Les têtes d'enregistrement des magnétophones multipistes sont particulières dans la mesure où elles peuvent être utilisées comme têtes de lecture pour la fonction de lecture synchrone nécessaire en re-recording (voir § 4.6.1).

L'entrefer de la tête d'enregistrement devait avoir une largeur correspondant à l'épaisseur de l'oxyde de la bande magnétique pour optimiser les performances du transfert magnétique (≈ 15 microns). Dans ces conditions, la tête d'enregistrement est difficilement utilisable en lecture à cause de la chute dans les fréquences aiguës (effet de fente). Les fabricants ont donc adopté un compromis en réalisant des têtes d'enregistrement avec des entrefers de 7 microns.

Remarquons aussi que cette tête d'enregistrement, utilisable en lecture synchrone, doit être parfaitement protégée des inductions électromagnétiques (induction à 50 Hz par exemple).

✦ Cinématique

Le transport de bande du magnétophone multipiste est particulier dans la mesure où la bande magnétique est plus large, ce qui pose un problème de guidage et d'entraînement.

Les bobines étant très lourdes et les forces de friction plus grandes, les moteurs latéraux doivent être puissants pour permettre une souplesse d'exploitation. Une des difficultés de réalisation est d'obtenir une intimité de contact tête/bande sans tension de bande exagérée (risques de détérioration rapide de la bande et génération de bruits de modulation). La qualité mécanique de la bande intervient mais aussi la conception du chemin de bande ainsi que la performance des systèmes d'asservissement.

Un plan de référence mécanique très précis est indispensable pour garantir des performances durables (châssis robuste et parfaitement surfacé).

Électronique

L'électronique reste proche du magnétophone avec toutefois quelques particularités comme par exemple la possibilité d'enregistrer séparément sur chaque piste sans « clocs » au démarrage ou à l'arrêt de l'enregistrement. Les « rampes » de montée et de descente du courant d'effacement et de polarisation doivent être particulièrement étudiées. Cette fonction complétée par la lecture synchrone, comme précédemment définie, permet le montage électronique.

Les magnétophones multipistes sont généralement utilisés avec des systèmes de réduction de bruit (dBx ou Dolby).

Le A820, magnétophone multipiste analogique de la Société Studer, est équipé de Dolby SR incorporés. Cet appareil à commande numérique permet de mettre en mémoire de nombreux réglages pour éviter de fastidieux réglages nécessaires par exemple lors d'un changement de type de bande magnétique.

Les multipistes analogiques sont complétés par des dispositifs très sophistiqués permettant le repérage et le montage électronique. Ces appareils fonctionnent en gérant un code temporel enregistré sur une des pistes.

✦ Problèmes d'exploitation

Les studios d'enregistrement déterminent leur propre niveau de magnétisation en fonction du type d'exploitation et du système de réduction de bruit adopté. Ces réglages personnalisés ne sont pas critiques quand on travaille en circuit fermé mais des problèmes se posent évidemment quand on échange les enregistrements. Des références enregistrées (niveau, fréquences, Dolbytone ou autres) sont alors nécessaires au début des enregistrements.

La référence d'azimut est théoriquement normalisée mais on rencontre des écarts entre bande d'azimut, surtout entre marques différentes. En fait le problème vient principalement de l'instabilité du réglage d'azimut de nombreux appareils qui oblige à systématiser l'enregistrement d'une salve de 10 kHz au début des bandes, même lorsqu'on travaille en circuit fermé.

Le problème le plus critique de l'enregistrement analogique multipistes est la fluctuation de phase entre pistes (§ 6.2.5).

Cette fluctuation de phase engendre une instabilité de l'image stéréophonique.

Même lorsque les réglages sont optimisés, il faut se satisfaire de performances très moyennes en fluctuation de phase, comme le montre par exemple cette procédure de « réglage usine » de la chaîne de lecture d'un magnétophone 8 pistes sur bande d'un pouce, en 38 cm/s :

- mettre tous les réglages électriques sur la même position (gains et correcteurs) ;
- lire la bande d'azimut et régler la vis d'azimut pour obtenir le maximum de niveau à 10 kHz sur la piste 4 ;
- améliorer le réglage en obtenant des signaux en phase entre les pistes 4 et 5 (figure de Lissajous ou analyseur de fluctuation de phase). En fait ce n'est pas une phase relative constante que l'on observe mais une fluctuation de phase autour d'une phase relative idéale.

La fluctuation de phase ne doit être inférieure à $\pm$ 4° :

- vérifier les fluctuations de phase entre les pistes 1/2, 2/3, 3/4, 5/6, 6/7, 7/8 qui doivent être inférieures à $\pm$ 12° ;

- vérifier la fluctuation de phase entre les pistes extrêmes, elle doit être inférieure à ± 20° ;
- régler le gain et la courbe de réponse sur chaque piste ;
- ce dernier réglage pouvant avoir une influence sur la phase relative entre voies, vérifier la fluctuation de phase entre pistes en corrigeant légèrement éventuellement l'azimut.

Il est évident que le réglage en exploitation est plus simple puisque dans la plupart des cas les correcteurs ne sont pas, ou très peu retouchés.

Ces réglages usine font apparaître un compromis entre une position rigoureuse d'azimut des entrefers et une phase électrique préférentielle.

Remarquons que le problème se complique en enregistrement puisqu'une variation du courant de polarisation influence aussi la phase relative entre pistes.

Les problèmes d'azimut et de fluctuation de phase des magnétophones analogiques multipistes obligent le preneur de son à choisir les pistes les plus stables, surtout en stéréophonie.

Il est certain que ce problème reste un lourd handicap pour le magnétophone multipistes analogique face aux enregistreurs numériques.

6.2.8 *Les magnétophones numériques à têtes fixes*

Les défauts de l'enregistrement analogique, comme par exemple les échos, la diaphonie, le bruit de fond, la perte de qualité avec les copies, sont souvent très critiques dans certains modes d'exploitations.

Ces défauts disparaissent avec l'enregistrement numérique. En fait c'est la notion de « fourchette de tolérances » qui disparaît comme par exemple : vitesse linéaire ± 0,25 %, ou encore courbe de réponse ± 1 dB.

En analogique, ces tolérances s'additionnent ou se soustraient et de ce fait la qualité évolue insidieusement au cours de la production sonore.

En numérique la qualité, comme le principe du système, est binaire : c'est très bon ou catastrophique.

Est-ce un avantage ? Dans certains cas oui, dans d'autres non. Par exemple un enregistrement analogique très moyen au plan de la qualité technique peut être utilisé en tant que document. Un enregistrement numérique très pollué par contre ne pourra l'être.

Rappelons aussi que toute nouvelle technique doit être suffisamment expérimentée en exploitation pour en découvrir les réels avantages et les défauts, ce fut particulièrement le cas pour le magnétophone analogique.

Les cinématiques des magnétophones numériques à têtes fixes sont très proches de celles des magnétophones analogiques (certains constructeurs utilisent la même cinématique pour les versions analogique et numérique), alors qu'on pouvait imaginer voir se développer des cinématiques plus simples dans la mesure où les tolérances en stabilité de défilement devenaient plus larges (vitesse linéaire et fluctuation de vitesse).

En fait d'autres contraintes sont apparues particulièrement liées à l'intimité du contact tête/bande, à la fiabilité de la lecture de pistes très étroites (déplacement latéral de la bande magnétique au niveau des têtes) et au bon traitement mécanique que doit subir la bande pour éviter des arrachages de particules génératrices de drops.

En simplifiant on peut dire que ces problèmes ont aussi sensibilisé les concepteurs de magnétophones analogiques mais pour diminuer le bruit de modulation, la fluctuation de phase et les tolérances sur la vitesse linéaire. On peut dire qu'une cinématique d'un magnétophone analogique performant dans ces domaines peut éventuellement être utilisée pour un magnétophone numérique. Une bonne partie des informations concernant les cinématiques des magnétophones analogiques que nous avons développées dans ce chapitre s'appliquent donc directement au magnétophone numérique à têtes fixes (entraînement, guidage, régulation…).

Les deux formats numériques les plus courants sont le Dash et le Prodigi.

Le Dash est développé par Sony (3324 et 3348) et Studer (N820). Le Prodigi est développé par Mitsubishi (X80, X86, X800 et X850) et Otari (DRT900).

Ces deux formats ont été développés avec le souci de garder la fonction montage traditionnelle avec ciseaux (en plus, évidemment, du montage électronique).

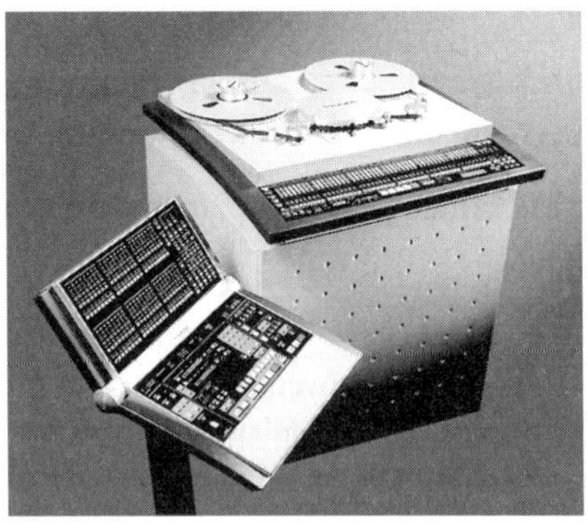

Enregistreur numérique multipistes au format Dash (document Studer).

Cette fonction représente une bonne part de l'étude et de l'électronique. Il faut admettre que le standard Prodigi, de par son principe, se prête plus au montage aux ciseaux (voir § 8.6.1 du tome 1). Mais même pour ce standard, de grandes précautions en exploitation sont nécessaires.

Comme l'expérience montre qu'il est plus raisonnable maintenant d'envisager de ne faire que du montage électronique, cela n'a pas grande importance, si ce n'est qu'on a considérablement compliqué ces appareils pour une fonction inutilisée surtout en multipistes. Ce défaut d'orientation ne peut avoir qu'une fâcheuse incidence sur la fiabilité et le prix des appareils.

6.3 Les technologies d'origine vidéo

L'enregistrement et la lecture sont basés sur la technologie du magnétoscope.

On utilise des têtes tournantes qui enregistrent des pistes en oblique sur une bande magnétique. Conjuguée avec une faible vitesse linéaire, la vitesse d'enregistrement effective est très élevée. En vidéo analogique, la bande passante atteint 6 MHz. En audio, à une fréquence d'échantillonnage de 48 kHz, le débit est 1,536 Mbit/s en 16 bits pour un signal stéréo. Ce type d'enregistreur est donc bien adapté.

✧ Alignements mécaniques

La technologie des magnétoscopes a développé une véritable mécanique de précision. L'alignement mécanique est critique. Il doit être effectué avec la même marque de bande étalon sur les enregistreurs et sur les lecteurs.

La relecture d'un enregistrement réalisé sur une machine dont l'alignement a évolué dans le temps pourra être correcte, mais sera susceptible de donner lieu à de nombreuses erreurs sur le reste du parc de machines. En effet, si par exemple l'angle pistes/têtes a légèrement évolué, une partie seulement de chaque piste sera lue dans de bonnes conditions. La lecture du reste de la piste comportera des erreurs.

6.3.1 *Le DAT*

DAT est l'abréviation de *Digital Audio Tape*. C'est un support qui a été conçu pour l'audio à partir des techniques de l'enregistrement vidéo. Les fabricants, et plus particulièrement la société SONY qui a mis au point la cassette DAT, s'adressaient à un large public. La DAT devait remplacer la cassette audio analogique. PHILIPS développait de son côté un autre produit aujourd'hui abandonné : la cassette DCC (voir § 8.6.1 du tome 1). Finalement la cassette DAT a été récupérée par les professionnels qui ont trouvé là un système d'enregistrement moins coûteux que ceux disponibles lors de sa création. Nombre de masters et d'archives sont reportés sur des DAT. Le fait de pouvoir y inscrire un code temporel sur une piste a aussi permis de l'utiliser en télévision et en cinéma.

Le format d'enregistrement normal est linéaire, 16 bits, 48 kHz. Dans ce mode, la durée d'enregistrement maximum est 2 heures. On trouve aussi des cassettes de durées plus faibles : 15, 30 et 60 minutes. Une cassette DAT ne peut être lue que dans un sens, contrairement à la cassette audio analogique. Il est aussi possible d'utiliser la fréquence d'échantillonnage 44,1 kHz, en vue de produire un CD-audio. Il existe également un mode d'enregistrement Long Play. Le format est alors 12 bits, avec compression de dynamique et une fréquence d'échantillonnage à 32 kHz (bande passante réduite à 15 kHz). La durée de la cassette est alors doublée.

✧ Caractéristiques du DAT

Propriétés mécaniques

L'enregistrement est hélicoïdal avec deux têtes tournantes.

Le diamètre du tambour est 30 mm ; la vitesse de rotation des têtes est 2 000 tr/min.

Sur les DAT de reportage, le diamètre du tambour est 15 mm. La vitesse de rotation est logiquement 4 000 tr/min.

La longueur d'une piste est 23,5 mm ; sa largeur 13,6 µm.

La vitesse de défilement longitudinale est 8,150 mm/s et la vitesse d'enregistrement est 3,133 m/s.

2 pistes longitudinales de 0,4 mm sont disponibles pour différentes applications (enregistrement d'un code temporel par exemple).

Les dimensions du boîtier sont toujours les mêmes, quelle que soit la durée : $73 \times 54 \times 11$ mm.

La bande est constituée de trois éléments :

- un support polyester dont l'épaisseur dépend de la durée ;
- une couche magnétique en métal ;
- une dorsale.

Ces trois éléments varient suivant les manufacturiers, Les ordres de grandeurs sont 1 µm pour la dorsale, 3 µm pour la couche métal et 12 µm pour le support polyester si la durée de la bande est 2 heures.

La longueur de la bande maxi est environ 400 mètres correspondant à 2 heures d'enregistrement au format normal.

Comme tous les systèmes à base de cassette vidéo, le temps d'accès est uniquement séquentiel, donc lent. Si la recherche de l'information nécessite de faire défiler toute la cassette en avance ou bobinage rapide, ce temps peut être supérieur à une minute. Les versions professionnelles permettent d'inscrire, d'effacer et de réinscrire les index qui facilitent énormément la recherche.

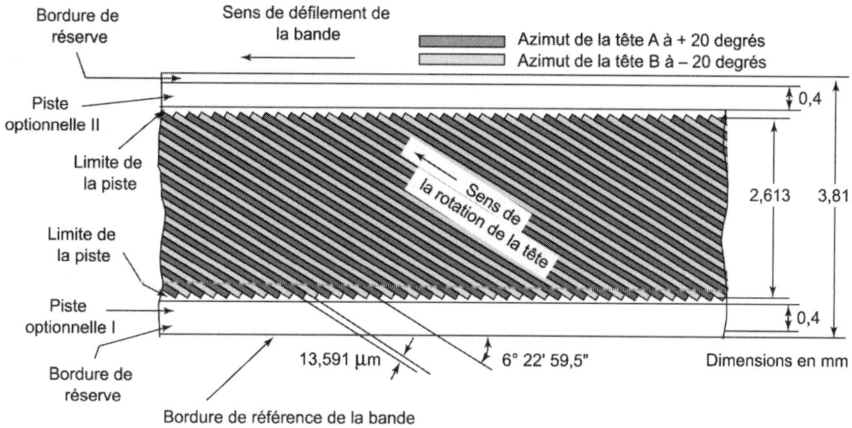

Figure 6.19 – Implantation des pistes sur une bande DAT (document du manufacturier EMTEC). Vue du côté support sensible.

✧ Fiabilité

La bande métal, par elle-même est très fiable et la durée de vie est même supérieure à une bande métal utilisée en analogique, car celle-ci est saturée en enregistrement numérique. Il est très difficile d'effacer une bande métal. De plus, elle est protégée par son boîtier.

En revanche, lors de la lecture ou de l'écriture, les têtes sont en contact fort avec la bande. L'écriture et la lecture au même endroit de la bande peuvent amener rapidement la destruction de la couche magnétique.

✧ Précautions d'emplois

Les cassettes ne nécessitent pas de précautions d'emploi particulières. Il faut toutefois éviter de laisser une cassette DAT dans une machine car la bande peut se détendre et à la mise en route, le dispositif de tension peut endommager la bande. Par contre, la mécanique et surtout les têtes magnétiques des lecteurs et enregistreurs DAT s'usent. L'alignement mécanique et le changement des têtes doivent être faits régulièrement.

✧ Les enregistreurs/lecteurs

La gamme est étendue. Elle va de l'enregistreur pour amateur, à l'appareil professionnel. La fiabilité et la qualité de construction sont a priori meilleures sur les appareils professionnels. La différence est surtout liée aux fonctions supplémentaires dont disposent les équipements professionnels (entrées/sorties analogiques sur XLR, entrées synchronisables, enregistrement en temps absolu, entrées/sorties AES/EBU, enregistrements d'index...).

Enregistreurs DAT de la marque Sony,
la version studio et de reportage.

Le transport d'une machine DAT est tout à fait possible, mais nécessite quelques précautions. Un DAT de reportage est plus compact et plus léger, mais demande au moins autant de soins qu'un DAT normal.

6.3.2 Le Hi8/DTRS/DTRS-HR

✧ Présentation

DTRS-HR signifie *Digital Tape Recorder System High Resolution*.

Le standard DTRS ou DTRS-HR utilise la cassette vidéo Hi8 comme support audio.

La cassette Hi8, destinée au marché du camescope, ressemble à une grosse cassette DAT et sa commercialisation l'a suivi de peu.

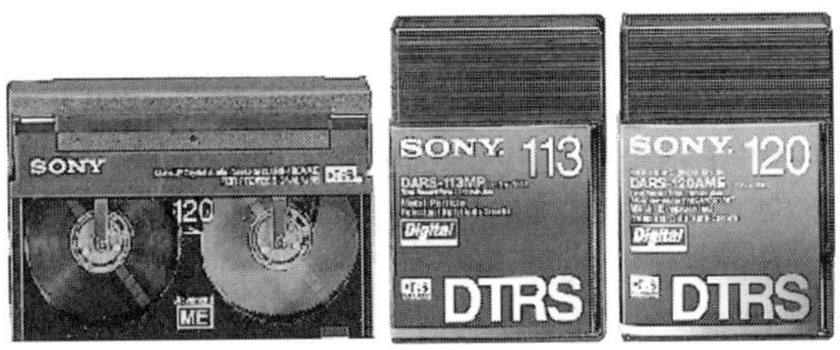

Cassette DTRS et boîtes de rangement (document Sony).

C'est devenu un support d'enregistrement audionumérique multipistes.

Il est possible de synchroniser plusieurs machines et ainsi d'arriver à 16, 24 ou 32 pistes pour un coût très compétitif et une qualité intéressante.

Ce format est également utilisé en sauvegarde pour les enregistrements multipistes effectués avec les stations de travail.

Le DTRS gère 8 pistes au format 16 bits, 44,1 ou 48 kHz.

Les dimensions de la cassette sont 95 × 62 × 15 mm.

La hauteur de bande est 8 mm.

Le tambour tourne à 2 000 tr/min. La vitesse de défilement longitudinale est 15,955 mm/s et la vitesse d'enregistrement est 4,2 ms.

La durée maximum est 113 ou 120 minutes (suivant la technologie de bande utilisée).

La bande est une bande métal comme la bande DAT, mais l'épaisseur du support polyester est plus fine : de l'ordre de 7 µm pour une bande 113 min.

Pour être utilisée en DTRS, ou DTRS-HR, une cassette Hi8 doit être formatée.

Le DTRS-HR peut aussi gérer du 24 bits et la fréquence d'échantillonnage aller jusqu'à 192 kHz.

Le format n'autorise que 4 pistes à 88.2 ou 96 kHz et 2 pistes au delà.

✧ **Fiabilité/Précautions d'emploi**

La technologie des cassettes Hi8 s'apparente a celle des DAT. Fiabilité et précautions d'emploi seront donc semblables.

✧ **Les enregistreurs/lecteurs**

Ce sont uniquement des appareils professionnels dont la fiabilité est bonne si l'on respecte les précautions d'emploi.

Enregistreur Tascam Hi8 / DTRS-HR.

6.3.3 *Le format ADAT*

Le format ADAT *Alesis Digital Audio Tape* utilise également un support vidéo pour faire de l'enregistrement audionumérique multipistes. Ce support est la cassette S-VHS. Le format physique est identique au VHS mais la bande est différente.

Toutes les bandes S-VHS ne peuvent pas être utilisées. Quant aux bandes VHS, elles sont totalement prohibées.

Les dimensions sont celles d'une cassette VHS : 188 × 104 × 25 mm. La hauteur de bande est 12,65 mm.

Le format ADAT permet l'enregistrement de 8 pistes audio en 16 ou 24 bits. La fréquence d'échantillonnage est 48 kHz.

Il existe deux formats ADAT : ADAT I (16 bits) et ADAT II (24 bits).

La durée maximale est 60 minutes.

La bande est composée d'une dorsale, d'un support polyester et d'une couche magnétique FeCo. Les ordres d'épaisseur des différents composants pour une bande d'une heure sont respectivement 1 µm, 12 µm et 3 µm.

✧ Fiabilité/Précautions d'emploi

Le format ADAT est issu de la vidéo, comme le DAT et le DTRS. Précautions d'emploi et fiabilité seront donc comparables.

De même que les cassettes Hi8 doivent être formatées pour être utilisées en tant que DTRS, les cassettes S-VHS doivent être formatées pour être utilisées en tant qu'ADAT.

✧ Les enregistreurs/lecteurs

Ce sont uniquement des équipements professionnels.

Le format ADAT a été repris par nombre d'autres équipements tels que consoles audionumériques ou cartes son. Ces machines sont interfacées le plus souvent grâce à un câble optique qui transmet les données de 8 canaux.

Enregistreur ADAT de la marque ALESIS.

6.3.4 *Le Nagra D*

Le Nagra D est un appareil utilisé essentiellement dans le domaine du cinéma. Le principe est bien celui du magnétoscope mais avec des têtes tournantes, et contrairement aux autres, il utilise des bandes magnétiques spécifiques.

C'est un appareil « haut de gamme » pouvant enregistrer jusqu'à 4 pistes en 24 bits/48 kHz ou 2 pistes en 24 bits/96 kHz. En synchronisant deux appareils, il est même possible de travailler en 24 bits/192 kHz. Il est toutefois possible d'enregistrer en stéréo 16 bits à 44,1 ou 48 kHz.

La qualité, la fiabilité ainsi que toutes les possibilités de synchronisation sont dignes de la marque qui a inventé le magnétophone de reportage.

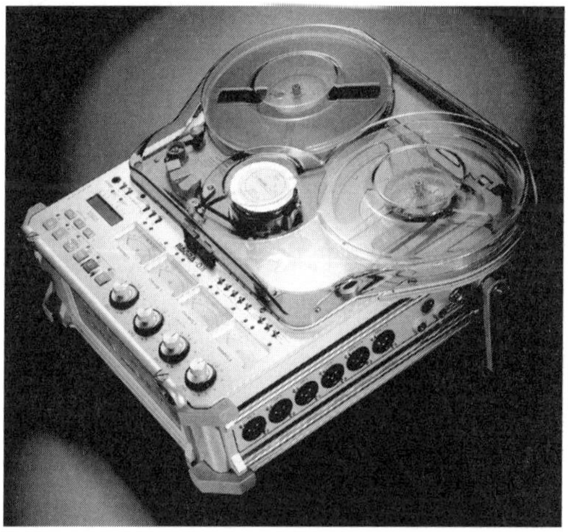

Enregistreur Nagra D (image Nagra Kudelski).

6.4 Les technologies optiques et magnéto-optiques

Le support d'origine est le CD pour « *Compact Disc* », le support audionumérique le plus ancien (voir chapitre 2 du tome 3).

Lors de la lecture, un faisceau laser va lire une information le long d'une piste en spirale.

Le faisceau laser suit la piste. Il traverse le support avant de se réfléchir.

La fabrication du CD est totalement industrielle. Les « trous » qui permettent la lecture de l'information audio sont réalisés lors d'opérations multiples qui aboutissent à un pressage. Ce n'est pas le cas pour les autres supports enregistrables tels que le CD-R (*recordable)* ou ré-enregistrables. Il s'agit alors du CD-RW (*rewritable*).

Le laser brûle la couche sensible des supports enregistrables et change l'état de celle-ci lorsque le support est ré-enregistrable.

Le seul alignement possible est le réglage de la puissance du laser.

6.4.1 *Le CD-R*

Le CD-R est donc équivalent à un CD mais il permet l'enregistrement soit de données audionumériques, soit de fichiers et autres données (textes, images...). Dans ce cas, il fait office de CD-ROM pour *Read Only Memory*, un support CD permettant le stockage de fichiers disponibles uniquement en lecture.

Le CD-R est un support d'enregistrement optique. La capacité est de 650 ou 700 mégaoctets. En tant que support audio, cette capacité correspond à une durée d'enregistrement maximale de respectivement 74 et 80 minutes.

Le format audio est linéaire, 16 bits avec une fréquence d'échantillonnage de 44,1 kHz.

Les informations ne sont pas codées séquentiellement ; elles sont réparties afin de pouvoir utiliser un code correcteur d'erreur. Les informations audio sont entrelacées. Le code correcteur d'erreur est un CIRC (*Cross Interleave Reed Salomon Code*).

Écriture et lecture se font à l'aide d'un faisceau laser dont la longueur d'onde est 780 nm. Il n'y a qu'une seule face.

✧ Enregistrement

Le CD-R contient une piste de prégravure (*stamper ou groove*) qui sert à guider le laser lors de l'écriture.

Cette piste contient également un signal transversal (*woble*) constitué d'une porteuse à 22,05 kHz modulée par une information de code temporel. Ceci permet de savoir en permanence la position du laser sur la piste.

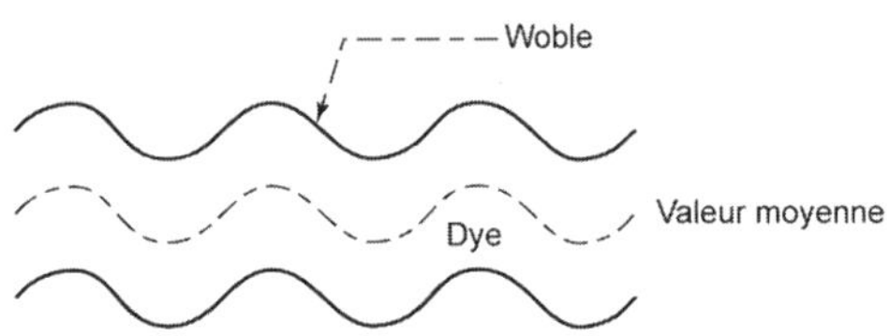

Figure 6.20 – Extrait de la spirale du CD-R, vue de dessus.

✧ Lecture

Le faisceau laser suit la piste. Il traverse le polycarbonate, le dye, et se réfléchit sur la couche or ou argent. Il ressort deux informations :

- la réflexion qui donne l'information binaire ;
- l'erreur de piste qui permet d'asservir la vitesse et d'orienter la trajectoire.

✧ Propriétés mécaniques

C'est un disque de 12,0 cm de diamètre. Son épaisseur est 1,2 mm.

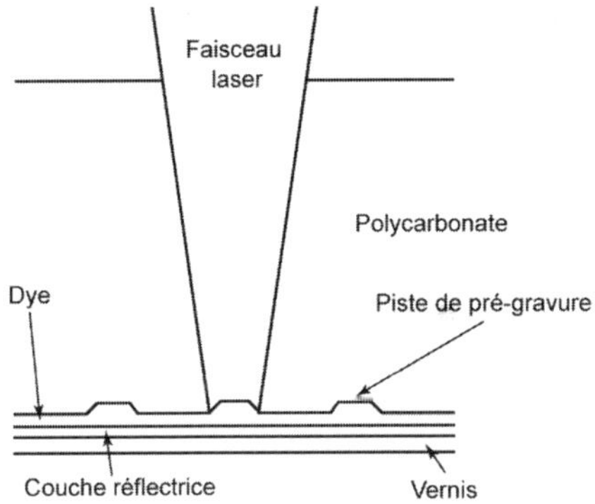

Figure 6.21 – Coupe transversale du CD.

Le centrage du disque est effectué par un trou de 15 mm.

La piste est une spirale dont le rayon de départ est 22 mm et celui de fin 58,1 mm.

Le pas de cette spirale est 1,6 µm (1,5 µm pour le CD-R de 700 mégaoctets).

✧ Codage

Le faisceau laser a un diamètre de 1,7 µm. La longueur minium de l'information sur le CD-R est 0,8 µm, correspondant à 0,7 ms d'audio.

La taille maxi de l'information est 3 µm.

✧ Composants

Le support de base est le substrat. C'est un disque en polycarbonate.

Ensuite, le dye est le composant qui stocke les informations. Il existe plusieurs types de dye (phthalocyanine, cyanine, Métal Azo, etc.).

Le réflecteur est une fine couche qui va réfléchir le rayon laser. Elle est composée soit d'or, soit d'argent.

Enfin, une ou deux couches de protection : la première couche est une laque. Lorsqu'il y a une seconde couche, celle-ci est constituée d'un vernis destiné à rendre le tout moins sensible aux rayures.

✧ Fabrication

Une phase d'injection

Dans une première étape, le polycarbonate est chauffé. Il est injecté dans un moule contenant la spirale de gravure. Après refroidissement, le disque est éjecté du moule.

Trois phases de dépôt

- la composition du dye et la manière dont il est déposé sont des secrets de fabrication ;

- la métallisation est effectuée par un bombardement d'atomes d'or ou d'argent ;
- la couche finale est déposée sur le support, en général avec une buse.

✧ Fiabilité

La durée de vie dépend beaucoup du dye et des conditions de stockage.

La chaleur diminue fortement la durée de vie d'un CD-R. L'exposition à une source de chaleur non seulement peut altérer le dye, mais peut aussi provoquer des défauts de planéité.

✧ Précautions d'emploi

La face la plus fragile est celle qui est sérigraphiée. En effet, le laser traverse le polycarbonate, puis le dye et se réfléchit sur la couche d'or ou d'argent.

Les rayures concentriques et les dépôts sont sources d'erreurs.

Les copies de copies accentuent les erreurs liées à la gravure. C'est pourquoi, il est recommandé soit de partir à chaque fois de l'original, soit de copier l'original sur disque dur et de partir de ce fichier.

Toutes les marques n'ont pas les mêmes capacités à corriger les différents types d'erreurs. En ce qui concerne le matériel professionnel, il y a des compromis à faire entre temps d'accès, vitesse de démarrage et plages de correction mécanique pour les erreurs radiales et de planéité.

Pour les autres types d'erreurs, cela dépend essentiellement des circuits DSP de correction.

✧ Les types d'enregistreurs/lecteurs

Il y a deux types d'enregistreurs professionnels :

- Les ordinateurs personnels ou les appareils basés sur ce type de système (stations de travail par exemple). Les enregistreurs sont soit internes, soit externes. Ils acceptent beaucoup de CD-R en gravure. Par contre, ils ne sont pas conçus pour être transportés.
- Les équipements en *stand alone*. Ils se présentent en général sous une forme 19 pouces, 2 à 3 U (le « U » est une unité de hauteur égale à 44 mm). Ces équipements sont très performants et robustes. Ils nécessitent souvent des CD-R spécifiques.

✧ Les lecteurs

Le choix est extrêmement vaste. Il s'étend du lecteur de CD ou du discman très grand public, au lecteur professionnel 2 U 19 pouces destiné à être intégré dans un studio.

✧ Compatibilités

Pour la gravure, il est nécessaire de respecter les vitesses de gravure. En effet, d'une part, plus la vitesse de gravure est élevée, plus le niveau de tension HF en gravure est fort. Cet argument inciterait à effectuer une gravure à la vitesse la plus élevée possible. Mais, d'autre part la vitesse de gravure est limitée par les temps d'accès mécanique du graveur et les temps de transfert de bus.

En plus, il ne faut pas oublier que le dye est optimisé pour une vitesse de gravure donnée.

Un CD-R est souvent optimisé pour un type d'enregistreur. Si ce compromis (ou cette absence de compromis) n'est pas respecté, le CD-R enregistré pourra comporter beaucoup d'erreurs.

Il est donc recommandé de choisir un CD-R préconisé par le manufacturier du graveur, de graver à une vitesse élevée, mais en gardant une marge par rapport aux vitesses maxi permises par le CD-R et le système de gravure.

6.4.2 *Le CD-RW*

Le CD-RW est la version du CD-R qui permet le ré-enregistrement (*Rewritable*).

Ses caractéristiques sont identiques au CD-R à une différence près : le dye.

Le laser ne brûle plus le dye, il en change son état.

Le dye du CD-R est remplacé par un alliage. Cet alliage devient amorphe avec une faible réflectivité quand il est fortement chauffé par le laser. Il devient cristallin avec une forte réflectivité lorsqu'il est modérément chauffé.

Toutefois, même lors de la forte réflectivité, celle-ci reste inférieure à celle résultante de la gravure d'un CD-R.

Seuls, les lecteurs ayant un CAG (contrôle automatique de gain) pourront lire les CD-RW.

Les précautions d'emploi sont identiques à celles évoquées pour le CD-R.

6.4.3 *Les DVD*

✦ DVD-R et DVD-RW

Les technologies des DVD-R et DVD-RW s'apparentent à celles des CD-R ou au CD-RW. Ces supports sont normalisés par le forum DVD.

Les dimensions sont celles du CD. Toutefois, 2 faces sont collées pour obtenir plus de capacité.

La longueur d'onde du laser est 635 ou 650 nm.

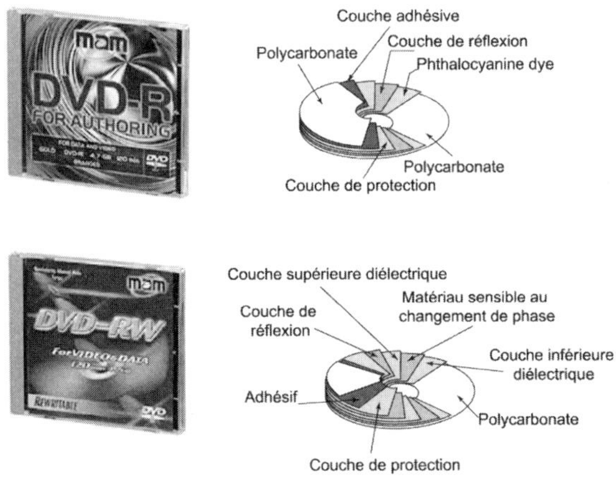

Figure 6.22 – DVD simple densité, simple face (documents du fabricant MAM).

Le pas de la spirale est 0,74 µm. La taille minimale d'une information est 0,4 µm. L'augmentation de la densité permet d'obtenir une capacité de 4,7 gigaoctets par face en simple densité et 8,5 gigaoctets en double densité (à rapporter aux 700 méga-octets du CD).

En double densité, deux couches sensibles sont superposées.

Il existe un format hybride compatible avec un lecteur de CD « standard » avec deux couches, une pour le lecteur DVD et une autre pour le lecteur CD. La première couche est transparente pour le laser du CD.

La réalisation d'un DVD hybride ou double densité coûte cher. Ceci explique pourquoi on trouve des systèmes avec deux DVD simple densité, plutôt qu'un DVD double densité.

DVD-R et DVD-RW sont très récents en tant que support audio. Il est trop tôt pour avoir un recul réel sur la fiabilité. On peut penser que les contraintes seront les mêmes que pour le CD-R et CD-RW, en un peu plus accentué étant donné la plus forte densité d'informations.

✦ DVD+RW et DVD+R

Ils sont encore plus récents que les DVD-RW et DVD-R.

Contrairement aux DVD-R et DVD-RW, ils ne sont pas issus du forum DVD, mais d'un consortium de constructeurs comprenant principalement Philips, Sony et Hewlett-Packard. Microsoft s'est rallié à ce groupe.

Les dimensions, l'achitecture et les composants sont identiques au DVD-R et DVD-RW.

Toutefois, il y a des différences aussi bien « *hard* » que « *soft* ». En effet, la fréquence du « *woble* » est beaucoup plus élevée sur le DVD+R(W) que sur le DVD-R(W) : 817 kHz à la place de 140 kHz.

Un DVD+R(W) est gravé à vitesse linéaire variable et peut être lu sans être finalisé. De plus, quand il y a finalisation, celle-ci est beaucoup plus rapide.

La taille entre les blocs est plus petite .Ceci permet un gain de place et donc des enregistrements plus longs. L'avenir dira si cela ne se fait pas au détriment de la fiabilité.

Les enregistreurs/lecteurs sont soit à base de PC ou Mac, soit « *stand-alone* ».

Bien évidemment, nous n'avons aucun recul sur la fiabilité et la tenue dans le temps de ces supports.

✦ Les applications pour l'audio : DVD-Vidéo, DVD-Audio et SuperAudioCD

Ils utilisent tous les trois le même support physique, c'est-à-dire le DVD-R, DVD-RW, DVD+R et DVD+RW. C'est le formatage des données qui est différent. Les trois sont prévus pour fonctionner en stéréo ou en multicanal 5.1

Le DVD-V est axé principalement sur la vidéo. C'est pourquoi, en multicanal, l'audio utilise un système de réduction de débit avec pertes. Il s'agit en général du Dolby Digital. Il arrive que ce soit du DTS (*Digital Theater System*) ou du Mpeg (*cf.* annexes A.2.2 et A.2.3 pour plus de précisions sur les Dolby et les Mpeg). Lorsqu'il n'y a pas d'audio en multicanal, il est possible d'utiliser soit le linéaire PCM, soit un système de réduction de débit.

Le DVD-A est destiné à l'audio. Ce dernier est enregistré en linéaire PCM. On peut enregistrer jusqu'à 6 canaux en 24 bits à une fréquence de 96 kHz. Toutefois, il est prévu d'utiliser un système de réduction de débit sans pertes (en particulier en multicanal). Il s'agit du MLP (*Meridian Lossless Packing)*. Comme beaucoup de systèmes de réduction de débit sans perte, le gain est d'environ un pour deux.

Le SACD est aussi conçu pour l'audio. Contrairement aux autres DVD, il n'est pas issu du forum DVD, mais de l'association Philips-Sony.

L'audio est enregistré sans pertes. Il n'est pas enregistré en PCM, mais en DSD (voir § 1.4.4). Le flux par canal est 2,8 mégabit/s. Afin de pouvoir enregistrer 74 minutes en 6 canaux, un système de réduction de débit sans perte est appliqué : le DST (*Digital Stream Transfert*).

SACD et DVD-A sont aussi fabriqués industriellement et commercialisés dans les magasins de disque à côté des CD-audios.

Il est à noter que le DVD-Rom est un support exclusivement informatique. Ce n'est pas donc un support audio. Par contre, il est très intéressant pour sauvegarder des séances d'enregistrement sur disques durs.

6.4.4 *Le MOD : Disque Magnéto Optique*

Ce n'est pas un support audio en tant que tel ; c'est un support informatique à la fois optique et magnétique. Il est ré-enregistrable.

Les capacités sont actuellement comprises entre 128 et 635 mégaoctets par face pour un disque 3 pouces 1/2.

Pour un disque 5 pouces 1/4, elles vont de 297 mégaoctets à 2,6 gigaoctets par face.

Les dimensions des boîtiers sont 135 × 153 × 11 mm pour le disque 5 pouces 1/2 et 90 × 94 × 6 mm pour le disque 3 pouces 1/4.

Les temps d'accès sont aléatoires. Toutefois, ils sont nettement moins rapides que le CD-R ou CD-RW.

MOD 5 pouces 1/4 et disque extrait du MOD.

La sectorisation est *hard*.

En lecture, la réflexion du laser dépend de l'état de magnétisation de la couche active (effet de Kerr).

En écriture, le laser change la magnétisation du support magnétique du MOD à la température de 190 degrés environ (point de Curie).

✧ Composants

- Le substrat est le support de base : c'est un disque en polycarbonate.
- La couche active est un composant magnétique. Elle stocke les informations. Ce composant se modifie sous l'effet du laser et de la température.
- La couche de métallisation qui est en surface.

✧ Fabrication

Elle est semblable au CD-RW avec une différence : 2 polycarbonates sont assemblés pour obtenir 2 faces utiles.

✧ **Fiabilité et durée de vie**

La durée de vie est extrêmement longue car d'une part la température doit être de l'ordre de 190 degrés pour changer les informations, d'autre part le disque est mécaniquement protégé par son boîtier.

✧ **Compatibilités**

Les éventuels problèmes de compatibilités peuvent être liés aux phénomènes d'alignement des lecteurs et aux formatages « *hard* » qui peuvent être différents (512 ou 1 024 secteurs par exemple).

✧ **Les enregistreurs/lecteurs**

Les PC ou appareils de base PC (stations de travail par exemple) ont des enregistreurs externes ou internes. Ces appareils doivent être transportés avec précautions.

Les équipements en *stand alone* se présentent en général sous une forme 2 ou 3 U 19 pouces. Ils sont plus robustes. Le DD1000 de la société AKAI fait partie des plus connus.

6.4.5 *Le MiniDisc*

Le principe de fonctionnement est semblable à celui du MOD, mais les dimensions du disque sont plus petites (2 pouces 1/2) dans un boîtier de 68 × 72 × 5 mm.

C'est un support exclusivement audio comportant un système de réduction de débit propriétaire, l'ATRAC (voir § 1.8.3).

La durée d'enregistrement maxi est 74 min en stéréo pour une capacité de stockage de 140 mégaoctets.

Les précautions d'emploi et la fiabilité sont identiques au MOD, sauf les problèmes de format qui sont inexistants.

✧ **Les enregistreurs/lecteurs**

La gamme est très étendue. Elle va de l'enregistreur grand public très bon marché à l'appareil professionnel. La fiabilité est en rapport. Elle peut être excellente sur des appareils professionnels, mais elle peut être de quelques heures avec un enregistreur bas de gamme utilisé dans des conditions de reportage professionnel. Ceci est principalement lié à la connectique et à la qualité de fabrication.

Le coût d'un enregistreur lecteur MD professionnel, ou d'un système de montage MD est très élevé. De plus, le système de réduction de débit lié au MD est un système destiné à la base à un usage grand public, donc moins optimisé que d'autres systèmes de réduction de débit. Le montage des titres est possible mais par bond de 11,6 millisecondes, ce qui restreint fortement les possibilités de montage. Le bon rapport coût/fiabilité du support a séduit plusieurs catégories de professionnels, mais son utilisation reste néanmoins limitée.

6.5 Les technologies utilisant les mémoires de masse

Il ne s'agit pas à proprement parler de magnétophone, mais plutôt de systèmes d'enregistrement utilisant des composants d'origine informatique, ou des dérivés. Les différents supports fixes ou amovibles peuvent être mis en œuvre, à condition de remplir certaines conditions de temps d'accès et de minimum de mémoire.

Comme tous les matériels purement informatiques, aucun réglage mécanique n'est possible.

6.5.1 *Les enregistreurs sur disque dur*

Le disque dur est un outil très performant, quasi idéal pour l'enregistrement audionumérique sur une station de travail (*direct-to-disc*).

Les capacités des disques durs sont de plus en plus importantes, jusqu'au teraoctet (1 tera = 1 000 giga). Les temps d'accès sont moyens, de l'ordre de quelques millisecondes pour les plus rapides. Mais grâce aux vitesses de transfert pouvant atteindre 300 Mbit/s et à des systèmes de « *buffer* » très sophistiqués, il est actuellement possible de lire 32 pistes, ou d'en enregistrer 16 sur un seul disque dur. La synchronisation de plusieurs disques durs permet même d'enregistrer synchrone 48 pistes.

L'inconvénient majeur est la faible durée de vie des supports. En effet la rotation permanente des disques et le balayage des têtes finissent pas user la mécanique et détériorer le disque dur. En outre, la réinscription de fragments de données sur le disque finit par rendre la lecture difficile. Il est recommandé de régulièrement défragmenter les disques durs, voire de les reformater.

Une durée de vie de 3 ans est courante avec un disque dur standard en utilisation professionnelle. Il existe des disques durs audio/vidéo qui sont « durcis ». Leur durée de vie est nettement augmentée, mais ne dépasse pas 10 ans.

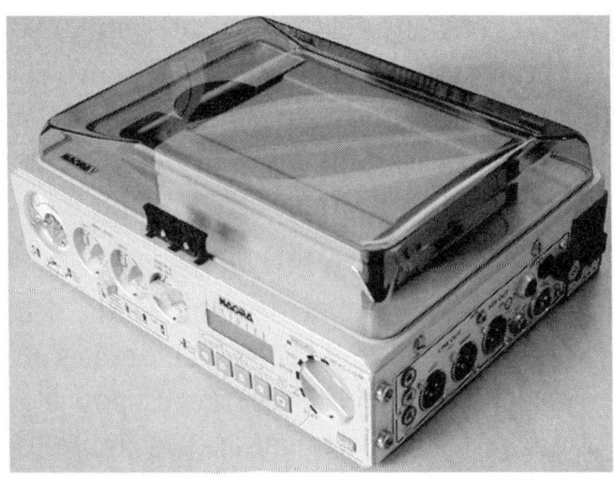

Enregistreur Nagra V :
un enregistreur sur disque dur IDE extractible 60 Go.

Il existe deux technologies de disques durs : IDE et SCSI. Cette dernière est légèrement plus performante. Elle est aussi un peu plus complexe à mettre en œuvre.

Les disques durs peuvent être extractibles ou fixes. La technologie n'a pas d'influence sur la fiabilité. Si les disques durs extractibles sont manipulés avec soin, il n'y a pas de différence de durée de vie avec les disques durs fixes.

Cette technologie est en extension. Des enregistreurs portables professionnels viennent de faire apparition sur le marché.

6.5.2 *Les enregistreurs sur mémoire fixe*

Conçus à l'origine pour transporter des données (images fixes et animées, audio), ces enregistreurs sont destinés au grand public avec des capacités audio très limitées. Ils utilisent des systèmes de réduction de débit de type MP3 (§ 1.8.3). La connectique peu fiable de ces appareils, souvent basée sur du mini-jack, ne les destine pas à une utilisation professionnelle.

6.5.3 *Les enregistreurs sur carte mémoire*

Les cartes mémoires sont principalement utilisées avec des enregistreurs de reportage pour des raisons évidentes d'encombrement et de poids.

Ce sont des supports de type informatique. Les plus répandus sont les cartes PCMCIA (*Personnal Computer Memory Card International Association*) et les Compact Flash.

✦ Les cartes PCMCIA

Cartes PCMCIA type II et type III.

Il en existe trois types : I, II et III.

Elles ont des longueurs et largeurs identiques : 86 × 54 mm.

Par contre, les épaisseurs pour les types I, II et III sont respectivement 3.3, 5 et 10 mm.

2 technologies sont présentes :

- disques mobiles et têtes pour les types II et III ;
- mémoire statique pour les types I et II.

Les temps d'accès des mémoires statiques sont beaucoup plus rapides. Leur coût est nettement plus élevé.

Les capacités maxi en 2003 sont de 2 gigaoctets avec une technologie de mémoire statique et 5 giga avec une technologie têtes/disques.

Les formats d'enregistrements : ce sont soit des formats linéaires, soit des formats utilisant un système de réduction de débit (voir § 1.8).

✧ Précautions d'emploi

Si les cartes sont transportées dans des environnements difficiles, il faut être attentif à ne pas obstruer le connecteur.

L'utilisation de certains drivers et de différentes qualités de fabrication des cartes PCMCIA peut créer des problèmes de compatibilité.

Les cartes mémoires ayant une technologie têtes/disques peuvent être fragiles.

Les temps de transfert et d'accès sont beaucoup plus lents avec cette technologie qu'avec les mémoires statiques. Ils peuvent même être « limite » en enregistrement linéaire.

✧ Les enregistreurs/lecteurs

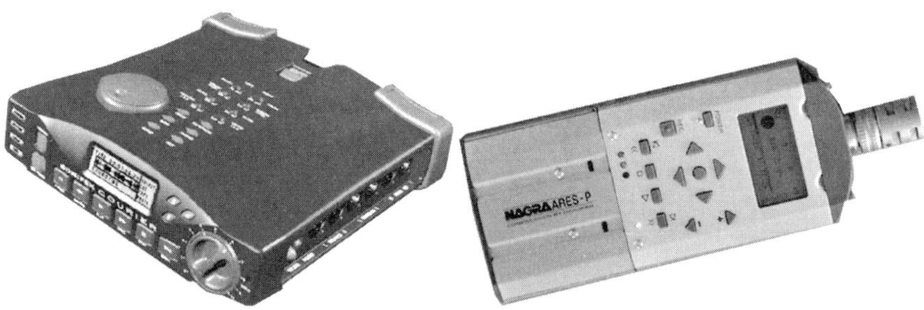

Enregistreurs sur cartes PCMCIA : Sonifex Courier et Nagra AresP.

Ce sont des appareils de reportage destinés aux professionnels. Leur fiabilité est bonne.

✧ Les lecteurs

Évidemment, les appareils de reportage peuvent lire les enregistrements, mais il existe aussi des équipements professionnels en rack ou des systèmes sur base PC avec des logiciels appropriés.

Les équipements de reportage ou *stand alone* ne posent pas de souci de transport.

✦ Les cartes Compact Flash

Elles sont plus petites que les cartes Flash soit 37 × 43 × 3,3 mm pour le type I et 37 × 43 × 5 mm pour le type II.

Les technologies sont les mêmes que pour les cartes PCMCIA : mémoire statique pour type I et II, disque et têtes pour type II. Les CompactFlash avec disque/têtes sont souvent appelées *Microdrive.*

À capacité et technologie équivalente, les CompactFlash sont moins chères que les cartes PCMCIA.

Fin 2003, leur capacité maximale est 1 gigaoctet en statique et 2 gigaoctets en non statique. Les constructeurs annoncent en début 2004 l'arrivée de cartes de 4 gigaoctets en statique et de 10 giagaoctets en *Microdrive.*

Cartes CompactFlash type I et type II Microdrive.

✧ Précautions d'emploi

Les précautions d'emploi et les problèmes de compatibilité sont identiques aux cartes PCMCIA Flash statiques. Toutefois, les disparités de fabrication sont encore plus grandes. En effet, sur les mémoires statiques, il existe ce que l'on appelle des « points durs ». Ce sont les endroits d'une mémoire où les temps d'accès sont plus lents que sur le reste de la carte. Avec les CompactFash, c'est particulièrement sensible.

Entre deux cartes CompactFlash de capacité et de temps d'accès moyen équivalents, il peut y avoir des différences considérables.

Pour une utilisation audio, il ne faut pas hésiter à investir dans des cartes « haut de gamme » et éviter les cartes ayant les capacités les plus élevées.

Comme pour les cartes PCMCIA, les temps de transfert et d'accès sont beaucoup plus lents avec la technologie *Microdrive* qu'avec les mémoires statiques. Avec certains appareils, ils peuvent aussi être « limite » quand on est en linéaire.

Bien qu'encore très élevé, le coût des cartes Compact Flash statiques baisse rapidement ; leurs capacités augmentent également. Il est tout à fait possible qu'elles supplantent très vite les Microdrives et les cartes mémoires PCMCIA.

✧ Les enregistreurs/lecteurs

Ce sont en majorité les appareils utilisant les cartes PCMCIA, grâce aux adaptateurs PCMCIA/Compact Flash.

Il existe aussi des enregistreurs ne gérant que des cartes Compact Flash.

Enregistreurs sur carte Compact Flash : Mayah Flashman et Marantz.

6.6 Conclusion

Il est toujours difficile de prévoir l'avenir d'une technologie en pleine évolution. L'audionumérique n'a qu'un quart de siècle aujourd'hui et seulement quelques formats se sont imposés (comme le CD et dans une moindre mesure le DAT). Les outils professionnels, de par la spécificité des besoins, doivent répondre à une demande très diversifiée. Le numérique a heureusement la capacité de s'adapter facilement. Cependant, les besoins d'échanges et les facilités de production exigent un minimum de standardisation. Cette situation contradictoire peut perdurer et il est certain qu'il existera toujours les deux extrêmes dans la qualité de l'audionumérique. Il faudra attendre encore plusieurs années pour voir peut-être un ou deux supports dominer et devenir pérennes comme la bande 1/4 de pouce en analogique ?

Le fait que les professionnels utilisent de plus en plus du matériel informatique « grand public » modifie sensiblement les méthodes de travail et aussi le taux de renouvellement du matériel. Cette pratique a commencé le jour où l'obsolescence d'un équipement passait en dessous de la barre des 18 mois. Impossible pour un professionnel de rentabiliser un matériel coûteux en si peu de temps. Difficile aussi pour un fabricant de matériel professionnel ayant une petite production de s'adapter aussi vite au marché. Le choix de prendre des appareils « non-professionnels » est donc tentant. Mais ces appareils sont beaucoup moins fiables et ils ne sont pas prévus pour une utilisation intensive. Le professionnel est alors obligé de prendre de multiples précautions afin de ne pas « planter » une séance : disque dur « brûlé », bug de logiciels, gravure impossible…, et de renouveler souvent son parc de matériel. Ce n'était pas forcément une pratique courante dans les métiers de l'audio.

De nouvelles technologies sont en cours de développement (les lasers bleus par exemple).

Les capacités des supports informatiques vont continuer de s'accroître et leurs coûts vont diminuer. Dans un même temps, les performances des systèmes d'enregistrements numériques vont être améliorées.

La technologie a évolué et si l'exploitation des enregistreurs/lecteurs audio a peu changé, celle des systèmes d'édition et de montage a fortement modifié les méthodes de travail.

L'installation durable des technologies audionumériques laissera probablement émerger des systèmes à l'intention des professionnels à un coût raisonnable en utilisant la puissance de calcul des ordinateurs. Ces systèmes intégreront des capacités, des performances ainsi qu'une ergonomie dignes d'un professionnel.

6.7 Bibliographie

[1] M. Calmet. *Enregistrement magnétique des sons* – Techniques de l'Ingénieur.

[2] C. D. Mee. *The physics of Magnétic recording* – Wohlfarth (1964).

[3] P. Moulin. *L'enregistrement magnétique d'instrumentation.*

[4] Masscho. *Technique du magnétophone* – Éd. Radio (1974).

[5] Vernet. *Les magnétophones modernes* – Dunod (1964).

[6] J. Herben. *Magnétoscopes VHS PAL et SECAM, Fonctionnement et maintenance* – Dunod (2000).

[7] *Magnetic recording* – 3M Company (1978).

Chapitre 7

La synchronisation

Pol Simon
Ingénieur conseil.
Directeur technique studios disque et auditoria film.

C. Carbonnier
Ancien cadre technique principal à la Société Française de Production (département film).

7.1 Le synchronisme

Selon le dictionnaire, la *synchronisation* est définie comme étant l'action de rendre solidaires et simultanés les mouvements de deux appareils.

Synchrone se dit des mouvements qui se font dans un même temps ou de signaux qui ont la même référence temporelle. Ils ont aussi la même « fréquence ».

Appliquées à l'audiovisuel, des informations sonores et visuelles sont dites synchrones lorsqu'elles sont perçues dans un même temps. Il peut donc y avoir synchronisme entre une information visuelle et une information sonore ou entre deux informations sonores.

7.1.1 *Notions associées*

✦ Dispositifs isochrones

Deux dispositifs isochroniques ont la même horloge mais sont séparés par un retard fixe. Ils ont une différence de phase mais cette différence reste constante. Ils ont aussi la même fréquence.

- **Dispositifs plésiochrones**

  Caractéristique d'une transmission synchrone mais avec de légères variations de fréquences d'un instant significatif à l'autre.

- **Dispositifs asynchrones**

  Deux dispositifs asynchrones n'ont absolument aucune relation entre eux. Ils sont générés avec des horloges séparées. Par exemple, au début du cinéma sonore (autour de 1905), le son était diffusé par un gramophone sans aucune synchronisation avec le projecteur diffusant l'image...

  Les informations sont transmises et traitées à intervalles variables selon les ressources disponibles, en utilisant des références temporelles différentes.

  Ces signaux ont des phases et des fréquences différentes.

7.1.2 *Le synchronisme d'information*

Dans la nature, à une information visuelle perçue par l'œil est très souvent liée une information sonore perçue par l'oreille : bruit d'impact émis par le choc de deux matériaux ou mouvement des lèvres sur les paroles, etc.

Si la source sonore est proche, ces informations sont reçues simultanément et en synchronisme.

Lorsque la source sonore est suffisamment éloignée, il y a un décalage de perception dans le temps dû à la différence de vitesse de propagation de la lumière et du son (300 000 km/s pour la lumière et 0,33 km/s pour le son, soit un rapport de 10^6). On peut citer l'exemple classique du coup de tonnerre : le son arrive après l'éclair avec un retard proportionnel à la distance.

Dans la nature, l'information sonore est donc toujours perçue en retard sur l'information visuelle. Dans le cas d'une image et d'un son, l'analyse par le cerveau des écarts de temps est moins sensible que dans le cas de deux sons où un retard de quelques milli-secondes peut procurer une gêne.

Cette tolérance de perception présente un avantage en audiovisuel car elle permet de réaliser la postsynchronisation (réenregistrement des textes et bruits à l'image) et le doublage (version française d'un film étranger par exemple) sans trop de gêne pour le spectateur.

En revanche, il est plus difficile de juger du synchronisme ou de la perte de synchronisme entre une image et un son. Lorsque l'information visuelle est précise (mouvements de lèvres visibles), un décalage d'au moins 3 images (soit 120 millisecondes environ) permet de reconnaître le sens du désynchronisme (avance ou retard du son par rapport à l'image).

En projection, la distance entre le spectateur et l'écran peut introduire un décalage important ; en effet, dans une grande salle de 50 m de long par exemple, le temps de propagation (retard) entre les spectateurs du 1er rang et ceux du dernier rang est de 146,2 ms, soit un peu plus de 3 images.

7.1.3 *Le synchronisme de transmission*

✦ La transmission instantanée

Soit le cas d'un spectacle transmis en direct sur un canal de télévision, il n'y a aucun risque de perte de synchronisme entre l'image et le son à condition toutefois que les informations transmises sous forme de signaux électriques empruntent des chemins identiques. Ce n'est plus le cas lorsque, par exemple, l'image est transmise par satellite (chemin parcouru environ 2 fois 36 000 km soit 72 000 km) et le son transmis par liaison terrestre entre deux points distants de quelques milliers de kilomètres. Le son parvient alors en avance sur l'image et doit être retardé électroniquement. Avec une telle liaison, pour une transmission entre deux points distants de 2 000 km, le son devra être retardé de :

$$\frac{72\,000 - 2\,000}{300\,000} = 0{,}233 \text{ s} \quad \text{soit } 233 \text{ ms}$$

✦ La transmission différée

Dès lors qu'un produit audiovisuel nécessite un travail de postproduction (montage des différentes séquences, mixage des différentes bandes sonores…), il est nécessaire de mémoriser les informations « image » et « son » sur plusieurs supports qui peuvent être de natures très différentes. L'image peut être enregistrée sur des supports photographiques pour le cinéma et magnétiques (analogique et numérique) pour la télévision. Le son peut être enregistré sur des supports optiques (analogiques et numériques), magnétiques (bande analogique et numérique) ou sous forme de fichiers numériques sur disque dur.

✦ La conservation du synchronisme

Dans le cas de l'enregistrement de l'image et du son sur des supports séparés, il est nécessaire de mettre en œuvre un dispositif permettant à tout instant de retrouver le synchronisme entre les informations visuelles et sonores. Ce dispositif de synchronisation intervient dès l'enregistrement des séquences, et doit être conservé lors de tous les travaux de postproduction, à la fabrication du support de diffusion et enfin à la diffusion en salle ou à la télévision.

En fin de chaîne, dans le cas du film argentique 35 mm destiné aux salles de cinéma, le synchronisme est obtenu par le fait que les deux informations image et son se trouvent sur le même support. En effet pour la diffusion en salle, le son du mixage final est recopié par procédé optique sur le bord de la pellicule image ; deux pistes analogiques matricées 2.4.2 (Dolby stéréo et piste analogique du système DTS), une piste ou plusieurs pistes composées de « pavés numériques » pour les formats numériques Dolby SRD et SDDS et une piste de code temporel pour piloter un disque magnéto-optique (DTS).

Suivant les supports utilisés, la synchronisation est assurée par un dispositif mécanique, électrique ou électronique.

✦ La dualité temps-espace

Sur un support continu qui défile à une vitesse (v) constante et normalisée, à une unité de temps (t), correspond un espace parcouru (distance = d) que l'on peut considérer comme un espace de référence. $d = v / t$.

À un multiple (k) de l'unité de temps, correspondra le même multiple de l'espace de référence. $k \cdot d = k \cdot v / t$.

De la même manière, à un sous-multiple (m) de l'unité de temps correspondra une subdivision identique de l'espace de référence. $d / m = v / t \cdot m$.

Dans un film, cet espace est défini par des perforations équidistantes et calibrées.

Sur une bande lisse (sans perforation) c'est la vitesse de défilement qui permet de connaître cet espace de référence. Un code horaire correspondant sera inscrit dans cet espace.

Exemples :

L'espace attribué au code EBU pour une image, sur une bande défilant à 76 cm/s, est de 76/25 soit 30,4 mm.

En 35 mm, cet espace est de 19,05 mm.

Sur un disque dur c'est la différence entre deux adresses d'inscription, relatives à l'unité de temps, qui définit l'espace de référence.

✦ Connaissance du temps instantané

De ce qui précède, il apparaît que la mesure de la distance parcourue par le support, à partir d'un point de référence, permet de connaître le temps à la position considérée. C'est particulièrement vrai en film où le décompte des perforations à l'aide de roues dentées (*sprocket*) couplées à un donneur d'impulsions est facilement traduisible en temps.

Il en va tout autrement sur une bande lisse, une valeur approchée est possible en couplant le cabestan, ou tout autre galet en contact avec la bande, à un donneur d'impulsion. Mais pour une bonne précision, les défauts induits par ce type de support (voir § 6.2.5) nécessitent l'emploi d'un code horaire inscrit (pré-enregistré) sur le support.

7.2 Le débit d'image

Le film et la vidéo n'emploient pas d'images mobiles ! En réalité, ce que nous voyons est un certain nombre d'images fixes dont la succession rapide stimule les yeux et, grâce à la persistance rétinienne, laisse percevoir un mouvement.

La vitesse avec laquelle ces images sont montrées s'appelle le « débit d'image ». Ce débit change selon le lieu et le type de programme que l'on regarde.

7.2.1 *Le film*

L'industrie du film utilise un débit d'image de 24 ip/s (images par seconde). Ce débit d'image ne permet pas d'avoir l'impression d'un mouvement sans scintillement, aussi chaque image est projetée deux fois. Sur le projecteur, une double pale intercale un temps de « noir » au changement d'image et un autre au milieu de la durée de projection. Ce qui porte à 48 images par seconde le débit fictif. Les films du début du cinéma étaient tournés à 16 ip/s et il fallait un projecteur à triple pale pour arriver à un résultat semblable.

Donc une image film = 1 seconde : 24 = 41,6 millisecondes.

La projection de chaque image est alors de 41,6 : 4 = 10,4 millisecondes.

Ce débit est universel et reste le même quel que soit le lieu.

Une autre unité de mesure fréquemment utilisée en film est le « pied ». Sa subdivision dépend du nombre d'images par pied, donc du format du film ; il y a 40 images par pied en format de 16 mm, et 16 images par pied en 35 mm.

En une seconde, un film 16 mm parcours = 0,6 pied soit une vitesse de défilement de 18,2 cm/s, et en 35 mm le film parcours = 1,5 pied (1 pied = 304,8 mm) soit 45,7 cm/s.

7.2.2 *La télévision*

Il y a une différence fondamentale entre la télévision et le film : alors que le film montre 24 images entières sur l'écran chaque seconde, en réalité projetées deux fois, en télévision, afin de limiter le scintillement, chaque image est divisée en deux demi-images ou « trames ». Un premier balayage montre les lignes impaires, la trame impaire, puis un second montre les lignes paires, la trame paire.

Les deux trames sont alternées et ce système entre les trames impaires et paires s'appelle l'entrelacement.

Le débit d'images utilisé en télévision diffère, selon la fréquence du secteur des différents pays :

✦ **Europe, couleur et noir et blanc**

PAL (*Phase Alternating Line*) et SECAM (Séquentiel Couleur À Mémoire).

En Europe la télévision Noir & Blanc et les différents systèmes couleur, le PAL et le SECAM[1], fonctionnent à 25 ip/s (50 trames par seconde).

Il est à remarquer que ce débit est très proche de celui du film qui est de 24 ip/s.

Il est d'ailleurs suffisamment proche pour que la diffusion à la télévision des films se fasse en accélérant à 25 ip/s le débit de l'image. Ce qui en modifie la durée du programme ! La hauteur du son est seulement corrigée à l'aide d'un appareil pour transposer appelé harmoniseur (voir § 5.3.3).

Donc une image vidéo PAL/SECAM = (1 seconde : 25) = 40 millisecondes.

✦ **États-Unis, Japon**

Le format est le NTSC (*National Television System Committee*), Comité national de système de télévision.

Aux États-Unis, le courant alternatif a une fréquence fondamentale de 60 Hz. En conséquence, la télévision en noir et blanc a un débit de 30 ip/s. Cela signifie qu'il y a 60 trames par seconde.

Donc une image vidéo NTSC N&B = (1 seconde : 30) = 33,33 millisecondes.

Quand la vidéo est passée en couleur, le même système a été conservé, aussi quand la partie de couleur du signal a été ajoutée, les ingénieurs vidéo ont été obligés de ralentir les débits de la télévision de 30 ip/s à 29,97 ip/s. Ce ralentissement de la lecture de la vidéo a pour conséquence une déformation de la mesure de la vidéo par rapport au temps réel. La vidéo est mesurée dans les unités indivisibles appelées les images. Le temps réel est mesuré en heures, minutes et secondes.

Donc une image vidéo NTSC couleur = (1 seconde : 29,97) = 33,367 millisecondes.

7.2.3 *L'audionumérique*

Les techniques de traitement numérique ont fait apparaître une autre unité de temps, la période d'échantillonnage. Elle est l'inverse de la fréquence d'échantillonnage soit :

- 22,676 µs pour une fréquence d'échantillonnage de 44,1 kHz ;
- 20,833 µs à 48 kHz ;
- 10,416 µs à 96 kHz.

Remarque : Les fréquences d'échantillonnages de 48 kHz et 96 kHz sont des multiples entiers de 24, 25 et 30 alors que 44,1 kHz est un multiple entier de 25 et 30.

1. La différence entre PAL et SECAM se situe dans les méthodes par lesquelles l'information de couleur est diffusée.

7.3 Comptage des images et formats de code temporel

7.3.1 *L'unité de temps et le système de comptage du code temporel*

Les systèmes de marquage temporel permettent un repérage en vue d'un calage relatif, mais la synchronisation ne peut être réalisée qu'avec les équipements complémentaires (voir § 7.10.1).

L'unité universelle du temps est l'année, ses sous-multiples le mois, le jour, l'heure, la minute, la seconde, le 1/10e de seconde, etc.

En audiovisuel ce temps est limité à celui d'une journée et est divisé d'une manière semblable à celle que nous employons couramment, excepté la subdivision des secondes, dont un sous-multiple a été défini : l'image.

Ainsi, une adresse typique de temps ressemblera à ceci :

01:23:35:19   ou   HH:mm:ss:ff

Ce qui signifie 01 heure, 23 minutes, 35 secondes et 19 images. Le nombre d'images en chaque seconde dépend du format de code temporel.

Une autre subdivision est la *subframe* (sous-image), qui peut être le 1/80e ou, par extrapolation, le 1/100e d'image.

7.3.2 *Temps codé versus durée réelle de programme*

Le code temporel est une numérotation des images ; si une bande codée à 24 ip/s défile à 25 ip/s, au bout de 1 seconde, le décalage est de 1 image.

Si le projecteur de film défile à demi-vitesse, soit 12 i/ps, il lui faut deux secondes pour projeter 24 images. Le code temporel enregistré sur un défileur synchrone n'a défilé que de 24 images. Ainsi, deux secondes de projection prennent une seconde de temps SMPTE/EBU.

La relation durée réelle du programme ↔ code temporel est vérifiée uniquement lorsque le projecteur défile à sa vitesse nominale soit 24 images par seconde.

La confusion est évitée en imaginant le TC comme une étiquette ou un label, et non comme un moment.

7.3.3 *24 fp/s*

Ce code est employé dans l'industrie de film. Le système compte 24 images chaque seconde, le comptage maximum est de 24 heures, ensuite, le code reprend à 00 :

23:59:59:23
00:00:00:00
00:00:00:01

puis

00:00:00:23
00:00:01:00
00:00:01:01

Il est à noter que la première image est marquée « 00 » car le comptage s'opère de l'image 00 jusqu'à l'image 23 (et non de 1 à 24).

Chacune de ces adresses correspond à une image. Ainsi, lors du défilement du film, le lecteur de code temporel montre une nouvelle adresse tous les 24e de seconde.

Pour un film commençant exactement à minuit, le code temporel montrerait l'heure toute la journée.

7.3.4 *25 fp/s*

Ce code temporel est employé avec les formats PAL et SECAM pour la télévision. Le système compte 25 images pour chaque seconde :

00:00:00:00
00:00:00:01
...

puis

00:00:00:24
00:00:01:00
00:00:01:01
...

Là aussi la première image est marquée « 00 » et le compte s'incrémente jusqu'à 24.

Chacune de ces adresses correspond à une image de la vidéo, et le lecteur de code temporel montre une nouvelle adresse tous les 25e de seconde.

Là encore, le code temporel correspondrait exactement à l'heure.

7.3.5 *30 fp/s « non-drop » ou 30 fp/s*

Ce code temporel est conçu pour être employé dans des formats noir et blanc de télévision NTSC. Toutefois, il est rarement employé de nos jours, excepté occasionnellement dans le film publicitaire. Le système compte 30 images correspondant au débit d'image du format :

00:00:00:00
00:00:00:01
...

puis

00:00:00:29
00:00:01:00
00:00:01:01
...

7.3.6 *30 fp/s « drop-frame »*

Ce code temporel est celui qui est employé le plus fréquemment aux États-Unis. Ce débit particulier a été établi lorsque le débit d'image de la vidéo NTSC en noir et blanc au format de 30 fp/s a été ralentie à 29,97 fp/s pour permettre la transmission des informations de couleur.

Devant la difficulté de compter 29,97 images chaque seconde et la faible déviation par rapport à 30 ip/s, les concepteurs ont décidé de faire « croire » au système qu'ils continuaient à compter à 30 ip/s, feignant qu'il y avait 30 images chaque seconde... Ceci signifie que le compte réel d'image et le compte du code temporel diffèrent. Ainsi, à chaque période de 24 h, le code temporel compte 2 592 images en trop puisque le débit est ralenti (0,03 fp/s en moins...) par rapport au compte d'image.

Pour corriger ce compte, le comité qui a défini ce format a choisi de supprimer ces images[1] en répartissant les suppressions tout au long de la période de 24 h, plutôt que d'omettre 2 592 images en une seule fois.

De cette façon, 108 images doivent êtres supprimés à chaque heure.

Pour répartir ce compte, il a été décidé de supprimer 2 images chaque minute, sauf aux dizaines 00, 10, 20, 30, 40 et 50.

Ainsi, le comptage se fait de la façon suivante :

00:00:59:29
00:01:00:02 (minute = saut de deux d'image)
00:01:00:03
...
00:09:59:00
00:09:59:01

puis

...
00:09:59:29
00:10:00:00 (dizaine de minute = pas de saut d'image)
00:10:00:01
...

✦ Accumulation de l'erreur

Au temps 0, le code temporel lit 00:00:00:00 et est donc correct (*figure 7.1*).

À $T = < 1$ minute, l'erreur du code temporel augmente de plus en plus, et montre une période qui est en avance sur le temps réel.

1. Il est important de retenir qu'il n'y a pas de perte d'image, c'est simplement le compte qui est affecté.

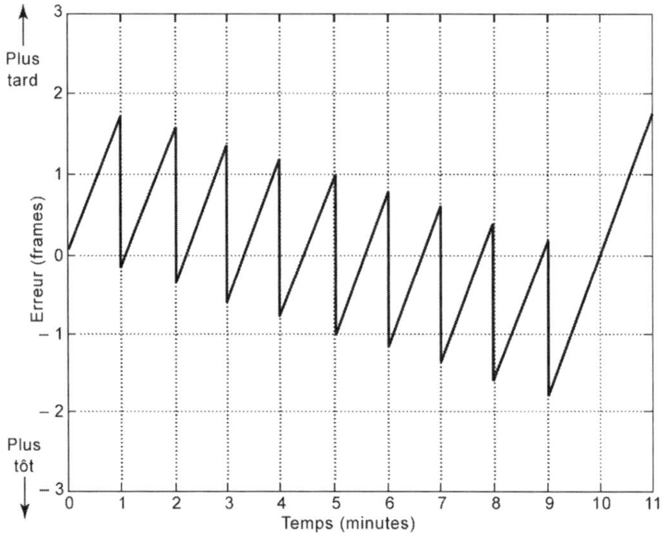

Figure 7.1 – Accumulation de l'erreur du code temporel drop-frame.

À $T = 1$ minute, deux images sont sautées du compte, rendant le comptage légèrement en retard sur le temps réel. Cette action est répétée jusqu'à la 9e minute, où l'erreur arrive de plus en plus tôt jusqu'à ce que le compte coïncide avec le temps correct à $T = 10$ minutes.

Puisque ces images sont omises, ce code a été appelé « drop-frame » et par opposition « non-drop » quand aucune image n'est omise...

7.3.7 *29,97 fp/s « non-drop »*

Les films publicitaires en couleur NTSC ont un débit de 29,97 ip/s, mais puisqu'ils ne durent généralement que 30 secondes ou moins, le code temporel n'atteint jamais la minute, il n'y a donc aucun besoin de sauter les deux images – ainsi le débit est de 29,97 ip/s, mais le code est *non-drop*.

7.4 Calculs sur le *time code*

7.4.1 *Amorce de départ*

Comme le code temporel saute en 25 ip/s de 23:59:59:24 à 00:00:00:00 (et inversement) il peut y avoir une confusion. Si, une bande devant être positionnée à 00:00:00:00 (en retour rapide) dépasse le point, elle se retrouve quelque part à 23:59:xx:xx.

Sans autre information, le synchroniseur tentera de la replacer à 00:00:00:00, en retour rapide...

Le comportement du code temporel autour du point de 00:00:00:00 prêtant à confusion, la plupart des utilisateurs utilisent 01:00:00:00 comme « point de départ (point de *start*) ».

Le point de *start* peut être aussi uniformément placé à 10:00:00:00, quelle que soit la bobine.

Ces deux méthodes sont devenues une norme (de fait) dans l'industrie du film.

7.4.2 *Calculs de base*

Des calculs sur le code temporel sont nécessaires pour évaluer la différence d'heure de début d'une séquence, ou bien encore, pour connaître la longueur d'un extrait d'une prise ou la durée de l'assemblage de plusieurs plans, ou encore pour l'estimation de l'emplacement disponible sur un disque dur, etc.

✦ Addition et soustraction

L'addition et la soustraction de codes temporels sont relativement faciles. Mais il y a quelques pièges. En effet, sous peine d'obtenir des résultats qui n'ont aucune signification, il est important que les valeurs de code aient le même format.

A	à 24 ip/s
	00:00:59:10
+	00:00:00:20
=	00:01:00:06

B	à 25 ip/s
	00:00:59:10
+	00:00:00:20
=	00:01:00:05

C	à 30 ip/s
	00:00:59:10
+	00:00:00:20
=	00:01:00:00

D	à 30 Df ip/s
	00:00:59:10
+	00:00:00:20
=	00:01:00:02

Figure 7.2 – Le format du code temporel affecte le résultat.

Malgré ces différences de résultats (*figure 7.2*), il est important de se souvenir qu'une seconde de code temporel 24, 25, 30 ip/s dure exactement une seconde ! (Attention, cette règle n'est pas valable pour le code *drop frame*.)

Il en est de même pour les minutes et les heures… aussi le moyen le plus facile pour additionner deux codes temporels est de commencer par les secondes, puis de continuer par les heures. Ensuite, en tenant soigneusement compte du débit, 24, 25 et 30 ip/s, on additionne les images et on reporte la retenue éventuelle sur les secondes.

Ensuite, si le résultat des heures est supérieur à 24, il faut retrancher 24 heures et si le résultat est négatif, il faut ajouter 24 heures.

Le calcul avec le code *drop frame* est un peu plus complexe… Le *drop frame* nécessite une correction :

- les images peuvent êtres égales à 00 ou 01 uniquement quand les secondes sont égales à 00 et les minutes sont égales à 00, 10, 20, 30, 40, ou 50 ;
- autrement, les images sautent directement de 29 à 02, ainsi certaines valeurs de TC sont interdites ; par ex. 00:01:00:00, la séquence saute directement : 00:00:59:29 → 00:01:00:02 (*figure 7.2-D*)

… par chance ce n'est pas le format utilisé en Europe… et le plus efficace est d'utiliser une calculatrice spécialisée ou une macro de tableur.

✦ Conversion code temporel ↔ image

La conversion code temporel ↔ images ressemble à ceci :

$$\text{Images} = ((((\text{HH} \times 60 \times 60) + (\text{MM} \times 60) + \text{SS}) \times \text{format}) + \text{FF})$$

✦ Conversion échantillons ↔ code temporel

La conversion « SMPTE/EBU ↔ échantillons » est décomposée en deux parties : d'abord, la conversion « SMPTE/EBU ↔ images » puis la conversion « images ↔ échantillons ».

Échantillons = images × fréquence d'échantillonnage / débit d'image (*samplerate/framerate*)

Images = échantillons × débit d'image / fréquence d'échantillonnage (*framerate/samplerate*)

7.4.3 *Maître et esclaves*

Dès qu'il s'agit de synchroniser deux machines, il faut que l'une des deux devienne la référence appelée par facilité « maître » et que l'autre suive la référence, il s'agit alors de « l'esclave ». Ces mots choisis dans un registre peu commun sont justifiés dans la mesure où l'esclave n'a aucune autonomie tant qu'il est en synchronisme : il suit fidèlement le maître dans tous ses mouvements.

Par extension il peut y avoir plusieurs esclaves mais toujours un seul maître. La plupart du temps, la machine maître est choisie parce qu'elle a déjà des fonctions d'asservissement de vitesse et une piste de contrôle (CTL). Il peut s'agir d'un magnétoscope professionnel ou encore d'un enregistreur audionumérique.

7.4.4 *Offset*

Pour synchroniser deux bandes portant des codes différents, il est nécessaire de faire coïncider les adresses en introduisant un décalage temporel appelé « *offset* de code » (*figure 7.3*).

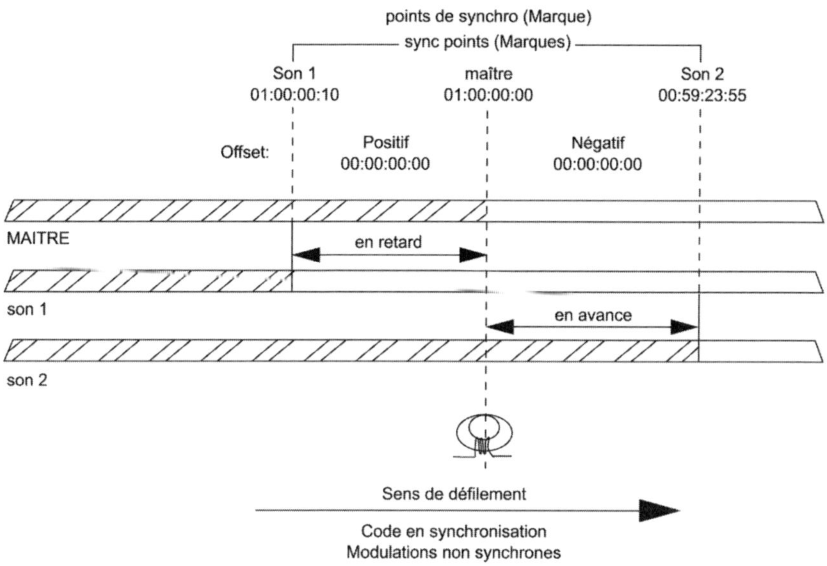

Figure 7.3 – Le son « 1 » arrive en retard, et le son « 2 » en avance, pourtant les valeurs de code coïncident.

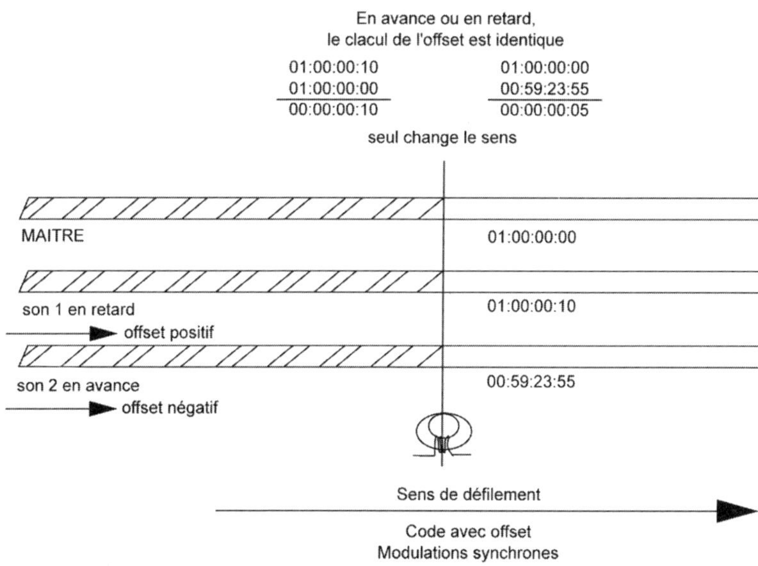

Figure 7.4 – La valeur de l'offset est ajoutée ou retranchée du code de l'esclave, en tenant compte de l'avance ou du retard.

En marquant les points de départ des sons (*sync points*), la valeur de l'*offset* s'obtient par soustraction du code le plus faible au code le plus élevé, par rapport au point de synchro du maître.

La valeur d'*offset* appliquée est positive si le code de la machine esclave est supérieur au code de la machine maître. Dans le cas contraire, la valeur de l'*offset* est négative (*figure 7.4*).

Il est parfois nécessaire de déplacer le calage relatif de certains sons. Dans ce cas, la règle est : si le son à déplacer est en avance, l'*offset* doit être négatif, et si le son à déplacer est en retard, l'*offset* doit être positif.

7.5 Le code temporel SMPTE/EBU

7.5.1 *Historique*

En 1970, la SMPTE (*Society of Motion Picture and Television Engineers*) [1] a étudié et normalisé un signal capable de caractériser chaque image vidéo.

Ce code est exprimé en temps et communique l'heure, la minute, la seconde et l'image. Ce temps est limité à celui d'une journée.

Créé aux États-Unis où la fréquence du secteur est de 60 Hz (ainsi qu'au Japon) le code SMPTE prend en compte 30 images/s.

Afin de s'adapter au standard NTSC dont le format est de 29,97 images/s, le code SMPTE a été modifié (en fait modulé), et porte le nom de SMPTE drop frame.

En 1972, il est repris par l'UER (Union Européenne de Radiodiffusion), connu aussi sous le nom d'EBU (*European Broadcast Union*) [2] et adapté aux normes européennes dont le format est de 25 images/s, (la fréquence du secteur en Europe est de 50 Hz).

Une variante, le format film à 24 images/s a aussi été définie.

La définition finale est désignée sous le nom de ANSI/SMPTE 12M.

7.5.2 *Méthodes d'enregistrement du code*

Le cahier des charges SMPTE/EBU définit un format de données très spécifiques pour l'enregistrement et la gestion du code temporel : le code SMPTE est le garant d'une bonne communication entre les différentes machines connectées.

En analogique, il y a deux méthodes de transmission et d'enregistrement d'un code temporel sur une bande magnétique :

- le LTC, *Linear Time Code* (§ 7.6), comparable à un signal audio, qui peut être transmis par une paire blindée et enregistré sur une piste longitudinale d'un magnétophone à tête fixe. (Ce type de codage a la particularité d'être tout à la fois un moyen d'enregistrement, mais aussi de transmission filaire.) ;

- le VITC, *Vertical Interval Time Code* (§ 7.7), destiné à l'enregistrement vidéo, est inséré dans le signal vidéo et enregistré sur la même piste hélicoïdale. Il ne peut être transmis autrement que par ce média, à moins d'être converti en LTC.

En numérique, le code temporel est inséré dans les mots numériques pour être enregistré ou transmis d'une façon propre à chaque format. Sinon, seul, il est transmis en LTC, en analogique.

7.6 Le LTC (*Linear Time Code*) ou code temporel « longitudinal »

Le code longitudinal du SMPTE/EBU est constitué d'informations binaires qui apparaissent comme des signaux rectangulaires. C'est un signal périodique continu dont la fréquence est fonction du format du code (même nombre d'informations quel que soit le débit d'images).

La transmission utilise la modulation biphasée comme codage, qui devient alors similaire à un signal audio. Les bits sont émis, les uns après les autres, à la fréquence prédéfinie.

7.6.1 *Les différents types de codage*

✦ Codage NRZ

La méthode la plus simple serait d'assigner à chaque état « 0 » et « 1 » une tension, par exemple 0 V et 1 V et d'envoyer cette tension au moment voulu.

Dans ce format classique, le NRZ (Non Retour à Zéro), la fréquence de lecture des informations est fonction du débit et le code ne peut être bien interprété qu'à la vitesse nominale. Or il est extrêmement utile lors des recherches de pouvoir détecter la valeur d'un code en vitesse accélérée ou ralentie.

Mais une telle transmission nécessite l'envoi simultané d'une horloge, afin d'avoir un « découpage temporel » correct de ces tensions pour identifier plusieurs bits de même état se suivant.

Et de plus il suffit que la phase soit inversée par une liaison symétrique incorrecte pour que toute l'information soit erronée ; les « 0 » deviennent des « 1 », et l'inverse.

✦ Codage biphase mark

Par principe le codage *biphase mark* rend le signal plus fiable :

Chaque bit est identifié par un changement d'état : le « 0 » change d'état une fois seulement et le « 1 » change d'état une seconde fois au milieu du bit (*figure 7.5*).

C'est donc la suite des changements d'état qui contient l'information, et on peut différencier chaque « 0 » et « 1 » par la différence relative et non plus par la valeur absolue de la tension.

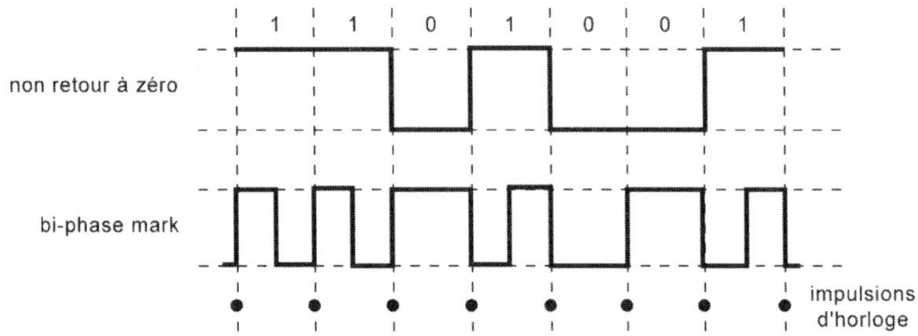

Figure 7.5

Le « biphase mark » distingue un « 0 » d'un « 1 » par la division de chaque bit en deux cellules. Si les cellules adjacentes ont la même durée, il n'y a pas de changement d'état, sinon l'état est inversé.

Les avantages du *biphase mark* sont :

Une reconstitution possible de l'horloge du LTC, par détection des fronts, permettant de s'affranchir de la vitesse de lecture (jusqu'à certaines limites) :

- à très basse vitesse, le niveau du signal devient très faible et illisible (puisque la tension produite par la tête de lecture est proportionnelle au changement du magnétisme à travers son entrefer) ;
- à l'arrêt ou en pause, le signal n'est pas lu ;
- à haute vitesse, la bande passante limite la lecture.

Une valeur moyenne nulle qui évite la magnétisation des têtes magnétiques.

L'insensibilité à une erreur de phase (inversion point chaud/point froid).

La tension du signal est indépendante de la valeur du bit.

7.6.2 *Constitution du LTC*

Un mot entier de code est requis pour définir toute l'information. Ce mot, transmis à chaque image, est composé de 10 octets soit 80 bits émis sériellement en code décimal codé binaire (DCB)[1].

1. Le principe DCB code les nombre de 0 à 9 sur 4 bits, le système binaire code 0 à 15 (0 à hex F) sur 4 bits.

La transmission prend le temps entier d'une image, soit :

- 2 400 bits/s en SMPTE (80 bits × 30 images) ;
- 2 000 bits/s en EBU (80 bits × 25 images) ;
- 1 920 bits/s en FILM (80 bits × 24 images).

Ils définissent ainsi la fréquence de l'horloge du LTC dans son format.

7.6.3 Bande passante nécessaire

Le signal électrique est un signal carré (*figure 7.19*) qui varie théoriquement entre 1 000 Hz (suite de « 0 ») et 2 000 Hz (suite de « 1 ») mais en fait oscille sans cesse entre ces deux valeurs.

Le signal rectangulaire du LTC est riche en harmoniques et nécessite un filtrage afin de limiter les hautes fréquences.

Les temps de transition ont été définis à 25 μs (± 5 μs) pour le SPMTE et 50 μs (+ 15/– 10 μs) dans le standard EBU. Le calibrage est souvent réalisé par un filtre passe-bas du 1er ordre (6 dB/octave), disposant d'une constante de temps approprié d'environ 11,5 μs.

Pour pouvoir lire un tel signal, une bande passante audio (30 Hz-16 000 Hz) est suffisante. Le code SMPTE/EBU est néanmoins sensible à une réduction de la bande passante surtout dans les fréquences graves ainsi qu'à un mauvais rapport signal sur bruit.

De plus, dans une installation mal conçue, il peut y avoir une diaphonie importante avec les liaisons audio.

Les enregistreurs professionnels actuels possèdent une piste destinée spécifiquement à l'enregistrement du code.

✧ Utilisation des bits

L'ensemble des 80 bits n'est pas exigé pour préciser l'adresse de l'image en cours ; seulement 26 bits sont employés à cet effet. L'ensemble du mot est divisé comme suit :

Adresse temporelle	*Time Address*	26
Bits utilisateur	*User bits*	32
Mot de synchronisation	*Sync Word*	16
Bits de status	*Status Information*	5
Non assigné	*Unassigned*	1
	Total	80

Une description approfondie des mots sort du cadre de cet ouvrage, aussi nous nous contenterons d'une brève description (voir annexe A.3).

✧ Adresse temporelle (*Time Address*) - 26 bits

Chacun des numéros décimaux est codé sur 4 bits (un octet = 8 bits, un nybble = 4 bits).

C'est-à-dire, pour coder l'image « 12 » les numéros 1 (0001) et 2 (0010) sont employés séquentiellement, au lieu de coder le numéro « 12 » comme un nombre binaire :

« 12 » (décimal) = « 0001 0010 » (BCD) = « 1100 » (BINaire). (*figure 7.6*)

Figure 7.6

Une utilisation stricte du codage DCB exigerait 32 bits pour coder et transmettre l'adresse temporelle sur quatre bits chacun pour 8 chiffres (HH:mm:ss:ff).

Mais puisqu'il n'y a besoin que de 2 bits pour coder les dizaines d'heures et dizaines d'images (qui ne dépassent jamais « 2 »), et de 3 bits pour chacune des dizaines de minutes et de dizaines de secondes, 26 bits seulement sont employés pour l'information d'adresse de temps.

Les 6 bits libérés sont employés pour l'information de statut.

✧ Information d'utilisateur (*User bits*) - 32 bits

32 bits divisés en huit mots de 4 bits sont utilisés pour stocker les *User bits*.

Réservé à l'enregistrement d'informations concernant le titre du travail en cours, sa date, son n° d'ordre, etc. le type d'information stockée est précisé par *l'user flag*.

La méthode de codage est précisée sous la référence SMPTE PR135.

✧ Mot de synchronisation (*Sync Word*) - 16 bits

Le mot de synchronisation marque l'intervalle d'échantillon du code temporel, et délimite l'intervalle dans lequel les données sont valides.

Chaque image de données du code temporel doit avoir une corrélation exacte par rapport à l'image physique qu'il représente ; par exemple, dans un code lié à un signal vidéo, le signal de synchro (*frame sync*) doit correspondre exactement avec la synchro verticale de la vidéo.

La chaîne de caractère du mot de synchro (0011111111111101) est placée à la fin de chaque mot et permet au lecteur de code de déterminer le début du mot de code suivant.

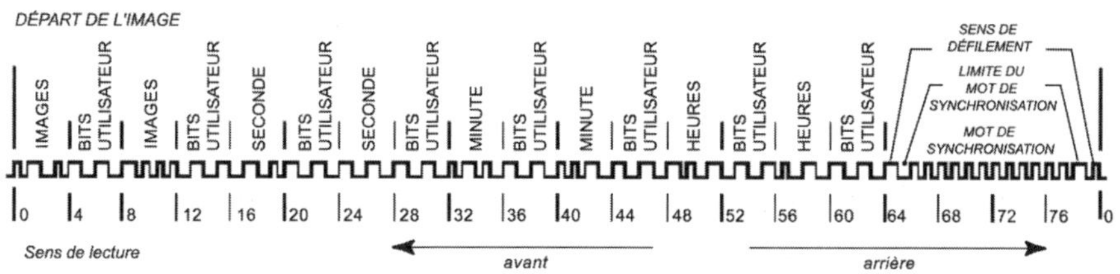

Figure 7.7

Lors de la lecture d'un mot de code, tant que le mot de synchronisation n'a pas été lu, ce mot de code est perdu.

Si les 12 bits sont précédés de « 00 », le code défile dans le bon sens (la machine est en lecture ou FF), si cette série est précédée de « 10 », le code défile en marche arrière (*figure 7.7*).

Sur les enregistreurs numériques ou les stations de travail, l'information de « direction » est bien souvent mal gérée. Le code n'étant pas enregistré sur une piste longitudinale mais inséré dans les datas (subcode), il est délivré toujours dans le même sens, mais en comptant ou décomptant les adresses : il compte et il décompte.

Ce code n'est pas toujours bien reconnu en lecture arrière, car certains lecteurs de code ne savent lire qu'un code respectant le bon positionnement des bits de direction.

7.6.4 *Problèmes et erreurs de code*

✦ Discontinuités

Une discontinuité dans le code temporel est un « saut » de plus d'une image dans l'ordre d'incrément du code.

L'ordre d'incrément est d'une image de code temporel, à chaque nouvelle image des données (excepté la *drop-frame*, qui a des sauts à des endroits bien connus).

Il y a deux types de discontinuités :

Discontinuité liée (sans saut)

Une discontinuité liée est caractérisée par une perturbation assez courte de l'ordre normal, affectant une zone limitée :

00:01:12:01
00:01:12:02
00:01:12:03
11:01:12:04 ← discontinuité
11:01:12:05
11:01:12:06 ← fin de discontinuité
00:01:12:07
00:01:12:08

Dans cette séquence, à part la discontinuité, l'ordre est normal. Il est assez facile de récupérer ce type de discontinuité, car il suffit de corriger un nombre restreint de valeur d'images des données.

Cette altération indique une erreur dans le code temporel plutôt qu'une rupture dans l'élément source.

Discontinuité non liée : avec un saut

La discontinuité est marquée par un saut :

00:01:12:02
00:01:12:03
11:00:22:09 ← discontinuité
11:00:22:10
11:00:22:11
11:00:22:14

Ce type de discontinuité indique plutôt un changement dans les éléments source (par exemple l'assemblage de plusieurs éléments).

Une discontinuité non liée rend des éléments difficiles à synchroniser, à moins d'options particulières du synchroniseur.

Parfois, des discontinuités non liées sont employées pour marquer des changements de scène ou de bobine. Par exemple, une bobine de film 35 mm standard dure approximativement 20 minutes. Lorsque ce film est transféré sur bande vidéo, trois bobines sont généralement mises bout à bout sur une bande d'une heure. À chaque bobine est assigné un nouveau code temporel. Donc, le début de chaque bobine sera marqué par une discontinuité.

Aussi longtemps que la discontinuité n'est pas dans un segment qui doit être synchronisé, cela n'est pas gênant.

✦ Données défectueuses

Un code peut être altéré par différentes causes :

- un niveau d'enregistrement trop faible (souffle, diaphonie) ;
- un niveau d'enregistrement trop fort (distorsion) ;
- une bande passante insuffisante (dans les fréquences basses et aiguës) ;
- des pertes d'information par défaut magnétique du support (du type *drop-out*).

✦ Code altéré

Les données altérées peuvent êtres rencontrées sur n'importe quel média.

Habituellement, elles masquent une image valide, mais il peut en résulter un code temporel complètement hors limites par exemple :

30:01:12:00
30:01:12:01
30:01:12:02

Une telle section de time code est inutilisable, et doit être réenregistrée.

- **Drop out**

Un *drop out* est généralement dû à un défaut du média (défaut sur une bande magnétique, ou de transmission). Il est défini comme perte de données du code, déformation du signal ou bruit parasite superposé. Une partie du code est inexistante ou devient complètement illisible. Si cette portion est réduite, la fonction de *flywheel* permet de l'ignorer (voir § 7.9.1).

- **Jitter**

Le *jitter* (la gigue) est une modulation plus ou moins rapide de la fréquence du signal transmis. Si le débit binaire subit des variations (et en supposant que le système de réception ne peut pas les corriger), une erreur peut être introduite, ou le signal ne pas être reconnu.

Le *jitter* peut avoir plusieurs causes :

- capacité parasite du câblage ;
- oscillations dans le dispositif ;
- instabilité de la synchronisation.

Les phases de démarrage et d'arrêt d'une machine lectrice sont toujours des périodes d'instabilité. La machine délivre alors des données incorrectes, inutilisables pour la synchronisation pendant ce moment d'instabilité.

7.6.5 *Restauration du code, remise en forme et régénération*

Plusieurs dispositifs techniques permettent de « restaurer » un code défaillant.

- **Remise en forme**

La remise en forme électrique « remodelage » (*reshapping*) par amplification et écrêtage du signal est une fonction assurée par la plupart des synchroniseurs (*figure 7.8*) mais qui peut amener une déformation de la forme d'onde telle que le code peut ne pas être reconnu par le lecteur.

Cette méthode atteint vite ses limites si le code est très altéré, on lui préférera la régénération complète du code. D'autant plus que ce traitement ne corrige pas un éventuel *jitter.*

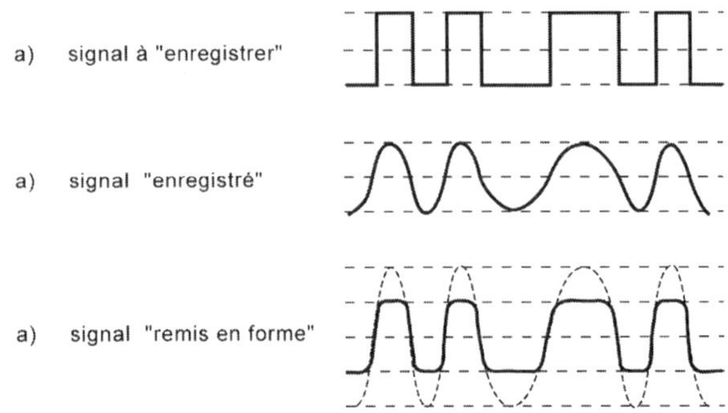

Figure 7.8 – Un signal déformé lors de l'enregistrement peut être remis en forme par amplification et écrêtage.

✦ La régénération « *jam sync* »

Lorsqu'un code a subi des pertes d'informations (mots de code illisibles pendant un laps de temps plus ou moins long), il est possible de reconstituer un code correct en « recréant » par un générateur un nouveau code ayant la même adresse (ou bien ayant une différence constante d'*offset*). Cette fonction porte le nom de « *jam sync* » sur les synchroniseurs.

Le code à régénérer est lu jusqu'à la dernière adresse valide à partir duquel un code « sain » est généré (re-généré).

Ce processus permet aussi de prolonger un code trop court, ou, par recopie, d'introduire un *offset*.

Ce traitement permet également de revérouiller un code instable (avec beaucoup de *jitter*). Le bon fonctionnement n'est néanmoins assuré que si les équipements sont bien référencés à l'horloge maître.

Le ré-encodage ou enregistrement ultérieur d'un nouveau code sur une bande supportant déjà un programme, ne peut s'effectuer que sur une machine à défilement asservi tel qu'un magnétoscope ou un magnétophone numérique mais en aucun cas sur un magnétophone analogique sous peine de perte du synchronisme des informations.

✦ Le temps de latence « *Latency* »

Le temps de latence est la mesure du temps de réponse entre la réception d'une donnée de code temporel et la réaction correspondante (affichage ou synchronisation). Ce retard est dû au temps d'exécution du décodage interne et est variable de quelques millisecondes (échantillons) à plusieurs images.

Certains équipements en tiennent compte (notamment les synchroniseurs) et le compensent, d'autres non… les incrustateurs par exemple.

Sur les machines numériques, un retard dû au temps de conversion ou de remise en forme du code peut être, ou non, compensé.

7.7 Le VITC (*Vertical Interval TimeCode*) ou code temporel « vertical »

Le VITC a été inventé pour palier à certains défauts du LTC, notamment une imprécision aux vitesses très lentes, à l'arrêt et en pause ainsi que l'importance de l'espace physique nécessaire sur la bande vidéo elle-même.

La solution a été présentée par Sony en 1979 sous le nom de *Vertical Interval Time Code* (VITC).

Le code est inséré dans le signal vidéo, dans l'intervalle de suppression de trame (d'où le nom…). En vidéo, des signaux spécifiques permettent la synchronisation de l'image et la reconnaissance de chacune des trames et des lignes. Le début de chaque trame comporte 25 lignes sans aucune modulation d'image (*figure 7.9*). Ce sont ces lignes qui supportent les signaux du VITC, ainsi que les signaux de chrominance, de télétexte, etc.

Dans une machine vidéo, il est possible de regarder une image en pause, puisque la bande continue à être lue par le tambour rotatif. Ainsi comme le code est intégré dans l'image, il est également possible de le lire à l'arrêt.

Cela signifie que le code est inséré dans chaque trame plutôt que dans chaque image, augmentant ainsi la résolution d'un facteur de 2 par rapport au LTC,

Un drapeau (*flag*) supplémentaire sera donc exigé pour indiquer la trame en cours. Afin d'augmenter la fiabilité, il est recommandé par les spécifications d'enregistrer le code sur deux lignes non consécutives, au cas où une ligne souffrirait d'un *drop-out*.

De plus, la vérification des erreurs intégrée (CRC, code de vérification des erreurs) augmente la fiabilité du processus.

7.7.1 *Comparaisons des codes LTC et VITC*

Il y a un certain nombre de caractéristiques qui font différer le VITC du LTC :

Une ligne d'image vidéo est toujours lue dans le même sens et à la même vitesse et la phase du signal est fiable, aussi le système de codage binaire employé pour le VITC est le Non Retour à Zéro (NRZ). Dans ce système, une information binaire « 1 » est égale à une valeur de 80 IRE [1] et une information binaire « 0 » est égale à 0 IRE.

---

1. Un IRE est une unité égale à la 1/140e de l'amplitude de crête-crête d'un signal vidéo, habituellement 1 IRE = 7,14 mV, donc 140 IRE = 1 V.

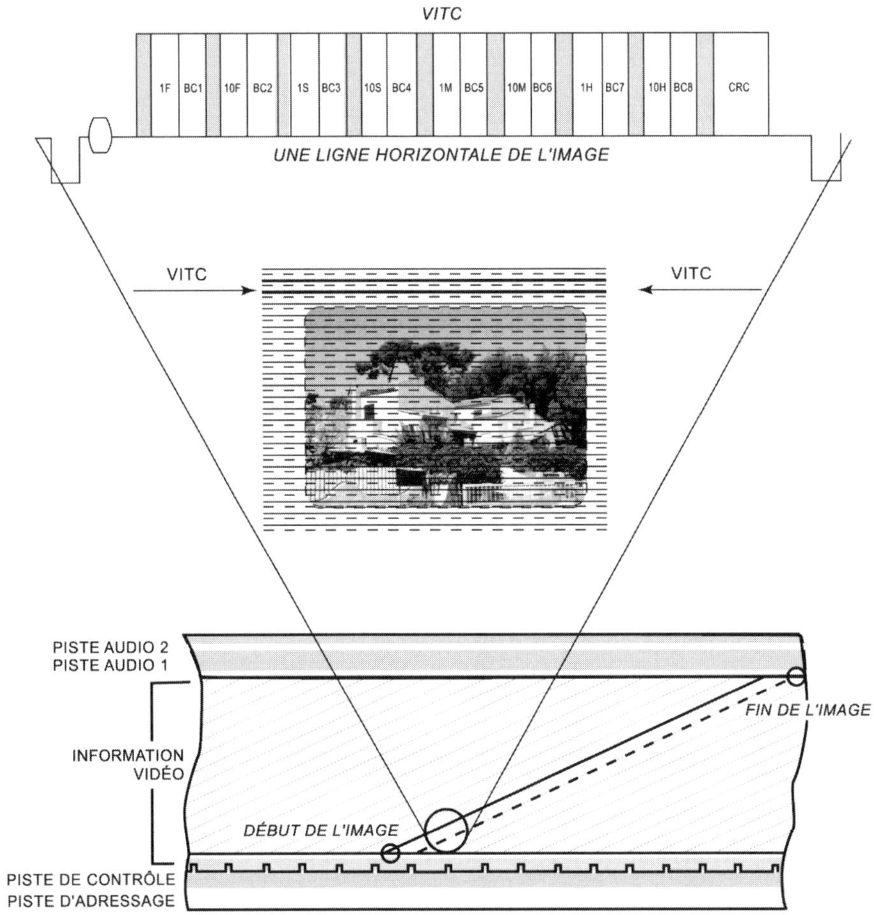

Figure 7.9 – Le VITC est enregistré dans la partie non visible de l'image vidéo.

Le signal de VITC contient l'adresse de la trame et non l'adresse de l'image. Par conséquent, puisqu'il est dans la vidéo, il ne peut être lu à grande vitesse, avant et arrière. Pour cette raison, il doit être accompagné d'un code LTC identique ou bien on peut encore utiliser une information tachymétrique (*tacho/pulse*) pour permettre les opérations de recherche et de calage.

Avec un code VITC, il n'est pas nécessaire d'indiquer quand le mot commence (comme le fait le mot de synchro dans le LTC) puisque chaque trame est associée à une image.

Le « mot de code » en VITC est constitué de 90 bits soit 26 bits d'adresse, 9 fois 2 bits de mot de synchronisation, 8 bits de correction d'erreur plus les 32 bits utilisateurs (*user's bits*) et les autres codes utilisés par le LTC.

Adresse temporelle	*Time Address*	26
Information utilisateur	*User Information*	32
Groupe de synchro	*Sync Groups*	18
CRC	*Cyclic Redundancy Code*	8
Bits de status	*Status Information*	5
Non assigné	*Unassigned*	1
	Total	90

Les 26 bits horaires, les 32 bits utilisateurs et les informations de contrôle sont semblables à ceux du code longitudinal hormis le bit de parité qui devient le bit d'identification de trame.

L'information de synchronisation est employée uniquement pour synchroniser le mot. Elle n'a pas besoin d'indiquer où commence le mot (puisqu'il est évident qu'il y a un mot « verrouillé » à chaque trame) ni sa direction puisque le tambour lit toujours en avant – même en lecture arrière…

Une méthode de détection des erreurs est implémentée (pas de correction d'erreurs). Si le code est valide, il est pris en compte, si le CRC échoue, la ligne suivante est utilisée.

Un drapeau (*flag*) indique la trame de l'adresse.

Enfin, à la différence du LTC, le VITC est indissociable de son support : la vidéo. La sortie de code d'une machine vidéo est en LTC, une distribution de code temporel est toujours en LTC.

✦ Encodage en VITC d'une vidéo

Le VITC est enregistré dans l'image, il est donc impossible de coder une image existante en VITC sans effectuer une copie de l'image originale pour y intégrer le code avec l'inconvénient d'une génération supplémentaire et la dégradation du signal qui l'accompagne ; alors que le LTC situé sur une section différente de la bande peut être réenregistré sur la même bande sans recopie de la vidéo.

Pour enregistrer le VITC, l'image vidéo doit transiter dans un appareil qui, lui-même, est alimenté par un générateur de LTC (*figure 7.10*).

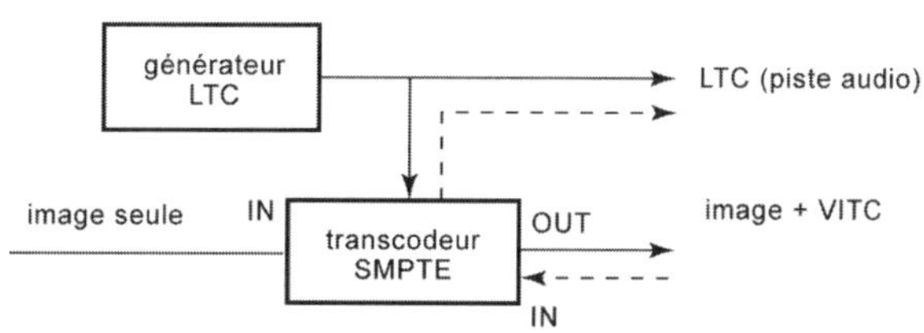

Figure 7.10 - Transcodeur de code : LTC → VITC et VITC → LTC.

Cet appareil peut effectuer la commutation inverse et délivrer un code LTC à partir d'une image avec code VITC.

7.7.2 *Visualisation*

Le code SMPTE/EBU sous ses deux formes (LTC et VITC) peut être visualisé par un système compteur (LED, LCD, écran) ou par incrustation (superposition) à l'image vidéo du programme.

✦ Incrustation

Lors des travaux sur copies de travail, l'affichage du code peut être incrusté dans l'image de façon permanente (*burned-in time-code*), mais c'est une opération irréversible. Le code incrusté dans la vidéo fait alors partie intégrante de la vidéo.

Cette approche demande de faire une copie spéciale de la bande, mais la vidéo incrustée peut être visionnée sur n'importe quel magnétoscope standard.

✦ Surimpression

Une autre solution est d'utiliser un incrustateur entre le magnétoscope de lecture et l'écran pour ajouter l'image du code (*keyed-in code*) (*figure 7.11*).

Le code temporel de la bande est alors superposé temporairement à la vidéo qui reste intacte.

L'utilisateur peut choisir l'emplacement et la taille d'affichage des caractères à sa convenance en rapport avec l'image, et la vidéo source n'est pas affectée. Mais l'inconvénient de cette approche est que le code ne peut être visualisé qu'avec l'équipement approprié.

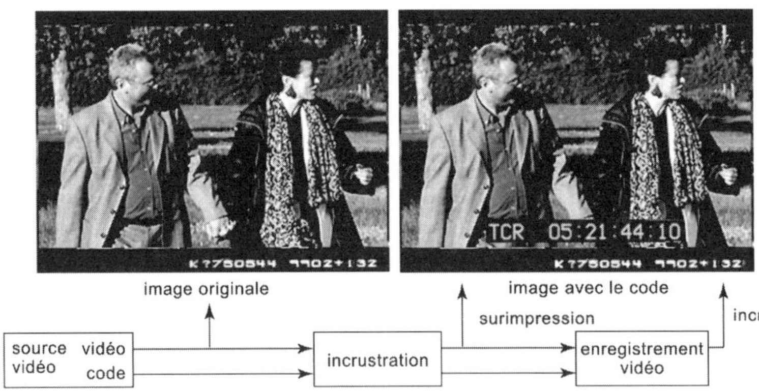

Figure 7.11 – L'incrustateur permet la visualisation du code sans affecter la vidéo. Notez les numéros du KeyKode affichés en bas à gauche de l'image. Les points en haut de l'image représentent une ligne de VITC. Sur cette image, il y a donc les informations destinées au montage négatif, et le code temporel destiné au monteur.

Il faut cependant se méfier d'un tel équipement, si les paramètres sont mal choisis, l'affichage peut être en retard par rapport au code réel, puisqu'il ne peut afficher un code LTC qu'après l'avoir lu…

Il est donc nécessaire d'anticiper et de connaître le temps de transfert (latence § 7.6.5) pour les séances de doublage, de voix, de bruitage… (voir le chapitre 8, tome 3).

7.8 Autres systèmes d'encodage temporel

7.8.1 *Le film*

Pendant bien longtemps, le film a utilisé la méthode de synchronisation basée sur une fréquence de référence (d'abord le secteur, puis le quartz) et le comptage des perforations en partant du « clap » de tournage et des « starts ».

Ce type de synchronisation impose une méthodologie et une gestion des éléments particulièrement contraignante, notamment dans le suivi des éléments, où à chaque image correspondent une ou plusieurs bandes sonores.

Plusieurs méthodes ont été créées pour intégrer un marquage temporel qui ne permet pas forcément la synchronisation dynamique, mais le calage absolu des éléments son et image entre eux.

✦ Numéros de bord et *Keycode*

Kodak a créé un système permettant une identification lisible sur la pellicule de chaque image, ce sont les numéros de bord (ou Code d'identification visuel des images).

Cette information est inscrite en clair sur la pellicule négative dès sa fabrication (imprimée en image latente et révélée au développement) et est imprimée entre les perforations et le bord du film (*figure 7.12*).

Ce code permet l'identification complète et unique de chacune des pellicules et images ; le type de support, le type de pellicule, le numéro d'émulsion, le numéro de la perforatrice, etc.

Ces indications sont reportées sur le positif au moment du tirage et permettent ensuite de conformer le négatif à la copie de travail.

Les numéros de bord sont aussi accompagnés du *Keycode* (sorte de code barre) qui peut être lu et reconnu par une machine spéciale.

Ainsi, il est possible d'automatiser entièrement le tirage des copies de travail ainsi que le montage négatif et de pouvoir accéder à n'importe quelle image d'une bobine grâce à son *keycode*.

Tous les fabricants de pellicule ont suivi Kodak et ont adopté le même standard.

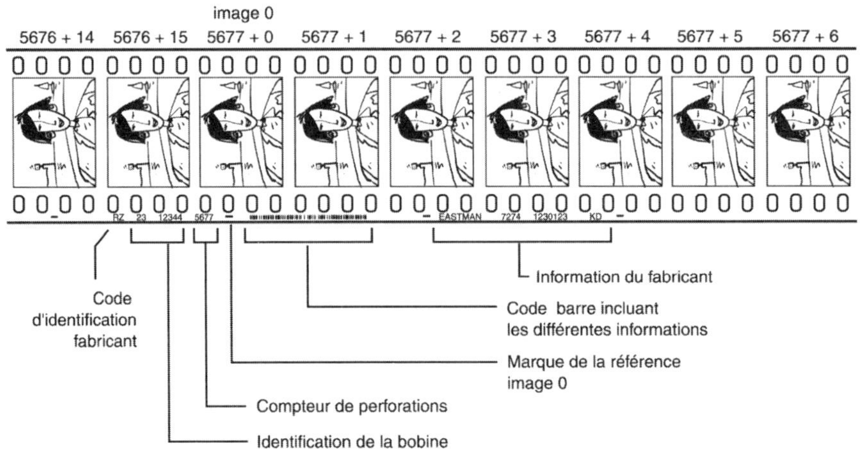

Figure 7.12

Le keykode permet une identification sous la forme d'un code barre lu directement par une machine. Cette forme de piétage automatique ne peut en aucun cas être considérée comme un système de synchronisation.

Le système *keycode* représente donc une référence absolue, mais la numérotation n'est pas définie par l'utilisateur. Il faut après le développement conformer les autres éléments (sons essentiellement) sur ce code, à l'aide d'un encodeur de piétage /générateur de *time code*, connecté au télécinéma, afin de produire un fichier de base de données de *Keykode*/code temporel pour toutes les images et les sons transférés.

Des systèmes développés par des fabricants de caméra de prise de vue 35 et 16 mm complètent le *keycode* en permettant d'enregistrer un code temporel sur la pellicule pendant la prise de vues (inscription optique sur la pellicule film).

La pellicule est impressionnée au rythme du code temporel du générateur de code. Simultanément, le code est enregistré sur le magnétophone afin d'assurer la synchronisation du son au montage.

Au début, la caméra était reliée au magnétophone par une liaison d'horloge, puis ensuite par un code temporel.

Avec la stabilité des horloges à quartz, chaque élément possède son propre générateur, qui est mis à l'heure tous les matins et vérifié à midi pendant les tournages grâce à une horloge de référence.

✦ Le système Arriflex

Ce système a fait l'objet d'un brevet de la société Arnold et Richter.

Les informations de temps sont marquées sur la pellicule film (*figure 7.13*). Ces informations comportant 80 bits par image, sont présentes en bordure de la pellicule du

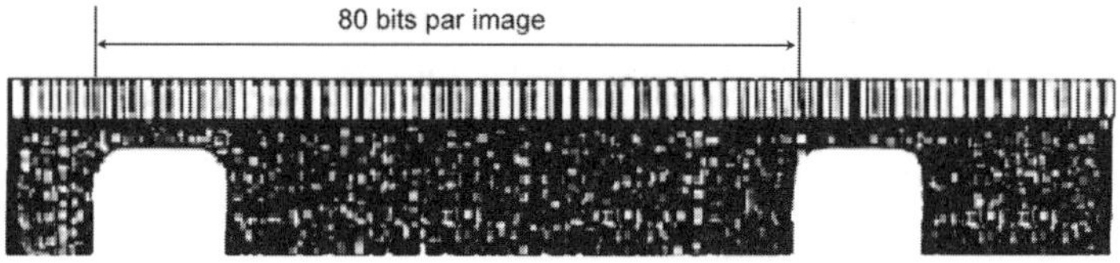

Figure 7.13 – Code Arriflex sur une pellicule 16 mm.

côté opposé aux perforations en 16 mm, et à l'intérieur des perforations en 35 mm. Cet enregistrement s'effectue dans la caméra pendant le mouvement du film avec un décalage physique de deux images par rapport à la fenêtre de prise de vues. Un système électronique interne à la caméra compense ce décalage de façon à compenser cet *offset*. Le système fonctionne uniquement aux vitesses de 24 et 25 ip/s.

✦ Le code Aaton

Développé par la Société Aaton, ce code intègre des diodes luminescentes disposées selon une matrice en forme de damier de 7 × 13 points dans la fenêtre de prise de vues à l'intérieur de la caméra. Le dispositif placé hors de l'image est destiné à impressionner la pellicule par l'allumage et l'extinction des Led. Le code spécifique à Aaton comporte 91 bits en rapport avec le code temporel SMPTE/EBU (*figure 7.14*).

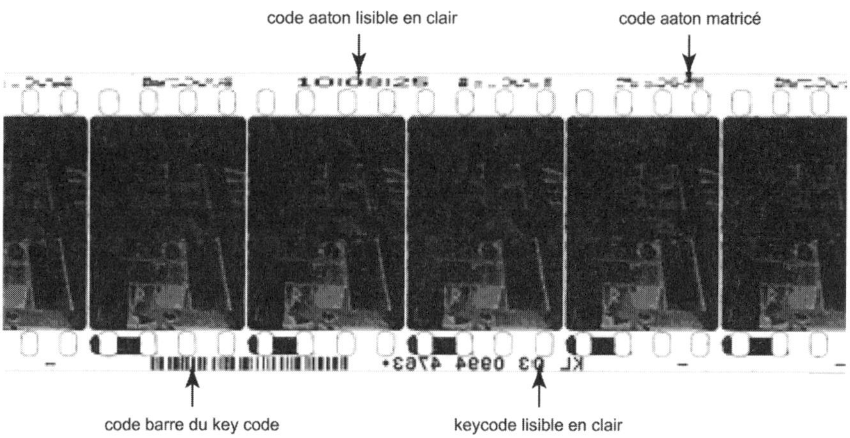

Figure 7.14 – Négatif avec les numéros de bord, le keycode et le code Aaton.

Ce code, en plus des informations « Heure-Minute-Seconde », mémorise les informations suivantes :

Année/Mois/Jour - Production ID (digit) - Caméra ID
- Vitesse de la caméra - Indicateur d'image zéro

Cette matrice est positionnée entre les perforations en 16 mm de façon à laisser libre l'utilisation éventuelle du super 16 et sur le bord du film à l'extérieur des perforations en 35 mm, du côté opposé au keycode.

De plus, un affichage en clair toutes les secondes permet un repérage aisé.

La matrice présente en regard de chaque image un code complet permettant d'identifier chaque image isolément (*figure 7.15*).

Figure 7.15 – Matrice du code AATON, à l'extérieur des perforations du film.

✧ Mode free run

Pour avoir exactement le même code temporel pendant le tournage, les générateurs de chacun des équipements tournent toute la journée sans interruption ; que la caméra tourne ou pas.

Cela permet d'avoir un code identique sur la pellicule image et les éléments sonores et d'avoir l'indication de l'heure de la prise. Lorsque l'horloge maître est mise à l'heure réelle, cela facilite les repérages ultérieurs des scènes.

Il est nécessaire de faire précéder chacune des prises d'un « *pre-roll* » d'une dizaine de secondes afin de permettre la synchronisation ultérieure des éléments sonores.

Ce mode permet aussi de s'affranchir du « clap » de début de scène. Le clap est néanmoins conservé dans la majorité des tournages, ne serait-ce que pour les indications données en clair par l'assistant. Son usage est aussi symbolique pour annoncer le début de la prise et donc établir le silence plateau.

✧ Mode rec run

Par opposition, dans cet autre mode de fonctionnement du générateur de code temporel, le code n'est généré que lorsque les machines sont en enregistrement. Le code temporel enregistré est alors continu sur la cassette ou le film, mais ce mode nécessite une liaison HF ou par fil entre les différents enregistreurs (image et son). Ce mode de fonctionnement est peu utilisé.

✦ Évolution du VITC : le 3 lignes VITC

Tirant profit de l'excellente fiabilité de la lecture du code VITC, et donc de la pertinence d'écrire deux fois le même message à chaque trame, le « VITC 3 lignes », moyennant l'utilisation de 3 lignes à chaque trame, permet de créer une passerelle entre le cinéma et la vidéo en intégrant les codes films dans le code VITC.

Ce système, créé par Aaton, Avid, Evertz et Lightworks, insère trois lignes consécutives entre les lignes 14 à 23 en PAL (par exemple les lignes 19-20-21), et de 13 à 20 en NTSC.

La première ligne est codée avec le code SMPTE/EBU 12M avec son CRC normal en incluant dans les *users-bits* du code, les étiquettes d'Aaton, ou l'identification de bobine, ou n'importe quelle valeur hexadécimale...

De cette façon, les lecteurs conventionnels de VITC peuvent lire l'Aaton *Tags*.

Chacune des deux autres lignes est codée avec son propre CRC afin qu'il n'y ait aucune confusion pour les lecteurs ne pouvant pas lire ce format (*tableau 7.1*).

Tableau 7.1

Lignes	*Timecode*	User's bits
1re ligne	Code de la vidéo	Aaton *tags*
2e ligne	Préfixe du *Keykode*	Suffixe du *Keykode* + nombre d'images
3e ligne	Code caméra (ou code audio)	*User's bits* du code de la caméra (date, caméra ID, etc.)

Grâce à cette technique, il est possible d'effectuer des transferts de film en vidéo pour faire le montage d'un film soit avec un éditeur vidéo soit à l'aide d'un système de montage virtuel, puis d'automatiser le montage négatif du film, sur la base des indications contenues dans les *user-bits* de la bande vidéo terminée.

7.8.2 *Le MTC : MIDI Time Code*

À l'origine, le MIDI n'avait pas de données spécifiques permettant la synchronisation avec des codes SMPTE.

Le dispositif de synchronisation devait estimer la quantité de temps qui s'était écoulé depuis le début du titre en utilisant les pointeurs de position de chanson (PPC) et une carte des tempos (d'une façon similaire au comptage des perforations dans la synchro film § 7.9.2) en tenant compte des changements de tempo, du nombre de mesures dans la chanson et des sauts éventuels.

En 1987, un supplément aux spécifications du MIDI définit une norme suivant laquelle l'information de synchronisation (en heures, minutes, secondes et images) du code temporel SMPTE/EBU peut être transmise en MIDI. Cette norme est appelée *MIDI Time Code* ou MTC.

Ainsi, une fois le MTC mis en application, l'utilisateur n'a plus la nécessité de convertir manuellement le temps absolu de SMPTE en nombres tempo-relatifs de barre et de battement.

De cette façon, un ensemble de dispositifs MIDI peut êtres synchronisé à une référence de temps absolue (voir § 8.9.2).

7.9 Pratique de la synchronisation

7.9.1 *La synchronisation de deux bandes magnétiques*

En raison des dispersions des caractéristiques mécaniques et électriques, deux magnétophones, y compris du même modèle, ne tournent jamais exactement à la même vitesse (voir § 6.2). De plus il y a un glissement inévitable entre le galet presseur et le cabestan, fonction aussi de l'épaisseur de la bande magnétique. Vouloir les synchroniser « à la volée » sans équipement spécifique est impossible.

Les temps de démarrage seront également différents, en fonction du réglage de la machine, de l'épaisseur de la bande, de la quantité de bande sur les bobines débitrice et réceptrice (début de bande, fin de bande, grosse bobine, petite bobine, etc.), que ce soit sur une machine à têtes fixes ou une machine du type vidéo (VTR) à têtes rotatives.

✦ La fréquence de référence

Il est cependant possible de faire défiler une machine à une vitesse moyenne constante, en apportant une correction destinée à compenser toute variation de vitesse.

En enregistrant sur une piste, une fréquence de référence, puis à la lecture en comparant cette fréquence relue à la fréquence source, il est possible de générer un signal d'erreur permettant de compenser les dérives (*drift*) et fluctuations de vitesse (*wow & flutter*) (*figure 7.16*). Ce type d'asservissement est appelé « verrouillage de phase » (*phase locking*) ou *resolving*.

Sur les machines analogiques utilisées en tournage film, du type Nagra par exemple, cette piste s'appelle piste « pilote » et le signal est enregistré à la fréquence de 50 Hz.

Cette technique est aussi utilisée sur toutes les machines nécessitant une parfaite stabilité de la vitesse, VTR et magnétophone audionumérique. La piste utilisée s'appelle alors le CTL pour *control track*.

Elle comprend des impulsions correspondant à chaque image ou blocks enregistrés sur la bande, et contrôle la vitesse de défilement de la bande et la rotation des têtes vidéo, afin de reproduire mêmes les plus légères variations de vitesse tant à la lecture qu'à l'enregistrement.

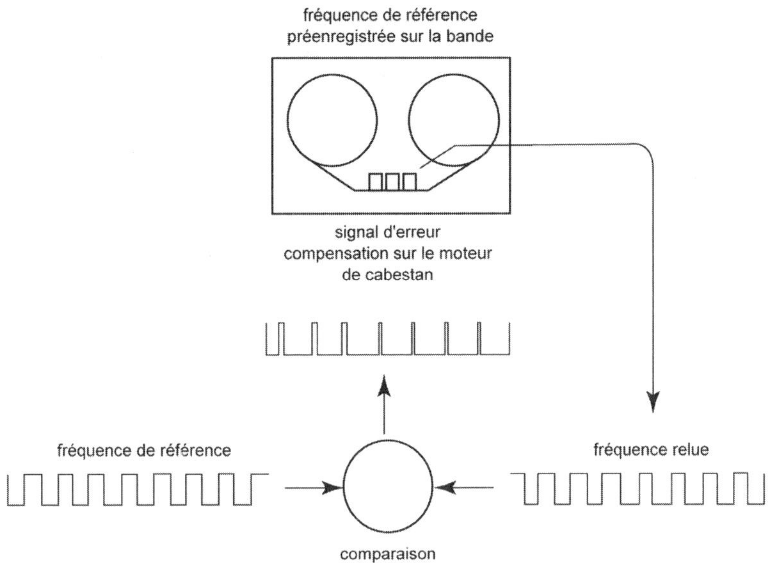

Figure 7.16 – Correction de la vitesse par comparaison de fréquences.

En la couplant à un compteur, elle peut aussi montrer la durée de la bande en heures, minutes, secondes, images.

Par extension, deux ou plusieurs machines ayant la même fréquence enregistrée sur leur bande respective, défileront exactement à la même vitesse, en parfait synchronisme mais de façon isochrone (voir § 7.1.1).

Il est à noter que le principe reste valable quelle que soit la vitesse de défilement : ce qui est important, c'est que la vitesse utilisée lors de l'enregistrement de la fréquence de référence soit identique à celle utilisée lors de la lecture ; ainsi, dans le cas de deux machines analogiques, l'une peut défiler à 38 cm/s et l'autre à 76 cm/s.

Ce principe de synchronisation a un défaut majeur puisque la synchronisation d'instants précis n'est pas possible. La vitesse est synchrone, mais une bande peut être au début et l'autre à la fin, le système l'ignore…

Si l'on imagine une méthode de marquage visuel sur les bandes permettant de positionner manuellement un point de début, les différences de temps d'accélération au démarrage rendent le point de synchronisation impossible à reproduire.

En effet, la lecture de la fréquence de référence ne peut être fiable (donc indirectement l'asservissement en vitesse) que lorsque la bande a atteint sa vitesse nominale, c'est-à-dire lorsque le galet presseur plaque la bande sur le cabestan.

Ce système ne peut donc être utilisé que pour l'enregistrement. En faisant une marque sonore et visuelle (par exemple un *clap* lors du tournage), qui permet de caler ensuite les éléments entre eux, après que ceux-ci aient été reportés (lors du « repiquage ») sur un support permettant la synchronisation. Cette méthode, qui a l'avantage d'être très simple, a été employée dès l'arrivée des magnétophones à bande lisse dans l'industrie du cinéma.

✦ La base de temps et l'horloge maître

Pour synchroniser plusieurs machines ensemble, et s'affranchir des dérives inévitables de chacune des références, il est impératif d'avoir une fréquence de référence commune à toutes les machines : c'est la base de temps.

Appelée « horloge maître », elle délivre, à partir d'un quartz unique, un signal de synchro vidéo, un signal Noir codé, *Black Burst*, une mire de barre à 25 ip/s (en Europe), et dans les installations numériques un *World-Clock* ainsi qu'une référence AES/EBU à 44,1 ou 48 kHz.

Toutes les machines connectées sont rythmées par cette horloge. Ainsi, les dérives relatives sont évitées.

Les systèmes de première génération utilisaient la fréquence du secteur, qui a une précision remarquable 10^{-3} (ce qui représente une dérive maximale potentielle d'une image pour 40 s).

Cette stabilité, suffisante pour l'audio analogique est insuffisante pour l'audionumérique, aussi le matériel actuel utilise des oscillateurs à quartz dont la précision est de 10^{-6}, ce qui représente une dérive possible d'une image toutes les 11 h (à 25 ips).

Le matériel de haut de gamme utilise des oscillateurs à quartz thermostatés permettant d'accéder à une précision de l'ordre de 10^{-7}, soit une dérive d'une image après plus de 4 jours.

La précision d'une horloge atomique est de 10^{-12} ; une telle précision limiterait la dérive à une image tous les 1 240 ans…

✧ *Genlock*

L'horloge maître peut aussi être calée (on dit aussi abusivement « genlockée ») sur une autre source vidéo.

Genlock est la contraction de « verrouillage sur un générateur » employé dans l'industrie vidéo pour générer un signal d'horloge verrouillé à un signal vidéo.

Le mécanisme est basé autour d'un dispositif désigné sous le nom de boucle à verrouillage de phase (*Phase Lock Loop* ou PLL). Une PLL est un dispositif qui, à partir d'une fréquence d'entrée en référence, crée un signal d'horloge dont la fréquence est égale à un multiple de cette fréquence de référence.

Sans entrer dans les détails de fonctionnement, une bonne conception de PLL n'est pas simple et fait la différence entre deux horloges.

✧ *Flywheel*

Le *Flywheel* (ou roue libre ou volant d'inertie), permet, en cas de perte de l'horloge maître, de basculer et de maintenir dans une certaine mesure l'horloge interne sur la bonne fréquence. Néanmoins, ce mode de fonctionnement n'est pas fiable sur une longue période.

✧ Distribution de la référence

La précision de l'horloge ne suffit pas à assurer une bonne synchronisation, il est impératif que l'ensemble de ces signaux soit en phase et que les temps de transfert entre le générateur et les différents équipements soient identiques. Le simple passage dans un distributeur introduit un retard pouvant perturber une chaîne de référence. Aussi, si un distributeur s'avère nécessaire sur une ligne, l'ensemble des signaux d'horloge de synchronisation (référence vidéo ou *word-clock*) devra être retardé également (*figure 7.17*).

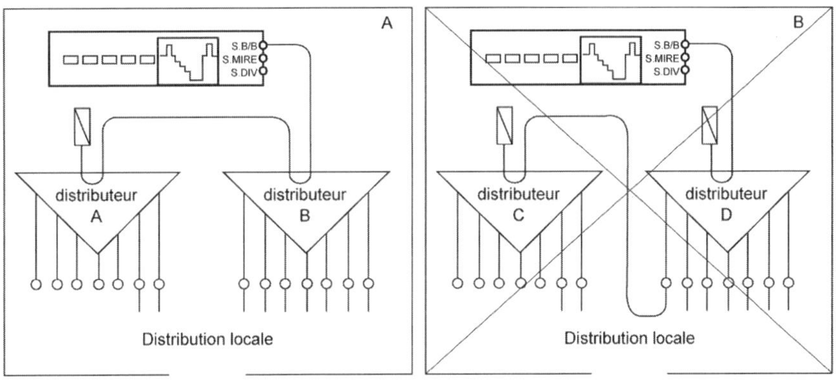

Figure 7.17 – Le signal d'horloge en sortie du distributeur « C » est retardé du temps de transfert non négligeable du distributeur « D ».

Dans les installations complexes, la distribution en sonde, si elle n'introduit pas de retard, n'est pas à retenir ; il suffit de déconnecter un équipement de la chaîne pour que tous les équipements suivants soient perturbés (*figure 7.18*).

7.9.2 *La synchro film*

✦ La bande perforée

En film, la pellicule image est perforée, afin d'être entraînée pour son passage intermittent devant la fenêtre de prise de vue de la caméra (croix de malte) et celle de projection du projecteur.

En comptant les perforations (ou en s'en servant pour entraîner sans glissement un donneur d'impulsions offrant une plus grande définition), on peut générer un signal

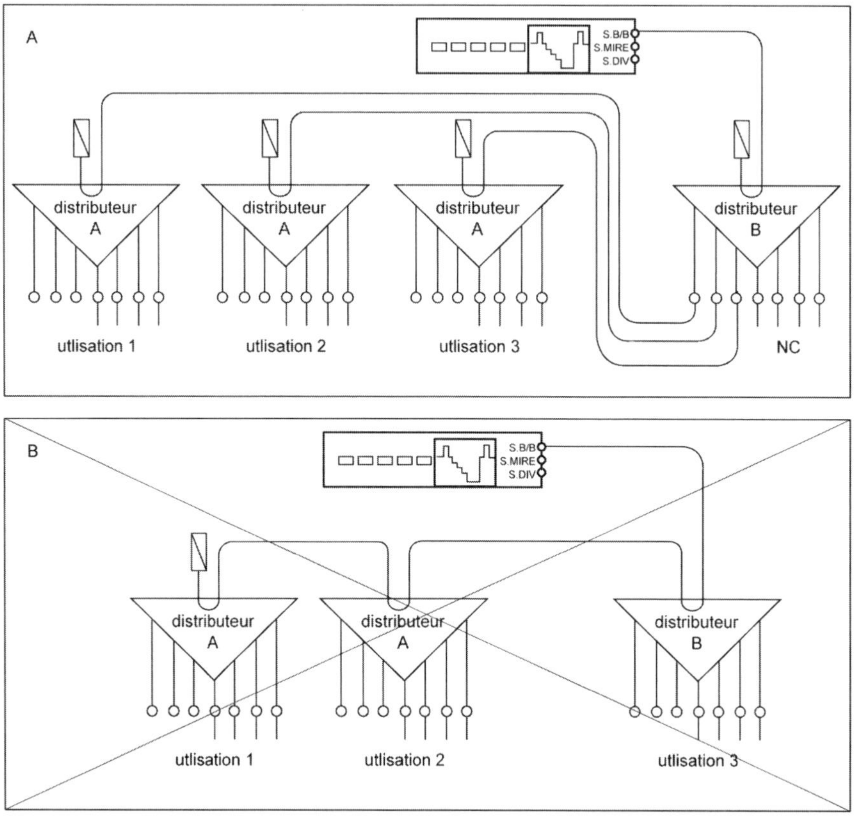

Figure 7.18

En cas de distribution lointaine et multiple, toutes les cellules seront alimentées par un (ou plusieurs) distributeurs. La solution « B », est correcte sur le plan du timming, mais est fragile sur le plan de l'exploitation.

permettant de connaître la position de la bande, par rapport à un point de repère prédéfini, avec une précision qui peut être supérieure au pas de la perforation.

Il suffit que la ou les bandes sonores soient aussi reportées sur de la bande magnétique perforée (lors du repiquage). Les bandes magnétiques utilisées dans l'industrie de film respectent les mêmes formats que l'image 16 ou 35 mm[1], soit une perforation par image en 16 mm et quatre perforations en 35 mm.

Néanmoins, la mixité des formats est possible, ainsi il n'est pas rare d'utiliser le format 35 mm magnétique avec une image 16 mm, en raison de la différence de qualité due à une plus grande largeur de piste et une vitesse de défilement supérieure (voir § 7.2.1). En revanche, avec une image 70 mm, le film magnétique utilisé est le 35 mm.

1. Au début du cinéma sonore, le son était seulement optique et utilisait la même pellicule que l'image.

✦ Le biphase

Le donneur d'impulsions entraîné par les perforations est utilisé pour générer deux signaux carrés, généralement entre 0 v et 5 v permettant de connaître tout à la fois la vitesse, le sens de défilement et par comptage, l'historique des déplacements de l'élément.

C'est le biphase ; deux signaux nommés R, S (*set, reset*) décalés de 45° dont la phase relative dépend du sens de défilement, et la fréquence de la vitesse (*figure 7.19*).

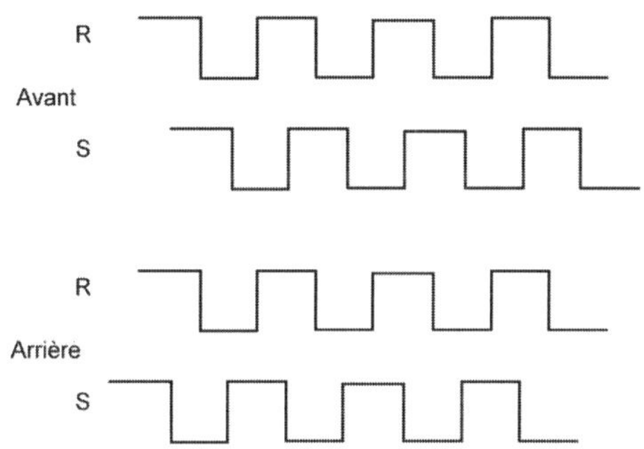

Figure 7.19 – Signal biphase :
Le décalage de phase des fronts R et S est fonction du sens de rotation ; avec une simple bascule RS, il est facile d'extraire le sens et la vitesse.

L'avantage de ce type de signal est que la position de la bande est toujours actualisée, quel que soit le mode de défilement en cours sur la machine : lecture, avance/recule image par image ou à grande vitesse. À l'arrêt, pour comparer les positions de différentes machines, la seule condition est que les machines soient arrêtées après avoir été mises en mouvement dans le même sens, ceci afin d'assurer le positionnement identique des différents capteurs mécaniques d'accélération du chemin de bande.

Dans la mesure où le seuil de basculements dans la technologie utilisée (cmos/ttl) [1] est bien respecté, et que les fronts raides sont sans rebonds, le biphase offre une très grande fiabilité.

La fréquence utilisée est un multiple du nombre d'images par seconde.

Les multiples les plus fréquemment rencontrés sont 2, 4, 10, parfois 25 ou 50.

Ainsi avec un multiple de 2, la fréquence de 48 Hz correspond à un défilement à 24 ip/s, celle de 50 Hz à 25 ip/s…

1. On utilise aussi parfois une boucle de courant semblable à celle utilisée dans les liaisons M.I.D.I.

7.9.3 *L'amorce de départ*

Dans les travaux analogiques de postproduction film utilisant la bande perforée, un point de repère dessiné sur la bande (la croix de *start*) permet un calage de départ précis.

Ce système utilise une convention d'amorce standard de départ, valable pour l'image et le son et qui permet d'obtenir la stabilité de la vitesse de défilement avant d'atteindre le début du film : une version complète dite universelle (*universal film leader*) de cette amorce est décrite en détail sur le site de l'EBU [3]. Une version simplifiée est utilisée en postproduction (*figure 7.20*).

La croix de *start* dessinée sur le film (occupant une image, soit 4 perforations en 35 mm et une en 16 mm), précédée d'une longueur de bande, permet le chargement correct de la machine et le calage des bandes.

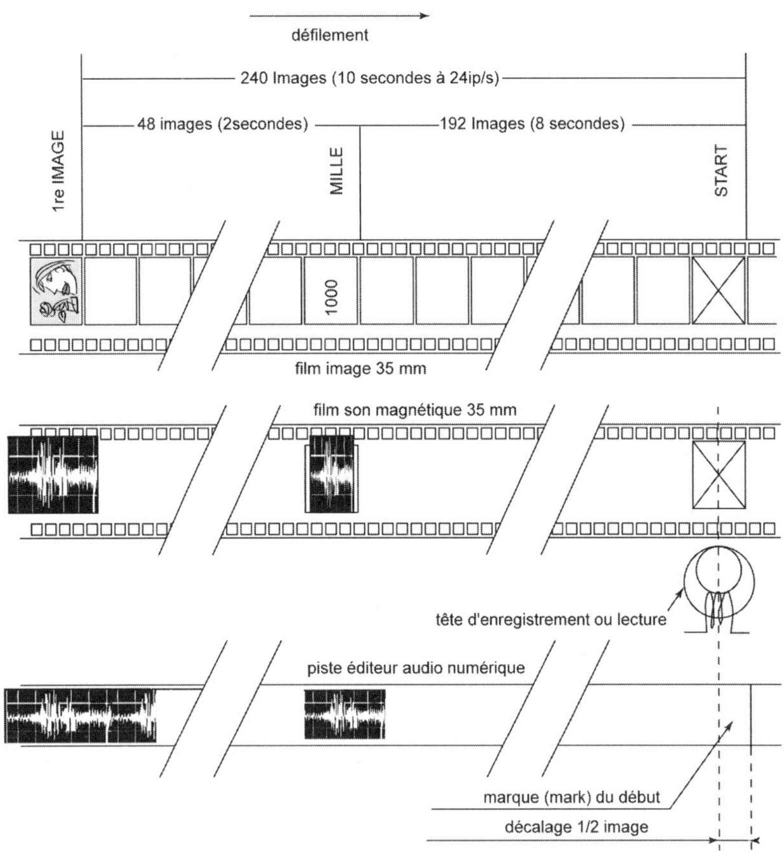

Figure 7.20 – Amorces image et son standard de production 35 mm.
Le start est suivi d'une longueur de 15 pieds en 35 mm soit 240 images, ou encore 10 secondes à 24 ip/s, et 9,6 secondes à 25 ip/s.

La croix de *start* est placée :

- dans la fenêtre de projection pour le projecteur, celui-ci étant calé avant la première ouverture de l'obturateur ;
- centrée sur la tête de lecture pour les lecteurs ;
- centrée sur la tête d'enregistrement pour les enregistreurs.

Le son est donc décalé (en avance) d'une demi-image soit environ 20 ms à 24 ip/s. Cela peut avoir une importance dans le cas d'utilisation simultanée de différents types de support (risque de *phasing* entre bandes sonores identiques) ; par exemple avec une station de travail audionumérique où la marque est placée en début d'image et non pas décalée d'une demi-image. En général, le calage de départ d'une telle station se fait au début de l'image, au basculement entre l'image – 1 et l'image 0.

Sur la bande sonore, un son à une fréquence de 1 kHz, d'une durée de 1 image (« le mille » ou « bip » de *start*), est placé 193 images après, soit à 8 secondes + 1 image du *start* à 24 ip/s ; si les différents sons sont bien synchrones, un seul « bip » doit être entendu.

Sur la pellicule image, une marque « 1000 » correspondante permet de vérifier le synchronisme image/son par repérage visuel et auditif, avant la première image (ou son) démarrant 48 images + 1 image plus tard, soit 2 secondes + image.

La présence du « mille » sur la bande sonore finale est cruciale, puisque c'est l'élément de référence qui seul permet, après report optique, de caler le son par rapport à l'image par repérage et mise en coïncidence visuelle du marqueur de « 1000 » sur le négatif et la marque de 1000 facilement repérable sur la bande son optique (*figure 7.21*).

Une autre marque visuelle et un son de 1 kHz (le « bip » de fin) sont placés à la fin de chaque bobine image et son (qui ont généralement une longueur de 600 m),

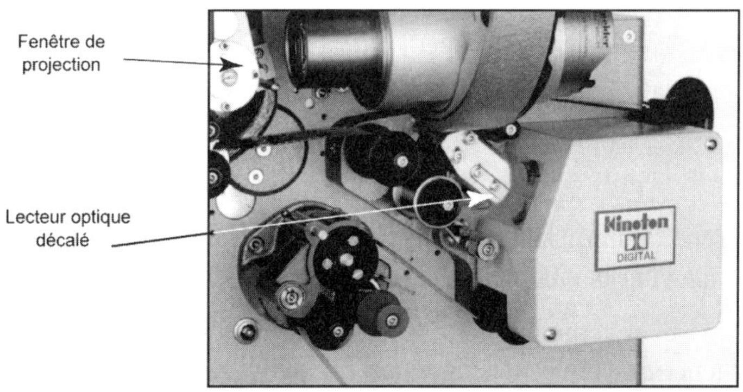

Le lecteur optique analogique est placé 21 images avant la fenêtre de projection.

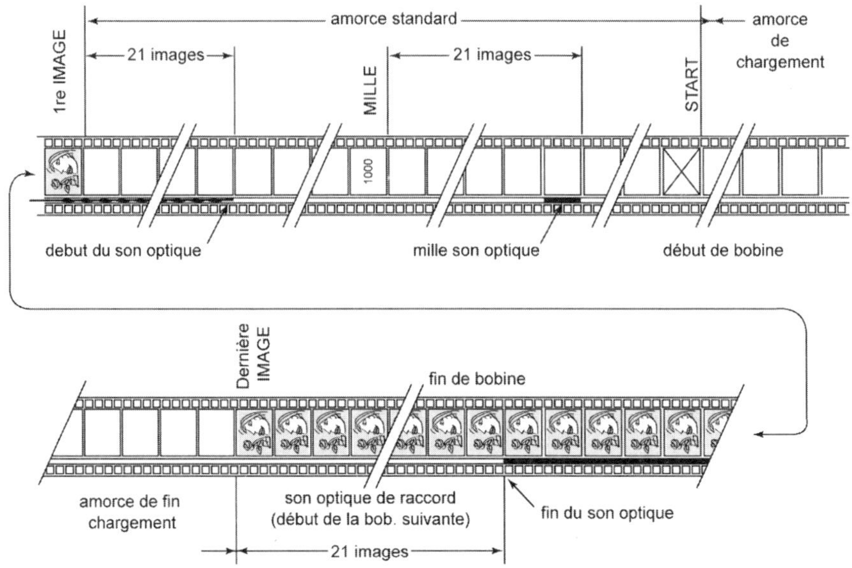

Figure 7.21 – Décalage image/son optique, sur la copie de diffusion due au décalage de lecture optique/fenêtre de projection.

2 secondes après la dernière image pour une ultime vérification du synchronisme en fin de bande.

Sur les projecteurs 35 mm la distance entre la fenêtre de projection et le lecteur optique est de 21 images.

Aussi, au report du son sur la piste optique, le calage doit être diminué de 21 images (*figure 7.21*).

C'est donc un *offset* de 21 images qui compense le décalage « fenêtre de projection ↔ lecteur optique ». Ce décalage signifie aussi que la piste sonore du film s'arrête 21 images avant la dernière image, et donc si deux bobines de film sont rejointes :

- la première est coupée entre la dernière image et l'amorce de fin ;
- la bobine suivante est coupée entre l'amorce et la première image ;
- les 21 premières images du son sont donc perdues… Il y a un « trou » dans la piste son.

En auditorium, il faut procéder au « raccord de fin de bobine », qui consiste à reporter en fin d'une bobine les 21 images de la bobine suivante.

Dans les systèmes numériques le lecteur optique numérique peut être placé avant la fenêtre de projection, un retard compense alors le décalage.

Il faut retenir que le biphase associé aux bandes perforées ne permet qu'une synchronisation « relative », par rapport au point de *start*. Le calage d'un élément en cours de bobine est impossible, à moins de prévoir des marques intermédiaires ou une électronique sophistiquée de mémorisation de la position de la machine par rapport au *start* (*autolocator*).

7.9.4 *La bande codée : le code temporel*

Afin de s'affranchir des nécessités de calages relatifs et permettre de synchroniser des éléments sur des supports différents (bande lisse, bande perforée, magnétoscope...), une autre méthode consiste en l'enregistrement, du début à la fin de la bande, d'un code temporel (*time code*).

Le code temporel permet d'identifier le début et la fin de chaque élément placé sur la bande, et donc par simple calcul d'en déterminer sa durée. À l'intérieur d'une séquence, on peut aussi identifier précisément un événement particulier.

En comparant plusieurs codes, on peut connaître les positions relatives (*offsets*) des éléments (voir § 7.4.4).

Ainsi, lors de la lecture, avec l'équipement approprié (le lecteur de code temporel, *timecode reader*), il est possible de connaître à tout moment la position de la bande.

Il n'est donc pas nécessaire de prévoir des marques sur la bande, et si une bande est ajoutée, le *timecode reader* connaît, dès qu'il a lu une portion du code temporel, la position de cet élément.

Il faut cependant remarquer qu'au chargement d'une bande sans lecture de code, par exemple avec une amorce ou en avance à très grande vitesse (ou très lente), le code ne sera pris en compte qu'après que le lecteur ait relu quelques images.

À l'arrêt, un tel équipement n'est pas précis puisque le lecteur de TC doit avoir lu une image pour s'actualiser. D'autre part la lecture du code, lors de la lecture à très faible vitesse et pendant les défilements rapides, n'est pas garantie.

Aussi, en complément du code, un capteur entraîné par la bande fournit une actualisation de la position par l'envoi de signaux de vitesse et du sens de défilement. Ces informations tachymétriques (*tacho/pulse*) semblables au biphase permettent le contrôle lors de défilement à des vitesses où le lecteur de TC déclare forfait ou en cas de « trou » de code.

En utilisant le code VITC, sur les machines vidéo, la position est toujours connue de façon fiable en avance image par image puisque le code peut être lu à l'arrêt.

7.9.5 *Le formatage des bandes*

Le bon formatage de la bande (enregistrement du code temporel) est essentiel. Le code temporel enregistré doit être absolument stable, généré par un générateur de code lui-même verrouillé sur l'horloge maître de l'installation et en phase avec le signal de référence vidéo.

Les synchroniseurs disposent la plupart du temps d'un générateur interne et il est une bonne règle d'utiliser celui-ci pour le formatage des éléments... après avoir vérifié son verrouillage sur la vidéo (« *lock* »).

7.10 La synchronisation de machines audio/vidéo

Avec un repère temporel et la possibilité de faire défiler les bandes magnétiques à vitesse constante, la synchronisation est possible.

Il convient pourtant, avant de pouvoir synchroniser de façon répétitive deux éléments :

- de définir quel élément est le « maître » (*master*) que devra suivre le ou les « esclave(s) » (*slave*) ;
- si un code temporel est utilisé, de vérifier que les codes temporels de tous les éléments sont à la même fréquence d'image ;

  24, 25, 30 ou 29,97 DF ip/s
- si le biphase est utilisé, que tous les éléments sont au même débit d'image ;

  24, 25 ip/s

Le synchroniseur permet alors de gérer ces éléments.

7.10.1 *Le synchroniseur : description*

Le synchroniseur compare, via les codes temporels, la position de l'esclave par rapport au maître[1] et calcule « l'erreur d'*offset* », c'est-à-dire le décalage temporel entre le maître et l'esclave.

Pour établir la synchronisation, le synchroniseur analyse l'erreur d'*offset* puis pilote les commandes de contrôle de transport de l'esclave[2] (*figure 7.22*), en agissant tout d'abord grossièrement sur les fonctions avance/retour rapide pour rapprocher les éléments de quelques images, puis plus finement par contrôle direct de la vitesse du cabestan, afin d'obtenir puis de maintenir une erreur d'offset nulle ; et finalement en ajustant la phase électrique des mots de synchronisation du code temporel (*sync word*). À ce moment-là, on dit que les éléments sont synchrones (en mode *resolve*).

1. On peut aussi, dans le cas du biphase interpoler un code temporel, calculé à partir de la croix de *start*.
2. Les systèmes « historiques » utilisaient les perforations pour entraîner le film, par un système de liaison mécanique ; un arbre commun entre les défileurs entraînant plusieurs bandes; ou à moteur synchrone ; Synchro-start, Groupe mère, RythmOstart, Rotosyn. Ces systèmes, qui ne permettaient que la vitesse nominale avant/arrière ne sont maintenant plus utilisés.

La précision de la synchronisation est alors égale au 1/80e d'image ou 100e d'image, par extrapolation.

Le synchroniseur se contente ensuite de vérifier à intervalles réguliers les codes. C'est la raison pour laquelle, lorsque la machine maître est arrêtée ou change de mouvement, il se passe un certain temps avant que la machine esclave ne réagisse.

Le mode « groupe » permet de diminuer le temps de réaction en envoyant au maître et à l'esclave simultanément la même commande. Par exemple, la console de commande ordonne simultanément à toutes les machines de partir en lecture, ainsi l'esclave démarre dès le temps *T0* (*figure 7.22*), ou bien de se rendre à un point de positionnement précis, dans ce cas l'esclave s'y rend, sans « regarder » où se rend le maître.

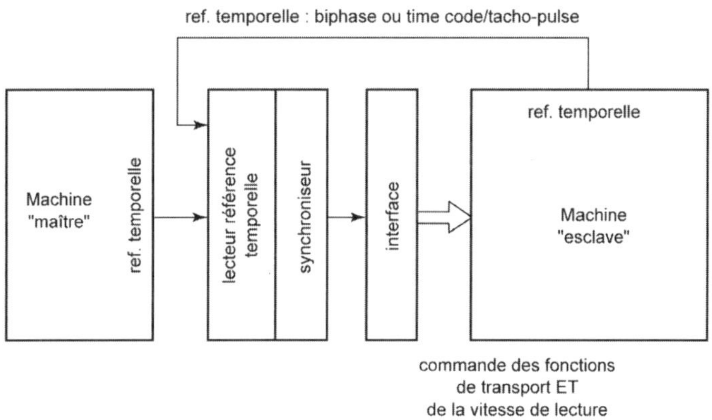

Figure 7.22 – Fonctions de base d'un synchroniseur ; il pilote l'esclave en fonction de la référence temporelle du maître ; ce peut être le code temporel (ou MTC), le biphase ou un mélange des deux.

Cependant, la stabilité de la vitesse de défilement des machines n'est pas excellente puisque l'esclave est en constant rattrapage et toutes les variations de vitesse (du code) du maître sont répercutées à l'esclave.

Cette fluctuation, souvent inaudible en audioanalogique, est incompatible avec la stabilité nécessaire à l'audionumérique.

Aussi utilise-t-on pour l'enregistrement numérique (et pour la vidéo) la piste spécifique d'asservissement de la vitesse CTL, *control-track* (§ 7.9.1)[1].

1. Il est parfois possible, sur certaines machines, d'utiliser le CTL en substitution du *time code*. Cette fonction interpole un code temporel de la fréquence image entrante à partir du CTL, et permet de synchroniser en 25 ip/s une machine ayant un code à 29,97 ip/s par exemple !

✦ Verrouillage et relâchement

Afin d'augmenter encore la stabilité de vitesse, sur les machines numériques et vidéo, lorsque les machines sont synchrones (en mode *resolve*), le synchroniseur commute le contrôle de vitesse sur la référence d'horloge propre à l'installation, c'est-à-dire la référence vidéo, le *word-clock* ou la référence *AES/EBU.*

On dit alors que les machines sont *relâchées* et verrouillées (*lock*).

On comprend l'importance du bon référencement du code temporel lors de sa génération, pendant le formatage des bandes !

Si cette condition n'est pas réalisée, les machines esclaves se synchronisent, mais ne peuvent pas maintenir le verrouillage[1], et l'ensemble entre dans un cycle : synchronisation, verrouillage, *offset* d'erreur, déverrouillage, désynchronisation, recherche, synchronisation, etc.

La fonction « *freewheel* » permet, dans une certaine mesure, de maintenir la synchronisation en cas de perte ou « trous » de code de quelques images et permet en analogique un rattrapage « en douceur » de la synchronisation en cas de déverrouillage.

En règle générale, toutes les machines numériques, lorsqu'elles ont une entrée de référence vidéo ou *word-clock*, doivent y êtres référencées plutôt qu'en référence interne (choix dans le menu), quel que soit le mode de configuration ; utilisées seules ou avec un système de synchronisation (maître ou esclave).

Ainsi, dès que les machines sont à leur vitesse de lecture nominale, elles sont verrouillées sur l'installation, on dit aussi « lockées », et les mots numériques le sont aussi !

✦ Écart de vitesse

Une particularité du code temporel est qu'il est valide uniquement pour la vitesse à laquelle il a été enregistré, (24, 25, etc.). Un code temporel de 24 ip/s sur une bande défilant à 25 ip/s (*varispeed*) reste toujours à 24 ip/s, mais le lecteur indique... une erreur.

Ainsi, une bande enregistrée à une fréquence image de 24 ip/s ne peut être rejouée synchrone en *varispeed* à 25 ip/s.

Quelques rares synchroniseurs permettent cependant de synchroniser des bandes ayant des codes temporels différents (par exemple 25 et 29,97 ip/s).

En revanche, avec le biphase, la vitesse de défilement est uniquement fonction de la fréquence du biphase entrant, et les variations de vitesse synchrone sont possibles ; par exemple, lecture à 25 ip/s d'une bande enregistrée à 24 ip/s, etc.

---

1. Dans un tel cas de figure, la seule solution est de recopier l'élément non verrouillé, sur un support correctement formaté et verrouillé, soit en analogique soit en numérique via un SRC (*Sample rate converter*).

Certaines stations de travail audionumériques, lorsqu'elles sont pilotées par un biphase, peuvent fonctionner de la même façon.

✦ Séquences de synchronisation

Cette méthode de synchronisation est un peu lente : l'esclave suit le maître en ajustant en permanence, avec un temps de retard obligé, et de nombreux mouvements parasites de changements de direction, démarrages, arrêts.

L'esclave ne peut en effet pas savoir si le maître va partir en lecture, avance ou arrière rapide (*figure 7.23*).

Action du MAÎTRE	Réaction de l'ESCLAVE
T0 - démarre. **T1** - est en accélération pour atteindre la vitesse nominale **T2** - ralentit la courbe d'accélération à l'approche de la vitesse nominale **T3** - a atteint sa vitesse de croisière **T4** - défile à la vitesse nominale **T5** - défile à la vitesse nominale **T6** - défile à la vitesse nominale	**T0** **T1** - l'esclave démarre **T2** - l'esclave est en retard sur le maître, il accélère au max pour le rattraper **T3** - l'esclave étant en accélération dépasse le maître **T4** - l'esclave ralentit **T5** - oscillation pour caler sa vitesse sur le maître (boucle similaire –> T2 à T4) **T6** - LOCK

Figure 7.23 – Séquence de synchronisation sans préroll.

Pour réduire le temps de *lock*, le synchroniseur, à l'arrêt, place l'esclave en avance (*préroll*) d'environ 2 s sur le maître. Ainsi, lors du démarrage du maître en lecture, l'esclave est moins pénalisé par le temps de réaction du maître et de sa propre cinématique, puisque, bien que démarrant après le maître, il a, en position, 2 s d'avance ! (*figure 7.24*)

Action du MAÎTRE	Réaction de l'ESCLAVE
T0 - démarre **T1** - est en accélération pour atteindre la vitesse nominale **T2** - ralentit la courbe d'accélération à l'approche de la vitesse nominale **T3** - a atteint sa vitesse de croisière **T4** -défile à la vitesse nominale	**T0** **T1** l'esclave démarre **T2** - est en accélération pour atteindre la vitesse nominale **T3** - ralentit la courbe d'accélération à l'approche de la vitesse du maître **T4** - LOCK

Figure 7.24 – Séquence de synchronisation avec préroll.

✦ Paramètres

Quels que soient les progrès des contrôleurs d'asservissement et des synchroniseurs, le temps de verrouillage ne peut être nul et s'échelonne, en fonction du dispositif, des bons réglages mécaniques, des bons paramétrages des courbes d'accélération, etc. de 4 à 10 s.

La mise au point d'une installation de synchronisation peut être parfois délicate puisque le synchroniseur pilote complètement les fonctions de défilement de la machine : accélération et décélération, recherche rapide, calage précis en défilement et à l'arrêt... et chaque type de machine a des paramètres différents, y compris chez le même constructeur !

Les fabricants de synchroniseurs ont adopté diverses approches pour améliorer l'efficacité de leur matériel.

La première étape consiste à personnaliser la liaison entre le synchroniseur et la machine connectée. Cette interface adapte sur le plan électrique les sorties du synchroniseur aux différents types de défilement à piloter.

La seconde étape consiste à stocker sur des mémoires non volatiles (EPROM) des paramètres dynamiques préétablis (dont certains peuvent êtres affinés par l'utilisateur) pour différentes machines (marques et modèles) :

- les temps d'accélération et de freinage ;
- la réactivité aux commandes... avec une certaine intelligence, car les courbes d'accélération ou de décélération sont différentes en début et en fin de bande (déséquilibre du poids des bobines) ;
- le type de pilotage du cabestan (fréquence ou tension).

Une dernière étape utilise des capacités d'analyse qui permettent au synchroniseur d'apprendre et de retenir certaines données liées aux mécanismes du système de transport de bande afin d'optimiser les performances de la synchronisation.

Pendant cette phase d'étude, le synchroniseur étudie les temps de réaction de la machine, en rapport avec la fréquence du code temporel et du signal de tachymètre et ajuste les paramètres de contrôle.

7.10.2 *Évolution des synchroniseurs*

✦ Synchroniseur externe

Le synchroniseur peut être extérieur aux machines, et dans ce cas, toutes les fonctions qu'il peut offrir en complément de sa fonction basique de synchroniseur sont regroupées sur un même clavier de commande :

- le contrôle individuel de chaque machine : il est possible d'isoler temporairement un esclave, de le contrôler indépendamment, afin par exemple d'écouter un son sans faire tourner l'image ;
- l'accrochage d'une machine au système de synchronisation : introduire un décalage (offset) volontaire temporaire de la machine esclave par rapport au maître pour copier un son d'une autre bande par exemple.

Un calculateur interne au synchroniseur permet de choisir une valeur d'*offset* et donc de déterminer les positions relatives de la bande maître et de la bande esclave à l'arrêt et en lecture.

Moyennant certaines précautions, il est possible de synchroniser des machines utilisant des codes différents ; SMPTE 29.97 DF et EBU 25 par exemple.

Il peut aussi y avoir intégré une télécommande de la machine maître.

✦ Synchroniseur intégré

L'autre solution technologique est d'intégrer dans chaque machine son propre synchroniseur, qui sera donc par construction parfaitement adapté. Il y a alors deux modes de synchronisation.

Le mode le plus basique, le mode poursuite (*chase*). La machine esclave se synchronise sur un code temporel (ou un biphase) entrant, avec uniquement des possibilités de commandes locales des paramètres de synchronisation (attente, *offsets*, etc.).

Un mode complet, offrant toutes les commandes évoquées au § 7.10.1, gérées soit par une télécommande dédiée, soit par le protocole de commande d'une interface série.

✦ Les protocoles de commande

La transmission des ordres et commande entre la machine maître et les esclaves peut s'avérer plus ou moins sophistiquée :

- avec le biphase, la commande est unidirectionnelle et transmise en boucle, plus ou moins rapidement en fonction de la vitesse :

  « Avance d'une perforation ! » ou bien « Recule d'une perforation ! »
- la fréquence de répétition détermine alors la vitesse ;
- avec le code temporel, la commande unidirectionnelle est précise pour chaque image et peut se réduire à :

  « Vas à telle heure ! (l'heure en cours ± une image) »
- un autre type de commande bidirectionnelle est aussi possible et peut se synthétiser en :

  « Fais telle action et rends-moi compte ! »

L'utilisation d'un protocole informatique de dialogue via une interface appropriée, entre une console de commande et les machines permet la simplification des liaisons « pupitre de commande ↔ machine » en transmettant le code temporel, mais aussi le contrôle très fin des mouvements de la bande. Le contrôle en groupe ou individuel de chaque machine peut aussi être centralisé sur un pupitre dédié ou même incorporé dans la console de mixage.

Par exemple : le contrôle de préparation d'enregistrement des pistes des machines, les commandes automatiques de *drop-in/drop-out* (ou leurs simulations), la gestion et le calcul des *offsets*, la lecture de boucles programmées EDL, etc.

Il existe plusieurs protocoles, tous basés sur le « Esbus » qui est la contraction du « EBU/SMPTE RS.422 *protocol* », protocole créé pour le contrôle d'équipements de production vidéo, utilisant une liaison série bidirectionnelle *full duplex* asynchrone.

Bien que la transmission soit bidirectionnelle, dans une liaison de ce type, les machines maître et esclave doivent êtres définies, une machine esclave ne peut être maître, et inversement.

La dérivation la plus employée est le Sony 'P2' 9pin, souvent désigné par « 9P » (le nombre de point du connecteur SubD 9P !) ou 422 (qui est le type d'interface électrique, le RS422). Ce protocole ne permet de piloter qu'une machine par port.

Il existe d'autres protocoles, très proches mais incompatibles ; des menus permettent parfois de sélectionner l'un ou l'autre en fonction des machines connectées. Les plus répandus sont le VPR3 d'Ampex ou celui de la télécommande RC848 du DA88 de Tascam qui ont aussi la possibilité de piloter plusieurs machines sur un même port. Il est alors nécessaire d'affecter à chaque machine une adresse. Ces protocoles fonctionnent en RS485, qui est la même norme électrique que le RS422, mais permet la mise en réseau. On rencontre aussi le MMC (*Midi Machine Control*) qui utilise l'interface MIDI.

Ces protocoles ont été initialement conçus pour les stations de montage vidéo avec un contrôleur qui pilote un VTR et un ou deux lecteurs vidéo. Sur ces dispositifs, plusieurs fonctions ne sont pas complètement adaptées à l'audio, notamment les fonctions de lecture arrière.

C'est pourquoi les constructeurs de tels équipements doivent parfois adapter les commandes d'édition pour faire fonctionner les équipements audio et adaptent au cas par cas la liste des machines pouvant être correctement synchronisées par leurs contrôleurs.

L'introduction d'*offset*, qui ne peut être inférieur à une image, oblige parfois à des compromis pour le calage entre eux d'éléments sonores sur bande magnétique, lorsque des sons posent des problèmes de *phasing* entre eux.

✦ Le choix d'un code temporel

Il y a aussi le cas du cinéma, qui bien que travaillant à 24 ip/s, utilise un code temporel à 25 images. Lors de l'utilisation de la vidéo en auditorium de postproduction cinéma on utilise des images scannées à 24 ip/s, par le procédé appelé *pulldown* (*figure 7.25*) ; une trame est doublée à l'image 12, puis à l'image 24, ainsi la vidéo est bien à 25 ip/s. Les sons peuvent alors rester à 24 ip/s. Un procédé semblable est utilisé pour les conversions 24/30DF ip/s et 25/30DF ip/s.

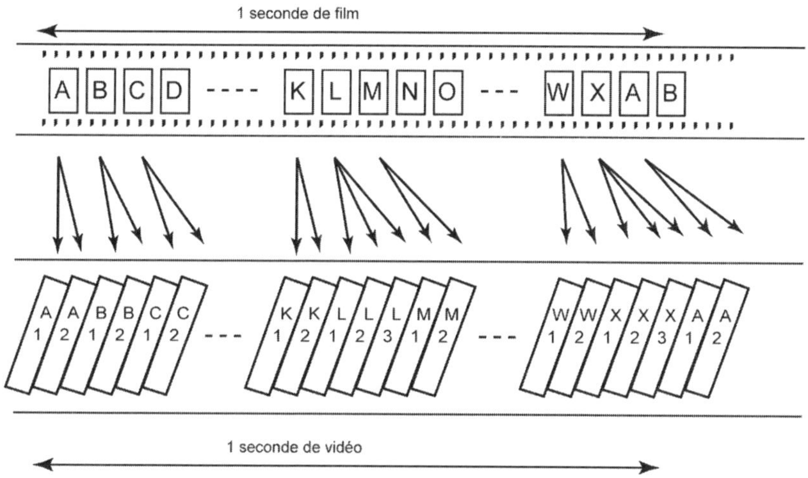

Figure 7.25 – Pulldown : la trame impaire est doublée aux images 12 (L) et 24 (X).

Si le télécinéma est réalisé avec une image défilant à 25 ip/s, il faut alors faire défiler les sons, en auditorium, à 25 ip/s pour rester synchrone[1].

Cela représente un décalage (une accélération) d'environ 4,16 %, soit une transposition de la hauteur du son d'environ 1/4 de ton nécessitant une correction de hauteur par un harmoniseur.

Ainsi, les utilisateurs se sont habitués à gérer des installations ayant un biphase à 24 ip/s et un code temporel pour la vidéo en 25 ip/s,

Les installations continuent à travailler avec le code temporel à 25 ip/s, plutôt que de faire cohabiter deux TC, un à 24 ip/s pour le son, et un autre à 25 ip/s pour l'image.

Cette utilisation du TC à 25 ip/s peut poser des problèmes lors de coupes d'images, avec des éléments sur bande pilotés en 9p.

1. Ce qui est possible avec le biphase, mais ne l'est pas avec le code temporel.

Pour conformer les bandes sons, on fait des reports de bande à bande en éliminant les sons correspondants aux coupes.

Mais une coupe de 12 images FILM, correspond à 12,5 images de TC. Soit une erreur d'une demi-image, qui peut être tolérable pour une coupe, mais peut rapidement poser des problèmes en cas de multiples coupes, par cumul des erreurs.

L'utilisation des éditeurs par montage virtuel sur disque dur où le calage des sons est possible jusqu'à l'échantillon près, permet de résoudre ce problème.

7.10.3 *La synchronisation de machines virtuelles*

Dans les stations de travail audionumériques avec montage audio ou vidéo sur disque dur, les données audio ne sont pas mémorisées de la même façon que sur un magnétophone conventionnel à bande (analogique ou numérique) sur lequel l'audio est restitué à un débit unique qui est le même que celui de l'enregistrement. En respectant la bonne vitesse et le bon sens de chargement, les informations sont automatiquement restituées dans le bon ordre.

L'enregistrement et la lecture sur un disque dur ne procèdent pas de la même façon. La vitesse de rotation du disque est constante (mais asynchrone) et l'accès des têtes sur les secteurs des multiples disques est discontinu. Le principe peut se comparer à l'écriture de données sur une mémoire du type RAM (*Random Access Memory*, mémoire à accès aléatoire) où il est nécessaire de préciser une adresse lors de l'écriture ou la lecture d'informations.

Quand les échantillons audio sont envoyés vers la station de travail audionumérique, dans le disque dur (via un convertisseur ou une interface AES/EBU), elles sont placées préalablement dans une mémoire tampon.

Le flux continu d'échantillons entrant est alors découpé en blocs pour le stockage sur le disque, puis enregistré sur le disque dur en DMA[1] sous l'arbitrage du contrôleur de disque.

La condition *sine qua non* est que l'écriture sur le disque dur, donc le vidage de la mémoire, soit plus rapide que le remplissage de cette mémoire, sous peine de perte de données.

Une étape impérative pour convertir un disque dur en enregistreur audio est d'établir un lien entre le temps (de l'enregistrement) et l'emplacement des DATA sur le disque.

Un code temporel (local ou entrant) est utilisé pour créer une table d'index qui contient les informations de conversion du temps réel vers les adresses physiques des blocs (sur le disque) du fichier audio correspondant.

1. DMA *Direct Acces Memory* : le contrôleur de disque accède directement à la mémoire, sans passer par le processeur.

Cette table d'index est ainsi utilisée lors de la lecture pour permettre, via la mémoire tampon, la reconstruction du flux continu en relation avec le code temporel.

Il est à remarquer que la quantité de mémoire tampon doit être suffisante pour absorber toutes les variations de temps d'accès (secteurs défectueux ou disque fragmenté par exemple) et pour restituer l'audio dans le bon ordre, au bon moment, c'est-à-dire à la bonne vitesse. La lecture des blocks sur le disque doit donc être en avance sur le code temporel.

Une constante est alors ajoutée au code temporel pour rechercher en avance les blocs sur le disque, et l'alignement temporel correct est réalisé dans la mémoire tampon.

Dans le cas d'un échantillon stéréophonique, les informations sont entrelacées et stockées dans des secteurs proches du disque, évitant ainsi de trop grands déplacements des têtes ce qui augmenterait les temps d'accès, avec le risque de déphasage lors de la lecture, qui ruinerait l'effet stéréophonique. De la même logique, pour l'enregistrement et la lecture de séquences multipistes, le disque doit aller chercher les informations sur les différents endroits des disques magnétiques, les envoyer vers la mémoire tampon et les reproduire à la bonne fréquence d'échantillonnage. On comprend la nécessité d'utiliser une mémoire tampon et des disques suffisamment rapides et défragmentés. Pour l'enregistrement et la lecture de nombreuses pistes, il devient alors nécessaire de répartir les pistes sur différents disques durs gérés par le système central.

7.11 Le maître virtuel

Les installations actuelles sont de plus en plus complexes et souvent l'usage seul du biphase ou du code temporel ne suffisent plus à faire fonctionner une installation complexe de façon efficace.

La nécessité est maintenant quasi généralisée d'utiliser simultanément le biphase et le code temporel. Ce qui peut être fait simplement en utilisant des convertisseurs « biphase ↔ code temporel ». Malheureusement les temps de latence ne permettent pas de les utiliser sans réduire les temps de synchronisation.

De plus la cohabitation fréquente des débits de fréquences images 24 et 25 ip/s peut entraîner le besoin de deux biphases, par exemple un à 24 ip/s pour l'image et l'autre à 25 ip/s pour la rythmo[1]. Il existe des « boîtes de vitesses » (*gear box*) permettant une telle conversion, néanmoins, les mêmes réserves que celle citées plus haut s'appliquent.

1. Projecteur annexe projetant des repères temporels sous l'image : par exemple nombre d'images depuis la 1ère image, ou souvent le piétage (longueur déroulée en pieds) ou encore un texte permettant aux comédiens de lire la calligraphie de doublage en postsynchronisation.

La solution est l'utilisation d'une machine maître parfaite, le « maître virtuel ».

Le maître virtuel (qui n'est pas un synchroniseur) ne comporte pas d'éléments mécaniques. Il est piloté par quartz ou par l'horloge maître de l'installation et a une balistique maîtrisée, stable, connue et totalement paramétrable ; il est ainsi garant d'une stabilité parfaite des signaux générés.

Un clavier semblable à celui d'un magnétophone permet les commandes nécessaires ; avance et retour rapides, lecture normale, inverse, stop, image par image, etc. ainsi que des possibilités de mémorisation de point de repères (*cue*) pour l'exécution de boucles, recherches rapides... (*figure 7.26*)

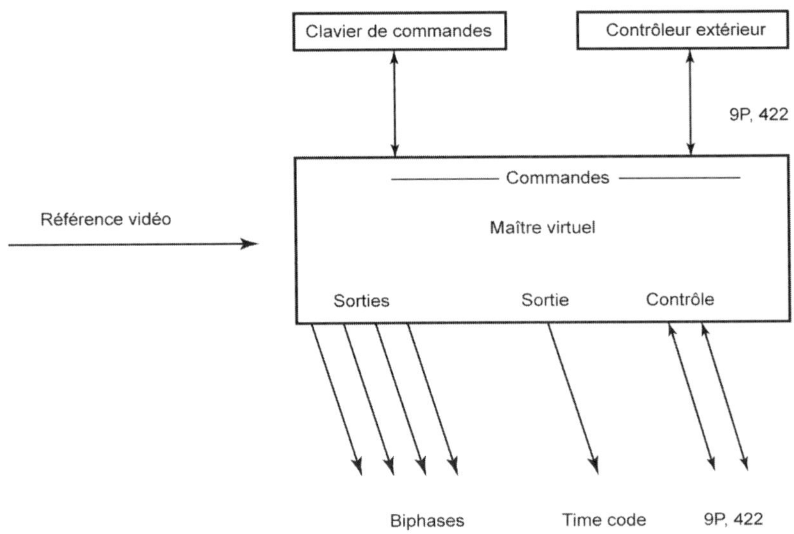

Figure 7.26 – Les sorties biphase et TC du maître virtuel peuvent être distribuées. À chaque port 9p, correspond une seule machine.

Lors du défilement le maître virtuel génère :

- un code temporel permettant de synchroniser en « *chase* » différentes machines, soit par leur synchroniseur interne soit par un synchroniseur externe ;
- plusieurs biphases aux fréquences définies par l'utilisateur : 24 ip/s, 25 ip/s, etc.

Il gère aussi des ports 422 permettant le dialogue avec d'autres machines esclaves et un contrôleur ; un interfaçage avec l'automation de la console est ainsi possible, améliorant l'ergonomie de l'installation (pilotage direct par l'automation : voir § 4.5.2).

Il est aussi possible d'adapter les paramètres du maître virtuel pour compenser les faiblesses d'un esclave. Par exemple en installation film, la vitesse rapide de la rythmo et celle du projecteur doivent être identiques, afin de réduire les décalages entre eux lors des recherches à grande vitesse, particulièrement gênantes pour l'exploitant, notamment en postsynchro/doublage.

Le maître virtuel permet de définir la vitesse maximum, calquée sur la machine la moins véloce (en général la rythmo) pour assurer une homogénéité de l'installation.

On peut aussi définir des courbes d'accélération, de décélération ou bien choisir de faire délivrer un code temporel stationnaire à l'arrêt, ainsi les machines (qui le reconnaissent) se calent automatiquement, dès qu'elles sont « accrochées » à l'installation, sans qu'il soit nécessaire de faire défiler l'ensemble des machines.

Et grâce à la liaison 9p, le maître virtuel peut être piloté à distance par la console ou un autre contrôleur externe.

7.12 Conclusion

La multiplicité des formats pour le son et pour l'image ainsi que la diversité des supports (analogiques et numériques) ont rendu complexe la gestion de la synchronisation des différentes machines. Les progrès technologiques ont cependant permis aux synchroniseurs de s'adapter.

Mais ces synchroniseurs permettent de faire défiler synchrones les éléments audio, uniquement parce que leurs supports défilent en synchronisme et qu'ils ont été placés dessus en relation avec une référence temporelle, code temporel ou perforations, absolue ou relative.

Une recopie d'un élément audio sans la référence temporelle correspondante, fait immédiatement perdre la synchronisation. Il sera donc indispensable de copier simultanément l'information audio et le code temporel.

En revanche, la vidéo codée en VITC, transporte avec elle ses informations de synchronisme, et une telle vidéo recopiée seule reste « synchronisable », puisqu'elle transporte, en plus de l'image, sa propre référence temporelle.

Dans le cas de l'audionumérique, il est possible d'insérer dans les « blocs » de données le code temporel (par exemple dans les *channel statuts* pour le format AES3). On peut ainsi envisager une « autosynchronisation » de chaque élément audio.

Néanmoins, une gestion rigoureuse de la relation entre un échantillon audio et une référence temporelle demeure, puisque chaque échantillon doit être toujours référencé à au moins deux codes temporels : celui de l'enregistrement, permettant ainsi de retrouver et de conserver l'historique (en vue d'une conformation ou d'une recopie), et celui du montage en cours.

Dans les stations de montage virtuel, l'utilisation de listes de décision d'édition EDL (*Edit Decision List*) permet de ne conserver que le code d'enregistrement par échantillon, puis de faire toutes les manipulations ultérieures en référence à cette liste, mais la table d'édition doit alors accompagner l'information audio.

On peut aussi tout à fait envisager de diffuser les éléments sources (audio et vidéo) accompagnés d'une liste EDL, permettant à l'auditeur final de personnaliser sa diffusion.

Une première approche existe déjà dans la diffusion de programmes multilingues, ou l'auditeur choisi sa propre langue (donc les pistes) de diffusion.

7.13 Bibliographie

[1] http://www.smpte.org/ (http://www.ebu.ch/tech_32/tech_t3097.pdf) site sur la normalisation SMPTE aux États-Unis.

[2] http://www.ebu.ch/tech_32/tech_t3097.pdf site sur la norme européenne de Radiodiffusion.

[3] http://www.ebu.ch/tech32/tech_t3203.html site présentant les valeurs d'amorce standard.

[4] http://www.dolby.com/tech/

[5] J.P. Halbwachs. *Le Time Code Tome 1 : Théorie, Tome 2 : Pratique* – Cahiers de l'ACME (1990).

[6] Cipher Digital : *Time Code Handbook* (1982).

[7] J. Watkinson. *The art of Digital audio.*

Chapitre 8

Les sources électroniques et le MIDI

Franck Ernould
Diplômé de l'ENSL (École Nationale Supérieure Louis Lumière).
Ingénieur du son, journaliste et traducteur technique audio.

Christian Braut
Ex-rédacteur en chef du magazine Home-Studio,
auteur-compositeur-interprète,
fondateur d'Archipel Studios.

8.1 Historique des sources électroniques

Le terme « source électronique » désigne un appareil dans lequel le son est produit et/ou transmis électriquement avant amplification puis diffusion sur des enceintes acoustiques. Leur invention remonte à la fin du XIXe siècle : citons par exemple le Telharmonium, inventé par le Canadien Thaddeus Cahill en 1897 – plus de 100 tonnes et 20 mètres de longueur. Comme il n'existe alors ni haut-parleur dynamique ni lampes électroniques, le Telharmonium utilise des alternateurs entraînés par des moteurs électriques, des engrenages, des inducteurs spécifiques et des écouteurs de téléphone chargés par des pavillons acoustiques.

Au XXe siècle, les progrès de l'électronique naissante (Lee De Forest invente la triode en 1906) permettent désormais de créer des oscillateurs, des filtres, des interfaces de contrôle plus ou moins évoluées. Nombre d'inventeurs proposent alors de nouveaux dispositifs électroniques qui deviennent de véritables instruments de musique. Citons entre autres le Thérémin (Lev Theremin, 1920), le sphérophone (Jörg Mager,

1926), le Dynaphone (René Bertrand, 1927), les ondes Martenot (Maurice Martenot, 1928), le Trautonium (Friedrich Trautwein, 1930), l'orgue Hammond (Laurens Hammond, 1935), l'Ondioline (Georges Jenny, 1940)... La musique purement électronique apparaît dans les laboratoires de recherche, en France comme en Allemagne, au début des années cinquante. C'est dans un centre universitaire américain que naît en 1954 le synthétiseur RCA Mark I, un instrument de studio programmable par cartes perforées et claviers alphanumériques. Il possède déjà plusieurs oscillateurs capables de générer de nombreuses formes d'ondes.

En parallèle à l'invention de ces « vrais » instruments, la synthèse des sons sur ordinateur progresse beaucoup au fil des années cinquante et soixante ; Max Matthews (chercheur américain) et Jean-Claude Risset (chercheur français) développent ainsi le logiciel Music, versions I à V, qui tourne sur stations IBM. Tout un courant musical se crée alors, qui poursuit ses activités tout au long des années soixante-dix et quatre-vingt, à l'IRCAM notamment.

Au début des années soixante, l'Américain Robert Moog développe des modules de synthèse sonore transistorisés, qu'il présente à la Convention de l'AES en 1964. Il invente le concept de synthétiseur analogique modulaire : des circuits (oscillateur, filtre, amplificateur) autonomes, commandés en tension, hébergés dans des boîtiers enfichables, reliés par des câbles et commandés par un clavier. Il perfectionne son instrument avec la collaboration des compositeurs Herbert A. Deutsch et Wendy Carlos. Cette dernière publie, en 1968, un album de musique de J-S. Bach entièrement interprétée sur le synthétiseur Moog. *Switched-On Bach* se vend à des millions d'exemplaires. Le synthétiseur devient dès lors un produit commercial, et fait son entrée dans les studios d'enregistrement et les arrangements des disques de variétés. D'autres marques se lancent sur le marché : américaines (ARP, Moog, Oberheim, Sequential Circuits), anglaises (EMS), japonaises ensuite (Roland, Korg, Yamaha...), françaises (RSF), soviétiques... Pour des raisons de coût et de facilité d'emploi, les synthétiseurs modulaires laissent la place à des modèles d'architecture figée, voire à *presets* (*mémorisation figée des paramètres fondamentaux*), de plus en plus faciles à utiliser pour les musiciens. Le succès commercial est considérable, et à la fin des années soixante-dix, les synthétiseurs ont beaucoup évolué : ils sont polyphoniques, et intègrent des microprocesseurs permettant de contrôler numériquement leurs paramètres – ce qui permet aux constructeurs de proposer des mémoires utilisateur programmables.

Dans les années quatre-vingt, les synthétiseurs deviennent pour la majorité numériques : Yamaha adopte la modulation de fréquence avec le célèbre DX7. D'autres constructeurs développent leurs propres technologies basées sur la lecture de tables d'ondes. En parallèle, le protocole MIDI permet d'interconnecter sans problème les synthétiseurs entre eux, mais aussi à d'autres appareils (séquenceurs, multieffets, consoles...). Apparaît également la notion d'expandeur : un module de sons compact, sans clavier, commandé en MIDI, que les fabricants dotent de fonctions de multitimbralité (un même expandeur peut générer plusieurs sons différents en même temps).

En ce début de XXIe siècle, le marché semble basculer vers la modélisation numérique et le « tout logiciel » (sous forme d'applications autonomes, de plug-ins d'instruments ou de stations DSP autonomes sur lesquelles tournent des programmes déterminés).

Il existe de nombreux types de synthèse sonore, se basant sur des technologies analogiques ou numériques. Dans tous les cas, il s'agit de modeler la structure et l'évolution harmonique d'un son, en agissant sur certains paramètres.

8.2 La synthèse analogique

La synthèse analogique est la plus ancienne. Elle se décline en deux formes principales : la synthèse soustractive et la synthèse additive.

8.2.1 *La synthèse analogique soustractive*

L'approche de la synthèse analogique soustractive consiste à faire passer un signal riche en harmoniques dans un filtre résonant commandé en tension, ce qui modifie son spectre dans le temps. L'action de ce filtre est globale et agit sur l'amplitude des partiels.

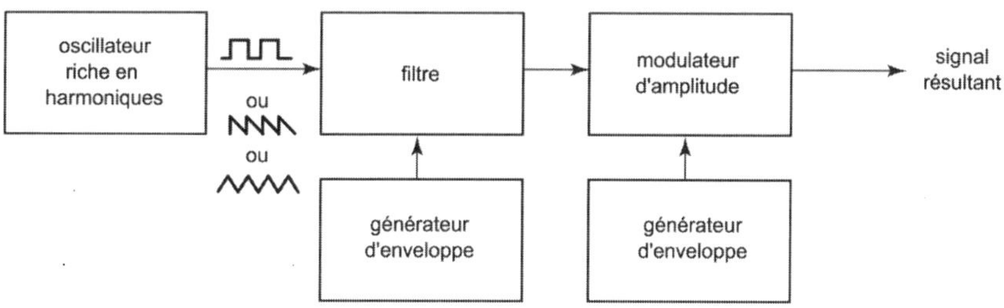

Figure 8.1 – Principe de la synthèse soustractive.

Comme le spectre de départ est figé, la synthèse soustractive atteint vite ses limites. Elle ne permet pas de produire une variété très étendue de timbres, mais sa simplicité d'emploi et le côté intuitif de son approche lui valent une grande popularité auprès des musiciens. Aujourd'hui, les circuits analogiques en tant que tels disparaissent, au profit d'équivalents virtuels modélisés en numérique (voir § 8.3.5).

✦ **L'oscillateur (VCO, *Voltage Controlled Oscillator*)**

À la base, un oscillateur est un circuit électronique fournissant un signal électrique périodique, dont on peut faire varier la fréquence par modification de la valeur de la tension de commande. Différentes formes d'ondes sont disponibles : sinus, triangle, carré, dent de scie, modulation de la largeur d'impulsion…, chacune présentant un contenu harmonique différent : harmoniques impairs uniquement pour le carré et le triangle (avec des amplitudes variables par composante), tous les harmoniques pour le signal en dent de scie.

✦ **Le filtre (VCF, *Voltage Controlled Filter*)**

Le filtre est un outil essentiel dans la synthèse analogique soustractive. Sa fréquence de coupure est commandée en tension. Il en existe divers types (passe-haut, passe-bas, passe-bande, coupe-bande, en peigne, passe-tout…), de divers ordres (pente 6, 12, 18, 24 dB/octave), de résonances plus ou moins larges et marquées. Mais chaque constructeur conserve ses secrets quant aux schémas ou au choix des composants. Les connaisseurs reconnaissent la marque d'un synthétiseur analogique au « son » de ses filtres.

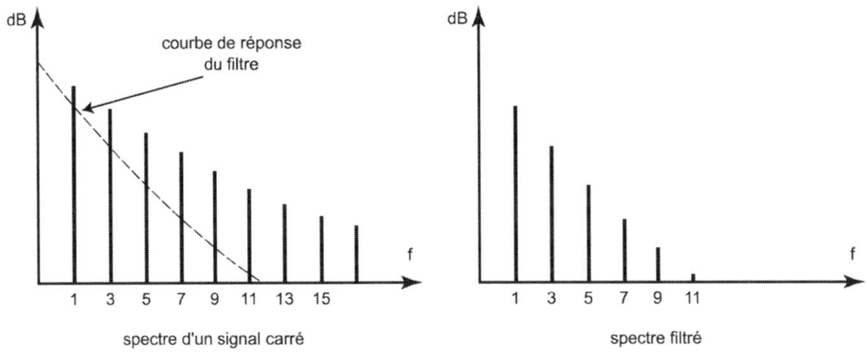

Figure 8.2 – La synthèse soustractive agit sur l'amplitude des harmoniques d'un signal de spectre riche au départ.

✦ **L'amplificateur (VCA, *Voltage Controlled Amplifier*)**

Le VCA est un amplificateur commandé en tension. Il se trouve en fin de chaîne de signal, et, piloté par un générateur d'enveloppe, sert à sculpter le profil dynamique du son.

✦ **Le générateur d'enveloppe (EG, *Envelope Generator*)**

On peut décomposer l'évolution dans le temps du niveau sonore d'un signal musical en plusieurs phases : transitoire d'attaque, maintien, extinction (voir *figure 8.3*). Cette enveloppe dynamique varie beaucoup d'un instrument à un autre, et sa contri-

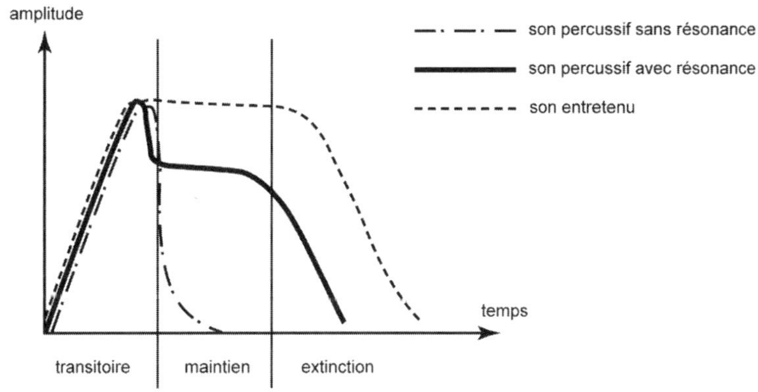

Figure 8.3 – Plusieurs exemples d'enveloppes dynamiques.

bution à la reconnaissance d'un instrument est très importante – parfois davantage que le timbre de l'instrument, comme le prouve Pierre Schaeffer dans son Solfège de l'Objet Sonore [24]. Pour un même instrument, l'enveloppe dynamique peut varier selon les notes jouées : le phénomène est particulièrement évident sur un piano, par exemple – instrument sur lequel une note grave maintenue enfoncée dure beaucoup plus longtemps qu'une note aiguë.

Dernier aspect : dans un son musical, les différents harmoniques ne suivent pas forcément une même courbe dynamique – c'est évident dans notre exemple du son de piano, grave ou aigu. L'étude des sonagrammes (voir le § 2.1.3, tome 1) met en évidence l'évolution dans le temps des différents harmoniques d'un son. C'est cette complexité qui fait l'intérêt et l'authenticité d'un son « naturel ». Les premiers sons synthétiques étaient limités par la technologie, ce qui leur donnait un côté artificiel immédiatement reconnaissable.

Pour recréer des enveloppes dynamiques, les synthétiseurs utilisent des générateurs d'enveloppe. Les machines analogiques restent fidèles à l'approche ADSR (*Attack, Decay, Sustain, Release*), qui se prête bien à une approche intuitive et à une implantation via potentiomètres rotatifs. Les instruments numériques adoptent souvent une démarche plus analytique, consistant à donner, pour chaque portion de la courbe d'enveloppe, la valeur de niveau de départ et celle de la pente du segment (*figure 8.4*).

Les générateurs d'enveloppe, selon le circuit auquel ils sont assignés, peuvent aussi bien modifier l'amplitude d'un son que la fréquence de coupure d'un filtre.

✦ L'oscillateur basse fréquence (LFO, *Low Frequency Oscillator*)

Le LFO est un oscillateur dont les fréquences sont inférieures à l'audible (20 Hz). Les formes d'ondes usuelles sont disponibles : sinus, triangle, dent de scie, carré… Le signal ainsi généré est assignable au module désiré. En l'affectant au VCA, on peut

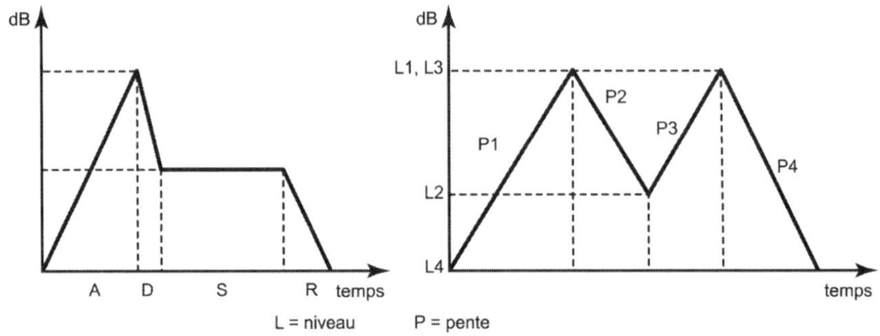

Figure 8.4 – Deux approches différentes de la génération d'enveloppe : l'ADSR et une enveloppe numérique.

ainsi produire un trémolo (variation périodique du niveau du son) ; en l'affectant au VCO, on obtient un vibrato (variation périodique de la hauteur du son) ; et en l'affectant au VCF, on crée un effet de balayage de filtre. Ces effets assez grossiers demandent à être affinés pour donner des résultats exploitables.

8.2.2 *La synthèse additive*

La synthèse additive procède par addition de formes d'ondes élémentaires pour créer une forme d'onde complexe. En schématisant, on peut ainsi considérer qu'un orgue d'église est un instrument à synthèse additive, puisqu'on produit toute une variété de sons en appelant les différents registres (8 pieds, 4 pieds, 2 pieds 2/3,

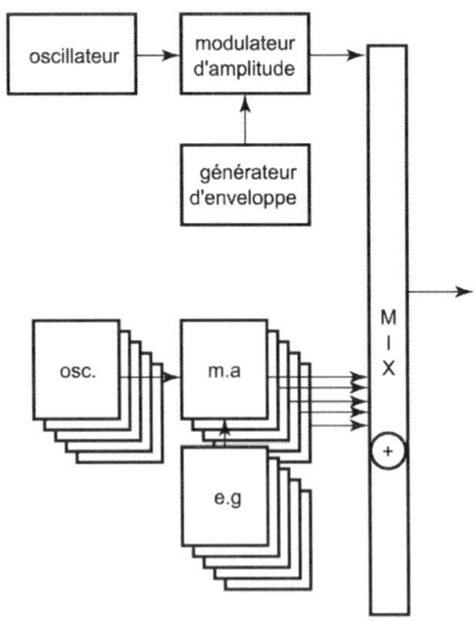

Figure 8.5 – Principe de la synthèse additive : mélange de plusieurs signaux issus d'oscillateurs élémentaires.

1 pied 3/5...) qui créent des combinaisons sonores directement reconnaissables. Le Telharmonium ou l'orgue Hammond utilisent le même principe.

Le théorème de Fourier indique qu'un signal périodique complexe est décomposable en signaux sinusoïdaux élémentaires. Il s'applique donc pleinement à la synthèse additive, qui permet théoriquement d'approcher n'importe quelle forme d'onde périodique complexe, en intégrant le comportement au fil du temps des différentes composantes du son. Son inconvénient est qu'elle nécessite plusieurs dizaines, voire plusieurs centaines d'oscillateurs, dont il faut pouvoir faire varier indépendamment la fréquence, l'amplitude et la phase. Autrement dit, son implémentation analogique reste assez limitée. On a vu apparaître récemment des logiciels la proposant sous forme numérique, consommant toutefois une grande quantité de ressources numériques.

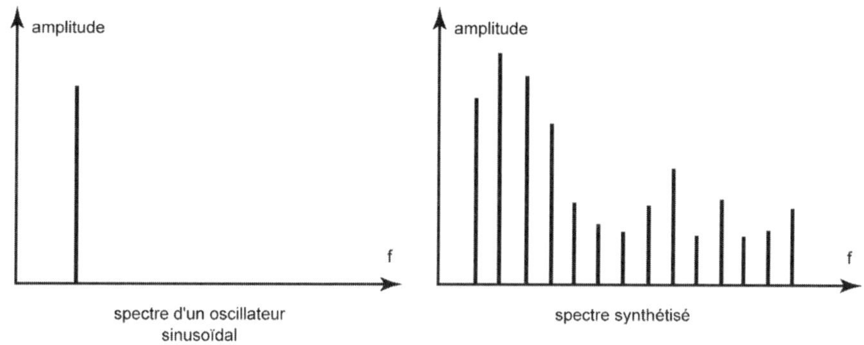

Figure 8.6 – En synthèse additive, chaque partiel est contrôlable en fréquence et en amplitude dans le temps.

8.3 La synthèse numérique

Les débuts de la synthèse numérique remontent aux années cinquante. Elle sort des laboratoires à la fin des années soixante-dix, et chasse la synthèse analogique au fil des années quatre-vingt. Le premier synthétiseur numérique ayant connu le succès commercial est le célèbre Yamaha DX7 (1983), mais les autres constructeurs ont suivi, chacun proposant sa technologie propre.

8.3.1 *La synthèse FM*

Le principe de la modulation de fréquence (*Frequency Modulation* en anglais, d'où l'abréviation FM) nous est familier, dans le vibrato d'un chanteur ou d'un violoniste (légère variation périodique de la hauteur du son émis) comme dans les émetteurs de radio (où le signal à transmettre vient moduler en fréquence un signal porteur d'une fréquence comprise entre 87,5 et 108 MHz). Il connaît également une application intéressante dans le domaine de la synthèse sonore, en utilisant deux oscillateurs audio, l'un porteur et l'autre modulateur.

L'Anglais John Chowning a exploré cette voie à l'Université de Stanford ; ses travaux sont applicables dès les années soixante-dix, et la société Yamaha a adopté en 1979 ce principe sur sa gamme de synthétiseurs commerciaux (GS1) puis sur la gamme DX en 1983.

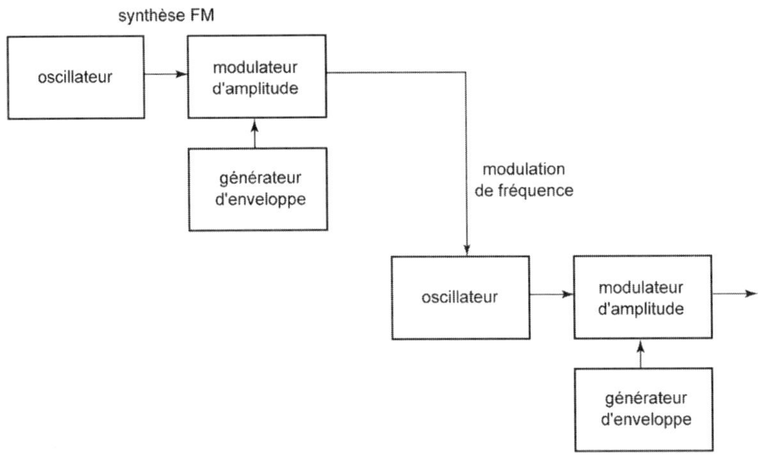

Figure 8.7 – La synthèse FM utilise au moins deux oscillateurs sinusoïdaux (modulés en amplitude).

La théorie mathématique indique que lorsqu'on module en fréquence un oscillateur par un autre, le spectre du signal résultant fait apparaître des bandes latérales à niveaux variables selon l'amplitude du modulateur. Ainsi, si on module un signal de 400 Hz par un signal de 50 Hz, on obtiendra des bandes latérales, à gauche, de 350 Hz (400 – 50), 300 Hz (400 – 2 × 50), 250 Hz (400 – 3 × 50), etc., et à droite, 450 Hz (400 + 50), 500 Hz (400 + 2 × 50), 550 Hz (400 + 3 × 50), etc. Autrement dit, le spectre résultant est complexe, pas forcément harmonique, et peut comporter plusieurs dizaines de fréquences en partant de deux signaux sinusoïdaux seulement (*figure 8.8*).

Même si les résultats obtenus n'ont rien d'intuitif, la synthèse FM permet d'obtenir des sons de percussions, de cuivres, de cloches… très convaincants. En combinant plusieurs oscillateurs (6 sur un DX7), en modifiant le spectre généré à l'origine, on crée des sons souvent originaux, mais d'une sonorité assez reconnaissable. La programmation des timbres nécessite de sérieuses connaissances dans le domaine du traitement du signal.

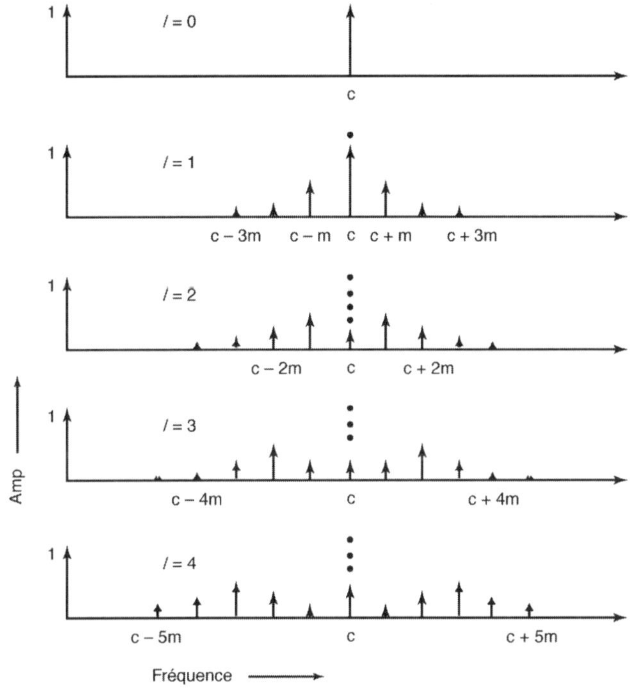

Figure 8.8 – Apparition des bandes latérales en synthèse FM (c = porteur ; m = modulateur).

8.3.2 *La synthèse par lecture de tables d'ondes*

Autre forme de synthèse numérique, la lecture de tables d'ondes consiste à stocker en mémoire plusieurs cycles de formes d'ondes quelconque, codés sous forme binaire. Pour générer le son, il suffit de relire en boucle les données présentes dans la table d'ondes, et de les envoyer vers un convertisseur N/A. Pour obtenir des sons de hauteur différente, il suffit de sauter des échantillons lors de la lecture. Si par exemple on ne lit qu'un échantillon sur deux, on parcourt la table d'ondes deux fois plus vite : la hauteur du son obtenu est donc plus élevée d'une octave.

Le principe de la synthèse par lecture de tables d'ondes est simple : au lieu d'une seule forme d'onde périodique (carré, sinus, triangle…), on utilise une succession rapide de formes d'ondes, chacune légèrement différente de la précédente. Selon le mode choisi, le passage de l'une à l'autre est progressif ou plus brutal. Le contenu harmonique est donc plus ou moins complexe. Les autres modules du synthétiseur restent classiques : filtres, générateurs d'enveloppe, LFO… Il s'agit donc d'une application du principe de la synthèse soustractive à un signal d'origine numérique. Ce sont les synthétiseurs PPG Wave 2 qui ont popularisé ce procédé, au début des années quatre-vingt.

8.3.3 *La lecture d'échantillons*

Pour diversifier le matériau sonore de départ, les ingénieurs ont eu l'idée de figer dans une mémoire numérique une collection d'attaques enregistrées sur des instruments réels joués par de vrais instrumentistes. En enchaînant, par exemple, la partie initiale d'un vrai son de flûte à une sinusoïde générée puis filtrée de façon conventionnelle en temps réel, l'oreille humaine se laisse tromper et entend une flûte plus convaincante que sa recréation habituelle. Les progrès technologiques ont ensuite permis d'augmenter les dimensions des mémoires, afin de stocker des sons de piano, de cuivres, de cordes... relus en direct et traités par des filtres et des effets intégrés. Nombre de synthétiseurs célèbres de la fin des années quatre-vingt (Roland D-50, Korg M1...) utilisent cette technologie

8.3.4 *La synthèse à distorsion de phase*

La synthèse à distorsion de phase est une variante de la synthèse par lecture de tables d'ondes, inventée par la marque Casio. On part de la lecture d'une table d'onde sinusoïdale, puis on fait varier la vitesse de lecture en cours de cycle. On « tord » ainsi la sinusoïde de départ, ce qui permet d'obtenir des formes d'ondes dissymétriques, intermédiaires entre le sinus et le triangle par exemple. D'où un contenu harmonique complexe, décliné en plusieurs centaines de variantes, traité ensuite de façon conventionnelle : filtres, amplificateur, LFO...

8.3.5 *La synthèse par modélisation physique*

Comme son nom l'indique, la synthèse par modélisation se base sur des modèles mathématiques décrivant les aspects acoustiques et physiques des instruments de musique. Les chercheurs établissent les équations décrivant le comportement mécanique et acoustique des différentes parties d'un instrument : l'excitateur, le résonateur, etc. Une technologie extrêmement complexe, développée par Yamaha et étrenné en 1993 sur le synthétiseur VL1. On peut ainsi obtenir une recréation très convaincante d'instruments existants, mais aussi inventer des instruments hybrides – générer le son que créerait une embouchure de trompette mariée au corps d'un violoncelle, par exemple – ou utiliser des matériaux inusités, un violon en métal par exemple.

Les ingénieurs ont ensuite décliné le concept de modélisation à des circuits analogiques : en recréant, de façon virtuelle, les composants et leur implantation dans des synthétiseurs « *vintage* », on obtient une recréation tout à fait convaincante de références mythiques, comme les synthétiseurs ARP, Moog modulaires, Sequential Circuits, Yamaha CS-80...

Tableau 8.1 – Tableau comparatif de différents types de synthèse

	Synthèse soustractive	Modulation de fréquence	Additive
Spectres initiaux	prédéfinis	néant ou prédéfinis	néant ou prédéfinis
Action sur les harmoniques	amplitude	amplitude, fréquence	amplitude, fréquence
Action de l'enveloppe	sur le spectre	sur le spectre	sur chaque harmonique
Nombre minimal d'oscillateurs	1	2	15 ou plus
Utilisation	facile	complexe	facile, mais longue

8.4 L'échantillonneur

Le terme « échantillonneur » (*sampler*) désigne un enregistreur numérique permettant de relire, en les transposant à volonté sur un clavier MIDI, les sons relativement courts – de l'ordre de quelques secondes – qu'il a en mémoire. Il permet de boucler automatiquement la lecture sur une partie du son, et d'appliquer des effets de filtrage assez proches de ceux des synthétiseurs analogiques (filtres résonants, balayages...). L'échantillonneur n'a pourtant rien à voir avec la synthèse par lecture d'échantillons (voir § 8.3.3), qui se base sur des signaux souvent plus courts et figés dans une ROM.

La manipulation de hauteur de sons enregistrés remonte aux années vingt. Ce sont Pierre Schaeffer et Pierre Henry qui, découvrant accidentellement à la fin des années quarante le principe du sillon fermé sur un disque, créent le concept d'échantillon sonore, matière brute à retravailler, lire en boucle, transposer... donnant ainsi naissance à la musique concrète, qui utilise beaucoup la bande magnétique. Avec Jacques Poullin, ils mettent au point le phonogène à coulisse (transposition linéaire) puis le phonogène chromatique (transposition fixe, une touche par hauteur) et enfin le phonogène universel qui permet la transposition sans modification de la durée.

Le Mellotron (1963) est le premier échantillonneur industrialisé. Instrument coûteux à la mécanique délicate, il lit une boucle de bande magnétique analogique par note de clavier. Les échantillonneurs numériques apparaissent à la fin des années soixante-dix, sous forme de stations de travail professionnelles de studio comme le NED Synclavier ou le Fairlight CMI. La marque américaine E-mu dévoile en 1981 l'Emulator, échantillonneur à clavier qui offre 128 Ko de mémoire à un prix abordable. Quelques années plus tard, Akai crée le concept d'échantillonneur moderne, avec les célèbres S900/S1000/S1100. Très prisé dans la production de musiques commerciales, l'échantillonneur suscite l'élaboration d'innombrables banques de sons sur CD-Rom et de logiciels d'édition de sons, se relie à des disques durs externes... Il a aujourd'hui tendance à disparaître sous sa forme autonome, au profit de logiciels de sampling, lisant les échantillons directement depuis le disque dur de l'ordinateur.

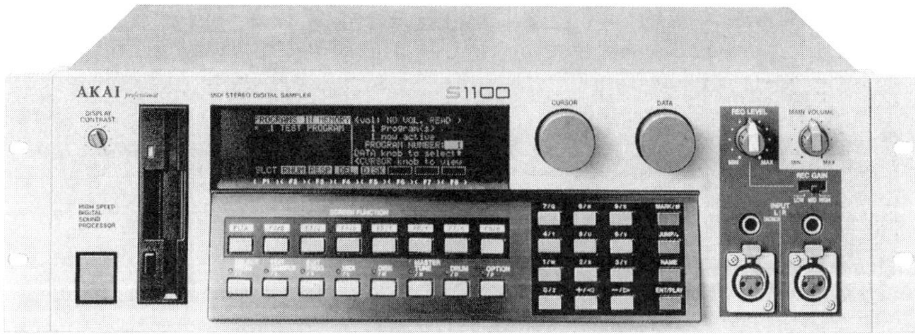

L'échantillonneur 16 bits Akai S1100 (1990) : une machine marquante dans le domaine professionnel.

430 8.4.1 *Enregistrement des échantillons*

Tout appareil permettant l'échantillonnage offre des fonctions d'enregistrement et possède des entrées audio analogiques et numériques. Le signal analogique s'y présentant est converti sous forme numérique dès l'enregistrement (*figure 8.9*) ; il prend alors la forme d'une succession de mots binaires. Les valeurs de fréquence d'échantillonnage et de résolution numérique n'ont cessé d'augmenter : les premiers Fairlight travaillaient en 8 bits, de 16 à 35 kHz, les échantillonneurs les plus récents montent à 24 bits/96 kHz. Plus les valeurs de ces paramètres sont élevées, meilleure est la qualité audio du signal restitué par l'échantillonneur – voir le chapitre 5 du tome 1. En contrepartie, l'appareil doit disposer de plus de ressources numériques et d'espace de stockage (mémoire vive) pour effectuer les différents calculs et héberger les sons.

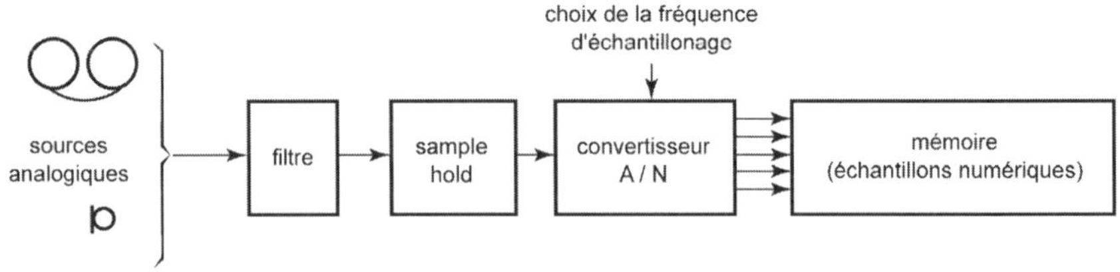

Figure 8.9 – Principe de l'enregistrement des échantillons.

8.4.2 *Lecture des échantillons*

La lecture d'un échantillon enregistré s'effectue selon un processus inverse de celui utilisé à l'enregistrement : les données audio sont envoyées sur un convertisseur N/A, qui permet de passer des données binaires à une forme d'onde analogique.

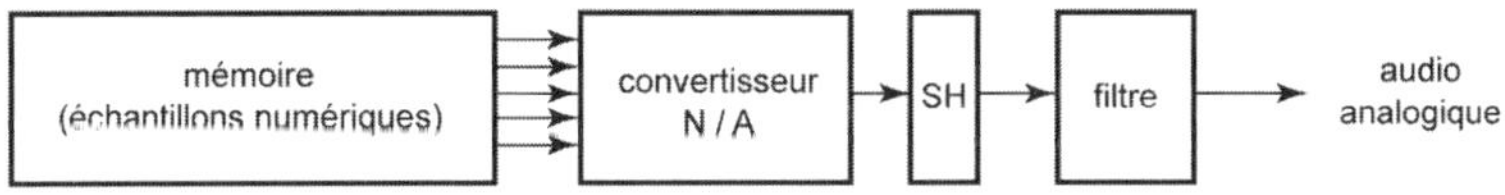

Figure 8.10 – Principe de la lecture des échantillons.

Pour obtenir l'effet de transposition selon la hauteur de la note jouée, on accélère ou on ralentit la vitesse de lecture des données. La fréquence d'échantillonnage de sortie varie donc en fonction de la hauteur de la note – tout comme la durée de l'échantillon.

Une autre technique existe : le *time stretching*, qui maintient une fréquence d'échantillonnage fixe en sortie. Autrement dit, la durée de l'échantillon ne varie plus en fonction de sa hauteur de lecture. La fonction de *time stretch* intervient sur les échantillons eux-mêmes, selon le principe de la translation. Si un signal est enregistré à 440 Hz sur 10 000 échantillons, pour obtenir le même son à l'octave (hauteur double) on ne prendra en lecture qu'un échantillon sur deux, soit 5 000 en tout. La période du signal est alors deux fois plus courte. Même principe pour obtenir l'octave inférieure : cette fois, on répète la lecture de chaque échantillon. Cette technique présente l'inconvénient d'altérer la qualité du signal si l'échantillon de base n'a pas été enregistré à une fréquence d'échantillonnage assez élevée. Le *time stretching* est un traitement sophistiqué : selon leur complexité, certains algorithmes donnent de meilleurs résultats audibles que d'autres.

8.4.3 *Assignation des échantillons aux notes (*mapping*)*

Le *mapping* permet de répartir sur différentes régions du clavier les échantillons présents dans la mémoire de l'échantillonneur : ces régions sont définies par leurs notes la plus grave et la plus aiguë. On peut ainsi assigner les différents sons d'une batterie aux touches du clavier, ou jouer de la basse dans le bas du clavier et du piano dans les aigus. Lorsque deux régions se recouvrent, les échantillonneurs permettent de créer des transitions d'un son à l'autre, selon un paramétrage plus ou moins complexe. On obtient ainsi un passage plus progressif d'un échantillon à un autre.

Le multiéchantillonnage consiste à enregistrer un même instrument pour des notes de différentes hauteurs, afin de répartir ces échantillons sur le clavier. Ce mode convient aux sonorités acoustiques dont le contenu harmonique varie beaucoup d'une octave à l'autre par exemple : le piano notamment. L'idéal serait de prévoir un son par note, mais les contraintes économiques conduisent à utiliser des groupes de sons, en préservant une certaine homogénéité sonore.

8.4.4 *Traitements des échantillons*

Les traitements des échantillons peuvent s'effectuer à deux stades : directement sur les échantillons eux-mêmes, ou sur le signal analogique reconstitué.

Normalisation (Normalize)

La fonction de normalisation de niveau permet d'utiliser la plus grande dynamique possible. La machine recherche dans l'échantillon le point d'amplitude le plus élevé, calcule la marge par rapport à la valeur maximale possible, et amplifie tout l'échantillon de façon à aligner son niveau le plus élevé sur le maximum numérique (*Full Scale*).

Découpage (Truncate)

Cette fonction de montage sert à éliminer les portions indésirables de l'échantillon : silence au début ou en fin par exemple.

Inversion (Reverse)

Cette fonction permet de lire l'échantillon à l'envers, pour obtenir par exemple des effets de résonance de cymbale inversée.

Bouclage (Looping)

L'opération de bouclage permet de prolonger indéfiniment la lecture d'un échantillon. Il existe trois modes de bouclage :

Le bouclage en avant (*Forward*) prolonge la durée de l'échantillon en répétant une région définie par un point de départ et un point de fin. L'échantillon est lu normalement jusqu'au point de fin, puis la lecture reprend à partir du point de départ, etc.

Le bouclage alterné (*Alternate*) utilise un principe différent : l'échantillon est lu normalement jusqu'au point de fin, puis la lecture repart vers le point de départ en marche arrière, retourne au point de fin en avant, etc.

Le bouclage en avant à régions multiples permet de définir plusieurs boucles en avant sur un même échantillon. Pour plus de fidélité, on peut ainsi, par exemple, créer une boucle pour la phase de *sustain*, interrompue dès relâchement de la touche du clavier, et une boucle de *release*, qui se poursuit quant à elle jusqu'à la fin de l'enveloppe du son.

Nombre d'échantillonneurs proposent des fonctions de mise en boucle automatique (*Autoloop*), en recherchant les meilleurs points de bouclage pour éviter tout clic parasite lors des raccords, ainsi que des fonctions de *crossfade* aux points de raccord, qui permettent d'adoucir les transitions.

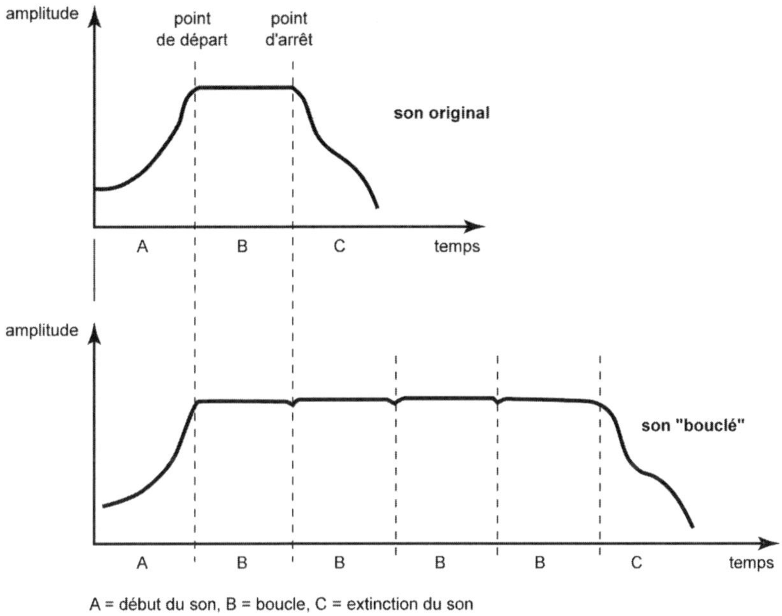

Figure 8.11 – Réalisation d'un bouclage de type Forward sur un échantillon. La durée de la boucle est définie par l'emplacement des points de départ et de fin.

Filtrage

Tous les échantillonneurs possèdent des filtres analogiques plus ou moins complexes – passe-haut, passe-bas, passe-bande, à pentes variables, avec des résonances plus ou moins marquées – pourvus de générateurs d'enveloppe dédiés, qui permettent de modifier le son de l'échantillon en cours de lecture. Ces filtres entrent pour beaucoup dans l'intérêt « musical » de tel ou tel modèle.

8.5 Historique du MIDI

Lorsque les instruments électroniques apparaissent, ils intègrent leur propre interface de jeu : du traditionnel clavier de piano à l'anneau coulissant le long d'une tige sur les Ondes Martenot. On ne peut pas les contrôler à distance. Ce n'est qu'à la naissance des synthétiseurs modulaires, au milieu des années soixante, qu'on commence à relier entre eux des modules et instruments électroniques pour les « jouer ensemble » – autrement dit, contrôler depuis l'un les générateurs sonores de l'autre. C'est aussi à cette époque que l'utilisation du séquenceur (dispositif permettant de programmer les hauteurs de notes désirées, puis de les jouer éventuellement en boucle) se développe. Les premières interfaces de contrôle transportent alors les différents signaux nécessaires sous forme de tensions électriques analogiques :

hauteur de la note (CV, pour *Control Voltage*), déclenchement/relâchement de la touche (*Gate*), signaux d'horloge pour synchroniser les oscillateurs basse fréquence (*Clock*)... Chaque constructeur établit lui-même les standards de valeurs utilisées, sans se soucier d'harmonisation avec la production des concurrents. Ainsi, certains font correspondre telle variation de tension CV à tel intervalle musical (1 V pour 1 octave, par exemple, soit une progression logarithmique), tandis que chez d'autres la même variation de tension CV correspond à un décalage fixe exprimé en hertz (par exemple, 1 V pour 1 000 Hz, soit une progression linéaire). Pour le musicien, jouer de plusieurs synthétiseurs simultanément ou brancher un séquenceur d'une marque sur un instrument d'une autre marque est le plus souvent fastidieux, voire impossible. Les fabricants s'assurent ainsi une remarquable fidélité à leur marque.

Lorsque la micro-informatique apparaît, au milieu des années soixante-dix, les microprocesseurs se répandent rapidement. Les ingénieurs introduisent alors le concept de contrôle numérique de paramètres analogiques – qui permet enfin de mémoriser les différents paramètres d'un son de synthèse. Ce sont donc des informations binaires (0 et 1) qui circulent lorsqu'on bouge un potentiomètre : même principe quand on enfonce telle ou telle touche. Les grandes marques créent toutes un tel procédé de codage (Fender, Roland, Oberheim, Sequential Circuits...), mais sans se concerter.

Pour améliorer leur procédé, les ingénieurs de Sequential Circuits collaborent ensuite avec ceux d'Oberheim et de Roland. Ils présentent le fruit de leurs travaux à l'AES de 1981, et demandent l'opinion des autres constructeurs. Le concept évolue, et l'interface numérique pour instrument de musique (signification littérale de l'acronyme MIDI : *Musical Instrument Digital Interface*) voit le jour en 1982, avec la documentation officielle afférente. Les constructeurs présentent des prototypes d'instruments électroniques intégrant le MIDI fin 82, et les premières démonstrations publiques se déroulent au Winter NAMM début 1983. Encore imparfait, le standard MIDI se perfectionne : une nouvelle version de la norme voit le jour en 1985. Il est alors définitivement adopté par tous les constructeurs, et, plus de 20 ans après, n'a pas été remplacé. C'est le seul standard universel en vigueur dans le monde de l'informatique musicale.

8.6 Caractéristiques de la liaison MIDI

8.6.1 *Caractéristiques générales*

L'interface MIDI est une interface numérique sérielle fonctionnant en « temps réel ». Elle est asynchrone : autrement dit, il est inutile de synchroniser les horloges internes de l'émetteur et du récepteur. Les informations binaires sont envoyées les unes à la suite des autres, sur un seul câble, sous forme d'octets (groupes de 8 bits) séparés par un bit de start (0 logique) et d'un bit de stop (1 logique) – ce qui permet à la

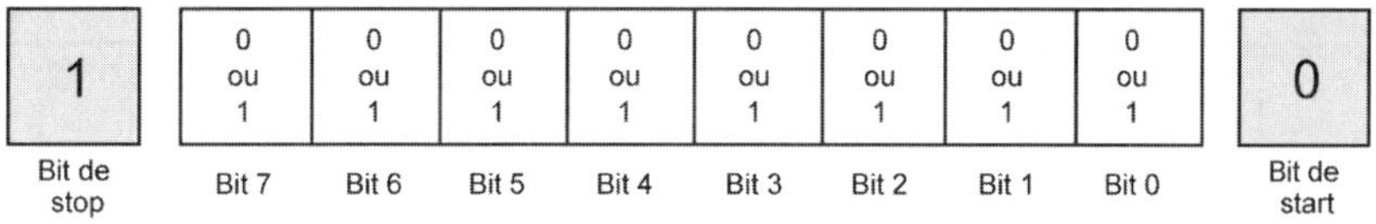

Figure 8.12 – L'« octet » MIDI est composé de 8 bits utiles, encadrés d'un bit de start et d'un bit de stop. On sait ainsi où commence et où finit l'information.

machine réceptrice d'identifier le début et la fin d'un octet sans « top » de synchro indiquant le début du message. Un « octet MIDI » comporte donc en fait 10 bits et non huit. Le débit numérique d'une liaison MIDI est de 31 250 bauds ou 31,25 kbits/s (1 million divisé par 32), soit plus de 3 000 « octets » transmis en une seconde. Cette valeur est assez proche de ce qu'on obtient, dans la réalité, avec une liaison par modem 56k[1]. Les « octets MIDI » sont groupés par paquets (comportant entre un et une infinité d'« octets »), en respectant une syntaxe bien précise – formant ainsi un message MIDI (voir § 8.7).

Au niveau de l'appareil récepteur, il faut extraire de ces messages les « vrais » octets (autrement dit les bits « utiles ») : c'est le rôle d'un circuit spécialisé baptisé UART (acronyme de *Universal Asynchronous Receiver Transmitter*). À réception d'un « octet MIDI », il repère le bit de start, puis réceptionne les 8 bits, qu'il stocke dans sa mémoire interne. À réception du bit de stop, il envoie ses 8 bits au microprocesseur, en une liaison parallèle (les 8 bits d'un coup, sur 8 fils différents). Cette transmission effectuée, l'UART bascule en mode d'attente du prochain bit de start, et ainsi de suite.

Lors de l'émission des données MIDI, l'UART effectue la tâche exactement inverse. Dès réception d'un octet de valeurs provenant du microprocesseur, il crée un bit de start, « sérialise » l'octet (autrement dit, il envoie les bits les uns après les autres), et crée un bit de stop. Il prévient alors le microprocesseur qu'il est prêt à traiter l'octet suivant. Afin d'envoyer les bits à la bonne vitesse, l'interface série/parallèle divise généralement par 32 un signal d'horloge interne de 1 MHz.

8.6.2 *Caractéristiques des connecteurs*

Physiquement, la norme MIDI impose l'utilisation de connecteurs DIN 5 broches – un standard hérité de la hi-fi européenne des années soixante-dix, tombé en désuétude après la généralisation des fiches RCA (cinch) venues du Japon et des USA. Il est ainsi très facile de distinguer les connexions MIDI des connexions audio, ce qui aurait été moins immédiat si la norme avait imposé des jacks ou des XLR par exemple. À noter que les câbles de liaison MIDI sont toujours mâle/mâle. L'embase sur les appareils est toujours femelle.

1. Soit un débit 10 à 15 fois moindre qu'avec une liaison ADSL 512 kbits/s.

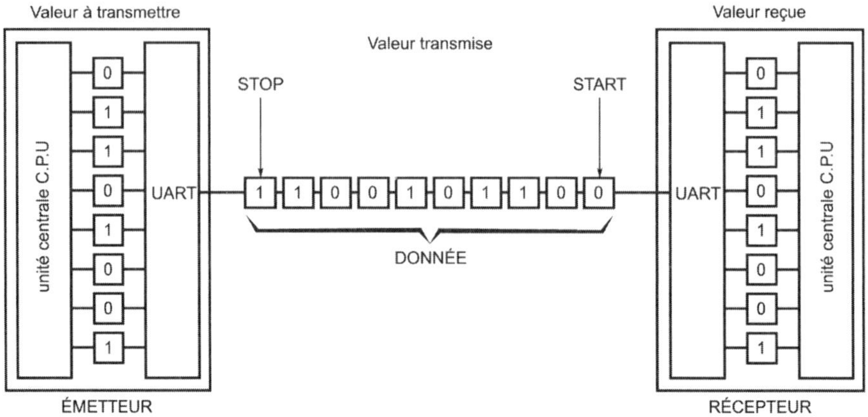

Figure 8.13 – L'interface de conversion parallèle/série et série/parallèle (l'UART) permet de réaliser des liaisons sérielles, comme le MIDI.

On distingue trois sortes de prises MIDI : MIDI-In (entrée), MIDI-Out (sortie) et MIDI-Thru (contraction de la préposition anglaise *through*, signifiant « à travers »). Leurs fonctionnalités sont expliquées ci-après. Sur les 5 broches, les broches 1 et 3 sont inutilisées, la broche 2 étant réservée à la masse sur les prises MIDI Out et MIDI-Thru (pas de masse sur la prise MIDI-In). Les broches 4 et 5 transportent une boucle de courant électrique de 5 mA. Le 0 logique correspond à + 5 V, le 1 logique à 0 V. Il est recommandé de ne pas dépasser 15 m de longueur de liaison.

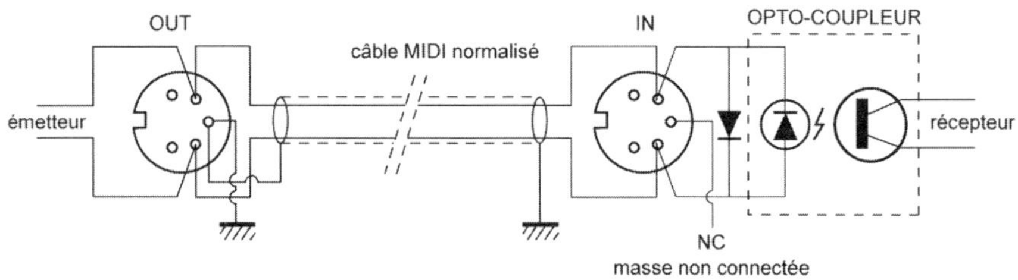

Figure 8.14 – Câblage entrée/sortie de deux appareils MIDI. La masse est déconnectée sur le récepteur afin d'éviter les boucles de masse.

Pour éviter tout parasite électrique (boucle de masse notamment), chaque connecteur de type MIDI-In est équipé d'une isolation optoélectrique. Le principe consiste à alimenter une Led (diode électroluminescente) par la boucle de courant. Suivant la valeur de la tension (0 ou 1 logique), la Led éclaire ou n'éclaire pas un transistor photosensible, qui, à son tour, laisse ou ne laisse pas passer le courant. Cette isolation élimine les interférences entre informations MIDI et circuits audio.

8.6.3 *Les réseaux MIDI*

La norme MIDI autorise, en théorie, le raccordement d'une infinité d'instruments, de façon totalement modulaire en fonction des besoins. De la simple liaison d'un instrument vers un autre, aux réseaux les plus complexes, le MIDI est une interface extrêmement souple, adaptable et facile à mettre en œuvre.

Il existe plusieurs façons d'interfacer des appareils MIDI au sein d'un réseau. Avant de les passer en revue, il est nécessaire de présenter les différentes prises disponibles.

✦ Les prises MIDI In, Out et Thru

À de rares exceptions près, chaque appareil MIDI possède au minimum deux prises : une de sortie (MIDI-Out) et une d'entrée (MIDI-In). Toute la souplesse des réseaux MIDI provient de la présence, sur la majorité des appareils, d'un troisième type de prise, repérée MIDI-Thru. Elle renvoie tels quels les messages MIDI reçus sur la prise MIDI-In. On dispose donc à tout instant, en sortie de l'instrument, des données générées par lui (Out) et des données qui lui sont envoyées (Thru) – ce qui permet de réaliser des configurations complexes.

✦ Liaison unidirectionnelle

Dans le cadre d'une liaison unidirectionnelle (*one-way*) entre un appareil A et un appareil B, on relie la prise MIDI-In de l'un à la prise MIDI-Out de l'autre.

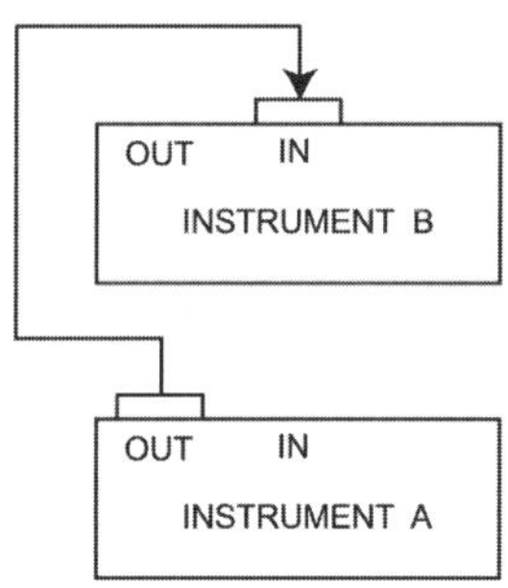

Figure 8.15

Dans une liaison unidirectionnelle, la sortie MIDI-Out de l'instrument A transmet des données à l'entrée MIDI-In de l'instrument B.

✦ Liaison bidirectionnelle

Dans le cadre d'une liaison bidirectionnelle (*handshake*), il faut utiliser deux câbles MIDI : la prise MIDI-In de l'appareil A est reliée à la prise MIDI-Out de l'appareil B, et la prise MIDI-In de l'appareil B à la prise MIDI-Out de l'appareil A. On peut alors jouer A depuis B ou B depuis A.

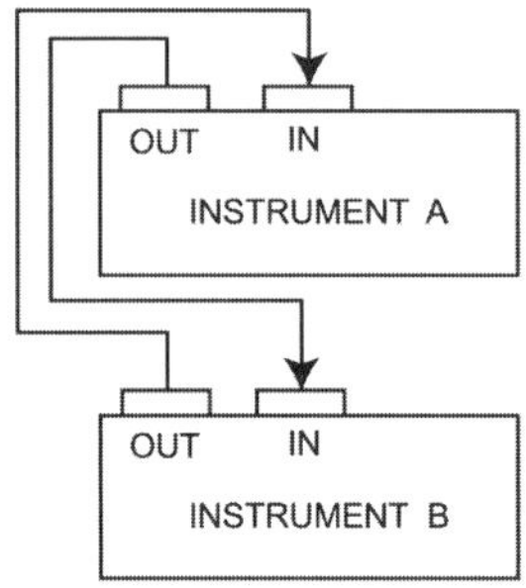

Figure 8.16

Une liaison bidirectionnelle se compose de deux liaisons unidirectionnelles en sens inverse (sortie MIDI-Out de l'instrument A vers entrée MIDI-In de l'instrument B et réciproquement).

Que se passe-t-il quand on désire relier trois appareils MIDI, A, B et C ? En raccordant la prise MIDI-Out de A à la prise MIDI-In de B, et la prise MIDI-Out de B à la prise MIDI-In de C, A pilote B, et B pilote C. En revanche, pas moyen de piloter C depuis A ! Nous ne sommes donc plus dans le cas de liaisons bidirectionnelles mais unidirectionnelles décalées.

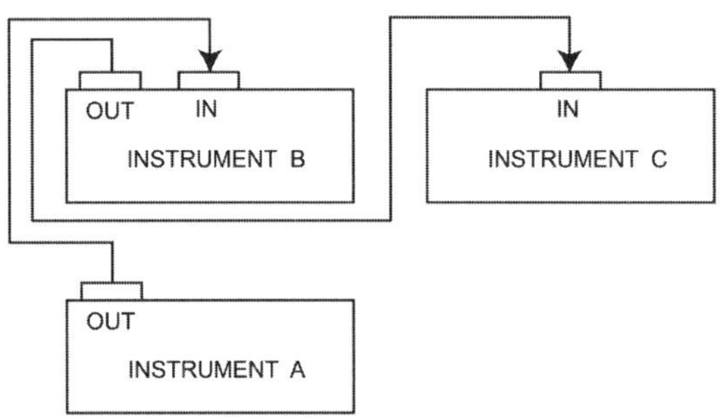

Figure 8.17

Dans cette configuration, A pilote B, B pilote C, mais A ne pilote pas C.

Pour aller plus loin, il faut constituer un véritable réseau MIDI, en faisant intervenir la prise MIDI-Thru.

✦ Liaison de type réseau en cascade (*daisy chain*)

Dans le cadre d'une liaison en cascade (l'appellation anglaise *daisy chain* provient de la ressemblance de la forme du câblage ainsi obtenu avec les pétales d'une marguerite), la prise MIDI-Out de l'appareil A est raccordée à la prise MIDI-In de l'appareil B, la prise MIDI-Thru de B à la prise MIDI-In de C, et ainsi de suite. Cette fois, l'instrument A pilote tous les appareils connectés.

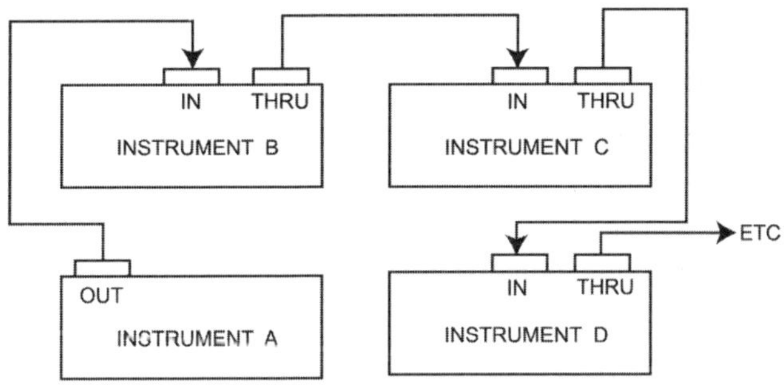

Figure 8.18

Dans une liaison en cascade, les données reçues de l'instrument A par l'instrument B sont copiées, puis repartent vers l'instrument C, qui les transmet à son tour à l'instrument D…

✦ Liaison de type réseau en étoile (*star network*)

Dans le cadre d'une liaison en étoile, la prise MIDI-Out du premier appareil est raccordée aux prises MIDI-In des autres appareils MIDI par l'intermédiaire d'un boîtier MIDI-Thru externe (voir ci-après). La qualité des signaux circulant dans les câbles MIDI est alors préservée, car les messages ne transitent plus par l'électronique de chaque appareil.

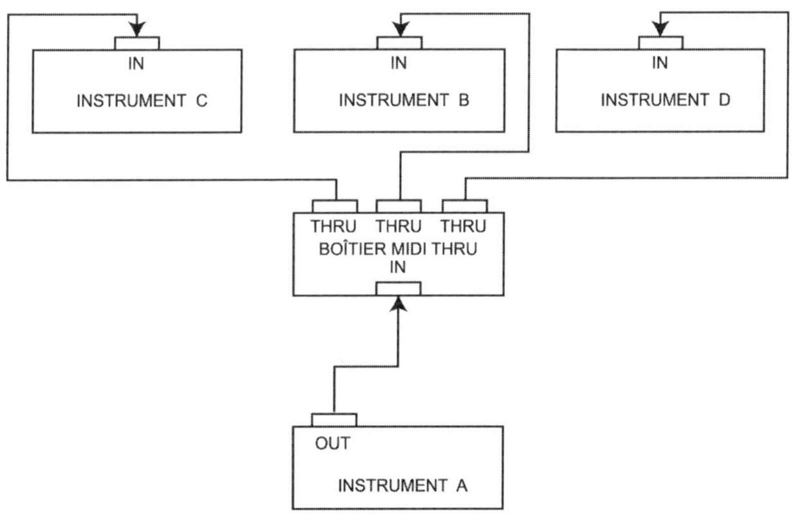

Figure 8.19

Le réseau MIDI en étoile constitue une alternative au réseau en cascade.

8.6.4 *Les boîtiers de raccordement MIDI*

✦ **Boîtier MIDI-Thru**

En combinant intelligemment les connexions MIDI-In, Out et Thru, on peut constituer des réseaux en cascade assez complexes. Contrairement aux idées reçues, une longue liaison en cascade n'induit pratiquement aucun délai (en moyenne, 2 µs par instrument, en fonction du temps de réponse des opto-isolateurs). En revanche, les fronts ascendants et descendants du signal MIDI transporté présentent une forte tendance à se dégrader et à se décaler progressivement, ce qui peut donner lieu à des interprétations erronées des messages MIDI. C'est pour cette raison qu'il est conseillé de ne pas dépasser le nombre de trois instruments dans une configuration de type *daisy-chain*.

Figure 8.20

À force de passer par des opto-coupleurs, le signal numérique MIDI voit ses fronts ascendants et descendants se dégrader progressivement.

Pour obtenir un réseau en étoile, beaucoup plus fiable, il faut passer par un boîtier MIDI-Thru : un véritable « amplificateur de distribution MIDI ». Le boîtier MIDI-Thru duplique le signal reçu sur son entrée en autant d'exemplaires qu'il possède de sorties (repérées MIDI-Thru). Cet appareil est à la base de la constitution de réseaux en étoile. Même si un « simple » boîtier MIDI-Thru est devenu rare (ces fonctions sont souvent intégrées à des patches MIDI ou à des interfaces MIDI multiports évoluées), on trouve encore des boîtiers-distributeurs 3, 8 voire 10 sorties.

Le boîtier M-Audio MIDI-Thru 3 × 8 possède trois entrées et 8 sorties.

✦ Boîtier MIDI *Merger*

Supposons que vous désirez piloter simultanément un instrument C à partir de deux instruments A et B (deux claviers ou un clavier et un pad par exemple). Pour ce faire, il faut fusionner (le terme anglais est *merge*) les signaux provenant des sorties MIDI-Out A et MIDI-Out B avant de les envoyer à l'entrée MIDI-In C.

Ce mélange de données MIDI s'effectue d'une façon complètement différente du mélange de signaux audio sur une console de mixage, par exemple. Par ses caractéristiques même, l'interface MIDI transmet les messages les uns après les autres (en série). Les messages issus des deux instruments A et B se succéderont, de façon alternée, dans le flot des données MIDI. Le *merger* réalise une opération complexe qui se limite dans la plupart des appareils du commerce à deux signaux. En supposant que deux messages (l'un provenant de l'instrument A, l'autre de l'instrument B) arrivent au même instant à l'entrée du *merger* MIDI, ce dernier s'occupera de l'un d'entre eux, laissant l'autre en attente pendant qu'il retransmet ce premier message. Rares sont les *mergers* à accepter de mélanger plus de deux signaux MIDI.

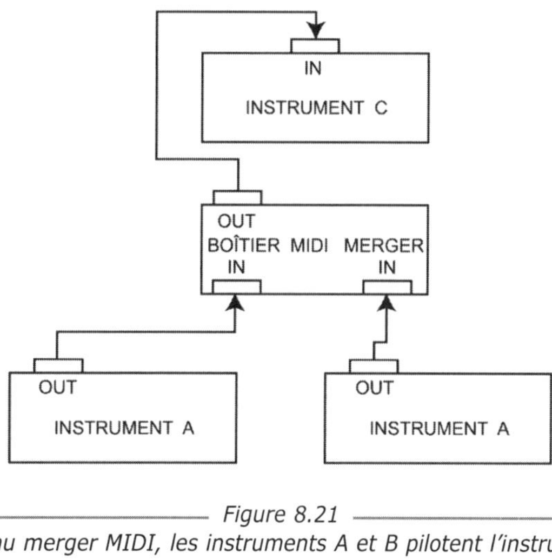

Figure 8.21

Grâce au merger MIDI, les instruments A et B pilotent l'instrument C.

✦ Patch MIDI

Le patch MIDI est une matrice de raccordement rassemblant un certain nombre de prises d'entrée et de sortie MIDI : on trouve ainsi des patches 8 × 8 (8 entrées/ 8 sorties), 16 × 16 (16 entrées/16 sorties), etc. Après avoir relié les prises MIDI-Out et MIDI-In des instruments aux prises MIDI-In et MIDI-Out du patch, il suffit de programmer chaque prise MIDI-In du patch, de façon à en diriger les signaux vers une ou plusieurs sorties MIDI-Out selon les besoins. Chaque prise MIDI-Out n'accepte que des signaux provenant d'une seule prise MIDI-In, à moins que le patch n'incorpore une fonction de *merger* MIDI. En revanche, les signaux provenant d'une prise MIDI-In peuvent se voir acheminés vers plusieurs prises MIDI-Out (le patch fait alors office de boîtier MIDI-Thru). La plupart des patches MIDI possèdent des mémoires permettant de stocker plusieurs schémas d'assignation. Il est alors possible, sans toucher à un seul appareil ni à un seul cordon MIDI, de modifier instantanément la configuration d'un réseau MIDI, par simple rappel de la mémoire correspondante.

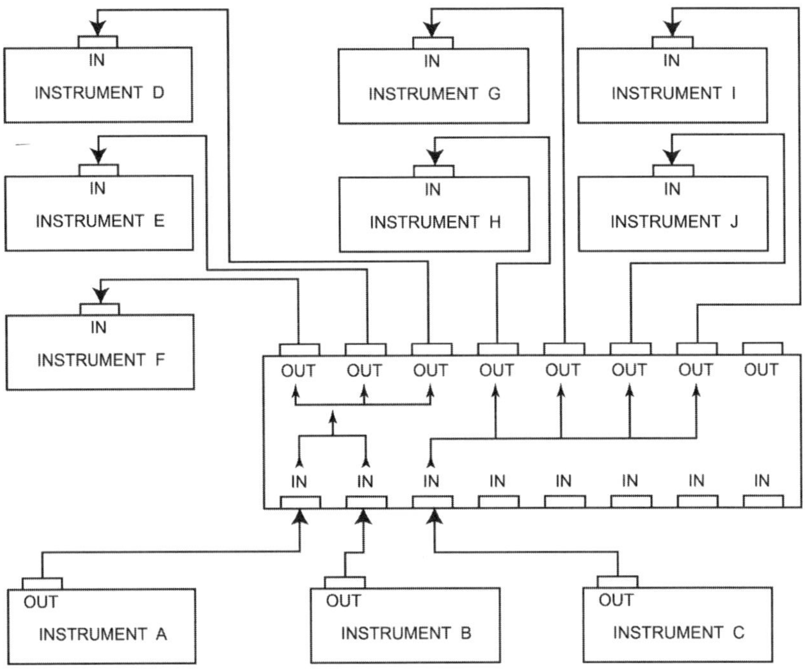

Figure 8.22

Tel qu'est programmé ce patch, les instruments A et B pilotent les instruments D, E et F (les entrées A et B sont « mergées »), tandis que l'instrument C pilote les instruments G, H, I et J.

✦ Amplificateur de ligne MIDI

La norme MIDI permet le raccordement d'appareils, sans détérioration notable du signal, jusqu'à des distances d'environ 15 mètres. Suffisante en *home studio*, cette distance est parfois trop courte en studio ou sur scène. Pour augmenter cette longueur maximale de liaison, on trouve des boîtiers, s'utilisant par paire, qui assurent la conversion de la boucle de courant MIDI en signal symétrique au niveau ligne et vice versa. Ils s'alimentent par tension fantôme 48 V depuis la console de mixage, et assurent une distance maximale de 150 m.

8.7 Anatomie des messages MIDI

L'interface MIDI, que nous venons de décrire d'un point de vue physique (des connecteurs aux réseaux) transporte des informations destinées à décrire le jeu du musicien par une suite d'événements élémentaires, codés sous forme d'octets. Le nombre de valeurs différentes est donc fini, par opposition à un signal analogique (tension de commande par exemple), capable pour sa part de représenter une infinité de valeurs. Ces octets représentent l'alphabet du MIDI. Nous allons étudier la manière dont on construit avec eux un langage complexe, composé de mots et de phrases.

8.7.1 *Le format des octets MIDI : statuts et données*

Le protocole MIDI distingue deux catégories d'octets : les octets de statuts (*status*) et les octets de données (*data*).

Les octets de statut servent à indiquer un type d'action : enfoncement ou relâchement d'une touche ou d'une pédale de *sustain*, déplacement d'une molette de *pitch bend* (variation de la hauteur) ou de modulation. À cette action sont le plus souvent associées des valeurs : les octets de données, qui complètent les octets de statut. Ils indiquent par exemple le numéro de la touche enfoncée ou relâchée, le début ou la fin de *sustain*, la nouvelle position de la molette de *pitch bend* ou de modulation, etc.

La plupart des informations MIDI reposent sur une structure de type « statut + données » : c'est ce qu'on appelle un « message » MIDI. Un octet de statut peut être suivi de un ou plusieurs octets de données. Afin de différencier un octet de statut d'un octet de données, la norme MIDI utilise le bit n° 7 de cet octet, appelé bit de poids fort ou MSB, pour *Most Significant Bit* (voir *figure 8.23*). (Rappelons que les bits d'un octet sont numérotés à l'inverse du sens de lecture, donc de droite à gauche, en commençant à 0 et en terminant par 7). Selon que ce bit n° 7 possède une valeur de 1 ou de 0, l'octet est considéré comme un octet de statut (1xxxxxxx) ou comme un octet de données (0xxxxxxx). Par conséquent, il ne reste plus que 7 bits « utiles » dans l'octet : les bits 0 à 6. Les valeurs transportées sont donc forcément comprises entre 0 et 127. En ce qui concerne les données, cette limitation à 128 valeurs se contourne facilement, en associant plusieurs de ces octets de données à un même octet de statut. En revanche, le nombre de statuts différents est par définition limité à 128. Un nombre suffisant pour codifier toutes les actions musicales d'un interprète…

La représentation binaire, si elle a le mérite de la simplicité, n'en devient pas moins rapidement fastidieuse à manipuler. Sa conversion en décimal (notre système de numération « naturel ») n'apporte pas grand-chose. Pour une représentation plus facile, on écrit le plus souvent les octets en hexadécimal (base 16). Ce système de numération utilise 16 « chiffres élémentaires » : les symboles 0 à 9 issus du système décimal, plus les six premières lettres de l'alphabet (A, B, C, D, E et F), qui corres-

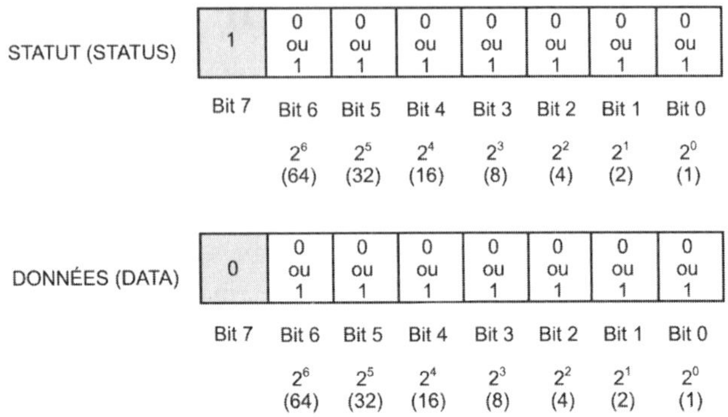

Figure 8.23

C'est le bit n° 7 qui distingue les octets de données des octets de statuts.

pondent respectivement aux valeurs 10, 11, 12, 13, 14 et 15. Avantage : on représente ainsi les 256 valeurs possibles d'un octet avec deux symboles seulement.

Pour éviter toute confusion avec le système décimal, tout nombre exprimé en hexadécimal est suivi du symbole H : ainsi, 56H, F0H…

Pour effectuer les calculs, il faut effectuer une petite gymnastique mentale pour passer de notre base 10, si naturelle, à la base 16.

56 en base 10 s'écrit en binaire 00111000 et 38H en hexadécimal (56 : 16 = 3, et il reste 8 – le résultat est bien 38H).

240 en base 10 devient 11110000 en binaire F0H en hexadécimal (240 : 16 = 15 et il reste 0 – le résultat est donc bien F0H) – voir le tableau en Annexe 4.

8.7.2 *La notion de destination : le canal MIDI*

Un réseau MIDI n'est pas limité par le nombre d'unités en présence. Grâce aux prises « *Thru* » et/ou aux boîtiers de raccordement/patches/interfaces, il est théoriquement possible de connecter entre eux une infinité d'appareils MIDI. La seule restriction provient de la densité du flux d'informations circulant dans le réseau : autrement dit, le débit de données MIDI circulant sur le bus qui est, rappelons-le, limité à 31 250 bauds.

Supposons un réseau MIDI constitué d'un clavier maître, relié à trois « expandeurs » (unités de synthèse seules, sans clavier de commande) différents. Que le réseau soit de type cascade ou étoile (voir § 8.6.3), tous les expandeurs reçoivent exactement les mêmes informations. Comment procéder pour les piloter non pas simultanément, mais séparément ? Il devient nécessaire d'introduire une notion d'adressage logique.

Par exemple, pour contrôler l'expandeur 1 depuis le clavier maître, il faut régler d'une part le clavier sur une adresse d'émission X, d'autre part l'expandeur sur la même adresse de réception X, et, bien sûr, les deux autres expandeurs sur une autre adresse de réception que X. Résultat : même s'ils reçoivent tous les trois un flux d'informations MIDI identique, chacun des expandeurs ignore les messages qui ne lui sont pas destinés. Cette notion de destination est intégrée à l'octet de statut : c'est le canal MIDI (*MIDI channel*).

Une analogie parlante est celle des différents récepteurs de télévision d'un immeuble, alimentés par une antenne commune. L'antenne reçoit différents signaux (plusieurs chaînes) provenant de l'émetteur : pourtant, chaque spectateur de l'immeuble choisit celle qu'il veut regarder chez lui, indépendamment des autres, en réglant les circuits de réception de son téléviseur sur tel ou tel canal (21 pour la deuxième chaîne, 25 pour la troisième, 27 pour la première, etc.). Il en est de même pour un appareil MIDI – à ceci près, comme nous le verrons par la suite, qu'il a également la possibilité de recevoir simultanément tous les canaux, un peu comme la mosaïque sur un téléviseur.

8.7.3 *Les messages canaux*

Tableau 8.2 – Les différents types de messages MIDI

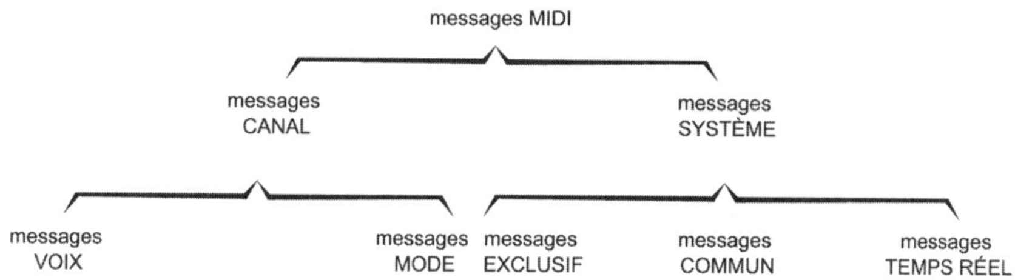

Les messages canaux sont divisés en deux sous-catégories : les messages de voix (*voice messages*) qui exercent une influence directe sur la production du son par les générateurs (ordre de jouer une note, de varier la hauteur…) et les messages de mode qui définissent la configuration de réception du générateur aux messages de voix (jouer les notes de tous les canaux MIDI ou seulement d'un canal, une note à la fois ou plusieurs simultanément…). En effet, les générateurs de sons (synthétiseurs, échantillonneurs, expandeurs, etc.) sont capables de reproduire simultanément un certain nombre de notes : c'est ce qu'on appelle la polyphonie. En quelque sorte, un générateur de sons d'une polyphonie « de 16 voix » est constitué de 16 générateurs de son monophoniques. La norme MIDI désigne chacun de ces générateurs sous le terme de « voix ».

✦ Les sept types de messages de voix

Le nombre de canaux MIDI est limité à 16. La représentation de 16 valeurs en binaire (de 0 à 15) nécessite quatre bits. Ce sont les bits 0 à 3 de l'octet de statut (donc le demi-octet de droite) qui codifient le canal MIDI. Le bit 7 étant déjà attribué à la reconnaissance du statut, il ne reste que les bits 4 à 6 (3 bits, donc 8 valeurs possibles) pour spécifier le message de voix.

✧ Note On, Note Off

Le message de début de note (*note-on* : 000) est émis lors de l'enfoncement d'une touche de clavier, et, plus généralement, consécutivement à toute action physique exercée sur un contrôleur MIDI pour déclencher la production d'un son. À réception de ce message, le générateur de son joue la note de numéro correspondant.

Le message de fin de note (*note-off* : 001) est émis suite au relâchement d'une touche de clavier, et, plus généralement, consécutivement à toute action physique exercée sur un contrôleur MIDI pour arrêter la production d'un son. À réception de ce message, le générateur de son met fin à la note de numéro correspondant.

Les messages de *note-on* et de *note-off* sont composés de trois octets (un statut et deux données). Le premier octet de données indique le numéro de la note : rappelons que le MIDI offre 128 valeurs de notes possibles, soit 10 octaves et demie (de do_{-2} à sol_8). Une tessiture largement suffisante puisqu'un piano offre un peu plus de 7 octaves (de la_{-1} à do_7, numéros de notes MIDI 21 à 108 – voir le tableau en Annexe 4). Le second octet de données correspond à la vélocité, c'est-à-dire la vitesse d'enfoncement ou de relâchement de la touche, mesurée de 0 à 127 par un dispositif à deux contacts présent sur chaque touche. Le premier contact détecte l'appui sur la note, et le second correspond à la fin de l'enfoncement de la touche. Le dispositif mesure tout simplement la durée de passage du premier au second contact, qui donne la vélocité d'enfoncement (*attack velocity*). Dans le sens inverse (si la fonction est implémentée), on mesure la vélocité de relâchement de la touche (*release velocity*). Un clavier sensible à la vélocité est appelé « clavier dynamique ». Le générateur de sons d'un synthétiseur peut parfaitement gérer les informations de vélocité même si son clavier n'est pas dynamique (ce qui devient de plus en plus rare). Une vélocité de 0 dans un message de *note on* équivaut à un message de *note off*.

On confond souvent la vélocité d'enfoncement avec la force de frappe : bien que cette dernière soit physiquement liée à la vitesse d'appui, ces deux aspects ne sont pas strictement équivalents.

Nombre de synthétiseurs permettent de définir une courbe de réponse en vélocité : autrement dit, la valeur de vélocité peut par exemple évoluer non plus linéairement mais exponentiellement par rapport à la vitesse d'enfoncement, ce qui correspond mieux au style de jeu de certains instrumentistes.

✧ Polyphonic Aftertouch

L'*aftertouch* (message 010) est un paramètre expressif lié à la variation de pression qu'applique l'instrumentiste aux touches d'un clavier MIDI après leur enfoncement. Un tel clavier est dit « sensible à la pression ». En pratique, l'*aftertouch* permet d'agir, en temps réel, sur un ou plusieurs paramètres (amplitude, hauteur, timbre…).

Destiné à offrir une expressivité maximale, l'*aftertouch* polyphonique consiste à mesurer la variation de pression indépendamment pour chaque touche du clavier. Par conséquent, selon le même principe que pour la vélocité, la valeur de l'*aftertouch* est précédée, dans le message MIDI correspondant, par le numéro de la note à laquelle l'aftertouch s'applique.

En raison du coût prohibitif du dispositif (capteur de pression sur chaque touche) nécessaire à traduire la variation de pression sur chaque note d'un accord, par exemple, ce type d'*aftertouch* est rarement implémenté. Du reste, en réception, rares sont les générateurs de son qui répondent à ce type de messages.

L'*aftertouch* par canal (*channel key* pressure, également appelé, à tort, *aftertouch* monophonique) est traité ci-après (valeur 101).

✧ *Control Change*

Les messages de *control change* (message 011) sont destinés à influer en temps réel sur un certain nombre de paramètres. Leur structure est très ouverte, ce qui leur a conféré une évolution plutôt mouvementée : chaque évolution de la norme MIDI étend leurs possibilités. Au total, ce sont pas moins de 120 contrôleurs qui sont à la disposition de l'utilisateur. Ces contrôleurs sont structurés comme suit :

- de 0 à 31 : octet le plus significatif (MSB, *Most Significant Byte*) des contrôleurs continus de base ;
- de 32 à 63 : octet le moins significatif (LSB, *Least Significant Byte*) des contrôleurs continus de base ;
- de 64 à 69 : *switches* (interrupteurs) ;
- de 70 à 95 : contrôleurs continus additionnels sur un octet ;
- de 96 à 101 : incrémentation/décrémentation, paramètres « référencés » et « non référencés » (RPN/NRPN) ;
- de 102 à 119 : contrôleurs indéfinis.

Contrôleurs continus MSB/LSB

Seuls 14 des 32 contrôleurs continus 00 à 31 sont actuellement définis par la norme MIDI. Les informations qu'ils véhiculent traduisent théoriquement le mouvement continu comme leur nom l'indique, de pédales, de molettes (sauf celle de *pitch bend*, disposant de son message propre), de leviers ou de potentiomètres/curseurs. Il résulte de ce mouvement continu un flot ininterrompu de données. Le processeur de l'instrument MIDI analyse en fait les positions des pédales, molettes, etc. un certain nombre de fois par seconde (entre 50 et 100).

Pour certains contrôleurs continus (molette de modulation, par exemple), 128 valeurs suffisent pour codifier le déplacement d'un extrême à l'autre. Pour obtenir davantage de précision, il suffit de transmettre les valeurs sur deux octets, soit une plage de 16 384 valeurs. Au lieu de regrouper les deux octets de données au sein d'un même message (comme pour le *pitch bend*, le *song position pointer*, etc.), les contrôleurs MIDI 0 à 31 et 32 à 63 nécessitent deux messages distincts : le premier transporte l'octet MSB, le second l'octet LSB.

Voici la liste de ces 14 contrôleurs continus MSB/LSB : *bank select* (sélection de banque), modulation, *breath control* (contrôleur au souffle), *foot controller* (pédale continue), *portamento time* (durée de portamento), *data entry* (entrée de données), *main volume* (volume principal), balance, *pan* (panoramique), expression, *general purpose* (16 à 19, pour applications non normalisées).

Switches

Les contrôleurs 64 à 69 sont attribués à des fonctions d'interrupteurs (*switches*) : autrement dit, ils ne représentent que deux états, *on* et *off*. Sur les 128 valeurs autorisées par l'octet de données, la correspondance *on/off* varie selon les constructeurs : certains considèrent que les valeurs 0 à 63 correspondent à la position *off* et les valeurs 64 à 127 à la position *on*, d'autres assignent les valeurs 0 à 126 à *off* et la valeur 127 à *on*, d'autres encore, par compatibilité, font correspondre *off* à 0 et *on* à 127...

Voici la liste des *switches* : *damper pedal* (pédale de sustain), portamento (activation/désactivation), sostenuto, *soft pedal* (pédale douce), *legato footswitch* (pédale legato), *hold* (tenu).

Contrôleurs continus additionnels sur un octet

Outre les contrôleurs 80-83 (*general controllers* 5 à 8), il existe un certain nombre de contrôleurs continus sur un octet mis à la disposition des constructeurs, permettant par exemple (70-79) de sélectionner des variations d'un son original sur un appareil General MIDI, d'agir en temps réel sur les harmoniques d'un son, sur les paramètres de son enveloppe temporelle...

Incrémentation/décrémentation

Le rôle des contrôleurs *data increment* (n° 96) et *data decrement* (n° 97) est identique à celui du contrôleur *data entry*. Plutôt que de faire varier continuellement la valeur d'un paramètre à éditer, ils se contentent de lui ajouter ou de lui retrancher une unité. Contrairement au *data entry*, dont l'action traduit la position absolue du curseur, ces deux contrôleurs travaillent en mode relatif.

Paramètres « référencés » et « non référencés » (RPN/NRPN)

Les numéros de paramètres référencés (RPN, *Registered Parameter Number*) et non référencés (NRPN, *Non-Registered Parameter Number*) ont pour rôle de sélectionner un paramètre spécifique sur un instrument MIDI. Cette sélection opérée, il reste à envoyer, au choix, un message de type *data entry*, *data increment* ou *data decrement* pour modifier la valeur du paramètre en question (16 384 valeurs possibles).

Ces messages de paramètres référencés et non référencés comptent parmi les derniers ajouts à la norme MIDI. Ils s'expriment sur 14 bits, et offrent pas moins de 32 768 (2 × 16 384) nouveaux contrôleurs. Un constructeur est libre d'utiliser comme bon lui semble les numéros de paramètres non référencés, à condition d'en lister les fonctions dans le mode d'emploi de l'appareil. En revanche, les paramètres assignés aux numéros référencés sont définis par la norme MIDI. Ils sont au nombre de cinq : *pitch bend sensitivity*, *fine tuning*, *coarse tuning*, et deux autres se rapportant au *tuning* standard.

Pour être exhaustif, signalons l'existence d'un sixième paramètre référencé, dont aucun document officiel ne fait encore état, mais qui a pour but d'annuler la dernière sélection d'un paramètre référencé ou non référencé.

Contrôleurs indéfinis

Ce sont les contrôleurs 03, 09, 14-15, 20-31, 85-90 et 102-120.

✧ *Program Change*

Initialement, le message de changement de programme (*Program Change : message* 100) a été développé pour effectuer à distance le passage d'un son de synthétiseur à un autre son. Petit à petit, ce message s'est généralisé à tous les appareils MIDI dotés de mémoires : *snapshots* de consoles de mixage numériques (voir § 4.5.2), programmes de multieffets, de patches numériques... La plupart des appareils MIDI actuels reçoivent et transmettent ces messages de changement de programmes. Nombreux sont ceux qui proposent en outre une table de réassignation – autrement dit, une réaffectation du numéro de changement de programme entrant à un tout autre numéro de mémoire. Ainsi, le message de *program change* 4 peut appeler, par exemple, le son 22.

Le nombre maximal de valeurs de *program change* est de 128 (valeurs 0 à 127). Cette valeur suffisait amplement aux débuts de la norme MIDI, mais l'inflation du nombre de sons livrés d'origine sur les synthétiseurs a conduit à élargir le nombre de mémoires adressables, en introduisant le concept de banques de mémoires, regroupant chacune 128 sons. Le passage d'une banque à une autre s'effectue grâce à un message de sélection de banque (*bank select*), de type *control change* – avant l'apparition de cette notion de *bank select*, on utilisait un message système exclusif précédant le message de changement de programme.

✧ *Channel Aftertouch*

Dans le cas de l'*aftertouch* par canal (*message* 101), beaucoup plus répandu que l'*aftertouch* polyphonique, un seul capteur de pression suffit par canal MIDI (physiquement pour l'ensemble du clavier). C'est pourquoi un seul octet de données suffit pour envoyer l'information. Les messages d'*aftertouch* par canal s'appliquent alors à l'identique à toutes les notes de l'accord.

✧ *Pitch Bend*

Ce message est destiné à traduire la position de la molette de *pitch bend* (*message* 110) rencontrée sur la majorité des claviers MIDI. Cette molette sert à faire varier en temps réel la hauteur d'un son, vers le grave ou vers l'aigu. Son mouvement est codé sur deux octets de données, soit 16 384 valeurs (14 bits). Cette résolution est théorique, puisque la majorité des molettes n'en utilisent que 7 (128 valeurs), 8 (256) ou 9 bits (512).

Si le *pitch bend* traduit la position de la molette, codée sur un maximum de 16 384 valeurs (de – 8 192 à + 8 191), il n'indique en rien la correspondance entre cette valeur et la variation de hauteur produite. Il revient à l'utilisateur de programmer l'amplitude de ce « désaccord » sur le générateur de sons, exprimé en nombre de demi-tons (généralement, entre 0 et 12). Ainsi, pour une valeur de 12, la position minimale de la molette fera descendre le son d'une octave, et la position maximale le fera monter d'une octave. Pour plus de sophistication, un message de *pitch bend sensitivity* transmet au générateur de son l'étendue du *pitch bend*.

✦ Les messages de mode

Les messages de mode sont au nombre de sept. Ils occupent les derniers numéros (121 à 127) des messages de *control change*.

✧ *All sound off*

Le message *All sound off* force le générateur de son à couper toutes ses voix sur le canal correspondant. La différence par rapport au message *all notes off* (voir ci-après) est que ce dernier équivaut à envoyer 128 messages de notes relâchées, tandis qu'*All sound off* remet instantanément les enveloppes d'amplitude à zéro. De surcroît, un tel message peut aussi servir à couper (*Mute*) un processeur d'effet (réverbération, retard…), à éteindre l'ensemble d'un jeu de lumières commandé via MIDI, etc.

✧ *Reset all controllers*

Le message *reset all controllers* réinitialise l'ensemble des contrôleurs continus (numéros 0 à 120), le *pitch bend* ainsi que l'*aftertouch* (polyphonique et par canal). Généralement égales à celles rencontrées lors de la mise sous tension d'un appareil MIDI, les valeurs de réinitialisation sont fixées par le constructeur. Dans la majorité des cas, les interrupteurs basculent en position *off* (*sustain*…), et les contrôleurs agissant en plus ou en moins autour d'une valeur centrale (*pitch bend*, balance, panoramique) réintègrent cette position, tandis que ceux partant de zéro y retournent (modulation, *breath control*…), à l'exception de certains contrôleurs comme le volume.

✧ *Local on/off*

Le message d'activation/désactivation du contrôle local concerne en premier lieu les synthétiseurs, instruments réunissant un clavier et un générateur de sons. En fonctionnement normal, les deux sections « communiquent » : dès que l'utilisateur appuie sur une touche du clavier, un message de *note-on* est acheminé simultanément à la prise MIDI-Out (vers d'éventuels expandeurs, séquenceurs, etc.) et au générateur de sons interne – qui, par ailleurs, réagit également aux messages reçus sur son entrée MIDI-In. Le message *local off* permet de couper la liaison interne entre le clavier et le générateur de sons, tandis que le message *local on* la rétablit. Lors de sa mise sous tension, un instrument doit se trouver en mode *local on*.

En mode *local off*, l'instrument est scindé en deux modules distincts : le clavier, qui peut alors faire office de clavier maître, et le générateur de sons, qui fait office d'expandeur. Lorsqu'on joue sur le clavier de l'instrument, il reste muet, puisque sa partie générateur de sons est déconnectée du clavier. Pour faire fonctionner l'instrument dans cette configuration, il faudrait relier sa sortie MIDI-Out à son entrée MIDI-In, à l'aide d'un câble MIDI.

Ce même branchement en mode *local on* conduirait bien évidemment à « doubler » chaque note jouée (une fois par le clavier, une fois quelques millisecondes plus tard par l'information MIDI-Out), ce qui réduit la polyphonie et occasionne des déphasages sonores. C'est ce phénomène qui se produit lorsque le synthétiseur, relié à un séquenceur, reçoit de celui-ci les informations qu'il vient d'émettre.

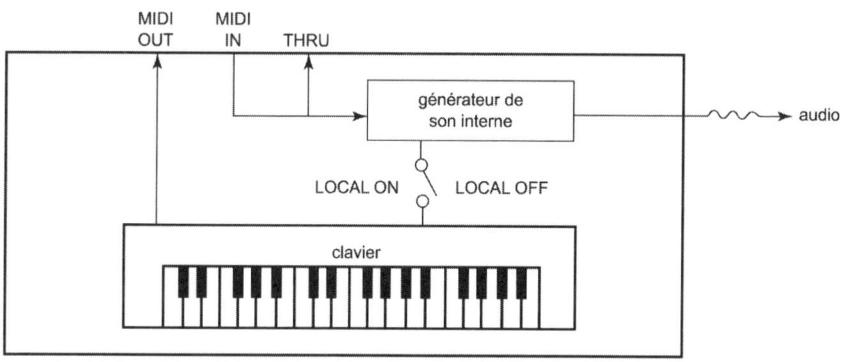

Figure 8.24 – Synthétiseur en mode local off : la liaison est interrompue entre le clavier et le générateur de son.

✧ *All notes off*

Le message *All notes off* s'emploie dans des circonstances exceptionnelles : lorsqu'une ou plusieurs notes sont bloquées, par exemple. Il correspond à la fonction *reset/panic* sur un expandeur, un séquenceur… et force le générateur de sons à couper toutes ses voix sur le canal correspondant. Son envoi équivaut à l'émission de 127 messages de notes relâchées (un par numéro de note).

Un message *All notes off* reçu sur la prise MIDI-In d'un instrument à clavier incorporant un générateur de sons ne doit en aucun cas couper les notes jouées au clavier, mais uniquement celles réceptionnées via MIDI.

✧ *Omni on, omni off, poly, mono*

Si les messages de voix influent directement sur les notes jouées par le générateur de sons, les quatre messages de mode *omni on*, *omni off*, *poly* et *mono* régissent l'assignation de ces messages de voix (*note-on*, *note-off*...) en fonction de la polyphonie et des canaux MIDI. La combinaison des modes *omni on/off* et des modes *poly/mono* détermine la manière dont un instrument MIDI émet ou reçoit les messages de voix.

Tableau 8.3 – Les différents modes de réception MIDI

	POLY	MONO
OMNI ON	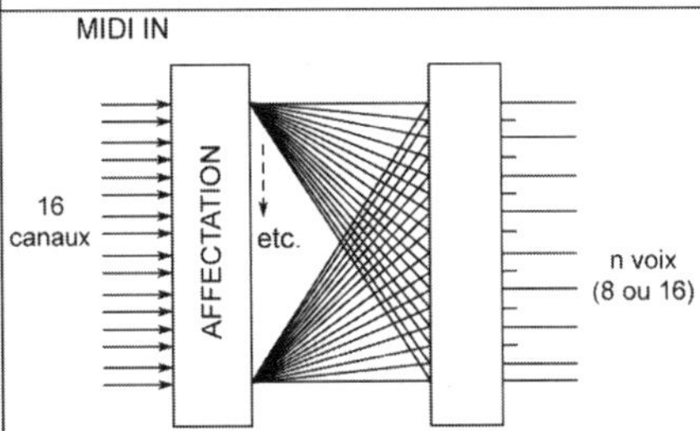 L'instrument accepte tous les messages de voix, sans distinction de canal (omni on), jusqu'à sa limite de polyphonie (poly), autrement dit le nombre de notes qu'il est capable de jouer simultanément. Pratique pour superposer les timbres de plusieurs synthétiseurs.	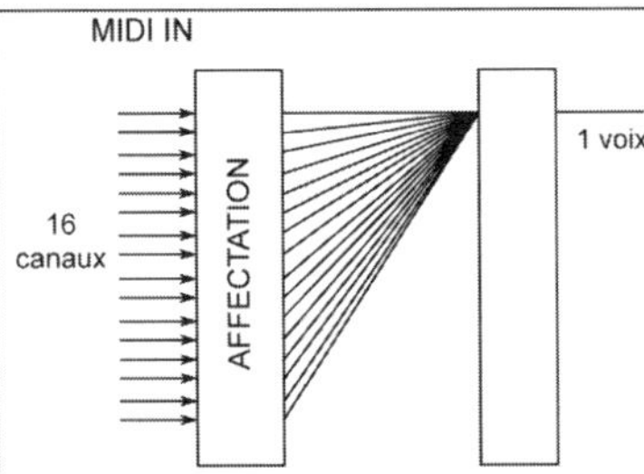 Dans ce mode, tous les messages de voix reçus, quel que soit leur canal, sont assignés à une seule voie du générateur de sons, qui se transforme donc en générateur monophonique. Assez rarement employé, ce mode ne présente que peu d'intérêt.
OMNI OFF	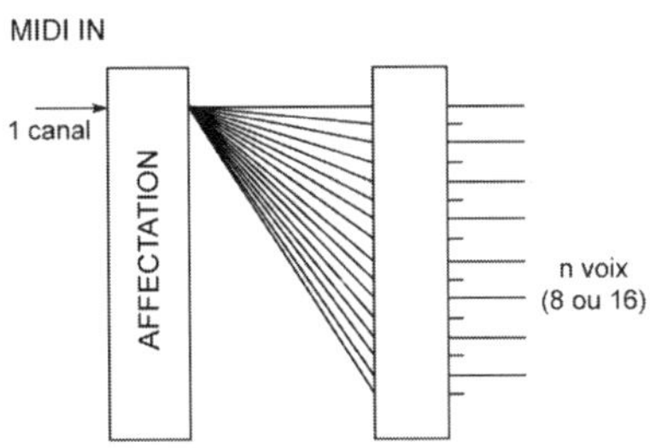 L'instrument accepte exclusivement les messages de voix correspondant à l'un des canaux de réception (omni off), jusqu'à sa limite de polyphonie (poly) Mode classique sur un instrument polyphonique.	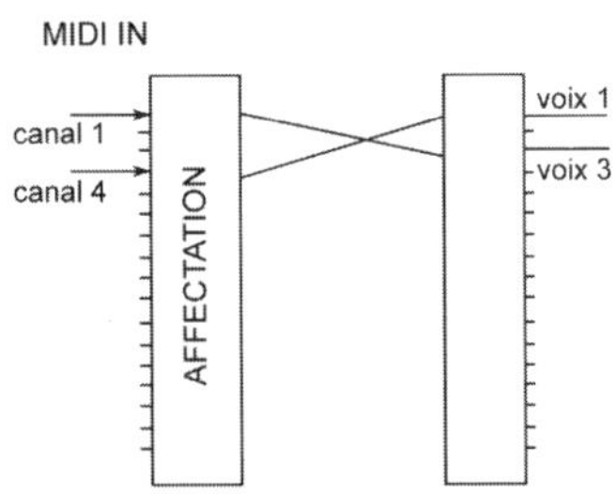 Ce mode impose au générateur de sons de se comporter comme autant de générateurs de sons monophoniques, réglés chacun sur leur propre canal – autrement dit, une note par voix. Il sert par exemple à piloter un générateur de sons par l'intermédiaire d'un contrôleur de type guitare MIDI (un canal différent par corde).

Omni mode on

En mode *omni on*, l'appareil récepteur répond indifféremment à tous les messages de voix reçus sur sa prise MIDI-In, quel que soit leur numéro de canal.

Omni mode off

Dans ce mode, un appareil MIDI réglé pour recevoir les messages de voix sur un ou plusieurs canaux ignore ceux dont le canal diffère. Par exemple, un générateur multitimbral recevant sur les canaux 1, 4 et 5 en mode *omni off* ne tient pas compte des messages reçus sur les canaux 2, 3 et 6 à 16.

Poly mode on

En mode *poly*, chaque canal de l'appareil récepteur produit simultanément autant de notes que sa polyphonie l'y autorise. Ce mode est utilisé lorsqu'on désire faire transiter simultanément plusieurs messages de notes par canal pour ainsi jouer des accords sur un même son d'instrument par exemple.

Mono mode on

En mode mono, l'appareil récepteur ne joue qu'une note à la fois par canal. Un générateur de sons polyphonique peut ainsi se transformer en autant de générateurs de sons monophoniques que sa polyphonie l'y autorise. Ce mode est utilisé lorsqu'on ne désire pas faire transiter simultanément plus d'un message de note par canal par exemple dans le jeu instrumental d'une flûte réalisé à partir d'un clavier.

La combinaison des messages *omni on*, *omni off*, *poly et mono* définit ce qu'on appelle les modes MIDI. Ils sont au nombre de quatre, comme l'indique le *tableau 8.3*.

Un émetteur n'a aucun moyen de savoir si le récepteur à qui il transmet un message de mode l'implémente ou non. S'il ne l'implémente pas, libre à lui de l'ignorer ou de basculer dans le mode le plus proche.

8.7.4 *Les messages système*

Par opposition aux messages canaux que nous venons d'énumérer, les messages système (*system messages*) sont destinés à l'ensemble du réseau MIDI. Ils se répartissent en trois catégories : huit messages temps réel (*system real time messages*), six messages communs (*system common messages*) et deux messages exclusifs (*system exclusive messages*) – *cf. tableau 8.5*.

✦ Les messages système temps réel

Les messages système temps réel (*system real time messages*) sont au nombre de huit : deux d'entre eux restent indéfinis et réservés à de futures extensions. Ils servent essentiellement à transporter des informations de tempo, dans un séquenceur ou un arpégiateur par exemple.

Contrairement à la plupart des messages MIDI, ces messages temps réel ne comportent pas d'octet de données. De plus, tout comme pour les messages communs, ils s'adressent à l'ensemble du réseau MIDI et n'intègrent donc pas de numéro de canal.

Tableau 8.4 – Les différents messages MIDI de type Système

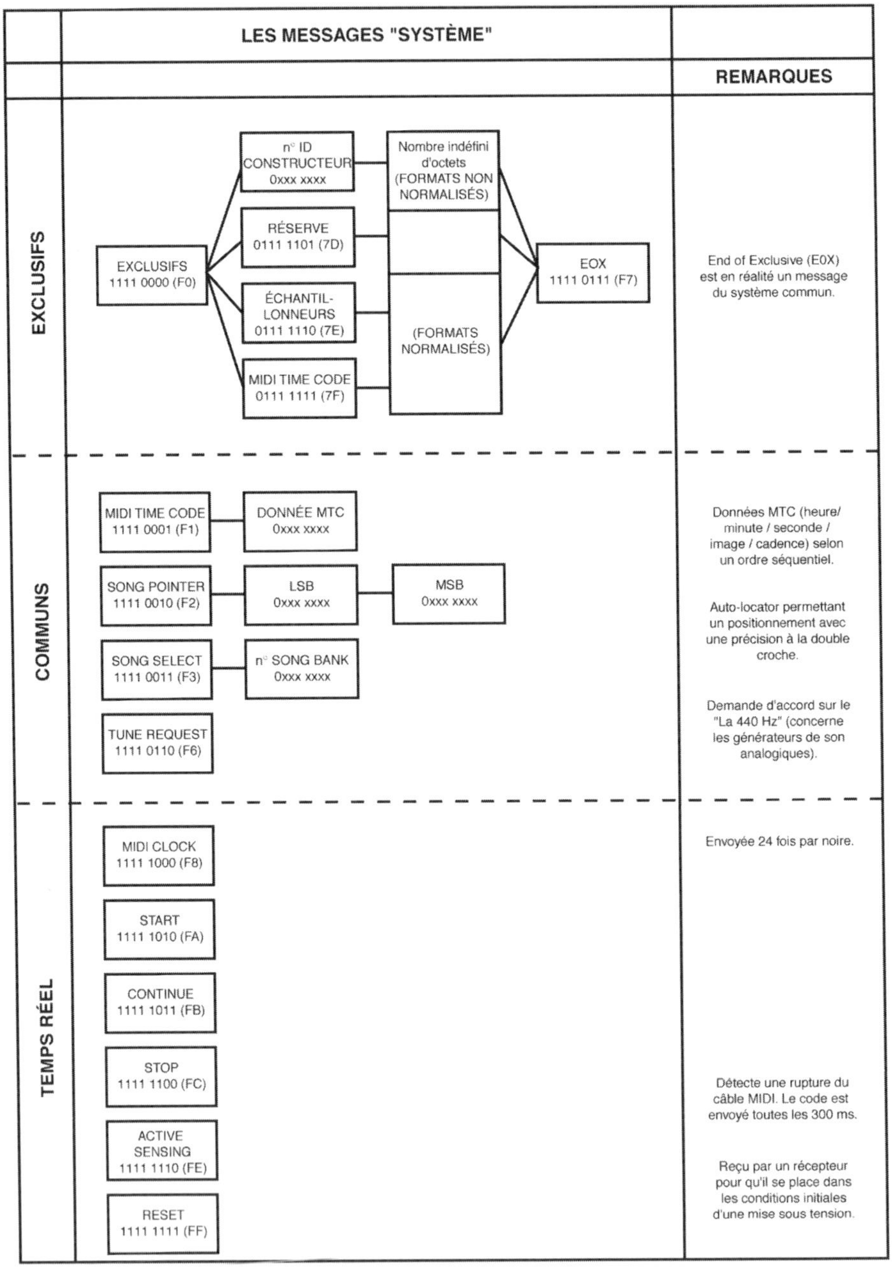

✧ Messages de synchronisation

La norme MIDI offre deux méthodes de synchronisation : celle des messages temps réel et celle du *MIDI Time Code* (MTC). Les messages temps réel sont basés sur une référence temporelle relative (reliée au tempo), tandis que le *MIDI Time Code* utilise une référence temporelle absolue (heures/minutes/secondes). Le MIDI *Time Code* fait l'objet d'un paragraphe à part (voir § 8.9.2), nous n'examinerons ici que les quatre messages de synchronisation temps réel.

Lors d'une synchronisation entre plusieurs appareils MIDI, pour piloter un ou plusieurs esclaves, l'appareil maître leur transmet des informations métronomiques (sous la forme d'un certain nombre d'impulsions par noire), ainsi que des commandes (démarrage, arrêt, reprise). La plupart des appareils MIDI synchronisables acceptent de jouer indifféremment le rôle de maître ou d'esclave. Pour passer d'un statut à l'autre, il suffit généralement de régler l'horloge de l'appareil en mode interne (maître) ou externe (esclave). Le mode interne d'un appareil n'impliquant pas systématiquement l'envoi d'un code de synchronisation vers l'extérieur, il peut parfois s'avérer nécessaire de le lui demander explicitement. Par ailleurs, il n'est pas rare qu'un instrument réglé en mode externe (réception des messages temps réel arrivant sur sa prise MIDI-In) ignore les commandes envoyées en interne (touche Start, Stop...), et qu'un instrument réglé en mode interne ignore les messages temps réel parvenant sur sa prise MIDI-In.

Timing Clock

Ces messages d'horloge (*timing clock*) ont pour but de synchroniser plusieurs appareils MIDI sur un même tempo de base. Les tops d'horloge correspondants sont envoyés aux appareils esclaves par l'appareil maître (en mode de lecture, suite à l'émission d'un message Start ou Continue), à raison de 24 messages par noire. Par conséquent, leur fréquence d'émission varie selon le tempo.

Tableau 8.5 – Paramètres temporels de l'horloge (timing clock).

Tempo (BPM)	Tops d'horloge /minute	Nombre de noires par seconde	Tops d'horloge par seconde	Intervalle entre tops d'horloge
30	720 (30 × 24)	0,5	12	83,33 ms
60	1 440 (60 × 24)	1	24	41,66 ms
120	2 880 (120 × 24)	2	48	20,83 ms
240	5 760 (240 × 24)	4	96	10,41 ms

Certains appareils configurés en mode maître envoient même des messages de *timing clock* à l'arrêt. Le but recherché est de permettre aux appareils esclaves d'analyser le tempo et de se préparer à la synchronisation, en attente d'une commande Start ou Continue.

Start

Lorsqu'un appareil passe en lecture à partir du début d'un morceau, il envoie un message de Start aux appareils esclaves. Pour laisser à ces derniers le temps de réagir et de ne pas manquer le premier top d'horloge, le message de Start émis par le maître doit être espacé d'au moins une seconde par rapport au *timing clock* suivant.

Stop

Lorsque vous arrêtez l'appareil maître (touche Stop, Pause, etc.), un message de Stop est envoyé aux esclaves. Ceux-ci s'arrêtent, mais gardent en mémoire l'emplacement où ils se trouvaient à réception du message de Stop. Du coup, ils peuvent repartir depuis le même endroit à réception d'un message de Continue, sans avoir recours aux *Song Position Pointer* (voir section suivante).

Par ailleurs, lors de la transmission du message Stop, le maître envoie un message de *note off* pour chaque note en action, et les contrôleurs MIDI des esclaves sont réinitialisés.

Continue

Ce message est envoyé aux esclaves lorsque vous appuyez sur la touche Continue du maître (qui, parfois, correspond à une seconde fonction de la touche de lecture). À réception de ce message, les machines esclaves attendent le message d'horloge MIDI suivant, puis se synchronisent et repartent depuis l'endroit où elles s'étaient arrêtées. Pour leur laisser le temps de réagir (et ne pas manquer ce premier message d'horloge), le message Continue doit être séparé d'au moins une milliseconde du message de *timing clock* ultérieur.

✧ *Active Sensing*

L'*Active Sensing* est un message optionnel, destiné à surveiller en temps réel le bon fonctionnement d'une liaison MIDI. En l'absence d'émission de tout autre message, l'appareil émetteur envoie l'octet correspondant au récepteur, à intervalle de 300 ms maximum. Si le récepteur reconnaît l'*Active Sensing*, dès l'instant où il reçoit un message de ce type, il s'attend logiquement à en recevoir d'autres à intervalles réguliers (300 ms maxi) en l'absence d'autres messages MIDI. Si tel n'est pas le cas (par exemple, si le câble MIDI a été débranché accidentellement), il considère la liaison MIDI comme défectueuse, coupe toutes ses voix (message de *All notes off*) et retourne à son statut de fonctionnement initial.

✧ *System reset*

Rarement implémenté, ce message est à manier avec précaution. Réservé aux situations extrêmes, il ne doit en aucun cas être réémis sur la prise MIDI-Thru. Il sert à réinitialiser un appareil MIDI en effectuant les opérations suivantes :

- activer le mode 1 (*omni on/poly*) ;
- activer le mode *local on* ;

- couper toutes les voix ;
- réinitialiser tous les contrôleurs ;
- forcer le Song Position Pointer à zéro ;
- arrêter les générations de sons (séquenceur, boîtes à rythmes) ;
- effacer le *buffer* de *running status* ;
- rétablir les valeurs par défaut des paramètres (celles de mise sous tension) !

✦ Les messages système communs

Les messages système communs sont caractérisés par le fait qu'ils s'adressent à l'ensemble du système, puisqu'ils n'intègrent pas de numéro de canal.

✧ *Song Position Pointer* (SPP)

Ce message est destiné à envoyer en un endroit précis d'un morceau des commandes à des appareils MIDI tels que séquenceurs, boîtes à rythmes, etc. Il s'utilise en conjonction avec une synchronisation utilisant des messages d'horloge, de Start, de Stop et de Continue. Le *Song Position Pointer* est en fait un compteur, qui s'incrémente d'une unité à chaque « battement » (*beat*) MIDI en partant du début du morceau. Un battement MIDI correspond à 6 tops d'horloge, soit une double croche (puisqu'une noire = 24 tops). En utilisant deux octets de données, on peut compter jusqu'à 16 384 doubles croches, soit plus d'une demi-heure de musique à un tempo de 120 à la noire (120 BPM).

Lorsqu'une commande Start est activée, la valeur du SPP est nulle. Elle s'incrémente d'une unité tous les 6 messages d'horloge, jusqu'à ce qu'intervienne une commande de Stop. À cet instant, la valeur du SPP est mémorisée : l'incrémentation repartira de cette valeur à réception d'une commande Continue, ou bien la valeur du SPP sera réinitialisée à 0 à réception d'une commande Start.

✧ *Song select*

Ce message s'apparente à un message de *program change*, mais il est destiné à sélectionner l'un des 128 numéros de morceaux (*song number*) présents dans la mémoire d'un séquenceur ou d'une boîte à rythmes.

✧ *Tune request*

Cette requête est transmise aux générateurs sonores analogiques afin qu'ils accordent leurs oscillateurs.

✦ Les messages système exclusifs

Les messages exclusifs (*system exclusive messages*) représentent la troisième et dernière catégorie des messages système. Ils sont répartis en deux familles : d'un côté celle des messages exclusifs « constructeurs », de l'autre celle des messages exclusifs universels (voir *tableau 8.4*).

En contradiction avec la règle stipulant qu'un message MIDI est constitué d'un unique octet de statut, éventuellement suivi d'un ou plusieurs octets de données, le message exclusif est encadré par *deux* octets de statut. La raison en est simple : dès l'instant où un message MIDI est conforme à la norme, l'appareil récepteur s'attend à recevoir, pour un statut X, une quantité précise de données. Par exemple, si un générateur de sons reçoit un statut de *note-on*, il sait pertinemment qu'il va recevoir ensuite deux octets de données (l'un pour le numéro de la note, l'autre pour la vélocité). Cette procédure n'a pas cours avec les messages de système exclusif, qui doivent pouvoir transmettre autant de données que nécessaire. Il faut par conséquent intégrer un message de statut à la fin des données, pour prévenir l'appareil que le message est terminé. Ce statut final est baptisé EOX (*End Of Exclusive*).

✧ Les messages exclusifs « constructeurs »

D'un type un peu particulier, les messages exclusifs « constructeurs » sont destinés à transmettre des informations « hors normes ». Tous les messages MIDI étudiés jusqu'à présent (*channel voice, channel mode, system common, system real time*) possèdent une signification universelle : ainsi, le format d'un message d'enfoncement de note (*note-on*) est toujours identique, qu'il provienne d'un instrument Korg, Roland ou Yamaha, et il assure toujours la même fonction : déclencher l'émission d'une note. Il est donc légitime de normaliser ce type de message.

En revanche, deux synthétiseurs intégrant des générateurs de sons différents, programmés différemment, avec des algorithmes et des paramètres différents, ne peuvent pas échanger directement le contenu de leurs mémoires de programmes (autrement dit, les valeurs des différents paramètres). En effet, le moteur de synthèse de l'un a été développé sans aucun souci de compatibilité avec celui de l'autre, et il utilise sans doute une technologie différente (modulation de fréquence Yamaha, Wave Acceleration Roland, intégration avancée Korg, etc.). En revanche, il est intéressant d'autoriser l'échange de ce type de données entre synthétiseurs d'une même marque, de même famille, dont les moteurs de synthèse seront identiques ou similaires. C'est le but recherché en créant les messages exclusifs « constructeurs », qui, d'une manière générale, ont pour rôle de transmettre toute information spécifique à un appareil MIDI. C'est aussi un moyen pratique d'archiver le contenu des mémoires d'un appareil.

Sur le plan de la syntaxe du message, le premier octet de données correspond à l'identification du constructeur (*Manufacturer's ID*). Le nombre de constructeurs possibles était donc, dans un premier temps, limité à 128, mais cette valeur a été par la suite étendue à 16 384 par une astuce d'adressage informatique.

✧ Les messages exclusifs universels

Signalons que les protocoles *Sample Dump Standard*, le MIDI *Show Control* et le MIDI *Machine Control* font appel aux messages exclusifs universels, tout comme le MIDI *Time Code* et le General MIDI. Ils se voient réserver une section chacun. Voici la description des autres messages exclusifs universels :

General information

Le message *identity request*, ou demande de renseignement, a pour but d'identifier un appareil MIDI. En réponse à cette requête, l'unité réceptrice renvoie un message d'*identity reply*. En quelque sorte, un contrôle d'identité MIDI.

Bar marker

Transmis par un séquenceur, une boîte à rythmes..., ce message indique que le prochain top d'horloge MIDI ou la prochaine image MTC correspond au début d'une nouvelle mesure. L'appareil récepteur, s'il est arrêté, peut donc afficher immédiatement le numéro de la mesure en question, tout en se rendant à l'emplacement correspondant.

Time signature

Transmis par un séquenceur, une boîte à rythmes..., ce message indique la métrique d'un morceau (*time signature*) : 2/4, 5/8... Il existe en deux variantes : l'une est en temps réel (l'appareil récepteur prend immédiatement en compte la nouvelle valeur de la métrique), l'autre en temps différé (bien qu'il l'affiche immédiatement, l'appareil récepteur ne prend en compte la nouvelle valeur de la métrique qu'à réception du prochain message *bar marker*).

Master volume

Essentiellement destiné aux instruments compatibles General MIDI (voir § 8.9.5), ce message agit non pas sur le volume de tel ou tel canal (c'est le rôle du contrôleur continu n° 7), mais sur le volume de sortie de l'appareil.

Master balance

Essentiellement destiné aux instruments compatibles General MIDI, ce message agit non pas sur la balance de tel ou tel canal (c'est le rôle du contrôleur continu n° 10), mais sur la balance de la sortie de l'appareil.

File dump

Ce protocole autorise l'échange de fichiers (*dump*) entre deux appareils informatiques par l'intermédiaire des liaisons MIDI – par exemple, pour transférer un morceau au format *MIDI File* entre un séquenceur *hardware* et un ordinateur, ou entre deux ordinateurs de types différents, etc. Dans ce cadre, il est conseillé (même si ce n'est pas obligatoire) d'établir une liaison bidirectionnelle entre l'appareil émetteur et l'appareil récepteur.

Le transfert se déclenche soit depuis l'émetteur, soit depuis le récepteur, qui envoie alors à l'émetteur un message de requête de chargement (*dump request*). Il s'attend à recevoir une réponse (en-tête de fichier, attendre ou annuler) dans les 200 ms suivantes. Même principe côté émetteur après envoi de l'en-tête du fichier à transférer.

À défaut d'une réponse dans les 200 ms, l'émetteur considère que la liaison est unidirectionnelle et transmet séquentiellement les paquets de données jusqu'à la fin du fichier, sans chercher à renouer le dialogue avec le récepteur.

MIDI tuning standard

Cette extension de la norme MIDI autorise l'échange de gammes microtonales entre différents instruments, ainsi que leur programmation en temps réel. On définit alors sur 3 octets la fréquence correspondant à chacune des 128 notes MIDI. La précision d'accord est de 100 cents (un demi-ton)/16 384, soit environ 0,0061 cent – cette quantité venant s'ajouter à la hauteur programmée de la note MIDI.

On distingue trois catégories de messages MIDI *tuning* : transmission de gammes microtonales sous forme de *dumps*, modification de la hauteur d'une ou plusieurs notes consécutives, changement de programme d'accordage et de banque de programme d'accordage (équivalent aux messages de *program change* et de *bank select* s'appliquant aux sons).

8.8 La charte d'implantation MIDI

La charte d'implantation MIDI (*MIDI Implementation Chart*) figure normalement à la fin du mode d'emploi de tout appareil MIDI. Elle constitue la « carte d'identité MIDI » de l'instrument (*figure 8.25*).

8.8.1 *Description générale*

La charte d'implantation se présente sous la forme d'un tableau comportant 4 colonnes et 13 lignes.

La première colonne indique la catégorie du message MIDI (message de note, d'*aftertouch*, de *pitch bend*, etc.). Ces catégories sont au nombre de 12, auxquelles vient s'ajouter, en bas de page, une catégorie « Notes » réservée à d'éventuelles remarques. Les colonnes 2 et 3 correspondent respectivement aux fonctions de transmission et de réception (*Transmitted, Recognized)*. La présence d'un rond (O) à l'intersection colonne/rangée signifie que la catégorie de message MIDI correspondante est respectivement transmise ou reçue (elle est « *implemented* »). À l'inverse, une croix (X) indique qu'elle n'est pas prise en charge par l'appareil. Si des précisions sont nécessaires, elles apparaissent dans la quatrième colonne, intitulée *Remarks*.

La marque, le modèle, la version logicielle ainsi que la date de commercialisation figurent obligatoirement en en-tête de la charte d'implantation MIDI. En bas de tableau, elle mentionne pour rappel la signification des quatre modes MIDI.

MIDI Implementation Chart

Function		Transmitted	Recognized	Remarks
Basic Channel	Default	1 — 16	1 — 16	
	Changed	1 — 16 each	1 — 16 each	Memorized
Mode	Default	Mode 3	Mode 3	
	Messages	X	X	
	Altered	* * * * * * * *		
Note Number		0 — 127	0 — 127	
	True Voice	* * * * * * * *	0 — 127	
Velocity	Note On	O	O	
	Note Off	O	O	
After Touch	Keys	X	O	
	Ch's	O	O	
Pitch Bender		O	O	
Control Change	0 — 120	O	O	
Prog Change		O[1] 0 — 127	O[1] 0 — 127	
	True #	* * * * * * * *	0 — 127	
System Exclusive		OO		
System Common	Song Pos	X	X	
	Song Sel	X	X	
	Tune	X	X	
System Realtime	Clock	X	X	
	Commands	X	X	
Aux Messa ges	Local On/Off	X	O[2]	
	All Notes Off	X	O	
	Active Sense	X	X	
	Reset	X	O[2]	
	GM On	X	O	
Notes		[1]O, X is selectable [2]Recognized as ALL NOTES OFF		

Mode 1: OMNI ON, POLY	Mode 3: OMNI OF F, POLY	O	: Yes
Mode 2: OMNI ON, MONO	Mode 4: OMNI OF F, MONO	X	: No

— *Figure 8.25 - La charte d'implantation MIDI des synthétiseurs Alesis QS 6.2/QS 8.2.* —

8.8.2 *Les 12 lignes de la charte d'implantation MIDI*

✧ *Basic Channel*

Cette section est divisée en deux lignes. La première, *Default*, précise théoriquement la valeur d'initialisation des canaux d'émission et de réception de l'instrument lors de sa mise sous tension. Son interprétation est liée au contenu de la colonne *Remarks*. Si *all mention Memorized* y apparaît, cela signifie que les canaux MIDI réglés en émission et réception restent mémorisés après extinction de l'appareil – ce qui évite à l'utilisateur de devoir les reprogrammer à chaque mise sous tension. C'est pour cette raison que la ligne *Default* n'indique pas les valeurs d'initialisation (généralement, un clavier émet par défaut sur le canal 1), mais l'ensemble des valeurs disponibles – dans notre exemple, de 1 à 16. La mention est identique sur la colonne suivante, *Recognized*.

La seconde ligne, *Channel*, nous renseigne sur la possibilité d'altérer ces valeurs d'initialisation, et spécifie la plage de modification correspondante. Là encore, cette plage couvre le plus souvent l'ensemble des 16 canaux, bien que certains instruments conçus au tout début du MIDI fassent exception à la règle (ainsi, les premiers DX7 Yamaha n'émettaient que sur le canal 1).

✧ Mode

Cette section est divisée en trois lignes. La première, *Default*, précise la valeur d'initialisation de mode à la mise sous tension de l'appareil (valeur éventuellement mémorisable). La deuxième ligne, *Messages*, indique les messages de mode reconnus ou transmis via MIDI. Signalons que certains instruments, bien qu'ils implémentent différents modes, n'acceptent pas de recevoir les messages correspondants. Il faudra par conséquent les programmer manuellement, depuis la face avant. La troisième ligne, *Altered*, décrit le comportement de l'instrument en cas de réception de messages de modes non implémentés. Ainsi, une indication du type Mode 2 -> Mode 1 dans la colonne *Recognized* signifie qu'à réception d'un message omni on/mono (Mode 2), l'instrument passera en mode omni on/poly (Mode 1).

✧ *Note Number*

Par rapport à la tessiture théorique autorisée par le protocole MIDI (128 notes, numérotées de 0 à 127), la colonne *Transmitted* donne la plage de notes qu'un appareil est capable d'émettre – en faisant éventuellement appel à des fonctions de transposition. En réception, on distingue le nombre de notes reçues et le nombre de notes différentes susceptibles d'être jouées (*True Voices*). Imaginons qu'un générateur de sons soit capable de couvrir les 7 octaves du piano, du do_0 (numéro de note MIDI : 24) au do_7 (numéro de note MIDI : 108). À réception d'un message de note de valeur inférieure à 24 ou supérieure à 108, certains générateurs l'ignorent purement et simplement, tandis que d'autres le joueront à l'octave la plus proche comprise dans leur tessiture.

✧ *Velocity*

Ces deux lignes indiquent si l'instrument est sensible à la vélocité d'enfoncement de note (*note-on*) et de relâchement de note (*note-off*), en émission et en réception. Si l'instrument n'est pas dynamique en émission, la valeur de vélocité transmise est constante et égale à 64.

✧ ***Aftertouch***

Ces deux lignes correspondent respectivement à la réception et à la transmission de *l'aftertouch* polyphonique (*Keys*) et de *l'aftertouch* par canal (*Ch's*).

✧ ***Pitch Bender***

Les colonnes indiquent si ce type de message est reconnu et/ou émis. On trouve éventuellement dans la colonne *Remarks* la plage de variation minimum/maximum du *pitch bend* (par exemple, ± 12 demi-tons), la résolution (entre 7 et 14 bits)...

✧ ***Control Change***

De l'indication la plus élémentaire (oui/non) à la liste détaillée des contrôleurs continus, l'interprétation de ces quelques lignes nécessite souvent de se reporter au manuel utilisateur pour un complément d'information. En effet, certains contrôleurs sont employés de façon conventionnelle (modulation, volume, etc.), tandis que d'autres sont affectables à tel ou tel paramètre (paramètre de synthèse, d'automation de console, de multieffet, etc.). Les renseignements donnés par la charte d'implantation MIDI ne donnent le plus souvent qu'une vague idée de la richesse des contrôleurs continus.

✧ ***Program Change***

La première ligne de cette section indique si les messages de changement de programme (*Program Change*) sont transmis et/ou reconnus. La seconde, *True #*, montre le nombre de programmes que contient l'instrument. Selon un principe similaire à celui exposé pour les *True Voices* des numéros de notes, un instrument peut répondre à des messages de *Program Change* de valeur supérieure au nombre de programmes qu'il renferme – en réaffectant les valeurs reçues à des numéros de programmes existants. Si certains numéros de changement de programme sont utilisés à des fins bien spécifiques, ces particularités devraient apparaître dans la colonne *Remarks*.

✧ ***System Exclusive***

Ces cases indiquent si l'appareil émet/reçoit des messages de type système exclusif. Si oui, la description de leur syntaxe fait généralement l'objet d'un chapitre complet (plus ou moins explicite) du mode d'emploi de l'appareil.

✧ ***System Common***

Cette section comprend les messages SPP (*Song Position Pointer*), *song select* et *tune request*.

✧ ***System Real time***

Les messages en temps réel comportent deux lignes : la première concerne l'horloge MIDI (*timing clock*) et la seconde les commandes start, stop et continue. Les noms de celles qui sont implémentées figurent parfois en clair dans les colonnes de réception ou d'émission. La conception de la charte d'implantation étant antérieure au MIDI *Time Code*, ce protocole fait souvent l'objet d'une note à part, dans la colonne *Remarks*.

✧ **Aux Messages**

Les messages auxiliaires sont regroupés sur quatre lignes, respectivement intitulées *Local on/off*, *All notes off*, *Active sense* et *Reset*. Le message *All notes off* étant implicitement intégré à quatre des messages de mode (*omni on*, *omni off*, *poly*, *mono*), les numéros de *control change* correspondants sont parfois mentionnés entre parenthèses.

✧ **Notes**

Cette case regroupe l'ensemble des remarques n'ayant aucun rapport avec les douze lignes précédentes.

8.9 Les extensions à la norme MIDI originale

Le MIDI a été pensé à l'origine pour interconnecter des appareils de contrôle et des générateurs de sons. Par la suite, cette interface s'est implantée sur d'autres appareils, qui n'ont parfois plus rien à voir avec les instruments de musique électroniques. Il a donc fallu faire évoluer la norme MIDI, qui a reçu des extensions au fur et à mesure des besoins, tout en préservant une totale compatibilité ascendante.

8.9.1 *Le* Sample Dump Standard *(SDS)*

Le *Sample Dump Standard* (SDS) appartient à la catégorie universelle non temps réel des messages exclusifs. Il permet aux échantillonneurs de transférer les données audio correspondant à leurs échantillons à travers un réseau MIDI. Dans le principe, ce protocole est similaire à celui qu'utilisent les instruments pour échanger le contenu de leurs mémoires (*dumps*), à ceci près qu'il est normalisé.

Le transfert d'échantillons s'effectue par l'intermédiaire d'une liaison unidirectionnelle (*open loop*) ou bidirectionnelle (*closed loop*) – la seconde solution s'avérant beaucoup plus efficace, puisqu'elle permet de gérer intelligemment les échanges grâce à un dialogue spécifique. Le SDS transfère les données par paquets de 127 octets. Ce transfert se déclenche soit manuellement (à partir des touches de la face avant de l'échantillonneur), soit de l'extérieur en envoyant un message de *dump request*. Dans les deux cas, l'appareil émetteur commence par envoyer un en-tête (*dump header*), afin de présenter la « carte d'identité » de son échantillon. L'appareil récepteur analyse ce message, pour s'assurer de la compatibilité avec ses propres caractéristiques de l'échantillon sur le point d'être envoyé, et décide en conséquence d'accepter ou de refuser le transfert (par exemple, si sa mémoire est déjà pleine, si la résolution numérique de l'échantillon est différente…).

Ce protocole très pratique aux débuts des échantillonneurs, s'avère assez lent, puisque limité aux 31,25 kbauds de l'interface MIDI. Le transfert d'un échantillon d'1 Mo (soit 12 s de son mono en 48 kHz/16 bits) prend ainsi plus de 4 min. Le *Sample Dump Standard* est devenu obsolète lorsque les échantillonneurs ont commencé à proposer des interfaces SCSI, puis USB, ou ont intégré des supports de masse de capacité respectable (CD-Rom ou Zip, par exemple).

8.9.2 *Le* MIDI Time Code *(MTC)*

Le *MIDI Time Code* a fait son apparition dès 1987. Le concept consiste à transformer en messages MIDI le code SMPTE provenant d'une machine maître, afin que l'intégralité d'un réseau puisse bénéficier d'une même référence horaire sans passer par une conversion en messages d'horloge.

Pour traduire en temps réel les informations SMPTE en données MIDI, on utilise trois messages. Le premier est le *MIDI Time Code quarter frame* (quart d'image) : il est constitué d'un octet de statut (de la catégorie *system common messages*), suivi d'un octet de données. Il traduit certaines des informations contenues dans un message SMPTE : les heures, minutes, secondes et images par seconde. Il faut donc 5 bits pour coder les 24 valeurs possibles des heures, 2 × 6 bits pour les 60 valeurs possibles des minutes et des secondes, et 5 bits pour les images par seconde (on en compte de 24 à 30, selon les standards du code SMPTE, voir § 7.5). Par conséquent, la traduction d'un seul et unique message SMPTE nécessite plusieurs messages *MTC quarter frame*. Pour maintenir un format homogène, chacune de ces quatre catégories d'informations SMPTE est codée sur 8 bits (deux demi-octets), même si certains d'entre eux sont inutilisés. Or, un seul octet de données (constitué, par définition, de 7 bits utiles) ne suffit pas à transmettre l'une de ces 4 catégories (8 bits).

L'octet de données d'un message *quarter frame* (constitué, comme toujours en MIDI, de 7 bits utiles) est décomposé en deux groupes de bits : nnn et dddd. Les bits 0 à 3 (dddd) représentent la moitié de l'une des catégories d'informations SMPTE (heure, minute, seconde, image), tandis que les bits 4 à 6 (nnn) indiquent de quelle catégorie et de quelle moitié il s'agit. En assemblant les demi-octets, on retrouve les 8 bits de départ.

Au niveau de l'encombrement du réseau, le *MIDI Time Code* se montre assez peu gourmand. Sa densité maximale correspond à la traduction d'un code SMPTE à 30 images/seconde, soit 240 octets par seconde, moins de 8 % de la bande passante du MIDI.

8.9.3 *Le* MIDI Machine Control *(MMC)*

Conçu au départ pour permettre aux instruments de musique électroniques de communiquer entre eux, le MIDI a pris en charge de plus en plus d'appareils : processeurs d'effets, consoles numériques ou analogiques, etc. Résultat : depuis son séquenceur, le musicien « informatisé » a fini par être en mesure de piloter pratiquement tous les appareils de son studio. Un aspect délicat a consisté à intégrer les magnétophones à l'environnement MIDI : comment gérer par le séquenceur ces machines, maîtresses au niveau de la synchronisation ? Il faut en effet non seulement envoyer des ordres (*Play, Record, Fast Forward, Rewind*...), mais aussi des codes SMPTE, des bits utilisateur, des vitesses de défilement, des statuts de pistes...

Le protocole *MIDI Machine Control* est publié en 1992. Sans qu'il soit question d'égaler le degré d'intégration d'un séquenceur « audio + MIDI », qui offre une interface graphique similaire pour ces deux types de données pourtant radicalement différentes, le *MIDI Machine Control* permet à ceux qui préfèrent une configuration en éléments séparés, avec notamment un enregistreur externe, de tout contrôler depuis leur ordinateur ou toute surface de contrôle envoyant des messages MMC.

Même si, la plupart du temps, le MMC ne sert qu'à commander les transports et armer les pistes (une télécommande universelle, en quelque sorte), ses possibilités vont bien au-delà. De l'élaboration de procédures complexes (envoi à un appareil d'une liste d'instructions temporellement référencées, s'exécutant à l'heure prévue en fonction d'un code temporel) à l'automation d'un processus d'autoconformation, en passant par l'asservissement physique de machines à bande (via des messages MMC, un simple ordinateur est en mesure de comparer les codes SMPTE provenant de plusieurs machines tournantes, puis de synchroniser ces dernières en contrôlant leur vitesse), l'éventail d'applications possibles est impressionnant.

Le protocole *MIDI Machine Control* appartient à la catégorie temps réel des messages exclusifs. Typiquement, une configuration MMC regroupe un appareil en contrôlant plusieurs autres. Dans la mesure du possible, l'appareil contrôlant devra comporter autant de prises MIDI-In que d'appareils contrôlés, l'utilisation d'un boîtier *merger* n'étant pas recommandée. Les échanges s'effectuent soit de façon unidirectionnelle (boucle ouverte, *open loop*), soit bidirectionnelle (boucle fermée, *closed loop*) entre le contrôlant et les contrôlés. Tout appareil contrôlé possède son identificateur propre, ainsi qu'un ou plusieurs identificateurs de groupes.

8.9.4 *Le* MIDI Show Control *(MSC)*

Au même titre que le *MIDI Machine Control*, le *MIDI Show Control* (MSC) permet au MIDI d'étendre son champ d'action, de dépasser le simple cadre de l'informatique musicale. Publié en 1991, ce protocole permet de piloter en MIDI des appareils utilisés dans un contexte scénique, multimédia ou audiovisuel : éclairages (spots, poursuites, lasers...), projecteurs, machines à fumée, feux d'artifice, sources audio ou vidéo... Le MSC regroupe une petite trentaine d'instructions, de l'activation/désactivation d'un appareil à celle de tout un système, en tenant compte d'une liste d'événements et d'une référence temporelle absolue.

Le protocole *MIDI Show Control* appartient à la catégorie temps réel des messages exclusifs. Typiquement, une configuration MSC consiste en un appareil chargé d'en contrôler un ou plusieurs autres. La communication est unidirectionnelle : en clair, l'appareil lançant l'information de contrôle n'attend aucune réponse après avoir transmis un message à un appareil contrôlé. On réduit ainsi l'encombrement du réseau MIDI, les connexions, et on évite que le dysfonctionnement d'un appareil contrôlé n'affecte ses voisins. Tout appareil contrôlé possède un identificateur individuel, éventuellement des identificateurs de groupes, un numéro de famille, et un numéro de type (exemple : éclairage/laser ou vidéo/magnétoscope). Les commandes elles-mêmes peuvent être de type simple (avec implantation minimale ou complète des données) ou avec code temporel.

8.9.5 *Les formats* General MIDI *et assimilés*

Les fichiers de séquences MIDI permettent de reproduire de la musique électronique en utilisant très peu de place : typiquement, quelques dizaines de Ko pour un morceau de quelques minutes, au lieu de plusieurs dizaines de Mo pour le même morceau en qualité CD (quelques Mo en MP3 ou assimilé). Autre avantage des fichiers MIDI : l'utilisateur possède toute latitude pour ralentir/accélérer le tempo, changer les timbres, les niveaux ou les panoramiques des différentes parties – bref, une interactivité appréciable. Des atouts marquants, notamment utilisés par les programmeurs de jeux qui, pour économiser la place en mémoire, faisaient jouer les musiques en temps réel par la carte son de l'ordinateur ou par l'intermédiaire d'une extension logicielle comme *QuickTime Musical Instruments*, par exemple.

Pour faciliter la circulation des séquences MIDI et leur exploitation commerciale, il a fallu abandonner la notion de format propriétaire, au profit d'un format d'échange lisible par tous (l'équivalent du RTF pour les traitements de texte) : c'est le *Standard MIDI File* (SMF), apparu en 1988. L'étape suivante consistait à assurer la compatibilité des sons : autrement dit, que la piste de basse de l'arrangement ne se voit pas jouée par un son de flûte ou de xylophone… Les séquences *MIDI Files* devaient pouvoir être lues correctement, en l'absence de tout paramétrage. De cette nécessité est né le standard *General MIDI* – les fichiers à ce standard portent l'extension .mid.

✦ Le *General MIDI*

Une séquence MIDI n'est « transposable » d'un environnement à un autre qu'à condition que tous deux soient strictement identiques, tant au niveau de la répartition des sons sur les programmes que de l'affectation des rythmiques sur les notes du clavier et des contrôleurs sur lesquels agissent les données MIDI. De cette constatation naît, en 1991, le standard *General MIDI*. Un générateur de sons à ce format doit être multitimbral 16 parties, polyphonique 24 voix (éventuellement préréparties, 16 voix mélodiques et 8 voix batterie/percussions) avec allocation dynamique, et inclure un minimum de 16 familles de timbres (pianos, orgues, basses…), chacun de ces timbres se voyant décliné en 8 variantes (piano à queue, électrique, bastringue…). Quels que soit la marque et le modèle d'un générateur de sons estampillé *General MIDI*, chacun de ces sons répond au même numéro de *program change* (n° 1 pour le piano à queue, n° 33 pour la basse acoustique...). La correspondance des divers sons de batterie aux touches du clavier et la réponse des paramètres des sons aux contrôleurs sont également normalisés. De ce fait, une séquence écrite en respectant les règles du standard *General MIDI* doit sonner de façon quasiment identique d'un module GM à un autre (aux différences de méthode de synthèse et de qualité audio près), sans aucun réglage préalable.

✦ Le GS Roland

Le standard *General MIDI* n'était pas encore ratifié que Roland proposait, début 1991, son format GS. Le concept est similaire à celui du GM (polyphonie 24 voix, multitimbralité 16 parties), en nettement plus puissant : on dispose d'un maximum de 16 384 sons (128 banques de 128), auxquels est associé un système de substitution intelligent (ainsi, un instrument absent de la mémoire se voit automatiquement remplacé par un son de la même famille), de plusieurs kits de batterie, de la possibilité, via les fameux messages NRPN (voir § 8.7.3 *Control change*) d'intervenir finement sur les paramètres des sons. Roland prend soin de préserver une compatibilité totale avec les instruments GM dans la première banque de sons GS, mais on perd évidemment toutes les informations propres au standard « amélioré ».

✦ Le XG Yamaha

Après Roland, Yamaha propose à son tour, en 1994, sa version améliorée du *General MIDI* : le XG. Compatible GM, il apporte notamment de nouveaux sons, divers paramètres d'expression, la gestion d'effets (réverbération, chorus, égalisation...), et même de traiter des signaux externes, les instruments XG pouvant se voir munis d'une ou deux entrées audio analogiques (pour connecter un microphone par exemple dans le cadre d'une application de karaoké). Les signaux correspondants sont convertis en numérique puis mélangés aux sonorités produites en interne par le générateur de sons.

8.10 Les différents contrôleurs MIDI

Par définition, le contrôleur est une interface destinée à traduire en messages MIDI les gestes du musicien et, par « extension », celui de l'ingénieur du son, de l'éclairagiste..., afin de piloter les appareils correspondants. En musique, le plus souvent, cette interface revêt l'aspect physique d'un clavier car c'est un peu les origines de la norme MIDI. Les raisons de ce choix sont multiples : les instruments à clavier comptent parmi les plus répandus, ils sont simples d'emploi puisqu'il suffit d'appuyer sur une touche pour obtenir une note juste, le caractère linéaire de la répartition des touches (succession de demi-tons) en fait un outil parfaitement adapté aux travaux de composition et d'orchestration.

8.10.1 *Le clavier maître/de commande*

Sur les premiers synthétiseurs équipés MIDI, le clavier était indissociable de son générateur de sons. La finalité de MIDI étant justement de piloter facilement plusieurs instruments à partir d'un seul clavier, les expandeurs, générateurs de son sans clavier, n'ont pas tardé à apparaître sur le marché. Ensuite les échantillonneurs numériques sont apparus au début dépourvus de claviers. En règle générale, un constructeur propose juste après la sortie d'un synthétiseur avec clavier une version en expandeur seul.

À l'inverse, sont apparus les claviers maîtres, muets, car dépourvus de générateurs de sons. Leurs performances, tant sur le plan du toucher que des fonctionnalités MIDI, étaient généralement très supérieures à celles des synthétiseurs « ordinaires ». La distinction s'est atténuée ensuite, les synthétiseurs haut de gamme se voyant dotés de claviers 76 ou 88 touches avec un toucher lourd au comportement dynamique particulièrement étudié et des caractéristiques MIDI sophistiquées.

La plupart des claviers maîtres possèdent naturellement une molette de modulation et une molette de *pitch bend*, une prise pour pédale de *sustain*, et proposent des fonctions de *split* clavier (délimitant plusieurs zones de touches émettant les messages MIDI sur des canaux différents), des potentiomètres assignables à divers types de messages, etc.

Le concept de clavier de commande muet est plus récent, et se destine plutôt au *home studio*. Il s'agit de petits claviers 3 voire 2 octaves, munis de quelques potentiomètres rotatifs, se reliant directement à l'ordinateur via un port USB. Compacts et autonomes, ils sont très pratiques pour jouer n'importe où, par exemple avec des synthétiseurs logiciels tournant sur un ordinateur portable… Comme ils possèdent, outre leur port USB, une connectique MIDI-In/Out habituelle, ils font aussi office d'interface MIDI.

Un clavier maître orienté « scène », le Roland AX-7.

8.10.2 *Les pads MIDI*

Destinés aux percussionnistes, les *pads* sont des capteurs comportant des membranes synthétiques tendues sur un support non résonnant. Ils ne produisent donc qu'un son très mat quand on les frappe. Ils sont équipés d'un capteur MIDI très performant, qui détecte l'attaque et l'intensité du coup de baguette qui frappe la peau et calcule la vélocité. Les messages MIDI correspondants, sont envoyés à un générateur de sons interne, où l'utilisateur définit au préalable la hauteur de note et la durée de la note jouée. Les informations MIDI ainsi établies sont envoyées en parallèle sur une prise MIDI-Out.

Autre appareil assez proche, le *trigger* audio/MIDI est un appareil transformant un son en signal de déclenchement MIDI.

8.10.3 *La batterie MIDI*

En partant du concept de *pad MIDI*, il était tout indiqué d'aller jusqu'à recréer toute une batterie en MIDI, en reprenant la forme des différents instruments la composant : grosse caisse, caisse claire, pédale charleston, toms, cymbales… Le générateur

— La batterie Roland MIDI TD-6K possède des capteurs évoquant les instruments imités : — caisse claire, cymbales…

de sons est évidemment livré avec la batterie, qui permet de s'exercer, casque sur les oreilles, en ne faisant que très peu de bruit.

8.10.4 *Le saxophone MIDI*

Le saxophone MIDI reprend les principaux constituants d'un saxophone, mais, comme un *pad* de batterie, l'instrument ne produit par lui-même que peu de bruit. Il s'agit en fait d'un capteur spécifique, dont l'électronique déduit les hauteurs de notes à partir de la position des touches et du sélecteur d'octave. Ces messages de note sont envoyés au générateur de sons MIDI de son choix. La tessiture de cet instrument est plus étendue que celle du saxophone traditionnel.

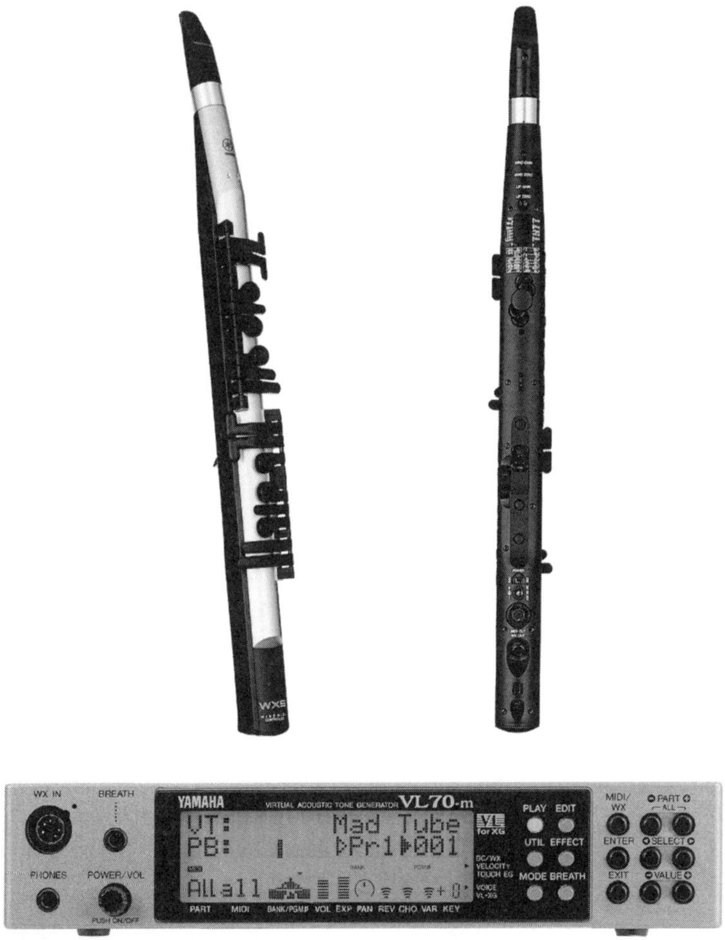

Le WX5 Yamaha (vue de dessus/de dessous) est un contrôleur MIDI, compatible avec tout module MIDI, mais il peut aussi se brancher directement sur le générateur de sons VL-70 M grâce à un connecteur dédié.

Tableau 8.6 – Quelques exemples d'accès aux données MIDI, pour différents instruments

MIDI / Accès	Début du son (*NOTE ON*)		Durée du son	Fin du son (*NOTE OFF*)		Remarques
		Données MIDI			Données MIDI	
Batterie	coup de baguette	– intensité – hauteur (par programmation)	instantané sans prolongement	la durée est programmée par le convertisseur	– vélocité nulle – hauteur	sorte de « *trigger* » programmation préalable obligatoire
Guitare et autres instruments acoustiques	détection de l'attaque (seuil ajustable par corde)	– vélocité (amplitude du signal) – hauteur (après analyse)	fonction de l'enveloppe du son et du niveau	détection de l'extinction (1/60e du niveau max.)	– vélocité nulle – hauteur	contrôle difficile de l'arrêt du son
Clavier	enfoncement de la touche	– vélocité (vitesse d'enfoncement) – hauteur (par touche)	tant que la touche reste enfoncée	relâchement de la touche	– vélocité nulle – hauteur	après la *NOTE ON*, on peut exercer une pression sur les touches (*AFTER TOUCH*) pour des effets de modulation
Saxophone	souffle et action sur les clés	– vélocité – hauteur – modulation	durée du souffle	arrêt du souffle	– vélocité nulle – hauteur	– sélecteur d'octaves (pouce de la main gauche) – capteurs multiples sur l'anche pour les effets de modulation

Au niveau de l'embouchure ou de l'anche, d'autres capteurs sont implantés afin de mesurer la pression de l'air ; l'anche elle-même est scrutée, afin de recueillir les variations du souffle, pour par exemple en déduire la vélocité des notes MIDI et les fins de notes.

8.10.5 *La MIDIfication d'instruments acoustiques*

En marge de ces nouveaux instruments MIDI, certains fabricants se sont orientés vers la « MIDIfication » d'instruments acoustiques. L'instrumentiste bénéficie du coup du toucher d'un instrument acoustique qu'il connaît bien, sans devoir réapprendre sa technique ou l'adapter à une imitation plus ou moins fidèle.

Deux méthodes sont envisageables pour traduire en données MIDI le jeu d'un instrumentiste : soit transformer directement l'action en un message équivalent, soit procéder par conversion de hauteur. Prenons l'exemple d'un musicien jouant un do sur un piano : dans le premier cas, un système mécanique de contact détectera l'appui de la touche correspondante et en déduira le numéro de note MIDI, tandis que dans le second, la hauteur de la note, captée par un microphone, sera analysée puis convertie. Le choix de la méthode à utiliser est dicté par les particularités physiques et de jeu de l'instrument.

On trouve ainsi des kits de MIDIfication de pianos, mais aussi de fûts de batterie, de guitares (qui deviennent ainsi des « guitares-synthés »), etc. Certains fabricants proposent des guitares-synthés dédiées, avec des circuits de détection de hauteur et de vélocité soigneusement optimisés pour éviter tout retard dû au traitement ou toute hésitation entre deux notes.

Il existe également des appareils permettant de transformer en temps réel un signal audio mélodique (une seule voix) en informations MIDI : citons notamment les pionniers Fairlight *Voicetracker* et IVL *Pitch Rider*, mais aussi des *plug-ins* d'effets récents comme Intelliscore.

8.10.6 *Les interfaces MIDI*

Le succès initial du protocole MIDI doit beaucoup aux ordinateurs personnels Atari 520 et 1040 (1986), équipé d'origine de prises MIDI-In et Out. Contrairement à ces modèles, les Mac et PC n'intègrent pas d'interface MIDI, il faut donc leur adjoindre un modèle externe. Dans les années quatre-vingt et quatre-vingt-dix, celles-ci se relient à l'ordinateur via le port série (Mac) ou parallèle (PC). La gestion des données MIDI est assurée par des modules logiciels spécifiques venant se greffer à Mac OS ou Windows ; mais les versions récentes de ces systèmes d'exploitation permettent leur utilisation directe, sans paramétrage préalable. Certaines cartes son ou interfaces audio évoluées ajoutent à leur rôle premier des fonctions d'interface MIDI et de génération de sons (Yamaha SW1000XG, par exemple).

La généralisation des ports USB sur les deux plates-formes, à la fin des années quatre-vingt-dix, permet aux fabricants de proposer des interfaces MIDI « mixtes » (Mac/PC) – à charge pour eux de développer les pilotes/*drivers* correspondants. Les utilisateurs les plus exigeants s'aperçoivent rapidement de fluctuations rythmiques aléatoires dans les données MIDI, consécutives aux insuffisances du protocole USB lui-même. Pour améliorer la précision temporelle, certains fabricants proposent alors des procédés de « marquage » des données : par exemple, l'AMT (*Active MIDI Transmission*) chez Emagic, la LTB (*Linear Timebase Technology*) chez Steinberg ou le *Time Stamping* chez Digidesign. Ces procédés ne fonctionnent toutefois qu'entre logiciels et interfaces compatibles, généralement de même marque. Il semble que les interfaces les plus stables soient celles sur carte PCI, puis celles sur port parallèle (monde PC, donc). Il existe également des interfaces MIDI utilisant une liaison FireWire.

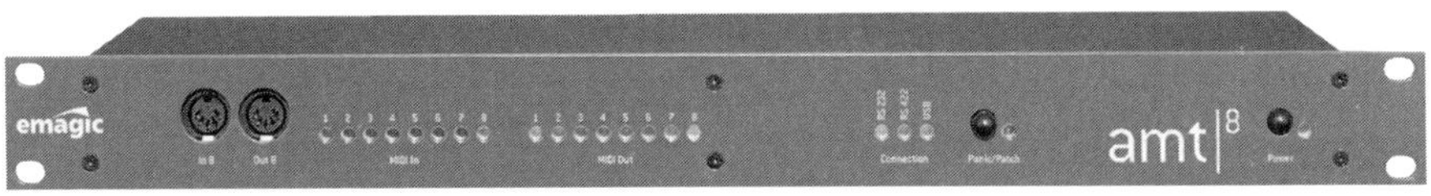

L'interface MIDI emagic EMT8 :
8 entrées, 8 sorties, fonctions de patch MIDI intégrées, port USB.

L'offre est très large, depuis les interfaces monoport (16 canaux d'entrée/16 canaux de sortie) jusqu'aux modèles multiports (240 canaux !), avec fonctions de patch MIDI, de référence à un signal externe (*wordclock*, vidéo...). L'intérêt des interfaces multiports est de répartir les données sur plusieurs réseaux distincts, ce qui diminue le débit numérique sur chacun, donc le temps de traitement des instructions.

Signalons que de nombreux expandeurs ou synthétiseurs possèdent, en plus des traditionnelles prises MIDI, des connecteurs repérés « *To Host* », ou un simple connecteur USB. Dans ce cas, l'interface MIDI n'est pas nécessaire, puisqu'elle est en fait intégrée à l'appareil, « vu » directement depuis l'ordinateur. Les informations arrivant via l'USB sont alors éventuellement retransmises via la prise MIDI-Thru, à destination d'autres appareils de la configuration.

8.10.7 *Les surfaces de contrôle MIDI*

Lorsque le protocole MIDI s'est étendu aux possibilités de contrôle, on s'est vite aperçu que modifier les valeurs de paramètres avec un seul curseur affectable n'avait rien de pratique. Ce constat d'échec ergonomique s'est renouvelé lorsqu'il s'est agi, sur les logiciels de séquence audio + MIDI ou sur les instruments virtuels, de manipuler à la souris ou avec les flèches curseur du clavier de l'ordinateur des valeurs dont la moindre variation est audible : égaliseurs, résonance d'un filtre... Les fabricants ont donc développé des appareils permettant de retrouver une ergonomie traditionnelle, curseurs/boutons : les surfaces de contrôle. On distingue des modèles « génériques », utilisables sur différents logiciels (un fichier utilitaire de description de leurs caractéristiques doit alors être mis à la disposition du logiciel), et des modèles « dédiés », utilisables uniquement sur tel ou tel logiciel (Digi 002 ou Control24 pour Pro Tools, Steinberg ID pour Nuendo, Mackie Logic Control pour Logic...).

Les surfaces de contrôle MIDI proposent un nombre variable de *faders* et de potentiomètres rotatifs (généralement sans fin, dits encodeurs), librement assignables à tel ou tel numéro de contrôleur MIDI, ou générant des messages SysEx. La programmation s'effectue soit sur la surface elle-même, soit via un logiciel utilitaire, soit par l'intermédiaire de fichiers de configuration à intégrer dans son logiciel de séquence audio + MIDI, par exemple. À moins qu'on ne préfère « faire apprendre » (fonction *Learn*) au logiciel les messages générés par défaut par les commandes de la surface de contrôle. Certaines de ces surfaces de contrôle émulent des standards (Mackie HUI, par exemple) ; d'autres sont livrées avec des gabarits matériels adaptant la sérigraphie à tel ou tel logiciel.

Certaines interfaces MIDI intègrent également des fonctions d'entrée/sortie audio.

La CM Labs Motor Mix est une petite surface de contrôle dotée de faders motorisés et de touches. Elle convient particulièrement pour commander une console numérique virtuelle.

8.10.8 *Les séquenceurs MIDI*

Les messages MIDI relatifs à l'interprétation musicale (notes, contrôleurs, sélections de sons...) peuvent être mémorisés sur un appareil spécifique qui porte le nom de « séquenceur », sorte de magnétophone virtuel sans bande. En effet, la bande magnétique ne permet pas d'enregistrer les données MIDI car la bande passante n'est pas assez étendue.

Placé entre l'émetteur (clavier, *pads*...) et le récepteur (expandeur, périphérique...) le séquenceur peut enregistrer sur une même piste les messages issus des 16 canaux. On peut toujours retrouver les données canal par canal en effectuant une sorte de « démixage ». Selon le mode d'enregistrement choisi, les données s'ajoutent à celles déjà présentes sur la piste ou les remplacent. On peut travailler en temps réel ou en pas par pas, modifier après coup le placement des notes, leur vélocité, leur durée... et changer à volonté le tempo à la lecture. Pour changer un son dans l'arrangement, il suffit d'enregistrer sur la piste un message de changement de programme. Autant d'atouts par rapport à un enregistrement multipiste traditionnel, que les productions exclusivement MIDI ont largement exploités pendant toutes les années quatre-vingt et quatre-vingt-dix.

Il existe deux formes de séquenceurs MIDI : les séquenceurs autonomes et les logiciels de séquence.

✦ Les séquenceurs autonomes

Apparus dans les années soixante-dix avec les synthétiseurs analogiques modulaires, les séquenceurs autonomes possèdent leur propre mémoire et leur propre interface utilisateur. Passés au MIDI, ils ont gardé leurs fidèles adeptes, rétifs au travail sur ordinateur. Privés d'interface graphique, les séquenceurs autonomes actuels n'en sont pas moins performants, et leur stabilité temporelle lors de la lecture des données MIDI constitue un atout par rapport aux très légères fluctuations rythmiques que perçoivent les oreilles les mieux exercées sur les logiciels de séquence.

✦ Les logiciels de séquence

Les logiciels de séquence ont contribué de façon décisive à l'essor du MIDI dès l'apparition des *home studios*. Depuis le milieu des années quatre-vingt-dix, les possibilités de traitement audio se sont étendues, et les logiciels mixtes audio/MIDI constituent de véritables stations de travail. Parmi les plus connus, citons Cubase VST et SX/SL (sur Mac OS et Windows), Logic Audio et Digital Performer (Mac OS seulement), Cakewalk Sonar (Windows seulement).

À l'inverse, des outils purement audio à l'origine, comme Pro Tools ou ACID, proposent, au fil des versions, des fonctions MIDI de plus en plus évoluées, même si cet aspect reste forcément moins performant que sur les logiciels spécialisés dans ce domaine.

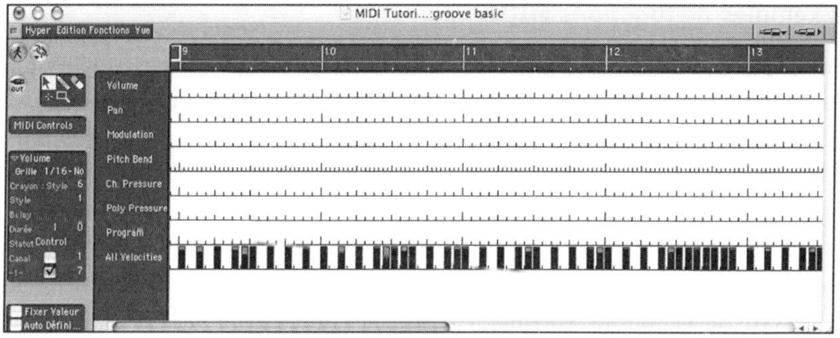

Figure 8.26 – L'Hyper-éditeur de Logic 6 permet de visualiser et d'éditer divers types de données MIDI.

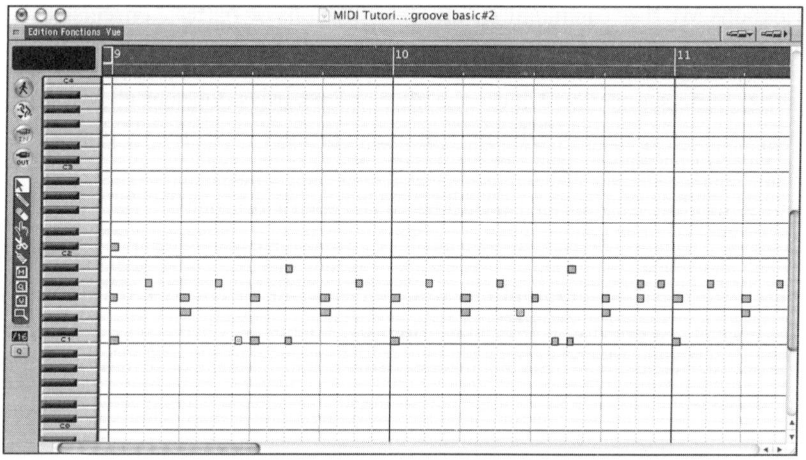

Figure 8.27 – La visualisation de type « rouleau de piano » porte différents noms selon le séquenceur utilisé : Éditeur Clavier dans Cubase, Éditeur matriciel dans Logic 6...

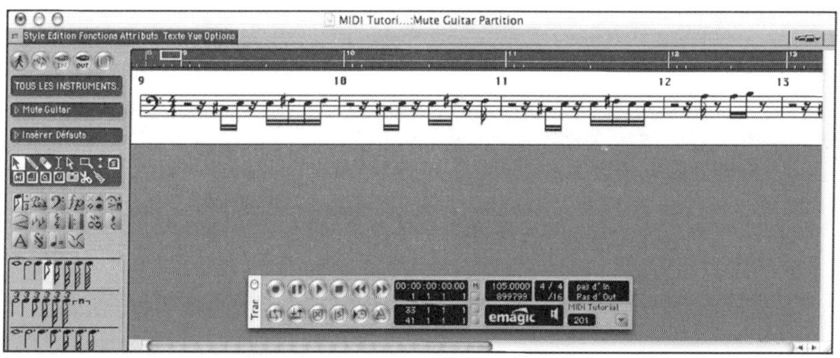

Figure 8.28 – Les séquenceurs permettent de visualiser les notes MIDI sur une partition, mais aussi de mettre en forme et d'imprimer cette dernière (ici, l'éditeur de partition de Logic 6).

✦ Exemples de fonctions MIDI

Une fois les données stockées dans l'ordinateur, les logiciels de séquence permettent d'intervenir avec précision sur les données MIDI. Il existe plusieurs représentations graphiques : éditeur clavier avec rouleau de piano mécanique (*piano roll*), éditeur de partition (notation musicale traditionnelle), éditeur en liste d'événements MIDI qui apparaissent dans un tableau, éditeur rythmique sur grille ressemblant aux *patterns* d'une boîte à rythmes… Tous les séquenceurs permettent de « quantiser » les notes enregistrées, autrement dit de les aligner sur une grille temporelle précise (à la croche, la double croche…) lorsque les notes n'ont pas été jouées tout à fait en rythme. À l'inverse, on trouve également des fonctions permettant d'humaniser une rythmique (*Swing*, *Human Sync*…) en lui apportant quelques imprécisions aléatoires, de calquer un rythme MIDI sur une rythmique audio existant déjà (les sons MIDI se calent sur les attaques des sons de batterie enregistrés)…

Les possibilités de filtrage MIDI sont entièrement nouvelles par rapport à ce que nous connaissons dans l'audio. Le filtre opère sur les données elles-mêmes, sur un ou plusieurs canaux MIDI ; on peut ainsi éliminer tout type de donnée MIDI jugé indésirable : par exemple, si le clavier maître génère des données d'*Aftertouch* alors que le module de sons ne répond pas à ce type de données.

Autre fonction intéressante : l'éditeur logique, qui « fait le tri » dans les données enregistrées, et/ou leur applique une ou plusieurs fonctions « arithmétiques » (par exemple, si l'événement MIDI est une note comprise entre 28 et 80, ajouter 10 à la vélocité). Les applications sont quasi infinies et ne sont limitées que par l'imagination des utilisateurs.

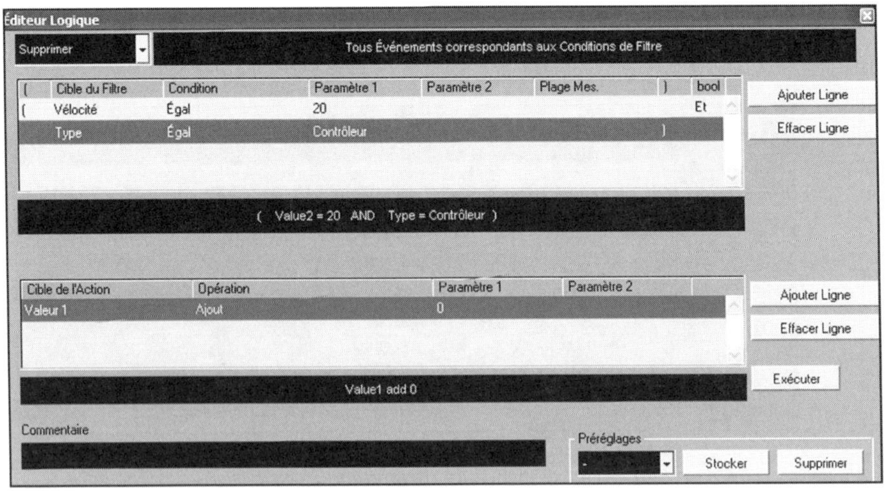

Figure 8.29 – L'éditeur Logique de Cubase SL/SX.

Il existe enfin des effets MIDI ; l'arpégiateur ou la mémorisation d'accords sont connus, mais on peut aussi, en agissant uniquement sur les données MIDI, réaliser des simulations d'effets audio. En retardant les données reçues, on obtient un retard/écho multinotes, éventuellement doté de fonctions de transposition à chaque répétition. En modifiant la valeur de panoramique du son, on crée un Auto-Pan (balayage automatique de l'image stéréo). En modifiant les valeurs de vélocité des notes selon certains critères (seuil, ratio, gain), on recrée un véritable « compresseur/expandeur de dynamique MIDI ».

Les effets MIDI évitent de recourir à des effets audio externes, mais exigent davantage de ressources des instruments : ainsi, un écho MIDI à cinq répétitions demandera six notes de polyphonie pour chaque note jouée...

8.11 La synchronisation MIDI

Qu'il s'agisse de MIDI, d'audio ou de vidéo, la synchronisation est une opération consistant à faire défiler ensemble un certain nombre de machines, en leur fournissant de préférence une référence temporelle unique (voir chapitre 7). Le signal de référence à laquelle toutes se réfèrent est, selon les applications, dérivé d'un tempo (référence relative) ou d'un signal horaire (référence absolue). Une des machines joue le rôle de maître, les autres en sont esclaves.

Les signaux de référence temporelle absolue sont au nombre de deux : le *timecode* SMPTE (sous forme audio, LTC, ou vidéo VITC) et le *MIDI Time Code* (voir § 8.9.2). On compte également deux signaux de référence temporelle relative : le PPQN (*Pulses Per Quarter Note*) et l'horloge MIDI (*MIDI timing clock*, parfois associée à des messages de *Song Position Pointer*). Quant au FSK, bien connu des premiers MIDIstes, il ne s'agissait pas à proprement parler d'une horloge, mais d'une conversion d'horloge sous forme d'un signal enregistrable.

8.11.1 *La synchronisation MIDI/MIDI*

Supposons que vous avez enregistré tout votre morceau en MIDI sur votre séquenceur, à l'exception de la rythmique, directement programmée sur une boîte à rythmes synchronisable. Pour que ces deux appareils défilent au même tempo, démarrent, s'arrêtent et repartent en même temps, le maître doit envoyer des commandes à l'esclave et lui fournir en permanence un signal de synchronisation. Le premier aspect est assuré par les messages de start, stop et continue ; le second, par les messages d'horloge (*timing clock*) transmis de la sortie MIDI-Out du maître à l'entrée MIDI-In de l'esclave à raison de 24 tics par noire ; leur densité d'émission est donc fonction du tempo. L'esclave cale son horloge interne sur cette référence.

Le message de *Song Position Pointer* apporte des fonctionnalités supplémentaires. En effet, pour l'instant, notre boîte à rythmes démarre en même temps que le séquenceur et le suit sans se décaler, mais de façon « aveugle » : elle ignore sa position dans le morceau. Supposons qu'après avoir arrêté le séquenceur au début de la mesure 15, nous nous rendons directement à la mesure 49. Au moment où le séquenceur passe en lecture à cet endroit, il transmet à la boîte à rythmes un message « continue » suivi du signal d'horloge correspondant au tempo. Comme elle ignore ce changement de position, la boîte à rythmes repartira tout naturellement de l'endroit où elle s'était arrêtée précédemment (c'est-à-dire la mesure 15). Autrement dit, le séquenceur et la boîte à rythmes défilent ensemble, sans se décaler, mais avec 34 mesures d'écart !

Il faut donc indiquer à l'esclave MIDI l'endroit à partir duquel il doit se remettre à lire les données MIDI. C'est le rôle du message de *Song Position Pointer*, qui indique cet endroit sous forme du nombre de doubles-croches écoulées depuis le début du morceau. Dans l'exemple précédent, pour repartir de la mesure 49 en 4/4 (soit 16 doubles croches par mesure), le séquenceur maître transmet donc un message de SPP d'une valeur de 784 (49 × 16), préalablement au message « continue ».

8.11.2 *Synchronisation d'une machine numérique*

Pour synchroniser un magnétophone numérique externe à un logiciel de séquence, la solution la plus simple consiste à utiliser conjointement le *MIDI Machine Control* et le *MIDI Time Code*. La synchronisation via le code temporel de machines numériques fait intervenir un aspect supplémentaire : la différence entre référence de position et référence d'horloge. Lorsqu'on synchronise par code temporel une machine numérique esclave, elle se « cale » sur le maître en se fiant aux valeurs du code. Une fois cet alignement parfait réalisé, la machine numérique bascule alors sur son signal d'horloge. À défaut de corrélation entre ce signal et le signal de code temporel, la dérive est inévitable.

Il faut donc « forcer » le signal d'horloge numérique référençant les convertisseurs A/N et N/A des enregistreurs numériques à suivre les inévitables légères fluctuations de code temporel, via une fonction spécifique (*Resolve*). On ne compte alors plus précisément 48 000 échantillons en une seconde, mais 48 008 si le magnétophone a accéléré, ou 47 985 s'il a ralenti. Le synchronisme parfait, à l'échantillon près, est alors garanti.

Les interfaces de conversion évoluées intègrent des fonctions de *Resolve*, indispensables dès qu'on effectue un report d'un logiciel vers un enregistreur à bande.

8.12 Conclusion : Le protocole mLAN : le super-MIDI du futur ?

Créé par Yamaha, le protocole mLAN (*music Local Area Network*) est conçu pour créer un véritable réseau musical à dimension locale. Il s'appuie sur une interface physique de type *FireWire* : sa première version, apparue en 2001, travaille en 200 Mbits/s et les chips gèrent 8 canaux en entrée, 8 en sortie, plus les données MIDI, plus les données de synchronisation. On aboutit ainsi à un réseau très simple (il suffit d'un câble allant d'un appareil à un autre !), permettant de relier jusqu'à 63 maillons sur une vingtaine de mètres en tout : synthétiseurs, multieffet, disque dur, interface audio, console numérique, interface MIDI...

La version 2 du protocole mLAN travaille en 400 Mbits/s (de quoi faire passer plus de 100 canaux audio en 24 bits/96 kHz, 256 canaux MIDI, plus des infos de service), la longueur maximale de liaison passe à 120 m, et les chips mLAN gèrent désormais 32 canaux en entrée/sortie. Dernière précision : Mac OS X gère le mLAN en natif – tout appareil intégrant ce protocole est donc immédiatement reconnu. Il semble que les constructeurs se mettent petit à petit à considérer ce protocole avec sérieux : une sorte de super-MIDI, transportant tous les signaux utiles. Signalons toutefois qu'il existe pour l'instant beaucoup plus d'interfaces audio *FireWire*, n'implémentant pas le protocole mLAN...

Certains constructeurs explorent une autre voie : le réseau MIDI sans fil. En s'appuyant sur la norme universelle *Bluetooth*, certains proposent des interfaces MIDI utilisant les ondes radio pour transporter les données.

8.13 Bibliographie

[1] C. Anderton. *MIDI for Musicians* – Music Sales Corp (2000).

[2] C. Anderton, B. Moses, G. Bartlett. *Digital Projects for Musicians* – Music Sales Corp (1995).

[3] C. Braut. *Le Livre d'Or de la norme MIDI* tomes 1 (épuisé) et 2 – Sybex (1995).

[4] M Cutler. *MIDI for Guitarists* – Beekman Pub (1990).

[5] S. De Furia, J. Scacciaferro. *MIDI Book : Using MIDI and Related Interfaces* – Hal Leonard (1998).

[6] J. F. Eiche. *What's MIDI ? Making Musical Instruments Work Together* – Hal Leonard (1991).

[7] R. Guérin. *MIDI Power !* – Muska & Lipman Pub (2002).

[8] *Guitar Player, Guitar Synth and MIDI* – Hal Leonard (1988).

[9] B. Hill. *MIDI for Musicians : Buying, Installing, and Using Today's Electronic Music-Making Equipment* – Chicago Review Press (1994).

[10] D. M. Huber. *The MIDI Manual* – Focal Press (1998).

[11] S. Jungleib. *General MIDI* (+ CD-Rom) – A-R Editions (1995).

[12] *Keyboard Magazine, Sequencing for Musicians* – Hal Leonard (1990).

[13] P. A. Lawrence. *How MIDI Works* – Hal Leonard (2001).

[14] P. D. Lehrman. *MIDI for the Professional* – Music Sales Corp (1993).

[15] P. Messick. *Maximum MIDI : Music Applications in C++* (+ CD-Rom) – Manning Publications Company (1998).

[16] D. Milano. *Mind over MIDI* – Hal Leonard (1988).

[17] R. A. Penfold. *Advanced MIDI Users Guide* – Cimino Publishing Group (1996).

[18] R. A. Penfold. *Electronic Music and MIDI Projects* – Cimino Publishing Group (1994).

[19] R. A. Penfold. *Practical MIDI Handbook* – PC Pub (1995).

[20] J.-J. Quinet – P. Snaps. *Le Système MIDI* (3 tomes : *Techniques de base*, *Les applications MIDI*, *Lexique anglais-français*) – Les Cahiers de l'ACME.

[21] C. Roads. *L'Audionumérique* – Dunod (1999).

[22] J. Rona. *The MIDI Companion* – Hal Leonard (1994).

[23] F. Rumsey. *MIDI Systems and Control* – Focal Press (1994).

[24] F. Schaeffer Pierre. *Traité des objets musicaux* – Seuil (1966) et *Solfège de l'Objet Sonore* (Grand Prix de l'Académie Charles Cros en 1967) – 3 CD Ina-GRM (1998).

[25] E. Selfridge-Field. *Beyond Midi : The Handbook of Musical Codes* – MIT Press (1997).

[26] E. Turkel. *MIDI Gadgets ; Designed for the Amateur or Professional Musician* – Music Sales Corp (1988).

[27] P. White. *Basic MIDI* – Sanctuary Publishing (2000).

[28] P. White. *MIDI for the Technophobe* – Sanctuary Publishing (2003).

[29] S. Wilkinson – M. Isham. *Anatomy of a Home Studio : How Everything Really Works, from Microphones to MIDI* – Mixbooks (1997).

[30] R. Young. *La Norme MIDI* – Campus Press (2003).

[31] R. Young. *The Midi Files* (avec CD-Rom) – Prentice Hall PTR (1996).

Sites web (une requête sur « norme MIDI » donne de nombreux sites à visiter) :

Téléchargement de fichiers PDF issus d'un ouvrage sur le MIDI par Christian Braut (l'un des auteurs de ce chapitre) :
www.norme-midi.com

Portail MIDI sur le site musical américain Harmony Central :
www.harmony-central.com/MIDI

Audio & MIDI Central :
www.portonestudios.com/tech/MIDI

Music Machines :
http://machines.hyperreal.org

The Macintosh MIDI User's Internet Guide :
http://aitech.ac.jp/~ckelly/muig.html

GearSearch :
www.gearsearch.com

Vastes ressources MIDI hébergées aux Pays-Bas, accessibles
soit via HTTP (navigateur standard) : http://archive.cs.uu.nl/pub/MIDI
soit en FTP (client logiciel obligatoire) : ftp://ftp.cs.uu.nl/pub/MIDI

Chapitre 9

Analogies

Jacques Foret
Docteur en électroacoustique.
Ingénieur conseil en acoustique.
Professeur d'acoustique et de traitement du signal.

Lors de l'étude des différents domaines de la physique, on est frappé par la ressemblance de certains phénomènes, et malgré des disciplines fort diverses, les démarches restent semblables. On peut affirmer que tous les domaines de la physique sont sous-tendus par deux disciplines transversales, à savoir le traitement du signal, et la propagation.

Dans le cas qui nous intéresse ici, il est tentant de trouver un support unitaire aux trois domaines qu'il faut prendre en compte pour décrire le fonctionnement d'un transducteur électroacoustique, à savoir : l'électricité, la mécanique classique et l'acoustique.

La quasi-totalité des systèmes physiques étant linéaire, les lois reliant les diverses grandeurs s'expriment toujours sous forme d'équations différentielles. Grâce aux méthodes du traitement du signal, ces équations peuvent être représentées dans l'espace fréquentiel ; elles prennent alors la forme de polynômes en $(j\omega)$.

Pour pouvoir passer d'un domaine à un autre, il faut établir de manière *conventionnelle* des correspondances entre les grandeurs de base et respecter l'homogénéité des grandeurs dérivées. La notion d'énergie, n'est pas attachée à un domaine particulier, et impose une correspondance *réelle* entre énergie et les diverses grandeurs.

Pour la clarté de l'explication nous ne présenterons ici qu'une seule analogie (analogie directe), mais il existe aussi une autre analogie fort utilisée (analogie inverse ou *mobility analogy*) où l'on permute les grandeurs *force* et *vitesse*.

9.1 Définitions

Dans l'analogie directe, on assimile la notion de vitesse mécanique à la notion de courant électrique, et la notion de force est assimilée à la notion de tension. Pour une masse, l'équation de définition est :

$$\vec{F} = m\vec{\gamma}$$

$$\text{soit } \vec{F} = m\frac{d\vec{v}}{dt}, \text{ ce que l'on peut rapprocher de : } E = -L\frac{di}{dt}$$

Une inductance est donc l'analogue d'une masse. Le signe – est une pure convention. En mécanique, on a pris l'habitude d'orienter dans le même sens les forces et les déplacements, alors qu'en électricité, le sens conventionnel du courant va dans le sens des potentiels décroissants. De même, pour un ressort, nous avons :

$$\vec{F} = -kx$$

$$\text{soit } \vec{F} = -k\int\vec{v}_{(t)}dt, \text{ expression à rapprocher de : } E = -\frac{1}{C}\int i_{(t)}dt$$

On en déduit donc qu'un condensateur est l'équivalent d'un ressort.

Le *tableau 9.1* donne les équivalences entre électricité, mécanique et acoustique.

Tableau 9.1

ELECT.	Unité	Symbole	MECA.	Unité	Symbole	ACOUST.	Unité	Symbole
Tension	Volts	U	Force	Newton	F	Pression	Pascal	p
Intensité	Ampère	I	Vitesse	ms^{-1}	v	Débit (Sv)	m^3s^{-1}	u
Résistance	Ohm	R	Résistance	kgs^{-1}	Rm	Résistance	Rayls	Ra
Inductance	Henry	L	Masse	kg	Mm	Masse	kg	Ma
Condensateur	Farad	C	Compliance	mN^{-1}	Cm	Compliance		Ca

Équivalence des impédances :

Ressort de raideur K → Condensateur de valeur $C = -1/k$
Masse Mm → Inductance de valeur $L = Mm$ } mécanique
Résistance Rm → Résistance de valeur $R = Rm$

Volume V_0 → Condensateur de valeur $C = \frac{V_0}{\gamma P_0}$ } acoustique
Masse d'air d'épaisseur l → Inductance de valeur $L = \rho_0 \frac{l}{S}$

Constantes :

$P_0 = 10^5$ Pression atmosphérique

$\gamma = \sqrt{2}$ Constante des gaz diatomiques (air)

$c = 343$ Célérité du son dans l'air (à 20°)

$\rho_0 = 1{,}20$ Densité de l'air

$\rho_0 c = 439$ Impédance caractéristique de l'air (onde plane)

Relations entre les constantes :

$$\rho_0 = 3{,}52 \cdot 10^{-3} \frac{P_0}{T} \text{ (T en degré Kelvin)}$$

$$c = \sqrt{\frac{\gamma P_0}{\rho_0}} = 331{,}4\sqrt{\frac{T}{273}}$$

Équivalence énergétique.

Nous vérifions que cette analogie est homogène et conserve l'énergie.

- en électricité $W = E \cdot I \cdot t$;
- en mécanique $W = F \cdot I$ (avec $I = v \cdot t$) ;
- en acoustique $W = P \cdot Sv \cdot t$.

Les équations aux dimensions sont également vérifiées.

9.2 Limite de représentation

Les lois des réseaux électriques ne sont pas des lois « absolues », mais seulement de très bonnes approximations dans le cas où les réseaux ont des dimensions physiques très petites devant les longueurs d'onde. Les phénomènes de propagation sont alors totalement négligés.

En mécanique, les vitesses usuelles de propagation des ondes de flexion, de compression ou de torsion sont encore relativement élevées, mais en acoustique cette vitesse est très faible, de sorte que les analogies sont très précises pour l'étude des microphones sur la majeure partie de la bande audio. Pour les haut-parleurs, en revanche, cette modélisation ne donne de bons résultats que dans les fréquences basses (vis-à-vis des dimensions). Dans les fréquences aiguës, il faudrait, si l'on voulait continuer l'analogie, utiliser la théorie sur les lignes à constantes réparties (lignes « H.F »), dont les calculs sont loin d'être très simples !

9.3 Représentation scalaire et vectorielle

Dans un circuit électrique, les grandeurs tension et courant sont par définition des grandeurs scalaires. On peut les représenter sous forme de vecteurs colinéaires. En mécanique et en acoustique, on se trouve plongé dans un espace à trois dimensions. Aussi l'analogie ne peut-elle se faire que si les grandeurs sont réductibles à un seul axe. Ainsi, un monopôle (source anisotrope de flux) est susceptible d'avoir une analogie électrique, mais cela est exclu pour un dipôle (source bi-directionnelle), au moins de manière directe. Aussi, dans le cas des enceintes à résonateurs, considère-t-on les deux sources de rayonnement (membrane et évent) comme confondues géométriquement, pour se ramener au cas d'un monopôle. Cette hypothèse est valide car aux fréquences utiles la source monopôlaire équivalente est très largement prédominante. La source dipôlaire ne devient prédominante qu'en dessous de la fréquence de coupure basse de l'enceinte et ne présente donc aucun intérêt pratique.

9.4 Topologie des réseaux

Pour passer d'un réseau acoustique à un réseau électrique, il faut bien sûr connaître la valeur des éléments, mais surtout connaître la structure. Dans l'analogie que nous venons de définir, la difficulté vient du fait que plusieurs forces agissant sur un objet (forces en « parallèle ») peuvent se résumer à une seule force égale à la somme. Dans notre analogie, cela revient à considérer un générateur de tension équivalent à la somme des tensions, donc un montage « série ». En termes de topologie des réseaux, on dit que le circuit équivalent est le réseau DUAL.

En conséquence, toutes les branches mécaniques qui sont en « série » se représentent par un montage électrique « parallèle » et réciproquement. La *figure 9.1* donne un exemple de représentation.

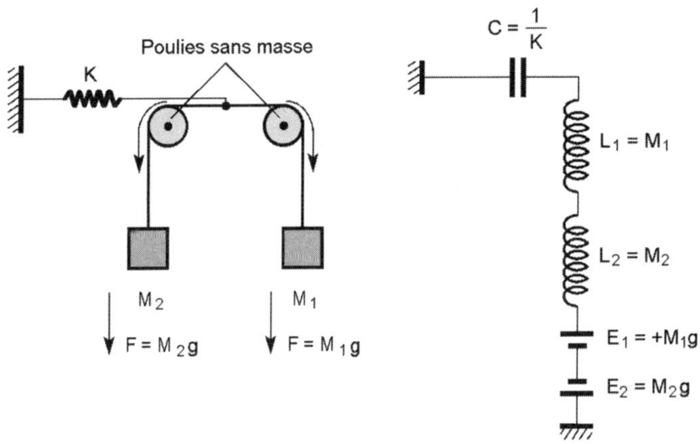

Figure 9.1 – Circuit équivalent.

9.5 Couplages entre les domaines

Le passage d'un domaine à l'autre se fait par des équations de couplage. Il y a toujours deux équations de couplage, une d'action et une de réaction, puisque les couplages sont réversibles.

9.5.1 *Couplage électromécanique*

Dans le cas d'un haut-parleur électrodynamique, le couplage s'exprime sous la forme suivante :

- action : $\left|\vec{F}\right| = \left|\vec{il} \wedge \vec{B}\right| = Bl \cdot i$ (en supposant B et i orthogonaux)
- réaction : $e = \dfrac{-\mathrm{d}\Phi}{\mathrm{d}t} = Bl \cdot v$

avec :

B : champ magnétique dans l'entrefer
l : longueur du fil plongé dans le champ
i : courant
F : force mécanique
e : force contre électromotrice
v : vitesse de la bobine

La matrice de chaîne de cet élément, compte tenu des analogies retenues est donc :

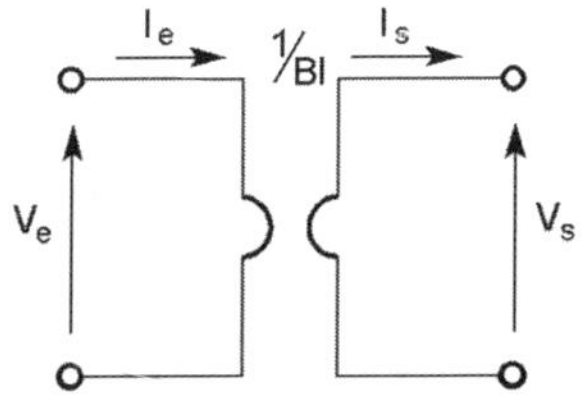

$$\begin{pmatrix} F \\ V \end{pmatrix} = \begin{pmatrix} V_s \\ I_s \end{pmatrix} = \begin{pmatrix} 0 & Bl \\ 1/Bl & 0 \end{pmatrix} \begin{pmatrix} V_e \\ I_e \end{pmatrix}$$

L'élément ainsi défini s'apparente à un transformateur, à cela près qu'il y a inversion entre les grandeurs Tension et Intensité en sortie. Un tel montage est connu sous le nom de *girateur.*

Tout comme pour un transformateur, on peut ramener toutes les charges au primaire, mais l'inversion entre les grandeurs Tension et Intensité, fait que les impédances sont transformées en admittances. De ce fait, les éléments montés en série, se retrouvent en parallèle tel que sur la *figure 9.2*.

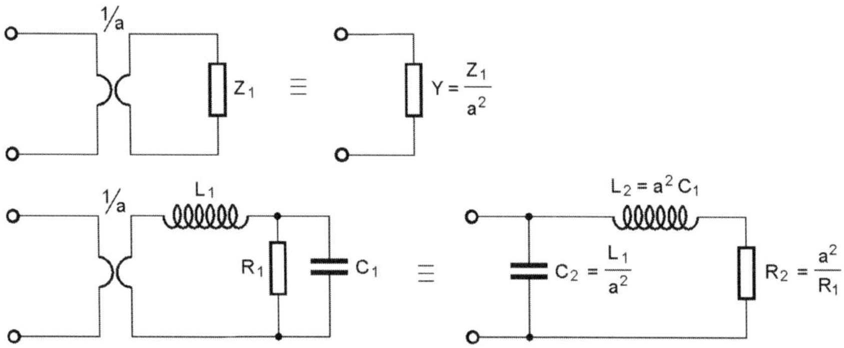

Figure 9.2 – Passage à travers un girateur.

9.5.2 *Couplage mécano-acoustique*

Il se fait par l'intermédiaire de la membrane, la grandeur vitesse se transforme en flux. Lors du passage de la membrane à l'air, la fonction vitesse est continue. Ceci signifie que la vitesse de la membrane est identique à la vitesse de l'air au voisinage immédiat de la membrane (tant que celle-ci est faible devant la célérité du son, sinon apparaîtrait un phénomène de cavitation).

$$\text{Flux acoustique} = S \cdot v .$$

La grandeur de réaction, c'est la pression que l'air exerce sur la membrane suivant la relation suivante :

$$F = p \cdot S$$

la matrice de chaîne est donc :

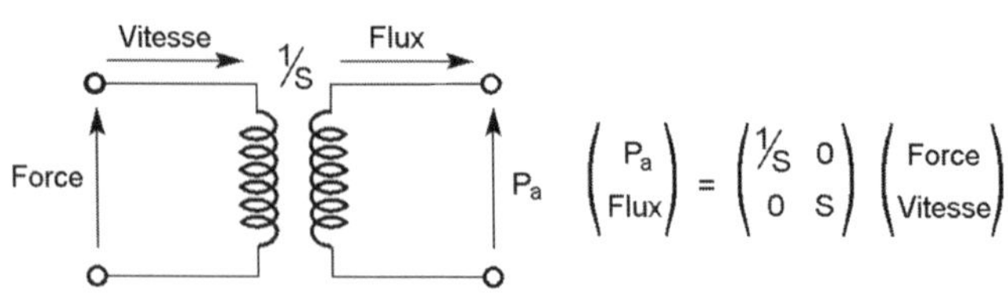

Ceci représente un transformateur d'impédance de rapport $1/S$.

Nous n'avons considéré à présent que la transformation par la surface de séparation membrane/air, mais par définition, une membrane rayonne par ses deux faces, de sorte que nous représenterons l'ensemble du couplage par le double transformateur donné en *figure 9.3*. L'inversion de polarité permet de prendre en compte le fait qu'une surpression à l'avant de la membrane, entraîne une dépression sur sa face arrière.

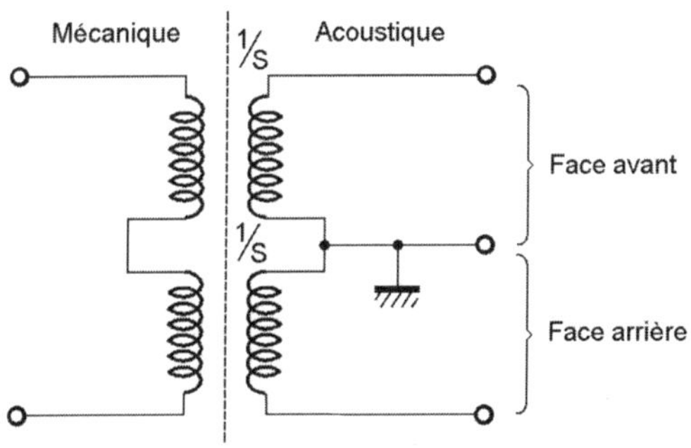

Figure 9.3 – Transformateur de couplage mécano-acoustique représentant une membrane d'un haut-parleur (noter la représentation série, alors que les forces agissent en « parallèle »).

9.6 Schémas équivalents

9.6.1 *Enceinte close*

Il est maintenant très facile d'après ce qui vient d'être dit, de déterminer le schéma équivalent d'une enceinte close (*figure 9.4*).

L'impédance de radiation est une fonction assez complexe qui dépend de la forme du diaphragme et de l'effet de baffle. Néanmoins, la *figure 3.11* donne des ordres de grandeur dans les cas extrêmes. Les écarts restent toutefois faibles, exprimés en décibels (maximum 3 dB).

Pour un haut-parleur assimilable à un piston plan de rayon r, l'impédance de radiation peut se décomposer grossièrement en une masse $\mathcal{M}_a$ et une résistance $\mathcal{R}_a$ de valeur ci-dessous :

$$\mathcal{M}_a = \alpha\frac{\rho_0}{r} \qquad \mathcal{R}_a = \beta\frac{\rho_0 c}{r^2}$$

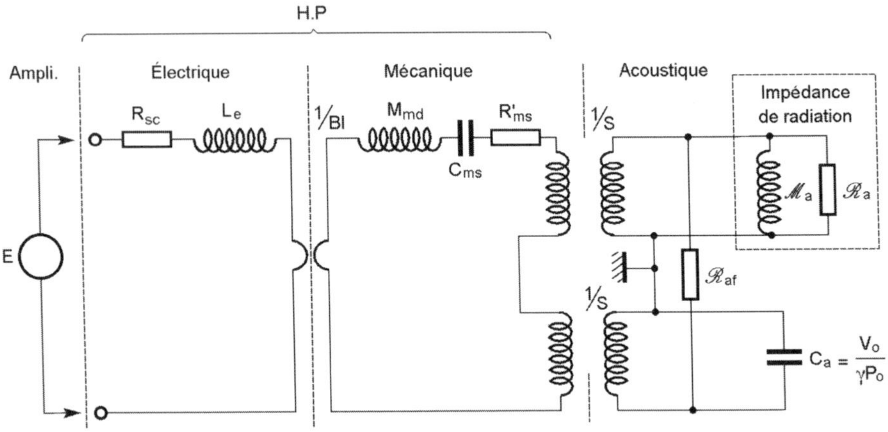

Figure 9.4 – Schéma équivalent d'une enceinte close.

avec pour des fréquences basses ($\lambda > 4\pi r$).

Baffle plan infini $\alpha = 0{,}27$; $\beta = 0{,}46$

monté à l'extrémité d'un tube infini $\alpha = 0{,}20$; $\beta = 0{,}48$

pour les fréquences hautes ($\lambda < \frac{\pi}{2} r$)

pour les deux configurations á = 0,50 ; â = 0,32

(N.B. pour des représentations plus précises, se reporter aux ouvrages de référence).

La résistance $\mathcal{R}_{af}$ représente les fuites acoustiques de l'enceinte. Celles-ci sont principalement dues à la perméabilité de la suspension du haut-parleur. Les fabricants l'incluent (ainsi que souvent la résistance acoustique de rayonnement) dans la résistance mécanique.

La *figure 9.5* donne les trois représentations possibles de l'enceinte, soit en tout électrique (utile pour la détermination de l'impédance), soit en tout mécanique, soit en tout acoustique.

9.6.2 *Enceinte « Bass Reflex »*

Pour une enceinte de type « Bass Reflex », le schéma est tout aussi simple à déterminer, nous donnons en *figure 9.6* la représentation du couplage membrane/air, la partie amont étant en tout point identique à l'enceinte close, puisque seule change la charge arrière.

Dans la *figure 9.6*, nous avons également représenté une enceinte « Bass Reflex » vue dans le domaine acoustique. Il s'agit d'une représentation très simplifiée, où tous les éléments de second ordre (aux environs de la fréquence d'accord) ont été supprimés.

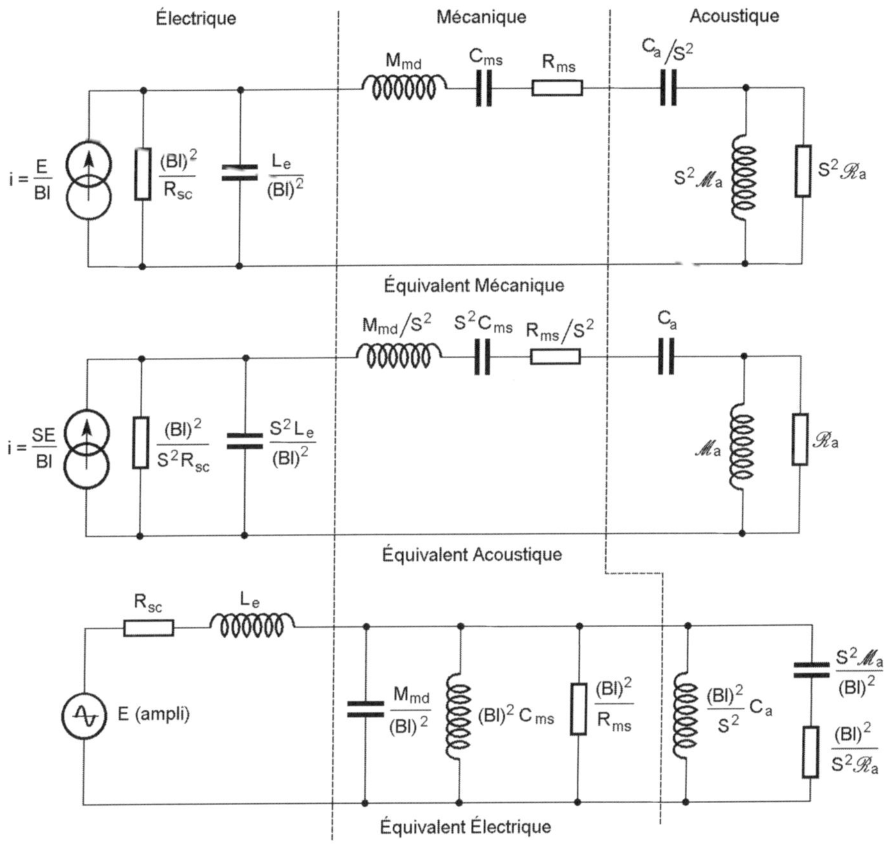

Figure 9.5 – Représentation d'une enceinte close.

On comprend alors mieux le fonctionnement, car sur la voie « face avant », nous trouvons un filtre du premier ordre, et sur la voie « face arrière » un filtre du troisième ordre, soit une différence d'ordre deux, ce qui correspond bien à une inversion de phase, au-delà de la fréquence d'accord.

D'autre part, sur la voie directe, du fait que la charge est elle-même inductive, la masse de la membrane aura donc une influence sur le rendement du HP (diviseur de tension à inductance), mais aucune, contrairement à une idée fausse très répandue, sur la réponse dans les fréquences aiguës.

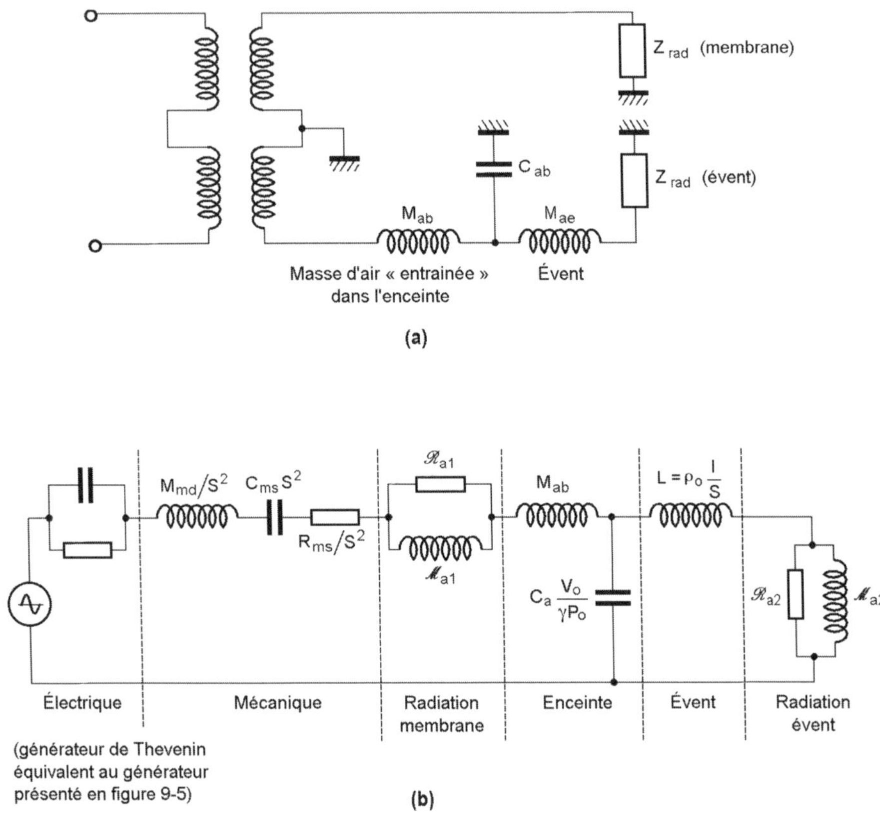

Figure 9.6 – Enceinte bass-reflex.
a) couplage membrane/air ; b) schéma complet (très simplifié) vu dans le domaine acoustique.

9.7 Linéarisation des impédances

Il est parfois utile de pouvoir considérer le haut-parleur comme une résistance pure, que ce soit pour un calcul simple des filtres passifs ou pour l'adaptation à un amplificateur supportant mal les charges réactives. Cela est relativement simple à faire par la mise en parallèle d'un réseau électrique DUAL de l'impédance du haut-parleur suivant le schéma donné en *figure 9.7*.

Dans ces conditions, l'ampli débite quelle que soit la fréquence, dans une résistance pure (absence de déphasage tension/courant – pas d'énergie réactive). Sur le plan énergétique, le réseau de compensation absorbe une part importante de la puissance de l'ampli à la fréquence de résonance et dans les hautes fréquences.

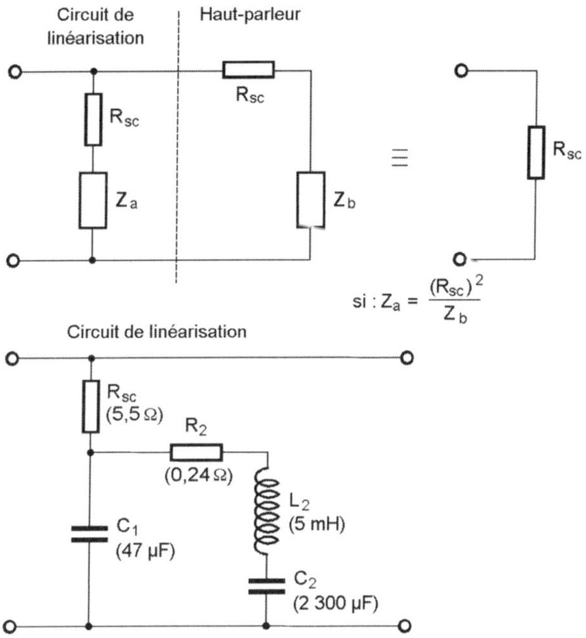

Figure 9.7 – Circuit de linéarisation des impédances.
En haut : principe du calcul. En bas : application numérique pour le HP dont les caractéristiques sont données sur la figure 3.11.

9.8 Application à l'acoustique architecturale

Les analogies électriques sont aussi très utiles pour la détermination des structures d'isolement, mais les résultats bruts sont toujours très « optimistes » et doivent, en fonction de l'expérience, être interprétés avec le plus grand soin. Néanmoins, les courbes théoriques obtenues ont même allure générale que les courbes expérimentales.

Les parois simples sont assimilables à un filtre du premier ordre. La pente théorique de + 6 dB est à peu près bien suivie par la loi de masse. Pour les structures doubles, le filtre équivalent est du troisième ordre, et, dans les réalisations très soigneusement faites, la pente peut atteindre 16 dB/oct. (au lieu des 18 dB/oct. prévus par la théorie). Les divergences sont surtout importantes dans le cas des très forts isolements (supérieurs à 80 dB(A)), où l'on ne peut prendre en compte que très approximativement les paramètres (porosité, élasticité des parois, etc.).

9.9 Conclusion

Dans le domaine des transducteurs, de grands progrès ont eu lieu, souvent peu apparents, car il s'agit d'une évolution et non de l'apparition de « principes nouveaux ». La possibilité de remplacer les expériences par des simulations informatiques offre un champ d'investigation très vaste. Il est actuellement possible, avec une marge d'erreur faible, de déterminer les propriétés d'un haut-parleur ou d'une enceinte, avant même d'avoir fabriqué un prototype.

Annexes

A.1 Résumé en français d'extraits du protocole des normes AES 3/AES 3Id

Le signal AES est constitué d'une succession de blocs. Chaque bloc est formé de 192 trames et chaque trame est composée de deux sous-trames. Une sous-trame correspond à une voie audio.

Chaque bloc et chaque sous-trame commencent par un préambule. Z est celui du début de bloc et voie 1, X celui de la voie 1, Y celui de la voie 2.

La *figure A1* montre l'organisation d'un bloc AES.

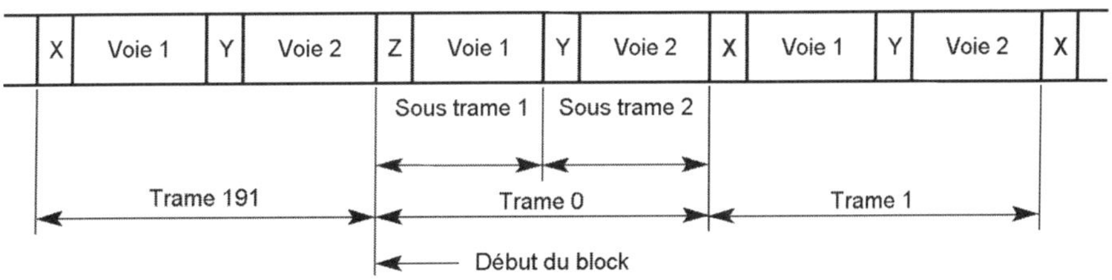

Figure A1 – Organisation d'un bloc AES.

Structure d'une sous trame

Chaque trame possède 64 bits (2 sous trames de 32).

Une sous-trame est constituée d'un préambule, des données et de 4 bits V, U, C et P.

Une sous-trame peut avoir deux structures : soit 24 bits pour l'audio, soit 20 bits et la possibilité d'avoir des données auxiliaires (*figure A2*).

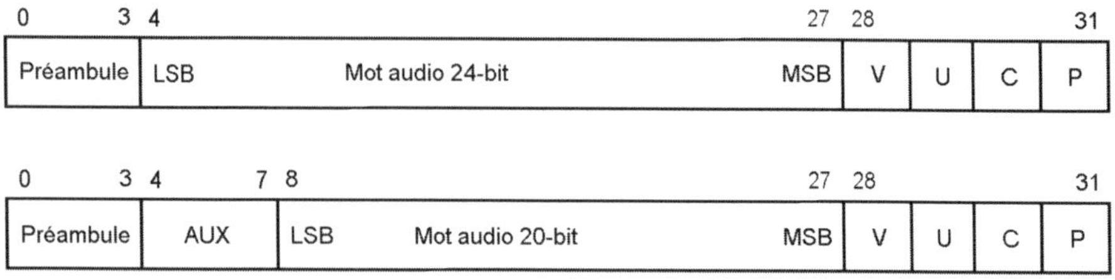

Figure A2 – Les deux structures d'une sous-trame AES.

Le Bit V est le bit de validité de la sous-trame.

Le Bit U est le bit utilisateur.

Le Bit P est celui de parité.

Le Bit C : Les 192 bits C de chaque bloc forment 24 octets (de 0 à 23). Ce sont eux qui caractérisent le signal AES. Certains bits sont très importants.

Affectations des octets réalisés avec le bit C :

Octets 0 à 4 :	caractérisent le signal audio
Octet 5 :	réservé pour un usage futur
Octet 6 à 9 :	origine alphanumérique du signal audio
Octets 10 à 13 :	destination alphanumérique du signal audio
Octets 14 à 17 :	adresse locale
Octets 18 à 21 :	code temporel sur 32 bits
Octet 22 :	drapeaux de fiabilité
Octet 23 :	caractère de contrôle de redondance cyclique (CRCC). Il utilise les octets 0 à 22 le polynôme généré est $x^8 + x^4 + x^3 + x^2 + x$

Les octets 0 à 4 sont en partie détaillés ci-dessous :

Si utilisation professionnelle (octet 0 bit 0 à 1)

• Octet 0 :

Bit 0 :	1
Bit 1 :	0 : mot audio utilisé en tant qu'échantillons PCM linéaires 1 : mot audio pas utilisé en tant qu'échantillons PCM linéaires
Bit 2 à 4 :	2, 3, 4 : pré-accentuation
000	pré-accentuation non indiquée
001	pas de pré-accentuation
110	pré-accentuation 50/15 µs
111	pré-accentuation J57

les autres bits sont réservés pour un usage futur

Bit 5 :	0 : verrouillage de la fréquence source non indiquée
	1 : fréquence source non verrouillée ou verrouillée
Bits 6 et 7 :	6, 7 : fréquence d'échantillonnage
00	fréquence d'échantillonnage non indiquée
01	fréquence d'échantillonnage 48 kHz
10	fréquence d'échantillonnage 44,1 kHz
11	fréquence d'échantillonnage 32 kHz

• Octet 1 :

Bits 0 à 3 :	mode d'utilisation des canaux (non indiquée, mono, stéréo, dual, multicanal...)
Bits 4 à 7 :	management des « *users* » bits

• Octet 2 :

Bits 0 à 2 :	0, 1, 2 : longueur maximum du mot audio
000	audio 20 bits maximum, utilisation des bits aux. non indiquée
001	audio 24 bits
010	audio 20 bits maximum, bits auxiliaires non utilisés
011	réservé
Bits 3 à 5 :	3, 4, 5 : nombre de bits du mot audio
000	longueur du mot audio non indiquée
001	23 bits si 24 maxi ; 19 si 20 maxi
010	22 bits si 24 maxi ; 18 si 20 maxi
011	21 bits si 24 maxi ; 17 si 20 maxi
100	20 bits si 24 maxi ; 16 si 20 maxi
101	24 bits si 24 maxi ; 20 si 20 maxi

les autres bits sont réservés pour un usage futur

Bits 6 et 7 :	6, 7 : niveau d'alignement
00	niveau d'alignement non indiqué
01	niveau d'alignement 20 dB en dessous du niveau de saturation
10	niveau d'alignement 18 dB en dessous du niveau de saturation
11	réservé

• Octet 3 : définition des modes multicanals

• Octet 4 :

Bits 0 et 1 :	0,1 : utilisation comme signal de référence (*cf.* AES 11)
00	ce n'est pas un signal de référence
10	signal de référence grade 1

10	signal de référence grade 2
11	réservé
Bit 2 :	réservé
Bits 3 à 6 :	6, 5, 4 : fréquence d'échantillonnage
0000	pas indiqué
0001	24 kHz
0010	96 kHz
0011	192 kHz
1000	22,05 kHz
1010	88,2 kHz
1011	176 kHz
1111	défini par l'utilisateur

les autres bits sont réservés pour un usage futur

Bit 7 :	0 : pas de correction de fréquence d'échantillonnage 1 : correction de 1/1,001 de la fréquence d'échantillonnage

Si utilisation grand public (octet 0 bit 0 à 0)

• Octet 0 :

Bit 0 :	0
Bit 1 :	utilisation audio ou pas
Bit 2 :	copie autorisée ou interdite
Bit 3 à 5 :	pas de pré-accentuation, pré-accentuation non indiquée, J57 ou 50/15 µs

• Octet 1 : code de catégorie (type d'appareil) et de zone (Japon, USA, Europe).

• Octet 2 :

Bits 0 à 3 :	numéro de source
Bits 4 à 7 :	numéro de canal

• Octet 3 :

Bits 0 à 3 :	fréquence d'échantillonnage
Bits 4 et 5 :	précision de la fréquence d'échantillonnage

• Les octets 4 à 23 ne sont pas utilisés.

A.2 Présentation des systèmes de réduction de débit

A.2.1 *Les codages en sous-bandes*

Principe

Ils ont été conçus pour utiliser le réseau téléphonique dont la fréquence d'échantillonnage est 8 kHz dans le monde entier.

Le codage du téléphone est le G 711. Il a été normalisé par l'UIT (Union Internationale des Télécommunications). La bande passante est 300-3 400 Hz. En Europe, c'est un codage 8 bits sur toute la bande de fréquence. Le débit est donc 64 kbit/s. Le G711 n'est pas un système de réduction de débit, mais il est à la base des codages en sous-bandes.

Les codages en sous-bandes ont une affectation fixe des bits. Ce sont des codages assez anciens, mais remis d'actualité de par leurs très faibles délais de transfert.

Ces codages sont connus sous l'appellation MICDA (*Modulation par Impulsion Différentiel Adaptatif*) ou ADPCM en anglais (*Adaptative Differential Pulse Code Modulation*).

Principe de ces codages : la bande passante est découpée en portions de 4 kHz maxi et on transmet la différence de variation entre deux échantillons successifs, ainsi que les facteurs d'échelle associés.

Chaque bande est ramenée en bande de base 0-4 kHz, afin de pouvoir utiliser la fréquence d'échantillonnage du réseau téléphonique.

Les codages G 722

Ce sont des codages audio 0-7 kHz mono normalisés par l'UIT.

La base est une quantification sur 14 bits à $Fe = 16$ kHz. Ce sont des codages en 2 sous-bandes 0-4 kHz et 4-7 kHz.

L'affectation des bits est 2 bits pour la bande 4-7 kHz et 5 ou 6 bits pour la bande 0-4 kHz.

Le MICDA 4 SB

C'est un codage propriétaire. La base est une quantification sur 16 bits à $Fe = 32$ kHz. L'affectation des bits dans les 4 sous-bandes est indiquée ci-dessous.

- 0-4 kHz : 7 bits ;
- 4-8 kHz : 4 bits ;
- 8-12 kHz : 3 bits ;
- 12-15 kHz : 2 bits.

On transmet 128 kbit/s par voie. Le délai de codage-décodage est 4 à 8 ms.

APT

C'est le même principe de codage, mais la fréquence d'échantillonnage varie de 16 à 48 kHz.

Par voie, le débit va de 64 kbit/s (*Fe* = 16 kHz) à 192 kbit/s (*Fe* = 48 kHz).

À *Fe* = 32 kHz, l'APT est quasiment identique au MICDA 4SB (quelques différences existent, en particulier sur la résolution des facteurs d'échelle).

A.2.2 *Les Mpegs*

Mpeg est l'abréviation de *Movies Picture Experts Goup.*

Contrairement aux codages en sous-bandes, les bits sont affectés dynamiquement dans chaque sous-bande en fonction du nombre de bits total, des courbes de masquage de l'oreille et de la sensibilité de celle-ci.

✧ Le Mpeg 1

Le Mpeg 1 a été normalisé par l'ISO (*International Standardization Organisation*). Il est à noter que c'est le décodeur qui est normalisé, pas le codeur. La qualité du codeur influence donc la qualité globale. Toute l'information utile est dans le flux Mpeg. Le décodeur est très simple.

Principe

Le signal numérique de base est codé sur au moins 16 bits (signal AES ou issu d'une conversion A/D). Le signal audio est ensuite divisé en 32 sous-bandes d'égale largeur : 1/64 de *Fe*. Si le signal audio est échantillonné à 48 kHz, la largeur de chaque sous-bande est égale à 750 Hz. Toutefois, il est possible de supprimer des sous-bandes correspondant aux fréquences les plus élevées.

Les fréquences d'échantillonnage disponibles sont 32, 44,1 et 48 kHz.

Il y a 4 modes possibles : mono, stéréo, dual mono (paramètres gauche et droite indépendants) et « *joint-stéréo* » (codage d'une voie et de la différence des deux).

Le Mpeg 1 définit trois couches. Celles-ci sont également appelées layers.

Les longueurs de trames sont égales à 1 152/*Fe* (24,0 ms à 48 kHz) en couche 2 et 3 et 384/*Fe* en couche 1.

Couche 1

C'est une couche grand public qui est abandonnée (Ex DCC).

À débit équivalent, la couche 1 est de moins bonne qualité que les autres couches.

Couche 2

Elle est axée sur des applications professionnelles (DVB, DAB, etc.).

Le débit en mono va de 32 à 192 kbit/s. En dual mono, stéréo et joint-stéréo, ces valeurs sont doublées.

Un facteur d'échelle et un nombre de bits sont associés à chaque sous-bande. Le facteur d'échelle correspond à la valeur de la sous-bande.

Il est possible de transmettre des données jusqu'à 38,4 kbit/s, et de protéger les facteurs d'échelles. Mais dans un cas comme dans l'autre, ce sera au détriment de l'audio.

Le mode *joint-stéréo* est une stéréo d'intensité à partir d'une sous-bande que l'on choisit entre la 5e et la 17e. La restitution de la phase peut être incertaine dans ce mode.

Le temps codage-décodage du Mpeg 1 couche 2 varie suivant les codecs de 60 à 150 ms à $Fe = 48$ kHz.

Couche 3

On rajoute une transformée en cosinus carré dans chaque sous-bande pour optimiser l'affectation des bits.

Le débit maxi est limité à 320 kbit/s (160 kBit/s en mono).

Le mode *joint-stéréo* est réalisé soit avec une stéréo d'intensité élaborée, soit une stéréo M-S. La phase est mieux restituée qu'avec la couche 2.

La couche 3 est plus sujette aux erreurs que la couche 2. Mais, en transfert de fichier avec un protocole de type TCP/IP, les paquets erronés sont retransmis. La couche 3 trouve donc toute sa justification dans ce cas.

Bien que la longueur de trame soit identique, le temps de traitement est plus long.

Le temps de codage-décodage en couche 3 va de 150 à 300 ms à $Fe = 48$ kHz.

✧ Le Mpeg 2

Il est aussi appelé Mpeg 2 BC (*Backward Compatible*). Il est également normalisé par l'ISO.

Il intègre le Mpeg 1 avec les trois couches et des fonctionnalités en plus : *Fe* allant de 16 à 96 kHz et Multicanal (5.1, 7.1). Aux demi-fréquences d'échantillonnage, le débit minimum est deux fois plus petit que celui du Mpeg 1. En multicanal, le débit maximum possible dépend de la couche et de la fréquence d'échantillonnage. À 48 kHz, il est de sensiblement 1 Mbit/s.

✧ Le Mpeg 2.5

C'est une extension du Mpeg 2 couche 3. Il n'est pas normalisé.

Le débit descend jusqu'à 8 kbit/s et la fréquence d'échantillonnage jusqu'à 8 kHz.

✧ Le Mpeg AAC

L'AAC (*Audio Advance Coding*) est également appelé Mpeg 2 NBC (*Non Backward Compatible*). Contrairement au Mpeg 2.5, il a été normalisé par l'ISO en 1997. Il est issu du Mpeg couche 3. En revanche, de nombreuses modifications rendent l'AAC plus intéressant que le Mpeg couche 3.

La transformée est différente : il s'agit maintenant d'une MCDT (*Modified Cosinus Discrete Transform*).

Le nombre de lignes par trame passe de 1 152 à 2 048.

Des techniques comme le Temporal *Noise shaping* et une méthode d'affectation plus fine des bits optimisent cet algorithme.

L'AAC est prévu pour travailler en mono, en stéréo, et en multicanal jusqu'à 48 voies. La fréquence d'échantillonnage va de 8 à 96 kHz.

Le débit maximum par voie dépend de la fréquence d'échantillonnage. Il est de 288 kbit/s à 48 kHz.

Le temps de codage-décodage est compris entre le temps de transfert du Mpeg couche 2 et celui du Mpeg couche 3.

Il est à noter qu'il existe un Mpeg AAC LD (*Low Delay*) qui n'est pas normalisé.

Il est moins bon que l'AAC (il se rapproche du Mpeg 2 couche 2 en qualité). Le retard est encore trop grand pour travailler en interactivité (de l'ordre de 60 ms).

✧ Le Mpeg 4

C'est également un codage normalisé par l'ISO fin 1999. Il est axé multimédia et a été conçu pour décrire l'évolution d'une scène audiovisuelle. Il est basé sur le protocole de management *Delivery Multimédia Integration Framework* (DMIF). Le DMIF est semblable au FTP, sauf qu'il retourne des pointeurs de datas à la place des datas.

En fonction du débit audio, il y a plusieurs codages possibles.

- Débit de 0,2 à 1,2 kbit/s : le codage est le Text to Speech.
  C'est une synthèse de la parole. Le langage est *Structured Audio Orchestra Language* (SAOL). Le contrôle est effectué soit par MIDI, soit par SACL (*Structured Audio Score Langage*).
- Jusqu'à 4 kbit/s : il a y deux codages possibles HVXC (*Codage Harmonic Vector eXitation Codin*) et CELP (*Code Exited Linear Predictive*). Ce sont des codages optimisés pour la parole.
- Au delà de 4 kbit/s, ce sont les codages audio Twin VQ et AAC.
  Le Twin VQ (*Transform-domain Weighted Interleave Vector Quantization*) est un codage audio axé sur les bas débits.

L'AAC est intégré dans le Mpeg 4. On pourra donc lire les fichiers AAC avec le Mpeg 4.

✧ Les futurs Mpeg

Ils utilisent la technique du *Spectral Band Replication* (SBR).

Le SBR consiste à transmettre une synthèse des fréquences élevées. Cette technique apporte un plus sur les débits faibles et moyens. Sur les débits élevés (au delà de 96 kbit/s par voie), elle n'apporte aucune amélioration. Le débit nécessaire à cette synthèse est environ 3 kbit/s par voie.

Les codages Mp3 Pro, AAC+, Mpeg Layer2 SBR utilisent cette technique. Ils ont pour base le Mpeg couche 3, l'AAC et le Mpeg couche 2.

✧ Les autres Mpeg

Ce ne sont pas des codages audio en tant que tels.

- Le Mpeg 7 définit une interface multimédia : *Multimedia Content Description Interface* ;
- le Mpeg J est un langage de programmation issu de Java ;
- le Mpeg 21 définira une trame multimédia.

✧ Les formats informatiques associés

L'informatique a pris une place très importante dans l'audio. Il était donc normal que des extensions spécifiques soient associées au différents Mpegs. Ces extensions sont :

- mp2 pour Mpeg 1 et Mpeg 2 couche 2 ;
- mp3 pour Mpeg 1 et Mpeg 2 couche 3 ;
- mp4 pour le Mpeg 4 ;
- aac pour l'AAC.

A.2.3 *Les Dolby*

✧ Le Dolby AC3

Le Dolby AC3 est également appelé *Dolby Digital.*

Comme les Mpeg, l'affectation des bits est faite dynamiquement en fonction du nombre de bits, des courbes de masquage et de la sensibilité de l'oreille. Mais, contrairement aux Mpegs, toute l'information utile n'est pas dans le flux AC3. Une partie est installée « en dur » dans le décodeur.

Le nombre de sous-bandes est 50. Leur taille n'est pas fixe, mais fait environ 1 sixième d'octave. La durée de la trame AC3 est 32 ms à 48 kHz.

Les modes disponibles en AC3 sont mono, stéréo, multicanal surround, 5.1 et 7.1.

Les fréquences d'échantillonnage vont de 32 à 48 kHz.

Le débit maximum est 640 kbit/s.

✧ **Le Dolby E**

Le Dolby E a été conçu pour travailler synchrone avec la télévision. C'est un système à faible réduction de débit destiné aux professionnels. Le débit du Dolby E est 1,92 Mbit/s.

Il est possible d'effectuer plusieurs « cascadages » de cet algorithme sans dégradation sensible.

Les modes du Dolby E sont mono, stéréo et multicanal.

Le support de base est la trame AES à laquelle on rajoute un retard pour réaliser une trame qui coïncide exactement avec une image vidéo. En 2003, le format final est 29,97 images/s, audio 20 bits/48 kHz. Il devrait bientôt supporter également 25 images/s, 16 et 24 bits.

A.3 Code temporel. Tableau récapitulatif des codes LTC et VITC

Longitudinal Temporel Code		Vertical Interval Temporel Code	
Frame Number	Bit Assignment	Frame Number	Bit Assignment
0	Frame Units	0	Sync Bit (1)
1	Frame Units	1	Sync Bit (0)
2	Frame Units	2	Frame Units
3	Frame Units	3	Frame Units
4	User Bit	4	Frame Units
5	User Bit	5	Frame Units
6	User Bit	6	User Bit
7	User Bit	7	User Bit
8	Frame Tens	8	User Bit
9	Frame Tens	9	User Bit
10	Drop Frame Bit	10	Sync Bit (1)
11	Colour Frame Bit	11	Sync Bit (0)
12	User Bit	12	Frame Tens
13	User Bit	13	Frame Tens
14	User Bit	14	Drop Frame Flag
15	User Bit	15	Colour Frame Flag
16	Second Units	16	User Bit
17	Second Units	17	User Bit
18	Second Units	18	User Bit
19	Second Units	19	User Bit
20	User Bit	20	Sync Bit (1)
21	User Bit	21	Sync Bit (0)

Longitudinal Temporel Code		Vertical Interval Temporel Code	
Frame Number	Bit Assignment	Frame Number	Bit Assignment
22	User Bit	22	Second Units
23	User Bit	23	Second Units
24	Second Tens	24	Second Units
25	Second Tens	25	Second Units
26	Second Tens	26	User Bit
27	Bi-Phase Bit	27	User Bit
28	User Bit	28	User Bit
29	User Bit	29	User Bit
30	User Bit	30	Sync Bit (1)
31	User Bit	31	Sync Bit (0)
32	Minute Units	32	Second Tens
33	Minute Units	33	Second Tens
34	Minute Units	34	Second Tens
35	Minute Units	35	Field Mark
36	User Bit	36	User Bit
37	User Bit	37	User Bit
38	User Bit	38	User Bit
39	User Bit	39	User Bit
40	Minute Tens	40	Sync Bit (1)
41	Minute Tens	41	Sync Bit (0)
42	Minute Tens	42	Minute Units
43	User Flag Bit	43	Minute Units
44	User Bit	44	Minute Units
45	User Bit	45	Minute Units
46	User Bit	46	User Bit
47	User Bit	47	User Bit
48	Hour Units	48	User Bit
49	Hour Units	49	User Bit
50	Hour Units	50	Sync Bit (1)
51	Hour Units	51	Sync Bit (0)
52	User Bit	52	Minute Tens
53	User Bit	53	Minute Tens
54	User Bit	54	Minute Tens
55	User Bit	55	Binary Group Flag
56	Hour Tens	56	User Bit
57	Hour Tens	57	User Bit
58	Unassigned	58	User Bit
59	User Flag Bit	59	User Bit
60	User Bit	60	Sync Bit (1)
61	User Bit	61	Sync Bit (0)
62	User Bit	62	Hour Units
63	User Bit	63	Hour Units
64	Sync Word	64	Hour Units
65	Sync Word	65	Hour Units
66	Sync Word	66	User Bit
67	Sync Word	67	User Bit
68	Sync Word	68	User Bit
69	Sync Word	69	User Bit
70	Sync Word	70	Sync Bit (1)

Longitudinal Temporel Code		Vertical Interval Temporel Code	
Frame Number	Bit Assignment	Frame Number	Bit Assignment
71	Sync Word	71	Sync Bit (0)
72	Sync Word	72	Hour Tens
73	Sync Word	73	Hour Tens
74	Sync Word	74	Hour Tens
75	Sync Word	75	Unassigned
76	Sync Word	76	User Bit
77	Sync Word	77	User Bit
78	Sync Word	78	User Bit
79	Sync Word	79	User Bit
		80	Sync Bit (1)
		81	Sync Bit (0)
		82	CRC Bit
		83	CRC Bit
		84	CRC Bit
		85	CRC Bit
		86	CRC Bit
		87	CRC Bit
		88	CRC Bit
		89	CRC Bit

A.4 Correspondances entre valeurs binaires décimales, héxadécimales et les notes MIDI

BIN	DEC	HEX	Note	BIN	DEC	HEX
00000000	0	0	DO_{-2}	10000000	128	80
00000001	1	1	#	10000001	129	81
00000010	2	2	RE_{-2}	10000010	130	82
00000011	3	3	#	10000011	131	83
00000100	4	4	MI_{-2}	10000100	132	84
00000101	5	5	FA_{-2}	10000101	133	85
00000110	6	6	#	10000110	134	86
00000111	7	7	SOL_{-2}	10000111	135	87
00001000	8	8	#	10001000	136	88
00001001	9	9	LA_{-2}	10001001	137	89
00001010	10	A	#	10001010	138	8A
00001011	11	B	SI_{-2}	10001011	139	8B
00001100	12	C	DO_{-1}	10001100	140	8C
00001101	13	D	#	10001101	141	8D

BIN	DEC	HEX	Note	BIN	DEC	HEX
00001110	14	E	RE_{-1}	10001110	142	8E
00001111	15	F	#	10001111	143	8F
00010000	16	10	MI_{-1}	10010000	144	90
00010001	17	11	FA_{-1}	10010001	145	91
00010010	18	12	#	10010010	146	92
00010011	19	13	SOL_{-1}	10010011	147	93
00010100	20	14	#	10010100	148	94
00010101	21	15	LA_{-1}	10010101	149	95
00010110	22	16	#	10010110	150	96
00010111	23	17	SI_{-1}	10010111	151	97
00011000	24	18	DO_0	10011000	152	98
00011001	25	19	#	10011001	153	99
00011010	26	1A	RE_0	10011010	154	9A
00011011	27	1B	#	10011011	155	9B
00011100	28	1C	MI_0	10011100	156	9C
00011101	29	1D	FA_0	10011101	157	9D
00011110	30	1E	#	10011110	158	9E
00011111	31	1F	SOL_0	10011111	159	9F
00100000	32	20	#	10100000	160	A0
00100001	33	21	LA_0	10100001	161	A1
00100010	34	22	#	10100010	162	A2
00100011	35	23	SI_0	10100011	163	A3
00100100	36	24	DO_1	10100100	164	A4
00100101	37	25	#	10100101	165	A5
00100110	38	26	RE_1	10100110	166	A6
00100111	39	27	#	10100111	167	A7
00101000	40	28	MI_1	10101000	168	A8
00101001	41	29	FA_1	10101001	169	A9
00101010	42	2A	#	10101010	170	AA
00101011	43	2B	SOL_1	10101011	171	AB
00101100	44	2C	#	10101100	172	AC
00101101	45	2D	LA_1	10101101	173	AD
00101110	46	2E	#	10101110	174	AE
00101111	47	2F	SI_1	10101111	175	AF

BIN	DEC	HEX	Note	BIN	DEC	HEX
00110000	48	30	DO_2	10110000	176	B0
00110001	49	31	#	10110001	177	B1
00110010	50	32	RE_2	10110010	178	B2
00110011	51	33	#	10110011	179	B3
00110100	52	34	MI_2	10110100	180	B4
00110101	53	35	FA_2	10110101	181	B5
00110110	54	36	#	10110110	182	B6
00110111	55	37	SOL_2	10110111	183	B7
00111000	56	38	#	10111000	184	B8
00111001	57	39	LA_2	10111001	185	B9
00111010	58	3A	#	10111010	186	Ba
00111011	59	3B	SI_2	10111011	187	BB
00111100	60	3C	DO_3	10111100	188	BC
00111101	61	3D	#	10111101	189	BD
00111110	62	3E	RE_3	10111110	190	BE
00111111	63	3F	#	10111111	191	BF
01000000	64	40	MI_3	11000000	192	C0
01000001	65	41	FA_3	11000001	193	C1
01000010	66	42	#	11000010	194	C2
01000011	67	43	SOL_3	11000011	195	C3
01000100	68	44	#	11000100	196	C4
01000101	69	45	LA_3	11000101	197	C5
01000110	70	46	#	11000110	198	C6
01000111	71	47	SI_3	11000111	199	C7
01001000	72	48	DO_4	11001000	200	C8
01001001	73	49	#	11001001	201	C9
01001010	74	4A	RE_4	11001010	202	CA
01001011	75	4B	#	11001011	203	CB
01001100	76	4C	MI_4	11001100	204	CC
01001101	77	4D	FA_4	11001101	205	CD
01001110	78	4E	#	11001110	206	CE
01001111	79	4F	SOL_4	11001111	207	CF
01001111	80	50	#	11010000	208	D0
01010001	81	51	LA_4	11010001	209	D1

BIN	DEC	HEX	Note	BIN	DEC	HEX
01010010	82	52	#	11010010	210	D2
01010011	83	53	SI_4	11010011	211	D3
01010100	84	54	DO_5	11010100	212	D4
01010101	85	55	#	11010101	213	D5
01010110	86	56	RE_5	11010110	214	D6
01010111	87	57	#	11010111	215	D7
01011000	88	58	MI_5	11011000	216	D8
01011001	89	59	FA_5	11011001	217	D9
01011010	90	5A	#	11011010	218	DA
01011011	91	5B	SOL_5	11011011	219	DB
01011100	92	5C	#	11011100	220	DC
01011101	93	5D	LA_5	11011101	221	DD
01011110	94	5E	#	11011110	222	DE
01011111	95	5F	SI_5	11011111	223	DF
01100000	96	60	DO_6	11100000	224	E0
01100001	97	61	#	11100001	225	E1
01100010	98	62	RE_6	11100010	226	E2
01100011	99	63	#	11100011	227	E3
01100100	100	64	MI_6	11100100	228	E4
01100101	101	65	FA_6	11100101	229	E5
01100110	102	66	#	11100110	230	E6
01100111	103	67	SOL_6	11100111	231	E7
01101000	104	68	#	11101000	232	E8
01101001	105	69	LA_6	11101001	233	E9
01101010	106	6A	#	11101010	234	EA
01101011	107	6B	SI_6	11101011	235	EB
01101100	108	6C	DO_7	11101100	236	EC
01101101	109	6D	#	11101101	237	ED
01101110	110	6E	RE_7	11101110	238	EE
01101111	111	6F	#	11101111	239	EF
01110000	112	70	MI_7	11110000	240	F0
01110001	113	71	FA_7	11110001	241	F1
01110010	114	72	#	11110010	242	F2
01110011	115	73	SOL_7	11110011	243	F3

BIN	DEC	HEX	Note	BIN	DEC	HEX
01110100	116	74	#	11110100	244	F4
01110101	117	75	LA_7	11110101	245	F5
01110110	118	76	#	11110110	246	F6
01110111	119	77	SI_7	11110111	247	F7
01111000	120	78	DO_8	11111000	248	F8
01111001	121	79	#	11111001	249	F9
01111010	122	7A	RE_8	11111010	250	FA
01111011	123	7B	#	11111011	251	FB
01111100	124	7C	MI_8	11111100	252	FC
01111101	125	7D	FA_8	11111101	253	FD
01111110	126	7E	#	11111110	254	FE
01111111	127	7F	SOL_8	11111111	255	FF

Index

D

E

F

G

H

I

J

K

L

M

N

O

P

Q

R

S

T

U

V

W

X

Y

Z

046305 - (I) - (2) - OSB 80° - ALL - CDD

Achevé d'imprimer sur les presses de la
SNEL Grafics sa
rue Saint-Vincent 12 – B-4020 Liège
Tél +32(0)4 344 65 60 - Fax +32(0)4 341 48 41
avril 2004 – 31628

Dépôt légal : mai 2004
Imprimé en Belgique